【秘訣】紫微斗数1
命盤を読み解く

張 玉正・林 秀靜 著

太玄社

はじめに

紫微斗数は、太陰暦の生年月日時を使用します。紫微星等、約百個の星曜を命盤の上に並べ、これらの星曜を基にして、個人の命運の起伏と変化を推断します。

太陰暦は、月の運行が定める朔望を根拠にしています。

伝統的な四柱推命が、太陽暦の節気に依拠して年月を定めるのとは異なります。

太陽暦は、地球が太陽の周りを回る公転を基準にしています。

両者は、同様に天干地支を使いますが、紫微斗数は、節気を用いることなく命盤を並べます。


あらゆるすべての術数には、いずれも流派があります。紫微斗数も同じです。

しかし、どのくらいの数の派閥があるのかについてここで論じたいとは思いません。

正確さと実用性を結合させて論理的に判断する、そして有効な問題解決を提出すること。それこそが占術の目的だからです。

科学技術がどれだけ進歩しようとも、命理は終始人々の生活から切り離せません。

神を求め、占卜することは、各階層の文化に深く根ざしています。

人々は一様に「福・禄・寿・喜」を求めます。また、子供を求め、夫婦の縁を求め、開運と補運の方法を問います。

多くの人は、挫折や失敗に遭遇してから、ようやく計画を立てることに思い至ります。当然ながら、計画を立て、二倍の労力をかけてもその半分の成果しか出ません。
なぜなら、生命は不可思議で、人生には解釈できないことが多すぎるからです。
それゆえ、人々は至るところで神を求め、占卜に問いかけるのです。

紫微斗数を研究して四十年が経ちましたが、現代では、紫微斗数と現代的な管理学を結合させ、両者の良いところ取りするのがよいでしょう。

それには、徹底的に自分の個性を理解して、生命を動かす力がどこにあるか探し出すだけでなく、さらに、流年と行運の強弱を応用し、リスクを転移し、趨吉避凶することが必要でしょう。

紫微斗数が、現代的な管理学の概念との融合がなかったなら、終始ただの低級な民族的職種にすぎず、そこから大雅の堂に登り、高雅な境界に入るのは永遠に難しいと言えるでしょう。

本書の出版を通して、紫微斗数が、皆さんの人生哲学の研究の助けになることを期待します。

最後になりましたが、本書を整理・翻訳した林秀静氏、および編集をしてくれた初鹿野剛氏、出版してくださった株式会社太玄社の今井博揮社長に心より感謝いたします。

２０２０年11月１日

張玉正　敬序

第3章 十二宮および身宮の意味

第4章 星曜の特質と十二宮における吉凶

第5章 四化星の意味と作用

第6章　運命を割り出す基本方法

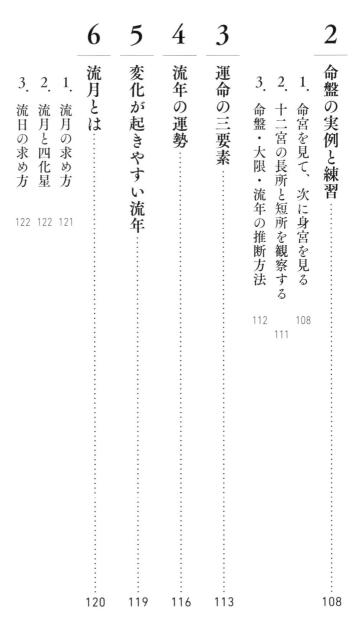

第7章 命盤を早見表で作る

第8章 実例

第1章 宿命の力を把握する

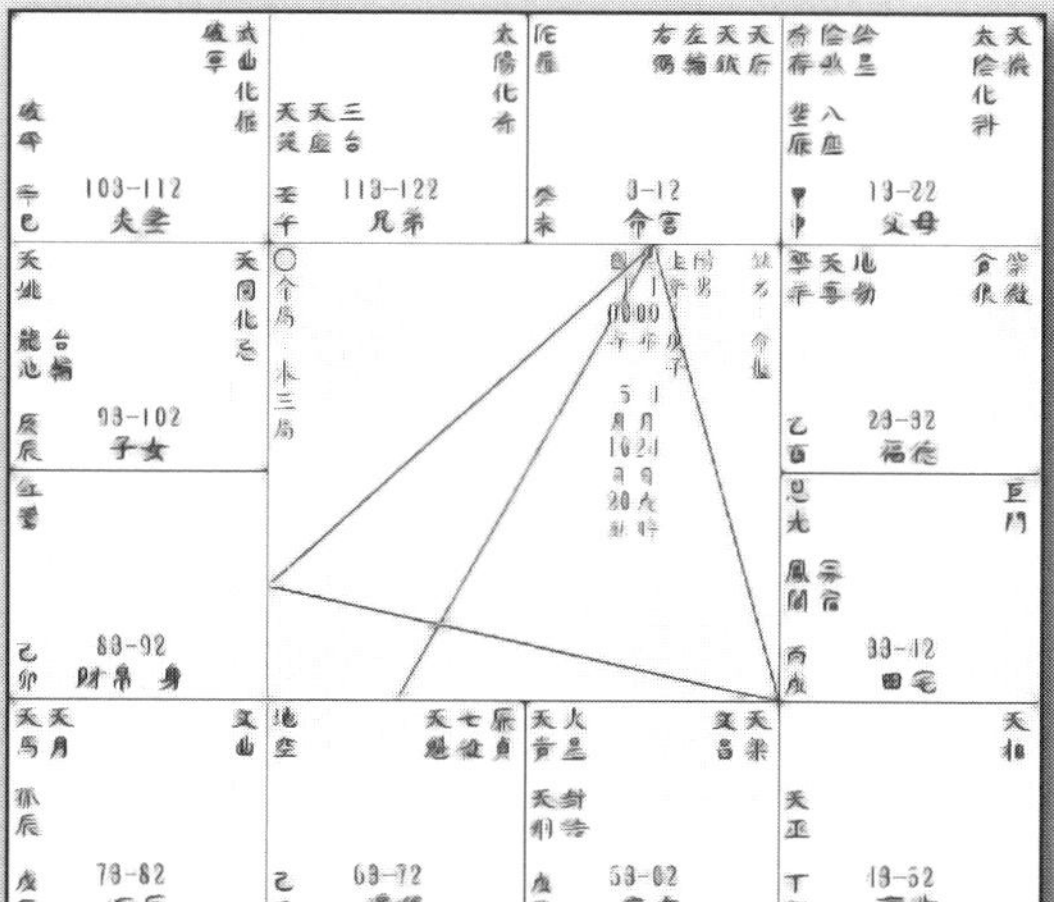

あなたはこれまで自分の未来について考えたことがあるでしょうか？

自分の人生を綿密に計画したことがない人でも、過去から現在、そして未来について、漠然とした思いを巡らせたことはあるはずです。

1 紫微斗数の有用性

紫微斗数を用いれば、大局的な方向性や人生の流れを把握できるだけでなく、一人ひとりの性格や日常生活に至るまで細かい点についても知ることできます。つまり、生まれつきの個性に適合した人生計画を立てることができるのがこの紫微斗数です。

紫微斗数は、生命力の源泉を探求・把握した上で未来の暮らしを思い描き、理想的な人生を構築するために、非常に有用な占術といえます。

また、紫微斗数では、個人の特質、性格の強弱などが識別できるだけでなく、生まれつき持っている様々な能力を明らかにすることができます。それらを現実の世界で十分に活かすことができれば、あなたに秘められた潜在力を引き出し、事業における発展・成功をつかむことも可能となります。

そのためには、まず自分の運命を徹底的に理解することが重要です。運命の力を知った上で未来における成功の青写真をつくることは、スピードが重視される現代では成功の機会をより促進させてくれるでしょう。

もちろん、誰しも将来について不安を抱きますし、十分に見通すことはできないでしょう。しかし、適切な計画が立てられれば、勇気と確信を持って一歩前に踏み出せますし、成功までの時間を短縮させることができるのです。紫微斗数はその助けになるテクニックと言えます。

2 紫微斗数と人生計画

紫微斗数は、命理学の一種です。命理学とは、個人の生年月日時から未来の運命を推測する学問の総称で、歴代の祖先たちの智慧が集結しとても奥が深いです。

もしかすると、私たちの祖先は現代人の悩みが救い難いのをとっくに知っていて、紫微斗数を設計したのかもしれません。そして、子孫や後世の人がうまく対処できるように望んだのかもしれません。

ところが、情報過多の時代に生き、忙しさにかまけている現代人は、先人の知恵を軽視しがちです。そんな時代にあっても、数年来、多くの知識人が紫微斗数を日夜、研鑽に研鑽を重ねています。その中でも、紫微斗数は、現代の科学的分析で理解をより深め、ふたたび祖先の智慧をひときわ光り輝かせています。

日本では、朝の情報番組を始め、ネット・雑誌・新聞などの媒体にも、必ずと言っていいほど占いのコーナーがあります。また、毎年、年末年始になると、その年を占うテレビ番組が放映されます。

ひとくちに占いと言っても、占星術・四柱推命・易占など様々ありますが、多くの視聴者は「新しい一年、私にはどんなことがあるのだろう？　悪いことを言われたらどう対処したらよいのだろうか？」と思い悩んでいるのです。

たとえば、占星術で見ると、あなたの今年の運勢は大吉でも、生まれ年による占いでは太歳を犯し大凶と出るかもしれません。このように、巷では裏づけとなる根拠の説明もないまま、大雑把に、その一年の運勢を決定してしまっています。

占術の一つである紫微斗数に対する一般人の理解は、占いの一つくらいの認識でしょう。本書を読まれない人はそれでもかまいません。しかし、紫微斗数が命理学であるからには、過去を当てられなくてはならないし、未来も予知できなければなりません。

あなたが人生の岐路に立つ時、決心がつきかねる時、紫微斗数が道案内してどの道へ行くべきかを指し示してくれます。本書はその手助けをするために書かれたものです。

さて、本書で取り上げる紫微斗数は、個人の生年月日時を根拠に命盤を並べます。

命盤上で示す星系の配合で、個人の特質と一生の運勢の起伏が理解できます。

こう説明すると、「同年月日時に生まれた人は、同じ運命なのだろうか?」と疑問に思う人がいるでしょう。それについては、紫微斗数による分析と統計によって詳細に知ることができます。

結論から言えば、同じ生年月日時の人の運命の起伏はやはり似通っています。ただ、生年月日時の命盤は同じでも、一人ひとりに別の身体があり、別の父母・兄弟、異なる友人・配偶者・家庭・仕事があるはずです。これらは、いずれも独立した個体であることから生じる影響力の差異であり、これらの影響力が、運命以外のチャンスを私たちに与えることになります。

ですから、紫微斗数を使って細やかに観察し、真摯に理解しようと心がけ、受け入れることで、そこに一定の法則と影響力を見いだすことができます。紫微斗数は、確実に自分で運命を把握し、人生を計画する一つの手立てとなります。

この運命を割り出す紫微斗数という術を、あなたがどのような気持ちで受け入れて、使うかによって、あなたの未来も大きく変わってくるでしょう。

宿命の存在を認める。

自分の未来を変えるきっかけとする。

今の自分を見直すターニングポイントにする。

あなたの目の前にある障害への対処法についても、紫微斗数という存在がきっと気づかせてくれるでしょう。そして、あなたが成功者になりたいのであれば、紫微斗数を学習し、自分の本来の性質や能力を十分に理解することをお勧めします。

それができたとき、あなたはこれまでと違うステップにいることに気づき、自分自身のための新しい人生を計画することになります。

そうなれば、きっと幸福な人生の青写真を描くことができるはずです。

次章から、紫微斗数の世界を詳しく紹介していくことにします。

第2章

紫微斗数を知る

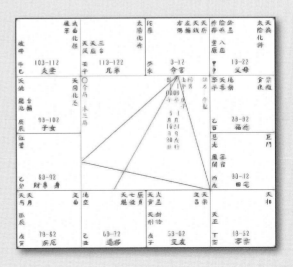

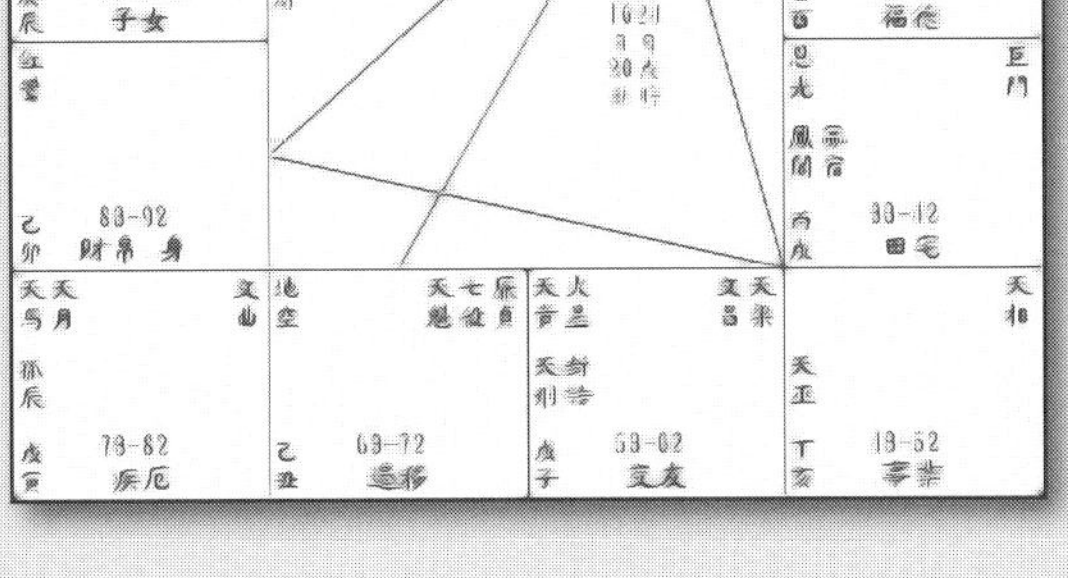

1 紫微斗数とは

紫微斗数とは、中国の伝統的な玄学術数で、台湾・香港でも大変人気のある占術です。紫微斗数では、個人の出生において太陰暦の年月日時を使い、紫微星など約百十八個の星を命盤に配します。

これらの星曜の配列と組み合わせを根拠に、個人の一生の運命の良し悪し、および富貴、栄誉、恥辱などを推測し、論じます。

紫微斗数は、宿命や運命を論じるのに使用する命理学の一種といいましたが、古代の統計学という側面ももっています。この紫微斗数の法則に従って命盤を割り出し、命盤中に示された様々なデータを読み解き、自分の運気の良し悪しを明らかにします。ですから、この命盤を使えば、一生の計画を作ることも可能です。

しかし、実は、紫微斗数は学ぶのは容易ですが、極めるのが難しい学問でもあります。各々の年月日時から順に星を配するので簡単に作盤できますし、最近では、巷に関連書籍がたくさんあり自分で学習研究することも容易になっているにも関わらずです。それだけ奥の深い学問なのです。

また、一般の人が命理学あるいは玄学術数を研究する場合、最大の障壁は陰陽五行理論の理解にありますが、紫微斗数では、実際に使用する陰陽五行理論はそれほど多くはありません。それに加えて、紫微斗数の中には、現代でも使われている用語がかなり引用されていて、星の字面を見ただけでもある程度の解釈ができてしまうのです。

初心者でも、学ぶのは簡単というのはこうした理由によります。

さて、紫微斗数における「紫微」の文字が意味しているのは、紫微星のことです。「斗」は、南北の二斗に分かれ、「数」はすなわち術数のことです。

紫微斗数の成立は千年以上前まで遡れますが、最初の起源は、十八飛星にあります。当初は、それに紫微星を加えた十九個で判断していましたが、星の数が少なかったため、その占術の精度は低く誤差が大きなものでした。

宋朝の初頭に至り、紫微斗数が使用する星の数はおよそ百十五個になり、星の数に比例して未来を予測する正確さを増していきました。

一般的には、七十個前後の星を使用して運命を割り出すことができます。しかし、七十個の星を扱うことでさえも、やはり初学者には難しいレベルです。七十人の個性を熟知するのが簡単ではないのと一緒です。

陰陽五行に関わる全ての記号の中で、紫微斗数を学習する際には、特に天干と地支を使います。

天干は、甲・乙・丙・丁・戊・己・庚・辛・壬・癸の10種。

地支は、子・丑・寅・卯・辰・巳・午・未・申・酉・戌・亥の12種。

があります。

天干・地支の二つを熟知すれば、紫微斗数の基礎は理解できたといってもいいでしょう。

天干地支の起源は、殷墟の甲骨文の時代だと推測されています。当時の人々は、天干地支を用いて様々な記録をしていたようです。

人の生年月日時を天干地支に変換して用いる占術の代表的なものに四柱推命がありますが、紫微斗数は、ただ年と時だけを天干地支に変換して使います。

たとえば、２０２０年は子年ですので地支は「子」です。翌２０２１年は丑年となり地支は「丑」です。子年の天干は「庚」、丑年の天干は「辛」となります。天干と地支の組み合わせと配列は10干×12支で60種類あり、これを六十甲子と呼びます。

つまり、２０２０年は庚子年。２０２１年は辛丑年。以下、２０２２年は壬寅年、２０２３年は癸卯年……となります。

このように、天干と地支は、その配列順序に従って互いに重なり合って、天干・地支同士が組み合わせられます。

紫微斗数では、それ以外に、出生時間を地支に換算します。子・丑・寅・卯・辰・巳・午・未・申・酉・戌・亥刻の十二種類があります。時刻は、２時間ごとに区切られます。

また、子刻（午後11時～午前1時）については、遅子刻（午後11時～午前0時）と早子刻（午前0時～午前1時）に分けます。

出生時間と時刻については、１２９ページ、表７－２　出生時間と十二刻換算表をご覧ください。

2 命盤からわかる人生の秘密

さて、この章で紹介するポイントは、次の三点です。

- **命盤は人生の秘密をどのように明かしているのか**
- **紫微斗数の専門用語**
- **命盤の見方の学習**

まず、紫微斗数を学習するにあたって、命盤を作ることから始めましょう。

命盤を作るときには、前述したように、太陰暦の生年月日時を用います。

紫微斗数の命盤は、十二の欄に分かれます。そこに十二個の地支を配します。

下の図（図2－1）が、基本の命盤です。命盤には、十二の空欄があり、ここに十二宮を配置し、

図2–1　紫微斗数における基本命盤

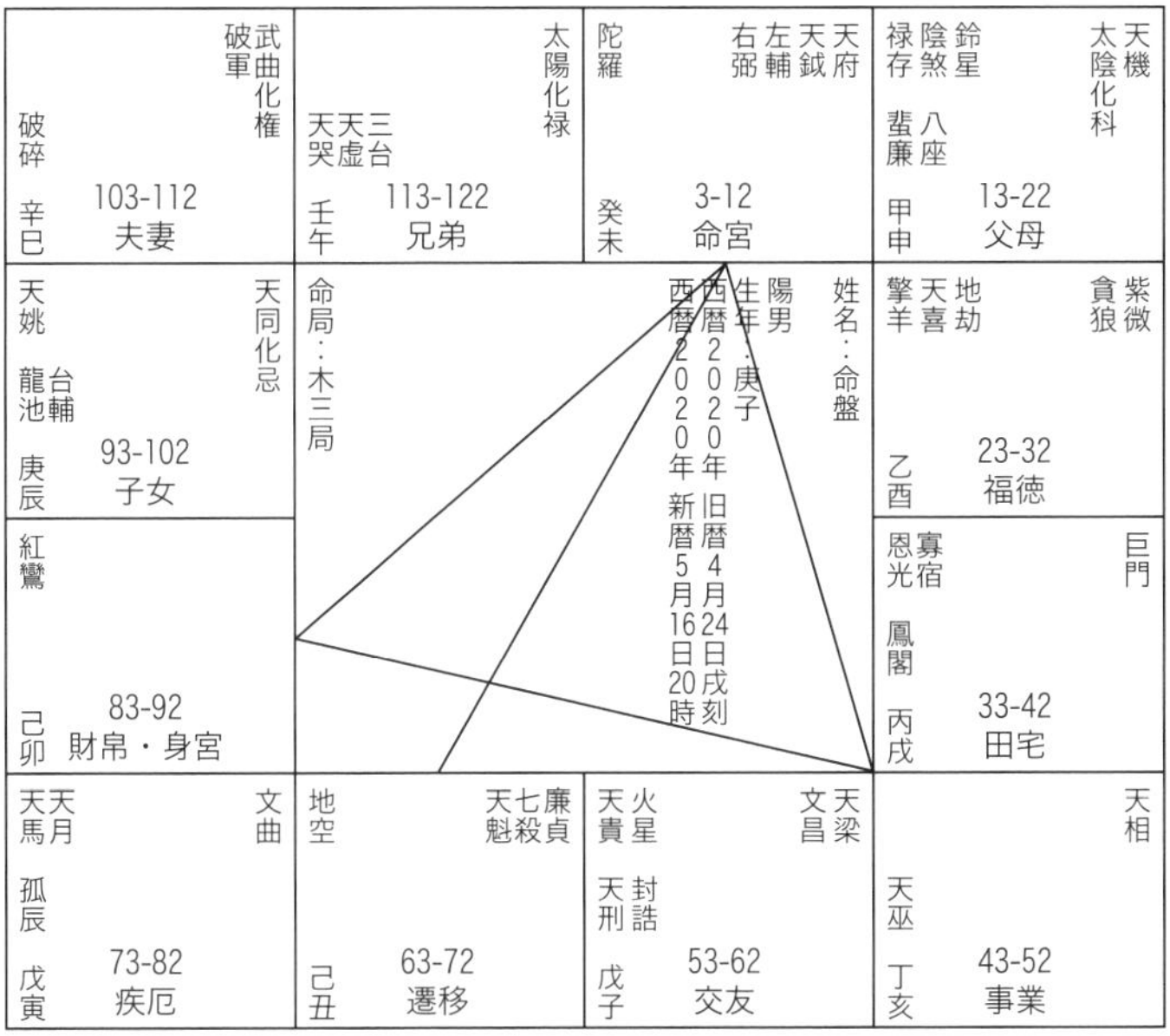

星を並べます。これが紫微斗数の命盤となります。

3 紫微斗数の命盤の特徴

1．全体性

紫微斗数の命盤中には十二宮があり、人生の全てを包括しています。

紫微斗数では、人生を大きく命宮《めいきゅう》・兄弟宮《けいていきゅう》・夫妻宮《ふさいきゅう》・子女宮《しじょきゅう》・財帛宮《ざいはくきゅう》・疾厄宮《しつやくきゅう》・遷移宮《せんいきゅう》・交友宮《こうゆうきゅう》・事業宮《じぎょうきゅう》・田宅宮《でんたくきゅう》・福徳宮《ふくとくきゅう》・父母宮《ふぼきゅう》の十二宮に分けています。

人の一生は命宮から始まります。その後は兄弟姉妹との関係が生じ、結婚して婚姻生活を送り、引き続き子供が生まれて、子供が生まれた後はお金の多寡を考えるようになり、財産ができた後は、往々にして身体の調子が悪くなり、身体の調子が悪くなったらとても遠い所へ行きます。

このように紫微斗数の命盤の配列順序は、非常に論理的です。

命宮の隣が父母宮と兄弟宮であるように、子供の時期は家の中の親族の影響を深く受けます。

福徳宮は、あなたの精神状態を表します。福徳宮が良ければ精神が安定し、福分が多く幸せを楽しめます。

田宅宮は、あなたの不動産、あるいは資産や住環境を指します。

事業宮は、あなたの事業の規模や仕事運、組織への適性を見ます。

交友宮は、あなたの交友状況を見ます。

つまり、私たちの人生は、この十二項目にすべて包括されますが、命宮のある場所は、分別した十二の場所のいずれか一つに属し、その他の宮は順に並べるため、一人ひとり異なることになるのです。

2. 独自性

誰なのかを問わず、一人につき一つだけの人生仕様があり、それは他の人と同じではありません。つまり、人それぞれの人生が存在します。誰かと同じ人生を歩むようなことはまずありません。

紫微斗数において、基本的な星の配列は十二種類に大別できますが、人を約二十六万種類に細分化しているため、重複したところを探し出すのは、初学者でなくても本当に容易ではありません。

そうした煩雑さもあって、紫微斗数は、数量化される必要があると考えています。数量化を経て、命盤を百四十四種類に集約させせられれば、血液型や星座の分類に比べても、詳細で精度の高いものになるでしょう。それがひいては学問化への道にもつながるはずです。

3. 変動性

十年ごとの大運に合わせて柔軟に調整します。十年ごとに大運は変化していきます。

人が天に勝とうとすることは奨励しません。趨勢に順うべきです。

ですから、運が良い時は、縦横無尽に突き進むことができます。傍らにいる人はみなあなたに道を譲るでしょう。一方、運が悪い時は、心ならずも折り合いをつけなければなりません。しかも人は一様にあなたのことを相手にしないでしょう。人生における運勢とは、このように奥深く繊細なのです。

4. 予知性

未来は変数が多数あり不確実なことこの上ありませんが、紫微斗数は未来の特性を予知する力を具えます。

たとえば、前もって綿密に人生計画を立てたとしても、日が経つにつれ気が変わったり、それをする必要がなくなったり、あるいは病気になったりします。なぜなら、人は機械ではないし、ある時は情緒的な要素に遭遇し思いもよらぬ事態を招いてしまうなど、将来は不確実性に満ち満ちているからです。

それでも、自分の将来をしっかり設計することが求められますし、何をやるにしても時間はとても貴重なものとなります。

ところが、紫微斗数は、時には行動を起こさず休むことを勧めます。特に運気が良くない時は、そのようにアドバイスします。ただ、運気が良い時は、積極的にならなければなりません。

4 紫微斗数で使う用語

次に、紫微斗数の星系を学びます。

主星は十四個あり、それ以外に六個の吉星と六個の煞星、及び四個の四化星があります。

通常は星の字面からその意味をすぐに解釈することができます。

●**主星**：紫微《しび》・天機《てんき》・太陽《たいよう》・武曲《ぶごく》・天同《てんどう》・廉貞《れんてい》・天府《てんぷ》・太陰《たいいん》・貪狼《どんろう》・巨門《こもん》・天相《てんそう》・天梁《てんりょう》・七殺《しちさつ》・破軍《はぐん》の十四

個の星曜を指します。

主星で、いわゆる吉凶善悪を判断できない場合は、他の星曜との配合でようやく吉凶の変化があります。

●禄馬：禄存《ろくぞん》と天馬《てんま》を指します。

●六吉星：六吉星には、文昌《もんしょう》・文曲《もんごく》・左輔《さほ》・右弼《うひつ》・天魁《てんかい》・天鉞《てんえつ》があります。一般に、昌曲、輔弼、左右、魁鉞と簡称します。

●六煞星：六煞星には、擎羊《けいよう》・陀羅《だら》・火星《かせい》・鈴星《れいせい》・地空《ちくう》・地劫《ちごう》があります。一般に、羊陀、火鈴、空劫と簡称します。

●四化星：四化星には、化禄《かろく》・化権《かけん》・化科《かか》・化忌《かき》があります。一般に、化禄、化権、化科の三星は主に吉です。化忌は主に凶です。

5 紫微斗数の基本用語

●天干（十天干）
甲・乙・丙・丁・戊・己・庚・辛・壬・癸

天干は、以下のように各々陰と陽に分かれます。
陽干：甲・丙・戊・庚・壬
陰干：乙・丁・己・辛・癸

●地支（十二地支）

子・丑・寅・卯・辰・巳・午・未・申・酉・戌・亥
地支は、以下のように各々陰と陽に分かれます。
陽支：子・寅・辰・午・申・戌
陰支：丑・卯・巳・未・酉・亥

●五行

木・火・土・金・水
相生《そうしょう》：木生火、火生土、土生金、金生水、水生木
相剋《そうこく》：木剋土、土剋水、水剋火、火剋金、金剋木

●地支の三合

寅午戌の三合は火局を形成。
申子辰の三合は水局を形成。
巳酉丑の三合は金局を形成。
亥卯未の三合は木局を形成。

●地支の六沖

子午の沖、丑未の沖、寅申の沖、卯酉の沖、辰戌の沖、巳亥の沖。

●宮位《きゅうい》

命盤を十二に分割します。各々に代表する意味があり、これを宮位と呼びます。

●本宮《ほんきゅう》

命宮を見る時は、命宮を本宮とします。財帛宮を見る時は、財帛宮を本宮とします。

●対宮《たいきゅう》

本宮と相対する宮を対宮と呼びます。地支六沖と同じです。

●借星《しゃくせい》

命宮にあたるところ、あるいは一つの宮に主星がない場合。つまり、紫微星など十四個の星曜が命宮にない場合には、対宮の主星および全ての星を借りて、本宮の主星としなければなりません。これを借星と呼びます。

●三方《さんぽう》

本宮を基準点にして時計回りに第五番目の宮、本宮から逆時計回りに第五番目の宮、さらに本宮の対宮を加えて、三方と呼びます。

●四正《しせい》

三方の宮に、本宮を加えて、これを四正とします。

●会照《かいしょう》

紫微斗数の星曜を実際の星辰になぞらえて、三方の宮にあって本宮の星曜を照らすことを、会照といいます。

●沖《ちゅう》

沖には広義と狭義の意味があります。

広義では、三方の宮にある星曜が、本宮に会照するのを指します。狭義では、対宮にあって本宮に会照する煞星あるいは化忌星を指します。

●廟旺平陥《びょうおうへいかん》

星曜を天上にある星になぞらえ、星の光度の強弱によって分類します。

およそ、星曜にはそれに相応しい宮があり、これを廟・旺といい、相応しくない宮を、陥あるいは落陥《らっかん》といいます。

光度による順序は、廟《びょう》・旺《おう》・地《ち》・利《り》・閑《かん》・平《へい》・陥《かん》となります。

●大限《たいげん》

命盤中で、人の一生で巡る運を、幾つかの段階に分けて、各段階を十年ずつとします。これを大限、または大運と呼びます。

●流年《りゅうねん》

当年の運気を流年と呼びます。

●小限宮《しょうげんきゅう》

これもまた流年が巡る宮のことです。小限宮は、出生年の地支によって定めます。

●陰陽男女

十個の天干には陰陽の区分があり、出生年の天干の陰陽から、男女の陰陽を定めます。たとえば、己卯年生まれなら、天干が己ですから陰で、男性は陰男、女性は陰女と呼びます。庚寅年生まれなら、天干が庚ですから陽で、男性は陽男、女性は陽女と呼びます。

●五行局

水二局・木三局・金四局・土五局・火六局を決定し、これを五行局とします。

水二局の人は、数え年の二、十二、二十二、三十二歳の年に十年の大限が代わります。木三局の人は、数え年の末尾が三歳になる年に、十年の大限が代わります。以下、金四局、土五局、火六局についても同様の考え方をとります。

第3章

十二宮および身宮の意味

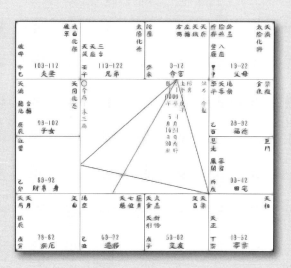

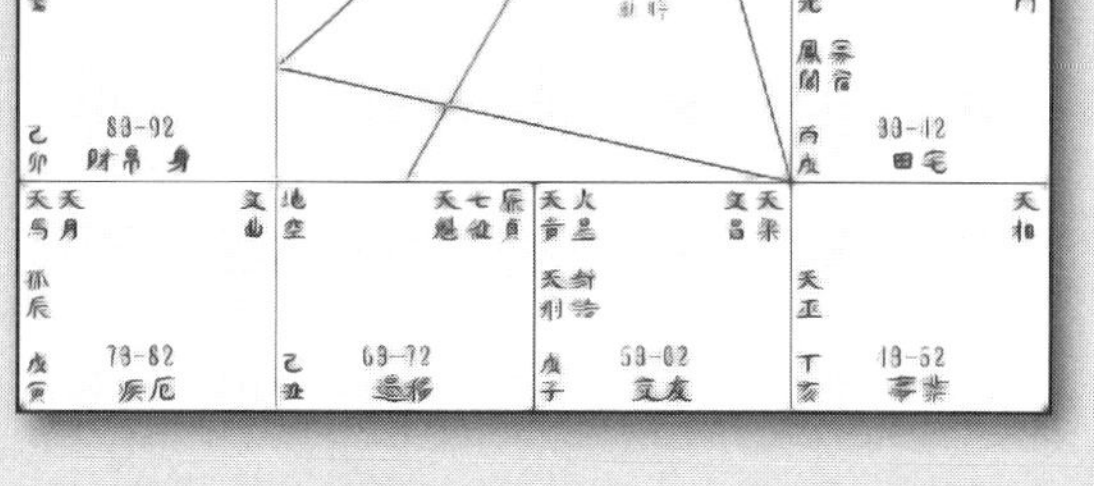

1 十二宮の意味

第2章でも簡単に説明しましたが、十二宮はそれぞれ、命宮《めいきゅう》・兄弟宮《けいていきゅう》・夫妻宮《ふさいきゅう》・子女宮《しじょきゅう》・財帛宮《ざいはくきゅう》・疾厄《しつやく》宮《きゅう》・遷移宮《せんいきゅう》・交友宮《こうゆうきゅう》・事業宮《じぎょうきゅう》・田宅宮《でんたくきゅう》・福徳宮《ふくとくきゅう》・父母宮《ふぼきゅう》、と名づけられています。

以下、それぞれの宮を簡単に説明していきます。

1. 命宮

命宮は紫微斗数の中で最も重要な宮位であり、私たちが紫微斗数を学習する上で最も重視する宮となります。命宮の命とは、「運命」「宿命」の「命」を意味します。

命宮の星曜の特性と人の基本的な命格は、非常に密接な関係があります。命宮の三方四正《さんぽうしせい》を通して、個人の命格の高低・富貴貧賤・性格・行動パターンから容貌に至るまでを見ることができるからです。いずれも命宮と切っても切れない相関関係があります。

2. 兄弟宮

兄弟姉妹宮、略称は兄弟宮といいます。この宮から兄弟の数、愛情・縁の深さ、およびサポートがあるかどうかを見ることができます。

古人も「兄弟とはすなわち友達」と言うほどで、そのため交友宮と兄弟宮は対宮となります。したがって、広義の兄弟宮ではあなたの友達も含むことになります。

また兄弟宮は、友人・同輩・同僚間の交際状況を反映するとともに、社交性があるかどうかや友人が自分に対し手を貸してくれるかどうかをはっきりと示します。

3. 夫妻宮

夫妻宮からは結婚状況を見ることができます。

配偶者の個性・容姿、相手への愛情や配慮の深さ、自分に対するサポートの有無、そして配偶者の心のありように至るまで、知ることができます。

もし夫妻宮に桃花つまり恋愛の星が多ければ、現代社会で推し量ると、男性は自分自身に桃花が多くなります。女性は自分よりもかえって夫に桃花や浮気の有無を見てとります。

また、夫妻宮の対宮は事業宮であるため、男女の愛情や婚姻生活と事業の発展は切っても切れない関係になります。男女平等など叫ばれていますが、まだまだ父系社会が根強い国も多いので、妻の力添えで立身出世できるのか、あるいは結婚や家庭が事業に好影響を与えるのかは、男性側の星曜の吉凶を見る必要があります。

4. 子女宮

子女宮は、子供の数の多寡・性格・成功および自分との縁が深いかどうか、将来子供が頼りになるかどうかを見ることができます。また、広義の意味では、地位や年齢が下の者などを意味します。

子女宮は、往々にして人生で第四番目の大限となるため、人生の成敗にあたる重要な十年といえます。子供が成功するかしないか、祖先の名を上げられるかどうか、自身の晩年の良し悪しは面倒を見る人がいるかどうかに関わるため、昔の女性は子女宮を最も重視しました。「母は子によって貴となる」からです。

また、子女宮が悪い場合は、一般的には夫婦間の愛情にも影響を与えます。

5. 財帛宮

お金は人が生きていくための源であるため、財帛宮は、一般に人が最も重視する宮となります。

この宮から、一生における財運、どのくらいの財を得るのか、安定した財運なのか一過性の財運なのか、金銭処理能力の有無や収入の状況を見ることができます。さらに大限と流年の配合から、お金が入る年と散財する年を割り出すことができます。

財帛宮の対宮は福徳宮になるので、お金の多寡と福分はとても大きな関連があります。財という物質的充足と福分という精神的充足は、二律背反の関係でありながら人生にとって双方捨てがたいものであるからです。

6. 疾厄宮

疾厄宮は、一個人の健康状況、つまり健康状態、体質などを見ることができます。

遺伝的な疾病があるかどうか、どの器官が弱いか、あるいはどのような病気に罹りやすいのかは、この宮によって推測できますが、命宮の星曜を参考にする必要があります。たとえば、命格の高低・強弱も健康の良し悪しに影響を与えるからです。

また、疾厄宮の対宮は父母宮ですので、父母の状況もまた自身の健康に関わりがあります。遺伝的要素や父母の幼少時のあなたへの育児の仕方如何によっては、いずれも将来の身体状況に影響します。

さらに、発病するのかどうか、あるいはいつ発病するのか、については、運の巡りと関わりがあるので、疾厄宮が悪いと、遅いか早いかの違いがあるだけで必ず発病します。趨吉避凶して永く無事と健康を保つには、早めに良い人生計画を作り、健康管理に努めることが大事になります。

7．遷移宮

遷移宮は、外出や旅行、転勤など移動に関すること、あるいは引っ越しの吉凶を表します。外出時に無事なのか、身分や地位の高い人の助けがあるのか否か、学業・事業は出生地に留まるのか、あるいは別の土地で上首尾となるのか、などを大まかに見ることができます。

遷移宮に吉星がある人は、別天地で身分や地位の高い人に逢います。そこで支援を受けて、物事を発展させた方が地元に留まるより良い結果を得られます。反対に、遷移宮に煞星が満ち溢れているなら、外出や遠い土地への移転には適合しないかもしれません。元々の場所に留まるか、出生地で結果を出すことを考えたほうが効果的です。

また、遷移宮の対宮は命宮です。この宮の吉凶から、命格の高低、人生のめぐり合わせに重大な関連があることがわかります。

8．交友宮

交友宮を、古人は「僕役《ぼくえき》」あるいは「奴僕《ぬぼく》」宮と呼びました。

一般的には、交友宮が安泰なら対人関係は良好であり、煞星あるいは化忌に逢えば友達が原因で損失を受けます。

交友宮は命宮の三方四正にないことから、吉星が多すぎると、煞星は必ず命宮の三方四正に集中します。そのため、交友宮に禄星を見るのはまったく適していません。

化禄が交友宮に入ると、往々にして「成功も失敗も友だち次第」ということになります。もし、禄存が交友宮にあれば、命宮は必ず擎羊・陀羅の二大煞星に遭い、報われません。

また、交友宮の対宮は兄弟宮ですので、この宮の吉凶は兄弟姉妹との愛情にも深い影響を与えます。兄弟姉妹が家庭内の人間関係とすれば、友人は社会の人間関係として対をなすからです。

9. 事業宮

事業宮は、古くは官禄宮《かんろく》と呼ばれていました。この宮から、従事する仕事と性質、事業選択と一生の発展具合、事業成功の可否、財源の多寡と社会的地位の高低などを見ることができます。

事業宮に吉星が多ければ、公職に就くと有利に働きます。財星が多ければ、商売を営むのに適しています。もし事業宮に煞星が多ければ、往々にして孤軍奮闘せざるを得ず、自分の手腕に頼らなければ生計を立てられません。この時、もし独特なスキルがあれば、名声と利益を得られるでしょう。

また、事業宮の対宮は夫妻宮ですので、結婚と事業は表裏一体の関係にあります。事業の成功の可否は配偶者の尽力によるところも大きい人はたくさんいますし、配偶者の資金援助を受けて大業を成す人も多いでしょう。一方で、結婚による環境の変化や配偶者の浮気・不倫に振り回され情緒不安定になったりすることで、事業に支障を来すこともあります。すべて夫妻宮の吉凶の影響を受けるのです。

10. 田宅宮

田宅宮から、住環境や一生の買い物である不動産の状況が見てとれます。

田宅宮は個人の財庫を表します。中国の伝統的な「土地があれば、すなわち財がある」の観念に従えば、この宮が良い人は、通常、多くの不動産を所有します。また、広義の意味で言えば、田宅宮は、勤め先や仕事環境も含まれます。

また、田宅宮が悪いというとき、居住地あるいは先祖の墓の風水が良くないのを表していることもあります。

田宅宮の対宮は子女宮ですので、田宅宮の良し悪しは、子女の運命と将来に大いに関係があります。したがって、もし住宅運が悪ければ、子女の精神状態に影響します。

11. 福徳宮

福徳宮は、福気・福分とも解釈できますが、個人の人生観および心理・精神状態、すなわち内的世界を表しています。

煞星が福徳宮に入る人は、他の人に比べて悩みが多いでしょう。これは労碌《ろうろく》の命と呼ばれ、たとえ福があっても享受することができません。

福徳宮に吉星が多い人は、容易に「足ることを知り、いつも幸福」です。これも命が良いと言えます。

福徳宮の対宮は財帛宮ですので、福徳宮の良し悪しは、財運と重大な関係があります。したがって、人生を愉しむ心を持って楽観的に物事に取り組めば、財貨を増加する助けになります。

12. 父母宮

父母宮は、その人と父母との縁の深さや父母が健全であるか否か、および父母のあなたに対する育児の仕方はどうか、あなたに十分なサポートを与える家庭環境であったどうかを表しています。

父母宮は、古くは相貌《そうぼう》宮と呼ばれていたこともあり、命宮を見るのを除き容貌や顔つきは、父母宮とも関係があります。俗に「龍は龍を生み、鳳は鳳を生む」と言われますが、「子は親に似る」という遺伝的な表れです。

広義の意味での父母宮は、自分と年長者との情愛の深さの指標となります。したがって、父母宮の良い人は年長者の引き立てと援助が期待できます。

また、父母宮は疾厄宮の対宮ですので、この宮の吉凶は、自分の健康状態にも関係しています。父母宮が不吉な人は、身体的な調子も優れず、あるいは遺伝的な疾病があります。

2 対宮の影響力

命盤上、宮の相対的な位置が、すなわち対宮です。これらはお互いに影響し合います。ここでは、財帛宮、疾厄宮、遷移宮、交友宮、事業宮、福徳宮、父母宮については前述しましたので、残りの命宮、兄弟宮、夫婦宮、子女宮について簡単に説明しておきます。

命宮の対宮は、遷移宮です。つまり、人の運命を好転させるための場所やその良し悪しがわかります。これは、新天地へ行ったほうが良いのか、故郷に残ったほうが良いのかを判断するということです。

兄弟宮の対宮は、交友宮です。古人は「兄弟は友人の如し」と言い残しています。

夫妻宮の対宮は、事業宮です。たとえば、ある人の事業は配偶者の力添えを頼りにしています。またある人は夫婦仲が険悪といったような感情的な要因から事業にもマイナスの影響を受けます。

子女宮の対宮は、田宅宮です。子供の生育と住環境には関係があります。子供があると、往々にして住環境の良し悪しを考慮し、移転するべきかどうか悩みます。

3 身宮の意味

身宮《しんきゅう》は、紫微斗数において最も特殊な宮です。

十二宮の宮のうち、命宮・夫妻宮・財帛宮・事業宮・福徳宮・遷移宮の六個の宮だけに属します。

この六個の宮は、常に命宮の三方四正にあってお互いを照らし合っていて、比較的自力で改変することができます。したがって、自分自身の宮であるとも言えます。

命宮と身宮の二つの宮は、互いに影響し合います。命宮が表、身宮が裏の関係で、表裏一体になって共同で作用します。言い換えると、人の一生や行動パターンは、命宮と身宮にある星曜の総合表現となります。

身宮がある宮が同じでなければ、運命もまた違ったものになります。

『紫微斗数全書』骨髄賦に、「命宮が良く、身宮が良く、大限が良ければ、老いに到るまで繁栄する」とあります。

命宮と身宮が良い格局であり、十年の大限と流年が吉曜に逢い陣形を助けていれば、一生富貴であるという意味です。

また、命宮が良い人は人生の早い時期の運が良く、身宮が命宮よりも良い人は、人生の遅い時期の運が他の人に比べて良くなります。おおまかにいえば、命宮は先天運、身宮は後天運を表しています。

そのほか、身宮は、晩年への影響がとても大きくなります。したがって、疾病や健康状態を推し量るときには、疾厄宮を見るのを除き、身宮にある星曜の吉凶を見なくてはなりません。

1. 身宮が命宮にある人

子刻・午刻に生まれた人は、命宮と身宮が同宮します。

星の性質の表れ方は集中し、強くはっきりしています。年をとればとるほど、頑固な特性が出てきます。

命宮と身宮が同宮し、吉星が会照していれば、比較的良い面が現れます。もし星曜が不吉なら、運命もまた多難で苦労があるでしょう。

2. 身宮が夫妻宮にある人

巳刻・亥刻に生まれた人は、身宮は夫妻宮になります。

この宮の人は、パートナーとの愛情を最も気にかけ結婚をとても重視しますが、相手の愛情に対して執着するタイプです。

また、35歳以前は配偶者を一番に考え、35歳以降は家庭的な責任に専念します。

3. 身宮が財帛宮にある人

辰刻・戌刻に生まれた人は、身宮は財帛宮になります。

この宮の人は、お金の多寡を一番気にし、それにのめり込みます。お金に対する要求は身宮が財帛宮の人にとっては標準という感覚ですが、普通の人と比べると高いでしょう。

また、財運が良い時は人生を謳歌しますが、財運が悪い時はたとえ他の宮が良くても楽しめません。

4. 身宮が事業宮にある人

寅刻・申刻に生まれた人は、身宮は事業宮になります。この宮の人は、仕事を重視し、それに没頭します。また、地位や名声を重んじ、事業の成功に人一倍注意を払います。

星曜が吉であれば、事業は好調に推移するでしょう。

5. 身宮が福徳宮にある人

丑刻・未刻に生まれた人は、身宮は福徳宮になります。

この宮の人は、精神的な喜びや幸福感を重視します。しかし、福が得られるかどうかは、宮の吉凶を見なければいけません。煞星が多いと、これはあくせくと懸命に働く労碌の命となります。

福徳宮が良い人は福分も高いので、危険な状況に陥っても、ほとんどが窮地を脱して無事乗り越えられます。

6. 身宮が遷移宮にある人

卯刻・酉刻に生まれた人は、身宮は遷移宮になります。

この宮の人は、出かけたり移動したりする機会が人より多くなり、一か所に長く留まることができません。

ただし、見も知らない地や海外へ行ったほうが良いかどうかは、宮の吉凶から判断します。

最も良いのは、生まれ故郷を離れ、よその土地で事業を発展・拡大させることです。もし、遷移宮の星曜が不吉でなければ、出生地を離れて遠い場所で事業を開拓し成功に導くことができます。

第4章

星曜の特質と十二宮における吉凶

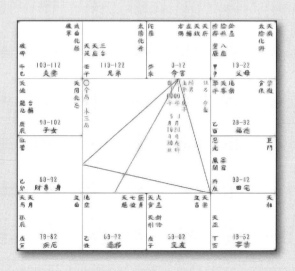

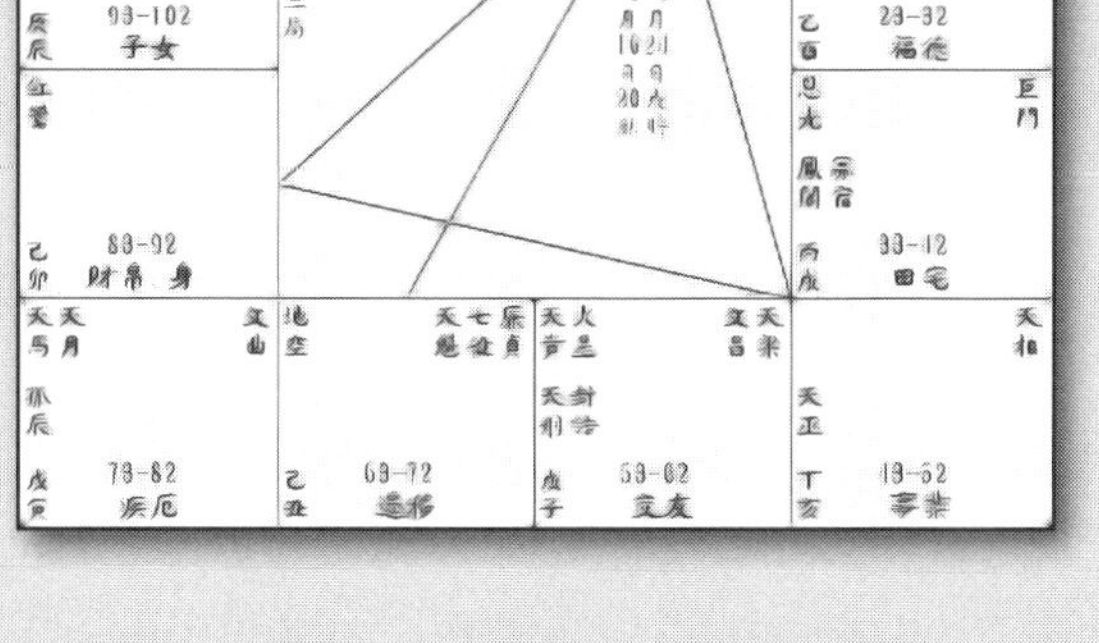

1 十四主星

紫微斗数の星の中でも特に押さえておきたいのが、下記に挙げる、紫微《しび》・天機《てんき》・太陽《たいよう》・武曲《ぶごく》・天同《てんどう》・廉貞《れんてい》・天府《てんぷ》・太陰《たいいん》・貪狼《どんろう》・巨門《こもん》・天相《てんそう》・天梁《てんりょう》・七殺《しちさつ》・破軍《はぐん》の十四個の星になります。

これを十四主星と呼びます。

以下、簡潔に説明していきます。

1. 紫微星

特性：尊貴。権威。覇気。よく変わる。化煞。
喜忌：文昌・文曲、左輔・右弼、天魁・天鉞などの吉星が集まるのを喜びます。吉星がなくてかえって煞星に逢うのを忌みます。ただし、それに比べて火星・鈴星を忌みません。
星性：紫微は土に属す。陰。北斗正星に属し、北斗諸星の首領。中天の尊星となす。帝座となす。官禄の主。爵禄の管理を司ります。尊貴の星となす。主に厄を解く、覇気で制圧する、寿命を延ばします。

《紫微星が十二宮にある意味》

命宮：紫微が命宮にある人は、気質は並外れて勝気で芯が強いです。この人の長所は、卓越した管理能力と統率力があることで、短所は、他人の意見を聞き入れて気が変わりやすく、優柔不断に陥ることが多いことです。煞星に逢えば、小さなことにも我慢できず癇癪を起こします。

もし、人からの協力を得られて才能を完全に発揮できれば、一生の栄華と富貴を享受することができますが、高慢で自負心が強いことから、自己弁護を心得ており、いつも人に利己的な印象を与えます。

紫微は帝王の星ですから、三方四正に吉星の補佐があるべきです。たとえば、左輔・右弼、天魁・天鉞、左輔・右弼、文昌・文曲などです。これらがある場合は、事業は成功して豊富な財産と権力を得られます。

また、紫微は、化権・化科を喜びますので、リーダーシップを発揮し、自然と高い地位に就きます。吉化した紫微は、化煞の能力もあるので、厄を解き、災いを防ぐことができます。

ただし、煞星が多いのに吉星に逢わない場合、たとえば火星・鈴星、陀羅・擎羊の四煞に逢い、吉星の会照がなければ、孤独な人生を送ることになり、孤高な自己に溺れてしまいやすくなります。そうなると、独断専行、心の中は空虚となり、苦労を強いられます。

兄弟宮：兄弟の中に、地位が高く、権力のある人がいます。煞星が多くあると、心を一つにできません。年齢は比較的離れています。

夫妻宮：配偶者の容貌は魅力に溢れます。それだけでなく、内助の功がありますが、支配欲は人一倍強くなります。趣味や関心は合致しません。

子女宮：子供は優秀で才能と知恵がありますが、プライドが高く傲慢です。

財帛宮：財産の所有権を握ります。ただし、表面は羽振りがよくても、実質的な財産は豊かでないことが多いようです。

疾厄宮：紫微は土に属し、陰土の病を主ります。胃腸病に罹りやすく、脾胃虚弱で栄養吸収が悪く、気血不足の症状に至ります。

遷移宮：他の土地へ行くと身分と地位の高い人の支援を受けられます。それによって権勢を得ることができて、人から尊敬を受け重んじられます。

交友宮：友達は権威を持っています。ただし、往々にして影響力は人より強いのに、大きなサポートは期待できません。つまり、友達は誠意に乏しく、義が少なく、冷酷な面があります。

事業宮：仕事は安定しています。また、指導力と統率能力が強いので、ある程度の成功を収めます。その多くは自分で始めた事業です。

田宅宮：多くは大邸宅・高地・高層ビルに住んでいます。政府や公的機関、あるいは大企業に勤務しています。

福徳宮：意気込みが高く、野心に満ち満ちています。

父母宮：容貌は穏やかで落ち着いています。家庭教育は万全であり、しつけも厳格です。

2. 天機星

特性：融通。知恵・謀略。幻想。計画。機敏。変動。思考。

喜忌：諸吉星を喜びます。特に、文昌・文曲、天魁・天鉞を喜びます。諸凶星を忌みます。煞星に対し抵抗力が比較的弱く、特に化忌を恐れます。

星性：天機は木に属す。陰。南斗正星に属し、南斗第一の星となす。「善」に化す。兄弟の主となす。

《天機星が十二宮にある意味》

命宮：天機が命宮にある人は、生来、聡明です。温厚で言動が礼儀正しい性格の持ち主です。頭の回転が速く機知に富み、着想が鋭く駆け引きに長けています。企画力、分析能力が高く、弁舌の才もあります。また、思考と行動の変化が速く、せっかちなところがあります。

才芸については多く学ぶけれども精通せず、実利に結びつくことが少ないです。幻想を抱くことが多いのも原因で、小さなことに拘り、つまらないことに頭を悩まし、難癖をつける傾向があります。
命宮が天機の人は、細やかな心と優しさを具えていますが、それがかえって異性との縁を複雑にし、そのため感情面での混乱も招きやすくなります。
人の上に立って司令を出したがりますが、自らも奔走し、かえって骨折り損のくたびれもうけになりがちです。
長所は、事業や資金面で新規開拓できることと、よその土地に行き事業を軌道に乗せ、利益が得られることです。短所は、気分がすぐに変わりやすいことと、余計なことまで考えて心配をすることです。
女性は、剛柔を併せ持つ良妻賢母タイプで、往々にして貴婦人となります。

兄弟宮：兄弟の数は少ない。各々が自分の考えをしっかりと持ちます。煞星を見る場合、兄弟は不仲で、訴訟が起きたりします。

夫妻宮：わがままな振舞いによって、変化が生じやすくなります。煞星を見れば分離します。双方の親族同士は不和です。

子女宮：子供の数は少ない。あるいは、かなり年をとってから子供を得ます。

財帛宮：お金は入って来てもすぐに出ていきます。そのため、お金を貯めることができず、入ってきたお金は全部使ってしまうので、破天荒な生活を送ります。また主に投機で財を得ます。

疾厄宮：天機は木に属します。肝は木を主ります。主に肝臓・胆のうの病気が多く、肝木が旺ずれば、すなわち主に肝陽上亢《かんようじょうこう》となり、めまい・かすみ目、重症な場合は中風になります。また四肢に意外な外傷を受けやすくなります。

遷移宮：遠くへ行く機会が多くなりますが、一か所に長く滞在することは少ないでしょう。

交友宮：友人との義理人情を重んじ、情愛を大切にします。また人を軽々しく信じすぎるため、友情にひびが入りやすくなります。

事業宮：計画を立て、あれこれ実現をはかるので、権力者の参謀となるか、単独である方面を担当することが多くなります。また、兼業することが多く、一つの職業に専念することはありません。

田宅宮：変化変動が多く、賑やかな歓楽街や盛り場に居住しがちで、静かな環境を求めても得られません。

福徳宮：せっかちですが心はいたって善良です。謀略に長けています。どうでも良いことにこだわりやすく、繰り返しの多い性格です。

父母宮：幼い頃に家を離れるか、親との縁が薄くなります。煞星を見れば、親と離れ離れになりやすくなります。

3. 太陽星

特性：貴星。率直。外向的。動くことを好む。名声。功名。包容力。

喜忌：太陽が寅卯辰巳午の宮にあるのを喜びます。日中に生まれた人は、吉化した太陰を喜びます。申酉戌亥子丑の宮にあるのを忌みます。陥宮にあれば労碌の命。煞星・化忌が会う太陰を忌みます。

星性：太陽は火に属す。陽。南北斗の中天の吉星となす。「貴」に化す。官禄の主となす。同じく中天の吉星の太陰とは日月と称します。

《太陽星が十二宮にある意味》

命宮：太陽が命宮や身宮にある人は、正々堂々としていて、明るく朗らかで裏表のない性格です。また、遠慮なく思ったことをはっきりと口にしますが、心は広く寛大で、他人と比較して羨んだり、言い争いをしたりはしません。しかし、身分や地位の高い人に近づき、名声と地位を重んじ、利を軽んじる傾向もあります。
一方、女性は、外向的でさっぱりとした気性の持ち主ですが、男勝りで気概のある性格です。また、人付き合いが良く、他人に親近感を与えるだけでなく、頭を働かせ、骨折りを惜しまず、公務処理も難なくこなせる柔軟性を備えています。

兄弟宮：吉星に逢えば、主に貴となり、兄弟姉妹は身分が高くなります。煞星に逢えば、紛争が多く仲が悪くなり、足手まといになりやすいでしょう。

夫妻宮：配偶者は、家庭を大事にする、率直で開放的な性格の持ち主です。また、せっかちですが頭の回転が速い人です。

子女宮：子供は優秀で、名声と人望があります。男の子を得ます。太陽が陥宮にあれば、多くは女の子が生まれます。

財帛宮：資産を運用するのが好きです。収入は不足しませんが、貯蓄は得意ではありません。

疾厄宮：太陽は火に属します。太陽が旺宮にあれば、太陽の光が強すぎて、めまいや高血圧に罹りやすくなります。心は火であり、血を主るので、血液の病気になりやすく、また眼も主るので、近視や乱視になります。もし、日月同宮であれば、日月の一つの星が落陥になりますので、陰陽の不調、多くは免疫系の疾病を引き起こします。

遷移宮：故郷を離れてよその土地へ行くと好機をつかみ、信任を得ることができます。身分や地位の高い人に近づくことで道が開かれますが、一方であくせく働き奔走します。

交友宮：人を助け、施すことを好みます。人付き合いが良く有名な友人が多い反面、実力の伴わない名声や評判倒れのことが多く、恨みを招きかえって面倒をかけやすい。

事業宮：事業は成功し、名声と利益が得られます。ただし、落陥していると、最初は勤勉ですが、だんだんと怠けがちになります。

田宅宮：代々受け継いできた事業を引き継ぐことが困難となり、それが原因で口論や争いを生みます。

福徳宮：外向的で動くのが好きです。体裁を気にして見栄を張ることが多いので、外見は楽しそうですが、出費の面などで内心は苦悶しています。

父母宮：吉星に逢えば、幼い時に寵愛を受け、エリート家系です。煞星に逢うといざこざが多く、父母との縁は薄くなります。

4．武曲星

特性：蓄財。頑固。勇敢。孤独。

喜忌：諸吉星を喜びますが、それに比べて文昌を喜びません。諸凶星を忌みます。特に、鈴星・陀羅・化忌を嫌います。

星性：武曲は金に属す。陰。北斗正星に属し、北斗第六の星となす。「財」に化す。財帛の主となす。天に在っては寿を司り、数に在っては財を司ります。剛毅果断な性格は、喜びあり怒りあり、福になり災いにもなります。

《武曲星が十二宮にある意味》

命宮：命宮に武曲がある人は、性格が正直で不屈の精神の持ち主です。また、頭脳明晰な上に勇気ある行動がとれる文武両道な人です。武曲は財星であることから、計算高く、自己中心的な面があり、理知を重んじながら頑固な一面も持ちます。つまり現実的であり自信家です。星の性質は極めて強く烈しいです。

武曲と文曲は密接な関係があるため、文曲が同宮あるいは相互に会照するかどうかは極めて重要であり、吉凶判断の鍵となります。
この宮の女性は、勇気があり、めったに弱音を吐かない性格の持ち主です。結婚してからも仕事を持ち家庭の実権を握ることが多いため結婚には不向きであり、家計を多く負担するはめに陥ります。

兄弟宮：兄弟みな勇猛果敢な性格のため、各々の助力は得難く、仲は良くありません。

夫妻宮：配偶者も自分も勇ましさを持っていますが、性格は同じではありません。早婚は良くありません。

子女宮：武曲は孤独な星宿であるため親族子女には不利です。年を取ってから男の子に恵まれ、大器晩成します。

財帛宮：武曲は財星に属し、禄星に逢えば吉と化します。大きな富と高い地位を得ます。吉の星曜の会照がなければ、お金を得るのに苦心し、懸命に働きます。

疾厄宮：武曲は金に属します。肺は金に属するため、主に呼吸器疾患に気をつける必要があります。金気は粛殺の気でもあるので、主に金属による傷や、意外な事故や怪我に遭います。煞星を多く見れば、命を失いかねない災難に遭います。

遷移宮：故郷を離れてよその土地へ行くと利益があり、財を得ることができます。

交友宮：飲食を共にする友人が多い反面、利を重んじ友を軽んじます。

事業宮：軍隊や警察が適職です。あるいは財務管理、商売に従事するのも良いでしょう。

田宅宮：祖先の財産を引き継げます。自分自身でも不動産を得られます。商業地区・軍隊や警察のある場所に居住することが多くなります。

福徳宮：福分があり幸福を享受できます。もし煞星に逢えば、肉体的にも精神的にも労苦があります。

父母宮：父母は頑固で意地っ張りな性格です。若い頃は環境に恵まれず、父母あるいは自分に災いや病気が多くなりがちです。

5. 天同星

特性：福徳。享楽。更新。解厄。制煞。
喜忌：諸吉星を喜びます。化禄はかえって擎羊を見るのを喜びます。
諸凶星を忌みます。特に化忌を恐れます。
星性：天同は水に属す。陽。南斗正星に属し、南斗第四の星となす。「福」と化す。福徳宮の主宰となす。
厄を解き煞を制化する効能があります。

《天同星が十二宮にある意味》
命宮：天同が命宮や身宮にある人は、穏やかな性格の持ち主です。楽観的であるため幸せが訪れる星となります。感情を重んじる反面、気分は変わりやすく、あまり積極的ではありません。
天同の享楽性は、権力、もの、お金といった物質に執着し、生活上の品質を重んじます。その一方で、新規に切り開き何かを始める力が足りず、そのため保守的になりすぎます。
天同に化禄がついて吉化すれば、かえって煞星を喜びます。火星・鈴星・擎羊があれば活性化します。
天同に化忌が付く場合は、地劫・地空を恐れません。かえってその知恵を増すことで、むしろ特殊な成就をすることがあります。ただし大多数はたとえ福があってもそれを享受できません。
兄弟宮：入廟すれば兄弟は多く、共に福を楽しむことができます。ただし、天同は福星なので、共に苦しみや悩みを分かち合うことはできません。
夫妻宮：年齢に差があれば吉です。そうでない場合は、別居する可能性もあります。
子女宮：子供の多くは成功します。感情的に打ち解け合い、うまくいきます。

財帛宮：無一文から一代で財を築くことができます。段々と裕福になります。
疾厄宮：天同は水に属します。ゆえに腎臓や膀胱などの排泄系統の疾病、および分泌系統、たとえば涙腺・乳腺などの疾患に罹りやすくなります。
遷移宮：故郷を離れてよその土地へ行くと、身分や地位の高い人の支援を得られ、成功することができます。
交友宮：交際範囲が広く、利益をもたらす友だちを得ます。
事業宮：新規事業を自分で始めます。初めは苦難に満ちていますが、だんだんと発展・成功します。
田宅宮：無一文から家を興します。自分で稼いだお金で不動産を買います。
福徳宮：生活上の品質を重視します。楽天的で福分があり、それを楽しむことができます。
父母宮：両親が揃い、相剋はありません。年長者から引き立てを受けられます。

6. 廉貞星

特性：廉潔。正直。桃花。
喜忌：天府・天相および禄存などの吉星を喜びます。貪狼・破軍を喜びません。諸凶星を忌みます。特に擎羊・化忌を恐れます。
星性：廉貞は火に属す。陰。北斗正星に属し、北斗第五の星となす。「囚」に化す。桃花第二の星。事業宮にあれば官禄の主となす。命宮・身宮にあれば権威があり次桃花となす。

《廉貞星が十二宮にある意味》
命宮：廉貞が命宮にある人は、良くも悪くも変化が多く、つかみにくい性格を持ちます。廉貞が命宮や身宮にあると、世間の汚れに染まらず自分を大切にし、必要以上に卑下しません。ただし、感情を重視するがゆえに、かえって感情が元で物事を誤りやすい傾向があります。
廉貞は吉星に逢えば、心は慈しみに溢れ優しく、凶星に逢えば心は冷酷薄情で義は少なくなります。
廉貞が命宮の人は、外見の美と実質がよく調和しており、上品で礼儀正しく、愛情面はひたむきで、愛憎がはっきりとしています。また、新しいものを好む傾向があり、古いものを嫌います。
女性は、清廉潔白で、自身をよく守り、夫をよく助けて事業を成功させます。

兄弟宮：和やかで感情を重んじます。ただし、破軍と同宮するのを喜ばず、もし同宮すれば心を同じにできません。

夫妻宮：女性には不都合です。煞星を見れば分離しやすいです。

子女宮：男の子を得ます。感情を重んじ、縁は比較的深いです。

財帛宮：徐々に上向き、やがてお金は蓄積して裕福になります。

疾厄宮：廉貞は陰火に属します。心は火、主に血ですので、血管の疾病に罹りやすくなります。たとえば、循環器系統・心臓・血液・膿血《うみち》の症状。生殖器系統では女性の生理症状、および免疫系統では白血病などがこれにあたります。

遷移宮：よその土地に行ってお金を稼ぐのがよいでしょう。化忌に逢えば、お金が原因で災いが生じます。

交友宮：交際範囲は広く、友人により財を得ます。成功失敗と友人とは重大な関係があります。

事業宮：事業は成功します。利己心がかなり強いため、仕事あるいは事業の多くは独立します。

田宅宮：煞星に逢えば、先祖代々の事業を継ぎません。吉星に逢えば仕事や事業を継承できます。

福徳宮：福が厚く、楽しみを享受できます。煞星に逢えば、心を煩わし苦労があります。

父母宮：容易に子供との間に溝ができます。あるいは不利な両親です。

7. 天府星

特性：才徳兼備。裕福。怠惰。消極。財庫。
喜忌：諸吉星を喜びます。特に化禄・禄存を見るのを喜びます。
　諸凶星を忌みます。しかし化禄は擎羊・陀羅、火星・鈴星を忌みません。
星性：天府は土に属す。陽。南斗正星に属し、南斗諸星の首領となす。「令星」と化す。財帛の主宰。福権を司る星宿。

《天府星が十二宮にある意味》

命宮：天府が命宮にある人は、穏やかで落ち着いた性格で、広く深い学識を持ちます。そのため、心が広く、度量も大きく、目先の利を貪りません。ただし、保守的な面も持ち合わせます。また、現実性に乏しい考え方をしやすい傾向があります。

　長所は、人として誠実で思いやりがあります。責任感が強く、公職に従事しても商売を営んでも、どれもみな成果があります。金銭的に不自由しない状況であれば、他の人と一緒に幸福を享受できます。

　短所は、独断独行な面があり、環境が自分の思い通りにいかない場合に、狡賢い面が出てきます。しかし、やはり指導者になることができます。非正業の仕事に就くこともあります。

　特に注意したいのは、女性の才能と気迫が夫を凌駕することです。それが原因で、結婚は理想通りにはなりません。最も好ましいのは、夫婦の年齢が比較的大きく離れている、あるいは女性が男性より年上であることです。

兄弟宮：兄弟の数は多くなります。かつ多芸多才です。

夫妻宮：配偶者は感情を重んじ、多大な支援をします。男性は美しい妻を娶り、女性は、夫の実家で名誉と立場を得ます。

子女宮：子供の数は多くなります。子供は聡明かつ親孝行で仕事の業績も上げます。

財帛宮：財産があってそれを守ることができます。多くは裕福です。煞星に逢えば、貯蓄は空となり、もめ事が多くなります。

疾厄宮：天府は陽土に属します。脾胃は土に属しますので、脾が健やかさを失う運に入ると、脾胃虚弱となり気血不足の病になります。もし消化機能の働きを失うと痩せる、あるいは太ります。栄養が不均衡の症状です。

遷移宮：よその土地へ行くと福を得られます。身分や地位の高い人からの支援があります。

交友宮：交際範囲は広く、吉星に逢えば、友の助力を得ます。煞星に遇えば、恩を仇で返されます。

事業宮：事業は順調です。比較的保守的なため、安定の中で発展を求めていきます。

田宅宮：自分で稼いだお金で高層住宅や大邸宅に住みます。不動産を多く所有し、また家業をよく守ります。

福徳宮：一生涯福が厚いです。生活上の品質を重んじますが、保守的なので新しいことに挑戦することは少ないです。

父母宮：両親が揃っています。関係は和やかで、刑剋はありません。

8．太陰星

特性：財富。上品。物静か。自制的。

喜忌：諸吉星を喜びます。特に化禄・吉化した太陽を喜びます。諸凶星を忌みます。特に擎羊・陀羅と陥宮にある化忌を忌みます。

星性：太陰は水に属す。陰。南北斗中天の吉星となす。「富」に化す。天体の月を表します。母星・妻星です。田宅の主となす。

《太陰星が十二宮にある意味》

命宮：太陰が命宮にある人は、温和な性格です。内気ではずかしがり屋です。多芸多才であり、かつ人の考えをよく理解します。

長所は、容易にお金を増やして財産を築くことができる点で、短所は、一生の間に必ず苦労して働く過程を経なければならないことです。そして、ようやく成功することができます。無一文から財をなす典型的なタイプです。

子供の頃は、生活が苦しかったり、あるいは災難に遭ったり病気になったりします。父母との縁は薄く、愛情面で傷を負いやすい傾向を持つので、配偶者との年齢が大きく離れている、もしくは、女性が男性よりも年上であるのが良いでしょう。

煞星を見れば、外見は上品で物静かですが、内心はせっかちです。

兄弟宮：旺宮にあれば兄弟は多く、縁が深く情も濃いです。落陥であれば縁は薄いです。煞星を見れば兄弟は少なくなります。

夫妻宮：男性は、賢く美しい妻を娶ります。女性は、才徳兼備の夫を得ます。口げんかは多いけれども、相互に助け合うことができます。

子女宮：子供は容姿端麗で、社会で有用な人材となります。父母との縁は深いです。

財帛宮：太陰は富を主ります。吉星に逢えば不動産が多く、大富の格局です。

疾厄宮：太陰は陰水に属しますから、陰虚による病気が多くなります。腎は水を主り、腎気不足、腎虚、また腎臓病・糖尿病、神経系統・眼疾・婦人の陰虚などの病に罹りやすくなります。

遷移宮：生まれ故郷を離れると人との良い縁が得られます。旺宮にあれば、身分や地位の高い人の援助が多くあります。商いを営めば繁盛し一財産を築きます。

交友宮：利益をもたらす友達と交流します。特に異性の友達の助力が多くなります。

事業宮：太陰は田宅宮を主ります。不動産サービス業に従事するほか、文化公益事業に取り組むのも良いでしょう。

田宅宮：土地など不動産を多く所有するだけでなく、不動産業で裕福になれます。多くは豪邸か高級住宅街に住みます。

福徳宮：太陰は「静」を主るため、静かな環境を好みます。福分がありよく享受することができます。煞星に逢えば、心配でたまらず、静けさを欲しても得られません。

父母宮：吉星に逢えば、両親は揃っています。落陥し化忌があれば、父母に災いや病気が多くなります。

9. 貪狼星

特性：固執。欲望。桃花。才芸。

喜忌：諸吉星を喜びますが、しかし文昌は喜びません。化禄があれば、むしろ火星・鈴星を喜びます。貪《どん》火《か》相逢《そうほう》格は、突如成功して富裕になる格局です。諸凶星を忌みますが、較べて化忌を恐れません。煞星に会えば、桃花の諸星曜を見るのを恐れます。天姚・咸池・沐浴・紅鸞・天喜が会照すれば、恋愛感情が原因で一身上に禍を引き起こします。

星性：貪狼は水に属し、また木にも属す。陽。北斗正星に属し、北斗第一の星となす。桃花第一の星。「桃花煞」に化す。禍福の神を主ります。

《貪狼星が十二宮にある意味》

命宮：貪狼が命宮にある人は、物質欲が人より強くなります。また、生まれつきユーモアがあって、多芸多才ですが、それがかえって傍若無人に振る舞わせ、物質的な欲望や感情的な欲望に溺れさせます。そのため、結婚には不利、早婚には向いていません。もし身分や地位の高い人の助けがあれば、富貴を享受できます。

貪狼は、福にも禍にもなりますが、人の気持ちをよく理解し感情豊かで、知能がとても高く、芸術の天分があります。

貪狼に化禄がつき、火星・鈴星を見るのを喜びます。ただし、貪狼化禄と陀羅が同宮するのは喜ばず、かえって災難が多くなります。

兄弟宮：兄弟は多くなります。吉星に逢えば、仲睦まじく紛争は少ないです。煞星を見れば、多くは心を同じにできません。

夫妻宮：結婚前は、良きにつけ悪しきにつけ話題を振りまき、桃花による紛争が起こります。

子女宮：子供は多くなります。先に男の子が生まれ、その後に女の子が生まれます。

財帛宮：思いがけずにお金が入って来る偏財運があります。広報・娯楽・外交・芸術などに従事するのに適し、それによって財を得ます。

疾厄宮：貪狼は木に属すため、肝臓・胆のうの病気が多いです。貪狼は水にも属します。水は腎・膀胱を主るため、男性は精液、女性は経血を意味する腎水が衰弱して病気になります。腎性の高血圧は、肝木と腎水の不調が引き起こした疾患です。

遷移宮：よその土地へ行くと交際関係が広くなります。また接待の機会も増えるでしょう。

交友宮：異性の友人が多くなります。友達は飲食仲間がたくさんいます。

事業宮：交際・娯楽・外交・芸術の仕事に就きます。
田宅宮：自分で事業を興し、不動産を購入します。しかし経年劣化や消耗も多いです。
福徳宮：享楽を好み、いつも忙しいです。何事もなくても奔走しています。
父母宮：和やかに情を通わせられます。縁は深いです。

10．巨門星

特性：弁才。是非。暗忌。
喜忌：諸吉星を喜びます。特に化権・文昌・文曲・天魁・天鉞を喜びます。
　諸凶星を忌みます。特に擎羊・陀羅、火星・鈴星を忌みます。
星性：巨門は水に属します。陰。北斗正星に属し、北斗第二の星となす。「暗」に化す。陰精の星。冷厳の星。
　数にあっては是非を主ります。

《巨門星が十二宮にある意味》
命宮：命宮に巨門がある人は弁舌の才があります。話し方はストレートで言葉に説得力があります。しかし煞星が多ければ、多く学んでも精通することができません。親族とそりが合わず、自分に自信があるあまり人を傷つけるような言葉を投げかけてしまうこともあります。
　また、巨門は、「暗忌」、つまり暗い所にあり見えない邪魔や阻害の星であるため、障害と損失を招きます。したがって、巨門が命宮にある人は、玉石が練磨の過程を経て、その価値が百倍もの美しい玉に姿を変えるように、艱難辛苦を乗り越えた後に成功します。
　男性は向こう見ずな性格ですが、富貴の両方を得ることができます。女性はあくせくと働きがちですが、夫の運を盛り立てます。長所は、メディア関係・広報・PRなど弁舌の才を活かす仕事に従事するのに適します。短所は、猜疑心が強いため、往々にして「初めは良いが終わりは悪い」あるいは「初めは熱心で終わりは冷淡」な人づきあいになることです。そのため、必要以上に意地になって争ったりいざこざが多くなったりします。自身の修養に多大な注意を払う必要があります。

兄弟宮：援助を得られることは少ないです。争いや腹を立てることが多くなります。

夫妻宮：口論と意地を張っての争いが多くなります。初めは情熱的ですが終わりは冷たい関係になります。

子女宮：世代間の溝が生じやすいです。

財帛宮：言葉による交渉や説得から財を生みます。多くは競争して財を得ます。

疾厄宮：巨門は陰水に属すため、腎臓や膀胱などの排泄系統の疾病に罹りやすい。はれもの、膿血。また、巨門は口を表すため、口から入って通り道の器官である食道・舌・腸・肛門・尿道、あるいは鼻腔・気管・肺など道管の疾患に罹りやすくなります。

遷移宮：故郷を離れ、遠くへ行くと競争が多くなります。弁舌の才で財を生じます。

交友宮：初めは良くて終わりは悪い関係になります。いざこざが多発します。

事業宮：指導者の才能があって、教師・弁護士になるのに適します。事業は競争が多くなります。

田宅宮：家の周囲の環境は騒音が多くて落ち着きません。家族が不動産、あるいは事業の経営権を争奪します。家の近くに排水溝や暗渠があります。

福徳宮：短い期間だけ熱中します。身も心も労します。

父母宮：意見が合わず、口論が絶えません。

11. 天相星

特性：誠実。慎重。服従。短気。
喜忌：諸吉星を喜びます。特に巨門化禄が「財蔭夾印」を作るのを喜びます。
諸凶星を忌みます。特に隣宮の主星が巨門化忌で「刑忌夾印」を作るのを忌みます。
星性：天相は水に属す。陰。南斗正星に属し、南斗第二位の星。「印」に化す。福善となす。官禄文星となす。
皇帝を補佐する地位。

《天相星が十二宮にある意味》

命宮：天相は、皇帝の印章を保管する責任を負います。幕僚の星です。天相が命宮にある人は、落ち着きがあり穏やかな性格の持ち主です。諸事慎み深く、誠実で言葉には嘘がありません。トップの補佐役や人との調整役になるのに適しています。
また、天相は慈愛の星です。人が困っているのに出会うと、惻隠の心があり、弱者を救済するのを好みます。道義に外れた人の悪事を見ると、大変に怒りを覚えます。
長所は、一生涯、富と地位の両方に恵まれることです。短所は、すべてを理想化するあまり、他人のあら探しばかりして難癖をつけるため、時として不親切で、人に不快感を与えます。反面、お人好しで、物事を進めるときに優柔不断で気迫不足になりやすく、それで事を誤ることがあります。
兄弟宮：兄弟とは仲が良いです。煞星に逢えば、兄弟が足手まといとなり、それが原因で損失を被ります。
夫妻宮：男性にとって妻は賢く、女性にとって夫は弱く、厄介に感じることが多々あります。
子女宮：吉星に逢えば、子供は多く、六吉星が両隣の宮から挟めば双子が生まれます。煞星が多ければ、子供に災いや病気が多くなります。
財帛宮：収入は安定しています。財界の大立者になります。
疾厄宮：天相は陽水に属します。腎臓・膀胱、排泄機能が失われる疾病に罹りやすくなります。もし脾土虚弱であれば水を制御できず、それに起因して水太り・生理痛・糖尿病・皮膚過敏・湿疹・排泄系統の疾病になります。
遷移宮：故郷を離れ、よその土地に行くのは、競争力の低下を招き、好ましくありません。
交友宮：益をもたらす友人と知り合います。地劫・地空に逢えば、友人に代わり過失責任を負わされます。
事業宮：事業は徐々に成功を収めます。社会の知識人や政界の要人になります。
田宅宮：自分の豪邸と不動産を持ちます。比較的安定しています。
福徳宮：満足を知り、だからいつも幸せで、福を享受できます。
父母宮：感情は打ち解け合います。刑剋はなく、関係はうまくいきます。

12. 天梁星

特性：福寿。監察。孤立。
喜忌：諸吉星を喜びますが、化禄を喜びません。諸凶星を忌みます。特に擎羊・陀羅を忌みます。
星性：天梁は土に属す。陽。南斗正星に属し、南斗第三の星となす。「蔭」に化す。寿を主ります。父母を主宰。殺に化せば権となす。

《天梁星が十二宮にある意味》

命宮：天梁は蔭星、つまり庇護の星です。古代の御史であり、監察の職を司り、粛殺の気を帯びています。清高の星です。

天梁が命宮にある人は、温和で善良、正直無私で、名士の風格があります。艱難に遭遇しても吉祥を呈し、凶に逢い吉に化す力があります。

天梁は寿を主ります。性格は老成しており、父母のように管理支配します。天梁が命宮や身宮にあると、年長者からの引き立てが容易に受けられるだけでなく、生涯にわたって年長者や身分や地位の高い人から目をかけられ引き立てられることが多くなります。また、孤高の精神があり、人と群れることを良しとせず、豊かな宗教的情操の持ち主です。

兄弟宮：天梁が兄弟宮にあって桃花と煞星を見れば、腹違いの兄弟がいるか、あるいは心を一つにすることができません。

夫妻宮：配偶者との年齢には開きがあります。結婚前に挫折や紆余曲折があります。そうでなければ、容易に別々の場所に分居しやすくなります。

子女宮：子供は少なく、男よりも女の子が多いでしょう。

財帛宮：蔭星が財帛宮にあれば、主に遺産を相続できます。

疾厄宮：天梁は陽土に属します。主に消化器・循環器系統の病に罹りやすくなります。土が旺ずれば、かえって肝木を侮り、肝系の病に罹ります。副鼻腔炎・鼻炎・鼻癌・乳癌・心臓麻痺・中風なども注意が必要です。

遷移宮：故郷を離れて、よその土地へ行けば身分や地位の高い人に出会います。要職を任され権勢をほしいままにします。

交友宮：友人は少ないです。理解者や無二の親友を得られにくいです。

事業宮：高い地位を主ります。先に名声を得ますが、その後事業でも成功を収め、一大勢力となります。
田宅宮：遺産を相続できます。もし煞星に逢えば、各地を転々とします。古民家・古樹の下・寺や神社の近くなどに住みます。
福徳宮：福が厚く、楽しみを享受できます。
父母宮：父母から庇護を得られます。もし煞星を見れば、分離します。

13. 七殺星

特性：粛殺。創始。統率。
喜忌：諸吉星を喜びます。紫微に逢うのを喜び、特に化禄を喜びます。諸凶星を忌みます。特に擎羊・陀羅・鈴星・文昌・化忌を忌みます。
星性：七殺は火に属す、また金にも属す。陰。南斗正星に属し、南斗第五の星となす。「将星」に化す。帝に逢えば権となす。数に在っては粛殺を主ります。斗中の大将。成敗の責任を負う孤独な星。

《七殺星が十二宮にある意味》

命宮：七殺は帝王の足下の大将です。謀略があり、自分一人で、ある分野を一手に担うことができます。

七殺が命宮にある人は、生まれつき、不撓不屈の精神で懸命に働く性格の持ち主です。若い頃に独立して奮闘、一通りの艱難辛苦を経た後に、成功の果実を享受することができます。事業は成就し、その権力の貴さは衆に抜きん出ます。

七殺は、他と比べて理智的ですが、主観が強いです。家業に頼らず、自身で裸一貫から家を興します。艱難辛苦を経なければなりませんが、稀に見るような大成功を収めます。

兄弟宮：兄弟は非常に多くなります。ただし情は淡泊です。

夫妻宮：配偶者は頭が切れます。結婚前はもめ事が多く、感情面でずれが生じます。

子女宮：子供は少ないです。遅くなってから男の子が生まれますが、その子供は富と地位を得られます。

財帛宮：富貴を得ることができます。変動もまた多いです。

疾厄宮：七殺は陰金と陰火に属します。肺は金を主るために、呼吸器系統の疾病、たとえば咳・喘息・肺炎などの疾病に罹りやすくなります。七殺は粛殺の気を帯びているため、意外な外傷・打撲・切り傷・脊椎の損傷・猫背・骨折・小児麻痺などにも注意が必要です。擎羊・陀羅、火星・鈴星を見て、さらに天刑・天月を見れば、主に身体に障害が現れます。

遷移宮：外地外郷に行くと身分や地位の高い人に出会います。その上自分も地位が高くなり権力を握ることができます。

交友宮：友人が足手まとい、妨げになりがちです。多くは実のない表面の付き合いになります。

事業宮：企業の生産部門、工場の事業に従事するのに適しています。

田宅宮：転居が多くなります。居住地は安定しません。軍の駐屯地・警察署・高地に縁があります。

福徳宮：積極的で、進取の気持ちが強いです。志気が高く思い上がって人を見下します。

父母宮：父母との縁は薄いです。深刻な場合は、家族を捨てて家を離れます。

14. 破軍星

特性：革新。衝動。消耗。創始。

喜忌：諸吉星を喜びます。紫微の同宮を喜びます。化禄・禄存と会照すると栄枯盛衰の起伏は減少します。諸凶星を忌みます。文昌・文曲は喜びません。高潔さはむしろ現実にはそぐわないからです。

星性：破軍は水に属す。陰。北斗正星に属し、北斗第七の星となす。「耗」に化す。妻子・奴僕を主ります。

《破軍星が十二宮にある意味》

命宮：破軍が命宮にある人は、勇敢で思い切りが良い性格の持ち主です。現状打破を喜び、何かを新しく切り開くことが好きです。そのため単独行動を好み一つ所に留まることがなく、その行動は予測不可能です。しかし、言語能力が高く、表現することには長けています。また、心は優しく善良ですが、何事も竜頭蛇尾になりがちで、一生懸命あくせくと休むことなく働く割には実績を残すのが難しいでしょう。

自分あるいは父母の健康面に不安があります。結婚生活も思い通りにはなりません。

長所は、衝動の中にも理性があること、これは剛強な中に柔らかさを帯びると言うこともできます。

短所は、気骨があるけれど、荒っぽく怒りやすい点です。また、中身のない理想ばかり持ち合わせるため、途中で投げ出すことも多く、大きな事は成し遂げにくいでしょう。ただし、剛強な面と柔和な面の二つを上手に使い、それに加えて身分や地位の高い人の援助があれば、新規事業を成功させる可能性はあります。

兄弟宮：弟や妹がいます。あるいは長男でなくても家計を負担しなければなりません。

夫妻宮：夫婦とは名ばかりで、関係は淡泊です。ただし、結婚が遅いか、または一緒にいる時間が少なく離れて暮らしていることが多ければ、むしろ年を取るまで仲良く一緒にいられます。

子女宮：男の子よりも女の子が生まれた方が良いでしょう。長男とは縁が薄い。あるいは刑傷があります。

財帛宮：豊かな富と高い地位を得ます。煞星に逢えば財を守れず、お金はやって来てもすぐに去ります。

疾厄宮：破軍は水に属し、腎臓や膀胱系統の疾患に注意です。また耗星なので、消耗性の疾患に罹ることが多いです。たとえば、甲状腺亢進症・糖尿病・神経衰弱・エリテマトーデス、あるいは免疫系統の疾患です。疾厄宮に破軍があれば、できもの、膿血ができやすい。子供の頃に、手術をしたり、傷を負ったり、もしくは身体虚弱であったりします。

遷移宮：故郷を離れてよその土地へ行くと、運に浮き沈みがあり、いつも駆け回ってあくせくと働くことになります。

交友宮：友人とは不和です。友人が原因で散財しやすいです。

事業宮：軍事・軍備・武術などの職に就けば、輝かしい地位を築きます。あるいは生産業や工場の仕事に従事するのも向いています。

田宅宮：一か所に長く居住できません。人の声などのざわめきが多い場所に住みます。産業を自分で創立しますが、浮き沈みも多くなります。

福徳宮：余計なことまで考えてしまいます。心身ともに疲弊します。

父母宮：父母との関係は淡泊です。煞星に逢えば、互いに傷つけあうか分離します。

2 六吉星

1. 文昌星・文曲星

(1)文昌星

特性：科甲。博学。文書。情感。

喜忌：諸吉星を喜び、特に化科を見るのを喜びます。
諸凶星を忌みます。

星の性質：文昌は金に属す。陽。南斗正星に属し、南斗第六の星。「科甲」に化す。
文昌が命宮や身宮にあれば、学識が広く教養があり、立ち居振る舞いが上品です。吉星に逢えば、文章に精通します。ただし、凶星に逢えば容易に文書契約上の過失があります。
武曲・陀羅・鈴星と同宮または会照すると、その名を「鈴昌陀武《れいしょうだぶ》」といい、多くの失敗と挫折が人生につきまといます。

⑵文曲星

特性：科甲。高級公務員、その他の試験に合格。博学。文書。情感。

喜忌：諸吉星を喜びます。特に化科を見るのを喜びます。
諸凶星を忌みます。

星の性質：文曲は水に属す。陰。北斗正星に属し、北斗第四の星。「科甲」に化す。
文曲星が命宮や身宮にあれば、清らかで美しく、利発で言葉巧みな人です。また、博学で才芸があります。感受性が強く、愛情面で多くの悩みを抱えます。

⑶文昌星と文曲星について

文昌・文曲はいずれも科名（科挙の成績及び官職）の星曜です。文昌は太陽と逢うのを喜びます。また化科あるいは文星（科名を帯びた星）たとえば、左輔・右弼、天魁・天鉞の拱照があれば、科名の特性を充分に発揮することができます。

文昌化忌は七殺と同宮するのを喜びません。七殺の決断力に容易に影響します。
文曲化忌は破軍と同宮するのを喜びません。破軍の破壊能力を強くします。
文昌の文才は、外側に露顕します。外在的です。
文曲の文才は、内側に蔵します。内在的です。
文昌・文曲に化忌が付くと、感情の悩み、あるいは破壊をもたらします。
文曲の多くは自分自身で引き起こしたものです。
文昌は外からの力で造成されたものです。

2. 天魁星・天鉞星

⑴天魁星

特性：科甲。功名。貴人。助力。桃花。

喜忌：諸吉星を喜びます。特に化科を見るのを喜びます。
化忌を畏れますが、煞星を忌みません。

星の性質：天魁は火に属す。陽。南斗助星に属し、南斗第一の助星。司科の星となす。貴人を主ります。
天魁が命宮や身宮にあれば、容貌は美しく、温厚で誠実、人に対して思いやりがあります。真心のこもった人付き合いをしますから、人に親切な印象を与えます。諸吉星を見れば必ず富貴になります。一生涯、凶に逢っても吉に化し、身分や地位の高い人からの援助があります。

⑵天鉞星

特性：科甲。功名。貴人。助力。桃花。

喜忌：諸吉星を喜びます。特に化科を見るのを喜びます。
化忌を畏れますが、煞星を忌みません。

星の性質：天鉞は火に属す。陰。南斗助星に属し、南斗第二の助星。司科の星となす。貴人を主ります。天魁と同様、また天鉞も「貴人星」です。天魁は陽で、天鉞は陰です。

命宮や身宮に入れば、人に対して穏やかで、人当たりが良く、人を助けて自己を助けます。優れた才能が満ち溢れますが、また桃花の色彩も帯びます。半分の労力で倍の成果を人に挙げさせるので、はかりごとはすべて順調に運びます。

⑶天魁星と天鉞星について

天魁と天鉞が命宮・身宮に入る、あるいは両側の宮から挟む、もしくは会照するならば、一生涯身分や地位の高い人の協力が多いです。男性は天鉞を喜び、女性は天魁を喜びます。また、異性の縁が多く、人付き合いが良く、人から評価を受けます。

3. 左輔星・右弼星

⑴左輔星

特性：助力。富貴。桃花。文才。科名。

喜忌：諸吉星を喜びます。ただし左輔が単独で夫妻宮にあるのを喜びません。
諸凶星を忌みます。

星の性質：左輔は土に属す。陽。北斗助星に属し、北斗第一の助星。「助力」に化す。帝王の統治を補佐する宰相。

左輔・右弼の貴人星は命宮に対する助力となります。この星は才知に長けていますが、円満な性質もあります。したがって、人付き合いが良く、気さくで親しみやすい性格を持ちます。左輔は包容力を具えており、人のための助力に化すことができます。

⑵右弼星

特性：助力。富貴。桃花。文才。科名。

喜忌：諸吉星を喜びます。ただし右弼が単独で夫妻宮にあるのを喜びません。諸凶星を忌みます。

星の性質：右弼は土に属す。陰。北斗助星に属し、北斗第二の助星。その性質は左輔に似ており。補佐の吉星です。左輔のほうが桃花の色彩を帯びます。右弼は左輔と同様に、皇帝の身辺を補佐する大臣役です。左輔は右弼と連携するのを喜びます。それによってお互いに力を発揮するため、自然と成功しやすくなります。

⑶左輔星と右弼星について

左輔と右弼は同宮するか、あるいは左右の隣宮にあるか、または会照すれば、みな助力を生み出します。加えて吉星に逢えば、すなわち財官双美、裕福さと地位が揃って美しく、文武を兼ね備えます。その欠点は、煞星に対する抵抗力が比較的弱いことです。もし単独で六親の宮にあると、欠点はさらに大きくなります。

単独で父母宮にあり、再び桃花の星を見れば、二人の父母がいるか、あるいは同父異母に育てられます。また、単独で夫妻宮に入ると、夫婦への第三者の介入を表示します。単独で子女宮に入ると、親が再婚し子供が生まれます。つまり同じ家庭の子供であっても、父あるいは母が同一ではありません。

3 六煞星

1. 地空星・地劫星

(1)地空星

特性：劫財。破散。阻害。

喜忌：吉星によって解かれるのを喜びます。

諸凶星を忌みます。それに対して、火星・鈴星は忌みません。

星の性質：地空は火に属す。陰。性は悪。空亡の神。中天の凶星となす。主に多失。地空は煞星となし、空曜となす。

地空が命宮にあると、古人は、「やる事が常識外れで正道を守らず」と言います。現代風にいうと、世間一般からはかけ離れた考え方や他人との接し方のために、自分が本当にしたいことが叶わず、時には仕事や財産を失ってしまうことになるということです。こうした現実を否応なしに受け入れなくてはならず、人生一切を虚無と見なし、外的欲望が低くなります。

その一方で、創作・発明・人生や世界の本質の考察などに関する特定領域において才能を発揮します。

(2)地劫星

特性：劫情。破財。病厄。

喜忌：吉星によって解かれるのを喜びます。

星の性質：地劫は火に属す。陽。性は悪。劫煞の神。地空と同じで、中天の凶星となします。主に多災。地劫と地空は類似し、主に挫折・困窮を意味します。

命宮や身宮にあると、独特な業界でしか自分の夢を叶えることはできません。ただ地劫の多くは、悲観的な性質を帯び、空曜でもあるため、ある時はかえって桃花の色彩を低下させると見ることができます。あるいは、天同化忌、貪狼化忌が持つ負の影響のように、人に独特の考え方をさせることによって成功を獲得します。

(3)地空星と地劫星について

地空と地劫の二星は煞星ですが、善良な煞星に属します。自分を厳しく律しますので、人に頼むことは少ないです。

命宮・身宮それぞれに分かれて入るか、あるいは地空と地劫とが、一つは財帛宮もう一つが事業宮に入るのを喜びません。また、ある宮の前後に地空と地劫が分かれて一つずつ入ると、その挟まれた宮は必ず影響を受けます。そして、宮に主星がなく、地空か地劫が単独で坐すのを喜びません。

もし行運でこれに逢えば、もめ事や騒動が起こりやすくなります。地空であれば物質方面に偏る、地劫であれば感情方面に偏る傾向があります。

2. 擎羊星・陀羅星

(1) 擎羊星

特性：権威。凶禍。刑傷。事故・手術など血を見るような災い。

喜忌：諸吉星を見るのを喜びます。特に、天同化禄を見るのを喜びます。

諸凶星を忌みます。特に、さらに化忌に逢うのを忌みます。

星の性質：擎羊は火・金に属す。陽。北斗助星に属し、北斗第三の助星となす。「刑」に化す。古称は「羊刃」。刑傷を主ります。

昔は、擎羊を「羊刃」と呼びました。この星の強さは異彩を放っています。命宮や身宮にあると、短気で怒りっぽく、強情な性格の持ち主です。火星に逢うと、権威は人より抜きんでて、軍事的な方面で頭角を現します。鈴星に逢うと、子供の頃は不遇をかこち、一生災いが多いです。午宮に入ると「馬頭《ばとう》帯剣格《たいけんかく》」と呼び、津々浦々まで名が轟くような事業で成功する特殊な星の生まれとなります。

⑵陀羅星

特性：凶厄。孤独。是非。延期。暗忌。

喜忌：辰・戌・丑・未の四宮は廟旺の地なので、煞の影響は軽くなります。夫妻宮にあるのを喜びます。

諸凶星を忌みます。特に火星と同宮するのを忌みます。

星の性質：陀羅は火に属し、または金にも属します。北斗助星に属し、北斗第四の助星。「忌」に化す。是非を主ります。

陀羅は、またの名を「暗忌」といいますが、陀羅が命宮や身宮にあれば、穏やかだが何事にも動じない外柔内剛の性格を持ちますが、六親との付き合いは薄くなります。仕事では無駄なことに時間を費やし、成功するまでに時間がかかります。「霧の中を舟が行く」の言葉通り、人生はどうしようもないことが多くなります。

陀羅の損害は、擎羊と比較するとあまりはっきりしませんが、苦労を免れることはできません。

3. 火星・鈴星

⑴火星

特性：刑名。短気。無情。

喜忌：吉星によって解かれるのを喜びます。特に貪狼化禄、吉化した七殺、天府を喜びます。
諸凶星を忌みます。特に陀羅を忌みます。

星の性質：火星は火に属す。陽。南斗助星に属し、南斗第三の助星。「殺」に化す。主に性は凶暴。

火星が命宮や身宮に入ると、気性が荒く、せっかちで怒りっぽくなります。

火星は煞星で、とても強い破壊性がある上に、突発的に起こるため、防ぎようがありません。もし化禄が付いた貪狼に逢えば、かえって突発的に富と成功を得ることができます。

⑵鈴星

特性：威名。激烈。残酷。

喜忌：吉星による化解を喜びます。吉化した七殺、天府を喜びます。
諸凶星を忌みます。特に擎羊と同宮するのを忌みます。

星の性質：鈴星は火に属す。陰。南斗助星に属し、南斗第四の助星。「殺」に化す。主に性は烈しい。

鈴星が命宮・身宮にあると、個性の強さは際立っており、何事も独断専行の人であり、六親との仲は良くありません。

火星と鈴星の違いは、火星は陽火に属し、鈴星は陰火に属することです。火星は明、鈴星は暗であり、火星は凶暴、鈴星は残酷という性格を持ちます。

命宮・身宮に、もし火星と鈴星が揃って逢えば、主に個性が剛強です。幼少時は災難が多く、父母との縁も薄くなります。

4 四化星

1. 化禄星

特性：財帛。昇進。桃花。福徳の神。

喜忌：武曲・太陰と逢うのを喜びます。禄存・天馬を見るのを喜びます。諸凶星を忌みます。特に、地空・地劫を忌みます。財はやって来ても去って行きます。化忌に逢うと、苦労が報われず成果も上がりません。

星の性質：化禄は土に属す。陰。財禄を主ります。

命宮・身宮・財帛宮に入ると、富は充足します。大限がこれに逢えば、十年の吉兆を意味します。流年がこれに逢えば、お金が入る、あるいは楽しみを享受します。

2. 化権星

特性：権勢。昇進。権力を弄びます。生殺の権を持つ星。

喜忌：武曲、巨門と一緒なのを喜びます。諸吉星を喜びます。

諸凶星を忌みます。

星の性質：化権は木に属す。陽。権勢を主ります。

命宮・身宮・官禄宮に入れば、地位や立場を思いのままに支配し、権力を握ります。大限がこれに逢えば、十年の吉兆を意味します。流年がこれに逢えば、公務員は昇給し、一般人は事業が成功します。

3. 化科星

特性：文筆。功名。意を得る。高名。受験の星。

喜忌：天魁・天鉞、文昌・文曲と逢うのを喜びます。諸凶星を忌みます。特に化忌を畏れます。

星の性質：化科は水に属す。陽。科名を主ります。

命宮・身宮に入れば、学問・芸術に秀で、名声があります。大限や流年がこれに逢えば、誇らしげな表情が顔一面に現れるほどの名声と地位を獲得します。

4. 化忌星

特性：自ら悩みを作る凶神。災厄。不順。阻害。収斂。

喜忌：吉星に解かれるのを喜びます。擎羊・陀羅・火星・鈴星の四煞を忌みます。地空・地劫を畏れません。特に、同じ星曜に、化忌が重ねて付くのを忌みます。

星の性質：化忌は水に属す。陽。不順を主ります。

命宮・身宮に入ると、一生思うとおりにはいかず、挫折や失敗が多くなります。大限や流年がこれに逢えば、憂鬱で気持ちが晴れず、多くの災難が降りかかります。

5 禄存星・天馬星

1. 禄存星

特性：爵禄。富裕。守成。温厚。禍福。

喜忌：諸吉星を喜び、特に化禄・天馬を喜びます。命宮の三方四正に入るのを喜びます。
諸凶星を忌みます。特に化忌と地空・地劫を忌みます。

星の性質：禄存は土に属す。陰。北斗第三の星。人の貴爵を主ります。人の寿命の基を思いのままにします。厄を解き、制化の作用があります。

禄存が、命宮・身宮にあると、容貌は落ち着いていて、人として温厚で善良です。生涯、衣服や食物に困ることはありません。禄存は化禄と逢うのを最も喜び、これをを「双禄交流」と呼びます。さらに天馬を見れば、「禄馬交馳《ろくばこうち》」と言い、財官双美となります。主に昇進し、お金持ちになります。

禄存は、文昌・文曲と会合することを「禄文挟命《ろくぶんきょうめい》」と言い、主に富貴双全になります。禄存はまた、煞星の凶意を低下させ、傷害作用を減少できます。

禄存は、単独で命宮を守るには適さず、主星を加える必要があります。それができない場合、六親に頼れず、家族と離れてしまうか、妾の子供として生まれます。

また化忌が同宮するのも良くありません。擎羊と陀羅が両脇から化忌を挟むことになり、これを「羊陀夾忌」と呼びます。命宮・身宮にあると一生危険な出来事が多いです。財産を狙われる、不慮の事故などの危険が身に及びます。

地空・地劫に逢えば、一生奔走し働き続けて功がなく、骨折り損のくたびれ儲けとなります。

2. 天馬星

特性：栄転。遠出。変化が多い。多忙。動くことを好む。
喜忌：諸吉星を喜びます。特に禄存・化禄と逢うのを喜びます。
諸凶星を忌みます。特に地空・地劫・化忌を忌みます。
星の性質：天馬は火に属す。陽。中天の星曜。「駅馬」に化す。司禄の星となす。寅申巳亥の四つの宮にだけ出現します。
天馬は禄存に逢うのを喜びます。これを「禄馬交馳」と称します。天馬は「動を主り、静は主らず」と言います。吉にもなり凶にもなります。星曜の特性と吉凶は、同宮あるいは会照する星曜の吉凶で定められます。吉に逢えば則吉に、凶に逢えば則凶になります。化科・化禄を見れば名利《めいり》双収《そうしゅう》、名誉と利益の両方を共に得られます。貴人星に逢えば、半分の労力で倍の成果が挙げられます。
空曜である地空・地劫に逢えば、苦労が絶えません。煞星・化忌に逢えば、外出したり、離れた地で意外な災禍に見舞われたりします。

6 その他の重要な星曜

1. 天刑星

特性：官威。訴訟。医薬。法律。刑罰。

星の性質：天刑は火に属す。陽。中天の星曜。吉にも凶にもなる。小擎羊とも呼ぶ。

天刑は吉星と、特に文昌・文曲と同宮、あるいは会照するのを喜びます。人を恐れさせるほどの名声を得て、強大な権力を握ります。

煞星や化忌と逢うと、官非・訴訟・災い・病気を意味します。最も忌むのは、擎羊と同宮してさらに化忌に逢うことで、禍がさらに大きくなります。

2. 天姚星

特性：逸楽。桃花。才芸。

星の性質：天姚は水に属す。陰。中天の星曜。

天姚は桃花の星。命宮にあれば、多芸多才、芸術的表現に優れ、風流人を自認します。

煞星・化忌に逢うと色を貪り、酒を愛し、享楽に溺れるため、色欲によって禍を引き起こします。紅鸞・咸池に逢えば、桃花は非常に重く、世事を軽んじ不真面目な言動を他人に向けます。自分自身も身辺多忙で心も疲弊します。

3. 紅鸞星・天喜星

特性：紅鸞は、婚姻。桃花。
天喜は、慶事。桃花。

星の性質：紅鸞は水に属す。陰。天喜は水に属す。陽。

紅鸞と天喜は、命盤中で永遠に対宮となり、相互に照らし合います。命宮にあれば、生まれつき温和で善良です。人の気持ちをよく理解し、聡明で秀麗です。

紅鸞と天喜の二つの星は性質が似ています。一般的には、女性は紅鸞を喜び、男性は天喜を喜びます。紅鸞は婚姻に偏向して、天喜は慶事が多くを占めます。流年で運が巡り、紅鸞あるいは天喜が命宮に入れば、未婚の男女の多くは結婚を念頭に置くようになります。容貌・外見でも人を惹きつけます。

煞星・化忌を見れば、多くは愚かな桃花で、その他の桃花星と会照するのを喜びません。いつも桃花によって事を誤ります。

4. 咸池星

特性：桃花。

星の性質：咸池は水に属す。陰。

咸池は主に桃花の星ですが、ただ欠点も比較的多くなります。それ以外の桃花星と比べ、咸池は煞星とみなせます。煞星、および化忌に逢うと桃花煞に化し、良くない嗜好を持ちやすくなります。流年で運が巡ると、恋愛の悩みが多くなるか、あるいは桃花により面倒が引き起こされます。長生十二星の沐浴は、性質が咸池に似ていますす。ただ命盤に与える影響力はさらに小さいです。

5. 華蓋星

特性：才芸。威儀。信仰。

星の性質：華蓋は木に属す。

華蓋は、孤高を主ります。命宮にあれば君子の風格があります。思想は俗事にわずらわされず、芸術および玄学研究を好みます。華蓋は、辰戌丑未の宮だけに出現します。吉星に逢えば栄華富貴と化すか、あるいは宗教の指導者となります。化忌に逢えば人生は困難が多くなります。それゆえ宗教を信仰し、霊的な支えを求めます。

6. 台輔星・封誥星

特性：台輔は、高貴。名声。昇進。

封誥は、高貴。封贈。名声。

星の性質：台輔は土に属す。陽。封誥は土に属す。陰。

台輔が命宮・身宮にあると、文章に通じ、文筆の才能があります。天魁・天鉞、左輔・右弼と逢うと、名声が増し、財官双美です。封誥との配合を喜び、さらに貴気は増します。

封誥が命宮・身宮にあると、美しい上に知恵があります。さらに六吉星と同宮あるいは会照すれば、難しい試験に合格し、勲章を授かり、受賞・表彰されます。封貴の星です。

流年で運が巡り、台輔・封誥に逢うのを喜びます。試験に有利で、あるいは事業で業績を上げます。

7. 龍池星・鳳閣星

特性：龍池は、科甲・高貴。
鳳閣は、科甲・高貴。

星の性質：龍池は水に属す。陽。中天の吉曜。鳳閣は土に属す。陰。中天の吉曜。

龍池は左輔・右弼と文昌・文曲が、同宮あるいは会照するのを喜びます。主星の吉の働きを増強します。男性は龍池を喜びます。聡明かつ物事に取り組む積極性は並外れており、偉業を達成できます。龍池と七殺が同宮し、煞星に逢うと耳が不自由になります。

鳳閣が命宮にあると、温和で立ち居振舞いが上品です。吉星の同宮会照を喜びます。女性は鳳閣を見るのを喜びます。容姿端麗な上に知性を具えます。夫の運を盛んにして子供をよく助けます。

鳳閣が煞星に逢えば、歯並びが悪いです。龍池と鳳閣が命宮や事業宮を挟む配合を喜び、会照するのもまた吉です。

8. 三台星・八座星

特性：三台は、官貴・科名。
八座は、官貴・科名。

星の性質：三台は土に属す。陽。中天の星曜。八座は土に属す。陰。中天の星曜。

三台・八座は、いずれも貴を主ります。紫微、あるいは太陽太陰が同宮または会照すると、主星の官貴と科名の力を充分に発揮できます。容易に昇進し、事業は順調です。

9. 天貴星・恩光星

特性：天貴は、貴顕。
恩光は、恩恵。栄誉。

星の性質：天貴は土に属す。陽。中天の吉曜。恩光は火に属す。陰。中天の吉曜。

天貴と恩光が命宮・身宮にあれば、長官あるいは年長者からの信任・援助・引き立てを得やすく、これにより容易に成功します。

天貴は主に大貴。聖なる恩恵を得ます。恩光は、主に貴人星です。したがって、貴人星である天魁・天鉞の会照を喜び、貴人の力を強化できます。すなわち昇進あるいは事業の成功において利益があります。

10. 天哭星・天虚星

特性：天哭は、悲傷。
天虚は、憂傷。

星の性質：天哭は金に属す。陽。中天の凶曜。天虚は土に属す。陰。中天の凶曜。

天哭・天虚は、共に凶星です。主に憂い悲しみ、心を悩ませます。六親の宮にあるのを喜びません。

天哭・天虚が同宮する時、力は最大になります。

流年で運が巡り、天哭・天虚に逢えば、考え方は悲観的になり愁いと悩みが多く、非常に苦悶します。

11. 孤辰星・寡宿星

特性：孤辰は、孤独。男性は孤辰を忌む。
寡宿は、孤独。女性は寡宿を畏れる。

星の性質：孤辰は火に属す。陽。中天の凶曜。ただ寅申巳亥の四宮に入ります。寡宿は火に属す。陰。中天の凶曜。ただ辰戌丑未の四宮に入ります。

孤辰・寡宿が、命宮・身宮、父母宮・福徳宮・夫妻宮に入るのを忌みます。煞星と化忌が会合すれば、婚姻関係・肉親間の情にひびが入り、父母・兄弟・妻子に頼れず、孤独で心の拠り所がなくなります。

流年で運が巡り、吉星に解かれるとわずかに精神的な寂しさが表れます。

12. 天巫星

特性：慶事。昇進。遺産。

星の性質：天巫は慶事の星曜です。昇進に有利です。父母宮にあれば、父母より財産を継承します。

天巫が流年の命宮にあり、主星が吉曜と逢えば、順調に昇進します。もし三方四正に煞星や化忌が会照すれば遺産を継承します。

13. 破砕星

特性：破壊。損耗。

星の性質：破砕《はさい》は火に属す。陰。

命宮・財帛宮・夫妻宮・福徳宮に入るのを忌み、意のままにはなりません。万事につけ紆余曲折しがちで、流年の運が巡りまた煞星・化忌に逢えば、希望の消滅・愛情の断絶・事業の不調・財産の喪失などを意味します。貴人星が来て解くのを喜びます。

14. 解神星

特性：解厄。解脱。

星の性質：解神は災難を解くことができます。天梁と同じように、困難に遭遇しても吉祥を呈します。凶に逢っても吉に化し、人を解脱に至らせることができます。流年の運が巡って、命宮・夫妻宮が不吉な場合は、解神・天馬に逢えば解くことができます。

15. 天官星・天福星

特性：天官は、貴顕。
天福は、福禄。

星の性質：天官は土に属す。陽。中天の吉曜となす。天福は土に属す。陽。中天の吉曜となす。

天官は天梁と同宮するのを喜び、天梁の貴顕の力を増します。

天福は天同と同宮するのを喜び、天同の厚い福の力を発揮できます。

天官・天福が、命宮・身宮あるいは事業宮を守れば、学芸が進展し、試験は順調、事業は成功します。

流年の運で巡ると、主星を助けて貴顕の力を発揮し、昇進し発展します。ただし力は比較的小さく、煞星に逢えば容易に破壊されます。

16. 陰煞星

特性：陰謀。災厄。
星の性質：陰煞は火に属す。陰。

陰煞が命宮・身宮に入ると、第六感が強くなります。もし、星曜が同宮すればさらに感度が鋭くなり、霊に対して感応します。しかし、この星はまた小人の星であり、俗に「犯小人《はんしょうじん》」と言い、容易に悪人に傷付けられます。陰煞が田宅宮に入れば、家内は落ち着きません。

流年で運が巡り陰煞に逢えば、およそ小人が暗いところにいて破壊・損失を受けます。

17. 蜚廉星

特性：小人。口舌。陰口。
星の性質：蜚廉《ひれん》は火に属す。陽。

蜚廉は小人の星です。その上、暗桃花を帯びているので、煞星に逢えば桃花により損失を招きやすくなります。命宮・身宮に入れば、一生、小人からの中傷を陰から受けます。したがって、富貴が極めて盛んな時は慎重に行動して災いを招かないようにするのが上策です。

18. 天才星

特性：聡明。才芸。
星の性質：天才は木に属す。陰。

天才は才能の星です。命宮・身宮にあるのを喜び、多芸多才で名声があります。さらに天機と同宮するのを喜びます。知恵が充足し、前もって計画を立てることができるため、生まれつき持っている機知の能力を強めることができます。しかしその力は大きなものではなく、煞星に遇えばすぐに作用を失います。

19. 天寿星

特性：福気。延寿。延期。

星の性質：天寿は土に属す。陽。

天寿は寿星で、長寿を主ります。天梁を扶助するのを喜びます。お互いの力を増強できます。万事縁起が良いです。ただし、この星の力は小さく、六吉星との配合が必要です。吉星がなくかえって煞星に逢えば、おそらく不吉な事が延期します。

20. 天月星

特性：疾病。損耗。

星の性質：天月は疾病を主ります。最も忌むのは命宮・疾厄宮に入ることです。健康が優れない、あるいは持病があります。福徳宮に入れば精神が消耗します。財帛宮に入れば金銭の損失・破財を招きます。流年の運が巡り天月星に逢って、重ねて煞星に逢えば、その年は必ず災いや病気があります。

21. 大耗星

特性：損耗。

星の性質：大耗は火に属す。陽。

大耗は、文字どおり大量の消耗を意味します。標準的な煞星です。財帛宮にあれば金銭の消耗が、桃花星に逢えば、桃花による破財があります。疾厄宮にあれば多くは消耗性疾患に罹りやすくなります。損失を受けないためには、吉星が来て解く必要があります。

22. 天徳星・月徳星

特性：化煞。

星の性質：天徳・月徳は吉星です。主に凶を化して吉とします。ただしその力は比較的小さなものです。命宮や身宮にあるのを喜びます。化煞して厄を解くことができます。流年で運が巡り、これに逢えば煞星の凶悪さを解きます。

23. 天厨星

特性：才芸。名声。給料。

星の性質：天厨は才芸を主ります。命宮・身宮と事業宮において、もし主星に力があり、吉星に逢えば、特殊な才能があるだけでなく、名声は遠くにまで鳴り響きます。また天厨は給料を主るので、従事する職業の多くは固定的な収入があります。

24. 天傷星・天使星

特性：天傷は、消耗。孤立無援。
天使は、禍福の審査。

星の性質：天傷は水に属す。陽。中天の主星。天使は水に属す。陰。中天の主星。
天傷は虚耗の神で、必ず交友宮に入ります。主に消耗。大限・小限・太歳の全部の三方四正上にあれば、吉星に解かれる必要があり、そうすれば善を獲得できます。もし主星がなく、また煞星・化忌に逢えば、必ず破財・訴訟・死亡があります。

天使は伝使の星で、必ず疾厄宮に入ります。もし大限・小限・太歳の全部の三方四正上にあり、吉星が多くあれば禍は軽くなります。もし吉星がなく、巨門・火星・擎羊・化忌があれば、訴訟・死亡・不慮の災難、家の財産を使い果たします。

7 長生十二星

1. **長生**《ちょうせい》：主に発生・発展。天機と同宮するのを喜ぶ。
2. **沐浴**《もくよく》：主に桃花・耗銭。桃花の星と会照すると力が増強する。
3. **冠帯**《かんたい》：主に慶事・独立。命宮に入るのを喜ぶ。
4. **臨官**《りんかん》：主に慶事・高貴。十二宮どこにあっても皆吉。
5. **帝旺**《ていおう》：主に慶事・成長。十二宮どこにあっても皆吉。
6. **衰**《すい》：主に衰退・無力。吉星により解かれるのを喜ぶ。
7. **病**《びょう》：主に疾病・消耗。命宮・疾厄宮に入るのを忌む。
8. **死**《し》：主に消極・終止。命宮に入るのを忌む。
9. **墓**《ぼ》：主に深蔵・頑固。財帛宮・事業宮に入るのを喜ぶ。
10. **絶**《ぜつ》：主に絶滅・死気。命宮・身宮に入るのを忌む。

11. 胎《たい》：主に吉兆・豊蔵。旺運に入るのを忌む。

12. 養《よう》：主に養育・成長。十二宮どこにあっても皆吉。

8 博士十二星

1. 博士《はかせ》：水に属す。主に聡明・得意。命宮・身宮・財帛宮・事業宮・遷移宮に入るのを喜ぶ。

2. 力士《りきし》：火に属す。主に権勢・統率。擎羊と同宮（陽男陰女）し、引き続き煞星に逢うのを忌む。

3. 青龍《せいりゅう》：水に属す。主に喜気・進財。将軍と命宮・身宮に分居するのを喜ぶ。

4. 小耗《しょうもう》：火に属す。主に耗財・失物。桃花星と同宮し、かさねて耗星と逢うのを忌む。

5. 将軍《しょうぐん》：木に属す。主に勇敢・威猛・得意。青龍と命宮・身宮に分居するのを喜ぶ。

6. 奏書《そうしょ》：火に属す。主に福禄・吉報・文筆。文昌文曲・天魁天鉞・科名の星と同宮あるいは会照するのを喜ぶ。

7. 飛廉《ひれん》：火に属す。主に小人・孤独。

8. 喜神《きじん》：火に属す。主に慶事・延続。命宮・身宮・福徳宮に入るのを忌む。疾厄宮に入るのを喜ぶ。

9. 病符《びょうふ》：主に災病・阻害。流年の命宮に入るのを喜ぶ。

10. 大耗《たいもう》：主に耗財・破財。命宮・福徳宮・疾厄宮に入るのを忌む。

11. 伏兵《ふくへい》：火に属す。主に口舌・是非・暗蔵。前後で地空・地劫が挟むのを忌む。引き続き耗星に逢うのを喜ばず。

12. 官府《かんぷ》：火に属す。主に訴訟・是非。吉星により解かれるのを喜ぶ。命宮・身宮にあり、かつ流年歳前諸星の官符が会照するのを忌む。

9 流年歳前諸星

1. 歳建《さいけん》：主に吉凶・禍福。吉星に逢えば吉を加え、凶星に逢えば凶を加える。

2. 晦気《かいき》：主に咎を得る・不順。吉星により解かれるのを喜ぶ。

3. 喪門《そうもん》：木に属す。主に弔喪・虚驚。
巨門と同宮を喜ばず。吊客と三合宮で同宮し、命宮に会照するのを忌む。

4. 貫索《かんさく》：主に訴訟・災難。
吉星により解かれるのを喜ぶ。

5. 官符《かんぷ》：火に属す。主に訴訟・是非。
博士十二星の官府に逢い、命宮・身宮に会照するのを忌む。

6. 小耗《しょうもう》：火に属す。主に耗財・失物。
引き続き耗星に逢い、力が増強するのを忌む。

7. 大耗《たいもう》：火に属す。主に耗財・破財・祖業の衰退。
前後で地空・地劫が挟むのを忌む。引き続き耗星に逢うのを喜ばず。

8. 龍徳《りゅうとく》：主に化解・趨吉。
命宮・身宮に臨むのを喜ぶ。

9. 白虎《びゃっこ》：木に属す。主に刑罰・訴訟。
擎羊・鈴星同宮を忌む。特に引き続き煞星・化忌に逢うのを忌む。

10. 天徳《てんとく》：主に化解・趨吉。
命宮・身宮に臨むのを喜ぶ。

11. 弔客《ちょうきゃく》：火に属す。主に弔喪・不順。
喪門と三合宮で同宮し、命宮に会照するのを忌む。

12. 病符《びょうふ》：主に災病・是非。
命宮・福徳宮・疾厄宮に入るのを忌む。

10 流年将前諸星

1. 将星《しょうせい》：主に武貴・得意。
命宮・事業宮に入るのを喜ぶ。
2. 攀鞍《はんあん》：主に武貴・功名。
命宮・身宮・事業宮に入るのを喜ぶ。凶に逢い吉に化せる。
3. 歳駅《さいえき》：主に遷移・奔走。
命宮・事業宮に入るのを喜ぶ。天馬星と会照すれば力が増強。
4. 息神《そくじん》：主に消沈・頽廃。
吉星により解かれるのを喜ぶ。
5. 華蓋《かがい》：主に孤高・信仰。
助星の華蓋と同宮、あるいは会照すれば力が増強。
6. 劫煞《ごうさつ》：主に劫盗・破財。
吉星により解かれるのを喜ぶ。
7. 災煞《さいさつ》：主に小人・破財。
吉星により解かれるのを喜ぶ。
8. 天煞《てんさつ》：主に剋父・剋夫。
命宮・父母宮・夫妻宮に入るのを忌む。

9. 指背《しはい》：主に誹謗・是非。
命宮に入るのを忌む。
10. 咸池《かんち》：主に桃花・破財。
桃花の星がまた煞星・化忌に逢うのを忌む。
11. 月煞《げっさつ》：主に剋母・剋妻。
命宮・父母宮・夫妻宮に入るのを忌む。
12. 亡神《ぼうじん》：主に破財・失物。
財帛宮に入るのを忌む。吉星により解かれるのを喜ぶ。

11 命主星・身主星について

命主星は、命宮がある宮の地支で決まります。

命宮が子宮は貪狼、丑宮・亥宮は巨門、寅宮・戌宮は禄存、卯宮・酉宮は文曲、辰宮・申宮は廉貞、巳宮・未宮は武曲、午宮は破軍となります。

身主星は、出生年の地支で決まります。

子・午年は火星、丑・未年は天相、寅・申年は天梁、卯・酉年は天同、辰・戌年は文昌、巳・亥年は天機となります。１４４ページの命主星・身主星の早見表（表7－10）参照。

第5章 四化星の意味と作用

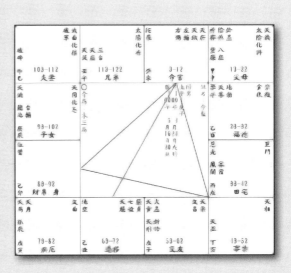

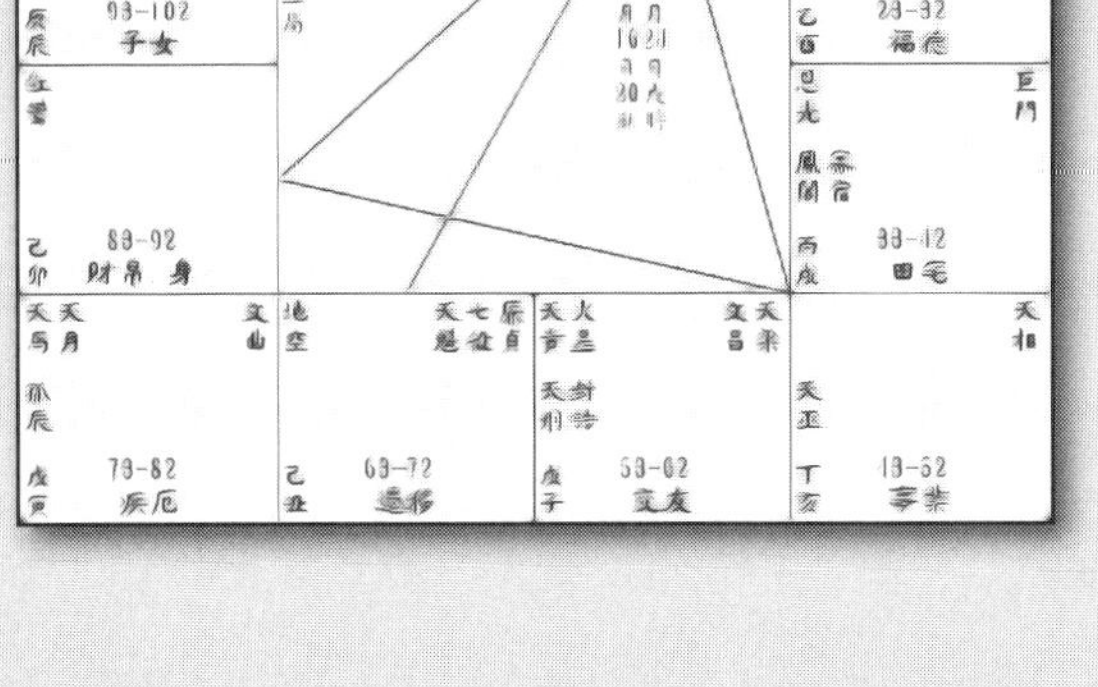

紫微斗数の流年吉凶の推算で、最も重要なのは「四化星」です。

四化星は、天干が異なるのに基づいて変化し、出生年、十年おきの大限、流年、流月、流日、流時、の六種類に分けることができます。

個人の運命は、流年の天干と地支の影響を深く受けます。つまり、個人の運命は、生年月日時の差異を除き、天運と地運の影響を受けていると言えます。

天干：甲・乙・丙・丁・戊・己・庚・辛・壬・癸　の10個
地支：子・丑・寅・卯・辰・巳・午・未・申・酉・戌・亥　の12個

この天干と地支で、年と月を推算します。

この手法の起源は大変古く、殷墟で見つかった甲骨文字の中に記載があるほどです。古代人の智慧には、重視すべき価値を発見することができます。

天干と地支は、五つの陽天干に六つの陽地支を配し、五つの陰天干に六つの陰地支を配するので、10×12＝60種の組み合わせがあります。したがって、もし流年を論ずるならば六十年で一輪廻します。


紫微斗数の中の四化星と、毎年の天干地支を連携させれば、個人の運命と人生の吉凶禍福を推算することができます。また、集落や社会は個人の集合によって形成されます。したがって、社会や国家で毎年起きる様々な現象も予測することができます。

四化星を使った流年の推算はとても重要であるため、特に精通する必要があります。

使用する際には、北斗の星曜、南斗の星曜の分類にも注意してください。北斗の星、たとえば、紫微・貪狼・武曲・巨門・廉貞・破軍・左輔・右弼・文曲は、上半年あるいは上半月に比べて大きく影響します。南斗の星、たとえば、天府・天機・天相・天梁・天同・七殺・天魁・天鉞・文昌は、下半年あるいは下半月に比べて大きく影響します。

また、「良い始まり、これこそが成功の半分です」という諺もあるように、旧暦の正月は格別な注意が必要です。それとともに、毎月、最初の三日間は、観察と予測修正の鍵となります。

さらに、四化星が幾つも重なると効力は増強します。特に同じ天干が、月と日で重複して逢う時には気をつけます。特に、それが命盤の三方四正にある時には、往々にして運の転換点となります。

たとえば、甲月甲日、乙月乙日などです。その際、原因から結果が出るまでのタイムラグを考慮に入れなければなりません。

以下が、十天干の「四化星」です。

甲廉破武陽　乙機梁紫陰　丙同機昌廉　丁陰同機巨　戊貪陰弼機
己武貪梁曲　庚陽武陰同　辛巨陽曲昌　壬梁紫輔武　癸破巨陰貪

次に、命盤への影響を簡潔に説明します。

1 天干甲の四化星 ― 廉破武陽

廉貞化禄・破軍化権・武曲化科・太陽化忌

廉貞化禄

廉貞は、五行の陰火に属します。天に在っては、北斗の星に属します。

廉貞の性質は、柔和で喜怒哀楽に偏向があります。情緒的な色彩が濃厚な星でもあります。

廉貞は財星ではありません。このため、化禄は財運に対する助けはさほど大きくなく、むしろ往々にして人を多忙にさせ心を疲弊させます。

また、もてなしや接待の機会が増えるだけでなく、桃花の機会も増えます。もし理知的でなく、感情に溺れて有頂天になれば、財運は桃花に転換します。

破軍化権

破軍は、五行の陽水に属します。天に在っては、北斗の星に属します。

破軍の性質は、真っ先に突撃して敵陣を落としにかかるので、身の危険性も非常に大きくなります。いつも先に破壊してから、その後に建設するといった性質があります。

破軍に化権が付くと、現状を突破することができます。その上、どれも自分が中心になって突破していきます。

武曲化科

武曲は、五行の陰金に属します。武曲は「財星」です。天に在っては、北斗の星に属します。財星に化科が付いた場合、名声や評判が上昇します。気分は愉快になり、能力を完全に発揮することができます。

武曲に化科が付くと、名声を得ますが、有名になった後に利益を得ることもしばしばあります。また、試験運を強めることができます。

太陽化忌

太陽は、五行の陽火に属します。天に在っては、太陽の精となり、「貴」に化します。中天の星曜であり、南斗・北斗には属しません。主に貴、名声を代表します。

化忌が付くと、名誉を損ない、悩みが増え、骨折り損のくたびれもうけを繰り返します。感情面でも不利です。また肉親の情愛を傷つけます。しかも目の健康がよくありません。

2　天干乙の四化星 ― 機梁紫陰

天機化禄・天梁化権・紫微化科・太陰化忌

天機化禄

天機は、五行の陰木に属します。天に在っては、南斗の星に属し、「善」に化します。機動・変化を主ります。

天機は財星ではないため、化禄が付くと、計画的に財を求めます。また、天機は流動的であり変化の星であることから、不安定という属性があり、お金がやってきても比較的容易に去ります。もしお金が巡って来たら、素早く受け取り納めるのが良いでしょう。

天梁化権

天梁は五行の陽土に属します。天に在っては、南斗の星に属し、「蔭」つまり庇護の星に化します。化権が付くと、さらに公正の力が増します。

ただし、先に受難に遭ったのちに、ようやく天梁の効果が現れるようになります。

紫微化科

紫微は五行の陰土に属します。天に在っては、北斗の主星で、「尊貴の星」です。

化科を喜びます。紫微に化科が付くと、評判を上げることができ、物事が思いどおりに運びます。ただし自我がかなり強くなります。

太陰化忌

太陰は五行の陰水に属します。天に在っては、月の精で、「富」に化します。中天の星斗に属します。

太陰は、禁欲的で内向的なため自分を表に出しません。太陰は財に属するため、太陰に化忌が付くと、往々にして感情面においてマイナスとなり、お金の面でも損失を出します。

3 天干丙の四化星－同機昌廉

天同化禄・天機化権・文昌化科・廉貞化忌

天同化禄

天同が五行の陽水に属します。天に在っては、南斗の星に属し、「福星」に化します。天同は「感情」を主ります。

そのため、様々な苦しみを経験した後に、ようやく気持ちを奮い起こして前進を図ります。不利的状況から有利に変わった後は、福星の力を表すようになります。

天機化権

天機に化権が付くのは天機を安定させるため、化禄が付くよりも好ましいでしょう。さらに計画性と計略的な能力が高まり、成功の機会を増やします。

文昌化科

文昌は、星系の中では、わずかな補佐をする星曜です。

文昌に化科が付くと、主に科挙で力を発揮するように、試験または名声を求めるのに有利で、評判も高まります。

廉貞化忌

廉貞は、第二の桃花の星で、感情の星でもあります。

廉貞に化忌が付くと、主に感情面に傷を負う、つまり心が傷つき悲しむ経験をしやすくなります。さらに煞星に多く逢えば、おそらく、事故や手術など生命にかかわるような災禍に逢います。

4 天干丁の四化星 ― 陰同機巨

太陰化禄・天同化権・天機化科・巨門化忌

太陰化禄

太陰は「陰」「蔵」「計画」を主り、また財星でもあります。化禄を最も喜ぶので、太陰化禄は、主に財源広進、財がたくさん入ってきます。

太陰に化禄が付くと、往々にして計画は成功し、それによって財を得ることがしばしばあります。太陰は不動産が主です。金庫と見なすことができます。太陰に化禄が付き、もし格局が良ければ、大富豪になることができます。

天同化権

天同は、本来「福星」のため、化禄を喜びます。しかし、化権を喜びません。化権が付くと、苦労が増えますが、それでも成功できます。
天同は感情や柔らかさを主り、化権が付くと、気の強さに変化します。

天機化科

天機に化科が付いても、安定性が増すわけではありません。花があっても実がありません。わずかに胸中の快楽を主ります。

巨門化忌

巨門は五行の陰水に属します。したがって化忌が付くと「暗星」になります。天に在っては、北斗の星に属します。
巨門は「是非」を主ります。直接、批評・議論はしませんが、本人がいない所で悪口を言います。また表向きはとてもよいが、実際は従順ではないことが多い。化忌が付いた時には、是非はさらに大きくなります。内心は不本意なのが、さらに強められます。

5 天干戊の四化星－貪陰弼機

貪狼化禄・太陰化権・右弼化科・天機化忌

貪狼化禄

貪狼は、五行の陽木に属し、また陽水にも属します。天に在っては、北斗の星に属します。貪狼は、紫微斗数で、「正桃花」と称されます。

貪狼に化禄が付くと、突発的にお金を得られます。したがって往々にして偏財が多数を占めます。

太陰化権

太陰は化権が付くと、多くは女性からの協力を得られ、権力を獲得します。

財政面では、太陰は財星なので、結局のところ化禄を喜びます。

化権は権勢を増加させるのに有利ですが、財を得ようとすれば、やはり苦労が伴います。

右弼化科

右弼は本来「科星」です。つまり科挙に合格し官職を得る星であることにより、化科が付けば、評判が増します。それは、あたかも錦の上に花を添えるようで、外見も美しいです。

天機化忌

天機に化忌が付きます。紫微斗数では、天機と化忌の殺傷力はとても強くなります。気苦労と骨折りで消耗するのではなく、実際に手足に傷を負い、往々にして、その後に物事が悪くなり始めます。

6 天干己の四化星－武貪梁曲

武曲化禄・貪狼化権・天梁化科・文曲化忌

武曲化禄

武曲は「財星」です。その上、財を求めて行動します。武曲に化禄が付くと、財を求めた場合は順調で、かつ収穫が豊富です。実質的な利益がある上に、影響が深いです。

貪狼化権

貪狼に化権が付くと、安定性が増します。

桃花は減少し、貪狼の判断力を強めることができ、行動はかなり積極的になります。

天梁化科

天梁は貴を主り、化科が付くのを喜びます。世間での評判は大いに増します。天梁が持つ、出来事をうまく切り替える能力もまた強化されます。

文曲化忌

文曲は、感情・文書を主ります。もし化忌が付けば、文書上、契約の誤り、または感情に影響されて間違った判断をしてしまうことに注意が必要です。

文曲は内在します。そのため自身の内面にある性質に左右されるものが多数を占めるため、発生する事件の多くは、自ら作り出したものです。あるいは内面環境の変化に影響されます。

7 天干庚の四化星 ― 陽武陰同

太陽化禄・武曲化権・太陰化科・天同化忌

太陽化禄

太陽は、名声を主りますが、富は主りません。化禄がついても、財の力はさほど大きくありません。太陽の性質は発散で、他人をよく照らすのが主のため、化禄が付くと、かすかに名声を主ります。往々にして表向きは良くても、中身は薄かったりします。

武曲化権

武曲に化権が付くと、財を取得するための行動が必要となり、それによって財を増加させます。非常につらい思いをすることの見本となります。

化権は、化禄の力には及ばないため、その性質は常に変わりますし、情は薄いです。

太陰化科

太陰に化科が付きます。財星に化科が付くと、わずかに見た目が美しいだけであり、実質的な利益は大きくありません。

天同化忌

天同は「福星」です。福星に化忌が付くと、金銭面でマイナスの働きをします。感情面にも不利な状況におかれ、精神的にマイナスの影響を受けます。

天同は化忌を最も恐れます。特に単独で化忌がある時は、十二宮上でどの宮にあっても皆不吉です。流年でこれに逢えば、多災多難です。

8 天干辛の四化星－巨陽曲昌

巨門化禄・太陽化権・文曲化科・文昌化忌

巨門化禄

巨門は「暗星」です。巨門に化禄が付く時、説得力は増しますが、暗中の破壊力は減少させることができません。富を得るには、気苦労と骨を折ることが必要です。

巨門に化禄が付くのは、あまり質が良くありません。富を得た後に、様々な原因により損耗し、目減りさせてしまいます。

太陽化権

太陽は、貴を主りますが、富は主りません。化権を喜ぶだけでなく、化権が付くと、男性からの助力が大きくなります。

また、独立、および創始する力が増します。

文曲化科

文曲は、元々「科名」を主ります。これに化科が付けば、錦の上にさらに花を添える、つまり良いものの上にさらに良いものを加えるようなものです。

また、人望を高めますが、実質的な富への扶助には限りがあります。

文昌化忌
文昌に化忌が付くと、文書上の契約の誤りを生じやすくなります。
文昌は外在化しますので、外界からもたらされる不利な要因に影響されます。

9 天干壬の四化星－梁紫輔武

天梁化禄・紫微化権・左輔化科・武曲化忌

天梁化禄
天梁は、化すと「蔭」、つまり庇護になります。災いに遭っても吉を呈す、すなわち先に災いに遭って、福星はやっと作用を発揮します。
同時に、天梁は清高な星でもあるので、天梁に化禄が付くと、かえって感情面やお金が原因で無意味な面倒が増えます。

紫微化権
紫微は帝王です。化権が付くと、権力のある皇帝を象徴し、決断力・指導力も高まります。その力は、単独で一領域を担うほどになります。ただし、自我と自己顕示欲が強く、権力を弄ぶのを好むことが欠点です。

左輔化科

本来、左輔は「科名」を主ります。化科が付くと、知名度が上がります。試験や名声を得るのにプラスです。

武曲化忌

武曲は「財星」です。化忌が付くと、お金に対して最も不利に働きます。さらに感情面でもマイナスになるため、容易に決裂してしまいます。

煞星に多く逢えば、ケガ・手術など生命にかかわるような災禍に遭い、ダメージはとても大きくなります。

10 天干癸の四化星 ― 破巨陰貪

破軍化禄・巨門化権・太陰化科・貪狼化忌

破軍化禄

破軍は創始を主ります。変化の振れ幅が比較的大きくなり、予想外の出来事に見舞われることになります。

破軍に化禄が付く時は、いつも新しい局面を切り開くことで、さらによい環境を手に入れます。

巨門化権

巨門は、化権を喜び、説得力と権力が同時に増します。また、エゴも強く自己中心的ですが、成功を収めやすいでしょう。

太陰化科

太陰は「財星」です。化科は「科星」です。
楽観的に変化することが、かえって判断の誤りを生みやすい状況をつくります。

貪狼化忌

貪狼に化忌が付けば、欲望と冒険への気持ちが低下します。したがって桃花も減少します。

貪狼に化忌が付く時の欠点は、突発的な変化に見舞われやすい点で、その対処に追われて疲弊させられます。

第6章

運命を割り出す基本方法

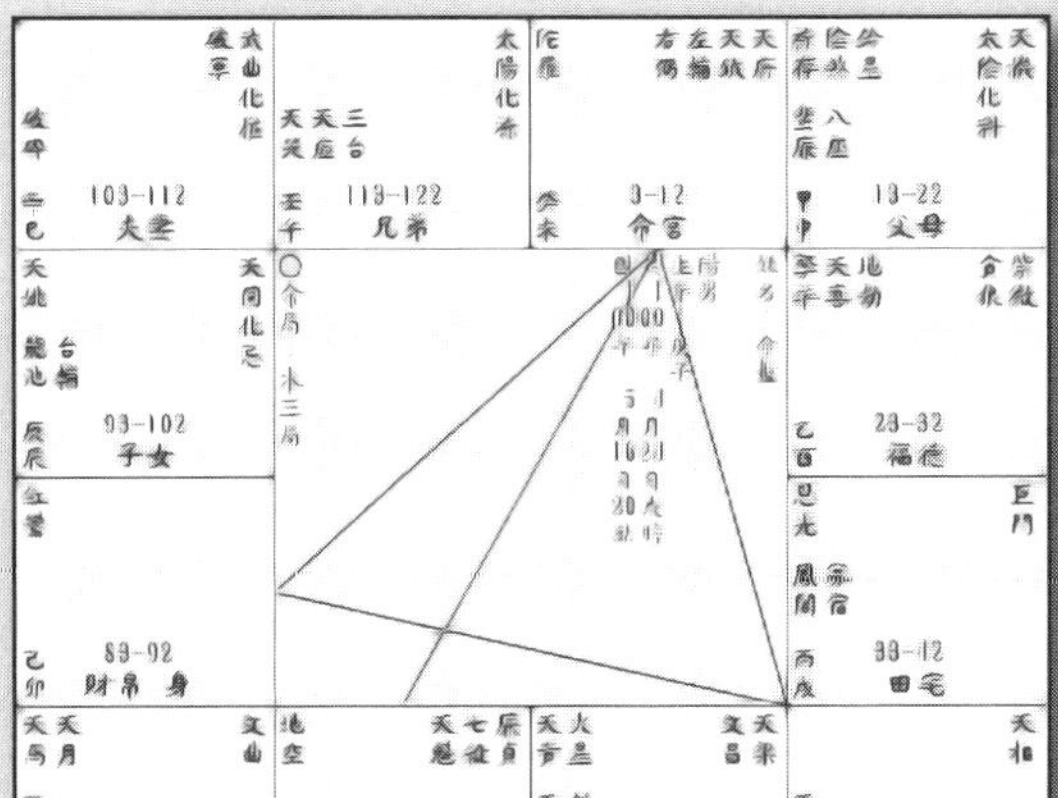

1 運命を割り出す基本作業

1. 命宮と身宮を見る

まず、命宮がどこにあるかを見ます。続いて、身宮がどこにあるのかを見ます。

命格の高低、個性の特質、命宮と身宮を総合して見ます。

命宮と身宮に格局があるのかどうかを調べ、一生の成就を定めます。

2. 命宮、財帛宮、事業宮、遷移宮、福徳宮を見る

命宮の三方四正は、財帛宮、事業宮、遷移宮です。

古人が運命を見る際の秘訣は、これらの四つの宮に福徳宮を加えることです。これで、人生の利益と損失は決定されます。

財帛宮は、生命を養う源です。事業宮はお金を得る方法です。遷移宮は、どこにいれば発展するのかを判断します。福徳宮は、個人の福分を代表します。

以上の四つの宮は、全体を左右する影響力を具えています。

3. 大限と流年を見る

命格の高低を決定したら、発展するのかしないのか、いつ発展するのかを見ます。それには、大限と流年

を見なければなりません。

紫微斗数は十年間を一つの大限とします。俗に大運とも呼びます。十年の大限は命宮を起点にして、十年おきに一つずつ、宮を換えていきます。また、十年の大限は、上は本命に対応し、下は流年とつながっています。

大限は、ただ関係を結び付けているだけで、吉凶禍福の鍵ではなく、流年と連係が必要です。『紫微斗数全書』に、「命宮が良く、身宮が良く、大限が良ければ、老いに至るまで繁栄する」とあります。それには、大限に流年を連係させて見なければなりません。

4. 四化星を見る

四化星を活用します。四化星は次のように分けられます。

① 本命の四化星……出生年の天干を元にして、四化星を命盤に書き込みます。
② 大限の四化星……大運が巡る宮の天干を元にして、四化星を命盤に書き込みます。
③ 流年の四化星……その流年の天干を元にして、四化星を命盤に書き込みます。
④ 流月・流日・流時の四化星……流月・流日・流時の天干を元にして、四化星を命盤に書き込みます。

ただし、初心者の方は、命盤に四化星をたくさん入れてしまうと、吉凶の判定がしづらくなりますので、注意が必要です。

5. 十二宮の星曜の組み合わせを見る

紫微斗数で流年を推算する際は、命宮と身宮が良い格局であることが必要なのを除いて、十二宮の星曜の組み合わせを重視します。

流年の行運は十二宮を順に巡っていきます。十二宮には、軽重大小の別がありますが、流年を見る際は、どの宮も等しく重要です。

6. 紫微斗数と因果を論ずる

紫微斗数も、因果について語っています。しかし、この因果とは仏教の因果ではありません。

それは、特別に良い流年、あるいは特別に悪い流年について、それらを事前に把握できるのかできないのか、犯した過失を補填できるのかできないのか、というようなことです。

運命には連続性がありますので、善因の種を植えれば必ず善果が実ります。同様に過失があっても、それを補填すれば、結果を先に延ばすこともできます。これを原因結果の法則と呼ぶこともできます。

2 命盤の実例と練習

1. 命宮を見て、次に身宮を見る

まず命宮がどこにあるのかを見ます。続いて、身宮はどこにあるのかを見ます。

命宮：太陽と巨門が寅宮にあり、命宮が置かれています。

寅刻に生まれ、昇り始めた太陽が照らしています。そのため、巨門の長所を充分に発揮し、短所を低

図6–1　命盤1

紫微化権 七殺 天鉞 八座 鈴星 破砕 乙巳 34-43 田宅	左輔化科 文曲 丙午 44-53 事業・身宮	丁未 54-63 交友	右弼 文昌 天貴 台輔 天馬 孤辰 戊申 64-73 遷移
天機 天梁化禄 封誥 寡宿 天月 鳳閣 甲辰 24-33 福徳	姓名： 陽男 生年：壬午 西暦1942年旧暦3月16日寅刻 西暦1942年新暦4月30日4時 命局：金四局		廉貞 破軍 地空 紅鸞 三台 己酉 74-83 疾厄
天相 天魁 火星 天姚 天喜 癸卯 14-23 父母			恩光 陰煞 陀羅 龍池 庚戌 84-93 財帛
太陽 巨門 天巫 蜚廉 壬寅 4-13 命宮	武曲化忌 貪狼 地劫 癸丑 114-123 兄弟	天同 太陰 天虚 擎羊 天哭 壬子 104-113 夫妻	天府 禄存 天刑 辛亥 94-103 子女

下させます。また、文昌・文曲、左輔・右弼と逢うので、文章や論文に長けた聡明な人です。

『紫微斗数全書』に、「巨門と太陽が同宮すれば、三代にわたり官を封ずる」とあります。つまり「大富大貴」の格局です。

寅宮の太陽は、借星の天梁化禄に逢います。また文昌が会照すれば、すなわち「陽梁昌禄」の格局となります。

『紫微斗数全書』に、「陽梁昌禄があれば、伝《でん》臚《ろ》で一番になる」と記され、この格局は、先に名声を得て、その後に利益を得ます。

身宮：身宮は午宮にあり「命《めい》無《む》星《せい》曜《よう》」です。つまり、命宮には星曜がないため、子宮の天同、太陰、擎羊を借ります。同時に戌宮に主星がないので、天梁化禄を借ります。

天同、太陰が化禄を見れば擎羊の激発によって、一度辛労と努力を経た後に、事業は成功します。これを「馬頭帯剣格」と言い、富貴双全、豊かな財産と高い地位が得られます。

命宮と身宮は、旺宮にある太陰と太陽の会照を得ています。

『紫微斗数全書』に、「太陽太陰が命宮を守るのは、太陽と太陰が照らし合うのには及ばない」とあり、これを指しています。つまり、日月同宮の場合、必ずどちらかの星が落陥となりますが、日月が三方に会照する場合には、日月が旺宮に入ることもあるからです。

また、文昌・文曲、左輔・右弼の四吉星が会照する、いわゆる「明珠出海格《みょうじゅしゅっかい》」でもあります。

『紫微斗数全書』に、「高貴な真珠が海から出てきた。財官がふたつ揃い美しい」とあり、お金持ちになり高い地位に就きます。

太陽と太陰は同じ中天の星曜で、日月と併称します。天貴・恩光、龍池・鳳閣と会照すれば聖なる恩恵を得ると、古人は見ています。

太陽は、化せば「貴」となし、群臣が手を合わせて拝むほどの、指導力を具えています。


人の一生における行動のパターンは、命宮と身宮の星曜を合わせて表現されます。

35歳以前は、命宮の星曜が、人の一生を左右します。35歳以降は、身宮の星曜の影響を大きく受けます。したがって、この事例は良い命盤であることがわかります。

また、同時にいくつかの良い格局を持っているので、非常に良い命格で、「大貴」の格局です。成果は間違いなく非凡です。

命宮が太陽で身宮は太陰の人は、総合的には、「日月共明。太陽と月は共に明るい」、剛柔を併せ持つ性格のため、流年で巡る運によって、強く男性的になったり、また柔らかく女性的になったり、その性格は変化します。

2．十二宮の長所と短所を観察する

兄弟宮：武曲化忌、地劫が同宮。一人っ子でなければ、兄弟との縁は薄く、その上、指に傷を負うか、身体に障害があります。

夫妻宮：擎羊が夫妻宮に入ります。配偶者がもし軍隊や警察の仕事に従事するか、または鋭利な刃物や武器に関する仕事をしていなければ、身体のどこがよくないか、一生の間に必ず大手術を受けることになります。

子女宮：天府は、「財庫」です。禄存を見るので天府の庫は満ち溢れます。保守的で安定しています。また化忌に会えば、禄は忌の沖に逢います。子どもたちはすでに事業を成功させ、それを維持し、余裕がありますが、創造力には欠けます。火星と貪狼に逢い突発的な問題が起きやすいでしょう。

財帛宮：天梁は、清雅高尚の星です。自身の化禄が対宮の陀羅と逢います。主に名声。利は主りません。財が多いとかえって混乱し、問題も次々にやって来ます。

疾厄宮：廉貞と破軍が、火星・鈴星や地空・地劫に会照するので、晩年に健康が優れません。腎臓関係の疾病を患いやすく、その上、火星・貪狼が会照することから、突発的な疾病を引き起こします。

遷移宮：出かけると地位や身分の高い人からの扶助があります。巨門と太陽が同宮し、『紫微斗数全書』では「遠い郡において発達する」と称し、よその土地に行くと道が開けます。

交友宮：文昌・文曲、左輔・右弼が交友宮を挟んでいます。これは「文桂《ぶんけい》文華《ぶんか》格」です。身辺には輔弼の士が多く助け合っています。しかし、兄弟宮は良くありません。それにより友達から不利益を受け、危害を及ぼされます。

事業宮：天同と太陰は天梁に逢い、化禄が来て会照します。また擎羊の激発を得ています。そのため怠惰に陥らずに、非常につらい思いをしながらも不断の努力を経て、極端な場合は茨の道を歩くことによって、事業は盛大な権威を顕し、高い地位を得ます。これを「馬頭帯剣格」と言います。

田宅宮：紫微は帝王の星で、七殺は斗中の大将です。紫微は吉星の補助があって指導力を増すことができます。これを「君臣慶会格《くんしんけいかい》」といいます。しかし、紫微が化権に会えば、権力闘争に流れやすく、孤立しやすいでしょう。

福徳宮：天梁に化禄が付くと、一生お金に困ることがありません。天魁・天鉞が両側を挟めば庇護がありま す。福分も高く、身分や地位の高い人が助力します。ただし火星・鈴星が挟むと、内面は混乱し、不安が募ります。

父母宮：天相が父母宮にあると情を重んじます。父母は言行を慎み、高い教養があり、その上、父母から庇護を得られます。しかし、武曲化忌と逢い、なおかつ貪狼・火星に逢うので、その影響で年長者は突然、疾病に罹ります。

3. 命盤・大限・流年の推断方法

星系を明らかにした後に、総合的な推断を進めますが、ここが紫微斗数を学ぶに際して、少し難しいところです。「紫微斗数は学びやすいけれど究めるのは難しい」と言われる理由がここにあります。

たとえば、大限と流年を推断する場合、吉星があっても必ずしも吉ではなく、また煞星が必ずしも凶とは限りません。それに加え、吉凶が重なり合えば、なおさら推断の難度は高まります。

3 運命の三要素

運命を決定する際、重要な要素が三つあります。

①命格：命格の高低

命格の高低は、生まれつき具わっています。

②大限：十年の運気の良し悪し

前半五年はその前の大限を変化させる働きがあり、後半五年はそれぞれの流年に応じます。

③流年：毎年の運気

一年の成功と失敗の鍵となります。

「命」とは、すなわち、生まれ持った命格を指します。命宮は、命格の高低と運気の良し悪しを代表します。これは生まれつき具わっています。

「運」とは、十年ずつに分けた大運（大限）、および一年の運勢を指します。紫微斗数は十年おきに一つ、大運が替わります。

もし、命が良く、十年の運が良く、一年の運が良ければ、間違いなく成功します。しかし、命が悪く、十年の運が悪く、流年も悪ければ、これすなわち「雨漏りしている家に連夜の雨」「泣きっ面に蜂」と同じ状況になり、何事においても成就する可能性は少ないでしょう。

命格が中位の人は、おそらく命は良いけれど、運が悪いでしょう。しかし、もし命が悪く、運が良い場合は、良い運に該当する流年を把握すれば、人よりも一歩先んじることができます。

運命の分布は、統計学などで用いられる正規分布と同様で、命格の極めて良い人は、極めて悪い人と同様に、そう多くはありません。大多数の人が中位で普通の命格となります。

紫微斗数を学習すれば、すぐに自分の命と運を把握できますし、そこに表示された優位と思われる点を積極的に活用するとともに弱点が改善できれば、趨吉避凶は可能でしょう。たとえば、運が悪い時は、危険を冒さずに慎重に行動し、身に余る大きな投資をしない。その反対に運が良い時は、大胆で積極的に大きな投資を行う、といったようにすればいいのです。

運命の脈動を充分に掌握すれば、積極的に運を改めて目的に到達することができます。自分自身で命の良い点を活かし、弱点を改善すれば、さらに運も良くなることでしょう。


さて、命格は、命盤中の命宮の三方四正によって判断します。つまり、命宮・事業宮・財帛宮・遷移宮の四つの宮から論理的に考えていきます。

命宮は、基本的に人の個性や特質を表しています。その対宮が遷移宮で、故郷で成功するのか、あるいはよその土地に出かけて成功を収めたほうが良いのかなどの判断ができます。遷移宮が良い場合は新天地での発展・成功を表しており、故郷を離れることで思い通りになります。

事業宮は、事業タイプを知ることができます。

財帛宮は、お金を稼ぐ方法が表されています。

これらの四つの宮から、命格の高低を判断することができます。

言い換えれば、私たちが俗に言う「好命《ハオミン》？　壊命《ファイミン》？」のことです。

つまり、良い宿命なのか？　悪い宿命なのか？　を天盤から判断するのです。

図6–2　命盤2

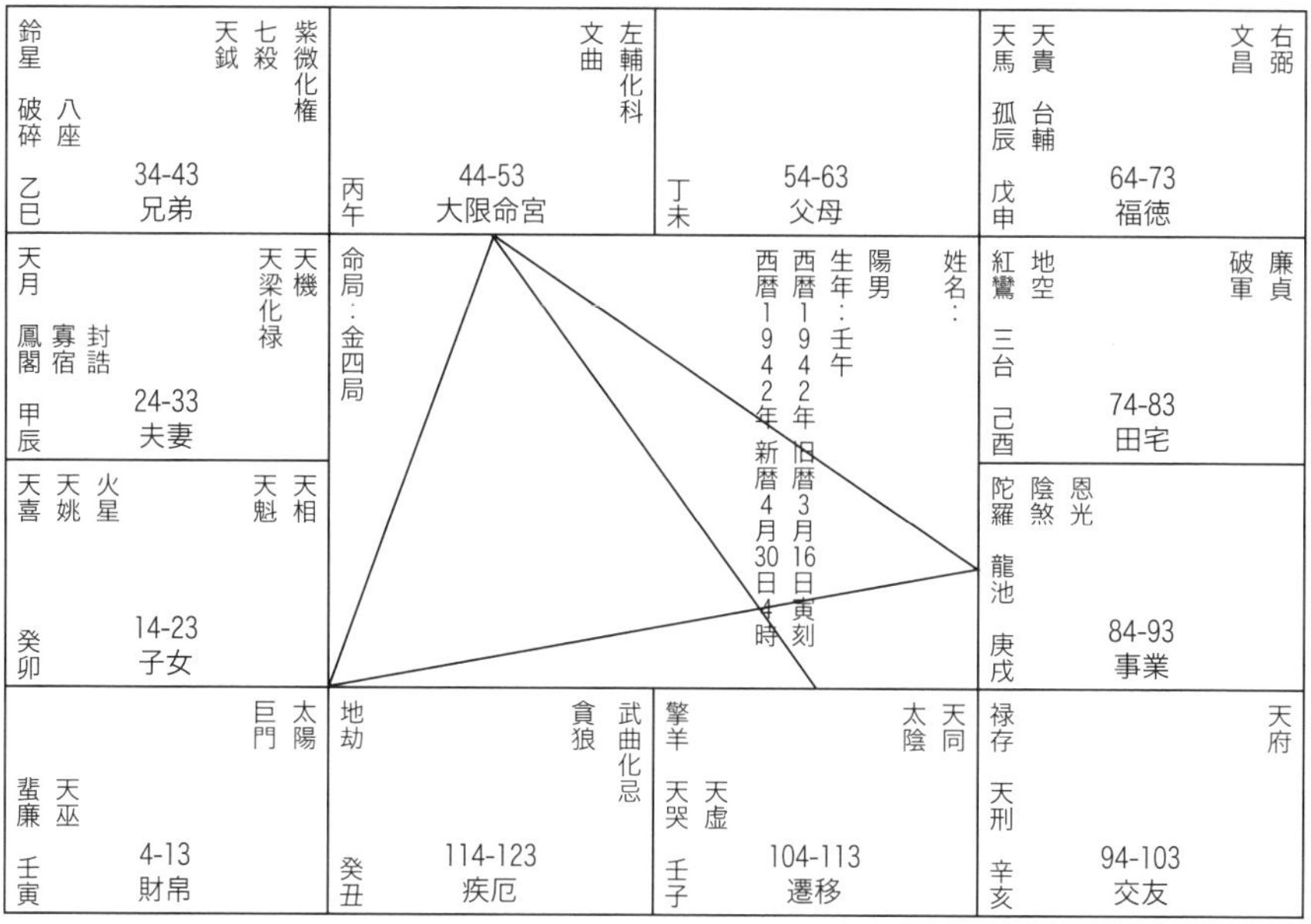

命格の高低が決まったら、大限の運勢も、推断する際の重点となります。

上の命盤（図6－2）を見てください。

この命盤における天盤の命宮は寅宮です。最初の大限は必ず命宮から始まります。つまり、数え年の4～13歳の大限命宮は寅宮です。

二番目の大限14～23歳、この十年間は父母宮を見ます。言いかえると、天盤の父母宮が大限命宮へと代わります。そして、天盤の命宮は兄弟宮へと代わります。天盤の兄弟宮は大限の夫妻宮に代わり、以降はこれに準じてください。

24～33歳の大限命宮は天盤の福徳宮を見ます。

34～43歳の大限命宮は天盤の田宅宮を見ます。

つまり、十二宮の星曜は移動しません。ただし、十二宮の名称は、大限あるいは流年を根拠に回転していきます。

大限は、十年ごとの運気を代表し、十年ごとに一宮ずつ、位置が替わります。

大限は、陽男（陽干の年に生まれた男性）・陰女（陰干の年に生まれた女性）は、時計回りに大運を起こしていきます。陰男（陰干の年に生まれた男性）・陽女（陽干の年に生まれた女性）は、反時計回りに大限を起こしていきます。

図6－2にあげた命盤は、陽男です。だから大限は時計回りに、順に次へと循環していきます。これは、人生のチャンスは絶え間ない回転の中にあることを明らかにしています。

『紫微斗数全書』に次のようにあります。

「十年おきにチャンスの順番が回って来る、またこれは人生の運気の良し悪しが十年おきに一度変わることを指す。」

このほかに、大限命宮が置かれた宮の天干がとても重要になります。

たとえば、44～53歳は、天盤の事業宮が大限命宮になります。午宮の天干は丙です。つまり、丙午は、丙天干を用いて、再び十二宮に四化星を振らなければなりません。

このように、一つの命盤には、二組の四化星があります。

4　流年の運勢

十年の運勢の強弱を把握したら、流年運気の趨勢も推断の重点です。

事業・恋愛を問わず、素晴らしい状態を存続、あるいは発展させていくためには、流年運気の吉凶を知ら

図6–3　命盤３

紫微化権 七殺 天鉞 鈴星 八座 破砕 34-43 遷移 乙巳	左輔化科 文曲 44-53 疾厄 丙午	54-63 財帛 丁未	右弼 文昌 天貴 天馬 台輔 孤辰 64-73 子女 戊申
天機 天梁化禄 天月 封誥 寡宿 鳳閣 24-33 交友 甲辰	姓名： 陽男 生年：壬午 西暦１９４２年旧暦３月16日寅刻 西暦１９４２年新暦４月30日４時 命局：金四局		廉貞 破軍 地空 紅鸞 三台 74-83 夫妻 己酉
天相 天魁 火星 天姚 天喜 14-23 事業 癸卯			恩光 陰煞 陀羅 龍池 84-93 兄弟 庚戌
太陽 巨門 天巫 蜚廉 4-13 田宅 壬寅	武曲化忌 貪狼 地劫 114-123 福徳 癸丑	天同 太陰 擎羊 天虚 天哭 104-113 父母 壬子	天府 禄存 天刑 94-103 流年命宮 辛亥

なければなりません。それが進退の根拠になります。したがって、流年運気は、吉凶成敗の鍵となります。

流年は、太歳宮を見ます。つまり、酉年は酉宮を流年命宮とします。戌年は戌宮を流年命宮とします。以下これに準じてください。

流年がある宮を見つけた後は、その宮を流年命宮にし、続いて流年命宮、流年兄弟宮……と反時計回りに十二宮を記入していきます。星系は動かさないで、ただ宮の名称だけを移動します。

続いて、流年天干の四化星を記入します。たとえば、２０１９年は己亥年ですので、天干は己ですので、己天干の四化星を、十二宮に記入しましょう。

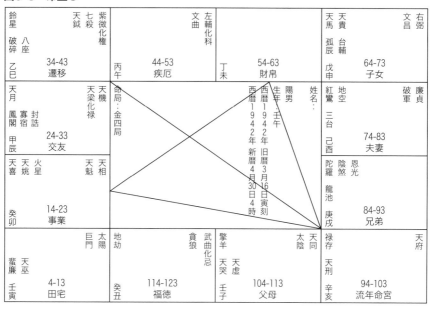

このようにして一枚の命盤は、三組の四化星を持つことになります。

この流年の推断法は、午年は午宮を見る、戌年は戌宮を見る……なので、「太歳宮流年推断法」と呼びます。そのほか、宮に太歳ではなく、小限宮を使う「小限宮流年推断法」というものもあります。これも流年を推算する一方法ですが、「太歳宮流年推断法」のシンプルさには劣ります。

流年を判断する際は、やはり本命の良し悪しを参考にしなければなりません。

たとえば、命格が高い場合は、運を怖れません。悪い運が来てもかえって人間性が練磨され、その経験をバネにして次のステップへ飛躍できます。

命格の高い人は、ちょっとした良い流年の運の勢いで、重要な事柄を容易に成就します。しかし、命格が低い人は、良い運の時でさえ留意する必要があり、人一倍努力をして、やっとある程度、成就できます。

十年の大限も、流年の運気を参考にし、判断の拠りどころとします。その上で、命格の高低、さらに流年の吉凶を見ます。

結局、最も良いのは、命が良く、大限が良く、流年が良いことです。

もし、命が良く、十年の運が悪く、また流年が良い場合は、あるタイミングで良い出来事が起こりますがすぐに消え去ります。一年だけ思いどおりになるだけです。

もし、十年の大限が良く、流年が悪い場合には、特に命格が高い人の場合、一時的な挫折を経験するだけで人生の発展に影響がありません。

しかも、大限が十年良い時、流年が悪いと抵抗力が弱くなるだけです。それゆえ、流年を見る時は、やはり十年の大限と命格の高低、これらを参考にするべきです。

このようにして、命盤の流年運気を完全に分析できます。

人生の大まかな損得、個性の長所・短所、流年の良し悪し、などをすぐに把握することができます。しかも、個人の進退の基準になります。

十天干と十二地支、陽の天干には陽の地支を組み合わせ、陰の天干には陰の地支を組み合わせて、合計六十の組み合わせとなりますので、もし流年を論じたいなら、六十年でようやく一巡りすることになります。つまり、次の戊戌年、あるいは己亥年は六十年後になる、というわけです。

5 変化が起きやすい流年

(1)殺破狼《さつはろう》を移動する時

流年命宮が、殺破狼、つまり七殺・破軍・貪狼のある宮を移動する時、また化禄に逢えば、容易に変化があります。

殺破狼の違いは、七殺星・破軍星は主に行動上での変化、貪狼星を移動すれば、一般に気持ちの上での変化を表します。

(2)天盤の命宮に巡る時

流年命宮が、天盤の命宮に巡る時、自身の人生の未来に対してよく考慮し、また変えたいと思います。

(3)流年と大限が重なる宮

流年命宮が、大限命宮の星と性質が重なる時、星の性質はかなり強烈となり、変化しやすいです。

⑷流年と大限が同じ天干の時

同じ天干の時、双化となります。つまり化禄・化権・化科・化忌が二重に逢うことを指します。星の性質は二倍になり、その良し悪しが特にはっきりと顕現します。

⑸流年と出生年が同じ天干の時

流年天干と生年天干が同じ時、吉凶も特別顕著に顕われます。

⑹流月と流日

紫微斗数は、流月・流日・流時まで、詳しく推算できます。

6 流月とは

流月とは、旧暦の月の吉凶を指します。一年は十二カ月あります。順番に十二宮に配分します。流月の中では旧暦の正月が最も重要です。

旧暦の正月は、またの名を「斗君《とくん》」と呼びます。斗君は、まるで前衛部隊のようです。その一年における指揮、および開始の役目があります。

もし、流年が凶であり、斗君が吉であれば、禍は減少します。

流年が吉であり、斗君が凶であれば、成功もまた見劣りするでしょう。

俗にこれを「良き始まり、これこそまさに成功の半分である」といいます。

流年の良し悪しに関わらず、比較的良い流月、または悪い流月を探し求めておけば、攻める時期と守る時期の基準になります。

通常、流年・流月が共に良い時は、人は自然と積極的になります。特に重ねて化権や化禄に遇う時は、雑念はなく、集中して、脇目も振らずに努力します。

しかし、その反対的に化忌に遇う時は、消極的になり堕落しやすくなります。また元気がなくなり、意気消沈します。

流月の中でも、特に旧暦の正月の良し悪しは、その年の運勢の指標となる働きがあります。もしも、流年が悪い、しかし正月の運が良い場合は、今年遭遇するはずの挫折が限りのあるものであることを表しています。正月は、開運のための時期だと言われる所以です。

たとえば、一年のうちで正月はいつもより余裕を持って良い状態で過ごすことができた。また心安らかに平和に過ごせたなら、その年の運もまた上向くでしょう。ただし、流年が良くない上に、正月もまた良くない、そのような場合は、その年は、本当に注意しなければなりません。

1. 流月の求め方

流年がある宮に、旧暦の正月を置きます。そこから出生月まで反時計回りに遡り、今度は出生時刻まで時計回りに順に進みます。

その宮が流年の正月、または斗君です。

同じように、順番に、二月、三月……十二月と進んでいきます。

流月の運を推算する場合は、その月を命宮として見ます。

2. 流月と四化星

流月にも、流月四化星があります。その月だけ作用します。一般には流年がやはり吉凶の鍵のありかです。流月はその中にあって、ただ顕現する吉、あるいは凶の「量」です。

3. 流日の求め方

流日の求め方は、流月のある宮を旧暦の一日とします。順番に、日の数に沿って数えていき、その日の流日命宮とします。

このように四化星は、流月・流日・流時の天干四化星ととても多く、さらに精細に推断できますが、一般には、流日・流時までを見るのはお勧めしません。

専門家あるいは初心者にかかわらず、複雑になりすぎて、かえって学習上の悩みを余計に増やすからです。

第7章 命盤を早見表で作る

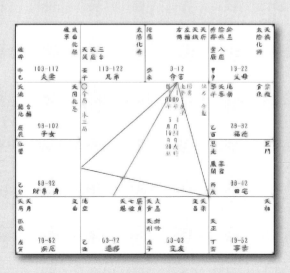

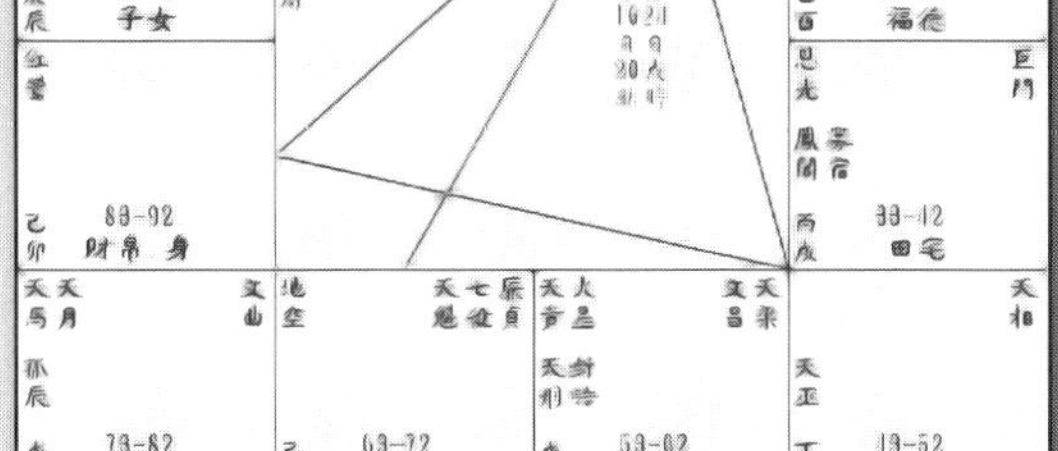

1 命盤を作る手順

紫微斗数は太陰暦を使用しますが、これは旧暦でもあり、節気に従わずに月を決めます。したがって、出生した年月日時を旧暦に変換しなければなりません。

出生年を天干地支の形式に換え、出生時間を生まれた地支の時刻に換えたなら、表を見れば初学者でも、命盤は簡単に作れます。

まず、未記入の命盤を準備しましょう。

命盤は十二の空欄に分かれます。これを十二宮と呼びます。

一宮ごとに、いずれも「地支」の名前が付けられています。

たとえば、図7－1をご覧ください。

右上の角にある宮は申宮といい、左下の角の宮は寅宮と言います。

「宮支」の名称はずっと固定して、変わることはありません。

図7–1　命盤の基本形式

巳	午	未	申
辰	年 月 日 時 陰陽 男女 局		酉
卯			戌
寅	丑	子	亥

伝統的な紀年法は、天干地支の形式です。紫微斗数は太陰暦を採用しており、必ず出生年を換算し「干支」形式にしなくてはなりません。

本書では、巻末付録の万年暦を用いて、太陽暦を太陰暦に換算します。

以下、Aさん、Bさんの二人を事例として取り上げて説明したいと思います。

【事例1】 Aさん、男性。２０１８年9月10日午前10時50分東京生まれ。

出生年月日を太陰暦に換算すると、２０１８年８月１日。

【事例2】 Bさん、２０１８年2月10日。太陰暦に換算すると２０１７年12月25日。２０１８年2月４日は二十四節気の立春で、四柱推命の場合は、立春を過ぎれば２０１８年と数えなければなりません。しかし、紫微斗数は節気に従わず、完全に太陰暦に従って月を定めます。だから太陰暦では12月となり、依然として２０１７年です。

1．出生年を天干地支に変換する

方法は以下のとおりです。

（西暦の生年－３）÷60＝A（商数は問わず）＋B（余りの数）

B÷10＝C（商数は問わず）＋D（余りの数）。　余りの数D＝天干

B÷12＝E（商数は問わず）＋F（余りの数）。　余りの数F＝地支

例：2018年が戊戌年であるのを、どのように割り出すのか？

(1)出生年を天干に換える

2018年生まれ。

2018－3＝2015（出生年から3を引きます）

2015÷60＝A（33：商数は問わず）＋B（余りの数：35）

35÷10＝C（3：商数は問わず）＋D（余りの数：5）

この余りの数D：5＝天干戊

余りの数	1	2	3	4	5	6	7	8	9	0
年干	甲	乙	丙	丁	戊	己	庚	辛	壬	癸

ただし、この計算法は複雑すぎます。簡単な方法として、直接、西暦の出生年から3を引くものがあります。この方法で出した下一桁の数も、右記の計算と同じ結果になります。

たとえば、

①2018年の末尾の数8から3を引くと、余りは5。天干は戊です。

②1952年の末尾の数2から3を引けないので、数が足りない場合は西暦年の末尾の数に10を足します。12になります。そこから3を引くと余りは9。天干は壬です。

(2)出生年を地支に換える

２０１８年生まれ。
２０１８－３＝２０１５（出生年から3を引きます）
２０１５÷60＝Ａ（33：商数は論ぜず）＋Ｂ（余りの数35）
35÷12＝Ｅ（２：商数は論ぜず）＋Ｆ（余りの数11）
この余りの数Ｆ：11＝地支戌

余りの数	年支
1	子
2	丑
3	寅
4	卯
5	辰
6	巳
7	午
8	未
9	申
10	酉
11	戌
0	亥

したがって、２０１８年の天干地支は戊戌年になります。出生年の天干地支を早く知りたい方は巻末の太陰暦を見てください。

(3)閏月生まれの並べ方

閏月は15日を境界点とします。
もし、出生日が閏月の15日（を含む）より前にあれば、当月として計算します。
もし、出生日が閏月の16日（を含む）より後にあれば、次の月に入れます。
たとえば、
２０２０年太陰暦で閏月４月15日生まれは、４月15日で命盤を作ります。
２０２０年太陰暦で閏月４月16日生まれは、５月16日で命盤を作ります。

⑷出生時間を地支に替える

まず、「全国主要都市の時差表」を見て出生時間を修正します。

【事例1】のAさんは、2018年9月10日午前10時50分、東京生まれです。

表7－1から明石市との時差＋19分を修正し、出生時間は午前11時09分とします。その後に表7－2「出生時間と十二刻換算表」を見て、地支に換えます。

この結果、Aさんの元々の出生時間は、午前10時50分は巳刻でしたが、時差を修正して午前11時09分になり、出生時間は午刻に変わることがわかります。

表7-1　全国主要都市の時差表

地名	分秒
〈北海道〉	
釧路市	+37′33″
帯広市	+32′48″
旭川市	+29′28″
札幌市	+25′26″
〈青森県〉	
青森市	+23′00″
〈岩手県〉	
盛岡市	+24′36″
〈秋田県〉	
秋田市	+20′25″
〈宮城県〉	
仙台市	+23′32″
〈山形県〉	
山形市	+21′22″
〈福島県〉	
福島市	+21′55″
〈栃木県〉	
宇都宮市	+19′33″
〈群馬県〉	
前橋市	+16′16″
〈茨城県〉	
水戸市	+21′54″
〈埼玉県〉	
さいたま市	+18′36″
〈千葉県〉	
千葉市	+20′25″
〈東京都〉	
東京都	+19′04″
〈神奈川県〉	
横浜市	+18′34″
〈新潟県〉	
新潟市	+16′12″
〈富山県〉	
富山市	+08′52″
〈石川県〉	
金沢市	+06′38″
〈福井県〉	
福井市	+04′52″
〈長野県〉	
長野市	+12′44″
〈山梨県〉	
甲府市	+14′16″
〈静岡県〉	
静岡市	+13′32″
〈岐阜県〉	
岐阜市	+07′00″
〈愛知県〉	
名古屋市	+07′38″

地名	分秒
〈滋賀県〉	
大津市	+03′28″
〈三重県〉	
津市	+06′02″
〈京都府〉	
京都市	+03′05″
〈大阪府〉	
大阪市	+02′01″
〈奈良県〉	
奈良市	+03′20″
〈和歌山惧〉	
和歌山市	+00′42″
〈兵庫県〉	
神戸市	+00′40″
〈鳥取県〉	
鳥取市	-03′03″
〈島根県〉	
松江市	-07′48″
〈岡山県〉	
岡山市	-04′20″
〈広島県〉	
広島市	-10′10″
〈山口県〉	
山口市	-14′06″
〈徳島県〉	
徳島市	-01′46″
〈香川県〉	
高松市	-03′48″
〈愛媛県〉	
松山市	-08′56″
〈高知県〉	
高知市	-05′52″
〈福岡県〉	
福岡市	-18′24″
〈大分県〉	
大分市	-13′36″
〈佐賀県〉	
佐賀市	-18′47″
〈長崎県〉	
長崎市	-20′20″
〈熊本県〉	
熊本市	-17′08″
〈宮崎県〉	
宮崎市	-14′19″
〈鹿児島県〉	
鹿児島市	-17′47″
〈沖縄県〉	
那覇市	-29′17″

※この表に記載のないところで生まれた人は、近い場所を見ましょう。

表7–2　出生時間と十二刻換算表

00:00～00:59	早子時
01:00～02:59	丑
03:00～04:59	寅
05:00～06:59	卯
07:00～08:59	辰
09:00～10:59	巳
11:00～12:59	午
13:00～14:59	未
15:00～16:59	申
17:00～18:59	酉
19:00～20:59	戌
21:00～22:59	亥
23:00～23:59	夜子時

表7–3　サマータイム表（日本国内）

1948年	新暦5月1日0:00 ～ 9月12日0:00
1949年	新暦4月2日0:00 ～ 9月11日0:00
1950年	新暦5月6日0:00 ～ 9月10日0:00
1951年	新暦5月5日0:00 ～ 9月 9日0:00

※サマータイムの修正

１９４８年～１９５１年の４年間、日本はサマータイムを導入しました。そのため、サマータイムの期間に生まれた人は、出生時間よりも1時間減じる必要があります。

たとえば、午前6時10分に生まれた人は、1時間引いて、出生時間は午前5時10分、卯刻となります（表７－３参照）。

紀年方法は、必ず陽の天干には陽の地支が配され、陰の天干には陰の地支が配されます。

戊戌年は陽の天干に陽の地支が配されます。したがって、陽に属します。男性は「陽男」と称し、女性は「陽女」と呼びます。

十天干と陰陽の属性

陽干	陰干
甲	乙
丙	丁
戊	己
庚	辛
壬	癸

十二地支と陰陽の属性

陽支	陰支
子	丑
寅	卯
辰	巳
午	未
申	酉
戌	亥

⑸掌訣による排盤法

もし、命盤の十二宮を手のひらの上に置いたなら、指の関節の横じわで、十二個の部分（図7－2参照）に分けることができます。これを、掌中訣《しょうちゅうけつ》、または掌訣《しょうけつ》と呼びます。

紫微斗数には100個を上回る星曜があります。その中で重要な星曜は、掌訣を応用できます。

命盤の作成、および流年流月の推算法は、ただ、指折り数えるだけで迅速に命格の高低と流年を推断できて、すぐに吉凶禍福を知ることができます。

図7-2　掌訣と十二宮

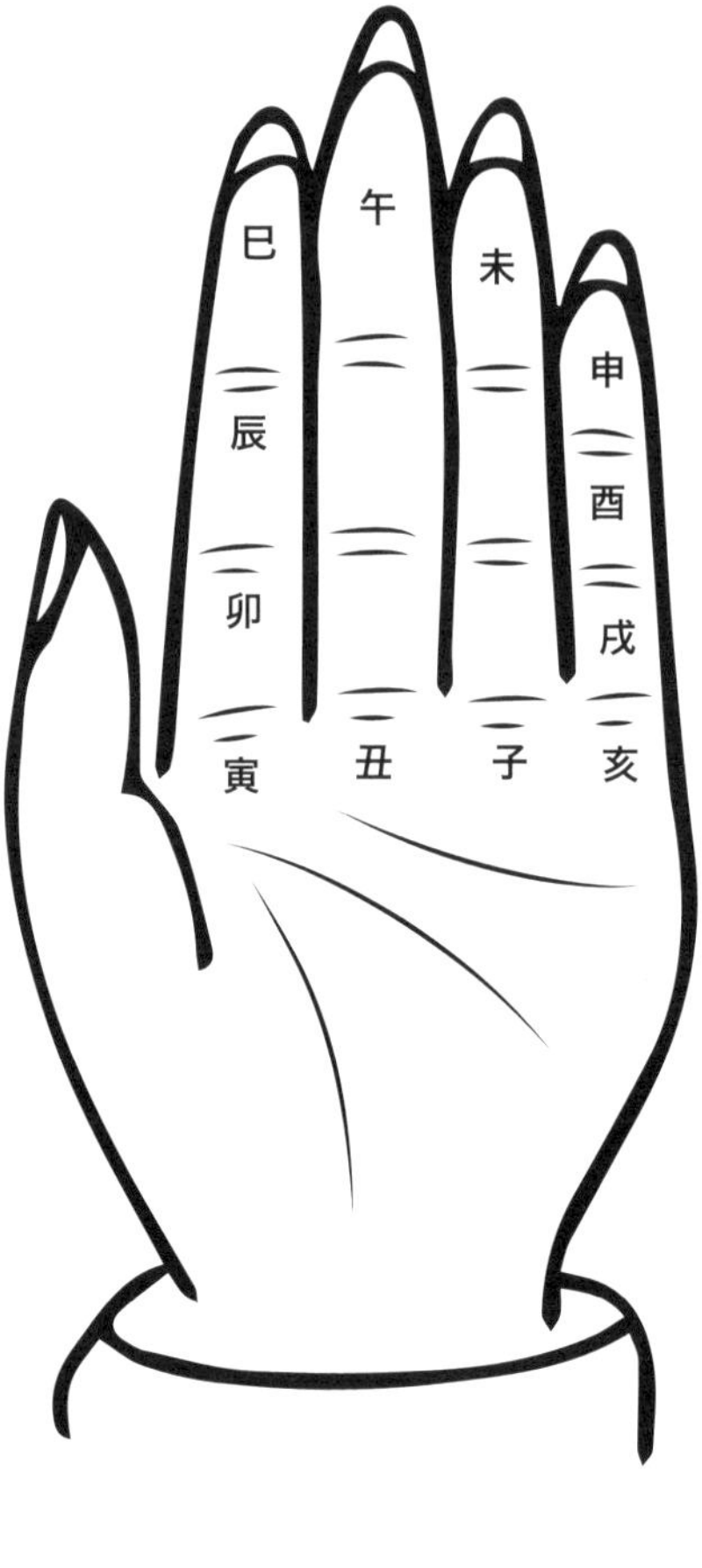

掌訣による排盤方法は、ここでは長くなりますので省略します。

これまでの命盤作成の過程をまとめておきます。

【事例１】のＡさん。男性。２０１８年９月10日午前10時50分、東京生まれ。

太陰暦に換算すると、２０１８年（戊戌年）８月１日。時差修正で＋19分を加えて、午刻生まれ。陽男となります。

図7–3　Aさんの命盤

巳	午	未	申
辰	Aさん（男性） 西暦2018年 戊戌年 旧暦8月1日午刻 西暦2018年 新暦9月10日11時9分東京生まれ 陽男 水二局		酉
卯			戌
寅	丑	子	亥

2 命盤を作るための早見表

1. 命宮・身宮を定める

【事例1】のAさんは太陰暦8月の午刻生まれです。命宮と身宮は、ともに卯宮になります（表7－4参照）。

表7–4　命宮と身宮

十二月	十一月	十月	九月	八月	七月	六月	五月	四月	三月	二月	正月	出生月（旧暦）／命身宮	生時
丑	子	亥	戌	酉	申	未	午	巳	辰	卯	寅	命身	子
子	亥	戌	酉	申	未	午	巳	辰	卯	寅	丑	命	丑
寅	丑	子	亥	戌	酉	申	未	午	巳	辰	卯	身	
亥	戌	酉	申	未	午	巳	辰	卯	寅	丑	子	命	寅
卯	寅	丑	子	亥	戌	酉	申	未	午	巳	辰	身	
戌	酉	申	未	午	巳	辰	卯	寅	丑	子	亥	命	卯
辰	卯	寅	丑	子	亥	戌	酉	申	未	午	巳	身	
酉	申	未	午	巳	辰	卯	寅	丑	子	亥	戌	命	辰
巳	辰	卯	寅	丑	子	亥	戌	酉	申	未	午	身	
申	未	午	巳	辰	卯	寅	丑	子	亥	戌	酉	命	巳
午	巳	辰	卯	寅	丑	子	亥	戌	酉	申	未	身	
未	午	巳	辰	卯	寅	丑	子	亥	戌	酉	申	命身	午
午	巳	辰	卯	寅	丑	子	亥	戌	酉	申	未	命	未
申	未	午	巳	辰	卯	寅	丑	子	亥	戌	酉	身	
巳	辰	卯	寅	丑	子	亥	戌	酉	申	未	午	命	申
酉	申	未	午	巳	辰	卯	寅	丑	子	亥	戌	身	
辰	卯	寅	丑	子	亥	戌	酉	申	未	午	巳	命	酉
戌	酉	申	未	午	巳	辰	卯	寅	丑	子	亥	身	
卯	寅	丑	子	亥	戌	酉	申	未	午	巳	辰	命	戌
亥	戌	酉	申	未	午	巳	辰	卯	寅	丑	子	身	
寅	丑	子	亥	戌	酉	申	未	午	巳	辰	卯	命	亥
子	亥	戌	酉	申	未	午	巳	辰	卯	寅	丑	身	

2. 十二宮を定める

すべて命宮を起点とします。命宮がどの位置（宮）にあるかを知ったならば、陰陽男女を問わず、下記の順番で、反時計回りに十二宮の名称を入れていきます（表7－5参照）。

①命宮→②兄弟宮→③夫妻宮→④子女宮→⑤財帛宮→⑥疾厄宮→⑦遷移宮→⑧交友宮→⑨事業宮→⑩田宅宮→⑪福徳宮→⑫父母宮

表7–5　十二宮を定める表

父母	福徳	田宅	事業	交友	遷移	疾厄	財帛	子女	夫妻	兄弟	命宮
丑	寅	卯	辰	巳	午	未	申	酉	戌	亥	**子**
寅	卯	辰	巳	午	未	申	酉	戌	亥	子	**丑**
卯	辰	巳	午	未	申	酉	戌	亥	子	丑	**寅**
辰	巳	午	未	申	酉	戌	亥	子	丑	寅	**卯**
巳	午	未	申	酉	戌	亥	子	丑	寅	卯	**辰**
午	未	申	酉	戌	亥	子	丑	寅	卯	辰	**巳**
未	申	酉	戌	亥	子	丑	寅	卯	辰	巳	**午**
申	酉	戌	亥	子	丑	寅	卯	辰	巳	午	**未**
酉	戌	亥	子	丑	寅	卯	辰	巳	午	未	**申**
戌	亥	子	丑	寅	卯	辰	巳	午	未	申	**酉**
亥	子	丑	寅	卯	辰	巳	午	未	申	酉	**戌**
子	丑	寅	卯	辰	巳	午	未	申	酉	戌	**亥**

3. 十二宮の天干を求める

十二宮の地支（宮支）はずっと固定されて変化しません。しかし、十二宮の天干（宮干）は、生まれ年の「天干」によって決まります。

宮干の配す方法は、寅宮を起点に開始します。だから「寅首を定める」とも言います。

表7－6を見てください。

生まれ年の天干が、甲あるいは己の人は、その宮の天干は、寅宮から丙を起こします。つまり、卯宮は丁、辰宮は戊……となります。以後はこれに準じてください。

Aさんの生まれ年の天干は戊です。ですから寅宮から甲を起こします。

【注】宮の天干の作用は、十年の大限を巡る時に、十年の大限、および命宮の天干からそれぞれの四化星を配し、その大限の行運の吉凶を討論します。

表7-6　生年天干と宮干

十二宮＼生年天干	甲己	乙庚	丙辛	丁壬	戊癸
寅	丙	戊	庚	壬	甲
卯	丁	己	辛	癸	乙
辰	戊	庚	壬	甲	丙
巳	己	辛	癸	乙	丁
午	庚	壬	甲	丙	戊
未	辛	癸	乙	丁	己
申	壬	甲	丙	戊	庚
酉	癸	乙	丁	己	辛
戌	甲	丙	戊	庚	壬
亥	乙	丁	己	辛	癸
子	丙	戊	庚	壬	甲
丑	丁	己	辛	癸	乙

4．五行局を決定する

五行局は、水二局、木三局、金四局、土五局、火六局とします。

この五行局と大限の起こし方、および紫微星など十四個の主星の位置には関係があります。

五行局は、生まれ年の「天干」と、命宮がある宮の「地支」で決まります（表7－7参照）。

表7-7　五行局を定める表

生年天干＼命宮	子 丑	寅 卯	辰 巳	午 未	申 酉	戌 亥
甲 己	水二局	火六局	木三局	土五局	金四局	火六局
乙 庚	火六局	土五局	金四局	木三局	水二局	土五局
丙 辛	土五局	木三局	水二局	金四局	火六局	木三局
丁 壬	木三局	金四局	火六局	水二局	土五局	金四局
戊 癸	金四局	水二局	土五局	火六局	木三局	水二局

【事例1】では、Aさんの命宮は卯宮にあります。生まれ年は、戊の天干ですので、表7－7から、水二局であることがわかります。

5．大限を起こす

五行の局数、および男女の陰陽を決定します。

命宮を起こすことにより、一つの宮を一つの大限とします。

十年を一つの大限とします。

局数により、水二局は二歳から起こすように、木三局は三歳から起こし、金四局は四歳から起こします。

陽男と陰女は時計回りに、陰男と陽女は反時計回りに起こし、各々の大限宮を並べていきます（表7－8参照）。

表7-8　大限を起こす表

五行局	陰陽男女 ＼ 大限宮	命宮	兄弟宮	夫妻宮	子女宮	財帛宮	疾厄宮	遷移宮	交友宮	事業宮	田宅宮	福徳宮	父母宮
水二局	陽男 陰女	2-11	112-121	102-111	92-101	82-91	72-81	62-71	52-61	42-51	32-41	22-31	12-21
水二局	陰男 陽女	2-11	12-21	22-31	32-41	42-51	52-61	62-71	72-81	82-91	92-101	102-111	112-121
木三局	陽男 陰女	3-12	113-122	103-112	93-102	83-92	73-82	63-72	53-62	43-52	33-42	23-32	13-22
木三局	陰男 陽女	3-12	13-22	23-32	33-42	43-52	53-62	63-72	73-82	83-92	93-102	103-112	113-122
金四局	陽男 陰女	4-13	114-123	104-113	94-103	84-93	74-83	64-73	54-63	44-53	34-43	24-33	14-23
金四局	陰男 陽女	4-13	14-23	24-33	34-43	44-53	54-63	64-73	74-83	84-93	94-103	104-113	114-123
土五局	陽男 陰女	5-14	115-124	105-114	95-104	85-94	75-84	65-74	55-64	45-54	35-44	25-34	15-24
土五局	陰男 陽女	5-14	15-24	25-34	35-44	45-54	55-64	65-74	75-84	85-94	95-104	105-114	115-124
火六局	陽男 陰女	6-15	116-125	106-115	96-105	86-95	76-85	66-75	56-65	46-55	36-45	26-35	16-25
火六局	陰男 陽女	6-15	16-25	26-35	36-45	46-55	56-65	66-75	76-85	86-95	96-105	106-115	116-125

6．紫微星の宮を定める

紫微星は出生した「日」、および「五行局」から割り出します（表7－9参照）。

表7–9　紫微星を定める

旧暦の生日＼五行局	水二局	木三局	金四局	土五局	火六局
初一	丑	辰	亥	午	酉
初二	寅	丑	辰	亥	午
初三	寅	寅	丑	辰	亥
初四	卯	巳	寅	丑	辰
初五	卯	宙	子	寅	丑
初六	辰	卯	巳	未	寅
初七	辰	午	寅	子	戌
初八	巳	卯	卯	巳	未
初九	巳	辰	丑	寅	子
初十	午	未	午	卯	巳
十一	午	辰	卯	申	寅
十二	未	巳	辰	丑	卯
十三	未	申	寅	午	亥
十四	申	巳	未	卯	申
十五	申	午	辰	辰	丑
十六	酉	酉	巳	酉	午
十七	酉	午	卯	寅	卯
十八	戌	未	申	未	辰
十九	戌	戌	巳	辰	子
二十	亥	未	午	巳	酉
二一	亥	申	辰	戌	寅
二二	子	亥	酉	卯	未
二三	子	申	午	申	辰
二四	丑	酉	未	巳	巳
二五	丑	子	巳	午	丑
二六	寅	酉	戌	亥	戌
二七	寅	戌	未	辰	卯
二八	卯	丑	申	酉	申
二九	卯	戌	午	午	巳
三十	辰	亥	亥	未	午

7．紫微星などの十四主星

紫微星がある宮がわかれば、すぐにそれ以外の十三個の主星がわかり、並べることができます。

この十四個の主星は、命盤の基本構成となり、その位置には、必ず相互関係があります（次ページからの主星と十二宮の表を参照）。

たとえば、紫微星が子宮と午宮にある場合、それ以外の十三個の主星はお互いに対称関係になります。

紫微星が丑宮と未宮、寅宮と申宮、卯宮と酉宮、辰宮と戌宮、巳宮と亥宮、これらも同様に対称関係にあります。

したがって、紫微星がある十二宮の位置により、命盤の組み合わせを十二種類に分けることができます。これには、規則性がありますから、それ以後は掌訣方式で記憶します。

十二種類の基本命盤

図7–4　紫微が子宮にある

太陰陥 巳	貪狼旺 午	天同陥 巨門陥 未	武曲平 天相廟 申
廉貞旺 天府廟 辰			太陽閑 天梁地 酉
卯			七殺廟 戌
破軍陥 寅	丑	紫微平 子	天機平 亥

図7–5　紫微が午宮にある

天機平 巳	紫微廟 午	未	破軍陥 申
七殺旺 辰			酉
太陽廟 天梁廟 卯			廉貞廟 天府旺 戌
武曲閑 天相廟 寅	天同陥 巨門旺 丑	貪狼旺 子	太陰廟 亥

図7–6　紫微が丑宮にある

廉貞陥 貪狼陥 巳	巨門旺 午	天相閑 未	天同旺 天梁陥 申
太陰閑 辰			七殺廟 武曲旺 酉
天府平 卯			太陽陥 戌
寅	紫微廟 破軍旺 丑	天機廟 子	亥

図7–7　紫微が未宮にある

巳	天機廟 午	紫微廟 破軍廟 未	申
太陽旺 辰			天府陥 酉
武曲陥 七殺陥 卯			太陰旺 戌
天同閑 天梁廟 寅	天相廟 丑	巨門旺 子	廉貞陥 貪狼陥 亥

図7-8　紫微が寅宮にある

巨門平 巳	廉貞平 天相旺 午	天梁旺 未	七殺廟 申
貪狼廟 辰			天同平 酉
太陰陥 卯			武曲廟 戌
紫微廟 天府廟 寅	天機陥 丑	破軍廟 子	太陽陥 亥

図7-9　紫微が申宮にある

太陽旺 巳	破軍廟 午	天機陥 未	紫微旺 天府平 申
武曲廟 辰			太陰旺 酉
天同廟 卯			貪狼廟 戌
七殺廟 寅	天梁旺 丑	廉貞平 天相廟 子	巨門旺 亥

図7-10　紫微が卯宮にある

天相平 巳	天梁廟 午	廉貞陥 七殺旺 未	申
巨門平 辰			酉
紫微旺 貪狼平 卯			天同平 戌
天機旺 太陰閑 寅	天府廟 丑	太陽陥 子	武曲平 破軍平 亥

図7-11　紫微が酉宮にある

武曲平 破軍閑 巳	太陽廟 午	天府廟 未	天機廟 太陰旺 申
天同平 辰			紫微平 貪狼平 酉
卯			巨門旺 戌
寅	廉貞旺 七殺廟 丑	天梁廟 子	天相平 亥

図7-12　紫微が辰宮にある

天梁陥 巳	七殺旺 午	未	廉貞廟 申
紫微陥 天相旺 辰			酉
天機旺 巨門廟 卯			破軍旺 戌
貪狼平 寅	太陽陥 太陰廟 丑	武曲旺 天府廟 子	天同廟 亥

図7-13　紫微が戌宮にある

天同廟 巳	武曲旺 天府旺 午	太陽平 太陰平 未	貪狼平 申
破軍旺 辰			天機旺 巨門廟 酉
卯			紫微閑 天相閑 戌
廉貞廟 寅	丑	七殺旺 子	天梁陥 亥

図7–14　紫微が巳宮にある

紫微旺 七殺平 巳	午	未	申
天機廟 天梁旺 辰			廉貞平 破軍陥 酉
天相陥 卯			戌
太陽旺 巨門廟 寅	武曲廟 貪狼廟 丑	天同旺 太陰廟 子	天府旺 亥

図7–15　紫微が亥宮にある

天府平 巳	天同陥 太陰陥 午	武曲廟 貪狼廟 未	太陽閑 巨門廟 申
辰			天相陥 酉
廉貞閑 破軍旺 卯			天機廟 天梁旺 戌
寅	丑	子	紫微旺 七殺平 亥

8. 命主星と身主星

紫微斗数の古籍『紫微斗数全書』と『紫微斗数全集』の二冊の本には、命主星と身主星の排盤方法が記載されているだけです。どういった意味なのかの説明はなく、命盤上の働きの推論もできません。したがって、やはり排盤方法だけを記して参考のために提供します。

表7-10　命主星と身主星

命宮	命主
子	貪狼
丑	巨門
寅	禄存
卯	文曲
辰	廉貞
巳	武曲
午	破軍
未	武曲
申	廉貞
酉	文曲
戌	禄存
亥	巨門

生年支	身主
子	火星
丑	天相
寅	天梁
卯	天同
辰	文昌
巳	天機
午	火星
未	天相
申	天梁
酉	天同
戌	文昌
亥	天機

9. 年干系統の諸星表

表7-11　年干系統の諸星表

天厨	天福	天官	天鉞	天魁	陀羅	擎羊	禄存	諸星／出生年干
巳	酉	未	未	丑	丑	卯	寅	**甲**
午	申	辰	申	子	寅	辰	卯	**乙**
子	子	巳	酉	亥	辰	午	巳	**丙**
巳	亥	寅	酉	亥	巳	未	午	**丁**
午	卯	卯	未	丑	辰	午	巳	**戊**
申	寅	酉	申	子	巳	未	午	**己**
寅	午	亥	未	丑	未	酉	申	**庚**
午	巳	酉	寅	午	申	戌	酉	**辛**
酉	午	戌	巳	卯	戌	子	亥	**壬**
亥	巳	午	巳	卯	亥	丑	子	**癸**

10. 年支系統の諸星表

表7-12　年支系統の諸星表

出生年支＼諸星	天馬	天哭	天虚	龍池	鳳閣	紅鸞	天喜	孤辰	寡宿	蜚廉	破砕	華蓋	咸池	天徳	月徳	天才	天寿
子	寅	午	午	辰	戌	卯	酉	寅	戌	申	巳	辰	酉	酉	巳	命宮	身宮から子を起こし時計回り。出生年の地支まで来たら天寿星を置く。
丑	亥	巳	未	巳	酉	寅	申	寅	戌	酉	丑	丑	午	戌	午	父母	
寅	申	辰	申	午	申	丑	未	巳	丑	戌	酉	戌	卯	亥	未	福徳	
卯	巳	卯	酉	未	未	子	午	巳	丑	巳	巳	未	子	子	申	田宅	
辰	寅	寅	戌	申	午	亥	巳	巳	丑	午	丑	辰	酉	丑	酉	事業	
巳	亥	丑	亥	酉	巳	戌	辰	申	辰	未	酉	丑	午	寅	戌	交友	
午	申	子	子	戌	辰	酉	卯	申	辰	寅	巳	戌	卯	卯	亥	遷移	
未	巳	亥	丑	亥	卯	申	寅	申	辰	卯	丑	未	子	辰	子	疾厄	
申	寅	戌	寅	子	寅	未	丑	亥	未	辰	酉	辰	酉	巳	丑	財帛	
酉	亥	酉	卯	丑	丑	午	子	亥	未	亥	巳	丑	午	午	寅	子女	
戌	申	申	辰	寅	子	巳	亥	亥	未	子	丑	戌	卯	未	卯	夫妻	
亥	巳	未	巳	卯	亥	辰	戌	寅	戌	丑	酉	未	子	申	辰	兄弟	

11. 月系統の諸星表

表7-13　月系統の諸星表

出生月（旧暦）＼諸星	左輔	右弼	天刑	天姚	解神	天巫	天月	陰煞
正月	辰	戌	酉	丑	申	巳	戌	寅
二月	巳	酉	戌	寅	申	申	巳	子
三月	午	申	亥	卯	戌	寅	辰	戌
四月	未	未	子	辰	戌	亥	寅	申
五月	申	午	丑	巳	子	巳	未	午
六月	酉	巳	寅	午	子	申	卯	辰
七月	戌	辰	卯	未	寅	寅	亥	寅
八月	亥	卯	辰	申	寅	亥	未	子
九月	子	寅	巳	酉	辰	巳	寅	戌
十月	丑	丑	午	戌	辰	申	午	申
十一月	寅	子	未	亥	午	寅	戌	午
十二月	卯	亥	申	子	午	亥	寅	辰

12. 日系統の諸星表

表7-14　日系統の諸星表

諸星	星の配し方
三台	左輔がある宮より旧暦の一日を起こし、順行（時計回り）で、生まれた日まで数えます。
八座	右弼がある宮より旧暦の一日を起こし、逆行（反時計回り）で、生まれた日まで数えます。
恩光	文昌がある宮より旧暦の一日を起こし、順行（時計回り）で、生まれた日まで数えたら、一宮戻ります。
天貴	文曲がある宮より旧暦の一日を起こし、順行（時計回り）で、生まれた日まで数えたら、一宮戻ります。

13. 時系統の諸星表

表7-15　時系統の諸星表

				亥卯未		巳酉丑		申子辰		寅午戌				出生年支
封誥	台輔	地空	地劫	鈴星	火星	鈴星	火星	鈴星	火星	鈴星	火星	文曲	文昌	諸星／出生時刻
寅	午	亥	亥	戌	酉	戌	卯	戌	寅	卯	丑	辰	戌	**子**
卯	未	戌	子	亥	戌	亥	辰	亥	卯	辰	寅	巳	酉	**丑**
辰	申	酉	丑	子	亥	子	巳	子	辰	巳	卯	午	申	**寅**
巳	酉	申	寅	丑	子	丑	午	丑	巳	午	辰	未	未	**卯**
午	戌	未	卯	寅	丑	寅	未	寅	午	未	巳	申	午	**辰**
未	亥	午	辰	卯	寅	卯	申	卯	未	申	午	酉	巳	**巳**
申	子	巳	巳	辰	卯	辰	酉	辰	申	酉	未	戌	辰	**午**
酉	丑	辰	午	巳	辰	巳	戌	巳	酉	戌	申	亥	卯	**未**
戌	寅	卯	未	午	巳	午	亥	午	戌	亥	酉	子	寅	**申**
亥	卯	寅	申	未	午	未	子	未	亥	子	戌	丑	丑	**酉**
子	辰	丑	酉	申	未	申	丑	申	子	丑	亥	寅	子	**戌**
丑	巳	子	戌	酉	申	酉	寅	酉	丑	寅	子	卯	亥	**亥**

14. 長生十二神の表

表7-16　長生十二神の表

五行局	順逆＼星名	長生	沐浴	冠帯	臨官	帝旺	衰	病	死	墓	絶	胎	養
水二局	陽男 陰女	申	酉	戌	亥	子	丑	寅	卯	辰	巳	午	未
	陰男 陽女		未	午	巳	辰	卯	寅	丑	子	亥	戌	酉
木三局	陽男 陰女	亥	子	丑	寅	卯	辰	巳	午	未	申	酉	戌
	陰男 陽女		戌	酉	申	未	午	巳	辰	卯	寅	丑	子
金四局	陽男 陰女	巳	午	未	申	酉	戌	亥	子	丑	寅	卯	辰
	陰男 陽女		辰	卯	寅	丑	子	亥	戌	酉	申	未	午
土五局	陽男 陰女	申	酉	戌	亥	子	丑	寅	卯	辰	巳	午	未
	陰男 陽女		未	午	巳	辰	卯	寅	丑	子	亥	戌	酉
火六局	陽男 陰女	寅	卯	辰	巳	午	未	申	酉	戌	亥	子	丑
	陰男 陽女		丑	子	亥	戌	酉	申	未	午	巳	辰	卯

15. 博士十二星の表

表7-17
博士十二星の表

博士十二星	
博士	禄存星のある宮に博士を置いて順番に星を並べます。陽男・陰女は時計回り、陰男・陽女は反時計回り。
力士	
青龍	
小耗	
将軍	
奏書	
飛廉	
喜神	
病符	
大耗	
伏兵	
官府	

16. 小限宮の表

表7-18　小限宮の表

数え年 / 小限宮 / 生年支												
数え年	1	2	3	4	5	6	7	8	9	10	11	12
	13	14	15	16	17	18	19	20	21	22	23	24
	25	26	27	28	29	30	31	32	33	34	35	36
	37	38	39	40	41	42	43	44	45	46	47	48
	49	50	51	52	53	54	55	56	57	58	59	60
	61	62	63	64	65	66	67	68	69	70	71	72
	73	74	75	76	77	78	79	80	81	82	83	84
	85	86	87	88	89	90	91	92	93	94	95	96
	97	98	99	100	101	102	103	104	105	106	107	108
	109	110	111	112	113	114	115	116	117	118	119	120
寅午戌 男	辰	巳	午	未	申	酉	戌	亥	子	丑	寅	卯
寅午戌 女	辰	卯	寅	丑	子	亥	戌	酉	申	未	午	巳
申子辰 男	戌	亥	子	丑	寅	卯	辰	巳	午	未	申	酉
申子辰 女	戌	酉	申	未	午	巳	辰	卯	寅	丑	子	亥
巳酉丑 男	未	申	酉	戌	亥	子	丑	寅	卯	辰	巳	午
巳酉丑 女	未	午	巳	辰	卯	寅	丑	子	亥	戌	酉	申
亥卯未 男	丑	寅	卯	辰	巳	午	未	申	酉	戌	亥	子
亥卯未 女	丑	子	亥	戌	酉	申	未	午	巳	辰	卯	寅

17. 流年歳前諸星の表

表7-19　流年歳前諸星の表

病符	弔客	天徳	白虎	龍徳	大耗	小耗	官符	貫索	喪門	晦気	歳建	諸星／年支
亥	戌	酉	申	未	午	巳	辰	卯	寅	丑	子	**子**
子	亥	戌	酉	申	未	午	巳	辰	卯	寅	丑	**丑**
丑	子	亥	戌	酉	申	未	午	巳	辰	卯	寅	**寅**
寅	丑	子	亥	戌	酉	申	未	午	巳	辰	卯	**卯**
卯	寅	丑	子	亥	戌	酉	申	未	午	巳	辰	**辰**
辰	卯	寅	丑	子	亥	戌	酉	申	未	午	巳	**巳**
巳	辰	卯	寅	丑	子	亥	戌	酉	申	未	午	**午**
午	巳	辰	卯	寅	丑	子	亥	戌	酉	申	未	**未**
未	午	巳	辰	卯	寅	丑	子	亥	戌	酉	申	**申**
申	未	午	巳	辰	卯	寅	丑	子	亥	戌	酉	**酉**
酉	申	未	午	巳	辰	卯	寅	丑	子	亥	戌	**戌**
戌	酉	申	未	午	巳	辰	卯	寅	丑	子	亥	**亥**

18. 流年将前諸星の表

表7-20　流年将前諸星の表

年支＼諸星	将星	攀鞍	歳駅	息神	華蓋	劫煞	災煞	天煞	指背	咸池	月煞	亡神
寅午戌	午	未	申	酉	戌	亥	子	丑	寅	卯	辰	巳
申子辰	子	丑	寅	卯	辰	巳	午	未	申	酉	戌	亥
巳酉丑	酉	戌	亥	子	丑	寅	卯	辰	巳	午	未	申
亥卯未	卯	辰	巳	午	未	申	酉	戌	亥	子	丑	寅

19. 天干と四化星

表7–21　天干と四化星

天干＼四化星	化禄	化権	化科	化忌
甲	廉貞	破軍	武曲	太陽
乙	天機	天梁	紫微	太陰
丙	天同	天機	文昌	廉貞
丁	太陰	天同	天機	巨門
戊	貪狼	太陰	右弼	天機
己	武曲	貪狼	天梁	文曲
庚	太陽	武曲	太陰	天同
辛	巨門	太陽	文曲	文昌
壬	天梁	紫微	左輔	武曲
癸	破軍	巨門	太陰	貪狼

20. 四化星

四化星とは、化禄、化権、化科、化忌を指すことはすでに説明しましたが、簡単に言うと、「禄権科忌」で、四化口訣の順番どおりです。

四化星は、生年を根拠にしています。

大限宮の天干、あるいは流年、流月、流日、流時の天干からも取ります。単純ではない存在で、主星や助星に付属します。

表7－21のように、四化星は、命盤における格局、大限、流年を推算する上で非常に重要です。

これまでいくつかの表を見ながら、命盤に星を並べ、完成させると、【事例1】のAさんの命盤は、次ページ図のような結果になります。ここで、使われている命盤は、読者の方の見やすさを優先して、流年歳前諸星と将前諸星は除いています。

図7-16　Aさんの命盤

<table>
<tr>
<td>廉貞
貪狼化禄
禄存
地劫
地空
紅鸞
2 14 26 38 50
22-31
福徳
丁巳　博士　絶</td>
<td>巨門
擎羊
3 15 27 39 51
32-41
田宅
戊午　力士　胎</td>
<td>天相
天鉞
火星
天月
天厨
寡宿
4 16 28 40 52
42-51
事業
己未　青龍　養</td>
<td>天同
天梁
天馬
天姚
天哭
封誥
5 17 29 41 53
52-61
交友
庚申　小耗　長生</td>
</tr>
<tr>
<td>太陰化権
陀羅
文昌
天刑
天虚
1 13 25 37 49
12-21
父母
丙辰　官府　墓</td>
<td colspan="2" rowspan="2">Aさん（男性）
西暦2018年　戊戌年
旧暦8月1日午刻
西暦2018年
新暦9月10日　11時9分東京生まれ
陽男
水二局</td>
<td>武曲
七殺
鈴星
天貴
6 18 30 42 54
62-71
遷移
辛酉　将軍　沐浴</td>
</tr>
<tr>
<td>天府
右弼化権
天官
天福
月徳
八座
恩光
12 24 36 48 60
2-11
命宮・身宮
乙卯　伏兵　死</td>
<td>太陽
文曲
7 19 31 43 55
72-81
疾厄
壬戌　奏書　冠帯</td>
</tr>
<tr>
<td>龍池
解神
11 23 35 47 59
112-121
兄弟
甲寅　大耗　病</td>
<td>紫微
破軍
天魁
破砕
天才
天寿
10 22 34 46 58
102-111
夫妻
乙丑　病符　衰</td>
<td>天機化忌
陰煞
鳳閣
蜚廉
台輔
9 21 33 45 57
92-101
子女
甲子　喜神　帝旺</td>
<td>左輔
孤辰
三台
天巫
天喜
8 20 32 44 56
82-91
財帛
癸亥　飛廉　臨官</td>
</tr>
</table>

【解説補足】

十二宮の中にある数字は、小限宮です。

例えば、Aさんの数え年1歳、13歳、25歳、37歳、49歳の小限宮は辰宮になります。

流年の見方は二種類あります。

① 小限宮流年法：十二宮の数字を数え年の命宮とする。

② 太歳宮流年法：子年の流年命宮は子、丑年の流年命宮は丑、残りは類推する。

小限宮流年は必ず太歳宮流年の命宮の三方四正にあります。そのため、二種類の流年推断はいずれも精度が高いものになりますが、比較すれば太歳宮流年法の正確度のほうが高いと考えています。そのため、本書中の例は太歳宮流年法を用いています。

第8章

実例

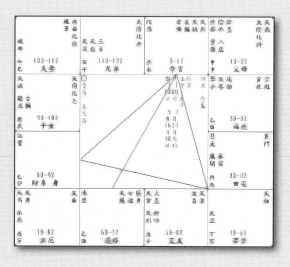

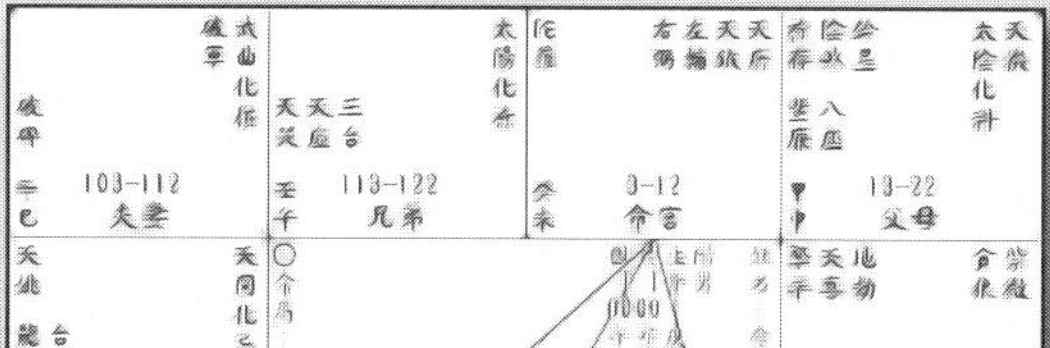

1 アリババ創業者ジャック・マー氏の運命を見る

私は、2017年7月20日発行の「中華易経風水命理協会会報」の中で、2018年はジャック・マー（馬雲）にとって不利であると予測しました。2018年、彼は数え年55歳、新しい10年の大限に入ります。未来の数年間で、運勢が最も悪い1年となります。

事後に検証して真実を確かめたところ、結果は信頼できるものでした。

そこで、この会報に掲載された全文を読者の方に提供します。

紫微斗數で馬雲の命盤を見る　張玉正 記す

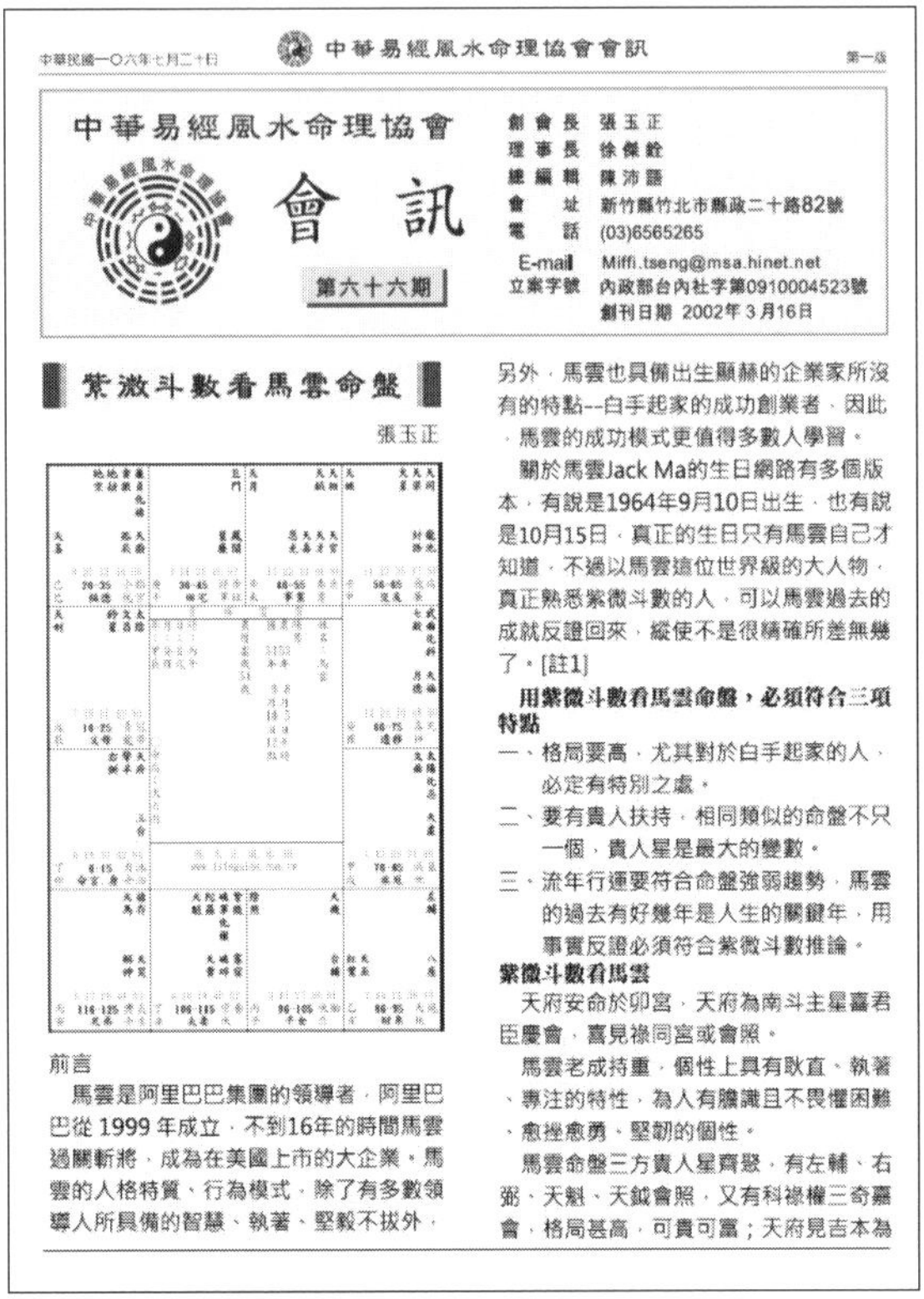

中華民國一〇六年七月二十日　中華易經風水命理協會會訊　第一版

中華易經風水命理協會

會　訊

第六十六期

創會長　張玉正
理事長　徐傑鈴
總編輯　陳沛霖
會　址　新竹縣竹北市縣政二十路82號
電　話　(03)6565265
E-mail　Miffi.tseng@msa.hinet.net
立案字號　內政部台內社字第0910004523號
創刊日期　2002年3月16日

紫微斗數看馬雲命盤

張玉正

前言

馬雲是阿里巴巴集團的領導者，阿里巴巴從 1999 年成立，不到16年的時間馬雲過關斬將，成為在美國上市的大企業，馬雲的人格特質、行為模式，除了有多數領導人所具備的智慧、執著、堅毅不拔外，另外，馬雲也具備出生顯赫的企業家所沒有的特點--白手起家的成功創業者，因此，馬雲的成功模式更值得多數人學習。

關於馬雲Jack Ma的生日網路有多個版本，有說是1964年9月10日出生，也有說是10月15日，真正的生日只有馬雲自己才知道，不過以馬雲這位世界級的大人物，真正熟悉紫微斗數的人，可以馬雲過去的成就反證回來，縱使不是很精確所差無幾了。[註1]

用紫微斗數看馬雲命盤，必須符合三項特點

一、格局要高，尤其對於白手起家的人，必定有特別之處。
二、要有貴人扶持，相同類似的命盤不只一個，貴人星是最大的變數。
三、流年行運要符合命盤強弱趨勢，馬雲的過去有好幾年是人生的關鍵年，用事實反證必須符合紫微斗數推論。

紫微斗數看馬雲

天府安命於卯宮，天府為南斗主星喜君臣慶會，喜見祿同宮或會照。

馬雲老成持重，個性上具有耿直、執著、專注的特性，為人有膽識且不畏懼困難，愈挫愈勇、堅韌的個性。

馬雲命盤三方貴人星齊聚，有左輔、右弼、天魁、天鉞會照，又有科祿權三奇嘉會，格局甚高，可貴可富；天府見吉本為

（2017年7月20日刊）

ジャック・マーの命盤

廉貞化禄 貪狼 地劫 地空 天厨 孤辰 天喜 臨官 小耗 26-35 福徳 己巳	巨門 鳳閣 蜚廉 帝旺 将軍 36-45 田宅 庚午	天相 天鉞 天月 天官 天才 天寿 恩光 衰 奏書 46-55 事業 辛未	天同 天梁 火星 天姚 龍池 封誥 病 飛廉 56-65 交友 壬申
太陰 文昌 鈴星 天刑 冠帯 青龍 16-25 父母 戊辰	姓名：ジャック・マー 陽男 生年：甲辰年 西暦1964年 旧暦8月5日午刻 西暦1964年 新暦9月10日12時 命局：火六局		武曲化科 七殺 天福 月徳 死 喜神 66-75 遷移 癸酉
天府 擎羊 右弼 三台 沐浴 力士 6-15 命宮・身宮 丁卯			太陽化忌 文曲 天虚 墓 病符 76-85 疾厄 甲戌
禄存 天馬 天哭 解神 長生 博士 116-125 兄弟 丙寅	紫微 破軍化権 陀羅 天魁 寡宿 破砕 天貴 養 官府 106-115 夫妻 丁丑	天機 陰煞 台輔 胎 伏兵 96-105 子女 丙子	左輔 八座 天巫 紅鸞 絶 大耗 86-95 財帛 乙亥

前言

ジャック・マーは、アリババグループのリーダーです。

アリババは1999年に創立されました。その後わずか16年足らずで彼は次々と困難を克服し、アメリカの株式市場に上場する大企業になりました。

彼の人格の特質と行動パターンには、多くのリーダーが具える知恵、忍耐力、意志強固などがみられますが、彼の出自には、普通の企業家にはない特別な点が明らかにされています。それは裸一貫から成功した創業者であるということです。

このため、彼の成功モデルは、多くの人にとって、学ぶ価値があると言えるでしょう。

彼の生年月日に関しては、インターネット上で多くの説があります。

ある説は1964年9月10日生まれ、またある説では10月15日です。本当の生年月日は、本人だけが知っています。

しかし、ジャック・マーは世界レベルの有名な人物です。本当に紫微斗数に熟知している人であれば、彼のこれまでの成功を証明できるはずです。たとえ詳細ではなかったとしても、それほど大きな違いではないでしょう。

紫微斗数を用いてジャック・マーの命盤を見た時、三つの特別な点にぴったりと合わなければならない

① 格局が高くなければならない

特に無一文から成功した人には、必ず特別な点があります。

② 貴人の助けがなければならない

同じような命盤は複数ありますが、貴人星は最大の変数となります。

③ 流年が巡る運は、命盤上の運勢の強弱や趨勢と符合していなければならない

彼の過去の運が良かった数年は、人生の鍵となる年です。

事実を用いて証明し、紫微斗数の推論とぴったり合致しないとなりません。

紫微斗数でジャック・マーの運命を見る

天府が卯宮の命宮にあります。天府は南斗の主星であり、君臣が集まって祝うのを喜びます。つまり、化禄や禄存と同宮するか、あるいは会照するのを喜びます。

ジャック・マーは、老練で慎重です。実直さ、忍耐力、意志強固の特性を具えています。生まれつきの性質は、度胸と識見があり、かつ困難を恐れません。挫折すればするほど勇敢になる強靭な性格です。

彼の命盤の三方には、貴人の星が集まっています。左輔・右弼、天魁・天鉞があり、会照しています。また、化科・化禄・化権の「三奇加会」があります。格局はきわめて高く、高い地位に就き豊富な財産を得ることができます。

天府は、吉星が加会する場合は、本来、保守的です。しかし、卯宮で擎羊と同宮し、また火星と鈴星に命宮が挟まれているため、もともとは保守的な天府ですが、遠大な志を持ち、挫折に遭うことでさらに粘り強くなります。事業が永遠に発展するために、より高い成功を追求します。その一生は名誉と利益が得られ、地位は崇高です。

対宮の遷移宮は、武曲・七殺であり、主に創立を意味します。化禄と化権に逢うので、破壊力を減少できます。この化禄と化権の二者は、お互いに協力し合い、事業は間違いなく成功します。

財帛宮は、対宮の廉貞・貪狼を借ります。文昌・文曲に逢わないため、八方美人であっても恋愛を好みま

せん。だから、事業の発展に専心できます。

紫微・破軍が夫妻宮に坐しています。紫微・破軍は、すべての官吏から手を合わせて拝まれるのを好みます。三方四正から化科・化禄・化権、天魁・天鉞が会照しており、多くの人が知るように、彼の配偶者のキャシー・チャンは、頑固で意地っ張り、気の強い女性です。我慢強い二人の個性は、それが各々長所と短所になっています。ただし、彼の命宮の天府は、妻に比べて緩和作用があります。

夫妻宮の対宮は事業宮で、入廟した天相があり守っています。天相は慎重の星です。もし吉星の補助があれば指導力があります。「坐貴向貴」の格局です。一生、年上の人や異性からの協力を得られ、事業は成功します。

兄弟宮には、禄存があります。主星がなく、対宮の天同・天梁を借りて命宮に入れます。龍池・鳳閣と会照するので、人に対して思いやりがあり、公約を重んじ、恩があれば必ずそれに報います。友達に豊かな愛情を持ち、義侠心に富みます。また力のある部下を得られます。

疾厄宮には、太陽があり、なおかつ化忌が付きます。父母宮の太陰は、父母からの庇護と助けが比較的少ないことを表示しています。

このように紫微斗数でジャック・マーの命盤を見ると、唯一の欠点は健康です。人生の早い時期、父母からの彼の創業に対する援助には限りがあります。命盤の辰宮と戌宮が最も弱いことにより、彼は、十二支中、辰年と戌年に巡ると、困難あるいは挫折に遇いやすいのです。

ジャック・マーの魅力

彼の人生の目標は明確です。無から有に至り、国家に匹敵する富にまで到達すること。

彼は、〝勢力を借りる、資金を借りる、力を借りる〟という三つの方法を充分に応用しました。

また、彼は利益の還元を知っており、ビジネスパートナー、株主及び顧客に利益を還元しました。アリババグループの成功は、ジャック・マー個人の魅力だけでなく、チームに頼ることができたからと言えるでしょう。

そして、彼の命盤には、独特な現象があります。前の一年が良くない場合に、翌年は必ず新しい局面を創造することです。彼は、挫折すればするほど勇敢になる性格上の特質があります。

たとえば、２０００年はＩＴバブルの年で、その翌年バブルは弾け、２５００万ＵＳドルの融資を引き入れました。

２００８年9月、世界の株式市場では大きく値崩れし、アメリカのサブプライム住宅ローンをきっかけに金融危機が起こり、経済衰退を引き起こしました。しかし彼は、かえってこれを転機にし、その翌年はやはりチャンスを創り出します。

２００８年戊子年の流年は、彼にとって決して良い年ではありませんが、彼は資金調達を工面し、中国の力を借り、独りその身を善くし、内需を拡大させました。彼は、世界経済が振るわない時には、自分自身を充実させます。これはジャック・マーの命盤が高い格局であることの特色を示しています。

ジャック・マーの過去の大限と流年のポイント、事実の検証をする

ジャック・マー　１９６４年9月10日、杭州生まれ。

生まれた年を1歳として起算すると、７つの時期に分けることができます。

① 数え年の15歳以前、1964~1978年。成長期。

成長の時期にあたります。当時の中国経済はまだ未開放です。

幼馴染みが言うには、彼は計算が速すぎる、ただ健康面が比較的悪い。１９７８年、数え年15歳。もしかすると、意外なケガや事故に遭ったかもしれません。

②数え年の16～21歳、１９７９～１９８４年。苦労の時期。

辛いアルバイトをしながら、学業を続け、１９７９年に自分の収入が得られるようになります。この時期は、運勢がもっとも悪いです。

天分は高くても大学に進学できず、１９８４年に英語の専門学校に入ります。運気は極めて悪い一年でした。その翌年の１９８５年から、運勢は強く転じ始めます。それによって大学に進学し勉強します。

③数え年の22～28歳、１９８５～１９９１年。人生で事業の基礎を建てた時期。

１９８５年、数え年22歳は、人生において極めて良い運でした。

鍵となる一年でもあり、彼の一生に影響を与えるに足る一年です。

この年に、少年時代からのオーストラリアのペンフレンドであるデヴィッド・モーリーの父親ケン・モーリーは、彼をオーストラリアに招待しました。これは、彼にとって、人生で最初の出国でした。パスポートとビザの申請に何度も失敗した後に、ケンの協力がありやっと成功します。この旅行は、ジャック・マーの世界観を築きました。この年には、彼は人生の伴侶であるキャシー・チャンにも出会っているはずです。

１９８８年、杭州師範学院英語科卒業。杭州電子工学院に配属され、英語の教師となります。

④数え年の29～31歳、１９９２～１９９４年。沈潜していた時期。

１９９２年、数え年29歳、海博翻訳社を設立します。教師を退職し、翻訳業を始めます。

１９９４年の年末、人生において二度目のチャンスに遭遇します。

⑤数え年の32～35歳、１９９５～１９９８年。立身出世の時期。

１９９５年初、アメリカを訪問した際に、初めてインターネットに触れ、この時、彼はインターネットの領域を開拓することを決めました。

1995年4月、中国第一家互連網商業公司杭州海博電脳服務有限公司を設立。三人の社員は、ジャック・マー、妻のキャシー・チャン、杭州電子工学院で計算機の教師をしていた何一兵です。

1995年5月9日、http://www.chinapages.com「中国イエローページ」を開設します。この時、中国電信には、まだインターネットがなくて正式開設には数か月の時間が必要でした。

1997年、彼は、人生上、三度目のチャンスに出合います。

彼は、中国外経貿部中国国際電子商務中心に入り、その後、二年間、公式ウェブサイト及び中国商品オンライン取引市場開発の責任を負います。

部長を任されていた呉儀が言った二つのコンセプトを、彼はしっかりと覚えています。

中国は、1.「世界に参入」しなければならない。2.「インターネットに参入」しなければならない。

つまり、これは、全世界オンライントレーディングシステムに加入すること、また中小企業の国際市場進出のために援助することを意味しています。

⑥ 数え年の36〜45歳、1999〜2008年。事業の成長が壮大な時期。

1999年、ジャック・マー、数え年36歳。中国外経貿部の職務を辞去。

4月15日、アリババグループを設立し、alibaba.comを開設します。世界ネットワークの急速な台頭の時期に重なっていました。

1999年10月26日、アリババは、ゴールドマンサックス、フィデリティ、シンガポールTDF、スウェーデンInvestor ABなどを含め、最初の500万USドルのベンチャーキャピタルを引き入れました。

2000年、ジャック・マー、数え年37歳。3月にインターネット企業の株価は頂点から段々と下り坂に向かいました。アリババは創立以来、その他の「DOT COM」ビジネスモデルと同じように、節税のために長期の赤字経営をしながら十分なブランド意識を築き、その後に訪れるサービスによる利益を確保するために奔走してきました。

２０００年下半年、ＩＴバブルが弾けた時、彼はアリババのために、二度目の２５００万ＵＳドルのベンチャーキャピタルを投入しました。資金は６人の投資家から集め、そのうちソフトバンクが２０００万ＵＳドルもの投資をしました。

２０００年は、彼の運勢があまり良くない年でしたが、２００１年１月までに、ソフトバンクが２０００万ＵＳドルの資金を届けたことで、アリババはＩＴバブルを乗り切り、市場でも比較的高い評価を維持しました。しかし、ベンチャーキャピタルのおかげで彼の株式の持ち分の割合は減少しました。

ジャック・マー個人について言えば、有名無利の人です。世に知られて有名になりましたが、自分への利益が薄いことに、人から批判も受け始めました。

２００１年は、彼の運勢が、強く転じた一年で、日本最大の経済雑誌『日経ビジネス』の表紙を飾りました。アリババも徐々に国際的に知られるインターネット会社になっていきます。

２００３年、運勢が最も強い一年です。独立した電子決済システム「アリペイ」を創立します。アリペイは、その後、キャッシュフローと信用規模でアリババの最大資産になります。

２００５年、アリババと、当時全世界最大のポータルサイトだった「Ｙａｈｏｏ！」は戦略協力し、中国にある資産と交換することで「Ｙａｈｏｏ！中国」を手に入れます。アリババはこれによって、中国最大のインターネット会社になります。

２００６年、「Ｙａｈｏｏ！中国」とアリババは、公式サイト「贏在中国」で、１１００万人の創業者のためにプラットフォームを提供しました。

２００７年８月、インターネット広告に勝つためのプロジェクト、マーケティングサイト「アリママ（阿里妈妈）」を開設します。この時、アリババは、支払い条件を低くして、中小規模のウェブマスターを大量に誘導することができました。

２００８年、ジャック・マー、数え年45歳。９月に世界株式市場は大暴落し、世界金融危機が発生し、経済衰退を引き起こしました。しかし彼は、独りその身を善くし、中国経済の助けを借り、無事クリアします。

⑦ 数え年46歳以降、２００９年～今に至る。人生の収穫期。

天相は、「財蔭夾印」の格局を作る年や大限を行くのを喜びます。これは格局が良いためです。収穫のある大限でもあります。

天下のビジネスから難しさをなくしたジャック・マーは、過去の努力の成果を享受する行動に出ました。

２０１３年３月11日、アリババは、陸兆禧がアリババグループのＣＥＯを担任すると発表します。マー氏は、主にアリババ役員会の戦略の決定を負うだけの役職に就きました。

２０１４年９月８日、アリババは、ニューヨークで新規公開株となります。

２０１４年９月19日にニューヨーク証券取引所に上場し、アリババは正式に国際的な大企業になりました。

２０１５～２０１７年、彼は、この三年間、旺盛な運にあります。名声を得てまた利益を得ました。個人の財産も急に上昇しました。

結論

人の一生は、タイミングが重要です。つまり、出生の年代は、その時代に合致していなければなりません。ジャック・マーがインターネットに出合ったのは、ちょうど中国の開放時代が始まった時でした。

天の時、地の利、人の利が、完璧な組み合わせです。彼の命盤の格局は良いです。唯一心配なのは健康の問題です。

天干地支を用いて彼に関する流年を見ていくと、以下の結論を導き出すことができます。乙丑年1985年、数え年22歳から、良い運が開始しました。彼の最初の出国は、オーストラリアでした。運勢がとても強い流年です。

①数え年29歳。壬申年1992年、海博翻訳社を設立。
②数え年32歳。乙亥年1995年、中国イエローページが開設。
③数え年34歳。丁丑年1997年、中国外経貿部中国国際電子商務中心に加入。
④数え年36歳。己卯年1999年、アリババのウェブサイトを創立。一度目の資金500万USドルの融資を引き入れる。
⑤数え年40歳。癸未年2003年、独立した電子決済サービス「アリペイ」を創立。
⑥数え年42歳。乙酉年2005年、ジャック・マー創立の「タオバオ」と「ヤフー」が提携。アリババは中国最大のインターネットとなる。「タオバオ」は次第にアジア最大の個人オークションサイトとなる。
彼は、これ以降、成功の道に入りました。

※乙・丁・己・癸年は、いずれも陰の天干で、彼が運の良い年。

⑦数え年37歳。庚辰年2000年3月、ITバブル。二度目の2500万USドルの融資を引き入れる。
⑧数え年45歳。戊子年、2008年9月、全世界株式市場大暴落。世界金融危機が起こり、経済衰退を引き起こす。中国経済の助けを借り、彼は無事にクリアする。

※戊・庚年は、いずれも陽の天干で、彼が運の悪い年。
※流年の地支から見てみると、陰に属する地支に巡る時は5分の2の確率でとても運が良い年、また陽に属する流年に巡る時は5分の1の確率で運が悪い年。

予測　2018年は、ジャック・マーは不利

2018年、ジャック・マーは、数え年55歳。新しい10年の大限に入ります。この年は、やはり未来の数年間のうちで、運勢が最も悪い1年です。

太陽化忌、さらに天刑、天哭、天虚、天機化忌、文昌化忌に逢います。

そのため、健康がやや悪化するかもしれません。また、事業を拡大しようとしますが、ライバル企業との競争によって挫折するかもしれません。

けれども、彼の過去を見てみると、不利な流年の時は、かえって人生のチャンスを創造してきました。さらに今の状況を昔と比べてみると、アリババはすでに大きな資産を累積しています。短期の運勢の低調は、ジャック・マーの全体格局とアリババグループの発展に大きな影響を与えることはないでしょう。

その後の経緯

2018年9月10日、イギリスのBBC NEWSは次のように報じました。

「ジャック・マーは、後任計画を発表。一年後、アリババの取締役会会長を解任。」

同時にジャック・マーは、最も稼いでいた「アリペイ」の第三者決済プラットフォームを失うことになります。


その一年後の2019年9月、BBC NEWSは再び次のように報じました。

「9月10日に、ジャック・マーは中国最大のeコマースプラットフォーム、アリババの取締役会会長を正式に辞任。」

この一件について、『Alibaba: The House That Jack Ma Built』の作者であるダンカン・クラークは、ニューヨークタイムズ紙で次のように述べました。

「彼がそれを望んでいるか否かにかかわらず、中国の民間経済の健全性と高水準に到達する能力の象徴です。彼が幸せであるかどうかにかかわらず、彼の退職は不満や懸念として解釈されるでしょう」

参考資料

1. 彦鑫惢 大老闆的三招：借勢、借資、借力 from (2017) http://aboutfighter.com/doc163520/1579
2. Rashad Yazdanifard & Merveen Tan Hunn Li (2014) The Review of Alibaba's Online Business Marketing Strategies Which Navigate them to Present Success. Global Journal of Management and Business Research.
3. 擅長感恩的馬雲和他的澳大利亞感恩之旅 (2017). from http://js.chinaso.com/shttpxb-kj/detail/20170204/1000200033031461486164526100216298_1.html
4. 新華網 馬雲的故事（一）from http://big5.xinhuanet.com/gate/big5/silence1133.home.news.cn/blog/a/0101004A15430CC9CDE3F9C7.html
5. 彭博商業周刊 / 中文版 馬雲能征服美國嗎？ (2015) https://www.facebook.com/bbwhk/posts/519730341507285
6. 豆瓣網 富豪們的第1桶金 (2012) from https://site.douban.com/151509/widget/forum/7798769/discussion/45519591/
7. James K. Galbraith and Travis Hale. (2004) Income Distribution and the Information Technology Bubble LBJ School of Public Affairs The University of Texas at Austin
8. 看完這些職務我就覺得馬雲太累了？ (2016) from https://read01.com/8QKJzG.html
9. BBC news/ 馬雲宣佈傳承計劃：一年後卸任阿里巴巴董事局主席 https://www.bbc.com/zhongwen/trad/chinese-news-45468659 (2018)
10. BBC news/ 阿里巴巴交班：馬雲的政治困境與制度「遺產」 https://www.bbc.com/zhongwen/trad/chinese-news-49634634 (2019)

おわりに

遡ること七年前の癸巳年。２０１３年春、私は台湾へ留学しました。そして、その翌年、台湾ですでに有名な張玉正先生と出会う機会を得られます。早速、張先生に占っていただいたところ、まず、結婚した年をピタリと当てられました。それから、「あなたの人生は、健康方面が弱い。それ以外はとてもよい格局である」と言われました。実際のところ、子供の頃から身体が弱くて無理ができません。それでも、こうして好きなことをして生きてこられたので、やはり良い人生なのだと思います。

私自身、三十年前から紫微斗数を学習していたので、少しは知っているつもりでしたが、張先生の紫微斗数のレベルは卓越しています。特に、紫微斗数から割り出した出来事と時期の正確さには本当に驚かされます。霊感などを持ち出してお茶を濁すまでもなく、完璧な論理性を具えており、諸星の配合を分析して、過去と未来を当てていかれるのです。

結局、私は三年間台湾に住んで風水と紫微斗数の勉強をしつつ、張先生が著された『帝王風水』『帝陵風水』（共に太玄社）の二冊の専門書を翻訳しました。これほど有意義な時間はなかなか得られないでしょう。あとから振り返ってみると、台湾へ留学した年は、「禄馬交馳格」の吉格局を形成する大限と流年に該当していました。まさに沢山の実りがあった旅でした。

四十年前、台湾における紫微斗数は、おおよそ、南派、北派、秘儀、中洲等の主要な派別に分けられます。

古書『紫微斗数全書』では、主星の解釈、四化星の変化が吉凶判断の主な根拠と見なしています。しかし、時は今日に至り、経験法則と古書の格局との検証が加わりました。また、命宮と身宮の組み合わせによる変化、命盤の十二宮の星系の格局、大限の宮干の四化星、流年天干の変化を配合し、吉凶判断をさらに正確にしたと言われています。

本書は、入門編であり、紫微斗数の基本的な知識と見方を解説したものです。読者の方は、余分な話を除いた精髄だけを、平易な文章で学習することができるでしょう。二冊目の高階編には、日本では初公開の紫微斗数の秘伝がぎっしり詰まっています。その予備知識として、本書を読んでいただければと思います。そうすれば、紫微斗数への理解を迅速に深められるに違いありません。

林秀静

庚子年11月吉日

巻末資料

太陰暦

西暦一九三〇年（昭和5年）庚午

六月			五月			四月			三月			二月			一月			旧暦
癸未月			壬午月			辛巳月			庚辰月			己卯月			戊寅月			干支
新暦		干支	新暦		干支	新暦		干支	新暦		干支	新暦		干支	新暦		干支	旧暦
6	26	丁未	5	28	戊寅	4	29	己酉	3	30	己卯	2	28	己酉	1	30	庚辰	一
6	27	戊申	5	29	己卯	4	30	庚戌	3	31	庚辰	3	1	庚戌	1	31	辛巳	二
6	28	己酉	5	30	庚辰	5	1	辛亥	4	1	辛巳	3	2	辛亥	2	1	壬午	三
6	29	庚戌	5	31	辛巳	5	2	壬子	4	2	壬午	3	3	壬子	2	2	癸未	四
6	30	辛亥	6	1	壬午	5	3	癸丑	4	3	癸未	3	4	癸丑	2	3	甲申	五
7	1	壬子	6	2	癸未	5	4	甲寅	4	4	甲申	3	5	甲寅	2	4	乙酉	六
7	2	癸丑	6	3	甲申	5	5	乙卯	4	5	乙酉	3	6	乙卯	2	5	丙戌	七
7	3	甲寅	6	4	乙酉	5	6	丙辰	4	6	丙戌	3	7	丙辰	2	6	丁亥	八
7	4	乙卯	6	5	丙戌	5	7	丁巳	4	7	丁亥	3	8	丁巳	2	7	戊子	九
7	5	丙辰	6	6	丁亥	5	8	戊午	4	8	戊子	3	9	戊午	2	8	己丑	十
7	6	丁巳	6	7	戊子	5	9	己未	4	9	己丑	3	10	己未	2	9	庚寅	十一
7	7	戊午	6	8	己丑	5	10	庚申	4	10	庚寅	3	11	庚申	2	10	辛卯	十二
7	8	己未	6	9	庚寅	5	11	辛酉	4	11	辛卯	3	12	辛酉	2	11	壬辰	十三
7	9	庚申	6	10	辛卯	5	12	壬戌	4	12	壬辰	3	13	壬戌	2	12	癸巳	十四
7	10	辛酉	6	11	壬辰	5	13	癸亥	4	13	癸巳	3	14	癸亥	2	13	甲午	十五
7	11	壬戌	6	12	癸巳	5	14	甲子	4	14	甲午	3	15	甲子	2	14	乙未	十六
7	12	癸亥	6	13	甲午	5	15	乙丑	4	15	乙未	3	16	乙丑	2	15	丙申	十七
7	13	甲子	6	14	乙未	5	16	丙寅	4	16	丙申	3	17	丙寅	2	16	丁酉	十八
7	14	乙丑	6	15	丙申	5	17	丁卯	4	17	丁酉	3	18	丁卯	2	17	戊戌	十九
7	15	丙寅	6	16	丁酉	5	18	戊辰	4	18	戊戌	3	19	戊辰	2	18	己亥	二十
7	16	丁卯	6	17	戊戌	5	19	己巳	4	19	己亥	3	20	己巳	2	19	庚子	二十一
7	17	戊辰	6	18	己亥	5	20	庚午	4	20	庚子	3	21	庚午	2	20	辛丑	二十二
7	18	己巳	6	19	庚子	5	21	辛未	4	21	辛丑	3	22	辛未	2	21	壬寅	二十三
7	19	庚午	6	20	辛丑	5	22	壬申	4	22	壬寅	3	23	壬申	2	22	癸卯	二十四
7	20	辛未	6	21	壬寅	5	23	癸酉	4	23	癸卯	3	24	癸酉	2	23	甲辰	二十五
7	21	壬申	6	22	癸卯	5	24	甲戌	4	24	甲辰	3	25	甲戌	2	24	乙巳	二十六
7	22	癸酉	6	23	甲辰	5	25	乙亥	4	25	乙巳	3	26	乙亥	2	25	丙午	二十七
7	23	甲戌	6	24	乙巳	5	26	丙子	4	26	丙午	3	27	丙子	2	26	丁未	二十八
7	24	乙亥	6	25	丙午	5	27	丁丑	4	27	丁未	3	28	丁丑	2	27	戊申	二十九
7	25	丙子							4	28	戊申	3	29	戊寅				三十

旧暦	十二月			十一月			十月			九月			八月			七月			閏六月		
干支	己丑月			戊子月			丁亥月			丙戌月			乙酉月			甲申月					
旧暦	新暦		干支	新暦		干支	新暦		干支	新暦		干支	新暦		干支	新暦		干支	新暦		干支
一	1	19	甲戌	12	20	甲辰	11	20	甲戌	10	22	乙巳	9	22	乙亥	8	24	丙午	7	26	丁丑
二	1	20	乙亥	12	21	乙巳	11	21	乙亥	10	23	丙午	9	23	丙子	8	25	丁未	7	27	戊寅
三	1	21	丙子	12	22	丙午	11	22	丙子	10	24	丁未	9	24	丁丑	8	26	戊申	7	28	己卯
四	1	22	丁丑	12	23	丁未	11	23	丁丑	10	25	戊申	9	25	戊寅	8	27	己酉	7	29	庚辰
五	1	23	戊寅	12	24	戊申	11	24	戊寅	10	26	己酉	9	26	己卯	8	28	庚戌	7	30	辛巳
六	1	24	己卯	12	25	己酉	11	25	己卯	10	27	庚戌	9	27	庚辰	8	29	辛亥	7	31	壬午
七	1	25	庚辰	12	26	庚戌	11	26	庚辰	10	28	辛亥	9	28	辛巳	8	30	壬子	8	1	癸未
八	1	26	辛巳	12	27	辛亥	11	27	辛巳	10	29	壬子	9	29	壬午	8	31	癸丑	8	2	甲申
九	1	27	壬午	12	28	壬子	11	28	壬午	10	30	癸丑	9	30	癸未	9	1	甲寅	8	3	乙酉
十	1	28	癸未	12	29	癸丑	11	29	癸未	10	31	甲寅	10	1	甲申	9	2	乙卯	8	4	丙戌
十一	1	29	甲申	12	30	甲寅	11	30	甲申	11	1	乙卯	10	2	乙酉	9	3	丙辰	8	5	丁亥
十二	1	30	乙酉	12	31	乙卯	12	1	乙酉	11	2	丙辰	10	3	丙戌	9	4	丁巳	8	6	戊子
十三	1	31	丙戌	1	1	丙辰	12	2	丙戌	11	3	丁巳	10	4	丁亥	9	5	戊午	8	7	己丑
十四	2	1	丁亥	1	2	丁巳	12	3	丁亥	11	4	戊午	10	5	戊子	9	6	己未	8	8	庚寅
十五	2	2	戊子	1	3	戊午	12	4	戊子	11	5	己未	10	6	己丑	9	7	庚申	8	9	辛卯
十六	2	3	己丑	1	4	己未	12	5	己丑	11	6	庚申	10	7	庚寅	9	8	辛酉	8	10	壬辰
十七	2	4	庚寅	1	5	庚申	12	6	庚寅	11	7	辛酉	10	8	辛卯	9	9	壬戌	8	11	癸巳
十八	2	5	辛卯	1	6	辛酉	12	7	辛卯	11	8	壬戌	10	9	壬辰	9	10	癸亥	8	12	甲午
十九	2	6	壬辰	1	7	壬戌	12	8	壬辰	11	9	癸亥	10	10	癸巳	9	11	甲子	8	13	乙未
二十	2	7	癸巳	1	8	癸亥	12	9	癸巳	11	10	甲子	10	11	甲午	9	12	乙丑	8	14	丙申
二十一	2	8	甲午	1	9	甲子	12	10	甲午	11	11	乙丑	10	12	乙未	9	13	丙寅	8	15	丁酉
二十二	2	9	乙未	1	10	乙丑	12	11	乙未	11	12	丙寅	10	13	丙申	9	14	丁卯	8	16	戊戌
二十三	2	10	丙申	1	11	丙寅	12	12	丙申	11	13	丁卯	10	14	丁酉	9	15	戊辰	8	17	己亥
二十四	2	11	丁酉	1	12	丁卯	12	13	丁酉	11	14	戊辰	10	15	戊戌	9	16	己巳	8	18	庚子
二十五	2	12	戊戌	1	13	戊辰	12	14	戊戌	11	15	己巳	10	16	己亥	9	17	庚午	8	19	辛丑
二十六	2	13	己亥	1	14	己巳	12	15	己亥	11	16	庚午	10	17	庚子	9	18	辛未	8	20	壬寅
二十七	2	14	庚子	1	15	庚午	12	16	庚子	11	17	辛未	10	18	辛丑	9	19	壬申	8	21	癸卯
二十八	2	15	辛丑	1	16	辛未	12	17	辛丑	11	18	壬申	10	19	壬寅	9	20	癸酉	8	22	甲辰
二十九	2	16	壬寅	1	17	壬申	12	18	壬寅	11	19	癸酉	10	20	癸卯	9	21	甲戌	8	23	乙巳
三十				1	18	癸酉	12	19	癸卯				10	21	甲辰						

西暦 一九三一年（昭和6年）辛未

六月			五月			四月			三月			二月			一月			旧暦
乙未月			甲午月			癸巳月			壬辰月			辛卯月			庚寅月			干支
新暦		干支	新暦		干支	新暦		干支	新暦		干支	新暦		干支	新暦		干支	旧暦
7	15	辛未	6	16	壬寅	5	17	壬申	4	18	癸卯	3	19	癸酉	2	17	癸卯	一
7	16	壬申	6	17	癸卯	5	18	癸酉	4	19	甲辰	3	20	甲戌	2	18	甲辰	二
7	17	癸酉	6	18	甲辰	5	19	甲戌	4	20	乙巳	3	21	乙亥	2	19	乙巳	三
7	18	甲戌	6	19	乙巳	5	20	乙亥	4	21	丙午	3	22	丙子	2	20	丙午	四
7	19	乙亥	6	20	丙午	5	21	丙子	4	22	丁未	3	23	丁丑	2	21	丁未	五
7	20	丙子	6	21	丁未	5	22	丁丑	4	23	戊申	3	24	戊寅	2	22	戊申	六
7	21	丁丑	6	22	戊申	5	23	戊寅	4	24	己酉	3	25	己卯	2	23	己酉	七
7	22	戊寅	6	23	己酉	5	24	己卯	4	25	庚戌	3	26	庚辰	2	24	庚戌	八
7	23	己卯	6	24	庚戌	5	25	庚辰	4	26	辛亥	3	27	辛巳	2	25	辛亥	九
7	24	庚辰	6	25	辛亥	5	26	辛巳	4	27	壬子	3	28	壬午	2	26	壬子	十
7	25	辛巳	6	26	壬子	5	27	壬午	4	28	癸丑	3	29	癸未	2	27	癸丑	十一
7	26	壬午	6	27	癸丑	5	28	癸未	4	29	甲寅	3	30	甲申	2	28	甲寅	十二
7	27	癸未	6	28	甲寅	5	29	甲申	4	30	乙卯	3	31	乙酉	3	1	乙卯	十三
7	28	甲申	6	29	乙卯	5	30	乙酉	5	1	丙辰	4	1	丙戌	3	2	丙辰	十四
7	29	乙酉	6	30	丙辰	5	31	丙戌	5	2	丁巳	4	2	丁亥	3	3	丁巳	十五
7	30	丙戌	7	1	丁巳	6	1	丁亥	5	3	戊午	4	3	戊子	3	4	戊午	十六
7	31	丁亥	7	2	戊午	6	2	戊子	5	4	己未	4	4	己丑	3	5	己未	十七
8	1	戊子	7	3	己未	6	3	己丑	5	5	庚申	4	5	庚寅	3	6	庚申	十八
8	2	己丑	7	4	庚申	6	4	庚寅	5	6	辛酉	4	6	辛卯	3	7	辛酉	十九
8	3	庚寅	7	5	辛酉	6	5	辛卯	5	7	壬戌	4	7	壬辰	3	8	壬戌	二十
8	4	辛卯	7	6	壬戌	6	6	壬辰	5	8	癸亥	4	8	癸巳	3	9	癸亥	二十一
8	5	壬辰	7	7	癸亥	6	7	癸巳	5	9	甲子	4	9	甲午	3	10	甲子	二十二
8	6	癸巳	7	8	甲子	6	8	甲午	5	10	乙丑	4	10	乙未	3	11	乙丑	二十三
8	7	甲午	7	9	乙丑	6	9	乙未	5	11	丙寅	4	11	丙申	3	12	丙寅	二十四
8	8	乙未	7	10	丙寅	6	10	丙申	5	12	丁卯	4	12	丁酉	3	13	丁卯	二十五
8	9	丙申	7	11	丁卯	6	11	丁酉	5	13	戊辰	4	13	戊戌	3	14	戊辰	二十六
8	10	丁酉	7	12	戊辰	6	12	戊戌	5	14	己巳	4	14	己亥	3	15	己巳	二十七
8	11	戊戌	7	13	己巳	6	13	己亥	5	15	庚午	4	15	庚子	3	16	庚午	二十八
8	12	己亥	7	14	庚午	6	14	庚子	5	16	辛未	4	16	辛丑	3	17	辛未	二十九
8	13	庚子				6	15	辛丑				4	17	壬寅	3	18	壬申	三十

旧暦	十二月			十一月			十月			九月			八月			七月		
干支	辛丑月			庚子月			己亥月			戊戌月			丁酉月			丙申月		
旧暦	新暦		干支	新暦		干支	新暦		干支	新暦		干支	新暦		干支	新暦		干支
一	1	8	戊辰	12	9	戊戌	11	10	己巳	10	11	己亥	9	12	庚午	8	14	辛丑
二	1	9	己巳	12	10	己亥	11	11	庚午	10	12	庚子	9	13	辛未	8	15	壬寅
三	1	10	庚午	12	11	庚子	11	12	辛未	10	13	辛丑	9	14	壬申	8	16	癸卯
四	1	11	辛未	12	12	辛丑	11	13	壬申	10	14	壬寅	9	15	癸酉	8	17	甲辰
五	1	12	壬申	12	13	壬寅	11	14	癸酉	10	15	癸卯	9	16	甲戌	8	18	乙巳
六	1	13	癸酉	12	14	癸卯	11	15	甲戌	10	16	甲辰	9	17	乙亥	8	19	丙午
七	1	14	甲戌	12	15	甲辰	11	16	乙亥	10	17	乙巳	9	18	丙子	8	20	丁未
八	1	15	乙亥	12	16	乙巳	11	17	丙子	10	18	丙午	9	19	丁丑	8	21	戊申
九	1	16	丙子	12	17	丙午	11	18	丁丑	10	19	丁未	9	20	戊寅	8	22	己酉
十	1	17	丁丑	12	18	丁未	11	19	戊寅	10	20	戊申	9	21	己卯	8	23	庚戌
十一	1	18	戊寅	12	19	戊申	11	20	己卯	10	21	己酉	9	22	庚辰	8	24	辛亥
十二	1	19	己卯	12	20	己酉	11	21	庚辰	10	22	庚戌	9	23	辛巳	8	25	壬子
十三	1	20	庚辰	12	21	庚戌	11	22	辛巳	10	23	辛亥	9	24	壬午	8	26	癸丑
十四	1	21	辛巳	12	22	辛亥	11	23	壬午	10	24	壬子	9	25	癸未	8	27	甲寅
十五	1	22	壬午	12	23	壬子	11	24	癸未	10	25	癸丑	9	26	甲申	8	28	乙卯
十六	1	23	癸未	12	24	癸丑	11	25	甲申	10	26	甲寅	9	27	乙酉	8	29	丙辰
十七	1	24	甲申	12	25	甲寅	11	26	乙酉	10	27	乙卯	9	28	丙戌	8	30	丁巳
十八	1	25	乙酉	12	26	乙卯	11	27	丙戌	10	28	丙辰	9	29	丁亥	8	31	戊午
十九	1	26	丙戌	12	27	丙辰	11	28	丁亥	10	29	丁巳	9	30	戊子	9	1	己未
二十	1	27	丁亥	12	28	丁巳	11	29	戊子	10	30	戊午	10	1	己丑	9	2	庚申
二十一	1	28	戊子	12	29	戊午	11	30	己丑	10	31	己未	10	2	庚寅	9	3	辛酉
二十二	1	29	己丑	12	30	己未	12	1	庚寅	11	1	庚申	10	3	辛卯	9	4	壬戌
二十三	1	30	庚寅	12	31	庚申	12	2	辛卯	11	2	辛酉	10	4	壬辰	9	5	癸亥
二十四	1	31	辛卯	1	1	辛酉	12	3	壬辰	11	3	壬戌	10	5	癸巳	9	6	甲子
二十五	2	1	壬辰	1	2	壬戌	12	4	癸巳	11	4	癸亥	10	6	甲午	9	7	乙丑
二十六	2	2	癸巳	1	3	癸亥	12	5	甲午	11	5	甲子	10	7	乙未	9	8	丙寅
二十七	2	3	甲午	1	4	甲子	12	6	乙未	11	6	乙丑	10	8	丙申	9	9	丁卯
二十八	2	4	乙未	1	5	乙丑	12	7	丙申	11	7	丙寅	10	9	丁酉	9	10	戊辰
二十九	2	5	丙申	1	6	丙寅	12	8	丁酉	11	8	丁卯	10	10	戊戌	9	11	己巳
三十				1	7	丁卯				11	9	戊辰						

西暦一九三二年（昭和7年）壬申

六月			五月			四月			三月			二月			一月			旧暦
丁未月			丙午月			乙巳月			甲辰月			癸卯月			壬寅月			干支
新暦		干支	新暦		干支	新暦		干支	新暦		干支	新暦		干支	新暦		干支	旧暦
7	4	丙寅	6	4	丙申	5	6	丁卯	4	6	丁酉	3	7	丁卯	2	6	丁酉	一
7	5	丁卯	6	5	丁酉	5	7	戊辰	4	7	戊戌	3	8	戊辰	2	7	戊戌	二
7	6	戊辰	6	6	戊戌	5	8	己巳	4	8	己亥	3	9	己巳	2	8	己亥	三
7	7	己巳	6	7	己亥	5	9	庚午	4	9	庚子	3	10	庚午	2	9	庚子	四
7	8	庚午	6	8	庚子	5	10	辛未	4	10	辛丑	3	11	辛未	2	10	辛丑	五
7	9	辛未	6	9	辛丑	5	11	壬申	4	11	壬寅	3	12	壬申	2	11	壬寅	六
7	10	壬申	6	10	壬寅	5	12	癸酉	4	12	癸卯	3	13	癸酉	2	12	癸卯	七
7	11	癸酉	6	11	癸卯	5	13	甲戌	4	13	甲辰	3	14	甲戌	2	13	甲辰	八
7	12	甲戌	6	12	甲辰	5	14	乙亥	4	14	乙巳	3	15	乙亥	2	14	乙巳	九
7	13	乙亥	6	13	乙巳	5	15	丙子	4	15	丙午	3	16	丙子	2	15	丙午	十
7	14	丙子	6	14	丙午	5	16	丁丑	4	16	丁未	3	17	丁丑	2	16	丁未	十一
7	15	丁丑	6	15	丁未	5	17	戊寅	4	17	戊申	3	18	戊寅	2	17	戊申	十二
7	16	戊寅	6	16	戊申	5	18	己卯	4	18	己酉	3	19	己卯	2	18	己酉	十三
7	17	己卯	6	17	己酉	5	19	庚辰	4	19	庚戌	3	20	庚辰	2	19	庚戌	十四
7	18	庚辰	6	18	庚戌	5	20	辛巳	4	20	辛亥	3	21	辛巳	2	20	辛亥	十五
7	19	辛巳	6	19	辛亥	5	21	壬午	4	21	壬子	3	22	壬午	2	21	壬子	十六
7	20	壬午	6	20	壬子	5	22	癸未	4	22	癸丑	3	23	癸未	2	22	癸丑	十七
7	21	癸未	6	21	癸丑	5	23	甲申	4	23	甲寅	3	24	甲申	2	23	甲寅	十八
7	22	甲申	6	22	甲寅	5	24	乙酉	4	24	乙卯	3	25	乙酉	2	24	乙卯	十九
7	23	乙酉	6	23	乙卯	5	25	丙戌	4	25	丙辰	3	26	丙戌	2	25	丙辰	二十
7	24	丙戌	6	24	丙辰	5	26	丁亥	4	26	丁巳	3	27	丁亥	2	26	丁巳	二十一
7	25	丁亥	6	25	丁巳	5	27	戊子	4	27	戊午	3	28	戊子	2	27	戊午	二十二
7	26	戊子	6	26	戊午	5	28	己丑	4	28	己未	3	29	己丑	2	28	己未	二十三
7	27	己丑	6	27	己未	5	29	庚寅	4	29	庚申	3	30	庚寅	2	29	庚申	二十四
7	28	庚寅	6	28	庚申	5	30	辛卯	4	30	辛酉	3	31	辛卯	3	1	辛酉	二十五
7	29	辛卯	6	29	辛酉	5	31	壬辰	5	1	壬戌	4	1	壬辰	3	2	壬戌	二十六
7	30	壬辰	6	30	壬戌	6	1	癸巳	5	2	癸亥	4	2	癸巳	3	3	癸亥	二十七
7	31	癸巳	7	1	癸亥	6	2	甲午	5	3	甲子	4	3	甲午	3	4	甲子	二十八
8	1	甲午	7	2	甲子	6	3	乙未	5	4	乙丑	4	4	乙未	3	5	乙丑	二十九
			7	3	乙丑				5	5	丙寅	4	5	丙申	3	6	丙寅	三十

旧暦	十二月			十一月			十月			九月			八月			七月		
干支	癸丑月			壬子月			辛亥月			庚戌月			己酉月			戊申月		
旧暦	新暦		干支	新暦		干支	新暦		干支	新暦		干支	新暦		干支	新暦		干支
一	12	27	壬戌	11	28	癸巳	10	29	癸亥	9	30	甲午	9	1	乙丑	8	2	乙未
二	12	28	癸亥	11	29	甲午	10	30	甲子	10	1	乙未	9	2	丙寅	8	3	丙申
三	12	29	甲子	11	30	乙未	10	31	乙丑	10	2	丙申	9	3	丁卯	8	4	丁酉
四	12	30	乙丑	12	1	丙申	11	1	丙寅	10	3	丁酉	9	4	戊辰	8	5	戊戌
五	12	31	丙寅	12	2	丁酉	11	2	丁卯	10	4	戊戌	9	5	己巳	8	6	己亥
六	1	1	丁卯	12	3	戊戌	11	3	戊辰	10	5	己亥	9	6	庚午	8	7	庚子
七	1	2	戊辰	12	4	己亥	11	4	己巳	10	6	庚子	9	7	辛未	8	8	辛丑
八	1	3	己巳	12	5	庚子	11	5	庚午	10	7	辛丑	9	8	壬申	8	9	壬寅
九	1	4	庚午	12	6	辛丑	11	6	辛未	10	8	壬寅	9	9	癸酉	8	10	癸卯
十	1	5	辛未	12	7	壬寅	11	7	壬申	10	9	癸卯	9	10	甲戌	8	11	甲辰
十一	1	6	壬申	12	8	癸卯	11	8	癸酉	10	10	甲辰	9	11	乙亥	8	12	乙巳
十二	1	7	癸酉	12	9	甲辰	11	9	甲戌	10	11	乙巳	9	12	丙子	8	13	丙午
十三	1	8	甲戌	12	10	乙巳	11	10	乙亥	10	12	丙午	9	13	丁丑	8	14	丁未
十四	1	9	乙亥	12	11	丙午	11	11	丙子	10	13	丁未	9	14	戊寅	8	15	戊申
十五	1	10	丙子	12	12	丁未	11	12	丁丑	10	14	戊申	9	15	己卯	8	16	己酉
十六	1	11	丁丑	12	13	戊申	11	13	戊寅	10	15	己酉	9	16	庚辰	8	17	庚戌
十七	1	12	戊寅	12	14	己酉	11	14	己卯	10	16	庚戌	9	17	辛巳	8	18	辛亥
十八	1	13	己卯	12	15	庚戌	11	15	庚辰	10	17	辛亥	9	18	壬午	8	19	壬子
十九	1	14	庚辰	12	16	辛亥	11	16	辛巳	10	18	壬子	9	19	癸未	8	20	癸丑
二十	1	15	辛巳	12	17	壬子	11	17	壬午	10	19	癸丑	9	20	甲申	8	21	甲寅
二十一	1	16	壬午	12	18	癸丑	11	18	癸未	10	20	甲寅	9	21	乙酉	8	22	乙卯
二十二	1	17	癸未	12	19	甲寅	11	19	甲申	10	21	乙卯	9	22	丙戌	8	23	丙辰
二十三	1	18	甲申	12	20	乙卯	11	20	乙酉	10	22	丙辰	9	23	丁亥	8	24	丁巳
二十四	1	19	乙酉	12	21	丙辰	11	21	丙戌	10	23	丁巳	9	24	戊子	8	25	戊午
二十五	1	20	丙戌	12	22	丁巳	11	22	丁亥	10	24	戊午	9	25	己丑	8	26	己未
二十六	1	21	丁亥	12	23	戊午	11	23	戊子	10	25	己未	9	26	庚寅	8	27	庚申
二十七	1	22	戊子	12	24	己未	11	24	己丑	10	26	庚申	9	27	辛卯	8	28	辛酉
二十八	1	23	己丑	12	25	庚申	11	25	庚寅	10	27	辛酉	9	28	壬辰	8	29	壬戌
二十九	1	24	庚寅	12	26	辛酉	11	26	辛卯	10	28	壬戌	9	29	癸巳	8	30	癸亥
三十	1	25	辛卯				11	27	壬辰							8	31	甲子

西暦一九三三年（昭和8年）癸酉

閏五月			五月			四月			三月			二月			一月			旧暦
			戊午月			丁巳月			丙辰月			乙卯月			甲寅月			干支
新暦		干支	新暦		干支	新暦		干支	新暦		干支	新暦		干支	新暦		干支	旧暦
6	23	庚申	5	24	庚寅	4	25	辛酉	3	26	辛卯	2	24	辛酉	1	26	壬辰	一
6	24	辛酉	5	25	辛卯	4	26	壬戌	3	27	壬辰	2	25	壬戌	1	27	癸巳	二
6	25	壬戌	5	26	壬辰	4	27	癸亥	3	28	癸巳	2	26	癸亥	1	28	甲午	三
6	26	癸亥	5	27	癸巳	4	28	甲子	3	29	甲午	2	27	甲子	1	29	乙未	四
6	27	甲子	5	28	甲午	4	29	乙丑	3	30	乙未	2	28	乙丑	1	30	丙申	五
6	28	乙丑	5	29	乙未	4	30	丙寅	3	31	丙申	3	1	丙寅	1	31	丁酉	六
6	29	丙寅	5	30	丙申	5	1	丁卯	4	1	丁酉	3	2	丁卯	2	1	戊戌	七
6	30	丁卯	5	31	丁酉	5	2	戊辰	4	2	戊戌	3	3	戊辰	2	2	己亥	八
7	1	戊辰	6	1	戊戌	5	3	己巳	4	3	己亥	3	4	己巳	2	3	庚子	九
7	2	己巳	6	2	己亥	5	4	庚午	4	4	庚子	3	5	庚午	2	4	辛丑	十
7	3	庚午	6	3	庚子	5	5	辛未	4	5	辛丑	3	6	辛未	2	5	壬寅	十一
7	4	辛未	6	4	辛丑	5	6	壬申	4	6	壬寅	3	7	壬申	2	6	癸卯	十二
7	5	壬申	6	5	壬寅	5	7	癸酉	4	7	癸卯	3	8	癸酉	2	7	甲辰	十三
7	6	癸酉	6	6	癸卯	5	8	甲戌	4	8	甲辰	3	9	甲戌	2	8	乙巳	十四
7	7	甲戌	6	7	甲辰	5	9	乙亥	4	9	乙巳	3	10	乙亥	2	9	丙午	十五
7	8	乙亥	6	8	乙巳	5	10	丙子	4	10	丙午	3	11	丙子	2	10	丁未	十六
7	9	丙子	6	9	丙午	5	11	丁丑	4	11	丁未	3	12	丁丑	2	11	戊申	十七
7	10	丁丑	6	10	丁未	5	12	戊寅	4	12	戊申	3	13	戊寅	2	12	己酉	十八
7	11	戊寅	6	11	戊申	5	13	己卯	4	13	己酉	3	14	己卯	2	13	庚戌	十九
7	12	己卯	6	12	己酉	5	14	庚辰	4	14	庚戌	3	15	庚辰	2	14	辛亥	二十
7	13	庚辰	6	13	庚戌	5	15	辛巳	4	15	辛亥	3	16	辛巳	2	15	壬子	二十一
7	14	辛巳	6	14	辛亥	5	16	壬午	4	16	壬子	3	17	壬午	2	16	癸丑	二十二
7	15	壬午	6	15	壬子	5	17	癸未	4	17	癸丑	3	18	癸未	2	17	甲寅	二十三
7	16	癸未	6	16	癸丑	5	18	甲申	4	18	甲寅	3	19	甲申	2	18	乙卯	二十四
7	17	甲申	6	17	甲寅	5	19	乙酉	4	19	乙卯	3	20	乙酉	2	19	丙辰	二十五
7	18	乙酉	6	18	乙卯	5	20	丙戌	4	20	丙辰	3	21	丙戌	2	20	丁巳	二十六
7	19	丙戌	6	19	丙辰	5	21	丁亥	4	21	丁巳	3	22	丁亥	2	21	戊午	二十七
7	20	丁亥	6	20	丁巳	5	22	戊子	4	22	戊午	3	23	戊子	2	22	己未	二十八
7	21	戊子	6	21	戊午	5	23	己丑	4	23	己未	3	24	己丑	2	23	庚申	二十九
7	22	己丑	6	22	己未				4	24	庚申	3	25	庚寅				三十

旧暦	十二月			十一月			十月			九月			八月			七月			六月		
干支	乙丑月			甲子月			癸亥月			壬戌月			辛酉月			庚申月			己未月		
旧暦	新暦		干支	新暦		干支	新暦		干支	新暦		干支	新暦		干支	新暦		干支	新暦		干支
一	1	15	丙戌	12	17	丁巳	11	18	戊子	10	19	戊午	9	20	己丑	8	21	己未	7	23	庚寅
二	1	16	丁亥	12	18	戊午	11	19	己丑	10	20	己未	9	21	庚寅	8	22	庚申	7	24	辛卯
三	1	17	戊子	12	19	己未	11	20	庚寅	10	21	庚申	9	22	辛卯	8	23	辛酉	7	25	壬辰
四	1	18	己丑	12	20	庚申	11	21	辛卯	10	22	辛酉	9	23	壬辰	8	24	壬戌	7	26	癸巳
五	1	19	庚寅	12	21	辛酉	11	22	壬辰	10	23	壬戌	9	24	癸巳	8	25	癸亥	7	27	甲午
六	1	20	辛卯	12	22	壬戌	11	23	癸巳	10	24	癸亥	9	25	甲午	8	26	甲子	7	28	乙未
七	1	21	壬辰	12	23	癸亥	11	24	甲午	10	25	甲子	9	26	乙未	8	27	乙丑	7	29	丙申
八	1	22	癸巳	12	24	甲子	11	25	乙未	10	26	乙丑	9	27	丙申	8	28	丙寅	7	30	丁酉
九	1	23	甲午	12	25	乙丑	11	26	丙申	10	27	丙寅	9	28	丁酉	8	29	丁卯	7	31	戊戌
十	1	24	乙未	12	26	丙寅	11	27	丁酉	10	28	丁卯	9	29	戊戌	8	30	戊辰	8	1	己亥
十一	1	25	丙申	12	27	丁卯	11	28	戊戌	10	29	戊辰	9	30	己亥	8	31	己巳	8	2	庚子
十二	1	26	丁酉	12	28	戊辰	11	29	己亥	10	30	己巳	10	1	庚子	9	1	庚午	8	3	辛丑
十三	1	27	戊戌	12	29	己巳	11	30	庚子	10	31	庚午	10	2	辛丑	9	2	辛未	8	4	壬寅
十四	1	28	己亥	12	30	庚午	12	1	辛丑	11	1	辛未	10	3	壬寅	9	3	壬申	8	5	癸卯
十五	1	29	庚子	12	31	辛未	12	2	壬寅	11	2	壬申	10	4	癸卯	9	4	癸酉	8	6	甲辰
十六	1	30	辛丑	1	1	壬申	12	3	癸卯	11	3	癸酉	10	5	甲辰	9	5	甲戌	8	7	乙巳
十七	1	31	壬寅	1	2	癸酉	12	4	甲辰	11	4	甲戌	10	6	乙巳	9	6	乙亥	8	8	丙午
十八	2	1	癸卯	1	3	甲戌	12	5	乙巳	11	5	乙亥	10	7	丙午	9	7	丙子	8	9	丁未
十九	2	2	甲辰	1	4	乙亥	12	6	丙午	11	6	丙子	10	8	丁未	9	8	丁丑	8	10	戊申
二十	2	3	乙巳	1	5	丙子	12	7	丁未	11	7	丁丑	10	9	戊申	9	9	戊寅	8	11	己酉
二十一	2	4	丙午	1	6	丁丑	12	8	戊申	11	8	戊寅	10	10	己酉	9	10	己卯	8	12	庚戌
二十二	2	5	丁未	1	7	戊寅	12	9	己酉	11	9	己卯	10	11	庚戌	9	11	庚辰	8	13	辛亥
二十三	2	6	戊申	1	8	己卯	12	10	庚戌	11	10	庚辰	10	12	辛亥	9	12	辛巳	8	14	壬子
二十四	2	7	己酉	1	9	庚辰	12	11	辛亥	11	11	辛巳	10	13	壬子	9	13	壬午	8	15	癸丑
二十五	2	8	庚戌	1	10	辛巳	12	12	壬子	11	12	壬午	10	14	癸丑	9	14	癸未	8	16	甲寅
二十六	2	9	辛亥	1	11	壬午	12	13	癸丑	11	13	癸未	10	15	甲寅	9	15	甲申	8	17	乙卯
二十七	2	10	壬子	1	12	癸未	12	14	甲寅	11	14	甲申	10	16	乙卯	9	16	乙酉	8	18	丙辰
二十八	2	11	癸丑	1	13	甲申	12	15	乙卯	11	15	乙酉	10	17	丙辰	9	17	丙戌	8	19	丁巳
二十九	2	12	甲寅	1	14	乙酉	12	16	丙辰	11	16	丙戌	10	18	丁巳	9	18	丁亥	8	20	戊午
三十	2	13	乙卯							11	17	丁亥				9	19	戊子			

西暦 一九三四年（昭和9年）甲戌

六月			五月			四月			三月			二月			一月			旧暦
辛未月			庚午月			己巳月			戊辰月			丁卯月			丙寅月			干支
新暦		干支	新暦		干支	新暦		干支	新暦		干支	新暦		干支	新暦		干支	旧暦
7	12	甲申	6	12	甲寅	5	13	甲申	4	14	乙卯	3	15	乙酉	2	14	丙辰	一
7	13	乙酉	6	13	乙卯	5	14	乙酉	4	15	丙辰	3	16	丙戌	2	15	丁巳	二
7	14	丙戌	6	14	丙辰	5	15	丙戌	4	16	丁巳	3	17	丁亥	2	16	戊午	三
7	15	丁亥	6	15	丁巳	5	16	丁亥	4	17	戊午	3	18	戊子	2	17	己未	四
7	16	戊子	6	16	戊午	5	17	戊子	4	18	己未	3	19	己丑	2	18	庚申	五
7	17	己丑	6	17	己未	5	18	己丑	4	19	庚申	3	20	庚寅	2	19	辛酉	六
7	18	庚寅	6	18	庚申	5	19	庚寅	4	20	辛酉	3	21	辛卯	2	20	壬戌	七
7	19	辛卯	6	19	辛酉	5	20	辛卯	4	21	壬戌	3	22	壬辰	2	21	癸亥	八
7	20	壬辰	6	20	壬戌	5	21	壬辰	4	22	癸亥	3	23	癸巳	2	22	甲子	九
7	21	癸巳	6	21	癸亥	5	22	癸巳	4	23	甲子	3	24	甲午	2	23	乙丑	十
7	22	甲午	6	22	甲子	5	23	甲午	4	24	乙丑	3	25	乙未	2	24	丙寅	十一
7	23	乙未	6	23	乙丑	5	24	乙未	4	25	丙寅	3	26	丙申	2	25	丁卯	十二
7	24	丙申	6	24	丙寅	5	25	丙申	4	26	丁卯	3	27	丁酉	2	26	戊辰	十三
7	25	丁酉	6	25	丁卯	5	26	丁酉	4	27	戊辰	3	28	戊戌	2	27	己巳	十四
7	26	戊戌	6	26	戊辰	5	27	戊戌	4	28	己巳	3	29	己亥	2	28	庚午	十五
7	27	己亥	6	27	己巳	5	28	己亥	4	29	庚午	3	30	庚子	3	1	辛未	十六
7	28	庚子	6	28	庚午	5	29	庚子	4	30	辛未	3	31	辛丑	3	2	壬申	十七
7	29	辛丑	6	29	辛未	5	30	辛丑	5	1	壬申	4	1	壬寅	3	3	癸酉	十八
7	30	壬寅	6	30	壬申	5	31	壬寅	5	2	癸酉	4	2	癸卯	3	4	甲戌	十九
7	31	癸卯	7	1	癸酉	6	1	癸卯	5	3	甲戌	4	3	甲辰	3	5	乙亥	二十
8	1	甲辰	7	2	甲戌	6	2	甲辰	5	4	乙亥	4	4	乙巳	3	6	丙子	二十一
8	2	乙巳	7	3	乙亥	6	3	乙巳	5	5	丙子	4	5	丙午	3	7	丁丑	二十二
8	3	丙午	7	4	丙子	6	4	丙午	5	6	丁丑	4	6	丁未	3	8	戊寅	二十三
8	4	丁未	7	5	丁丑	6	5	丁未	5	7	戊寅	4	7	戊申	3	9	己卯	二十四
8	5	戊申	7	6	戊寅	6	6	戊申	5	8	己卯	4	8	己酉	3	10	庚辰	二十五
8	6	己酉	7	7	己卯	6	7	己酉	5	9	庚辰	4	9	庚戌	3	11	辛巳	二十六
8	7	庚戌	7	8	庚辰	6	8	庚戌	5	10	辛巳	4	10	辛亥	3	12	壬午	二十七
8	8	辛亥	7	9	辛巳	6	9	辛亥	5	11	壬午	4	11	壬子	3	13	癸未	二十八
8	9	壬子	7	10	壬午	6	10	壬子	5	12	癸未	4	12	癸丑	3	14	甲申	二十九
			7	11	癸未	6	11	癸丑				4	13	甲寅				三十

旧暦	十二月			十一月			十月			九月			八月			七月		
干支	丁丑月			丙子月			乙亥月			甲戌月			癸酉月			壬申月		
旧暦	新暦		干支	新暦		干支	新暦		干支	新暦		干支	新暦		干支	新暦		干支
一	1	5	辛巳	12	7	壬子	11	7	壬午	10	8	壬子	9	9	癸未	8	10	癸丑
二	1	6	壬午	12	8	癸丑	11	8	癸未	10	9	癸丑	9	10	甲申	8	11	甲寅
三	1	7	癸未	12	9	甲寅	11	9	甲申	10	10	甲寅	9	11	乙酉	8	12	乙卯
四	1	8	甲申	12	10	乙卯	11	10	乙酉	10	11	乙卯	9	12	丙戌	8	13	丙辰
五	1	9	乙酉	12	11	丙辰	11	11	丙戌	10	12	丙辰	9	13	丁亥	8	14	丁巳
六	1	10	丙戌	12	12	丁巳	11	12	丁亥	10	13	丁巳	9	14	戊子	8	15	戊午
七	1	11	丁亥	12	13	戊午	11	13	戊子	10	14	戊午	9	15	己丑	8	16	己未
八	1	12	戊子	12	14	己未	11	14	己丑	10	15	己未	9	16	庚寅	8	17	庚申
九	1	13	己丑	12	15	庚申	11	15	庚寅	10	16	庚申	9	17	辛卯	8	18	辛酉
十	1	14	庚寅	12	16	辛酉	11	16	辛卯	10	17	辛酉	9	18	壬辰	8	19	壬戌
十一	1	15	辛卯	12	17	壬戌	11	17	壬辰	10	18	壬戌	9	19	癸巳	8	20	癸亥
十二	1	16	壬辰	12	18	癸亥	11	18	癸巳	10	19	癸亥	9	20	甲午	8	21	甲子
十三	1	17	癸巳	12	19	甲子	11	19	甲午	10	20	甲子	9	21	乙未	8	22	乙丑
十四	1	18	甲午	12	20	乙丑	11	20	乙未	10	21	乙丑	9	22	丙申	8	23	丙寅
十五	1	19	乙未	12	21	丙寅	11	21	丙申	10	22	丙寅	9	23	丁酉	8	24	丁卯
十六	1	20	丙申	12	22	丁卯	11	22	丁酉	10	23	丁卯	9	24	戊戌	8	25	戊辰
十七	1	21	丁酉	12	23	戊辰	11	23	戊戌	10	24	戊辰	9	25	己亥	8	26	己巳
十八	1	22	戊戌	12	24	己巳	11	24	己亥	10	25	己巳	9	26	庚子	8	27	庚午
十九	1	23	己亥	12	25	庚午	11	25	庚子	10	26	庚午	9	27	辛丑	8	28	辛未
二十	1	24	庚子	12	26	辛未	11	26	辛丑	10	27	辛未	9	28	壬寅	8	29	壬申
二十一	1	25	辛丑	12	27	壬申	11	27	壬寅	10	28	壬申	9	29	癸卯	8	30	癸酉
二十二	1	26	壬寅	12	28	癸酉	11	28	癸卯	10	29	癸酉	9	30	甲辰	8	31	甲戌
二十三	1	27	癸卯	12	29	甲戌	11	29	甲辰	10	30	甲戌	10	1	乙巳	9	1	乙亥
二十四	1	28	甲辰	12	30	乙亥	11	30	乙巳	10	31	乙亥	10	2	丙午	9	2	丙子
二十五	1	29	乙巳	12	31	丙子	12	1	丙午	11	1	丙子	10	3	丁未	9	3	丁丑
二十六	1	30	丙午	1	1	丁丑	12	2	丁未	11	2	丁丑	10	4	戊申	9	4	戊寅
二十七	1	31	丁未	1	2	戊寅	12	3	戊申	11	3	戊寅	10	5	己酉	9	5	己卯
二十八	2	1	戊申	1	3	己卯	12	4	己酉	11	4	己卯	10	6	庚戌	9	6	庚辰
二十九	2	2	己酉	1	4	庚辰	12	5	庚戌	11	5	庚辰	10	7	辛亥	9	7	辛巳
三十	2	3	庚戌				12	6	辛亥	11	6	辛巳				9	8	壬午

西暦一九三五年（昭和10年）乙亥

六月			五月			四月			三月			二月			一月			旧暦
癸未月			壬午月			辛巳月			庚辰月			己卯月			戊寅月			干支
新暦		干支	新暦		干支	新暦		干支	新暦		干支	新暦		干支	新暦		干支	旧暦
7	1	戊寅	6	1	戊申	5	3	己卯	4	3	己酉	3	5	庚辰	2	4	辛亥	一
7	2	己卯	6	2	己酉	5	4	庚辰	4	4	庚戌	3	6	辛巳	2	5	壬子	二
7	3	庚辰	6	3	庚戌	5	5	辛巳	4	5	辛亥	3	7	壬午	2	6	癸丑	三
7	4	辛巳	6	4	辛亥	5	6	壬午	4	6	壬子	3	8	癸未	2	7	甲寅	四
7	5	壬午	6	5	壬子	5	7	癸未	4	7	癸丑	3	9	甲申	2	8	乙卯	五
7	6	癸未	6	6	癸丑	5	8	甲申	4	8	甲寅	3	10	乙酉	2	9	丙辰	六
7	7	甲申	6	7	甲寅	5	9	乙酉	4	9	乙卯	3	11	丙戌	2	10	丁巳	七
7	8	乙酉	6	8	乙卯	5	10	丙戌	4	10	丙辰	3	12	丁亥	2	11	戊午	八
7	9	丙戌	6	9	丙辰	5	11	丁亥	4	11	丁巳	3	13	戊子	2	12	己未	九
7	10	丁亥	6	10	丁巳	5	12	戊子	4	12	戊午	3	14	己丑	2	13	庚申	十
7	11	戊子	6	11	戊午	5	13	己丑	4	13	己未	3	15	庚寅	2	14	辛酉	十一
7	12	己丑	6	12	己未	5	14	庚寅	4	14	庚申	3	16	辛卯	2	15	壬戌	十二
7	13	庚寅	6	13	庚申	5	15	辛卯	4	15	辛酉	3	17	壬辰	2	16	癸亥	十三
7	14	辛卯	6	14	辛酉	5	16	壬辰	4	16	壬戌	3	18	癸巳	2	17	甲子	十四
7	15	壬辰	6	15	壬戌	5	17	癸巳	4	17	癸亥	3	19	甲午	2	18	乙丑	十五
7	16	癸巳	6	16	癸亥	5	18	甲午	4	18	甲子	3	20	乙未	2	19	丙寅	十六
7	17	甲午	6	17	甲子	5	19	乙未	4	19	乙丑	3	21	丙申	2	20	丁卯	十七
7	18	乙未	6	18	乙丑	5	20	丙申	4	20	丙寅	3	22	丁酉	2	21	戊辰	十八
7	19	丙申	6	19	丙寅	5	21	丁酉	4	21	丁卯	3	23	戊戌	2	22	己巳	十九
7	20	丁酉	6	20	丁卯	5	22	戊戌	4	22	戊辰	3	24	己亥	2	23	庚午	二十
7	21	戊戌	6	21	戊辰	5	23	己亥	4	23	己巳	3	25	庚子	2	24	辛未	二十一
7	22	己亥	6	22	己巳	5	24	庚子	4	24	庚午	3	26	辛丑	2	25	壬申	二十二
7	23	庚子	6	23	庚午	5	25	辛丑	4	25	辛未	3	27	壬寅	2	26	癸酉	二十三
7	24	辛丑	6	24	辛未	5	26	壬寅	4	26	壬申	3	28	癸卯	2	27	甲戌	二十四
7	25	壬寅	6	25	壬申	5	27	癸卯	4	27	癸酉	3	29	甲辰	2	28	乙亥	二十五
7	26	癸卯	6	26	癸酉	5	28	甲辰	4	28	甲戌	3	30	乙巳	3	1	丙子	二十六
7	27	甲辰	6	27	甲戌	5	29	乙巳	4	29	乙亥	3	31	丙午	3	2	丁丑	二十七
7	28	乙巳	6	28	乙亥	5	30	丙午	4	30	丙子	4	1	丁未	3	3	戊寅	二十八
7	29	丙午	6	29	丙子	5	31	丁未	5	1	丁丑	4	2	戊申	3	4	己卯	二十九
			6	30	丁丑				5	2	戊寅							三十

旧暦	十二月			十一月			十月			九月			八月			七月		
干支	己丑月			戊子月			丁亥月			丙戌月			乙酉月			甲申月		
旧暦	新暦		干支	新暦		干支	新暦		干支	新暦		干支	新暦		干支	新暦		干支
一	12	26	丙子	11	26	丙午	10	27	丙子	9	28	丁未	8	29	丁丑	7	30	丁未
二	12	27	丁丑	11	27	丁未	10	28	丁丑	9	29	戊申	8	30	戊寅	7	31	戊申
三	12	28	戊寅	11	28	戊申	10	29	戊寅	9	30	己酉	8	31	己卯	8	1	己酉
四	12	29	己卯	11	29	己酉	10	30	己卯	10	1	庚戌	9	1	庚辰	8	2	庚戌
五	12	30	庚辰	11	30	庚戌	10	31	庚辰	10	2	辛亥	9	2	辛巳	8	3	辛亥
六	12	31	辛巳	12	1	辛亥	11	1	辛巳	10	3	壬子	9	3	壬午	8	4	壬子
七	1	1	壬午	12	2	壬子	11	2	壬午	10	4	癸丑	9	4	癸未	8	5	癸丑
八	1	2	癸未	12	3	癸丑	11	3	癸未	10	5	甲寅	9	5	甲申	8	6	甲寅
九	1	3	甲申	12	4	甲寅	11	4	甲申	10	6	乙卯	9	6	乙酉	8	7	乙卯
十	1	4	乙酉	12	5	乙卯	11	5	乙酉	10	7	丙辰	9	7	丙戌	8	8	丙辰
十一	1	5	丙戌	12	6	丙辰	11	6	丙戌	10	8	丁巳	9	8	丁亥	8	9	丁巳
十二	1	6	丁亥	12	7	丁巳	11	7	丁亥	10	9	戊午	9	9	戊子	8	10	戊午
十三	1	7	戊子	12	8	戊午	11	8	戊子	10	10	己未	9	10	己丑	8	11	己未
十四	1	8	己丑	12	9	己未	11	9	己丑	10	11	庚申	9	11	庚寅	8	12	庚申
十五	1	9	庚寅	12	10	庚申	11	10	庚寅	10	12	辛酉	9	12	辛卯	8	13	辛酉
十六	1	10	辛卯	12	11	辛酉	11	11	辛卯	10	13	壬戌	9	13	壬辰	8	14	壬戌
十七	1	11	壬辰	12	12	壬戌	11	12	壬辰	10	14	癸亥	9	14	癸巳	8	15	癸亥
十八	1	12	癸巳	12	13	癸亥	11	13	癸巳	10	15	甲子	9	15	甲午	8	16	甲子
十九	1	13	甲午	12	14	甲子	11	14	甲午	10	16	乙丑	9	16	乙未	8	17	乙丑
二十	1	14	乙未	12	15	乙丑	11	15	乙未	10	17	丙寅	9	17	丙申	8	18	丙寅
二十一	1	15	丙申	12	16	丙寅	11	16	丙申	10	18	丁卯	9	18	丁酉	8	19	丁卯
二十二	1	16	丁酉	12	17	丁卯	11	17	丁酉	10	19	戊辰	9	19	戊戌	8	20	戊辰
二十三	1	17	戊戌	12	18	戊辰	11	18	戊戌	10	20	己巳	9	20	己亥	8	21	己巳
二十四	1	18	己亥	12	19	己巳	11	19	己亥	10	21	庚午	9	21	庚子	8	22	庚午
二十五	1	19	庚子	12	20	庚午	11	20	庚子	10	22	辛未	9	22	辛丑	8	23	辛未
二十六	1	20	辛丑	12	21	辛未	11	21	辛丑	10	23	壬申	9	23	壬寅	8	24	壬申
二十七	1	21	壬寅	12	22	壬申	11	22	壬寅	10	24	癸酉	9	24	癸卯	8	25	癸酉
二十八	1	22	癸卯	12	23	癸酉	11	23	癸卯	10	25	甲戌	9	25	甲辰	8	26	甲戌
二十九	1	23	甲辰	12	24	甲戌	11	24	甲辰	10	26	乙亥	9	26	乙巳	8	27	乙亥
三十				12	25	乙亥	11	25	乙巳				9	27	丙午	8	28	丙子

西暦一九三六年（昭和11年）丙子

五月			四月			閏三月			三月			二月			一月			旧暦
甲午月			癸巳月						壬辰月			辛卯月			庚寅月			干支
新暦		干支	新暦		干支	新暦		干支	新暦		干支	新暦		干支	新暦		干支	旧暦
6	19	壬申	5	21	癸卯	4	21	癸酉	3	23	甲辰	2	23	乙亥	1	24	乙巳	一
6	20	癸酉	5	22	甲辰	4	22	甲戌	3	24	乙巳	2	24	丙子	1	25	丙午	二
6	21	甲戌	5	23	乙巳	4	23	乙亥	3	25	丙午	2	25	丁丑	1	26	丁未	三
6	22	乙亥	5	24	丙午	4	24	丙子	3	26	丁未	2	26	戊寅	1	27	戊申	四
6	23	丙子	5	25	丁未	4	25	丁丑	3	27	戊申	2	27	己卯	1	28	己酉	五
6	24	丁丑	5	26	戊申	4	26	戊寅	3	28	己酉	2	28	庚辰	1	29	庚戌	六
6	25	戊寅	5	27	己酉	4	27	己卯	3	29	庚戌	2	29	辛巳	1	30	辛亥	七
6	26	己卯	5	28	庚戌	4	28	庚辰	3	30	辛亥	3	1	壬午	1	31	壬子	八
6	27	庚辰	5	29	辛亥	4	29	辛巳	3	31	壬子	3	2	癸未	2	1	癸丑	九
6	28	辛巳	5	30	壬子	4	30	壬午	4	1	癸丑	3	3	甲申	2	2	甲寅	十
6	29	壬午	5	31	癸丑	5	1	癸未	4	2	甲寅	3	4	乙酉	2	3	乙卯	十一
6	30	癸未	6	1	甲寅	5	2	甲申	4	3	乙卯	3	5	丙戌	2	4	丙辰	十二
7	1	甲申	6	2	乙卯	5	3	乙酉	4	4	丙辰	3	6	丁亥	2	5	丁巳	十三
7	2	乙酉	6	3	丙辰	5	4	丙戌	4	5	丁巳	3	7	戊子	2	6	戊午	十四
7	3	丙戌	6	4	丁巳	5	5	丁亥	4	6	戊午	3	8	己丑	2	7	己未	十五
7	4	丁亥	6	5	戊午	5	6	戊子	4	7	己未	3	9	庚寅	2	8	庚申	十六
7	5	戊子	6	6	己未	5	7	己丑	4	8	庚申	3	10	辛卯	2	9	辛酉	十七
7	6	己丑	6	7	庚申	5	8	庚寅	4	9	辛酉	3	11	壬辰	2	10	壬戌	十八
7	7	庚寅	6	8	辛酉	5	9	辛卯	4	10	壬戌	3	12	癸巳	2	11	癸亥	十九
7	8	辛卯	6	9	壬戌	5	10	壬辰	4	11	癸亥	3	13	甲午	2	12	甲子	二十
7	9	壬辰	6	10	癸亥	5	11	癸巳	4	12	甲子	3	14	乙未	2	13	乙丑	二十一
7	10	癸巳	6	11	甲子	5	12	甲午	4	13	乙丑	3	15	丙申	2	14	丙寅	二十二
7	11	甲午	6	12	乙丑	5	13	乙未	4	14	丙寅	3	16	丁酉	2	15	丁卯	二十三
7	12	乙未	6	13	丙寅	5	14	丙申	4	15	丁卯	3	17	戊戌	2	16	戊辰	二十四
7	13	丙申	6	14	丁卯	5	15	丁酉	4	16	戊辰	3	18	己亥	2	17	己巳	二十五
7	14	丁酉	6	15	戊辰	5	16	戊戌	4	17	己巳	3	19	庚子	2	18	庚午	二十六
7	15	戊戌	6	16	己巳	5	17	己亥	4	18	庚午	3	20	辛丑	2	19	辛未	二十七
7	16	己亥	6	17	庚午	5	18	庚子	4	19	辛未	3	21	壬寅	2	20	壬申	二十八
7	17	庚子	6	18	辛未	5	19	辛丑	4	20	壬申	3	22	癸卯	2	21	癸酉	二十九
						5	20	壬寅							2	22	甲戌	三十

旧暦	十二月			十一月			十月			九月			八月			七月			六月		
干支	辛丑月			庚子月			己亥月			戊戌月			丁酉月			丙申月			乙未月		
旧暦	新暦		干支	新暦		干支	新暦		干支	新暦		干支	新暦		干支	新暦		干支	新暦		干支
一	1	13	庚子	12	14	庚午	11	14	庚子	10	15	庚午	9	16	辛丑	8	17	辛未	7	18	辛丑
二	1	14	辛丑	12	15	辛未	11	15	辛丑	10	16	辛未	9	17	壬寅	8	18	壬申	7	19	壬寅
三	1	15	壬寅	12	16	壬申	11	16	壬寅	10	17	壬申	9	18	癸卯	8	19	癸酉	7	20	癸卯
四	1	16	癸卯	12	17	癸酉	11	17	癸卯	10	18	癸酉	9	19	甲辰	8	20	甲戌	7	21	甲辰
五	1	17	甲辰	12	18	甲戌	11	18	甲辰	10	19	甲戌	9	20	乙巳	8	21	乙亥	7	22	乙巳
六	1	18	乙巳	12	19	乙亥	11	19	乙巳	10	20	乙亥	9	21	丙午	8	22	丙子	7	23	丙午
七	1	19	丙午	12	20	丙子	11	20	丙午	10	21	丙子	9	22	丁未	8	23	丁丑	7	24	丁未
八	1	20	丁未	12	21	丁丑	11	21	丁未	10	22	丁丑	9	23	戊申	8	24	戊寅	7	25	戊申
九	1	21	戊申	12	22	戊寅	11	22	戊申	10	23	戊寅	9	24	己酉	8	25	己卯	7	26	己酉
十	1	22	己酉	12	23	己卯	11	23	己酉	10	24	己卯	9	25	庚戌	8	26	庚辰	7	27	庚戌
十一	1	23	庚戌	12	24	庚辰	11	24	庚戌	10	25	庚辰	9	26	辛亥	8	27	辛巳	7	28	辛亥
十二	1	24	辛亥	12	25	辛巳	11	25	辛亥	10	26	辛巳	9	27	壬子	8	28	壬午	7	29	壬子
十三	1	25	壬子	12	26	壬午	11	26	壬子	10	27	壬午	9	28	癸丑	8	29	癸未	7	30	癸丑
十四	1	26	癸丑	12	27	癸未	11	27	癸丑	10	28	癸未	9	29	甲寅	8	30	甲申	7	31	甲寅
十五	1	27	甲寅	12	28	甲申	11	28	甲寅	10	29	甲申	9	30	乙卯	8	31	乙酉	8	1	乙卯
十六	1	28	乙卯	12	29	乙酉	11	29	乙卯	10	30	乙酉	10	1	丙辰	9	1	丙戌	8	2	丙辰
十七	1	29	丙辰	12	30	丙戌	11	30	丙辰	10	31	丙戌	10	2	丁巳	9	2	丁亥	8	3	丁巳
十八	1	30	丁巳	12	31	丁亥	12	1	丁巳	11	1	丁亥	10	3	戊午	9	3	戊子	8	4	戊午
十九	1	31	戊午	1	1	戊子	12	2	戊午	11	2	戊子	10	4	己未	9	4	己丑	8	5	己未
二十	2	1	己未	1	2	己丑	12	3	己未	11	3	己丑	10	5	庚申	9	5	庚寅	8	6	庚申
二十一	2	2	庚申	1	3	庚寅	12	4	庚申	11	4	庚寅	10	6	辛酉	9	6	辛卯	8	7	辛酉
二十二	2	3	辛酉	1	4	辛卯	12	5	辛酉	11	5	辛卯	10	7	壬戌	9	7	壬辰	8	8	壬戌
二十三	2	4	壬戌	1	5	壬辰	12	6	壬戌	11	6	壬辰	10	8	癸亥	9	8	癸巳	8	9	癸亥
二十四	2	5	癸亥	1	6	癸巳	12	7	癸亥	11	7	癸巳	10	9	甲子	9	9	甲午	8	10	甲子
二十五	2	6	甲子	1	7	甲午	12	8	甲子	11	8	甲午	10	10	乙丑	9	10	乙未	8	11	乙丑
二十六	2	7	乙丑	1	8	乙未	12	9	乙丑	11	9	乙未	10	11	丙寅	9	11	丙申	8	12	丙寅
二十七	2	8	丙寅	1	9	丙申	12	10	丙寅	11	10	丙申	10	12	丁卯	9	12	丁酉	8	13	丁卯
二十八	2	9	丁卯	1	10	丁酉	12	11	丁卯	11	11	丁酉	10	13	戊辰	9	13	戊戌	8	14	戊辰
二十九	2	10	戊辰	1	11	戊戌	12	12	戊辰	11	12	戊戌	10	14	己巳	9	14	己亥	8	15	己巳
三十				1	12	己亥	12	13	己巳	11	13	己亥				9	15	庚子	8	16	庚午

西暦 一九三七年（昭和12年）丁丑

六月			五月			四月			三月			二月			一月			旧暦
丁未月			丙午月			乙巳月			甲辰月			癸卯月			壬寅月			干支
新暦		干支	新暦		干支	新暦		干支	新暦		干支	新暦		干支	新暦		干支	旧暦
7	8	丙申	6	9	丁卯	5	10	丁酉	4	11	戊辰	3	13	己亥	2	11	己巳	一
7	9	丁酉	6	10	戊辰	5	11	戊戌	4	12	己巳	3	14	庚子	2	12	庚午	二
7	10	戊戌	6	11	己巳	5	12	己亥	4	13	庚午	3	15	辛丑	2	13	辛未	三
7	11	己亥	6	12	庚午	5	13	庚子	4	14	辛未	3	16	壬寅	2	14	壬申	四
7	12	庚子	6	13	辛未	5	14	辛丑	4	15	壬申	3	17	癸卯	2	15	癸酉	五
7	13	辛丑	6	14	壬申	5	15	壬寅	4	16	癸酉	3	18	甲辰	2	16	甲戌	六
7	14	壬寅	6	15	癸酉	5	16	癸卯	4	17	甲戌	3	19	乙巳	2	17	乙亥	七
7	15	癸卯	6	16	甲戌	5	17	甲辰	4	18	乙亥	3	20	丙午	2	18	丙子	八
7	16	甲辰	6	17	乙亥	5	18	乙巳	4	19	丙子	3	21	丁未	2	19	丁丑	九
7	17	乙巳	6	18	丙子	5	19	丙午	4	20	丁丑	3	22	戊申	2	20	戊寅	十
7	18	丙午	6	19	丁丑	5	20	丁未	4	21	戊寅	3	23	己酉	2	21	己卯	十一
7	19	丁未	6	20	戊寅	5	21	戊申	4	22	己卯	3	24	庚戌	2	22	庚辰	十二
7	20	戊申	6	21	己卯	5	22	己酉	4	23	庚辰	3	25	辛亥	2	23	辛巳	十三
7	21	己酉	6	22	庚辰	5	23	庚戌	4	24	辛巳	3	26	壬子	2	24	壬午	十四
7	22	庚戌	6	23	辛巳	5	24	辛亥	4	25	壬午	3	27	癸丑	2	25	癸未	十五
7	23	辛亥	6	24	壬午	5	25	壬子	4	26	癸未	3	28	甲寅	2	26	甲申	十六
7	24	壬子	6	25	癸未	5	26	癸丑	4	27	甲申	3	29	乙卯	2	27	乙酉	十七
7	25	癸丑	6	26	甲申	5	27	甲寅	4	28	乙酉	3	30	丙辰	2	28	丙戌	十八
7	26	甲寅	6	27	乙酉	5	28	乙卯	4	29	丙戌	3	31	丁巳	3	1	丁亥	十九
7	27	乙卯	6	28	丙戌	5	29	丙辰	4	30	丁亥	4	1	戊午	3	2	戊子	二十
7	28	丙辰	6	29	丁亥	5	30	丁巳	5	1	戊子	4	2	己未	3	3	己丑	二十一
7	29	丁巳	6	30	戊子	5	31	戊午	5	2	己丑	4	3	庚申	3	4	庚寅	二十二
7	30	戊午	7	1	己丑	6	1	己未	5	3	庚寅	4	4	辛酉	3	5	辛卯	二十三
7	31	己未	7	2	庚寅	6	2	庚申	5	4	辛卯	4	5	壬戌	3	6	壬辰	二十四
8	1	庚申	7	3	辛卯	6	3	辛酉	5	5	壬辰	4	6	癸亥	3	7	癸巳	二十五
8	2	辛酉	7	4	壬辰	6	4	壬戌	5	6	癸巳	4	7	甲子	3	8	甲午	二十六
8	3	壬戌	7	5	癸巳	6	5	癸亥	5	7	甲午	4	8	乙丑	3	9	乙未	二十七
8	4	癸亥	7	6	甲午	6	6	甲子	5	8	乙未	4	9	丙寅	3	10	丙申	二十八
8	5	甲子	7	7	乙未	6	7	乙丑	5	9	丙申	4	10	丁卯	3	11	丁酉	二十九
						6	8	丙寅							3	12	戊戌	三十

旧暦	十二月			十一月			十月			九月			八月			七月		
干支	癸丑月			壬子月			辛亥月			庚戌月			己酉月			戊申月		
旧暦	新暦		干支	新暦		干支	新暦		干支	新暦		干支	新暦		干支	新暦		干支
一	1	2	甲午	12	3	甲子	11	3	甲午	10	4	甲子	9	5	乙未	8	6	乙丑
二	1	3	乙未	12	4	乙丑	11	4	乙未	10	5	乙丑	9	6	丙申	8	7	丙寅
三	1	4	丙申	12	5	丙寅	11	5	丙申	10	6	丙寅	9	7	丁酉	8	8	丁卯
四	1	5	丁酉	12	6	丁卯	11	6	丁酉	10	7	丁卯	9	8	戊戌	8	9	戊辰
五	1	6	戊戌	12	7	戊辰	11	7	戊戌	10	8	戊辰	9	9	己亥	8	10	己巳
六	1	7	己亥	12	8	己巳	11	8	己亥	10	9	己巳	9	10	庚子	8	11	庚午
七	1	8	庚子	12	9	庚午	11	9	庚子	10	10	庚午	9	11	辛丑	8	12	辛未
八	1	9	辛丑	12	10	辛未	11	10	辛丑	10	11	辛未	9	12	壬寅	8	13	壬申
九	1	10	壬寅	12	11	壬申	11	11	壬寅	10	12	壬申	9	13	癸卯	8	14	癸酉
十	1	11	癸卯	12	12	癸酉	11	12	癸卯	10	13	癸酉	9	14	甲辰	8	15	甲戌
十一	1	12	甲辰	12	13	甲戌	11	13	甲辰	10	14	甲戌	9	15	乙巳	8	16	乙亥
十二	1	13	乙巳	12	14	乙亥	11	14	乙巳	10	15	乙亥	9	16	丙午	8	17	丙子
十三	1	14	丙午	12	15	丙子	11	15	丙午	10	16	丙子	9	17	丁未	8	18	丁丑
十四	1	15	丁未	12	16	丁丑	11	16	丁未	10	17	丁丑	9	18	戊申	8	19	戊寅
十五	1	16	戊申	12	17	戊寅	11	17	戊申	10	18	戊寅	9	19	己酉	8	20	己卯
十六	1	17	己酉	12	18	己卯	11	18	己酉	10	19	己卯	9	20	庚戌	8	21	庚辰
十七	1	18	庚戌	12	19	庚辰	11	19	庚戌	10	20	庚辰	9	21	辛亥	8	22	辛巳
十八	1	19	辛亥	12	20	辛巳	11	20	辛亥	10	21	辛巳	9	22	壬子	8	23	壬午
十九	1	20	壬子	12	21	壬午	11	21	壬子	10	22	壬午	9	23	癸丑	8	24	癸未
二十	1	21	癸丑	12	22	癸未	11	22	癸丑	10	23	癸未	9	24	甲寅	8	25	甲申
二十一	1	22	甲寅	12	23	甲申	11	23	甲寅	10	24	甲申	9	25	乙卯	8	26	乙酉
二十二	1	23	乙卯	12	24	乙酉	11	24	乙卯	10	25	乙酉	9	26	丙辰	8	27	丙戌
二十三	1	24	丙辰	12	25	丙戌	11	25	丙辰	10	26	丙戌	9	27	丁巳	8	28	丁亥
二十四	1	25	丁巳	12	26	丁亥	11	26	丁巳	10	27	丁亥	9	28	戊午	8	29	戊子
二十五	1	26	戊午	12	27	戊子	11	27	戊午	10	28	戊子	9	29	己未	8	30	己丑
二十六	1	27	己未	12	28	己丑	11	28	己未	10	29	己丑	9	30	庚申	8	31	庚寅
二十七	1	28	庚申	12	29	庚寅	11	29	庚申	10	30	庚寅	10	1	辛酉	9	1	辛卯
二十八	1	29	辛酉	12	30	辛卯	11	30	辛酉	10	31	辛卯	10	2	壬戌	9	2	壬辰
二十九	1	30	壬戌	12	31	壬辰	12	1	壬戌	11	1	壬辰	10	3	癸亥	9	3	癸巳
三十				1	1	癸巳	12	2	癸亥	11	2	癸巳				9	4	甲午

西暦一九三八年（昭和13年）戊寅

六月			五月			四月			三月			二月			一月			旧暦
己未月			戊午月			丁巳月			丙辰月			乙卯月			甲寅月			干支
新暦		干支	新暦		干支	新暦		干支	新暦		干支	新暦		干支	新暦		干支	旧暦
6	28	辛卯	5	29	辛酉	4	30	壬辰	4	1	癸亥	3	2	癸巳	1	31	癸亥	一
6	29	壬辰	5	30	壬戌	5	1	癸巳	4	2	甲子	3	3	甲午	2	1	甲子	二
6	30	癸巳	5	31	癸亥	5	2	甲午	4	3	乙丑	3	4	乙未	2	2	乙丑	三
7	1	甲午	6	1	甲子	5	3	乙未	4	4	丙寅	3	5	丙申	2	3	丙寅	四
7	2	乙未	6	2	乙丑	5	4	丙申	4	5	丁卯	3	6	丁酉	2	4	丁卯	五
7	3	丙申	6	3	丙寅	5	5	丁酉	4	6	戊辰	3	7	戊戌	2	5	戊辰	六
7	4	丁酉	6	4	丁卯	5	6	戊戌	4	7	己巳	3	8	己亥	2	6	己巳	七
7	5	戊戌	6	5	戊辰	5	7	己亥	4	8	庚午	3	9	庚子	2	7	庚午	八
7	6	己亥	6	6	己巳	5	8	庚子	4	9	辛未	3	10	辛丑	2	8	辛未	九
7	7	庚子	6	7	庚午	5	9	辛丑	4	10	壬申	3	11	壬寅	2	9	壬申	十
7	8	辛丑	6	8	辛未	5	10	壬寅	4	11	癸酉	3	12	癸卯	2	10	癸酉	十一
7	9	壬寅	6	9	壬申	5	11	癸卯	4	12	甲戌	3	13	甲辰	2	11	甲戌	十二
7	10	癸卯	6	10	癸酉	5	12	甲辰	4	13	乙亥	3	14	乙巳	2	12	乙亥	十三
7	11	甲辰	6	11	甲戌	5	13	乙巳	4	14	丙子	3	15	丙午	2	13	丙子	十四
7	12	乙巳	6	12	乙亥	5	14	丙午	4	15	丁丑	3	16	丁未	2	14	丁丑	十五
7	13	丙午	6	13	丙子	5	15	丁未	4	16	戊寅	3	17	戊申	2	15	戊寅	十六
7	14	丁未	6	14	丁丑	5	16	戊申	4	17	己卯	3	18	己酉	2	16	己卯	十七
7	15	戊申	6	15	戊寅	5	17	己酉	4	18	庚辰	3	19	庚戌	2	17	庚辰	十八
7	16	己酉	6	16	己卯	5	18	庚戌	4	19	辛巳	3	20	辛亥	2	18	辛巳	十九
7	17	庚戌	6	17	庚辰	5	19	辛亥	4	20	壬午	3	21	壬子	2	19	壬午	二十
7	18	辛亥	6	18	辛巳	5	20	壬子	4	21	癸未	3	22	癸丑	2	20	癸未	二十一
7	19	壬子	6	19	壬午	5	21	癸丑	4	22	甲申	3	23	甲寅	2	21	甲申	二十二
7	20	癸丑	6	20	癸未	5	22	甲寅	4	23	乙酉	3	24	乙卯	2	22	乙酉	二十三
7	21	甲寅	6	21	甲申	5	23	乙卯	4	24	丙戌	3	25	丙辰	2	23	丙戌	二十四
7	22	乙卯	6	22	乙酉	5	24	丙辰	4	25	丁亥	3	26	丁巳	2	24	丁亥	二十五
7	23	丙辰	6	23	丙戌	5	25	丁巳	4	26	戊子	3	27	戊午	2	25	戊子	二十六
7	24	丁巳	6	24	丁亥	5	26	戊午	4	27	己丑	3	28	己未	2	26	己丑	二十七
7	25	戊午	6	25	戊子	5	27	己未	4	28	庚寅	3	29	庚申	2	27	庚寅	二十八
7	26	己未	6	26	己丑	5	28	庚申	4	29	辛卯	3	30	辛酉	2	28	辛卯	二十九
			6	27	庚寅							3	31	壬戌	3	1	壬辰	三十

旧暦	十二月			十一月			十月			九月			八月			閏七月			七月		
干支	乙丑月			甲子月			癸亥月			壬戌月			辛酉月						庚申月		
旧暦	新暦		干支	新暦		干支	新暦		干支	新暦		干支	新暦		干支	新暦		干支	新暦		干支
一	1	20	丁巳	12	22	戊子	11	22	戊午	10	23	戊子	9	24	己未	8	25	己丑	7	27	庚申
二	1	21	戊午	12	23	己丑	11	23	己未	10	24	己丑	9	25	庚申	8	26	庚寅	7	28	辛酉
三	1	22	己未	12	24	庚寅	11	24	庚申	10	25	庚寅	9	26	辛酉	8	27	辛卯	7	29	壬戌
四	1	23	庚申	12	25	辛卯	11	25	辛酉	10	26	辛卯	9	27	壬戌	8	28	壬辰	7	30	癸亥
五	1	24	辛酉	12	26	壬辰	11	26	壬戌	10	27	壬辰	9	28	癸亥	8	29	癸巳	7	31	甲子
六	1	25	壬戌	12	27	癸巳	11	27	癸亥	10	28	癸巳	9	29	甲子	8	30	甲午	8	1	乙丑
七	1	26	癸亥	12	28	甲午	11	28	甲子	10	29	甲午	9	30	乙丑	8	31	乙未	8	2	丙寅
八	1	27	甲子	12	29	乙未	11	29	乙丑	10	30	乙未	10	1	丙寅	9	1	丙申	8	3	丁卯
九	1	28	乙丑	12	30	丙申	11	30	丙寅	10	31	丙申	10	2	丁卯	9	2	丁酉	8	4	戊辰
十	1	29	丙寅	12	31	丁酉	12	1	丁卯	11	1	丁酉	10	3	戊辰	9	3	戊戌	8	5	己巳
十一	1	30	丁卯	1	1	戊戌	12	2	戊辰	11	2	戊戌	10	4	己巳	9	4	己亥	8	6	庚午
十二	1	31	戊辰	1	2	己亥	12	3	己巳	11	3	己亥	10	5	庚午	9	5	庚子	8	7	辛未
十三	2	1	己巳	1	3	庚子	12	4	庚午	11	4	庚子	10	6	辛未	9	6	辛丑	8	8	壬申
十四	2	2	庚午	1	4	辛丑	12	5	辛未	11	5	辛丑	10	7	壬申	9	7	壬寅	8	9	癸酉
十五	2	3	辛未	1	5	壬寅	12	6	壬申	11	6	壬寅	10	8	癸酉	9	8	癸卯	8	10	甲戌
十六	2	4	壬申	1	6	癸卯	12	7	癸酉	11	7	癸卯	10	9	甲戌	9	9	甲辰	8	11	乙亥
十七	2	5	癸酉	1	7	甲辰	12	8	甲戌	11	8	甲辰	10	10	乙亥	9	10	乙巳	8	12	丙子
十八	2	6	甲戌	1	8	乙巳	12	9	乙亥	11	9	乙巳	10	11	丙子	9	11	丙午	8	13	丁丑
十九	2	7	乙亥	1	9	丙午	12	10	丙子	11	10	丙午	10	12	丁丑	9	12	丁未	8	14	戊寅
二十	2	8	丙子	1	10	丁未	12	11	丁丑	11	11	丁未	10	13	戊寅	9	13	戊申	8	15	己卯
二十一	2	9	丁丑	1	11	戊申	12	12	戊寅	11	12	戊申	10	14	己卯	9	14	己酉	8	16	庚辰
二十二	2	10	戊寅	1	12	己酉	12	13	己卯	11	13	己酉	10	15	庚辰	9	15	庚戌	8	17	辛巳
二十三	2	11	己卯	1	13	庚戌	12	14	庚辰	11	14	庚戌	10	16	辛巳	9	16	辛亥	8	18	壬午
二十四	2	12	庚辰	1	14	辛亥	12	15	辛巳	11	15	辛亥	10	17	壬午	9	17	壬子	8	19	癸未
二十五	2	13	辛巳	1	15	壬子	12	16	壬午	11	16	壬子	10	18	癸未	9	18	癸丑	8	20	甲申
二十六	2	14	壬午	1	16	癸丑	12	17	癸未	11	17	癸丑	10	19	甲申	9	19	癸丑	8	21	乙酉
二十七	2	15	癸未	1	17	甲寅	12	18	甲申	11	18	甲寅	10	20	乙酉	9	20	乙卯	8	22	丙戌
二十八	2	16	甲申	1	18	乙卯	12	19	乙酉	11	19	乙卯	10	21	丙戌	9	21	丙辰	8	23	丁亥
二十九	2	17	乙酉	1	19	丙辰	12	20	丙戌	11	20	丙辰	10	22	丁亥	9	22	丁巳	8	24	戊子
三十	2	18	丙戌				12	21	丁亥	11	21	丁巳				9	23	戊午			

西暦一九三九年（昭和14年）己卯

六月			五月			四月			三月			二月			一月			旧暦
辛未月			庚午月			己巳月			戊辰月			丁卯月			丙寅月			干支
新暦		干支	新暦		干支	新暦		干支	新暦		干支	新暦		干支	新暦		干支	旧暦
7	17	乙卯	6	17	乙酉	5	19	丙辰	4	20	丁亥	3	21	丁巳	2	19	丁亥	一
7	18	丙辰	6	18	丙戌	5	20	丁巳	4	21	戊子	3	22	戊午	2	20	戊子	二
7	19	丁巳	6	19	丁亥	5	21	戊午	4	22	己丑	3	23	己未	2	21	己丑	三
7	20	戊午	6	20	戊子	5	22	己未	4	23	庚寅	3	24	庚申	2	22	庚寅	四
7	21	己未	6	21	己丑	5	23	庚申	4	24	辛卯	3	25	辛酉	2	23	辛卯	五
7	22	庚申	6	22	庚寅	5	24	辛酉	4	25	壬辰	3	26	壬戌	2	24	壬辰	六
7	23	辛酉	6	23	辛卯	5	25	壬戌	4	26	癸巳	3	27	癸亥	2	25	癸巳	七
7	24	壬戌	6	24	壬辰	5	26	癸亥	4	27	甲午	3	28	甲子	2	26	甲午	八
7	25	癸亥	6	25	癸巳	5	27	甲子	4	28	乙未	3	29	乙丑	2	27	乙未	九
7	26	甲子	6	26	甲午	5	28	乙丑	4	29	丙申	3	30	丙寅	2	28	丙申	十
7	27	乙丑	6	27	乙未	5	29	丙寅	4	30	丁酉	3	31	丁卯	3	1	丁酉	十一
7	28	丙寅	6	28	丙申	5	30	丁卯	5	1	戊戌	4	1	戊辰	3	2	戊戌	十二
7	29	丁卯	6	29	丁酉	5	31	戊辰	5	2	己亥	4	2	己巳	3	3	己亥	十三
7	30	戊辰	6	30	戊戌	6	1	己巳	5	3	庚子	4	3	庚午	3	4	庚子	十四
7	31	己巳	7	1	己亥	6	2	庚午	5	4	辛丑	4	4	辛未	3	5	辛丑	十五
8	1	庚午	7	2	庚子	6	3	辛未	5	5	壬寅	4	5	壬申	3	6	壬寅	十六
8	2	辛未	7	3	辛丑	6	4	壬申	5	6	癸卯	4	6	癸酉	3	7	癸卯	十七
8	3	壬申	7	4	壬寅	6	5	癸酉	5	7	甲辰	4	7	甲戌	3	8	甲辰	十八
8	4	癸酉	7	5	癸卯	6	6	甲戌	5	8	乙巳	4	8	乙亥	3	9	乙巳	十九
8	5	甲戌	7	6	甲辰	6	7	乙亥	5	9	丙午	4	9	丙子	3	10	丙午	二十
8	6	乙亥	7	7	乙巳	6	8	丙子	5	10	丁未	4	10	丁丑	3	11	丁未	二十一
8	7	丙子	7	8	丙午	6	9	丁丑	5	11	戊申	4	11	戊寅	3	12	戊申	二十二
8	8	丁丑	7	9	丁未	6	10	戊寅	5	12	己酉	4	12	己卯	3	13	己酉	二十三
8	9	戊寅	7	10	戊申	6	11	己卯	5	13	庚戌	4	13	庚辰	3	14	庚戌	二十四
8	10	己卯	7	11	己酉	6	12	庚辰	5	14	辛亥	4	14	辛巳	3	15	辛亥	二十五
8	11	庚辰	7	12	庚戌	6	13	辛巳	5	15	壬子	4	15	壬午	3	16	壬子	二十六
8	12	辛巳	7	13	辛亥	6	14	壬午	5	16	癸丑	4	16	癸未	3	17	癸丑	二十七
8	13	壬午	7	14	壬子	6	15	癸未	5	17	甲寅	4	17	甲申	3	18	甲寅	二十八
8	14	癸未	7	15	癸丑	6	16	甲申	5	18	乙卯	4	18	乙酉	3	19	乙卯	二十九
			7	16	甲寅							4	19	丙戌	3	20	丙辰	三十

旧暦	十二月			十一月			十月			九月			八月			七月		
干支	丁丑月			丙子月			乙亥月			甲戌月			癸酉月			壬申月		
旧暦	新暦		干支	新暦		干支	新暦		干支	新暦		干支	新暦		干支	新暦		干支
一	1	9	辛亥	12	11	壬午	11	11	壬子	10	13	癸未	9	13	癸丑	8	15	甲申
二	1	10	壬子	12	12	癸未	11	12	癸丑	10	14	甲申	9	14	甲寅	8	16	乙酉
三	1	11	甲寅	12	13	甲申	11	13	甲寅	10	15	乙酉	9	15	乙卯	8	17	丙戌
四	1	12	癸丑	12	14	乙酉	11	14	乙卯	10	16	丙戌	9	16	丙辰	8	18	丁亥
五	1	13	乙卯	12	15	丙戌	11	15	丙辰	10	17	丁亥	9	17	丁巳	8	19	戊子
六	1	14	丙辰	12	16	丁亥	11	16	丁巳	10	18	戊子	9	18	戊午	8	20	己丑
七	1	15	丁巳	12	17	戊子	11	17	戊午	10	19	己丑	9	19	己未	8	21	庚寅
八	1	16	戊午	12	18	己丑	11	18	己未	10	20	庚寅	9	20	庚申	8	22	辛卯
九	1	17	己未	12	19	庚寅	11	19	庚申	10	21	辛卯	9	21	辛酉	8	23	壬辰
十	1	18	庚申	12	20	辛卯	11	20	辛酉	10	22	壬辰	9	22	壬戌	8	24	癸巳
十一	1	19	辛酉	12	21	壬辰	11	21	壬戌	10	23	癸巳	9	23	癸亥	8	25	甲午
十二	1	20	壬戌	12	22	癸巳	11	22	癸亥	10	24	甲午	9	24	甲子	8	26	乙未
十三	1	21	癸亥	12	23	甲午	11	23	甲子	10	25	乙未	9	25	乙丑	8	27	丙申
十四	1	22	甲子	12	24	乙未	11	24	乙丑	10	26	丙申	9	26	丙寅	8	28	丁酉
十五	1	23	乙丑	12	25	丙申	11	25	丙寅	10	27	丁酉	9	27	丁卯	8	29	戊戌
十六	1	24	丙寅	12	26	丁酉	11	26	丁卯	10	28	戊戌	9	28	戊辰	8	30	己亥
十七	1	25	丁卯	12	27	戊戌	11	27	戊辰	10	29	己亥	9	29	己巳	8	31	庚子
十八	1	26	戊辰	12	28	己亥	11	28	己巳	10	30	庚子	9	30	庚午	9	1	辛丑
十九	1	27	己巳	12	29	庚子	11	29	庚午	10	31	辛丑	10	1	辛未	9	2	壬寅
二十	1	28	庚午	12	30	辛丑	11	30	辛未	11	1	壬寅	10	2	壬申	9	3	癸卯
二十一	1	29	辛未	12	31	壬寅	12	1	壬申	11	2	癸卯	10	3	癸酉	9	4	甲辰
二十二	1	30	壬申	1	1	癸卯	12	2	癸酉	11	3	甲辰	10	4	甲戌	9	5	乙巳
二十三	1	31	癸酉	1	2	甲辰	12	3	甲戌	11	4	乙巳	10	5	乙亥	9	6	丙午
二十四	2	1	甲戌	1	3	乙巳	12	4	乙亥	11	5	丙午	10	6	丙子	9	7	丁未
二十五	2	2	乙亥	1	4	丙午	12	5	丙子	11	6	丁未	10	7	丁丑	9	8	戊申
二十六	2	3	丙子	1	5	丁未	12	6	丁丑	11	7	戊申	10	8	戊寅	9	9	己酉
二十七	2	4	丁丑	1	6	戊申	12	7	戊寅	11	8	己酉	10	9	己卯	9	10	庚戌
二十八	2	5	戊寅	1	7	己酉	12	8	己卯	11	9	庚戌	10	10	庚辰	9	11	辛亥
二十九	2	6	己卯	1	8	庚戌	12	9	庚辰	11	10	辛亥	10	11	辛巳	9	12	壬子
三十	2	7	庚辰				12	10	辛巳				10	12	壬午			

西暦一九四〇年（昭和15年）庚辰

六月			五月			四月			三月			二月			一月			旧暦
癸未月			壬午月			辛巳月			庚辰月			己卯月			戊寅月			干支
新暦		干支	新暦		干支	新暦		干支	新暦		干支	新暦		干支	新暦		干支	旧暦
7	5	己酉	6	6	庚辰	5	7	庚戌	4	8	辛巳	3	9	辛亥	2	8	辛巳	一
7	6	庚戌	6	7	辛巳	5	8	辛亥	4	9	壬午	3	10	壬子	2	9	壬午	二
7	7	辛亥	6	8	壬午	5	9	壬子	4	10	癸未	3	11	癸丑	2	10	癸未	三
7	8	壬子	6	9	癸未	5	10	癸丑	4	11	甲申	3	12	甲寅	2	11	甲申	四
7	9	癸丑	6	10	甲申	5	11	甲寅	4	12	乙酉	3	13	乙卯	2	12	乙酉	五
7	10	甲寅	6	11	乙酉	5	12	乙卯	4	13	丙戌	3	14	丙辰	2	13	丙戌	六
7	11	乙卯	6	12	丙戌	5	13	丙辰	4	14	丁亥	3	15	丁巳	2	14	丁亥	七
7	12	丙辰	6	13	丁亥	5	14	丁巳	4	15	戊子	3	16	戊午	2	15	戊子	八
7	13	丁巳	6	14	戊子	5	15	戊午	4	16	己丑	3	17	己未	2	16	己丑	九
7	14	戊午	6	15	己丑	5	16	己未	4	17	庚寅	3	18	庚申	2	17	庚寅	十
7	15	己未	6	16	庚寅	5	17	庚申	4	18	辛卯	3	19	辛酉	2	18	辛卯	十一
7	16	庚申	6	17	辛卯	5	18	辛酉	4	19	壬辰	3	20	壬戌	2	19	壬辰	十二
7	17	辛酉	6	18	壬辰	5	19	壬戌	4	20	癸巳	3	21	癸亥	2	20	癸巳	十三
7	18	壬戌	6	19	癸巳	5	20	癸亥	4	21	甲午	3	22	甲子	2	21	甲午	十四
7	19	癸亥	6	20	甲午	5	21	甲子	4	22	乙未	3	23	乙丑	2	22	乙未	十五
7	20	甲子	6	21	乙未	5	22	乙丑	4	23	丙申	3	24	丙寅	2	23	丙申	十六
7	21	乙丑	6	22	丙申	5	23	丙寅	4	24	丁酉	3	25	丁卯	2	24	丁酉	十七
7	22	丙寅	6	23	丁酉	5	24	丁卯	4	25	戊戌	3	26	戊辰	2	25	戊戌	十八
7	23	丁卯	6	24	戊戌	5	25	戊辰	4	26	己亥	3	27	己巳	2	26	己亥	十九
7	24	戊辰	6	25	己亥	5	26	己巳	4	27	庚子	3	28	庚午	2	27	庚子	二十
7	25	己巳	6	26	庚子	5	27	庚午	4	28	辛丑	3	29	辛未	2	28	辛丑	二十一
7	26	庚午	6	27	辛丑	5	28	辛未	4	29	壬寅	3	30	壬申	2	29	壬寅	二十二
7	27	辛未	6	28	壬寅	5	29	壬申	4	30	癸卯	3	31	癸酉	3	1	癸卯	二十三
7	28	壬申	6	29	癸卯	5	30	癸酉	5	1	甲辰	4	1	甲戌	3	2	甲辰	二十四
7	29	癸酉	6	30	甲辰	5	31	甲戌	5	2	乙巳	4	2	乙亥	3	3	乙巳	二十五
7	30	甲戌	7	1	乙巳	6	1	乙亥	5	3	丙午	4	3	丙子	3	4	丙午	二十六
7	31	乙亥	7	2	丙午	6	2	丙子	5	4	丁未	4	4	丁丑	3	5	丁未	二十七
8	1	丙子	7	3	丁未	6	3	丁丑	5	5	戊申	4	5	戊寅	3	6	戊申	二十八
8	2	丁丑	7	4	戊申	6	4	戊寅	5	6	己酉	4	6	己卯	3	7	己酉	二十九
8	3	戊寅				6	5	己卯				4	7	庚辰	3	8	庚戌	三十

旧暦	十二月			十一月			十月			九月			八月			七月		
干支	己丑月			戊子月			丁亥月			丙戌月			乙酉月			甲申月		
旧暦	新暦		干支	新暦		干支	新暦		干支	新暦		干支	新暦		干支	新暦		干支
一	12	29	丙午	11	29	丙子	10	31	丁未	10	1	丁丑	9	2	戊申	8	4	己卯
二	12	30	丁未	11	30	丁丑	11	1	戊申	10	2	戊寅	9	3	己酉	8	5	庚辰
三	12	31	戊申	12	1	戊寅	11	2	己酉	10	3	己卯	9	4	庚戌	8	6	辛巳
四	1	1	己酉	12	2	己卯	11	3	庚戌	10	4	庚辰	9	5	辛亥	8	7	壬午
五	1	2	庚戌	12	3	庚辰	11	4	辛亥	10	5	辛巳	9	6	壬子	8	8	癸未
六	1	3	辛亥	12	4	辛巳	11	5	壬子	10	6	壬午	9	7	癸丑	8	9	甲申
七	1	4	壬子	12	5	壬午	11	6	甲寅	10	7	癸未	9	8	甲寅	8	10	乙酉
八	1	5	癸丑	12	6	癸未	11	7	癸丑	10	8	甲申	9	9	乙卯	8	11	丙戌
九	1	6	甲寅	12	7	甲申	11	8	乙卯	10	9	乙酉	9	10	丙辰	8	12	丁亥
十	1	7	乙卯	12	8	乙酉	11	9	丙辰	10	10	丙戌	9	11	丁巳	8	13	戊子
十一	1	8	丙辰	12	9	丙戌	11	10	丁巳	10	11	丁亥	9	12	戊午	8	14	己丑
十二	1	9	丁巳	12	10	丁亥	11	11	戊午	10	12	戊子	9	13	己未	8	15	庚寅
十三	1	10	戊午	12	11	戊子	11	12	己未	10	13	己丑	9	14	庚申	8	16	辛卯
十四	1	11	己未	12	12	己丑	11	13	庚申	10	14	庚寅	9	15	辛酉	8	17	壬辰
十五	1	12	庚申	12	13	庚寅	11	14	辛酉	10	15	辛卯	9	16	壬戌	8	18	癸巳
十六	1	13	辛酉	12	14	辛卯	11	15	壬戌	10	16	壬辰	9	17	癸亥	8	19	甲午
十七	1	14	壬戌	12	15	壬辰	11	16	癸亥	10	17	癸巳	9	18	甲子	8	20	乙未
十八	1	15	癸亥	12	16	癸巳	11	17	甲子	10	18	甲午	9	19	乙丑	8	21	丙申
十九	1	16	甲子	12	17	甲午	11	18	乙丑	10	19	乙未	9	20	丙寅	8	22	丁酉
二十	1	17	乙丑	12	18	乙未	11	19	丙寅	10	20	丙申	9	21	丁卯	8	23	戊戌
二十一	1	18	丙寅	12	19	丙申	11	20	丁卯	10	21	丁酉	9	22	戊辰	8	24	己亥
二十二	1	19	丁卯	12	20	丁酉	11	21	戊辰	10	22	戊戌	9	23	己巳	8	25	庚子
二十三	1	20	戊辰	12	21	戊戌	11	22	己巳	10	23	己亥	9	24	庚午	8	26	辛丑
二十四	1	21	己巳	12	22	己亥	11	23	庚午	10	24	庚子	9	25	辛未	8	27	壬寅
二十五	1	22	庚午	12	23	庚子	11	24	辛未	10	25	辛丑	9	26	壬申	8	28	癸卯
二十六	1	23	辛未	12	24	辛丑	11	25	壬申	10	26	壬寅	9	27	癸酉	8	29	甲辰
二十七	1	24	壬申	12	25	壬寅	11	26	癸酉	10	27	癸卯	9	28	甲戌	8	30	乙巳
二十八	1	25	癸酉	12	26	癸卯	11	27	甲戌	10	28	甲辰	9	29	乙亥	8	31	丙午
二十九	1	26	甲戌	12	27	甲辰	11	28	乙亥	10	29	乙巳	9	30	丙子	9	1	丁未
三十				12	28	乙巳				10	30	丙午						

西暦 一九四一年（昭和16年）辛巳

六月			五月			四月			三月			二月			一月			旧暦
乙未月			甲午月			癸巳月			壬辰月			辛卯月			庚寅月			干支
新暦		干支	新暦		干支	新暦		干支	新暦		干支	新暦		干支	新暦		干支	旧暦
6	25	甲辰	5	26	甲戌	4	26	甲辰	3	28	乙亥	2	26	乙巳	1	27	乙亥	一
6	26	乙巳	5	27	乙亥	4	27	乙巳	3	29	丙子	2	27	丙午	1	28	丙子	二
6	27	丙午	5	28	丙子	4	28	丙午	3	30	丁丑	2	28	丁未	1	29	丁丑	三
6	28	丁未	5	29	丁丑	4	29	丁未	3	31	戊寅	3	1	戊申	1	30	戊寅	四
6	29	戊申	5	30	戊寅	4	30	戊申	4	1	己卯	3	2	己酉	1	31	己卯	五
6	30	己酉	5	31	己卯	5	1	己酉	4	2	庚辰	3	3	庚戌	2	1	庚辰	六
7	1	庚戌	6	1	庚辰	5	2	庚戌	4	3	辛巳	3	4	辛亥	2	2	辛巳	七
7	2	辛亥	6	2	辛巳	5	3	辛亥	4	4	壬午	3	5	壬子	2	3	壬午	八
7	3	壬子	6	3	壬午	5	4	壬子	4	5	癸未	3	6	癸丑	2	4	癸未	九
7	4	癸丑	6	4	癸未	5	5	癸丑	4	6	甲申	3	7	甲寅	2	5	甲申	十
7	5	甲寅	6	5	甲申	5	6	甲寅	4	7	乙酉	3	8	乙卯	2	6	乙酉	十一
7	6	乙卯	6	6	乙酉	5	7	乙卯	4	8	丙戌	3	9	丙辰	2	7	丙戌	十二
7	7	丙辰	6	7	丙戌	5	8	丙辰	4	9	丁亥	3	10	丁巳	2	8	丁亥	十三
7	8	丁巳	6	8	丁亥	5	9	丁巳	4	10	戊子	3	11	戊午	2	9	戊子	十四
7	9	戊午	6	9	戊子	5	10	戊午	4	11	己丑	3	12	己未	2	10	己丑	十五
7	10	己未	6	10	己丑	5	11	己未	4	12	庚寅	3	13	庚申	2	11	庚寅	十六
7	11	庚申	6	11	庚寅	5	12	庚申	4	13	辛卯	3	14	辛酉	2	12	辛卯	十七
7	12	辛酉	6	12	辛卯	5	13	辛酉	4	14	壬辰	3	15	壬戌	2	13	壬辰	十八
7	13	壬戌	6	13	壬辰	5	14	壬戌	4	15	癸巳	3	16	癸亥	2	14	癸巳	十九
7	14	癸亥	6	14	癸巳	5	15	癸亥	4	16	甲午	3	17	甲子	2	15	甲午	二十
7	15	甲子	6	15	甲午	5	16	甲子	4	17	乙未	3	18	乙丑	2	16	乙未	二十一
7	16	乙丑	6	16	乙未	5	17	乙丑	4	18	丙申	3	19	丙寅	2	17	丙申	二十二
7	17	丙寅	6	17	丙申	5	18	丙寅	4	19	丁酉	3	20	丁卯	2	18	丁酉	二十三
7	18	丁卯	6	18	丁酉	5	19	丁卯	4	20	戊戌	3	21	戊辰	2	19	戊戌	二十四
7	19	戊辰	6	19	戊戌	5	20	戊辰	4	21	己亥	3	22	己巳	2	20	己亥	二十五
7	20	己巳	6	20	己亥	5	21	己巳	4	22	庚子	3	23	庚午	2	21	庚子	二十六
7	21	庚午	6	21	庚子	5	22	庚午	4	23	辛丑	3	24	辛未	2	22	辛丑	二十七
7	22	辛未	6	22	辛丑	5	23	辛未	4	24	壬寅	3	25	壬申	2	23	壬寅	二十八
7	23	壬申	6	23	壬寅	5	24	壬申	4	25	癸卯	3	26	癸酉	2	24	癸卯	二十九
			6	24	癸卯	5	25	癸酉				3	27	甲戌	2	25	甲辰	三十

旧暦	十二月			十一月			十月			九月			八月			七月			閏六月		
干支	辛丑月			庚子月			己亥月			戊戌月			丁酉月			丙申月					
旧暦	新暦		干支	新暦		干支	新暦		干支	新暦		干支	新暦		干支	新暦		干支	新暦		干支
一	1	17	庚午	12	18	庚子	11	19	辛未	10	20	辛丑	9	21	壬申	8	23	癸卯	7	24	癸酉
二	1	18	辛未	12	19	辛丑	11	20	壬申	10	21	壬寅	9	22	癸酉	8	24	甲辰	7	25	甲戌
三	1	19	壬申	12	20	壬寅	11	21	癸酉	10	22	癸卯	9	23	甲戌	8	25	乙巳	7	26	乙亥
四	1	20	癸酉	12	21	癸卯	11	22	甲戌	10	23	甲辰	9	24	乙亥	8	26	丙午	7	27	丙子
五	1	21	甲戌	12	22	甲辰	11	23	乙亥	10	24	乙巳	9	25	丙子	8	27	丁未	7	28	丁丑
六	1	22	乙亥	12	23	乙巳	11	24	丙子	10	25	丙午	9	26	丁丑	8	28	戊申	7	29	戊寅
七	1	23	丙子	12	24	丙午	11	25	丁丑	10	26	丁未	9	27	戊寅	8	29	己酉	7	30	己卯
八	1	24	丁丑	12	25	丁未	11	26	戊寅	10	27	戊申	9	28	己卯	8	30	庚戌	7	31	庚辰
九	1	25	戊寅	12	26	戊申	11	27	己卯	10	28	己酉	9	29	庚辰	8	31	辛亥	8	1	辛巳
十	1	26	己卯	12	27	己酉	11	28	庚辰	10	29	庚戌	9	30	辛巳	9	1	壬子	8	2	壬午
十一	1	27	庚辰	12	28	庚戌	11	29	辛巳	10	30	辛亥	10	1	壬午	9	2	癸丑	8	3	癸未
十二	1	28	辛巳	12	29	辛亥	11	30	壬午	10	31	壬子	10	2	癸未	9	3	甲寅	8	4	甲申
十三	1	29	壬午	12	30	壬子	12	1	癸未	11	1	癸丑	10	3	甲申	9	4	乙卯	8	5	乙酉
十四	1	30	癸未	12	31	癸丑	12	2	甲申	11	2	甲寅	10	4	乙酉	9	5	丙辰	8	6	丙戌
十五	1	31	甲申	1	1	甲寅	12	3	乙酉	11	3	乙卯	10	5	丙戌	9	6	丁巳	8	7	丁亥
十六	2	1	乙酉	1	2	乙卯	12	4	丙戌	11	4	丙辰	10	6	丁亥	9	7	戊午	8	8	戊子
十七	2	2	丙戌	1	3	丙辰	12	5	丁亥	11	5	丁巳	10	7	戊子	9	8	己未	8	9	己丑
十八	2	3	丁亥	1	4	丁巳	12	6	戊子	11	6	戊午	10	8	己丑	9	9	庚申	8	10	庚寅
十九	2	4	戊子	1	5	戊午	12	7	己丑	11	7	己未	10	9	庚寅	9	10	辛酉	8	11	辛卯
二十	2	5	己丑	1	6	己未	12	8	庚寅	11	8	庚申	10	10	辛卯	9	11	壬戌	8	12	壬辰
二十一	2	6	庚寅	1	7	庚申	12	9	辛卯	11	9	辛酉	10	11	壬辰	9	12	癸亥	8	13	癸巳
二十二	2	7	辛卯	1	8	辛酉	12	10	壬辰	11	10	壬戌	10	12	癸巳	9	13	甲子	8	14	甲午
二十三	2	8	壬辰	1	9	壬戌	12	11	癸巳	11	11	癸亥	10	13	甲午	9	14	乙丑	8	15	乙未
二十四	2	9	癸巳	1	10	癸亥	12	12	甲午	11	12	甲子	10	14	乙未	9	15	丙寅	8	16	丙申
二十五	2	10	甲午	1	11	甲子	12	13	乙未	11	13	乙丑	10	15	丙申	9	16	丁卯	8	17	丁酉
二十六	2	11	乙未	1	12	乙丑	12	14	丙申	11	14	丙寅	10	16	丁酉	9	17	戊辰	8	18	戊戌
二十七	2	12	丙申	1	13	丙寅	12	15	丁酉	11	15	丁卯	10	17	戊戌	9	18	己巳	8	19	己亥
二十八	2	13	丁酉	1	14	丁卯	12	16	戊戌	11	16	戊辰	10	18	己亥	9	19	庚午	8	20	庚子
二十九	2	14	戊戌	1	15	戊辰	12	17	己亥	11	17	己巳	10	19	庚子	9	20	辛未	8	21	辛丑
三十				1	16	己巳				11	18	庚午							8	22	壬寅

西暦 一九四二年（昭和17年）壬午

六月			五月			四月			三月			二月			一月			旧暦
丁未月			丙午月			乙巳月			甲辰月			癸卯月			壬寅月			干支
新暦		干支	新暦		干支	新暦		干支	新暦		干支	新暦		干支	新暦		干支	旧暦
7	13	丁卯	6	14	戊戌	5	15	戊辰	4	15	戊戌	3	17	己巳	2	15	己亥	一
7	14	戊辰	6	15	己亥	5	16	己巳	4	16	己亥	3	18	庚午	2	16	庚子	二
7	15	己巳	6	16	庚子	5	17	庚午	4	17	庚子	3	19	辛未	2	17	辛丑	三
7	16	庚午	6	17	辛丑	5	18	辛未	4	18	辛丑	3	20	壬申	2	18	壬寅	四
7	17	辛未	6	18	壬寅	5	19	壬申	4	19	壬寅	3	21	癸酉	2	19	癸卯	五
7	18	壬申	6	19	癸卯	5	20	癸酉	4	20	癸卯	3	22	甲戌	2	20	甲辰	六
7	19	癸酉	6	20	甲辰	5	21	甲戌	4	21	甲辰	3	23	乙亥	2	21	乙巳	七
7	20	甲戌	6	21	乙巳	5	22	乙亥	4	22	乙巳	3	24	丙子	2	22	丙午	八
7	21	乙亥	6	22	丙午	5	23	丙子	4	23	丙午	3	25	丁丑	2	23	丁未	九
7	22	丙子	6	23	丁未	5	24	丁丑	4	24	丁未	3	26	戊寅	2	24	戊申	十
7	23	丁丑	6	24	戊申	5	25	戊寅	4	25	戊申	3	27	己卯	2	25	己酉	十一
7	24	戊寅	6	25	己酉	5	26	己卯	4	26	己酉	3	28	庚辰	2	26	庚戌	十二
7	25	己卯	6	26	庚戌	5	27	庚辰	4	27	庚戌	3	29	辛巳	2	27	辛亥	十三
7	26	庚辰	6	27	辛亥	5	28	辛巳	4	28	辛亥	3	30	壬午	2	28	壬子	十四
7	27	辛巳	6	28	壬子	5	29	壬午	4	29	壬子	3	31	癸未	3	1	癸丑	十五
7	28	壬午	6	29	癸丑	5	30	癸未	4	30	癸丑	4	1	甲申	3	2	甲寅	十六
7	29	癸未	6	30	甲寅	5	31	甲申	5	1	甲寅	4	2	乙酉	3	3	乙卯	十七
7	30	甲申	7	1	乙卯	6	1	乙酉	5	2	乙卯	4	3	丙戌	3	4	丙辰	十八
7	31	乙酉	7	2	丙辰	6	2	丙戌	5	3	丙辰	4	4	丁亥	3	5	丁巳	十九
8	1	丙戌	7	3	丁巳	6	3	丁亥	5	4	丁巳	4	5	戊子	3	6	戊午	二十
8	2	丁亥	7	4	戊午	6	4	戊子	5	5	戊午	4	6	己丑	3	7	己未	二十一
8	3	戊子	7	5	己未	6	5	己丑	5	6	己未	4	7	庚寅	3	8	庚申	二十二
8	4	己丑	7	6	庚申	6	6	庚寅	5	7	庚申	4	8	辛卯	3	9	辛酉	二十三
8	5	庚寅	7	7	辛酉	6	7	辛卯	5	8	辛酉	4	9	壬辰	3	10	壬戌	二十四
8	6	辛卯	7	8	壬戌	6	8	壬辰	5	9	壬戌	4	10	癸巳	3	11	癸亥	二十五
8	7	壬辰	7	9	癸亥	6	9	癸巳	5	10	癸亥	4	11	甲午	3	12	甲子	二十六
8	8	癸巳	7	10	甲子	6	10	甲午	5	11	甲子	4	12	乙未	3	13	乙丑	二十七
8	9	甲午	7	11	乙丑	6	11	乙未	5	12	乙丑	4	13	丙申	3	14	丙寅	二十八
8	10	乙未	7	12	丙寅	6	12	丙申	5	13	丙寅	4	14	丁酉	3	15	丁卯	二十九
8	11	丙申				6	13	丁酉	5	14	丁卯				3	16	戊辰	三十

旧暦	十二月			十一月			十月			九月			八月			七月		
干支	癸丑月			壬子月			辛亥月			庚戌月			己酉月			戊申月		
旧暦	新暦		干支	新暦		干支	新暦		干支	新暦		干支	新暦		干支	新暦		干支
一	1	6	甲子	12	8	乙未	11	8	乙丑	10	10	丙申	9	10	丙寅	8	12	丁酉
二	1	7	乙丑	12	9	丙申	11	9	丙寅	10	11	丁酉	9	11	丁卯	8	13	戊戌
三	1	8	丙寅	12	10	丁酉	11	10	丁卯	10	12	戊戌	9	12	戊辰	8	14	己亥
四	1	9	丁卯	12	11	戊戌	11	11	戊辰	10	13	己亥	9	13	己巳	8	15	庚子
五	1	10	戊辰	12	12	己亥	11	12	己巳	10	14	庚子	9	14	庚午	8	16	辛丑
六	1	11	己巳	12	13	庚子	11	13	庚午	10	15	辛丑	9	15	辛未	8	17	壬寅
七	1	12	庚午	12	14	辛丑	11	14	辛未	10	16	壬寅	9	16	壬申	8	18	癸卯
八	1	13	辛未	12	15	壬寅	11	15	壬申	10	17	癸卯	9	17	癸酉	8	19	甲辰
九	1	14	壬申	12	16	癸卯	11	16	癸酉	10	18	甲辰	9	18	甲戌	8	20	乙巳
十	1	15	癸酉	12	17	甲辰	11	17	甲戌	10	19	乙巳	9	19	乙亥	8	21	丙午
十一	1	16	甲戌	12	18	乙巳	11	18	乙亥	10	20	丙午	9	20	丙子	8	22	丁未
十二	1	17	乙亥	12	19	丙午	11	19	丙子	10	21	丁未	9	21	丁丑	8	23	戊申
十三	1	18	丙子	12	20	丁未	11	20	丁丑	10	22	戊申	9	22	戊寅	8	24	己酉
十四	1	19	丁丑	12	21	戊申	11	21	戊寅	10	23	己酉	9	23	己卯	8	25	庚戌
十五	1	20	戊寅	12	22	己酉	11	22	己卯	10	24	庚戌	9	24	庚辰	8	26	辛亥
十六	1	21	己卯	12	23	庚戌	11	23	庚辰	10	25	辛亥	9	25	辛巳	8	27	壬子
十七	1	22	庚辰	12	24	辛亥	11	24	辛巳	10	26	壬子	9	26	壬午	8	28	癸丑
十八	1	23	辛巳	12	25	壬子	11	25	壬午	10	27	癸丑	9	27	癸未	8	29	甲寅
十九	1	24	壬午	12	26	癸丑	11	26	癸未	10	28	甲寅	9	28	甲申	8	30	乙卯
二十	1	25	癸未	12	27	甲寅	11	27	甲申	10	29	乙卯	9	29	乙酉	8	31	丙辰
二十一	1	26	甲申	12	28	乙卯	11	28	乙酉	10	30	丙辰	9	30	丙戌	9	1	丁巳
二十二	1	27	乙酉	12	29	丙辰	11	29	丙戌	10	31	丁巳	10	1	丁亥	9	2	戊午
二十三	1	28	丙戌	12	30	丁巳	11	30	丁亥	11	1	戊午	10	2	戊子	9	3	己未
二十四	1	29	丁亥	12	31	戊午	12	1	戊子	11	2	己未	10	3	己丑	9	4	庚申
二十五	1	30	戊子	1	1	己未	12	2	己丑	11	3	庚申	10	4	庚寅	9	5	辛酉
二十六	1	31	己丑	1	2	庚申	12	3	庚寅	11	4	辛酉	10	5	辛卯	9	6	壬戌
二十七	2	1	庚寅	1	3	辛酉	12	4	辛卯	11	5	壬戌	10	6	壬辰	9	7	癸亥
二十八	2	2	辛卯	1	4	壬戌	12	5	壬辰	11	6	癸亥	10	7	癸巳	9	8	甲子
二十九	2	3	壬辰	1	5	癸亥	12	6	癸巳	11	7	甲子	10	8	甲午	9	9	乙丑
三十	2	4	癸巳				12	7	甲午				10	9	乙未			

西暦 一九四三年（昭和18年）癸未

六月			五月			四月			三月			二月			一月			旧暦
己未月			戊午月			丁巳月			丙辰月			乙卯月			甲寅月			干支
新暦		干支	新暦		干支	新暦		干支	新暦		干支	新暦		干支	新暦		干支	旧暦
7	2	辛酉	6	3	壬辰	5	4	壬戌	4	5	癸巳	3	6	癸亥	2	5	甲午	一
7	3	壬戌	6	4	癸巳	5	5	癸亥	4	6	甲午	3	7	甲子	2	6	乙未	二
7	4	癸亥	6	5	甲午	5	6	甲子	4	7	乙未	3	8	乙丑	2	7	丙申	三
7	5	甲子	6	6	乙未	5	7	乙丑	4	8	丙申	3	9	丙寅	2	8	丁酉	四
7	6	乙丑	6	7	丙申	5	8	丙寅	4	9	丁酉	3	10	丁卯	2	9	戊戌	五
7	7	丙寅	6	8	丁酉	5	9	丁卯	4	10	戊戌	3	11	戊辰	2	10	己亥	六
7	8	丁卯	6	9	戊戌	5	10	戊辰	4	11	己亥	3	12	己巳	2	11	庚子	七
7	9	戊辰	6	10	己亥	5	11	己巳	4	12	庚子	3	13	庚午	2	12	辛丑	八
7	10	己巳	6	11	庚子	5	12	庚午	4	13	辛丑	3	14	辛未	2	13	壬寅	九
7	11	庚午	6	12	辛丑	5	13	辛未	4	14	壬寅	3	15	壬申	2	14	癸卯	十
7	12	辛未	6	13	壬寅	5	14	壬申	4	15	癸卯	3	16	癸酉	2	15	甲辰	十一
7	13	壬申	6	14	癸卯	5	15	癸酉	4	16	甲辰	3	17	甲戌	2	16	乙巳	十二
7	14	癸酉	6	15	甲辰	5	16	甲戌	4	17	乙巳	3	18	乙亥	2	17	丙午	十三
7	15	甲戌	6	16	乙巳	5	17	乙亥	4	18	丙午	3	19	丙子	2	18	丁未	十四
7	16	乙亥	6	17	丙午	5	18	丙子	4	19	丁未	3	20	丁丑	2	19	戊申	十五
7	17	丙子	6	18	丁未	5	19	丁丑	4	20	戊申	3	21	戊寅	2	20	己酉	十六
7	18	丁丑	6	19	戊申	5	20	戊寅	4	21	己酉	3	22	己卯	2	21	庚戌	十七
7	19	戊寅	6	20	己酉	5	21	己卯	4	22	庚戌	3	23	庚辰	2	22	辛亥	十八
7	20	己卯	6	21	庚戌	5	22	庚辰	4	23	辛亥	3	24	辛巳	2	23	壬子	十九
7	21	庚辰	6	22	辛亥	5	23	辛巳	4	24	壬子	3	25	壬午	2	24	癸丑	二十
7	22	辛巳	6	23	壬子	5	24	壬午	4	25	癸丑	3	26	癸未	2	25	甲寅	二十一
7	23	壬午	6	24	癸丑	5	25	癸未	4	26	甲寅	3	27	甲申	2	26	乙卯	二十二
7	24	癸未	6	25	甲寅	5	26	甲申	4	27	乙卯	3	28	乙酉	2	27	丙辰	二十三
7	25	甲申	6	26	乙卯	5	27	乙酉	4	28	丙辰	3	29	丙戌	2	28	丁巳	二十四
7	26	乙酉	6	27	丙辰	5	28	丙戌	4	29	丁巳	3	30	丁亥	3	1	戊午	二十五
7	27	丙戌	6	28	丁巳	5	29	丁亥	4	30	戊午	3	31	戊子	3	2	己未	二十六
7	28	丁亥	6	29	戊午	5	30	戊子	5	1	己未	4	1	己丑	3	3	庚申	二十七
7	29	丙戌	6	30	己未	5	31	己丑	5	2	庚申	4	2	庚寅	3	4	辛酉	二十八
7	30	己丑	7	1	庚申	6	1	庚寅	5	3	辛酉	4	3	辛卯	3	5	壬戌	二十九
7	31	庚寅				6	2	辛卯				4	4	壬辰				三十

旧暦	十二月			十一月			十月			九月			八月			七月		
干支	乙丑月			甲子月			癸亥月			壬戌月			辛酉月			庚申月		
旧暦	新暦		干支	新暦		干支	新暦		干支	新暦		干支	新暦		干支	新暦		干支
一	12	27	己未	11	27	己丑	10	29	庚申	9	29	庚寅	8	31	辛酉	8	1	辛卯
二	12	28	庚申	11	28	庚寅	10	30	辛酉	9	30	辛卯	9	1	壬戌	8	2	壬辰
三	12	29	辛酉	11	29	辛卯	10	31	壬戌	10	1	壬辰	9	2	癸亥	8	3	癸巳
四	12	30	壬戌	11	30	壬辰	11	1	癸亥	10	2	癸巳	9	3	甲子	8	4	甲午
五	12	31	癸亥	12	1	癸巳	11	2	甲子	10	3	甲午	9	4	乙丑	8	5	乙未
六	1	1	甲子	12	2	甲午	11	3	乙丑	10	4	乙未	9	5	丙寅	8	6	丙申
七	1	2	乙丑	12	3	乙未	11	4	丙寅	10	5	丙申	9	6	丁卯	8	7	丁酉
八	1	3	丙寅	12	4	丙申	11	5	丁卯	10	6	丁酉	9	7	戊辰	8	8	戊戌
九	1	4	丁卯	12	5	丁酉	11	6	戊辰	10	7	戊戌	9	8	己巳	8	9	己亥
十	1	5	戊辰	12	6	戊戌	11	7	己巳	10	8	己亥	9	9	庚午	8	10	庚子
十一	1	6	己巳	12	7	己亥	11	8	庚午	10	9	庚子	9	10	辛未	8	11	辛丑
十二	1	7	庚午	12	8	庚子	11	9	辛未	10	10	辛丑	9	11	壬申	8	12	壬寅
十三	1	8	辛未	12	9	辛丑	11	10	壬申	10	11	壬寅	9	12	癸酉	8	13	癸卯
十四	1	9	壬申	12	10	壬寅	11	11	癸酉	10	12	癸卯	9	13	甲戌	8	14	甲辰
十五	1	10	癸酉	12	11	癸卯	11	12	甲戌	10	13	甲辰	9	14	乙亥	8	15	乙巳
十六	1	11	甲戌	12	12	甲辰	11	13	乙亥	10	14	乙巳	9	15	丙子	8	16	丙午
十七	1	12	乙亥	12	13	乙巳	11	14	丙子	10	15	丙午	9	16	丁丑	8	17	丁未
十八	1	13	丙子	12	14	丙午	11	15	丁丑	10	16	丁未	9	17	戊寅	8	18	戊申
十九	1	14	丁丑	12	15	丁未	11	16	戊寅	10	17	戊申	9	18	己卯	8	19	己酉
二十	1	15	戊寅	12	16	戊申	11	17	己卯	10	18	己酉	9	19	庚辰	8	20	庚戌
二十一	1	16	己卯	12	17	己酉	11	18	庚辰	10	19	庚戌	9	20	辛巳	8	21	辛亥
二十二	1	17	庚辰	12	18	庚戌	11	19	辛巳	10	20	辛亥	9	21	壬午	8	22	壬子
二十三	1	18	辛巳	12	19	辛亥	11	20	壬午	10	21	壬子	9	22	癸未	8	23	癸丑
二十四	1	19	壬午	12	20	壬子	11	21	癸未	10	22	癸丑	9	23	甲申	8	24	甲寅
二十五	1	20	癸未	12	21	癸丑	11	22	甲申	10	23	甲寅	9	24	乙酉	8	25	乙卯
二十六	1	21	甲申	12	22	甲寅	11	23	乙酉	10	24	乙卯	9	25	丙戌	8	26	丙辰
二十七	1	22	乙酉	12	23	乙卯	11	24	丙戌	10	25	丙辰	9	26	丁亥	8	27	丁巳
二十八	1	23	丙戌	12	24	丙辰	11	25	丁亥	10	26	丁巳	9	27	戊子	8	28	戊午
二十九	1	24	丁亥	12	25	丁巳	11	26	戊子	10	27	戊午	9	28	己丑	8	29	己未
三十				12	26	戊午				10	28	己未				8	30	庚申

西暦 一九四四年（昭和19年）甲申

五月			閏四月			四月			三月			二月			一月			旧暦
庚午月						己巳月			戊辰月			丁卯月			丙寅月			干支
新暦		干支	新暦		干支	新暦		干支	新暦		干支	新暦		干支	新暦		干支	旧暦
6	21	丙辰	5	22	丙戌	4	23	丁巳	3	24	丁亥	2	24	戊午	1	25	戊子	一
6	22	丁巳	5	23	丁亥	4	24	戊午	3	25	戊子	2	25	己未	1	26	己丑	二
6	23	戊午	5	24	戊子	4	25	己未	3	26	己丑	2	26	庚申	1	27	庚寅	三
6	24	己未	5	25	己丑	4	26	庚申	3	27	庚寅	2	27	辛酉	1	28	辛卯	四
6	25	庚申	5	26	庚寅	4	27	辛酉	3	28	辛卯	2	28	壬戌	1	29	壬辰	五
6	26	辛酉	5	27	辛卯	4	28	壬戌	3	29	壬辰	2	29	癸亥	1	30	癸巳	六
6	27	壬戌	5	28	壬辰	4	29	癸亥	3	30	癸巳	3	1	甲子	1	31	甲午	七
6	28	癸亥	5	29	癸巳	4	30	甲子	3	31	甲午	3	2	乙丑	2	1	乙未	八
6	29	甲子	5	30	甲午	5	1	乙丑	4	1	乙未	3	3	丙寅	2	2	丙申	九
6	30	乙丑	5	31	乙未	5	2	丙寅	4	2	丙申	3	4	丁卯	2	3	丁酉	十
7	1	丙寅	6	1	丙申	5	3	丁卯	4	3	丁酉	3	5	戊辰	2	4	戊戌	十一
7	2	丁卯	6	2	丁酉	5	4	戊辰	4	4	戊戌	3	6	己巳	2	5	己亥	十二
7	3	戊辰	6	3	戊戌	5	5	己巳	4	5	己亥	3	7	庚午	2	6	庚子	十三
7	4	己巳	6	4	己亥	5	6	庚午	4	6	庚子	3	8	辛未	2	7	辛丑	十四
7	5	庚午	6	5	庚子	5	7	辛未	4	7	辛丑	3	9	壬申	2	8	壬寅	十五
7	6	辛未	6	6	辛丑	5	8	壬申	4	8	壬寅	3	10	癸酉	2	9	癸卯	十六
7	7	壬申	6	7	壬寅	5	9	癸酉	4	9	癸卯	3	11	甲戌	2	10	甲辰	十七
7	8	癸酉	6	8	癸卯	5	10	甲戌	4	10	甲辰	3	12	乙亥	2	11	乙巳	十八
7	9	甲戌	6	9	甲辰	5	11	乙亥	4	11	乙巳	3	13	丙子	2	12	丙午	十九
7	10	乙亥	6	10	乙巳	5	12	丙子	4	12	丙午	3	14	丁丑	2	13	丁未	二十
7	11	丙子	6	11	丙午	5	13	丁丑	4	13	丁未	3	15	戊寅	2	14	戊申	二十一
7	12	丁丑	6	12	丁未	5	14	戊寅	4	14	戊申	3	16	己卯	2	15	己酉	二十二
7	13	戊寅	6	13	戊申	5	15	己卯	4	15	己酉	3	17	庚辰	2	16	庚戌	二十三
7	14	己卯	6	14	己酉	5	16	庚辰	4	16	庚戌	3	18	辛巳	2	17	辛亥	二十四
7	15	庚辰	6	15	庚戌	5	17	辛巳	4	17	辛亥	3	19	壬午	2	18	壬子	二十五
7	16	辛巳	6	16	辛亥	5	18	壬午	4	18	壬子	3	20	癸未	2	19	癸丑	二十六
7	17	壬午	6	17	壬子	5	19	癸未	4	19	癸丑	3	21	甲申	2	20	甲寅	二十七
7	18	癸未	6	18	癸丑	5	20	甲申	4	20	甲寅	3	22	乙酉	2	21	乙卯	二十八
7	19	甲申	6	19	甲寅	5	21	乙酉	4	21	乙卯	3	23	丙戌	2	22	丙辰	二十九
			6	20	乙卯				4	22	丙辰				2	23	丁巳	三十

旧暦	十二月			十一月			十月			九月			八月			七月			六月		
干支	丁丑月			丙子月			乙亥月			甲戌月			癸酉月			壬申月			辛未月		
旧暦	新暦		干支	新暦		干支	新暦		干支	新暦		干支	新暦		干支	新暦		干支	新暦		干支
一	1	14	癸未	12	15	癸丑	11	16	甲申	10	17	甲寅	9	17	甲申	8	19	乙卯	7	20	乙酉
二	1	15	甲申	12	16	甲寅	11	17	乙酉	10	18	乙卯	9	18	乙酉	8	20	丙辰	7	21	丙戌
三	1	16	乙酉	12	17	乙卯	11	18	丙戌	10	19	丙辰	9	19	丙戌	8	21	丁巳	7	22	丁亥
四	1	17	丙戌	12	18	丙辰	11	19	丁亥	10	20	丁巳	9	20	丁亥	8	22	戊午	7	23	戊子
五	1	18	丁亥	12	19	丁巳	11	20	戊子	10	21	戊午	9	21	戊子	8	23	己未	7	24	己丑
六	1	19	戊子	12	20	戊午	11	21	己丑	10	22	己未	9	22	己丑	8	24	庚申	7	25	庚寅
七	1	20	己丑	12	21	己未	11	22	庚寅	10	23	庚申	9	23	庚寅	8	25	辛酉	7	26	辛卯
八	1	21	庚寅	12	22	庚申	11	23	辛卯	10	24	辛酉	9	24	辛卯	8	26	壬戌	7	27	壬辰
九	1	22	辛卯	12	23	辛酉	11	24	壬辰	10	25	壬戌	9	25	壬辰	8	27	癸亥	7	28	癸巳
十	1	23	壬辰	12	24	壬戌	11	25	癸巳	10	26	癸亥	9	26	癸巳	8	28	甲子	7	29	甲午
十一	1	24	癸巳	12	25	癸亥	11	26	甲午	10	27	甲子	9	27	甲午	8	29	乙丑	7	30	乙未
十二	1	25	甲午	12	26	甲子	11	27	乙未	10	28	乙丑	9	28	乙未	8	30	丙寅	7	31	丙申
十三	1	26	乙未	12	27	乙丑	11	28	丙申	10	29	丙寅	9	29	丙申	8	31	丁卯	8	1	丁酉
十四	1	27	丙申	12	28	丙寅	11	29	丁酉	10	30	丁卯	9	30	丁酉	9	1	戊辰	8	2	戊戌
十五	1	28	丁酉	12	29	丁卯	11	30	戊戌	10	31	戊辰	10	1	戊戌	9	2	己巳	8	3	己亥
十六	1	29	戊戌	12	30	戊辰	12	1	己亥	11	1	己巳	10	2	己亥	9	3	庚午	8	4	庚子
十七	1	30	己亥	12	31	己巳	12	2	庚子	11	2	庚午	10	3	庚子	9	4	辛未	8	5	辛丑
十八	1	31	庚子	1	1	庚午	12	3	辛丑	11	3	辛未	10	4	辛丑	9	5	壬申	8	6	壬寅
十九	2	1	辛丑	1	2	辛未	12	4	壬寅	11	4	壬申	10	5	壬寅	9	6	癸酉	8	7	癸卯
二十	2	2	壬寅	1	3	壬申	12	5	癸卯	11	5	癸酉	10	6	癸卯	9	7	甲戌	8	8	甲辰
二十一	2	3	癸卯	1	4	癸酉	12	6	甲辰	11	6	甲戌	10	7	甲辰	9	8	乙亥	8	9	乙巳
二十二	2	4	甲辰	1	5	甲戌	12	7	乙巳	11	7	乙亥	10	8	乙巳	9	9	丙子	8	10	丙午
二十三	2	5	乙巳	1	6	乙亥	12	8	丙午	11	8	丙子	10	9	丙午	9	10	丁丑	8	11	丁未
二十四	2	6	丙午	1	7	丙子	12	9	丁未	11	9	丁丑	10	10	丁未	9	11	戊寅	8	12	戊申
二十五	2	7	丁未	1	8	丁丑	12	10	戊申	11	10	戊寅	10	11	戊申	9	12	己卯	8	13	己酉
二十六	2	8	戊申	1	9	戊寅	12	11	己酉	11	11	己卯	10	12	己酉	9	13	庚辰	8	14	庚戌
二十七	2	9	己酉	1	10	己卯	12	12	庚戌	11	12	庚辰	10	13	庚戌	9	14	辛巳	8	15	辛亥
二十八	2	10	庚戌	1	11	庚辰	12	13	辛亥	11	13	辛巳	10	14	辛亥	9	15	壬午	8	16	壬子
二十九	2	11	辛亥	1	12	辛巳	12	14	壬子	11	14	壬午	10	15	壬子	9	16	癸未	8	17	癸丑
三十	2	12	壬子	1	13	壬午				11	15	癸未	10	16	癸丑				8	18	甲寅

西暦 一九四五年（昭和20年）乙酉

六月			五月			四月			三月			二月			一月			旧暦
癸未月			壬午月			辛巳月			庚辰月			己卯月			戊寅月			干支
新暦		干支	新暦		干支	新暦		干支	新暦		干支	新暦		干支	新暦		干支	旧暦
7	9	己卯	6	10	庚戌	5	12	辛巳	4	12	辛亥	3	14	壬午	2	13	癸丑	一
7	10	庚辰	6	11	辛亥	5	13	壬午	4	13	壬子	3	15	癸未	2	14	甲寅	二
7	11	辛巳	6	12	壬子	5	14	癸未	4	14	癸丑	3	16	甲申	2	15	乙卯	三
7	12	壬午	6	13	癸丑	5	15	甲申	4	15	甲寅	3	17	乙酉	2	16	丙辰	四
7	13	癸未	6	14	甲寅	5	16	乙酉	4	16	乙卯	3	18	丙戌	2	17	丁巳	五
7	14	甲申	6	15	乙卯	5	17	丙戌	4	17	丙辰	3	19	丁亥	2	18	戊午	六
7	15	乙酉	6	16	丙辰	5	18	丁亥	4	18	丁巳	3	20	戊子	2	19	己未	七
7	16	丙戌	6	17	丁巳	5	19	戊子	4	19	戊午	3	21	己丑	2	20	庚申	八
7	17	丁亥	6	18	戊午	5	20	己丑	4	20	己未	3	22	庚寅	2	21	辛酉	九
7	18	戊子	6	19	己未	5	21	庚寅	4	21	庚申	3	23	辛卯	2	22	壬戌	十
7	19	己丑	6	20	庚申	5	22	辛卯	4	22	辛酉	3	24	壬辰	2	23	癸亥	十一
7	20	庚寅	6	21	辛酉	5	23	壬辰	4	23	壬戌	3	25	癸巳	2	24	甲子	十二
7	21	辛卯	6	22	壬戌	5	24	癸巳	4	24	癸亥	3	26	甲午	2	25	乙丑	十三
7	22	壬辰	6	23	癸亥	5	25	甲午	4	25	甲子	3	27	乙未	2	26	丙寅	十四
7	23	癸巳	6	24	甲子	5	26	乙未	4	26	乙丑	3	28	丙申	2	27	丁卯	十五
7	24	甲午	6	25	乙丑	5	27	丙申	4	27	丙寅	3	29	丁酉	2	28	戊辰	十六
7	25	乙未	6	26	丙寅	5	28	丁酉	4	28	丁卯	3	30	戊戌	3	1	己巳	十七
7	26	丙申	6	27	丁卯	5	29	戊戌	4	29	戊辰	3	31	己亥	3	2	庚午	十八
7	27	丁酉	6	28	戊辰	5	30	己亥	4	30	己巳	4	1	庚子	3	3	辛未	十九
7	28	戊戌	6	29	己巳	5	31	庚子	5	1	庚午	4	2	辛丑	3	4	壬申	二十
7	29	己亥	6	30	庚午	6	1	辛丑	5	2	辛未	4	3	壬寅	3	5	癸酉	二十一
7	30	庚子	7	1	辛未	6	2	壬寅	5	3	壬申	4	4	癸卯	3	6	甲戌	二十二
7	31	辛丑	7	2	壬申	6	3	癸卯	5	4	癸酉	4	5	甲辰	3	7	乙亥	二十三
8	1	壬寅	7	3	癸酉	6	4	甲辰	5	5	甲戌	4	6	乙巳	3	8	丙子	二十四
8	2	癸卯	7	4	甲戌	6	5	乙巳	5	6	乙亥	4	7	丙午	3	9	丁丑	二十五
8	3	甲辰	7	5	乙亥	6	6	丙午	5	7	丙子	4	8	丁未	3	10	戊寅	二十六
8	4	乙巳	7	6	丙子	6	7	丁未	5	8	丁丑	4	9	戊申	3	11	己卯	二十七
8	5	丙午	7	7	丁丑	6	8	戊申	5	9	戊寅	4	10	己酉	3	12	庚辰	二十八
8	6	丁未	7	8	戊寅	6	9	己酉	5	10	己卯	4	11	庚戌	3	13	辛巳	二十九
8	7	戊申							5	11	庚辰							三十

旧暦	十二月			十一月			十月			九月			八月			七月		
干支	己丑月			丙戌月			丁亥月			丙戌月			乙酉月			甲申月		
旧暦	新暦		干支	新暦		干支	新暦		干支	新暦		干支	新暦		干支	新暦		干支
一	1	3	丁丑	12	5	戊申	11	5	戊寅	10	6	戊申	9	6	戊寅	8	8	己酉
二	1	4	戊寅	12	6	己酉	11	6	己卯	10	7	己酉	9	7	己卯	8	9	庚戌
三	1	5	己卯	12	7	庚戌	11	7	庚辰	10	8	庚戌	9	8	庚辰	8	10	辛亥
四	1	6	庚辰	12	8	辛亥	11	8	辛巳	10	9	辛亥	9	9	辛巳	8	11	壬子
五	1	7	辛巳	12	9	壬子	11	9	壬午	10	10	壬子	9	10	壬午	8	12	癸丑
六	1	8	壬午	12	10	癸丑	11	10	癸未	10	11	癸丑	9	11	癸未	8	13	甲寅
七	1	9	癸未	12	11	甲寅	11	11	甲申	10	12	甲寅	9	12	甲申	8	14	乙卯
八	1	10	戊子	12	12	乙卯	11	12	乙酉	10	13	乙卯	9	13	乙酉	8	15	丙辰
九	1	11	乙酉	12	13	丙辰	11	13	丙戌	10	14	丙辰	9	14	丙戌	8	16	丁巳
十	1	12	丙戌	12	14	丁巳	11	14	丁亥	10	15	丁巳	9	15	丁亥	8	17	戊午
十一	1	13	丁亥	12	15	戊午	11	15	戊子	10	16	戊午	9	16	戊子	8	18	己未
十二	1	14	戊子	12	16	己未	11	16	己丑	10	17	己未	9	17	己丑	8	19	庚申
十三	1	15	己丑	12	17	庚申	11	17	庚寅	10	18	庚申	9	18	庚寅	8	20	辛酉
十四	1	16	庚寅	12	18	辛酉	11	18	辛卯	10	19	辛酉	9	19	辛卯	8	21	壬戌
十五	1	17	辛卯	12	19	壬戌	11	19	壬辰	10	20	壬戌	9	20	壬辰	8	22	癸亥
十六	1	18	壬辰	12	20	癸亥	11	20	癸巳	10	21	癸亥	9	21	癸巳	8	23	甲子
十七	1	19	癸巳	12	21	甲子	11	21	甲午	10	22	甲子	9	22	甲午	8	24	乙丑
十八	1	20	甲午	12	22	乙丑	11	22	乙未	10	23	乙丑	9	23	乙未	8	25	丙寅
十九	1	21	乙未	12	23	丙寅	11	23	丙申	10	24	丙寅	9	24	丙申	8	26	丁卯
二十	1	22	丙申	12	24	丁卯	11	24	丁酉	10	25	丁卯	9	25	丁酉	8	27	戊辰
二十一	1	23	丁酉	12	25	戊辰	11	25	戊戌	10	26	戊辰	9	26	戊戌	8	28	己巳
二十二	1	24	戊戌	12	26	己巳	11	26	己亥	10	27	己巳	9	27	己亥	8	29	庚午
二十三	1	25	己亥	12	27	庚午	11	27	庚子	10	28	庚午	9	28	庚子	8	30	辛未
二十四	1	26	庚子	12	28	辛未	11	28	辛丑	10	29	辛未	9	29	辛丑	8	31	壬申
二十五	1	27	辛丑	12	29	壬申	11	29	壬寅	10	30	壬申	9	30	壬寅	9	1	癸酉
二十六	1	28	壬寅	12	30	癸酉	11	30	癸卯	10	31	癸酉	10	1	癸卯	9	2	甲戌
二十七	1	29	癸卯	12	31	甲戌	12	1	甲辰	11	1	甲戌	10	2	甲辰	9	3	乙亥
二十八	1	30	甲辰	1	1	乙亥	12	2	乙巳	11	2	乙亥	10	3	乙巳	9	4	丙子
二十九	1	31	乙巳	1	2	丙子	12	3	丙午	11	3	丙子	10	4	丙午	9	5	丁丑
三十	2	1	丙午				12	4	丁未	11	4	丁丑	10	5	丁未			

西暦一九四六年（昭和21年）丙戌

六月			五月			四月			三月			二月			一月			旧暦
乙未月			甲午月			癸巳月			壬辰月			辛卯月			庚寅月			干支
新暦		干支	新暦		干支	新暦		干支	新暦		干支	新暦		干支	新暦		干支	旧暦
6	29	甲戌	5	31	乙巳	5	1	乙亥	4	2	丙午	3	4	丁丑	2	2	丁未	一
6	30	乙亥	6	1	丙午	5	2	丙子	4	3	丁未	3	5	戊寅	2	3	戊申	二
7	1	丙子	6	2	丁未	5	3	丁丑	4	4	戊申	3	6	己卯	2	4	己酉	三
7	2	丁丑	6	3	戊申	5	4	戊寅	4	5	己酉	3	7	庚辰	2	5	庚戌	四
7	3	戊寅	6	4	己酉	5	5	己卯	4	6	庚戌	3	8	辛巳	2	6	辛亥	五
7	4	己卯	6	5	庚戌	5	6	庚辰	4	7	辛亥	3	9	壬午	2	7	壬子	六
7	5	庚辰	6	6	辛亥	5	7	辛巳	4	8	壬子	3	10	癸未	2	8	癸丑	七
7	6	辛巳	6	7	壬子	5	8	壬午	4	9	癸丑	3	11	甲申	2	9	甲寅	八
7	7	壬午	6	8	癸丑	5	9	癸未	4	10	甲寅	3	12	乙酉	2	10	乙卯	九
7	8	癸未	6	9	甲寅	5	10	甲申	4	11	乙卯	3	13	丙戌	2	11	丙辰	十
7	9	甲申	6	10	乙卯	5	11	乙酉	4	12	丙辰	3	14	丁亥	2	12	丁巳	十一
7	10	乙酉	6	11	丙辰	5	12	丙戌	4	13	丁巳	3	15	戊子	2	13	戊午	十二
7	11	丙戌	6	12	丁巳	5	13	丁亥	4	14	戊午	3	16	己丑	2	14	己未	十三
7	12	丁亥	6	13	戊午	5	14	戊子	4	15	己未	3	17	庚寅	2	15	庚申	十四
7	13	戊子	6	14	己未	5	15	己丑	4	16	庚申	3	18	辛卯	2	16	辛酉	十五
7	14	己丑	6	15	庚申	5	16	庚寅	4	17	辛酉	3	19	壬辰	2	17	壬戌	十六
7	15	庚寅	6	16	辛酉	5	17	辛卯	4	18	壬戌	3	20	癸巳	2	18	癸亥	十七
7	16	辛卯	6	17	壬戌	5	18	壬辰	4	19	癸亥	3	21	甲午	2	19	甲子	十八
7	17	壬辰	6	18	癸亥	5	19	癸巳	4	20	甲子	3	22	乙未	2	20	乙丑	十九
7	18	癸巳	6	19	甲子	5	20	甲午	4	21	乙丑	3	23	丙申	2	21	丙寅	二十
7	19	甲午	6	20	乙丑	5	21	乙未	4	22	丙寅	3	24	丁酉	2	22	丁卯	二十一
7	20	乙未	6	21	丙寅	5	22	丙申	4	23	丁卯	3	25	戊戌	2	23	戊辰	二十二
7	21	丙申	6	22	丁卯	5	23	丁酉	4	24	戊辰	3	26	己亥	2	24	己巳	二十三
7	22	丁酉	6	23	戊辰	5	24	戊戌	4	25	己巳	3	27	庚子	2	25	庚午	二十四
7	23	戊戌	6	24	己巳	5	25	己亥	4	26	庚午	3	28	辛丑	2	26	辛未	二十五
7	24	己亥	6	25	庚午	5	26	庚子	4	27	辛未	3	29	壬寅	2	27	壬申	二十六
7	25	庚子	6	26	辛未	5	27	辛丑	4	28	壬申	3	30	癸卯	2	28	癸酉	二十七
7	26	辛丑	6	27	壬申	5	28	壬寅	4	29	癸酉	3	31	甲辰	3	1	甲戌	二十八
7	27	壬寅	6	28	癸酉	5	29	癸卯	4	30	甲戌	4	1	乙巳	3	2	乙亥	二十九
						5	30	甲辰							3	3	丙子	三十

旧暦	十二月			十一月			十月			九月			八月			七月		
干支	辛丑月			庚子月			己亥月			戊戌月			丁酉月			丙申月		
旧暦	新暦		干支	新暦		干支	新暦		干支	新暦		干支	新暦		干支	新暦		干支
一	12	23	辛未	11	24	壬寅	10	25	壬申	9	25	壬寅	8	27	癸酉	7	28	癸卯
二	12	24	壬申	11	25	癸卯	10	26	癸酉	9	26	癸卯	8	28	甲戌	7	29	甲辰
三	12	25	癸酉	11	26	甲辰	10	27	甲戌	9	27	甲辰	8	29	乙亥	7	30	乙巳
四	12	26	甲戌	11	27	乙巳	10	28	乙亥	9	28	乙巳	8	30	丙子	7	31	丙午
五	12	27	乙亥	11	28	丙午	10	29	丙子	9	29	丙午	8	31	丁丑	8	1	丁未
六	12	28	丙子	11	29	丁未	10	30	丁丑	9	30	丁未	9	1	戊寅	8	2	戊申
七	12	29	丁丑	11	30	戊申	10	31	戊寅	10	1	戊申	9	2	己卯	8	3	己酉
八	12	30	戊寅	12	1	己酉	11	1	己卯	10	2	己酉	9	3	庚辰	8	4	庚戌
九	12	31	己卯	12	2	庚戌	11	2	庚辰	10	3	庚戌	9	4	辛巳	8	5	辛亥
十	1	1	庚辰	12	3	辛亥	11	3	辛巳	10	4	辛亥	9	5	壬午	8	6	壬子
十一	1	2	辛巳	12	4	壬子	11	4	壬午	10	5	壬子	9	6	癸未	8	7	癸丑
十二	1	3	壬午	12	5	癸丑	11	5	癸未	10	6	癸丑	9	7	甲申	8	8	甲寅
十三	1	4	癸未	12	6	甲寅	11	6	甲申	10	7	甲寅	9	8	乙酉	8	9	乙卯
十四	1	5	甲申	12	7	乙卯	11	7	乙酉	10	8	乙卯	9	9	丙戌	8	10	丙辰
十五	1	6	乙酉	12	8	丙辰	11	8	丙戌	10	9	丙辰	9	10	丁亥	8	11	丁巳
十六	1	7	丙戌	12	9	丁巳	11	9	丁亥	10	10	丁巳	9	11	戊子	8	12	戊午
十七	1	8	丁亥	12	10	戊午	11	10	戊子	10	11	戊午	9	12	己丑	8	13	己未
十八	1	9	戊子	12	11	己未	11	11	己丑	10	12	己未	9	13	庚寅	8	14	庚申
十九	1	10	己丑	12	12	庚申	11	12	庚寅	10	13	庚申	9	14	辛卯	8	15	辛酉
二十	1	11	庚寅	12	13	辛酉	11	13	辛卯	10	14	辛酉	9	15	壬辰	8	16	壬戌
二十一	1	12	辛卯	12	14	壬戌	11	14	壬辰	10	15	壬戌	9	16	癸巳	8	17	癸亥
二十二	1	13	壬辰	12	15	癸亥	11	15	癸巳	10	16	癸亥	9	17	甲午	8	18	甲子
二十三	1	14	癸巳	12	16	甲子	11	16	甲午	10	17	甲子	9	18	乙未	8	19	乙丑
二十四	1	15	甲午	12	17	乙丑	11	17	乙未	10	18	乙丑	9	19	丙申	8	20	丙寅
二十五	1	16	乙未	12	18	丙寅	11	18	丙申	10	19	丙寅	9	20	丁酉	8	21	丁卯
二十六	1	17	丙申	12	19	丁卯	11	19	丁酉	10	20	丁卯	9	21	戊戌	8	22	戊辰
二十七	1	18	丁酉	12	20	戊辰	11	20	戊戌	10	21	戊辰	9	22	己亥	8	23	己巳
二十八	1	19	戊戌	12	21	己巳	11	21	己亥	10	22	己巳	9	23	庚子	8	24	庚午
二十九	1	20	己亥	12	22	庚午	11	22	庚子	10	23	庚午	9	24	辛丑	8	25	辛未
三十	1	21	庚子				11	23	辛丑	10	24	辛未				8	26	壬申

西暦 一九四七年（昭和22年）丁亥

五月			四月			三月			閏二月			二月			一月			旧暦
丙午月			乙巳月			甲辰月						癸卯月			壬寅月			干支
新暦		干支	新暦		干支	新暦		干支	新暦		干支	新暦		干支	新暦		干支	旧暦
6	19	己巳	5	20	己亥	4	21	庚午	3	23	辛丑	2	21	辛未	1	22	辛丑	一
6	20	庚午	5	21	庚子	4	22	辛未	3	24	壬寅	2	22	壬申	1	23	壬寅	二
6	21	辛未	5	22	辛丑	4	23	壬申	3	25	癸卯	2	23	癸酉	1	24	癸卯	三
6	22	壬申	5	23	壬寅	4	24	癸酉	3	26	甲辰	2	24	甲戌	1	25	甲辰	四
6	23	癸酉	5	24	癸卯	4	25	甲戌	3	27	乙巳	2	25	乙亥	1	26	乙巳	五
6	24	甲戌	5	25	甲辰	4	26	乙亥	3	28	丙午	2	26	丙子	1	27	丙午	六
6	25	乙亥	5	26	乙巳	4	27	丙子	3	29	丁未	2	27	丁丑	1	28	丁未	七
6	26	丙子	5	27	丙午	4	28	丁丑	3	30	戊申	2	28	戊寅	1	29	戊申	八
6	27	丁丑	5	28	丁未	4	29	戊寅	3	31	己酉	3	1	己卯	1	30	己酉	九
6	28	戊寅	5	29	戊申	4	30	己卯	4	1	庚戌	3	2	庚辰	1	31	庚戌	十
6	29	己卯	5	30	己酉	5	1	庚辰	4	2	辛亥	3	3	辛巳	2	1	辛亥	十一
6	30	庚辰	5	31	庚戌	5	2	辛巳	4	3	壬子	3	4	壬午	2	2	壬子	十二
7	1	辛巳	6	1	辛亥	5	3	壬午	4	4	癸丑	3	5	癸未	2	3	癸丑	十三
7	2	壬午	6	2	壬子	5	4	癸未	4	5	甲寅	3	6	甲申	2	4	甲寅	十四
7	3	癸未	6	3	癸丑	5	5	甲申	4	6	乙卯	3	7	乙酉	2	5	乙卯	十五
7	4	甲申	6	4	甲寅	5	6	乙酉	4	7	丙辰	3	8	丙戌	2	6	丙辰	十六
7	5	乙酉	6	5	乙卯	5	7	丙戌	4	8	丁巳	3	9	丁亥	2	7	丁巳	十七
7	6	丙戌	6	6	丙辰	5	8	丁亥	4	9	戊午	3	10	戊子	2	8	戊午	十八
7	7	丁亥	6	7	丁巳	5	9	戊子	4	10	己未	3	11	己丑	2	9	己未	十九
7	8	戊子	6	8	戊午	5	10	己丑	4	11	庚申	3	12	庚寅	2	10	庚申	二十
7	9	己丑	6	9	己未	5	11	庚寅	4	12	辛酉	3	13	辛卯	2	11	辛酉	二十一
7	10	庚寅	6	10	庚申	5	12	辛卯	4	13	壬戌	3	14	壬辰	2	12	壬戌	二十二
7	11	辛卯	6	11	辛酉	5	13	壬辰	4	14	癸亥	3	15	癸巳	2	13	癸亥	二十三
7	12	壬辰	6	12	壬戌	5	14	癸巳	4	15	甲子	3	16	甲午	2	14	甲子	二十四
7	13	癸巳	6	13	癸亥	5	15	甲午	4	16	乙丑	3	17	乙未	2	15	乙丑	二十五
7	14	甲午	6	14	甲子	5	16	乙未	4	17	丙寅	3	18	丙申	2	16	丙寅	二十六
7	15	乙未	6	15	乙丑	5	17	丙申	4	18	丁卯	3	19	丁酉	2	17	丁卯	二十七
7	16	丙申	6	16	丙寅	5	18	丁酉	4	19	戊辰	3	20	戊戌	2	18	戊辰	二十八
7	17	丁酉	6	17	丁卯	5	19	戊戌	4	20	己巳	3	21	己亥	2	19	己巳	二十九
			6	18	戊辰							3	22	庚子	2	20	庚午	三十

旧暦	十二月			十一月			十月			九月			八月			七月			六月		
干支	癸丑月			壬子月			辛亥月			庚戌月			己酉月			戊申月			丁未月		
旧暦	新暦		干支	新暦		干支	新暦		干支	新暦		干支	新暦		干支	新暦		干支	新暦		干支
一	1	11	乙未	12	12	乙丑	11	13	丙申	10	14	丙寅	9	15	丁酉	8	16	丁卯	7	18	戊戌
二	1	12	丙申	12	13	丙寅	11	14	丁酉	10	15	丁卯	9	16	戊戌	8	17	戊辰	7	19	己亥
三	1	13	丁酉	12	14	丁卯	11	15	戊戌	10	16	戊辰	9	17	己亥	8	18	己巳	7	20	庚子
四	1	14	戊戌	12	15	戊辰	11	16	己亥	10	17	己巳	9	18	庚子	8	19	庚午	7	21	辛丑
五	1	15	己亥	12	16	己巳	11	17	庚子	10	18	庚午	9	19	辛丑	8	20	辛未	7	22	壬寅
六	1	16	庚子	12	17	庚午	11	18	辛丑	10	19	辛未	9	20	壬寅	8	21	壬申	7	23	癸卯
七	1	17	辛丑	12	18	辛未	11	19	壬寅	10	20	壬申	9	21	癸卯	8	22	癸酉	7	24	甲辰
八	1	18	壬寅	12	19	壬申	11	20	癸卯	10	21	癸酉	9	22	甲辰	8	23	甲戌	7	25	乙巳
九	1	19	癸卯	12	20	癸酉	11	21	甲辰	10	22	甲戌	9	23	乙巳	8	24	乙亥	7	26	丙午
十	1	20	甲辰	12	21	甲戌	11	22	乙巳	10	23	乙亥	9	24	丙午	8	25	丙子	7	27	丁未
十一	1	21	乙巳	12	22	乙亥	11	23	丙午	10	24	丙子	9	25	丁未	8	26	丁丑	7	28	戊申
十二	1	22	丙午	12	23	丙子	11	24	丁未	10	25	丁丑	9	26	戊申	8	27	戊寅	7	29	己酉
十三	1	23	丁未	12	24	丁丑	11	25	戊申	10	26	戊寅	9	27	己酉	8	28	己卯	7	30	庚戌
十四	1	24	戊申	12	25	戊寅	11	26	己酉	10	27	己卯	9	28	庚戌	8	29	庚辰	7	31	辛亥
十五	1	25	己酉	12	26	己卯	11	27	庚戌	10	28	庚辰	9	29	辛亥	8	30	辛巳	8	1	壬子
十六	1	26	庚戌	12	27	庚辰	11	28	辛亥	10	29	辛巳	9	30	壬子	8	31	壬午	8	2	癸丑
十七	1	27	辛亥	12	28	辛巳	11	29	壬子	10	30	壬午	10	1	癸丑	9	1	癸未	8	3	甲寅
十八	1	28	壬子	12	29	壬午	11	30	癸丑	10	31	癸未	10	2	甲寅	9	2	甲申	8	4	乙卯
十九	1	29	癸丑	12	30	癸未	12	1	甲寅	11	1	甲申	10	3	乙卯	9	3	乙酉	8	5	丙辰
二十	1	30	甲寅	12	31	甲申	12	2	乙卯	11	2	乙酉	10	4	丙辰	9	4	丙戌	8	6	丁巳
二十一	1	31	乙卯	1	1	乙酉	12	3	丙辰	11	3	丙戌	10	5	丁巳	9	5	丁亥	8	7	戊午
二十二	2	1	丙辰	1	2	丙戌	12	4	丁巳	11	4	丁亥	10	6	戊午	9	6	戊子	8	8	己未
二十三	2	2	丁巳	1	3	丁亥	12	5	戊午	11	5	戊子	10	7	己未	9	7	己丑	8	9	庚申
二十四	2	3	戊午	1	4	戊子	12	6	己未	11	6	己丑	10	8	庚申	9	8	庚寅	8	10	辛酉
二十五	2	4	己未	1	5	己丑	12	7	庚申	11	7	庚寅	10	9	辛酉	9	9	辛卯	8	11	壬戌
二十六	2	5	庚申	1	6	庚寅	12	8	辛酉	11	8	辛卯	10	10	壬戌	9	10	壬辰	8	12	癸亥
二十七	2	6	辛酉	1	7	辛卯	12	9	壬戌	11	9	壬辰	10	11	癸亥	9	11	癸巳	8	13	甲子
二十八	2	7	壬戌	1	8	壬辰	12	10	癸亥	11	10	癸巳	10	12	甲子	9	12	甲午	8	14	乙丑
二十九	2	8	癸亥	1	9	癸巳	12	11	甲子	11	11	甲午	10	13	乙丑	9	13	乙未	8	15	丙寅
三十	2	9	甲子	1	10	甲午				11	12	乙未				9	14	丙申			

西暦 一九四八年（昭和23年）戊子

六月			五月			四月			三月			二月			一月			旧暦
己未月			戊午月			丁巳月			丙辰月			乙卯月			甲寅月			干支
新暦		干支	新暦		干支	新暦		干支	新暦		干支	新暦		干支	新暦		干支	旧暦
7	7	癸巳	6	7	癸亥	5	9	甲午	4	9	甲子	3	11	乙未	2	10	乙丑	一
7	8	甲午	6	8	甲子	5	10	乙未	4	10	乙丑	3	12	丙申	2	11	丙寅	二
7	9	乙未	6	9	乙丑	5	11	丙申	4	11	丙寅	3	13	丁酉	2	12	丁卯	三
7	10	丙申	6	10	丙寅	5	12	丁酉	4	12	丁卯	3	14	戊戌	2	13	戊辰	四
7	11	丁酉	6	11	丁卯	5	13	戊戌	4	13	戊辰	3	15	己亥	2	14	己巳	五
7	12	戊戌	6	12	戊辰	5	14	己亥	4	14	己巳	3	16	庚子	2	15	庚午	六
7	13	己亥	6	13	己巳	5	15	庚子	4	15	庚午	3	17	辛丑	2	16	辛未	七
7	14	庚子	6	14	庚午	5	16	辛丑	4	16	辛未	3	18	壬寅	2	17	壬申	八
7	15	辛丑	6	15	辛未	5	17	壬寅	4	17	壬申	3	19	癸卯	2	18	癸酉	九
7	16	壬寅	6	16	壬申	5	18	癸卯	4	18	癸酉	3	20	甲辰	2	19	甲戌	十
7	17	癸卯	6	17	癸酉	5	19	甲辰	4	19	甲戌	3	21	乙巳	2	20	乙亥	十一
7	18	甲辰	6	18	甲戌	5	20	乙巳	4	20	乙亥	3	22	丙午	2	21	丙子	十二
7	19	乙巳	6	19	乙亥	5	21	丙午	4	21	丙子	3	23	丁未	2	22	丁丑	十三
7	20	丙午	6	20	丙子	5	22	丁未	4	22	丁丑	3	24	戊申	2	23	戊寅	十四
7	21	丁未	6	21	丁丑	5	23	戊申	4	23	戊寅	3	25	己酉	2	24	己卯	十五
7	22	戊申	6	22	戊寅	5	24	己酉	4	24	己卯	3	26	庚戌	2	25	庚辰	十六
7	23	己酉	6	23	己卯	5	25	庚戌	4	25	庚辰	3	27	辛亥	2	26	辛巳	十七
7	24	庚戌	6	24	庚辰	5	26	辛亥	4	26	辛巳	3	28	壬子	2	27	壬午	十八
7	25	辛亥	6	25	辛巳	5	27	壬子	4	27	壬午	3	29	癸丑	2	28	癸未	十九
7	26	壬子	6	26	壬午	5	28	癸丑	4	28	癸未	3	30	甲寅	2	29	甲申	二十
7	27	癸丑	6	27	癸未	5	29	甲寅	4	29	甲申	3	31	乙卯	3	1	乙酉	二十一
7	28	甲寅	6	28	甲申	5	30	乙卯	4	30	乙酉	4	1	丙辰	3	2	丙戌	二十二
7	29	乙卯	6	29	乙酉	5	31	丙辰	5	1	丙戌	4	2	丁巳	3	3	丁亥	二十三
7	30	丙辰	6	30	丙戌	6	1	丁巳	5	2	丁亥	4	3	戊午	3	4	戊子	二十四
7	31	丁巳	7	1	丁亥	6	2	戊午	5	3	戊子	4	4	己未	3	5	己丑	二十五
8	1	戊午	7	2	戊子	6	3	己未	5	4	己丑	4	5	庚申	3	6	庚寅	二十六
8	2	己未	7	3	己丑	6	4	庚申	5	5	庚寅	4	6	辛酉	3	7	辛卯	二十七
8	3	庚申	7	4	庚寅	6	5	辛酉	5	6	辛卯	4	7	壬戌	3	8	壬辰	二十八
8	4	辛酉	7	5	辛卯	6	6	壬戌	5	7	壬辰	4	8	癸亥	3	9	癸巳	二十九
			7	6	壬辰				5	8	癸巳				3	10	甲午	三十

旧暦	十二月			十一月			十月			九月			八月			七月		
干支	乙丑月			甲子月			癸亥月			壬戌月			辛酉月			庚申月		
旧暦	新暦		干支	新暦		干支	新暦		干支	新暦		干支	新暦		干支	新暦		干支
一	12	30	己丑	12	1	庚申	11	1	庚寅	10	3	辛酉	9	3	辛卯	8	5	壬戌
二	12	31	庚寅	12	2	辛酉	11	2	辛卯	10	4	壬戌	9	4	壬辰	8	6	癸亥
三	1	1	辛卯	12	3	壬戌	11	3	壬辰	10	5	癸亥	9	5	癸巳	8	7	甲子
四	1	2	壬辰	12	4	癸亥	11	4	癸巳	10	6	甲子	9	6	甲午	8	8	乙丑
五	1	3	癸巳	12	5	甲子	11	5	甲午	10	7	乙丑	9	7	乙未	8	9	丙寅
六	1	4	甲午	12	6	乙丑	11	6	乙未	10	8	丙寅	9	8	丙申	8	10	丁卯
七	1	5	乙未	12	7	丙寅	11	7	丙申	10	9	丁卯	9	9	丁酉	8	11	戊辰
八	1	6	丙申	12	8	丁卯	11	8	丁酉	10	10	戊辰	9	10	戊戌	8	12	己巳
九	1	7	丁酉	12	9	戊辰	11	9	戊戌	10	11	己巳	9	11	己亥	8	13	庚午
十	1	8	戊戌	12	10	己巳	11	10	己亥	10	12	庚午	9	12	庚子	8	14	辛未
十一	1	9	己亥	12	11	庚午	11	11	庚子	10	13	辛未	9	13	辛丑	8	15	壬申
十二	1	10	庚子	12	12	辛未	11	12	辛丑	10	14	壬申	9	14	壬寅	8	16	癸酉
十三	1	11	辛丑	12	13	壬申	11	13	壬寅	10	15	癸酉	9	15	癸卯	8	17	甲戌
十四	1	12	壬寅	12	14	癸酉	11	14	癸卯	10	16	甲戌	9	16	甲辰	8	18	乙亥
十五	1	13	癸卯	12	15	甲戌	11	15	甲辰	10	17	乙亥	9	17	乙巳	8	19	丙子
十六	1	14	甲辰	12	16	乙亥	11	16	乙巳	10	18	丙子	9	18	丙午	8	20	丁丑
十七	1	15	乙巳	12	17	丙子	11	17	丙午	10	19	丁丑	9	19	丁未	8	21	戊寅
十八	1	16	丙午	12	18	丁丑	11	18	丁未	10	20	戊寅	9	20	戊申	8	22	己卯
十九	1	17	丁未	12	19	戊寅	11	19	戊申	10	21	己卯	9	21	己酉	8	23	庚辰
二十	1	18	戊申	12	20	己卯	11	20	己酉	10	22	庚辰	9	22	庚戌	8	24	辛巳
二十一	1	19	己酉	12	21	庚辰	11	21	庚戌	10	23	辛巳	9	23	辛亥	8	25	壬午
二十二	1	20	庚戌	12	22	辛巳	11	22	辛亥	10	24	壬午	9	24	壬子	8	26	癸未
二十三	1	21	辛亥	12	23	壬午	11	23	壬子	10	25	癸未	9	25	癸丑	8	27	甲申
二十四	1	22	壬子	12	24	癸未	11	24	癸丑	10	26	甲申	9	26	甲寅	8	28	乙酉
二十五	1	23	癸丑	12	25	甲申	11	25	甲寅	10	27	乙酉	9	27	乙卯	8	29	丙戌
二十六	1	24	甲寅	12	26	乙酉	11	26	乙卯	10	28	丙戌	9	28	丙辰	8	30	丁亥
二十七	1	25	乙卯	12	27	丙戌	11	27	丙辰	10	29	丁亥	9	29	丁巳	8	31	戊子
二十八	1	26	丙辰	12	28	丁亥	11	28	丁巳	10	30	戊子	9	30	戊午	9	1	己丑
二十九	1	27	丁巳	12	29	戊子	11	29	戊午	10	31	己丑	10	1	己未	9	2	庚寅
三十	1	28	戊午				11	30	己未				10	2	庚申			

西暦一九四九年（昭和24年）己丑

六月			五月			四月			三月			二月			一月			旧暦
辛未月			庚午月			己巳月			戊辰月			丁卯月			丙寅月			干支
新暦		干支	新暦		干支	新暦		干支	新暦		干支	新暦		干支	新暦		干支	旧暦
6	26	丁亥	5	28	戊午	4	28	戊子	3	29	戊午	2	28	己丑	1	29	己未	一
6	27	戊子	5	29	己未	4	29	己丑	3	30	己未	3	1	庚寅	1	30	庚申	二
6	28	己丑	5	30	庚申	4	30	庚寅	3	31	庚申	3	2	辛卯	1	31	辛酉	三
6	29	庚寅	5	31	辛酉	5	1	辛卯	4	1	辛酉	3	3	壬辰	2	1	壬戌	四
6	30	辛卯	6	1	壬戌	5	2	壬辰	4	2	壬戌	3	4	癸巳	2	2	癸亥	五
7	1	壬辰	6	2	癸亥	5	3	癸巳	4	3	癸亥	3	5	甲午	2	3	甲子	六
7	2	癸巳	6	3	甲子	5	4	甲午	4	4	甲子	3	6	乙未	2	4	乙丑	七
7	3	甲午	6	4	乙丑	5	5	乙未	4	5	乙丑	3	7	丙申	2	5	丙寅	八
7	4	乙未	6	5	丙寅	5	6	丙申	4	6	丙寅	3	8	丁酉	2	6	丁卯	九
7	5	丙申	6	6	丁卯	5	7	丁酉	4	7	丁卯	3	9	戊戌	2	7	戊辰	十
7	6	丁酉	6	7	戊辰	5	8	戊戌	4	8	戊辰	3	10	己亥	2	8	己巳	十一
7	7	戊戌	6	8	己巳	5	9	己亥	4	9	己巳	3	11	庚子	2	9	庚午	十二
7	8	己亥	6	9	庚午	5	10	庚子	4	10	庚午	3	12	辛丑	2	10	辛未	十三
7	9	庚子	6	10	辛未	5	11	辛丑	4	11	辛未	3	13	壬寅	2	11	壬申	十四
7	10	辛丑	6	11	壬申	5	12	壬寅	4	12	壬申	3	14	癸卯	2	12	癸酉	十五
7	11	壬寅	6	12	癸酉	5	13	癸卯	4	13	癸酉	3	15	甲辰	2	13	甲戌	十六
7	12	癸卯	6	13	甲戌	5	14	甲辰	4	14	甲戌	3	16	乙巳	2	14	乙亥	十七
7	13	甲辰	6	14	乙亥	5	15	乙巳	4	15	乙亥	3	17	丙午	2	15	丙子	十八
7	14	乙巳	6	15	丙子	5	16	丙午	4	16	丙子	3	18	丁未	2	16	丁丑	十九
7	15	丙午	6	16	丁丑	5	17	丁未	4	17	丁丑	3	19	戊申	2	17	戊寅	二十
7	16	丁未	6	17	戊寅	5	18	戊申	4	18	戊寅	3	20	己酉	2	18	己卯	二十一
7	17	戊申	6	18	己卯	5	19	己酉	4	19	己卯	3	21	庚戌	2	19	庚辰	二十二
7	18	己酉	6	19	庚辰	5	20	庚戌	4	20	庚辰	3	22	辛亥	2	20	辛巳	二十三
7	19	庚戌	6	20	辛巳	5	21	辛亥	4	21	辛巳	3	23	壬子	2	21	壬午	二十四
7	20	辛亥	6	21	壬午	5	22	壬子	4	22	壬午	3	24	癸丑	2	22	癸未	二十五
7	21	壬子	6	22	癸未	5	23	癸丑	4	23	癸未	3	25	甲寅	2	23	甲申	二十六
7	22	癸丑	6	23	甲申	5	24	甲寅	4	24	甲申	3	26	乙卯	2	24	乙酉	二十七
7	23	甲寅	6	24	乙酉	5	25	乙卯	4	25	乙酉	3	27	丙辰	2	25	丙戌	二十八
7	24	乙卯	6	25	丙戌	5	26	丙辰	4	26	丙戌	3	28	丁巳	2	26	丁亥	二十九
7	25	丙辰				5	27	丁巳	4	27	丁亥				2	27	戊子	三十

旧暦	十二月			十一月			十月			九月			八月			閏七月			七月		
干支	丁丑月			丙子月			乙亥月			甲戌月			癸酉月						壬申月		
旧暦	新暦		干支	新暦		干支	新暦		干支	新暦		干支	新暦		干支	新暦		干支	新暦		干支
一	1	18	癸丑	12	20	甲申	11	20	甲寅	10	22	乙酉	9	22	乙卯	8	24	丙戌	7	26	丁巳
二	1	19	甲寅	12	21	乙酉	11	21	乙卯	10	23	丙戌	9	23	丙辰	8	25	丁亥	7	27	戊午
三	1	20	乙卯	12	22	丙戌	11	22	丙辰	10	24	丁亥	9	24	丁巳	8	26	戊子	7	28	己未
四	1	21	丙辰	12	23	丁亥	11	23	丁巳	10	25	戊子	9	25	戊午	8	27	己丑	7	29	庚申
五	1	22	丁巳	12	24	戊子	11	24	戊午	10	26	己丑	9	26	己未	8	28	庚寅	7	30	辛酉
六	1	23	戊午	12	25	己丑	11	25	己未	10	27	庚寅	9	27	庚申	8	29	辛卯	7	31	壬戌
七	1	24	己未	12	26	庚寅	11	26	庚申	10	28	辛卯	9	28	辛酉	8	30	壬辰	8	1	癸亥
八	1	25	庚申	12	27	辛卯	11	27	辛酉	10	29	壬辰	9	29	壬戌	8	31	癸巳	8	2	甲子
九	1	26	辛酉	12	28	壬辰	11	28	壬戌	10	30	癸巳	9	30	癸亥	9	1	甲午	8	3	乙丑
十	1	27	壬戌	12	29	癸巳	11	29	癸亥	10	31	甲午	10	1	甲子	9	2	乙未	8	4	丙寅
十一	1	28	癸亥	12	30	甲午	11	30	甲子	11	1	乙未	10	2	乙丑	9	3	丙申	8	5	丁卯
十二	1	29	甲子	12	31	乙未	12	1	乙丑	11	2	丙申	10	3	丙寅	9	4	丁酉	8	6	戊辰
十三	1	30	乙丑	1	1	丙申	12	2	丙寅	11	3	丁酉	10	4	丁卯	9	5	戊戌	8	7	己巳
十四	1	31	丙寅	1	2	丁酉	12	3	丁卯	11	4	戊戌	10	5	戊辰	9	6	己亥	8	8	庚午
十五	2	1	丁卯	1	3	戊戌	12	4	戊辰	11	5	己亥	10	6	己巳	9	7	庚子	8	9	辛未
十六	2	2	戊辰	1	4	己亥	12	5	己巳	11	6	庚子	10	7	庚午	9	8	辛丑	8	10	壬申
十七	2	3	己巳	1	5	庚子	12	6	庚午	11	7	辛丑	10	8	辛未	9	9	壬寅	8	11	癸酉
十八	2	4	庚午	1	6	辛丑	12	7	辛未	11	8	壬寅	10	9	壬申	9	10	癸卯	8	12	甲戌
十九	2	5	辛未	1	7	壬寅	12	8	壬申	11	9	癸卯	10	10	癸酉	9	11	甲辰	8	13	乙亥
二十	2	6	壬申	1	8	癸卯	12	9	癸酉	11	10	甲辰	10	11	甲戌	9	12	乙巳	8	14	丙子
二十一	2	7	癸酉	1	9	甲辰	12	10	甲戌	11	11	乙巳	10	12	乙亥	9	13	丙午	8	15	丁丑
二十二	2	8	甲戌	1	10	乙巳	12	11	乙亥	11	12	丙午	10	13	丙子	9	14	丁未	8	16	戊寅
二十三	2	9	乙亥	1	11	丙午	12	12	丙子	11	13	丁未	10	14	丁丑	9	15	戊申	8	17	己卯
二十四	2	10	丙子	1	12	丁未	12	13	丁丑	11	14	戊申	10	15	戊寅	9	16	己酉	8	18	庚辰
二十五	2	11	丁丑	1	13	戊申	12	14	戊寅	11	15	己酉	10	16	己卯	9	17	庚戌	8	19	辛巳
二十六	2	12	戊寅	1	14	己酉	12	15	己卯	11	16	庚戌	10	17	庚辰	9	18	辛亥	8	20	壬午
二十七	2	13	己卯	1	15	庚戌	12	16	庚辰	11	17	辛亥	10	18	辛巳	9	19	壬子	8	21	癸未
二十八	2	14	庚辰	1	16	辛亥	12	17	辛巳	11	18	壬子	10	19	壬午	9	20	癸丑	8	22	甲申
二十九	2	15	辛巳	1	17	壬子	12	18	壬午	11	19	癸丑	10	20	癸未	9	21	甲寅	8	23	乙酉
三十	2	16	壬午				12	19	癸未				10	21	甲申						

西暦　一九五〇年（昭和25年）庚寅

六月			五月			四月			三月			二月			一月			旧暦
癸未月			壬午月			辛巳月			庚辰月			己卯月			戊寅月			干支
新暦		干支	新暦		干支	新暦		干支	新暦		干支	新暦		干支	新暦		干支	旧暦
7	15	辛亥	6	15	辛巳	5	17	壬子	4	17	壬午	3	18	壬子	2	17	癸未	一
7	16	壬子	6	16	壬午	5	18	癸丑	4	18	癸未	3	19	癸丑	2	18	甲申	二
7	17	癸丑	6	17	癸未	5	19	甲寅	4	19	甲申	3	20	甲寅	2	19	乙酉	三
7	18	甲寅	6	18	甲申	5	20	乙卯	4	20	乙酉	3	21	乙卯	2	20	丙戌	四
7	19	乙卯	6	19	乙酉	5	21	丙辰	4	21	丙戌	3	22	丙辰	2	21	丁亥	五
7	20	丙辰	6	20	丙戌	5	22	丁巳	4	22	丁亥	3	23	丁巳	2	22	戊子	六
7	21	丁巳	6	21	丁亥	5	23	戊午	4	23	戊子	3	24	戊午	2	23	己丑	七
7	22	戊午	6	22	戊子	5	24	己未	4	24	己丑	3	25	己未	2	24	庚寅	八
7	23	己未	6	23	己丑	5	25	庚申	4	25	庚寅	3	26	庚申	2	25	辛卯	九
7	24	庚申	6	24	庚寅	5	26	辛酉	4	26	辛卯	3	27	辛酉	2	26	壬辰	十
7	25	辛酉	6	25	辛卯	5	27	壬戌	4	27	壬辰	3	28	壬戌	2	27	癸巳	十一
7	26	壬戌	6	26	壬辰	5	28	癸亥	4	28	癸巳	3	29	癸亥	2	28	甲午	十二
7	27	癸亥	6	27	癸巳	5	29	甲子	4	29	甲午	3	30	甲子	3	1	乙未	十三
7	28	甲子	6	28	甲午	5	30	乙丑	4	30	乙未	3	31	乙丑	3	2	丙申	十四
7	29	乙丑	6	29	乙未	5	31	丙寅	5	1	丙申	4	1	丙寅	3	3	丁酉	十五
7	30	丙寅	6	30	丙申	6	1	丁卯	5	2	丁酉	4	2	丁卯	3	4	戊戌	十六
7	31	丁卯	7	1	丁酉	6	2	戊辰	5	3	戊戌	4	3	戊辰	3	5	己亥	十七
8	1	戊辰	7	2	戊戌	6	3	己巳	5	4	己亥	4	4	己巳	3	6	庚子	十八
8	2	己巳	7	3	己亥	6	4	庚午	5	5	庚子	4	5	庚午	3	7	辛丑	十九
8	3	庚午	7	4	庚子	6	5	辛未	5	6	辛丑	4	6	辛未	3	8	壬寅	二十
8	4	辛未	7	5	辛丑	6	6	壬申	5	7	壬寅	4	7	壬申	3	9	癸卯	二十一
8	5	壬申	7	6	壬寅	6	7	癸酉	5	8	癸卯	4	8	癸酉	3	10	甲辰	二十二
8	6	癸酉	7	7	癸卯	6	8	甲戌	5	9	甲辰	4	9	甲戌	3	11	乙巳	二十三
8	7	甲戌	7	8	甲辰	6	9	乙亥	5	10	乙巳	4	10	乙亥	3	12	丙午	二十四
8	8	乙亥	7	9	乙巳	6	10	丙子	5	11	丙午	4	11	丙子	3	13	丁未	二十五
8	9	丙子	7	10	丙午	6	11	丁丑	5	12	丁未	4	12	丁丑	3	14	戊申	二十六
8	10	丁丑	7	11	丁未	6	12	戊寅	5	13	戊申	4	13	戊寅	3	15	己酉	二十七
8	11	戊寅	7	12	戊申	6	13	己卯	5	14	己酉	4	14	己卯	3	16	庚戌	二十八
8	12	己卯	7	13	己酉	6	14	庚辰	5	15	庚戌	4	15	庚辰	3	17	辛亥	二十九
8	13	庚辰	7	14	庚戌				5	16	辛亥	4	16	辛巳				三十

旧暦	十二月			十一月			十月			九月			八月			七月		
干支	己丑月			戊子月			丁亥月			丙戌月			乙酉月			甲申月		
旧暦	新暦		干支	新暦		干支	新暦		干支	新暦		干支	新暦		干支	新暦		干支
一	1	8	戊申	12	9	戊寅	11	10	己酉	10	11	己卯	9	12	庚戌	8	14	辛巳
二	1	9	己酉	12	10	己卯	11	11	庚戌	10	12	庚辰	9	13	辛亥	8	15	壬午
三	1	10	庚戌	12	11	庚辰	11	12	辛亥	10	13	辛巳	9	14	壬子	8	16	癸未
四	1	11	辛亥	12	12	辛巳	11	13	壬子	10	14	壬午	9	15	癸丑	8	17	甲申
五	1	12	壬子	12	13	壬午	11	14	癸丑	10	15	癸未	9	16	甲寅	8	18	乙酉
六	1	13	癸丑	12	14	癸未	11	15	甲寅	10	16	甲申	9	17	乙卯	8	19	丙戌
七	1	14	甲寅	12	15	甲申	11	16	乙卯	10	17	乙酉	9	18	丙辰	8	20	丁亥
八	1	15	乙卯	12	16	乙酉	11	17	丙辰	10	18	丙戌	9	19	丁巳	8	21	戊子
九	1	16	丙辰	12	17	丙戌	11	18	丁巳	10	19	丁亥	9	20	戊午	8	22	己丑
十	1	17	丁巳	12	18	丁亥	11	19	戊午	10	20	戊子	9	21	己未	8	23	庚寅
十一	1	18	戊午	12	19	戊子	11	20	己未	10	21	己丑	9	22	庚申	8	24	辛卯
十二	1	19	己未	12	20	己丑	11	21	庚申	10	22	庚寅	9	23	辛酉	8	25	壬辰
十三	1	20	庚申	12	21	庚寅	11	22	辛酉	10	23	辛卯	9	24	壬戌	8	26	癸巳
十四	1	21	辛酉	12	22	辛卯	11	23	壬戌	10	24	壬辰	9	25	癸亥	8	27	甲午
十五	1	22	壬戌	12	23	壬辰	11	24	癸亥	10	25	癸巳	9	26	甲子	8	28	乙未
十六	1	23	癸亥	12	24	癸巳	11	25	甲子	10	26	甲午	9	27	乙丑	8	29	丙申
十七	1	24	甲子	12	25	甲午	11	26	乙丑	10	27	乙未	9	28	丙寅	8	30	丁酉
十八	1	25	乙丑	12	26	乙未	11	27	丙寅	10	28	丙申	9	29	丁卯	8	31	戊戌
十九	1	26	丙寅	12	27	丙申	11	28	丁卯	10	29	丁酉	9	30	戊辰	9	1	己亥
二十	1	27	丁卯	12	28	丁酉	11	29	戊辰	10	30	戊戌	10	1	己巳	9	2	庚子
二十一	1	28	戊辰	12	29	戊戌	11	30	己巳	10	31	己亥	10	2	庚午	9	3	辛丑
二十二	1	29	己巳	12	30	己亥	12	1	庚午	11	1	庚子	10	3	辛未	9	4	壬寅
二十三	1	30	庚午	12	31	庚子	12	2	辛未	11	2	辛丑	10	4	壬申	9	5	癸卯
二十四	1	31	辛未	1	1	辛丑	12	3	壬申	11	3	壬寅	10	5	癸酉	9	6	甲辰
二十五	2	1	壬申	1	2	壬寅	12	4	癸酉	11	4	癸卯	10	6	甲戌	9	7	乙巳
二十六	2	2	癸酉	1	3	癸卯	12	5	甲戌	11	5	甲辰	10	7	乙亥	9	8	丙午
二十七	2	3	甲戌	1	4	甲辰	12	6	乙亥	11	6	乙巳	10	8	丙子	9	9	丁未
二十八	2	4	乙亥	1	5	乙巳	12	7	丙子	11	7	丙午	10	9	丁丑	9	10	戊申
二十九	2	5	丙子	1	6	丙午	12	8	丁丑	11	8	丁未	10	10	戊寅	9	11	己酉
三十				1	7	丁未				11	9	戊申						

西暦一九五一年（昭和26年）辛卯

六月			五月			四月			三月			二月			一月			旧暦
乙未月			甲午月			癸巳月			壬辰月			辛卯月			庚寅月			干支
新暦		干支	新暦		干支	新暦		干支	新暦		干支	新暦		干支	新暦		干支	旧暦
7	4	乙巳	6	5	丙子	5	6	丙午	4	6	丙子	3	8	丁未	2	6	丁丑	一
7	5	丙午	6	6	丁丑	5	7	丁未	4	7	丁丑	3	9	戊申	2	7	戊寅	二
7	6	丁未	6	7	戊寅	5	8	戊申	4	8	戊寅	3	10	己酉	2	8	己卯	三
7	7	戊申	6	8	己卯	5	9	己酉	4	9	己卯	3	11	庚戌	2	9	庚辰	四
7	8	己酉	6	9	庚辰	5	10	庚戌	4	10	庚辰	3	12	辛亥	2	10	辛巳	五
7	9	庚戌	6	10	辛巳	5	11	辛亥	4	11	辛巳	3	13	壬子	2	11	壬午	六
7	10	辛亥	6	11	壬午	5	12	壬子	4	12	壬午	3	14	癸丑	2	12	癸未	七
7	11	壬子	6	12	癸未	5	13	癸丑	4	13	癸未	3	15	甲寅	2	13	甲申	八
7	12	癸丑	6	13	甲申	5	14	甲寅	4	14	甲申	3	16	乙卯	2	14	乙酉	九
7	13	甲寅	6	14	乙酉	5	15	乙卯	4	15	乙酉	3	17	丙辰	2	15	丙戌	十
7	14	乙卯	6	15	丙戌	5	16	丙辰	4	16	丙戌	3	18	丁巳	2	16	丁亥	十一
7	15	丙辰	6	16	丁亥	5	17	丁巳	4	17	丁亥	3	19	戊午	2	17	戊子	十二
7	16	丁巳	6	17	戊子	5	18	戊午	4	18	戊子	3	20	己未	2	18	己丑	十三
7	17	戊午	6	18	己丑	5	19	己未	4	19	己丑	3	21	庚申	2	19	庚寅	十四
7	18	己未	6	19	庚寅	5	20	庚申	4	20	庚寅	3	22	辛酉	2	20	辛卯	十五
7	19	庚申	6	20	辛卯	5	21	辛酉	4	21	辛卯	3	23	壬戌	2	21	壬辰	十六
7	20	辛酉	6	21	壬辰	5	22	壬戌	4	22	壬辰	3	24	癸亥	2	22	癸巳	十七
7	21	壬戌	6	22	癸巳	5	23	癸亥	4	23	癸巳	3	25	甲子	2	23	甲午	十八
7	22	癸亥	6	23	甲午	5	24	甲子	4	24	甲午	3	26	乙丑	2	24	乙未	十九
7	23	甲子	6	24	乙未	5	25	乙丑	4	25	乙未	3	27	丙寅	2	25	丙申	二十
7	24	乙丑	6	25	丙申	5	26	丙寅	4	26	丙申	3	28	丁卯	2	26	丁酉	二十一
7	25	丙寅	6	26	丁酉	5	27	丁卯	4	27	丁酉	3	29	戊辰	2	27	戊戌	二十二
7	26	丁卯	6	27	戊戌	5	28	戊辰	4	28	戊戌	3	30	己巳	2	28	己亥	二十三
7	27	戊辰	6	28	己亥	5	29	己巳	4	29	己亥	3	31	庚午	3	1	庚子	二十四
7	28	己巳	6	29	庚子	5	30	庚午	4	30	庚子	4	1	辛未	3	2	辛丑	二十五
7	29	庚午	6	30	辛丑	5	31	辛未	5	1	辛丑	4	2	壬申	3	3	壬寅	二十六
7	30	辛未	7	1	壬寅	6	1	壬申	5	2	壬寅	4	3	癸酉	3	4	癸卯	二十七
7	31	壬申	7	2	癸卯	6	2	癸酉	5	3	癸卯	4	4	甲戌	3	5	甲辰	二十八
8	1	癸酉	7	3	甲辰	6	3	甲戌	5	4	甲辰	4	5	乙亥	3	6	乙巳	二十九
8	2	甲戌				6	4	乙亥	5	5	乙巳				3	7	丙午	三十

旧暦	十二月			十一月			十月			九月			八月			七月		
干支	辛丑月			庚子月			己亥月			戊戌月			丁酉月			丙申月		
旧暦	新暦		干支	新暦		干支	新暦		干支	新暦		干支	新暦		干支	新暦		干支
一	12	28	壬寅	11	29	癸酉	10	30	癸卯	10	1	甲戌	9	1	甲辰	8	3	乙亥
二	12	29	癸卯	11	30	甲戌	10	31	甲辰	10	2	乙亥	9	2	乙巳	8	4	丙子
三	12	30	甲辰	12	1	乙亥	11	1	乙巳	10	3	丙子	9	3	丙午	8	5	丁丑
四	12	31	乙巳	12	2	丙子	11	2	丙午	10	4	丁丑	9	4	丁未	8	6	戊寅
五	1	1	丙午	12	3	丁丑	11	3	丁未	10	5	戊寅	9	5	戊申	8	7	己卯
六	1	2	丁未	12	4	戊寅	11	4	戊申	10	6	己卯	9	6	己酉	8	8	庚辰
七	1	3	戊申	12	5	己卯	11	5	己酉	10	7	庚辰	9	7	庚戌	8	9	辛巳
八	1	4	己酉	12	6	庚辰	11	6	庚戌	10	8	辛巳	9	8	辛亥	8	10	壬午
九	1	5	庚戌	12	7	辛巳	11	7	辛亥	10	9	壬午	9	9	壬子	8	11	癸未
十	1	6	辛亥	12	8	壬午	11	8	壬子	10	10	癸未	9	10	癸丑	8	12	甲申
十一	1	7	壬子	12	9	癸未	11	9	癸丑	10	11	甲申	9	11	甲寅	8	13	乙酉
十二	1	8	癸丑	12	10	甲申	11	10	甲寅	10	12	乙酉	9	12	乙卯	8	14	丙戌
十三	1	9	甲寅	12	11	乙酉	11	11	乙卯	10	13	丙戌	9	13	丙辰	8	15	丁亥
十四	1	10	乙卯	12	12	丙戌	11	12	丙辰	10	14	丁亥	9	14	丁巳	8	16	戊子
十五	1	11	丙辰	12	13	丁亥	11	13	丁巳	10	15	戊子	9	15	戊午	8	17	己丑
十六	1	12	丁巳	12	14	戊子	11	14	戊午	10	16	己丑	9	16	己未	8	18	庚寅
十七	1	13	戊午	12	15	己丑	11	15	己未	10	17	庚寅	9	17	庚申	8	19	辛卯
十八	1	14	己未	12	16	庚寅	11	16	庚申	10	18	辛卯	9	18	辛酉	8	20	壬辰
十九	1	15	庚申	12	17	辛卯	11	17	辛酉	10	19	壬辰	9	19	壬戌	8	21	癸巳
二十	1	16	辛酉	12	18	壬辰	11	18	壬戌	10	20	癸巳	9	20	癸亥	8	22	甲午
二十一	1	17	壬戌	12	19	癸巳	11	19	癸亥	10	21	甲午	9	21	甲子	8	23	乙未
二十二	1	18	癸亥	12	20	甲午	11	20	甲子	10	22	乙未	9	22	乙丑	8	24	丙申
二十三	1	19	甲子	12	21	乙未	11	21	乙丑	10	23	丙申	9	23	丙寅	8	25	丁酉
二十四	1	20	乙丑	12	22	丙申	11	22	丙寅	10	24	丁酉	9	24	丁卯	8	26	戊戌
二十五	1	21	丙寅	12	23	丁酉	11	23	丁卯	10	25	戊戌	9	25	戊辰	8	27	己亥
二十六	1	22	丁卯	12	24	戊戌	11	24	戊辰	10	26	己亥	9	26	己巳	8	28	庚子
二十七	1	23	戊辰	12	25	己亥	11	25	己巳	10	27	庚子	9	27	庚午	8	29	辛丑
二十八	1	24	己巳	12	26	庚子	11	26	庚午	10	28	辛丑	9	28	辛未	8	30	壬寅
二十九	1	25	庚午	12	27	辛丑	11	27	辛未	10	29	壬寅	9	29	壬申	8	31	癸卯
三十	1	26	辛未				11	28	壬申				9	30	癸酉			

西暦一九五二年（昭和27年）壬辰

閏五月			五月			四月			三月			二月			一月			旧暦
			丙午月			乙巳月			甲辰月			癸卯月			壬寅月			干支
新暦		干支	新暦		干支	新暦		干支	新暦		干支	新暦		干支	新暦		干支	旧暦
6	22	己亥	5	24	庚午	4	24	庚子	3	26	辛未	2	25	辛丑	1	27	壬申	一
6	23	庚子	5	25	辛未	4	25	辛丑	3	27	壬申	2	26	壬寅	1	28	癸酉	二
6	24	辛丑	5	26	壬申	4	26	壬寅	3	28	癸酉	2	27	癸卯	1	29	甲戌	三
6	25	壬寅	5	27	癸酉	4	27	癸卯	3	29	甲戌	2	28	甲辰	1	30	乙亥	四
6	26	癸卯	5	28	甲戌	4	28	甲辰	3	30	乙亥	2	29	乙巳	1	31	丙子	五
6	27	甲辰	5	29	乙亥	4	29	乙巳	3	31	丙子	3	1	丙午	2	1	丁丑	六
6	28	乙巳	5	30	丙子	4	30	丙午	4	1	丁丑	3	2	丁未	2	2	戊寅	七
6	29	丙午	5	31	丁丑	5	1	丁未	4	2	戊寅	3	3	戊申	2	3	己卯	八
6	30	丁未	6	1	戊寅	5	2	戊申	4	3	己卯	3	4	己酉	2	4	庚辰	九
7	1	戊申	6	2	己卯	5	3	己酉	4	4	庚辰	3	5	庚戌	2	5	辛巳	十
7	2	己酉	6	3	庚辰	5	4	庚戌	4	5	辛巳	3	6	辛亥	2	6	壬午	十一
7	3	庚戌	6	4	辛巳	5	5	辛亥	4	6	壬午	3	7	壬子	2	7	癸未	十二
7	4	辛亥	6	5	壬午	5	6	辛亥	4	7	癸未	3	8	癸丑	2	8	甲申	十三
7	5	壬子	6	6	癸未	5	7	癸丑	4	8	甲申	3	9	甲寅	2	9	乙酉	十四
7	6	癸丑	6	7	甲申	5	8	甲寅	4	9	乙酉	3	10	乙卯	2	10	丙戌	十五
7	7	甲寅	6	8	乙酉	5	9	乙卯	4	10	丙戌	3	11	丙辰	2	11	丁亥	十六
7	8	乙卯	6	9	丙戌	5	10	丙辰	4	11	丁亥	3	12	丁巳	2	12	戊子	十七
7	9	丙辰	6	10	丁亥	5	11	丁巳	4	12	戊子	3	13	戊午	2	13	己丑	十八
7	10	丁巳	6	11	戊子	5	12	戊午	4	13	己丑	3	14	己未	2	14	庚寅	十九
7	11	戊午	6	12	己丑	5	13	己未	4	14	庚寅	3	15	庚申	2	15	辛卯	二十
7	12	己未	6	13	庚寅	5	14	庚申	4	15	辛卯	3	16	辛酉	2	16	壬辰	二十一
7	13	庚申	6	14	辛卯	5	15	辛酉	4	16	壬辰	3	17	壬戌	2	17	癸巳	二十二
7	14	辛酉	6	15	壬辰	5	16	壬戌	4	17	癸巳	3	18	癸亥	2	18	甲午	二十三
7	15	壬戌	6	16	癸巳	5	17	癸亥	4	18	甲午	3	19	甲子	2	19	乙未	二十四
7	16	癸亥	6	17	甲午	5	18	甲子	4	19	乙未	3	20	乙丑	2	20	丙申	二十五
7	17	甲子	6	18	乙未	5	19	乙丑	4	20	丙申	3	21	丙寅	2	21	丁酉	二十六
7	18	乙丑	6	19	丙申	5	20	丙寅	4	21	丁酉	3	22	丁卯	2	22	戊戌	二十七
7	19	丙寅	6	20	丁酉	5	21	丁卯	4	22	戊戌	3	23	戊辰	2	23	己亥	二十八
7	20	丁卯	6	21	戊戌	5	22	戊辰	4	23	己亥	3	24	己巳	2	24	庚子	二十九
7	21	戊辰				5	23	己巳				3	25	庚午				三十

旧暦	十二月			十一月			十月			九月			八月			七月			六月		
干支	癸丑月			壬子月			辛亥月			庚戌月			己酉月			戊申月			丁未月		
旧暦	新暦		干支	新暦		干支	新暦		干支	新暦		干支	新暦		干支	新暦		干支	新暦		干支
一	1	15	丙寅	12	17	丁酉	11	17	丁卯	10	19	戊戌	9	19	戊辰	8	20	戊戌	7	22	己巳
二	1	16	丁卯	12	18	戊戌	11	18	戊辰	10	20	己亥	9	20	己巳	8	21	己亥	7	23	庚午
三	1	17	戊辰	12	19	己亥	11	19	己巳	10	21	庚子	9	21	庚午	8	22	庚子	7	24	辛未
四	1	18	己巳	12	20	庚子	11	20	庚午	10	22	辛丑	9	22	辛未	8	23	辛丑	7	25	壬申
五	1	19	庚午	12	21	辛丑	11	21	辛未	10	23	壬寅	9	23	壬申	8	24	壬寅	7	26	癸酉
六	1	20	辛未	12	22	壬寅	11	22	壬申	10	24	癸卯	9	24	癸酉	8	25	癸卯	7	27	甲戌
七	1	21	壬申	12	23	癸卯	11	23	癸酉	10	25	甲辰	9	25	甲戌	8	26	甲辰	7	28	乙亥
八	1	22	癸酉	12	24	甲辰	11	24	甲戌	10	26	乙巳	9	26	乙亥	8	27	乙巳	7	29	丙子
九	1	23	甲戌	12	25	乙巳	11	25	乙亥	10	27	丙午	9	27	丙子	8	28	丙午	7	30	丁丑
十	1	24	乙亥	12	26	丙午	11	26	丙子	10	28	丁未	9	28	丁丑	8	29	丁未	7	31	戊寅
十一	1	25	丙子	12	27	丁未	11	27	丁丑	10	29	戊申	9	29	戊寅	8	30	戊申	8	1	己卯
十二	1	26	丁丑	12	28	戊申	11	28	戊寅	10	30	己酉	9	30	己卯	8	31	己酉	8	2	庚辰
十三	1	27	戊寅	12	29	己酉	11	29	己卯	10	31	庚戌	10	1	庚辰	9	1	庚戌	8	3	辛巳
十四	1	28	己卯	12	30	庚戌	11	30	庚辰	11	1	辛亥	10	2	辛巳	9	2	辛亥	8	4	壬午
十五	1	29	庚辰	12	31	辛亥	12	1	辛巳	11	2	壬子	10	3	壬午	9	3	壬子	8	5	癸未
十六	1	30	辛巳	1	1	壬子	12	2	壬午	11	3	癸丑	10	4	癸未	9	4	癸丑	8	6	甲申
十七	1	31	壬午	1	2	癸丑	12	3	癸未	11	4	甲寅	10	5	甲申	9	5	甲寅	8	7	乙酉
十八	2	1	癸未	1	3	甲寅	12	4	甲申	11	5	乙卯	10	6	乙酉	9	6	乙卯	8	8	丙戌
十九	2	2	甲申	1	4	乙卯	12	5	乙酉	11	6	丙辰	10	7	丙戌	9	7	丙辰	8	9	丁亥
二十	2	3	乙酉	1	5	丙辰	12	6	丙戌	11	7	丁巳	10	8	丁亥	9	8	丁巳	8	10	戊子
二十一	2	4	丙戌	1	6	丁巳	12	7	丁亥	11	8	戊午	10	9	戊子	9	9	戊午	8	11	己丑
二十二	2	5	丁亥	1	7	戊午	12	8	戊子	11	9	己未	10	10	己丑	9	10	己未	8	12	庚寅
二十三	2	6	戊子	1	8	己未	12	9	己丑	11	10	庚申	10	11	庚寅	9	11	庚申	8	13	辛卯
二十四	2	7	己丑	1	9	庚申	12	10	庚寅	11	11	辛酉	10	12	辛卯	9	12	辛酉	8	14	壬辰
二十五	2	8	庚寅	1	10	辛酉	12	11	辛卯	11	12	壬戌	10	13	壬辰	9	13	壬戌	8	15	癸巳
二十六	2	9	辛卯	1	11	壬戌	12	12	壬辰	11	13	癸亥	10	14	癸巳	9	14	癸亥	8	16	甲午
二十七	2	10	壬辰	1	12	癸亥	12	13	癸巳	11	14	甲子	10	15	甲午	9	15	甲子	8	17	乙未
二十八	2	11	癸巳	1	13	甲子	12	14	甲午	11	15	乙丑	10	16	乙未	9	16	乙丑	8	18	丙申
二十九	2	12	甲午	1	14	乙丑	12	15	乙未	11	16	丙寅	10	17	丙申	9	17	丙寅	8	19	丁酉
三十	2	13	乙未				12	16	丙申				10	18	丁酉	9	18	丁卯			

西暦一九五三年（昭和28年）癸巳

六月			五月			四月			三月			二月			一月			旧暦
己未月			戊午月			丁巳月			丙辰月			乙卯月			甲寅月			干支
新暦		干支	新暦		干支	新暦		干支	新暦		干支	新暦		干支	新暦		干支	旧暦
7	11	癸亥	6	11	癸巳	5	13	甲子	4	14	乙未	3	15	乙丑	2	14	丙申	一
7	12	甲子	6	12	甲午	5	14	乙丑	4	15	丙申	3	16	丙寅	2	15	丁酉	二
7	13	乙丑	6	13	乙未	5	15	丙寅	4	16	丁酉	3	17	丁卯	2	16	戊戌	三
7	14	丙寅	6	14	丙申	5	16	丁卯	4	17	戊戌	3	18	戊辰	2	17	己亥	四
7	15	丁卯	6	15	丁酉	5	17	戊辰	4	18	己亥	3	19	己巳	2	18	庚子	五
7	16	戊辰	6	16	戊戌	5	18	己巳	4	19	庚子	3	20	庚午	2	19	辛丑	六
7	17	己巳	6	17	己亥	5	19	庚午	4	20	辛丑	3	21	辛未	2	20	壬寅	七
7	18	庚午	6	18	庚子	5	20	辛未	4	21	壬寅	3	22	壬申	2	21	癸卯	八
7	19	辛未	6	19	辛丑	5	21	壬申	4	22	癸卯	3	23	癸酉	2	22	甲辰	九
7	20	壬申	6	20	壬寅	5	22	癸酉	4	23	甲辰	3	24	甲戌	2	23	乙巳	十
7	21	癸酉	6	21	癸卯	5	23	甲戌	4	24	乙巳	3	25	乙亥	2	24	丙午	十一
7	22	甲戌	6	22	甲辰	5	24	乙亥	4	25	丙午	3	26	丙子	2	25	丁未	十二
7	23	乙亥	6	23	乙巳	5	25	丙子	4	26	丁未	3	27	丁丑	2	26	戊申	十三
7	24	丙子	6	24	丙午	5	26	丁丑	4	27	戊申	3	28	戊寅	2	27	己酉	十四
7	25	丁丑	6	25	丁未	5	27	戊寅	4	28	己酉	3	29	己卯	2	28	庚戌	十五
7	26	戊寅	6	26	戊申	5	28	己卯	4	29	庚戌	3	30	庚辰	3	1	辛亥	十六
7	27	己卯	6	27	己酉	5	29	庚辰	4	30	辛亥	3	31	辛巳	3	2	壬子	十七
7	28	庚辰	6	28	庚戌	5	30	辛巳	5	1	壬子	4	1	壬午	3	3	癸丑	十八
7	29	辛巳	6	29	辛亥	5	31	壬午	5	2	癸丑	4	2	癸未	3	4	甲寅	十九
7	30	壬午	6	30	壬子	6	1	癸未	5	3	甲寅	4	3	甲申	3	5	乙卯	二十
7	31	癸未	7	1	癸丑	6	2	甲申	5	4	乙卯	4	4	乙酉	3	6	丙辰	二十一
8	1	甲申	7	2	甲寅	6	3	乙酉	5	5	丙辰	4	5	丙戌	3	7	丁巳	二十二
8	2	乙酉	7	3	乙卯	6	4	丙戌	5	6	丁巳	4	6	丁亥	3	8	戊午	二十三
8	3	丙戌	7	4	丙辰	6	5	丁亥	5	7	戊午	4	7	戊子	3	9	己未	二十四
8	4	丁亥	7	5	丁巳	6	6	戊子	5	8	己未	4	8	己丑	3	10	庚申	二十五
8	5	戊子	7	6	戊午	6	7	己丑	5	9	庚申	4	9	庚寅	3	11	辛酉	二十六
8	6	己丑	7	7	己未	6	8	庚寅	5	10	辛酉	4	10	辛卯	3	12	壬戌	二十七
8	7	庚寅	7	8	庚申	6	9	辛卯	5	11	壬戌	4	11	壬辰	3	13	癸亥	二十八
8	8	辛卯	7	9	辛酉	6	10	壬辰	5	12	癸亥	4	12	癸巳	3	14	甲子	二十九
8	9	壬辰	7	10	壬戌							4	13	甲午				三十

旧暦	十二月			十一月			十月			九月			八月			七月		
干支	乙丑月			甲子月			癸亥月			壬戌月			辛酉月			庚申月		
旧暦	新暦		干支	新暦		干支	新暦		干支	新暦		干支	新暦		干支	新暦		干支
一	1	5	辛酉	12	6	辛卯	11	7	壬戌	10	8	壬辰	9	8	壬戌	8	10	癸巳
二	1	6	壬戌	12	7	壬辰	11	8	癸亥	10	9	癸巳	9	9	癸亥	8	11	甲午
三	1	7	癸亥	12	8	癸巳	11	9	甲子	10	10	甲午	9	10	甲子	8	12	乙未
四	1	8	甲子	12	9	甲午	11	10	乙丑	10	11	乙未	9	11	乙丑	8	13	丙申
五	1	9	乙丑	12	10	乙未	11	11	丙寅	10	12	丙申	9	12	丙寅	8	14	丁酉
六	1	10	丙寅	12	11	丙申	11	12	丁卯	10	13	丁酉	9	13	丁卯	8	15	戊戌
七	1	11	丁卯	12	12	丁酉	11	13	戊辰	10	14	戊戌	9	14	戊辰	8	16	己亥
八	1	12	戊辰	12	13	戊戌	11	14	己巳	10	15	己亥	9	15	己巳	8	17	庚子
九	1	13	己巳	12	14	己亥	11	15	庚午	10	16	庚子	9	16	庚午	8	18	辛丑
十	1	14	庚午	12	15	庚子	11	16	辛未	10	17	辛丑	9	17	辛未	8	19	壬寅
十一	1	15	辛未	12	16	辛丑	11	17	壬申	10	18	壬寅	9	18	壬申	8	20	癸卯
十二	1	16	壬申	12	17	壬寅	11	18	癸酉	10	19	癸卯	9	19	癸酉	8	21	甲辰
十三	1	17	癸酉	12	18	癸卯	11	19	甲戌	10	20	甲辰	9	20	甲戌	8	22	乙巳
十四	1	18	甲戌	12	19	甲辰	11	20	乙亥	10	21	乙巳	9	21	乙亥	8	23	丙午
十五	1	19	乙亥	12	20	乙巳	11	21	丙子	10	22	丙午	9	22	丙子	8	24	丁未
十六	1	20	丙子	12	21	丙午	11	22	丁丑	10	23	丁未	9	23	丁丑	8	25	戊申
十七	1	21	丁丑	12	22	丁未	11	23	戊寅	10	24	戊申	9	24	戊寅	8	26	己酉
十八	1	22	戊寅	12	23	戊申	11	24	己卯	10	25	己酉	9	25	己卯	8	27	庚戌
十九	1	23	己卯	12	24	己酉	11	25	庚辰	10	26	庚戌	9	26	庚辰	8	28	辛亥
二十	1	24	庚辰	12	25	庚戌	11	26	辛巳	10	27	辛亥	9	27	辛巳	8	29	壬子
二十一	1	25	辛巳	12	26	辛亥	11	27	壬午	10	28	壬子	9	28	壬午	8	30	癸丑
二十二	1	26	壬午	12	27	壬子	11	28	癸未	10	29	癸丑	9	29	癸未	8	31	甲寅
二十三	1	27	癸未	12	28	癸丑	11	29	甲申	10	30	甲寅	9	30	甲申	9	1	乙卯
二十四	1	28	甲申	12	29	甲寅	11	30	乙酉	10	31	乙卯	10	1	乙酉	9	2	丙辰
二十五	1	29	乙酉	12	30	乙卯	12	1	丙戌	11	1	丙辰	10	2	丙戌	9	3	丁巳
二十六	1	30	丙戌	12	31	丙辰	12	2	丁亥	11	2	丁巳	10	3	丁亥	9	4	戊午
二十七	1	31	丁亥	1	1	丁巳	12	3	戊子	11	3	戊午	10	4	戊子	9	5	己未
二十八	2	1	戊子	1	2	戊午	12	4	己丑	11	4	己未	10	5	己丑	9	6	庚申
二十九	2	2	己丑	1	3	己未	12	5	庚寅	11	5	庚申	10	6	庚寅	9	7	辛酉
三十				1	4	庚申				11	6	辛酉	10	7	辛卯			

西暦一九五四年（昭和29年）甲午

六月			五月			四月			三月			二月			一月			旧暦
辛未月			庚午月			己巳月			戊辰月			丁卯月			丙寅月			干支
新暦		干支	新暦		干支	新暦		干支	新暦		干支	新暦		干支	新暦		干支	旧暦
6	30	丁巳	6	1	戊子	5	3	己未	4	3	己丑	3	5	庚申	2	3	庚寅	一
7	1	戊午	6	2	己丑	5	4	庚申	4	4	庚寅	3	6	辛酉	2	4	辛卯	二
7	2	己未	6	3	庚寅	5	5	辛酉	4	5	辛卯	3	7	壬戌	2	5	壬辰	三
7	3	庚申	6	4	辛卯	5	6	壬戌	4	6	壬辰	3	8	癸亥	2	6	癸巳	四
7	4	辛酉	6	5	壬辰	5	7	癸亥	4	7	癸巳	3	9	甲子	2	7	甲午	五
7	5	壬戌	6	6	癸巳	5	8	甲子	4	8	甲午	3	10	乙丑	2	8	乙未	六
7	6	癸亥	6	7	甲午	5	9	乙丑	4	9	乙未	3	11	丙寅	2	9	丙申	七
7	7	甲子	6	8	乙未	5	10	丙寅	4	10	丙申	3	12	丁卯	2	10	丁酉	八
7	8	乙丑	6	9	丙申	5	11	丁卯	4	11	丁酉	3	13	戊辰	2	11	戊戌	九
7	9	丙寅	6	10	丁酉	5	12	戊辰	4	12	戊戌	3	14	己巳	2	12	己亥	十
7	10	丁卯	6	11	戊戌	5	13	己巳	4	13	己亥	3	15	庚午	2	13	庚子	十一
7	11	戊辰	6	12	己亥	5	14	庚午	4	14	庚子	3	16	辛未	2	14	辛丑	十二
7	12	己巳	6	13	庚子	5	15	辛未	4	15	辛丑	3	17	壬申	2	15	壬寅	十三
7	13	庚午	6	14	辛丑	5	16	壬申	4	16	壬寅	3	18	癸酉	2	16	癸卯	十四
7	14	辛未	6	15	壬寅	5	17	癸酉	4	17	癸卯	3	19	甲戌	2	17	甲辰	十五
7	15	壬申	6	16	癸卯	5	18	甲戌	4	18	甲辰	3	20	乙亥	2	18	乙巳	十六
7	16	癸酉	6	17	甲辰	5	19	乙亥	4	19	乙巳	3	21	丙子	2	19	丙午	十七
7	17	甲戌	6	18	乙巳	5	20	丙子	4	20	丙午	3	22	丁丑	2	20	丁未	十八
7	18	乙亥	6	19	丙午	5	21	丁丑	4	21	丁未	3	23	戊寅	2	21	戊申	十九
7	19	丙子	6	20	丁未	5	22	戊寅	4	22	戊申	3	24	己卯	2	22	己酉	二十
7	20	丁丑	6	21	戊申	5	23	己卯	4	23	己酉	3	25	庚辰	2	23	庚戌	二十一
7	21	戊寅	6	22	己酉	5	24	庚辰	4	24	庚戌	3	26	辛巳	2	24	辛亥	二十二
7	22	己卯	6	23	庚戌	5	25	辛巳	4	25	辛亥	3	27	壬午	2	25	壬子	二十三
7	23	庚辰	6	24	辛亥	5	26	壬午	4	26	壬子	3	28	癸未	2	26	癸丑	二十四
7	24	辛巳	6	25	壬子	5	27	癸未	4	27	癸丑	3	29	甲申	2	27	甲寅	二十五
7	25	壬午	6	26	癸丑	5	28	甲申	4	28	甲寅	3	30	乙酉	2	28	乙卯	二十六
7	26	癸未	6	27	甲寅	5	29	乙酉	4	29	乙卯	3	31	丙戌	3	1	丙辰	二十七
7	27	甲申	6	28	乙卯	5	30	丙戌	4	30	丙辰	4	1	丁亥	3	2	丁巳	二十八
7	28	乙酉	6	29	丙辰	5	31	丁亥	5	1	丁巳	4	2	戊子	3	3	戊午	二十九
7	29	丙戌							5	2	戊午				3	4	己未	三十

旧暦	十二月			十一月			十月			九月			八月			七月		
干支	丁丑月			丙子月			乙亥月			甲戌月			癸酉月			壬申月		
旧暦	新暦		干支	新暦		干支	新暦		干支	新暦		干支	新暦		干支	新暦		干支
一	12	25	乙卯	11	25	乙酉	10	27	丙辰	9	27	丙戌	8	28	丙辰	7	30	丁亥
二	12	26	丙辰	11	26	丙戌	10	28	丁巳	9	28	丁亥	8	29	丁巳	7	31	戊子
三	12	27	丁巳	11	27	丁亥	10	29	戊午	9	29	戊子	8	30	戊午	8	1	己丑
四	12	28	戊午	11	28	戊子	10	30	己未	9	30	己丑	8	31	己未	8	2	庚寅
五	12	29	己未	11	29	己丑	10	31	庚申	10	1	庚寅	9	1	庚申	8	3	辛卯
六	12	30	庚申	11	30	庚寅	11	1	辛酉	10	2	辛卯	9	2	辛酉	8	4	壬辰
七	12	31	辛酉	12	1	辛卯	11	2	壬戌	10	3	壬辰	9	3	壬戌	8	5	癸巳
八	1	1	壬戌	12	2	壬辰	11	3	癸亥	10	4	癸巳	9	4	癸亥	8	6	甲午
九	1	2	癸亥	12	3	癸巳	11	4	甲子	10	5	甲午	9	5	甲子	8	7	乙未
十	1	3	甲子	12	4	甲午	11	5	乙丑	10	6	乙未	9	6	乙丑	8	8	丙申
十一	1	4	乙丑	12	5	乙未	11	6	丙寅	10	7	丙申	9	7	丙寅	8	9	丁酉
十二	1	5	丙寅	12	6	丙申	11	7	丁卯	10	8	丁酉	9	8	丁卯	8	10	戊戌
十三	1	6	丁卯	12	7	丁酉	11	8	戊辰	10	9	戊戌	9	9	戊辰	8	11	己亥
十四	1	7	戊辰	12	8	戊戌	11	9	己巳	10	10	己亥	9	10	己巳	8	12	庚子
十五	1	8	己巳	12	9	己亥	11	10	庚午	10	11	庚子	9	11	庚午	8	13	辛丑
十六	1	9	庚午	12	10	庚子	11	11	辛未	10	12	辛丑	9	12	辛未	8	14	壬寅
十七	1	10	辛未	12	11	辛丑	11	12	壬申	10	13	壬寅	9	13	壬申	8	15	癸卯
十八	1	11	壬申	12	12	壬寅	11	13	癸酉	10	14	癸卯	9	14	癸酉	8	16	甲辰
十九	1	12	癸酉	12	13	癸卯	11	14	甲戌	10	15	甲辰	9	15	甲戌	8	17	乙巳
二十	1	13	甲戌	12	14	甲辰	11	15	乙亥	10	16	乙巳	9	16	乙亥	8	18	丙午
二十一	1	14	乙亥	12	15	乙巳	11	16	丙子	10	17	丙午	9	17	丙子	8	19	丁未
二十二	1	15	丙子	12	16	丙午	11	17	丁丑	10	18	丁未	9	18	丁丑	8	20	戊申
二十三	1	16	丁丑	12	17	丁未	11	18	戊寅	10	19	戊申	9	19	戊寅	8	21	己酉
二十四	1	17	戊寅	12	18	戊申	11	19	己卯	10	20	己酉	9	20	己卯	8	22	庚戌
二十五	1	18	己卯	12	19	己酉	11	20	庚辰	10	21	庚戌	9	21	庚辰	8	23	辛亥
二十六	1	19	庚辰	12	20	庚戌	11	21	辛巳	10	22	辛亥	9	22	辛巳	8	24	壬子
二十七	1	20	辛巳	12	21	辛亥	11	22	壬午	10	23	壬子	9	23	壬午	8	25	癸丑
二十八	1	21	壬午	12	22	壬子	11	23	癸未	10	24	癸丑	9	24	癸未	8	26	甲寅
二十九	1	22	癸未	12	23	癸丑	11	24	甲申	10	25	甲寅	9	25	甲申	8	27	乙卯
三十	1	23	甲申	12	24	甲寅				10	26	乙卯	9	26	乙酉			

西暦一九五五年（昭和30年）乙未

五月			四月			閏三月			三月			二月			一月			旧暦
壬午月			辛巳月						庚辰月			己卯月			戊寅月			干支
新暦		干支	新暦		干支	新暦		干支	新暦		干支	新暦		干支	新暦		干支	旧暦
6	20	壬子	5	22	癸未	4	22	癸丑	3	24	甲申	2	22	甲寅	1	24	乙酉	一
6	21	癸丑	5	23	甲申	4	23	甲寅	3	25	乙酉	2	23	乙卯	1	25	丙戌	二
6	22	甲寅	5	24	乙酉	4	24	乙卯	3	26	丙戌	2	24	丙辰	1	26	丁亥	三
6	23	乙卯	5	25	丙戌	4	25	丙辰	3	27	丁亥	2	25	丁巳	1	27	戊子	四
6	24	丙辰	5	26	丁亥	4	26	丁巳	3	28	戊子	2	26	戊午	1	28	己丑	五
6	25	丁巳	5	27	戊子	4	27	戊午	3	29	己丑	2	27	己未	1	29	庚寅	六
6	26	戊午	5	28	己丑	4	28	己未	3	30	庚寅	2	28	庚申	1	30	辛卯	七
6	27	己未	5	29	庚寅	4	29	庚申	3	31	辛卯	3	1	辛酉	1	31	壬辰	八
6	28	庚申	5	30	辛卯	4	30	辛酉	4	1	壬辰	3	2	壬戌	2	1	癸巳	九
6	29	辛酉	5	31	壬辰	5	1	壬戌	4	2	癸巳	3	3	癸亥	2	2	甲午	十
6	30	壬戌	6	1	癸巳	5	2	癸亥	4	3	甲午	3	4	甲子	2	3	乙未	十一
7	1	癸亥	6	2	甲午	5	3	甲子	4	4	乙未	3	5	乙丑	2	4	丙申	十二
7	2	甲子	6	3	乙未	5	4	乙丑	4	5	丙申	3	6	丙寅	2	5	丁酉	十三
7	3	乙丑	6	4	丙申	5	5	丙寅	4	6	丁酉	3	7	丁卯	2	6	戊戌	十四
7	4	丙寅	6	5	丁酉	5	6	丁卯	4	7	戊戌	3	8	戊辰	2	7	己亥	十五
7	5	丁卯	6	6	戊戌	5	7	戊辰	4	8	己亥	3	9	己巳	2	8	庚子	十六
7	6	戊辰	6	7	己亥	5	8	己巳	4	9	庚子	3	10	庚午	2	9	辛丑	十七
7	7	己巳	6	8	庚子	5	9	庚午	4	10	辛丑	3	11	辛未	2	10	壬寅	十八
7	8	庚午	6	9	辛丑	5	10	辛未	4	11	壬寅	3	12	壬申	2	11	癸卯	十九
7	9	辛未	6	10	壬寅	5	11	壬申	4	12	癸卯	3	13	癸酉	2	12	甲辰	二十
7	10	壬申	6	11	癸卯	5	12	癸酉	4	13	甲辰	3	14	甲戌	2	13	乙巳	二十一
7	11	癸酉	6	12	甲辰	5	13	甲戌	4	14	乙巳	3	15	乙亥	2	14	丙午	二十二
7	12	甲戌	6	13	乙巳	5	14	乙亥	4	15	丙午	3	16	丙子	2	15	丁未	二十三
7	13	乙亥	6	14	丙午	5	15	丙子	4	16	丁未	3	17	丁丑	2	16	戊申	二十四
7	14	丙子	6	15	丁未	5	16	丁丑	4	17	戊申	3	18	戊寅	2	17	己酉	二十五
7	15	丁丑	6	16	戊申	5	17	戊寅	4	18	己酉	3	19	己卯	2	18	庚戌	二十六
7	16	戊寅	6	17	己酉	5	18	己卯	4	19	庚戌	3	20	庚辰	2	19	辛亥	二十七
7	17	己卯	6	18	庚戌	5	19	庚辰	4	20	辛亥	3	21	辛巳	2	20	壬子	二十八
7	18	庚辰	6	19	辛亥	5	20	辛巳	4	21	壬子	3	22	壬午	2	21	癸丑	二十九
						5	21	壬午				3	23	癸未				三十

旧暦	十二月			十一月			十月			九月			八月			七月			六月		
干支	己丑月			戊子月			丁亥月			丙戌月			乙酉月			甲申月			癸未月		
旧暦	新暦		干支	新暦		干支	新暦		干支	新暦		干支	新暦		干支	新暦		干支	新暦		干支
一	1	13	己卯	12	14	己酉	11	14	己卯	10	16	庚戌	9	16	庚辰	8	18	辛亥	7	19	辛巳
二	1	14	庚辰	12	15	庚戌	11	15	庚辰	10	17	辛亥	9	17	辛巳	8	19	壬子	7	20	壬午
三	1	15	辛巳	12	16	辛亥	11	16	辛巳	10	18	壬子	9	18	壬午	8	20	癸丑	7	21	癸未
四	1	16	壬午	12	17	壬子	11	17	壬午	10	19	癸丑	9	19	癸未	8	21	甲寅	7	22	甲申
五	1	17	癸未	12	18	癸丑	11	18	癸未	10	20	甲寅	9	20	甲申	8	22	乙卯	7	23	乙酉
六	1	18	甲申	12	19	甲寅	11	19	甲申	10	21	乙卯	9	21	乙酉	8	23	丙辰	7	24	丙戌
七	1	19	乙酉	12	20	乙卯	11	20	乙酉	10	22	丙辰	9	22	丙戌	8	24	丁巳	7	25	丁亥
八	1	20	丙戌	12	21	丙辰	11	21	丙戌	10	23	丁巳	9	23	丁亥	8	25	戊午	7	26	戊子
九	1	21	丁亥	12	22	丁巳	11	22	丁亥	10	24	戊午	9	24	戊子	8	26	己未	7	27	己丑
十	1	22	戊子	12	23	戊午	11	23	戊子	10	25	己未	9	25	己丑	8	27	庚申	7	28	庚寅
十一	1	23	己丑	12	24	己未	11	24	己丑	10	26	庚申	9	26	庚寅	8	28	辛酉	7	29	辛卯
十二	1	24	庚寅	12	25	庚申	11	25	庚寅	10	27	辛酉	9	27	辛卯	8	29	壬戌	7	30	壬辰
十三	1	25	辛卯	12	26	辛酉	11	26	辛卯	10	28	壬戌	9	28	壬辰	8	30	癸亥	7	31	癸巳
十四	1	26	壬辰	12	27	壬戌	11	27	壬辰	10	29	癸亥	9	29	癸巳	8	31	甲子	8	1	甲午
十五	1	27	癸巳	12	28	癸亥	11	28	癸巳	10	30	甲子	9	30	甲午	9	1	乙丑	8	2	乙未
十六	1	28	甲午	12	29	甲子	11	29	甲午	10	31	乙丑	10	1	乙未	9	2	丙寅	8	3	丙申
十七	1	29	乙未	12	30	乙丑	11	30	乙未	11	1	丙寅	10	2	丙申	9	3	丁卯	8	4	丁酉
十八	1	30	丙申	12	31	丙寅	12	1	丙申	11	2	丁卯	10	3	丁酉	9	4	戊辰	8	5	戊戌
十九	1	31	丁酉	1	1	丁卯	12	2	丁酉	11	3	戊辰	10	4	戊戌	9	5	己巳	8	6	己亥
二十	2	1	戊戌	1	2	戊辰	12	3	戊戌	11	4	己巳	10	5	己亥	9	6	庚午	8	7	庚子
二十一	2	2	己亥	1	3	己巳	12	4	己亥	11	5	庚午	10	6	庚子	9	7	辛未	8	8	辛丑
二十二	2	3	庚子	1	4	庚午	12	5	庚子	11	6	辛未	10	7	辛丑	9	8	壬申	8	9	壬寅
二十三	2	4	辛丑	1	5	辛未	12	6	辛丑	11	7	壬申	10	8	壬寅	9	9	癸酉	8	10	癸卯
二十四	2	5	壬寅	1	6	壬申	12	7	壬寅	11	8	癸酉	10	9	癸卯	9	10	甲戌	8	11	甲辰
二十五	2	6	癸卯	1	7	癸酉	12	8	癸卯	11	9	甲戌	10	10	甲辰	9	11	乙亥	8	12	乙巳
二十六	2	7	甲辰	1	8	甲戌	12	9	甲辰	11	10	乙亥	10	11	乙巳	9	12	丙子	8	13	丙午
二十七	2	8	乙巳	1	9	乙亥	12	10	乙巳	11	11	丙子	10	12	丙午	9	13	丁丑	8	14	丁未
二十八	2	9	丙午	1	10	丙子	12	11	丙午	11	12	丁丑	10	13	丁未	9	14	戊寅	8	15	戊申
二十九	2	10	丁未	1	11	丁丑	12	12	丁未	11	13	戊寅	10	14	戊申	9	15	己卯	8	16	己酉
三十	2	11	戊申	1	12	戊寅	12	13	戊申				10	15	己酉				8	17	庚戌

西暦一九五六年（昭和31年）丙申

六月			五月			四月			三月			二月			一月			旧暦
乙未月			甲午月			癸巳月			壬辰月			辛卯月			庚寅月			干支
新暦		干支	新暦		干支	新暦		干支	新暦		干支	新暦		干支	新暦		干支	旧暦
7	8	丙子	6	9	丁未	5	10	丁丑	4	11	戊申	3	12	戊寅	2	12	己酉	一
7	9	丁丑	6	10	戊申	5	11	戊寅	4	12	己酉	3	13	己卯	2	13	庚戌	二
7	10	戊寅	6	11	己酉	5	12	己卯	4	13	庚戌	3	14	庚辰	2	14	辛亥	三
7	11	己卯	6	12	庚戌	5	13	庚辰	4	14	辛亥	3	15	辛巳	2	15	壬子	四
7	12	庚辰	6	13	辛亥	5	14	辛巳	4	15	壬子	3	16	壬午	2	16	癸丑	五
7	13	辛巳	6	14	壬子	5	15	壬午	4	16	癸丑	3	17	癸未	2	17	甲寅	六
7	14	壬午	6	15	癸丑	5	16	癸未	4	17	甲寅	3	18	甲申	2	18	乙卯	七
7	15	癸未	6	16	甲寅	5	17	甲申	4	18	乙卯	3	19	乙酉	2	19	丙辰	八
7	16	甲申	6	17	乙卯	5	18	乙酉	4	19	丙辰	3	20	丙戌	2	20	丁巳	九
7	17	乙酉	6	18	丙辰	5	19	丙戌	4	20	丁巳	3	21	丁亥	2	21	戊午	十
7	18	丙戌	6	19	丁巳	5	20	丁亥	4	21	戊午	3	22	戊子	2	22	己未	十一
7	19	丁亥	6	20	戊午	5	21	戊子	4	22	己未	3	23	己丑	2	23	庚申	十二
7	20	戊子	6	21	己未	5	22	己丑	4	23	庚申	3	24	庚寅	2	24	辛酉	十三
7	21	己丑	6	22	庚申	5	23	庚寅	4	24	辛酉	3	25	辛卯	2	25	壬戌	十四
7	22	庚寅	6	23	辛酉	5	24	辛卯	4	25	壬戌	3	26	壬辰	2	26	癸亥	十五
7	23	辛卯	6	24	壬戌	5	25	壬辰	4	26	癸亥	3	27	癸巳	2	27	甲子	十六
7	24	壬辰	6	25	癸亥	5	26	癸巳	4	27	甲子	3	28	甲午	2	28	乙丑	十七
7	25	癸巳	6	26	甲子	5	27	甲午	4	28	乙丑	3	29	乙未	2	29	丙寅	十八
7	26	甲午	6	27	乙丑	5	28	乙未	4	29	丙寅	3	30	丙申	3	1	丁卯	十九
7	27	乙未	6	28	丙寅	5	29	丙申	4	30	丁卯	3	31	丁酉	3	2	戊辰	二十
7	28	丙申	6	29	丁卯	5	30	丁酉	5	1	戊辰	4	1	戊戌	3	3	己巳	二十一
7	29	丁酉	6	30	戊辰	5	31	戊戌	5	2	己巳	4	2	己亥	3	4	庚午	二十二
7	30	戊戌	7	1	己巳	6	1	己亥	5	3	庚午	4	3	庚子	3	5	辛未	二十三
7	31	己亥	7	2	庚午	6	2	庚子	5	4	辛未	4	4	辛丑	3	6	壬申	二十四
8	1	庚子	7	3	辛未	6	3	辛丑	5	5	壬申	4	5	壬寅	3	7	癸酉	二十五
8	2	辛丑	7	4	壬申	6	4	壬寅	5	6	癸酉	4	6	癸卯	3	8	甲戌	二十六
8	3	壬寅	7	5	癸酉	6	5	癸卯	5	7	甲戌	4	7	甲辰	3	9	乙亥	二十七
8	4	癸卯	7	6	甲戌	6	6	甲辰	5	8	乙亥	4	8	乙巳	3	10	丙子	二十八
8	5	甲辰	7	7	乙亥	6	7	乙巳	5	9	丙子	4	9	丙午	3	11	丁丑	二十九
						6	8	丙午				4	10	丁未				三十

旧暦	十二月			十一月			十月			九月			八月			七月		
干支	辛丑月			庚子月			己亥月			戊戌月			丁酉月			丙申月		
旧暦	新暦		干支	新暦		干支	新暦		干支	新暦		干支	新暦		干支	新暦		干支
一	1	1	癸酉	12	2	癸卯	11	3	甲戌	10	4	甲辰	9	5	乙亥	8	6	乙巳
二	1	2	甲戌	12	3	甲辰	11	4	乙亥	10	5	乙巳	9	6	丙子	8	7	丙午
三	1	3	乙亥	12	4	乙巳	11	5	丙子	10	6	丙午	9	7	丁丑	8	8	丁未
四	1	4	丙子	12	5	丙午	11	6	丁丑	10	7	丁未	9	8	戊寅	8	9	戊申
五	1	5	丁丑	12	6	丁未	11	7	戊寅	10	8	戊申	9	9	己卯	8	10	己酉
六	1	6	戊寅	12	7	戊申	11	8	己卯	10	9	己酉	9	10	庚辰	8	11	庚戌
七	1	7	己卯	12	8	己酉	11	9	庚辰	10	10	庚戌	9	11	辛巳	8	12	辛亥
八	1	8	庚辰	12	9	庚戌	11	10	辛巳	10	11	辛亥	9	12	壬午	8	13	壬子
九	1	9	辛巳	12	10	辛亥	11	11	壬午	10	12	壬子	9	13	癸未	8	14	癸丑
十	1	10	壬午	12	11	壬子	11	12	癸未	10	13	癸丑	9	14	甲申	8	15	甲寅
十一	1	11	癸未	12	12	癸丑	11	13	甲申	10	14	甲寅	9	15	乙酉	8	16	乙卯
十二	1	12	甲申	12	13	甲寅	11	14	乙酉	10	15	乙卯	9	16	丙戌	8	17	丙辰
十三	1	13	乙酉	12	14	乙卯	11	15	丙戌	10	16	丙辰	9	17	丁亥	8	18	丁巳
十四	1	14	丙戌	12	15	丙辰	11	16	丁亥	10	17	丁巳	9	18	戊子	8	19	戊午
十五	1	15	丁亥	12	16	丁巳	11	17	戊子	10	18	戊午	9	19	己丑	8	20	己未
十六	1	16	戊子	12	17	戊午	11	18	己丑	10	19	己未	9	20	庚寅	8	21	庚申
十七	1	17	己丑	12	18	己未	11	19	庚寅	10	20	庚申	9	21	辛卯	8	22	辛酉
十八	1	18	庚寅	12	19	庚申	11	20	辛卯	10	21	辛酉	9	22	壬辰	8	23	壬戌
十九	1	19	辛卯	12	20	辛酉	11	21	壬辰	10	22	壬戌	9	23	癸巳	8	24	癸亥
二十	1	20	壬辰	12	21	壬戌	11	22	癸巳	10	23	癸亥	9	24	甲午	8	25	甲子
二十一	1	21	癸巳	12	22	癸亥	11	23	甲午	10	24	甲子	9	25	乙未	8	26	乙丑
二十二	1	22	甲午	12	23	甲子	11	24	乙未	10	25	乙丑	9	26	丙申	8	27	丙寅
二十三	1	23	乙未	12	24	乙丑	11	25	丙申	10	26	丙寅	9	27	丁酉	8	28	丁卯
二十四	1	24	丙申	12	25	丙寅	11	26	丁酉	10	27	丁卯	9	28	戊戌	8	29	戊辰
二十五	1	25	丁酉	12	26	丁卯	11	27	戊戌	10	28	戊辰	9	29	己亥	8	30	己巳
二十六	1	26	戊戌	12	27	戊辰	11	28	己亥	10	29	己巳	9	30	庚子	8	31	庚午
二十七	1	27	己亥	12	28	己巳	11	29	庚子	10	30	庚午	10	1	辛丑	9	1	辛未
二十八	1	28	庚子	12	29	庚午	11	30	辛丑	10	31	辛未	10	2	壬寅	9	2	壬申
二十九	1	29	辛丑	12	30	辛未	12	1	壬寅	11	1	壬申	10	3	癸卯	9	3	癸酉
三十	1	30	壬寅	12	31	壬申				11	2	癸酉				9	4	甲戌

西暦 一九五七年（昭和32年）丁酉

六月			五月			四月			三月			二月			一月			旧暦
丁未月			丙午月			乙巳月			甲辰月			癸卯月			壬寅月			干支
新暦		干支	新暦		干支	新暦		干支	新暦		干支	新暦		干支	新暦		干支	旧暦
6	28	辛未	5	29	辛丑	4	30	壬申	3	31	壬寅	3	2	癸酉	1	31	癸卯	一
6	29	壬申	5	30	壬寅	5	1	癸酉	4	1	癸卯	3	3	甲戌	2	1	甲辰	二
6	30	癸酉	5	31	癸卯	5	2	甲戌	4	2	甲辰	3	4	乙亥	2	2	乙巳	三
7	1	甲戌	6	1	甲辰	5	3	乙亥	4	3	乙巳	3	5	丙子	2	3	丙午	四
7	2	乙亥	6	2	乙巳	5	4	丙子	4	4	丙午	3	6	丁丑	2	4	丁未	五
7	3	丙子	6	3	丙午	5	5	丁丑	4	5	丁未	3	7	戊寅	2	5	戊申	六
7	4	丁丑	6	4	丁未	5	6	戊寅	4	6	戊申	3	8	己卯	2	6	己酉	七
7	5	戊寅	6	5	戊申	5	7	己卯	4	7	己酉	3	9	庚辰	2	7	庚戌	八
7	6	己卯	6	6	己酉	5	8	庚辰	4	8	庚戌	3	10	辛巳	2	8	辛亥	九
7	7	庚辰	6	7	庚戌	5	9	辛巳	4	9	辛亥	3	11	壬午	2	9	壬子	十
7	8	辛巳	6	8	辛亥	5	10	壬午	4	10	壬子	3	12	癸未	2	10	癸丑	十一
7	9	壬午	6	9	壬子	5	11	癸未	4	11	癸丑	3	13	甲申	2	11	甲寅	十二
7	10	癸未	6	10	癸丑	5	12	甲申	4	12	甲寅	3	14	乙酉	2	12	乙卯	十三
7	11	甲申	6	11	甲寅	5	13	乙酉	4	13	乙卯	3	15	丙戌	2	13	丙辰	十四
7	12	乙酉	6	12	乙卯	5	14	丙戌	4	14	丙辰	3	16	丁亥	2	14	丁巳	十五
7	13	丙戌	6	13	丙辰	5	15	丁亥	4	15	丁巳	3	17	戊子	2	15	戊午	十六
7	14	丁亥	6	14	丁巳	5	16	戊子	4	16	戊午	3	18	己丑	2	16	己未	十七
7	15	戊子	6	15	戊午	5	17	己丑	4	17	己未	3	19	庚寅	2	17	庚申	十八
7	16	己丑	6	16	己未	5	18	庚寅	4	18	庚申	3	20	辛卯	2	18	辛酉	十九
7	17	庚寅	6	17	庚申	5	19	辛卯	4	19	辛酉	3	21	壬辰	2	19	壬戌	二十
7	18	辛卯	6	18	辛酉	5	20	壬辰	4	20	壬戌	3	22	癸巳	2	20	癸亥	二十一
7	19	壬辰	6	19	壬戌	5	21	癸巳	4	21	癸亥	3	23	甲午	2	21	甲子	二十二
7	20	癸巳	6	20	癸亥	5	22	甲午	4	22	甲子	3	24	乙未	2	22	乙丑	二十三
7	21	甲午	6	21	甲子	5	23	乙未	4	23	乙丑	3	25	丙申	2	23	丙寅	二十四
7	22	乙未	6	22	乙丑	5	24	丙申	4	24	丙寅	3	26	丁酉	2	24	丁卯	二十五
7	23	丙申	6	23	丙寅	5	25	丁酉	4	25	丁卯	3	27	戊戌	2	25	戊辰	二十六
7	24	丁酉	6	24	丁卯	5	26	戊戌	4	26	戊辰	3	28	己亥	2	26	己巳	二十七
7	25	戊戌	6	25	戊辰	5	27	己亥	4	27	己巳	3	29	庚子	2	27	庚午	二十八
7	26	己亥	6	26	己巳	5	28	庚子	4	28	庚午	3	30	辛丑	2	28	辛未	二十九
			6	27	庚午				4	29	辛未				3	1	壬申	三十

旧暦	十二月			十一月			十月			九月			閏八月			八月			七月		
干支	癸丑月			壬子月			辛亥月			庚戌月						己酉月			戊申月		
旧暦	新暦		干支	新暦		干支	新暦		干支	新暦		干支	新暦		干支	新暦		干支	新暦		干支
一	1	20	丁酉	12	21	丁卯	11	22	戊戌	10	23	戊辰	9	24	己亥	8	25	己巳	7	27	庚子
二	1	21	戊戌	12	22	戊辰	11	23	己亥	10	24	己巳	9	25	庚子	8	26	庚午	7	28	辛丑
三	1	22	己亥	12	23	己巳	11	24	庚子	10	25	庚午	9	26	辛丑	8	27	辛未	7	29	壬寅
四	1	23	庚子	12	24	庚午	11	25	辛丑	10	26	辛未	9	27	壬寅	8	28	壬申	7	30	癸卯
五	1	24	辛丑	12	25	辛未	11	26	壬寅	10	27	壬申	9	28	癸卯	8	29	癸酉	7	31	甲辰
六	1	25	壬寅	12	26	壬申	11	27	癸卯	10	28	癸酉	9	29	甲辰	8	30	甲戌	8	1	乙巳
七	1	26	癸卯	12	27	癸酉	11	28	甲辰	10	29	甲戌	9	30	乙巳	8	31	乙亥	8	2	丙午
八	1	27	甲辰	12	28	甲戌	11	29	乙巳	10	30	乙亥	10	1	丙午	9	1	丙子	8	3	丁未
九	1	28	乙巳	12	29	乙亥	11	30	丙午	10	31	丙子	10	2	丁未	9	2	丁丑	8	4	戊申
十	1	29	丙午	12	30	丙子	12	1	丁未	11	1	丁丑	10	3	戊申	9	3	戊寅	8	5	己酉
十一	1	30	丁未	12	31	丁丑	12	2	戊申	11	2	戊寅	10	4	己酉	9	4	己卯	8	6	庚戌
十二	1	31	戊申	1	1	戊寅	12	3	己酉	11	3	己卯	10	5	庚戌	9	5	庚辰	8	7	辛亥
十三	2	1	己酉	1	2	己卯	12	4	庚戌	11	4	庚辰	10	6	辛亥	9	6	辛巳	8	8	壬子
十四	2	2	庚戌	1	3	庚辰	12	5	辛亥	11	5	辛巳	10	7	壬子	9	7	壬午	8	9	癸丑
十五	2	3	辛亥	1	4	辛巳	12	6	壬子	11	6	壬午	10	8	癸丑	9	8	癸未	8	10	甲寅
十六	2	4	壬子	1	5	壬午	12	7	癸丑	11	7	癸未	10	9	甲寅	9	9	甲申	8	11	乙卯
十七	2	5	癸丑	1	6	癸未	12	8	甲寅	11	8	甲申	10	10	乙卯	9	10	乙酉	8	12	丙辰
十八	2	6	甲寅	1	7	甲申	12	9	乙卯	11	9	乙酉	10	11	丙辰	9	11	丙戌	8	13	丁巳
十九	2	7	乙卯	1	8	乙酉	12	10	丙辰	11	10	丙戌	10	12	丁巳	9	12	丁亥	8	14	戊午
二十	2	8	丙辰	1	9	丙戌	12	11	丁巳	11	11	丁亥	10	13	戊午	9	13	戊子	8	15	己未
二十一	2	9	丁巳	1	10	丁亥	12	12	戊午	11	12	戊子	10	14	己未	9	14	己丑	8	16	庚申
二十二	2	10	戊午	1	11	戊子	12	13	己未	11	13	己丑	10	15	庚申	9	15	庚寅	8	17	辛酉
二十三	2	11	己未	1	12	己丑	12	14	庚申	11	14	庚寅	10	16	辛酉	9	16	辛卯	8	18	壬戌
二十四	2	12	庚申	1	13	庚寅	12	15	辛酉	11	15	辛卯	10	17	壬戌	9	17	壬辰	8	19	癸亥
二十五	2	13	辛酉	1	14	辛卯	12	16	壬戌	11	16	壬辰	10	18	癸亥	9	18	癸巳	8	20	甲子
二十六	2	14	壬戌	1	15	壬辰	12	17	癸亥	11	17	癸巳	10	19	甲子	9	19	甲午	8	21	乙丑
二十七	2	15	癸亥	1	16	癸巳	12	18	甲子	11	18	甲午	10	20	乙丑	9	20	乙未	8	22	丙寅
二十八	2	16	甲子	1	17	甲午	12	19	乙丑	11	19	乙未	10	21	丙寅	9	21	丙申	8	23	丁卯
二十九	2	17	乙丑	1	18	乙未	12	20	丙寅	11	20	丙申	10	22	丁卯	9	22	丁酉	8	24	戊辰
三十				1	19	丙申				11	21	丁酉				9	23	戊戌			

西暦一九五八年（昭和33年）戊戌

六月			五月			四月			三月			二月			一月			旧暦
己未月			戊午月			丁巳月			丙辰月			乙卯月			甲寅月			干支
新暦		干支	新暦		干支	新暦		干支	新暦		干支	新暦		干支	新暦		干支	旧暦
7	17	乙未	6	17	乙丑	5	19	丙申	4	19	丙寅	3	20	丙申	2	18	丙寅	一
7	18	丙申	6	18	丙寅	5	20	丁酉	4	20	丁卯	3	21	丁酉	2	19	丁卯	二
7	19	丁酉	6	19	丁卯	5	21	戊戌	4	21	戊辰	3	22	戊戌	2	20	戊辰	三
7	20	戊戌	6	20	戊辰	5	22	己亥	4	22	己巳	3	23	己亥	2	21	己巳	四
7	21	己亥	6	21	己巳	5	23	庚子	4	23	庚午	3	24	庚子	2	22	庚午	五
7	22	庚子	6	22	庚午	5	24	辛丑	4	24	辛未	3	25	辛丑	2	23	辛未	六
7	23	辛丑	6	23	辛未	5	25	壬寅	4	25	壬申	3	26	壬寅	2	24	壬申	七
7	24	壬寅	6	24	壬申	5	26	癸卯	4	26	癸酉	3	27	癸卯	2	25	癸酉	八
7	25	癸卯	6	25	癸酉	5	27	甲辰	4	27	甲戌	3	28	甲辰	2	26	甲戌	九
7	26	甲辰	6	26	甲戌	5	28	乙巳	4	28	乙亥	3	29	乙巳	2	27	乙亥	十
7	27	乙巳	6	27	乙亥	5	29	丙午	4	29	丙子	3	30	丙午	2	28	丙子	十一
7	28	丙午	6	28	丙子	5	30	丁未	4	30	丁丑	3	31	丁未	3	1	丁丑	十二
7	29	丁未	6	29	丁丑	5	31	戊申	5	1	戊寅	4	1	戊申	3	2	戊寅	十三
7	30	戊申	6	30	戊寅	6	1	己酉	5	2	己卯	4	2	己酉	3	3	己卯	十四
7	31	己酉	7	1	己卯	6	2	庚戌	5	3	庚辰	4	3	庚戌	3	4	庚辰	十五
8	1	庚戌	7	2	庚辰	6	3	辛亥	5	4	辛巳	4	4	辛亥	3	5	辛巳	十六
8	2	辛亥	7	3	辛巳	6	4	壬子	5	5	壬午	4	5	壬子	3	6	壬午	十七
8	3	壬子	7	4	壬午	6	5	癸丑	5	6	癸未	4	6	癸丑	3	7	癸未	十八
8	4	癸丑	7	5	癸未	6	6	甲寅	5	7	甲申	4	7	甲寅	3	8	甲申	十九
8	5	甲寅	7	6	甲申	6	7	乙卯	5	8	乙酉	4	8	乙卯	3	9	乙酉	二十
8	6	乙卯	7	7	乙酉	6	8	丙辰	5	9	丙戌	4	9	丙辰	3	10	丙戌	二十一
8	7	丙辰	7	8	丙戌	6	9	丁巳	5	10	丁亥	4	10	丁巳	3	11	丁亥	二十二
8	8	丁巳	7	9	丁亥	6	10	戊午	5	11	戊子	4	11	戊午	3	12	戊子	二十三
8	9	戊午	7	10	戊子	6	11	己未	5	12	己丑	4	12	己未	3	13	己丑	二十四
8	10	己未	7	11	己丑	6	12	庚申	5	13	庚寅	4	13	庚申	3	14	庚寅	二十五
8	11	庚申	7	12	庚寅	6	13	辛酉	5	14	辛卯	4	14	辛酉	3	15	辛卯	二十六
8	12	辛酉	7	13	辛卯	6	14	壬戌	5	15	壬辰	4	15	壬戌	3	16	壬辰	二十七
8	13	壬戌	7	14	壬辰	6	15	癸亥	5	16	癸巳	4	16	癸亥	3	17	癸巳	二十八
8	14	癸亥	7	15	癸巳	6	16	甲子	5	17	甲午	4	17	甲子	3	18	甲午	二十九
			7	16	甲午				5	18	乙未	4	18	乙丑	3	19	乙未	三十

旧暦	十二月			十一月			十月			九月			八月			七月		
干支	乙丑月			甲子月			癸亥月			壬戌月			辛酉月			庚申月		
旧暦	新暦		干支	新暦		干支	新暦		干支	新暦		干支	新暦		干支	新暦		干支
一	1	9	辛卯	12	11	壬戌	11	11	壬辰	10	13	癸亥	9	13	癸巳	8	15	甲子
二	1	10	壬辰	12	12	癸亥	11	12	癸巳	10	14	甲子	9	14	甲午	8	16	乙丑
三	1	11	癸巳	12	13	甲子	11	13	甲午	10	15	乙丑	9	15	乙未	8	17	丙寅
四	1	12	甲午	12	14	乙丑	11	14	乙未	10	16	丙寅	9	16	丙申	8	18	丁卯
五	1	13	乙未	12	15	丙寅	11	15	丙申	10	17	丁卯	9	17	丁酉	8	19	戊辰
六	1	14	丙申	12	16	丁卯	11	16	丁酉	10	18	戊辰	9	18	戊戌	8	20	己巳
七	1	15	丁酉	12	17	戊辰	11	17	戊戌	10	19	己巳	9	19	己亥	8	21	庚午
八	1	16	戊戌	12	18	己巳	11	18	己亥	10	20	庚午	9	20	庚子	8	22	辛未
九	1	17	己亥	12	19	庚午	11	19	庚子	10	21	辛未	9	21	辛丑	8	23	壬申
十	1	18	庚子	12	20	辛未	11	20	辛丑	10	22	壬申	9	22	壬寅	8	24	癸酉
十一	1	19	辛丑	12	21	壬申	11	21	壬寅	10	23	癸酉	9	23	癸卯	8	25	甲戌
十二	1	20	壬寅	12	22	癸酉	11	22	癸卯	10	24	甲戌	9	24	甲辰	8	26	乙亥
十三	1	21	癸卯	12	23	甲戌	11	23	甲辰	10	25	乙亥	9	25	乙巳	8	27	丙子
十四	1	22	甲辰	12	24	乙亥	11	24	乙巳	10	26	丙子	9	26	丙午	8	28	丁丑
十五	1	23	乙巳	12	25	丙子	11	25	丙午	10	27	丁丑	9	27	丁未	8	29	戊寅
十六	1	24	丙午	12	26	丁丑	11	26	丁未	10	28	戊寅	9	28	戊申	8	30	己卯
十七	1	25	丁未	12	27	戊寅	11	27	戊申	10	29	己卯	9	29	己酉	8	31	庚辰
十八	1	26	戊申	12	28	己卯	11	28	己酉	10	30	庚辰	9	30	庚戌	9	1	辛巳
十九	1	27	己酉	12	29	庚辰	11	29	庚戌	10	31	辛巳	10	1	辛亥	9	2	壬午
二十	1	28	庚戌	12	30	辛巳	11	30	辛亥	11	1	壬午	10	2	壬子	9	3	癸未
二十一	1	29	辛亥	12	31	壬午	12	1	壬子	11	2	癸未	10	3	癸丑	9	4	甲申
二十二	1	30	壬子	1	1	癸未	12	2	癸丑	11	3	甲申	10	4	甲寅	9	5	乙酉
二十三	1	31	癸丑	1	2	甲申	12	3	甲寅	11	4	乙酉	10	5	乙卯	9	6	丙戌
二十四	2	1	甲寅	1	3	乙酉	12	4	乙卯	11	5	丙戌	10	6	丙辰	9	7	丁亥
二十五	2	2	乙卯	1	4	丙戌	12	5	丙辰	11	6	丁亥	10	7	丁巳	9	8	戊子
二十六	2	3	丙辰	1	5	丁亥	12	6	丁巳	11	7	戊子	10	8	戊午	9	9	己丑
二十七	2	4	丁巳	1	6	戊子	12	7	戊午	11	8	己丑	10	9	己未	9	10	庚寅
二十八	2	5	戊午	1	7	己丑	12	8	己未	11	9	庚寅	10	10	庚申	9	11	辛卯
二十九	2	6	己未	1	8	庚寅	12	9	庚申	11	10	辛卯	10	11	辛酉	9	12	壬辰
三十	2	7	庚申				12	10	辛酉				10	12	壬戌			

西暦一九五九年（昭和34年）己亥

六月			五月			四月			三月			二月			一月			旧暦
辛未月			庚午月			己巳月			戊辰月			丁卯月			丙寅月			干支
新暦		干支	新暦		干支	新暦		干支	新暦		干支	新暦		干支	新暦		干支	旧暦
7	6	己丑	6	6	己未	5	8	庚寅	4	8	庚申	3	9	庚寅	2	8	辛酉	一
7	7	庚寅	6	7	庚申	5	9	辛卯	4	9	辛酉	3	10	辛卯	2	9	壬戌	二
7	8	辛卯	6	8	辛酉	5	10	壬辰	4	10	壬戌	3	11	壬辰	2	10	癸亥	三
7	9	壬辰	6	9	壬戌	5	11	癸巳	4	11	癸亥	3	12	癸巳	2	11	甲子	四
7	10	癸巳	6	10	癸亥	5	12	甲午	4	12	甲子	3	13	甲午	2	12	乙丑	五
7	11	甲午	6	11	甲子	5	13	乙未	4	13	乙丑	3	14	乙未	2	13	丙寅	六
7	12	乙未	6	12	乙丑	5	14	丙申	4	14	丙寅	3	15	丙申	2	14	丁卯	七
7	13	丙申	6	13	丙寅	5	15	丁酉	4	15	丁卯	3	16	丁酉	2	15	戊辰	八
7	14	丁酉	6	14	丁卯	5	16	戊戌	4	16	戊辰	3	17	戊戌	2	16	己巳	九
7	15	戊戌	6	15	戊辰	5	17	己亥	4	17	己巳	3	18	己亥	2	17	庚午	十
7	16	己亥	6	16	己巳	5	18	庚子	4	18	庚午	3	19	庚子	2	18	辛未	十一
7	17	庚子	6	17	庚午	5	19	辛丑	4	19	辛未	3	20	辛丑	2	19	壬申	十二
7	18	辛丑	6	18	辛未	5	20	壬寅	4	20	壬申	3	21	壬寅	2	20	癸酉	十三
7	19	壬寅	6	19	壬申	5	21	癸卯	4	21	癸酉	3	22	癸卯	2	21	甲戌	十四
7	20	癸卯	6	20	癸酉	5	22	甲辰	4	22	甲戌	3	23	甲辰	2	22	乙亥	十五
7	21	甲辰	6	21	甲戌	5	23	乙巳	4	23	乙亥	3	24	乙巳	2	23	丙子	十六
7	22	乙巳	6	22	乙亥	5	24	丙午	4	24	丙子	3	25	丙午	2	24	丁丑	十七
7	23	丙午	6	23	丙子	5	25	丁未	4	25	丁丑	3	26	丁未	2	25	戊寅	十八
7	24	丁未	6	24	丁丑	5	26	戊申	4	26	戊寅	3	27	戊申	2	26	己卯	十九
7	25	戊申	6	25	戊寅	5	27	己酉	4	27	己卯	3	28	己酉	2	27	庚辰	二十
7	26	己酉	6	26	己卯	5	28	庚戌	4	28	庚辰	3	29	庚戌	2	28	辛巳	二十一
7	27	庚戌	6	27	庚辰	5	29	辛亥	4	29	辛巳	3	30	辛亥	3	1	壬午	二十二
7	28	辛亥	6	28	辛巳	5	30	壬子	4	30	壬午	3	31	壬子	3	2	癸未	二十三
7	29	壬子	6	29	壬午	5	31	癸丑	5	1	癸未	4	1	癸丑	3	3	甲申	二十四
7	30	癸丑	6	30	癸未	6	1	甲寅	5	2	甲申	4	2	甲寅	3	4	乙酉	二十五
7	31	甲寅	7	1	甲申	6	2	乙卯	5	3	乙酉	4	3	乙卯	3	5	丙戌	二十六
8	1	乙卯	7	2	乙酉	6	3	丙辰	5	4	丙戌	4	4	丙辰	3	6	丁亥	二十七
8	2	丙辰	7	3	丙戌	6	4	丁巳	5	5	丁亥	4	5	丁巳	3	7	戊子	二十八
8	3	丁巳	7	4	丁亥	6	5	戊午	5	6	戊子	4	6	戊午	3	8	己丑	二十九
			7	5	戊子				5	7	己丑	4	7	己未				三十

旧暦	十二月			十一月			十月			九月			八月			七月		
干支	丁丑月			丙子月			乙亥月			甲戌月			癸酉月			壬申月		
旧暦	新暦		干支	新暦		干支	新暦		干支	新暦		干支	新暦		干支	新暦		干支
一	12	30	丙戌	11	30	丙辰	11	1	丁亥	10	2	丁巳	9	3	戊子	8	4	戊午
二	12	31	丁亥	12	1	丁巳	11	2	戊子	10	3	戊午	9	4	己丑	8	5	己未
三	1	1	戊子	12	2	戊午	11	3	己丑	10	4	己未	9	5	庚寅	8	6	庚申
四	1	2	己丑	12	3	己未	11	4	庚寅	10	5	庚申	9	6	辛卯	8	7	辛酉
五	1	3	庚寅	12	4	庚申	11	5	辛卯	10	6	辛酉	9	7	壬辰	8	8	壬戌
六	1	4	辛卯	12	5	辛酉	11	6	壬辰	10	7	壬戌	9	8	癸巳	8	9	癸亥
七	1	5	壬辰	12	6	壬戌	11	7	癸巳	10	8	癸亥	9	9	甲午	8	10	甲子
八	1	6	癸巳	12	7	癸亥	11	8	甲午	10	9	甲子	9	10	乙未	8	11	乙丑
九	1	7	甲午	12	8	甲子	11	9	乙未	10	10	乙丑	9	11	丙申	8	12	丙寅
十	1	8	乙未	12	9	乙丑	11	10	丙申	10	11	丙寅	9	12	丁酉	8	13	丁卯
十一	1	9	丙申	12	10	丙寅	11	11	丁酉	10	12	丁卯	9	13	戊戌	8	14	戊辰
十二	1	10	丁酉	12	11	丁卯	11	12	戊戌	10	13	戊辰	9	14	己亥	8	15	己巳
十三	1	11	戊戌	12	12	戊辰	11	13	己亥	10	14	己巳	9	15	庚子	8	16	庚午
十四	1	12	己亥	12	13	己巳	11	14	庚子	10	15	庚午	9	16	辛丑	8	17	辛未
十五	1	13	庚子	12	14	庚午	11	15	辛丑	10	16	辛未	9	17	壬寅	8	18	壬申
十六	1	14	辛丑	12	15	辛未	11	16	壬寅	10	17	壬申	9	18	癸卯	8	19	癸酉
十七	1	15	壬寅	12	16	壬申	11	17	癸卯	10	18	癸酉	9	19	甲辰	8	20	甲戌
十八	1	16	癸卯	12	17	癸酉	11	18	甲辰	10	19	甲戌	9	20	乙巳	8	21	乙亥
十九	1	17	甲辰	12	18	甲戌	11	19	乙巳	10	20	乙亥	9	21	丙午	8	22	丙子
二十	1	18	乙巳	12	19	乙亥	11	20	丙午	10	21	丙子	9	22	丁未	8	23	丁丑
二十一	1	19	丙午	12	20	丙子	11	21	丁未	10	22	丁丑	9	23	戊申	8	24	戊寅
二十二	1	20	丁未	12	21	丁丑	11	22	戊申	10	23	戊寅	9	24	己酉	8	25	己卯
二十三	1	21	戊申	12	22	戊寅	11	23	己酉	10	24	己卯	9	25	庚戌	8	26	庚辰
二十四	1	22	己酉	12	23	己卯	11	24	庚戌	10	25	庚辰	9	26	辛亥	8	27	辛巳
二十五	1	23	庚戌	12	24	庚辰	11	25	辛亥	10	26	辛巳	9	27	壬子	8	28	壬午
二十六	1	24	辛亥	12	25	辛巳	11	26	壬子	10	27	壬午	9	28	癸丑	8	29	癸未
二十七	1	25	壬子	12	26	壬午	11	27	癸丑	10	28	癸未	9	29	甲寅	8	30	甲申
二十八	1	26	癸丑	12	27	癸未	11	28	甲寅	10	29	甲申	9	30	乙卯	8	31	乙酉
二十九	1	27	甲寅	12	28	甲申	11	29	乙卯	10	30	乙酉	10	1	丙辰	9	1	丙戌
三十				12	29	乙酉				10	31	丙戌				9	2	丁亥

西暦 一九六〇年（昭和35年）庚子

六月			五月			四月			三月			二月			一月			旧暦
癸未月			壬午月			辛巳月			庚辰月			己卯月			戊寅月			干支
新暦		干支	新暦		干支	新暦		干支	新暦		干支	新暦		干支	新暦		干支	旧暦
6	24	癸未	5	25	癸丑	4	26	甲申	3	27	甲寅	2	27	乙酉	1	28	乙卯	一
6	25	甲申	5	26	甲寅	4	27	乙酉	3	28	乙卯	2	28	丙戌	1	29	丙辰	二
6	26	乙酉	5	27	乙卯	4	28	丙戌	3	29	丙辰	2	29	丁亥	1	30	丁巳	三
6	27	丙戌	5	28	丙辰	4	29	丁亥	3	30	丁巳	3	1	戊子	1	31	戊午	四
6	28	丁亥	5	29	丁巳	4	30	戊子	3	31	戊午	3	2	己丑	2	1	己未	五
6	29	戊子	5	30	戊午	5	1	己丑	4	1	己未	3	3	庚寅	2	2	庚申	六
6	30	己丑	5	31	己未	5	2	庚寅	4	2	庚申	3	4	辛卯	2	3	辛酉	七
7	1	庚寅	6	1	庚申	5	3	辛卯	4	3	辛酉	3	5	壬辰	2	4	壬戌	八
7	2	辛卯	6	2	辛酉	5	4	壬辰	4	4	壬戌	3	6	癸巳	2	5	癸亥	九
7	3	壬辰	6	3	壬戌	5	5	癸巳	4	5	癸亥	3	7	甲午	2	6	甲子	十
7	4	癸巳	6	4	癸亥	5	6	甲午	4	6	甲子	3	8	乙未	2	7	乙丑	十一
7	5	甲午	6	5	甲子	5	7	乙未	4	7	乙丑	3	9	丙申	2	8	丙寅	十二
7	6	乙未	6	6	乙丑	5	8	丙申	4	8	丙寅	3	10	丁酉	2	9	丁卯	十三
7	7	丙申	6	7	丙寅	5	9	丁酉	4	9	丁卯	3	11	戊戌	2	10	戊辰	十四
7	8	丁酉	6	8	丁卯	5	10	戊戌	4	10	戊辰	3	12	己亥	2	11	己巳	十五
7	9	戊戌	6	9	戊辰	5	11	己亥	4	11	己巳	3	13	庚子	2	12	庚午	十六
7	10	己亥	6	10	己巳	5	12	庚子	4	12	庚午	3	14	辛丑	2	13	辛未	十七
7	11	庚子	6	11	庚午	5	13	辛丑	4	13	辛未	3	15	壬寅	2	14	壬申	十八
7	12	辛丑	6	12	辛未	5	14	壬寅	4	14	壬申	3	16	癸卯	2	15	癸酉	十九
7	13	壬寅	6	13	壬申	5	15	癸卯	4	15	癸酉	3	17	甲辰	2	16	甲戌	二十
7	14	癸卯	6	14	癸酉	5	16	甲辰	4	16	甲戌	3	18	乙巳	2	17	乙亥	二十一
7	15	甲辰	6	15	甲戌	5	17	乙巳	4	17	乙亥	3	19	丙午	2	18	丙子	二十二
7	16	乙巳	6	16	乙亥	5	18	丙午	4	18	丙子	3	20	丁未	2	19	丁丑	二十三
7	17	丙午	6	17	丙子	5	19	丁未	4	19	丁丑	3	21	戊申	2	20	戊寅	二十四
7	18	丁未	6	18	丁丑	5	20	戊申	4	20	戊寅	3	22	己酉	2	21	己卯	二十五
7	19	戊申	6	19	戊寅	5	21	己酉	4	21	己卯	3	23	庚戌	2	22	庚辰	二十六
7	20	己酉	6	20	己卯	5	22	庚戌	4	22	庚辰	3	24	辛亥	2	23	辛巳	二十七
7	21	庚戌	6	21	庚辰	5	23	辛亥	4	23	辛巳	3	25	壬子	2	24	壬午	二十八
7	22	辛亥	6	22	辛巳	5	24	壬子	4	24	壬午	3	26	癸丑	2	25	癸未	二十九
7	23	壬子	6	23	壬午				4	25	癸未				2	26	甲申	三十

旧暦	十二月			十一月			十月			九月			八月			七月			閏六月		
干支	己丑月			戊子月			丁亥月			丙戌月			乙酉月			戊申月					
旧暦	新暦		干支	新暦		干支	新暦		干支	新暦		干支	新暦		干支	新暦		干支	新暦		干支
一	1	17	庚戌	12	18	庚辰	11	19	辛亥	10	20	辛巳	9	21	壬子	8	22	壬午	7	24	癸丑
二	1	18	辛亥	12	19	辛巳	11	20	壬子	10	21	壬午	9	22	癸丑	8	23	癸未	7	25	甲寅
三	1	19	壬子	12	20	壬午	11	21	癸丑	10	22	癸未	9	23	甲寅	8	24	甲申	7	26	乙卯
四	1	20	癸丑	12	21	癸未	11	22	甲寅	10	23	甲申	9	24	乙卯	8	25	乙酉	7	27	丙辰
五	1	21	甲寅	12	22	甲申	11	23	乙卯	10	24	乙酉	9	25	丙辰	8	26	丙戌	7	28	丁巳
六	1	22	乙卯	12	23	乙酉	11	24	丙辰	10	25	丙戌	9	26	丁巳	8	27	丁亥	7	29	戊午
七	1	23	丙辰	12	24	丙戌	11	25	丁巳	10	26	丁亥	9	27	戊午	8	28	戊子	7	30	己未
八	1	24	丁巳	12	25	丁亥	11	26	戊午	10	27	戊子	9	28	己未	8	29	己丑	7	31	庚申
九	1	25	戊午	12	26	戊子	11	27	己未	10	28	己丑	9	29	庚申	8	30	庚寅	8	1	辛酉
十	1	26	己未	12	27	己丑	11	28	庚申	10	29	庚寅	9	30	辛酉	8	31	辛卯	8	2	壬戌
十一	1	27	庚申	12	28	庚寅	11	29	辛酉	10	30	辛卯	10	1	壬戌	9	1	壬辰	8	3	癸亥
十二	1	28	辛酉	12	29	辛卯	11	30	壬戌	10	31	壬辰	10	2	癸亥	9	2	癸巳	8	4	甲子
十三	1	29	壬戌	12	30	壬辰	12	1	癸亥	11	1	癸巳	10	3	甲子	9	3	甲午	8	5	乙丑
十四	1	30	癸亥	12	31	癸巳	12	2	甲子	11	2	甲午	10	4	乙丑	9	4	乙未	8	6	丙寅
十五	1	31	甲子	1	1	甲午	12	3	乙丑	11	3	乙未	10	5	丙寅	9	5	丙申	8	7	丁卯
十六	2	1	乙丑	1	2	乙未	12	4	丙寅	11	4	丙申	10	6	丁卯	9	6	丁酉	8	8	戊辰
十七	2	2	丙寅	1	3	丙申	12	5	丁卯	11	5	丁酉	10	7	戊辰	9	7	戊戌	8	9	己巳
十八	2	3	丁卯	1	4	丁酉	12	6	戊辰	11	6	戊戌	10	8	己巳	9	8	己亥	8	10	庚午
十九	2	4	戊辰	1	5	戊戌	12	7	己巳	11	7	己亥	10	9	庚午	9	9	庚子	8	11	辛未
二十	2	5	己巳	1	6	己亥	12	8	庚午	11	8	庚子	10	10	辛未	9	10	辛丑	8	12	壬申
二十一	2	6	庚午	1	7	庚子	12	9	辛未	11	9	辛丑	10	11	壬申	9	11	壬寅	8	13	癸酉
二十二	2	7	辛未	1	8	辛丑	12	10	壬申	11	10	壬寅	10	12	癸酉	9	12	癸卯	8	14	甲戌
二十三	2	8	壬申	1	9	壬寅	12	11	癸酉	11	11	癸卯	10	13	甲戌	9	13	甲辰	8	15	乙亥
二十四	2	9	癸酉	1	10	癸卯	12	12	甲戌	11	12	甲辰	10	14	乙亥	9	14	乙巳	8	16	丙子
二十五	2	10	甲戌	1	11	甲辰	12	13	乙亥	11	13	乙巳	10	15	丙子	9	15	丙午	8	17	丁丑
二十六	2	11	乙亥	1	12	乙巳	12	14	丙子	11	14	丙午	10	16	丁丑	9	16	丁未	8	18	戊寅
二十七	2	12	丙子	1	13	丙午	12	15	丁丑	11	15	丁未	10	17	戊寅	9	17	戊申	8	19	己卯
二十八	2	13	丁丑	1	14	丁未	12	16	戊寅	11	16	戊申	10	18	己卯	9	18	己酉	8	20	庚辰
二十九	2	14	戊寅	1	15	戊申	12	17	己卯	11	17	己酉	10	19	庚辰	9	19	庚戌	8	21	辛巳
三十				1	16	己酉				11	18	庚戌				9	20	辛亥			

西暦一九六一年（昭和36年）辛丑

六月			五月			四月			三月			二月			一月			旧暦
乙未月			甲午月			癸巳月			壬辰月			辛卯月			庚寅月			干支
新暦		干支	新暦		干支	新暦		干支	新暦		干支	新暦		干支	新暦		干支	旧暦
7	13	丁未	6	13	丁丑	5	15	戊申	4	15	戊寅	3	17	己酉	2	15	己卯	一
7	14	戊申	6	14	戊寅	5	16	己酉	4	16	己卯	3	18	庚戌	2	16	庚辰	二
7	15	己酉	6	15	己卯	5	17	庚戌	4	17	庚辰	3	19	辛亥	2	17	辛巳	三
7	16	庚戌	6	16	庚辰	5	18	辛亥	4	18	辛巳	3	20	壬子	2	18	壬午	四
7	17	辛亥	6	17	辛巳	5	19	壬子	4	19	壬午	3	21	癸丑	2	19	癸未	五
7	18	壬子	6	18	壬午	5	20	癸丑	4	20	癸未	3	22	甲寅	2	20	甲申	六
7	19	癸丑	6	19	癸未	5	21	甲寅	4	21	甲申	3	23	乙卯	2	21	乙酉	七
7	20	甲寅	6	20	甲申	5	22	乙卯	4	22	乙酉	3	24	丙辰	2	22	丙戌	八
7	21	乙卯	6	21	乙酉	5	23	丙辰	4	23	丙戌	3	25	丁巳	2	23	丁亥	九
7	22	丙辰	6	22	丙戌	5	24	丁巳	4	24	丁亥	3	26	戊午	2	24	戊子	十
7	23	丁巳	6	23	丁亥	5	25	戊午	4	25	戊子	3	27	己未	2	25	己丑	十一
7	24	戊午	6	24	戊子	5	26	己未	4	26	己丑	3	28	庚申	2	26	庚寅	十二
7	25	己未	6	25	己丑	5	27	庚申	4	27	庚寅	3	29	辛酉	2	27	辛卯	十三
7	26	庚申	6	26	庚寅	5	28	辛酉	4	28	辛卯	3	30	壬戌	2	28	壬辰	十四
7	27	辛酉	6	27	辛卯	5	29	壬戌	4	29	壬辰	3	31	癸亥	3	1	癸巳	十五
7	28	壬戌	6	28	壬辰	5	30	癸亥	4	30	癸巳	4	1	甲子	3	2	甲午	十六
7	29	癸亥	6	29	癸巳	5	31	甲子	5	1	甲午	4	2	乙丑	3	3	乙未	十七
7	30	甲子	6	30	甲午	6	1	乙丑	5	2	乙未	4	3	丙寅	3	4	丙申	十八
7	31	乙丑	7	1	乙未	6	2	丙寅	5	3	丙申	4	4	丁卯	3	5	丁酉	十九
8	1	丙寅	7	2	丙申	6	3	丁卯	5	4	丁酉	4	5	戊辰	3	6	戊戌	二十
8	2	丁卯	7	3	丁酉	6	4	戊辰	5	5	戊戌	4	6	己巳	3	7	己亥	二十一
8	3	戊辰	7	4	戊戌	6	5	己巳	5	6	己亥	4	7	庚午	3	8	庚子	二十二
8	4	己巳	7	5	己亥	6	6	庚午	5	7	庚子	4	8	辛未	3	9	辛丑	二十三
8	5	庚午	7	6	庚子	6	7	辛未	5	8	辛丑	4	9	壬申	3	10	壬寅	二十四
8	6	辛未	7	7	辛丑	6	8	壬申	5	9	壬寅	4	10	癸酉	3	11	癸卯	二十五
8	7	壬申	7	8	壬寅	6	9	癸酉	5	10	癸卯	4	11	甲戌	3	12	甲辰	二十六
8	8	癸酉	7	9	癸卯	6	10	甲戌	5	11	甲辰	4	12	乙亥	3	13	乙巳	二十七
8	9	甲戌	7	10	甲辰	6	11	乙亥	5	12	乙巳	4	13	丙子	3	14	丙午	二十八
8	10	乙亥	7	11	乙巳	6	12	丙子	5	13	丙午	4	14	丁丑	3	15	丁未	二十九
			7	12	丙午				5	14	丁未				3	16	戊申	三十

旧暦	十二月			十一月			十月			九月			八月			七月		
干支	辛丑月			庚子月			己亥月			戊戌月			丁酉月			丙申月		
旧暦	新暦		干支	新暦		干支	新暦		干支	新暦		干支	新暦		干支	新暦		干支
一	1	6	甲辰	12	8	乙亥	11	8	乙巳	10	10	丙子	9	10	丙午	8	11	丙子
二	1	7	乙巳	12	9	丙子	11	9	丙午	10	11	丁丑	9	11	丁未	8	12	丁丑
三	1	8	丙午	12	10	丁丑	11	10	丁未	10	12	戊寅	9	12	戊申	8	13	戊寅
四	1	9	丁未	12	11	戊寅	11	11	戊申	10	13	己卯	9	13	己酉	8	14	己卯
五	1	10	戊申	12	12	己卯	11	12	己酉	10	14	庚辰	9	14	庚戌	8	15	庚辰
六	1	11	己酉	12	13	庚辰	11	13	庚戌	10	15	辛巳	9	15	辛亥	8	16	辛巳
七	1	12	庚戌	12	14	辛巳	11	14	辛亥	10	16	壬午	9	16	壬子	8	17	壬午
八	1	13	辛亥	12	15	壬午	11	15	壬子	10	17	癸未	9	17	癸丑	8	18	癸未
九	1	14	壬子	12	16	癸未	11	16	癸丑	10	18	甲申	9	18	甲寅	8	19	甲申
十	1	15	癸丑	12	17	甲申	11	17	甲寅	10	19	乙酉	9	19	乙卯	8	20	乙酉
十一	1	16	甲寅	12	18	乙酉	11	18	乙卯	10	20	丙戌	9	20	丙辰	8	21	丙戌
十二	1	17	乙卯	12	19	丙戌	11	19	丙辰	10	21	丁亥	9	21	丁巳	8	22	丁亥
十三	1	18	丙辰	12	20	丁亥	11	20	丁巳	10	22	戊子	9	22	戊午	8	23	戊子
十四	1	19	丁巳	12	21	戊子	11	21	戊午	10	23	己丑	9	23	己未	8	24	己丑
十五	1	20	戊午	12	22	己丑	11	22	己未	10	24	庚寅	9	24	庚申	8	25	庚寅
十六	1	21	己未	12	23	庚寅	11	23	庚申	10	25	辛卯	9	25	辛酉	8	26	辛卯
十七	1	22	庚申	12	24	辛卯	11	24	辛酉	10	26	壬辰	9	26	壬戌	8	27	壬辰
十八	1	23	辛酉	12	25	壬辰	11	25	壬戌	10	27	癸巳	9	27	癸亥	8	28	癸巳
十九	1	24	壬戌	12	26	癸巳	11	26	癸亥	10	28	甲午	9	28	甲子	8	29	甲午
二十	1	25	癸亥	12	27	甲午	11	27	甲子	10	29	乙未	9	29	乙丑	8	30	乙未
二十一	1	26	甲子	12	28	乙未	11	28	乙丑	10	30	丙申	9	30	丙寅	8	31	丙申
二十二	1	27	乙丑	12	29	丙申	11	29	丙寅	10	31	丁酉	10	1	丁卯	9	1	丁酉
二十三	1	28	丙寅	12	30	丁酉	11	30	丁卯	11	1	戊戌	10	2	戊辰	9	2	戊戌
二十四	1	29	丁卯	12	31	戊戌	12	1	戊辰	11	2	己亥	10	3	己巳	9	3	己亥
二十五	1	30	戊辰	1	1	己亥	12	2	己巳	11	3	庚子	10	4	庚午	9	4	庚子
二十六	1	31	己巳	1	2	庚子	12	3	庚午	11	4	辛丑	10	5	辛未	9	5	辛丑
二十七	2	1	庚午	1	3	辛丑	12	4	辛未	11	5	壬寅	10	6	壬申	9	6	壬寅
二十八	2	2	辛未	1	4	壬寅	12	5	壬申	11	6	癸卯	10	7	癸酉	9	7	癸卯
二十九	2	3	壬申	1	5	癸卯	12	6	癸酉	11	7	甲辰	10	8	甲戌	9	8	甲辰
三十	2	4	癸酉				12	7	甲戌				10	9	乙亥	9	9	乙巳

西暦 一九六二年（昭和37年）壬寅

六月			五月			四月			三月			二月			一月			旧暦
丁未月			丙午月			乙巳月			甲辰月			癸卯月			壬寅月			干支
新暦		干支	新暦		干支	新暦		干支	新暦		干支	新暦		干支	新暦		干支	旧暦
7	2	辛丑	6	2	辛未	5	4	壬寅	4	5	癸酉	3	6	癸卯	2	5	甲戌	一
7	3	壬寅	6	3	壬申	5	5	癸卯	4	6	甲戌	3	7	甲辰	2	6	乙亥	二
7	4	癸卯	6	4	癸酉	5	6	甲辰	4	7	乙亥	3	8	乙巳	2	7	丙子	三
7	5	甲辰	6	5	甲戌	5	7	乙巳	4	8	丙子	3	9	丙午	2	8	丁丑	四
7	6	乙巳	6	6	乙亥	5	8	丙午	4	9	丁丑	3	10	丁未	2	9	戊寅	五
7	7	丙午	6	7	丙子	5	9	丁未	4	10	戊寅	3	11	戊申	2	10	己卯	六
7	8	丁未	6	8	丁丑	5	10	戊申	4	11	己卯	3	12	己酉	2	11	庚辰	七
7	9	戊申	6	9	戊寅	5	11	己酉	4	12	庚辰	3	13	庚戌	2	12	辛巳	八
7	10	己酉	6	10	己卯	5	12	庚戌	4	13	辛巳	3	14	辛亥	2	13	壬午	九
7	11	庚戌	6	11	庚辰	5	13	辛亥	4	14	壬午	3	15	壬子	2	14	癸未	十
7	12	辛亥	6	12	辛巳	5	14	壬子	4	15	癸未	3	16	癸丑	2	15	甲申	十一
7	13	壬子	6	13	壬午	5	15	癸丑	4	16	甲申	3	17	甲寅	2	16	乙酉	十二
7	14	癸丑	6	14	癸未	5	16	甲寅	4	17	乙酉	3	18	乙卯	2	17	丙戌	十三
7	15	甲寅	6	15	甲申	5	17	乙卯	4	18	丙戌	3	19	丙辰	2	18	丁亥	十四
7	16	乙卯	6	16	乙酉	5	18	丙辰	4	19	丁亥	3	20	丁巳	2	19	戊子	十五
7	17	丙辰	6	17	丙戌	5	19	丁巳	4	20	戊子	3	21	戊午	2	20	己丑	十六
7	18	丁巳	6	18	丁亥	5	20	戊午	4	21	己丑	3	22	己未	2	21	庚寅	十七
7	19	戊午	6	19	戊子	5	21	己未	4	22	庚寅	3	23	庚申	2	22	辛卯	十八
7	20	己未	6	20	己丑	5	22	庚申	4	23	辛卯	3	24	辛酉	2	23	壬辰	十九
7	21	庚申	6	21	庚寅	5	23	辛酉	4	24	壬辰	3	25	壬戌	2	24	癸巳	二十
7	22	辛酉	6	22	辛卯	5	24	壬戌	4	25	癸巳	3	26	癸亥	2	25	甲午	二十一
7	23	壬戌	6	23	壬辰	5	25	癸亥	4	26	甲午	3	27	甲子	2	26	乙未	二十二
7	24	癸亥	6	24	癸巳	5	26	甲子	4	27	乙未	3	28	乙丑	2	27	丙申	二十三
7	25	甲子	6	25	甲午	5	27	乙丑	4	28	丙申	3	29	丙寅	2	28	丁酉	二十四
7	26	乙丑	6	26	乙未	5	28	丙寅	4	29	丁酉	3	30	丁卯	3	1	戊戌	二十五
7	27	丙寅	6	27	丙申	5	29	丁卯	4	30	戊戌	3	31	戊辰	3	2	己亥	二十六
7	28	丁卯	6	28	丁酉	5	30	戊辰	5	1	己亥	4	1	己巳	3	3	庚子	二十七
7	29	戊辰	6	29	戊戌	5	31	己巳	5	2	庚子	4	2	庚午	3	4	辛丑	二十八
7	30	己巳	6	30	己亥	6	1	庚午	5	3	辛丑	4	3	辛未	3	5	壬寅	二十九
			7	1	庚子							4	4	壬申				三十

旧暦	十二月			十一月			十月			九月			八月			七月		
干支	癸丑月			壬子月			辛亥月			庚戌月			己酉月			戊申月		
旧暦	新暦		干支	新暦		干支	新暦		干支	新暦		干支	新暦		干支	新暦		干支
一	12	27	己亥	11	27	己巳	10	28	己亥	9	29	庚午	8	30	庚子	7	31	庚午
二	12	28	庚子	11	28	庚午	10	29	庚子	9	30	辛未	8	31	辛丑	8	1	辛未
三	12	29	辛丑	11	29	辛未	10	30	辛丑	10	1	壬申	9	1	壬寅	8	2	壬申
四	12	30	壬寅	11	30	壬申	10	31	壬寅	10	2	癸酉	9	2	癸卯	8	3	癸酉
五	12	31	癸卯	12	1	癸酉	11	1	癸卯	10	3	甲戌	9	3	甲辰	8	4	甲戌
六	1	1	甲辰	12	2	甲戌	11	2	甲辰	10	4	乙亥	9	4	乙巳	8	5	乙亥
七	1	2	乙巳	12	3	乙亥	11	3	乙巳	10	5	丙子	9	5	丙午	8	6	丙子
八	1	3	丙午	12	4	丙子	11	4	丙午	10	6	丁丑	9	6	丁未	8	7	丁丑
九	1	4	丁未	12	5	丁丑	11	5	丁未	10	7	戊寅	9	7	戊申	8	8	戊寅
十	1	5	戊申	12	6	戊寅	11	6	戊申	10	8	己卯	9	8	己酉	8	9	己卯
十一	1	6	己酉	12	7	己卯	11	7	己酉	10	9	庚辰	9	9	庚戌	8	10	庚辰
十二	1	7	庚戌	12	8	庚辰	11	8	庚戌	10	10	辛巳	9	10	辛亥	8	11	辛巳
十三	1	8	辛亥	12	9	辛巳	11	9	辛亥	10	11	壬午	9	11	壬子	8	12	壬午
十四	1	9	壬子	12	10	壬午	11	10	壬子	10	12	癸未	9	12	癸丑	8	13	癸未
十五	1	10	癸丑	12	11	癸未	11	11	癸丑	10	13	甲申	9	13	甲寅	8	14	甲申
十六	1	11	甲寅	12	12	甲申	11	12	甲寅	10	14	乙酉	9	14	乙卯	8	15	乙酉
十七	1	12	乙卯	12	13	乙酉	11	13	乙卯	10	15	丙戌	9	15	丙辰	8	16	丙戌
十八	1	13	丙辰	12	14	丙戌	11	14	丙辰	10	16	丁亥	9	16	丁巳	8	17	丁亥
十九	1	14	丁巳	12	15	丁亥	11	15	丁巳	10	17	戊子	9	17	戊午	8	18	戊子
二十	1	15	戊午	12	16	戊子	11	16	戊午	10	18	己丑	9	18	己未	8	19	己丑
二十一	1	16	己未	12	17	己丑	11	17	己未	10	19	庚寅	9	19	庚申	8	20	庚寅
二十二	1	17	庚申	12	18	庚寅	11	18	庚申	10	20	辛卯	9	20	辛酉	8	21	辛卯
二十三	1	18	辛酉	12	19	辛卯	11	19	辛酉	10	21	壬辰	9	21	壬戌	8	22	壬辰
二十四	1	19	壬戌	12	20	壬辰	11	20	壬戌	10	22	癸巳	9	22	癸亥	8	23	癸巳
二十五	1	20	癸亥	12	21	癸巳	11	21	癸亥	10	23	甲午	9	23	甲子	8	24	甲午
二十六	1	21	甲子	12	22	甲午	11	22	甲子	10	24	乙未	9	24	乙丑	8	25	乙未
二十七	1	22	乙丑	12	23	乙未	11	23	乙丑	10	25	丙申	9	25	丙寅	8	26	丙申
二十八	1	23	丙寅	12	24	丙申	11	24	丙寅	10	26	丁酉	9	26	丁卯	8	27	丁酉
二十九	1	24	丁卯	12	25	丁酉	11	25	丁卯	10	27	戊戌	9	27	戊辰	8	28	戊戌
三十				12	26	戊戌	11	26	戊辰				9	28	己巳	8	29	己亥

西暦 一九六三年（昭和38年） 癸卯

五月			閏四月			四月			三月			二月			一月			旧暦
戊午月						丁巳月			丙辰月			乙卯月			甲寅月			干支
新暦		干支	新暦		干支	新暦		干支	新暦		干支	新暦		干支	新暦		干支	旧暦
6	21	乙未	5	23	丙寅	4	24	丁酉	3	25	丁卯	2	24	戊戌	1	25	戊辰	一
6	22	丙申	5	24	丁卯	4	25	戊戌	3	26	戊辰	2	25	己亥	1	26	己巳	二
6	23	丁酉	5	25	戊辰	4	26	己亥	3	27	己巳	2	26	庚子	1	27	庚午	三
6	24	戊戌	5	26	己巳	4	27	庚子	3	28	庚午	2	27	辛丑	1	28	辛未	四
6	25	己亥	5	27	庚午	4	28	辛丑	3	29	辛未	2	28	壬寅	1	29	壬申	五
6	26	庚子	5	28	辛未	4	29	壬寅	3	30	壬申	3	1	癸卯	1	30	癸酉	六
6	27	辛丑	5	29	壬申	4	30	癸卯	3	31	癸酉	3	2	甲辰	1	31	甲戌	七
6	28	壬寅	5	30	癸酉	5	1	甲辰	4	1	甲戌	3	3	乙巳	2	1	乙亥	八
6	29	癸卯	5	31	甲戌	5	2	乙巳	4	2	乙亥	3	4	丙午	2	2	丙子	九
6	30	甲辰	6	1	乙亥	5	3	丙午	4	3	丙子	3	5	丁未	2	3	丁丑	十
7	1	乙巳	6	2	丙子	5	4	丁未	4	4	丁丑	3	6	戊申	2	4	戊寅	十一
7	2	丙午	6	3	丁丑	5	5	戊申	4	5	戊寅	3	7	己酉	2	5	己卯	十二
7	3	丁未	6	4	戊寅	5	6	己酉	4	6	己卯	3	8	庚戌	2	6	庚辰	十三
7	4	戊申	6	5	己卯	5	7	庚戌	4	7	庚辰	3	9	辛亥	2	7	辛巳	十四
7	5	己酉	6	6	庚辰	5	8	辛亥	4	8	辛巳	3	10	壬子	2	8	壬午	十五
7	6	庚戌	6	7	辛巳	5	9	壬子	4	9	壬午	3	11	癸丑	2	9	癸未	十六
7	7	辛亥	6	8	壬午	5	10	癸丑	4	10	癸未	3	12	甲寅	2	10	甲申	十七
7	8	壬子	6	9	癸未	5	11	甲寅	4	11	甲申	3	13	乙卯	2	11	乙酉	十八
7	9	癸丑	6	10	甲申	5	12	乙卯	4	12	乙酉	3	14	丙辰	2	12	丙戌	十九
7	10	甲寅	6	11	乙酉	5	13	丙辰	4	13	丙戌	3	15	丁巳	2	13	丁亥	二十
7	11	乙卯	6	12	丙戌	5	14	丁巳	4	14	丁亥	3	16	戊午	2	14	戊子	二十一
7	12	丙辰	6	13	丁亥	5	15	戊午	4	15	戊子	3	17	己未	2	15	己丑	二十二
7	13	丁巳	6	14	戊子	5	16	己未	4	16	己丑	3	18	庚申	2	16	庚寅	二十三
7	14	戊午	6	15	己丑	5	17	庚申	4	17	庚寅	3	19	辛酉	2	17	辛卯	二十四
7	15	己未	6	16	庚寅	5	18	辛酉	4	18	辛卯	3	20	壬戌	2	18	壬辰	二十五
7	16	庚申	6	17	辛卯	5	19	壬戌	4	19	壬辰	3	21	癸亥	2	19	癸巳	二十六
7	17	辛酉	6	18	壬辰	5	20	癸亥	4	20	癸巳	3	22	甲子	2	20	甲午	二十七
7	18	壬戌	6	19	癸巳	5	21	甲子	4	21	甲午	3	23	乙丑	2	21	乙未	二十八
7	19	癸亥	6	20	甲午	5	22	乙丑	4	22	乙未	3	24	丙寅	2	22	丙申	二十九
7	20	甲子							4	23	丙申				2	23	丁酉	三十

旧暦	十二月			十一月			十月			九月			八月			七月			六月		
干支	乙丑月			甲子月			癸亥月			壬戌月			辛酉月			庚申月			己未月		
旧暦	新暦		干支	新暦		干支	新暦		干支	新暦		干支	新暦		干支	新暦		干支	新暦		干支
一	1	15	癸亥	12	16	癸巳	11	16	癸亥	10	17	癸巳	9	18	甲子	8	19	甲午	7	21	乙丑
二	1	16	甲子	12	17	甲午	11	17	甲子	10	18	甲午	9	19	乙丑	8	20	乙未	7	22	丙寅
三	1	17	乙丑	12	18	乙未	11	18	乙丑	10	19	乙未	9	20	丙寅	8	21	丙申	7	23	丁卯
四	1	18	丙寅	12	19	丙申	11	19	丙寅	10	20	丙申	9	21	丁卯	8	22	丁酉	7	24	戊辰
五	1	19	丁卯	12	20	丁酉	11	20	丁卯	10	21	丁酉	9	22	戊辰	8	23	戊戌	7	25	己巳
六	1	20	戊辰	12	21	戊戌	11	21	戊辰	10	22	戊戌	9	23	己巳	8	24	己亥	7	26	庚午
七	1	21	己巳	12	22	己亥	11	22	己巳	10	23	己亥	9	24	庚午	8	25	庚子	7	27	辛未
八	1	22	庚午	12	23	庚子	11	23	庚午	10	24	庚子	9	25	辛未	8	26	辛丑	7	28	壬申
九	1	23	辛未	12	24	辛丑	11	24	辛未	10	25	辛丑	9	26	壬申	8	27	壬寅	7	29	癸酉
十	1	24	壬申	12	25	壬寅	11	25	壬申	10	26	壬寅	9	27	癸酉	8	28	癸卯	7	30	甲戌
十一	1	25	癸酉	12	26	癸卯	11	26	癸酉	10	27	癸卯	9	28	甲戌	8	29	甲辰	7	31	乙亥
十二	1	26	甲戌	12	27	甲辰	11	27	甲戌	10	28	甲辰	9	29	乙亥	8	30	乙巳	8	1	丙子
十三	1	27	乙亥	12	28	乙巳	11	28	乙亥	10	29	乙巳	9	30	丙子	8	31	丙午	8	2	丁丑
十四	1	28	丙子	12	29	丙午	11	29	丙子	10	30	丙午	10	1	丁丑	9	1	丁未	8	3	戊寅
十五	1	29	丁丑	12	30	丁未	11	30	丁丑	10	31	丁未	10	2	戊寅	9	2	戊申	8	4	己卯
十六	1	30	戊寅	12	31	戊申	12	1	戊寅	11	1	戊申	10	3	己卯	9	3	己酉	8	5	庚辰
十七	1	31	己卯	1	1	己酉	12	2	己卯	11	2	己酉	10	4	庚辰	9	4	庚戌	8	6	辛巳
十八	2	1	庚辰	1	2	庚戌	12	3	庚辰	11	3	庚戌	10	5	辛巳	9	5	辛亥	8	7	壬午
十九	2	2	辛巳	1	3	辛亥	12	4	辛巳	11	4	辛亥	10	6	壬午	9	6	壬子	8	8	癸未
二十	2	3	壬午	1	4	壬子	12	5	壬午	11	5	壬子	10	7	癸未	9	7	癸丑	8	9	甲申
二十一	2	4	癸未	1	5	癸丑	12	6	癸未	11	6	癸丑	10	8	甲申	9	8	甲寅	8	10	乙酉
二十二	2	5	甲申	1	6	甲寅	12	7	甲申	11	7	甲寅	10	9	乙酉	9	9	乙卯	8	11	丙戌
二十三	2	6	乙酉	1	7	乙卯	12	8	乙酉	11	8	乙卯	10	10	丙戌	9	10	丙辰	8	12	丁亥
二十四	2	7	丙戌	1	8	丙辰	12	9	丙戌	11	9	丙辰	10	11	丁亥	9	11	丁巳	8	13	戊子
二十五	2	8	丁亥	1	9	丁巳	12	10	丁亥	11	10	丁巳	10	12	戊子	9	12	戊午	8	14	己丑
二十六	2	9	戊子	1	10	戊午	12	11	戊子	11	11	戊午	10	13	己丑	9	13	己未	8	15	庚寅
二十七	2	10	己丑	1	11	己未	12	12	己丑	11	12	己未	10	14	庚寅	9	14	庚申	8	16	辛卯
二十八	2	11	庚寅	1	12	庚申	12	13	庚寅	11	13	庚申	10	15	辛卯	9	15	辛酉	8	17	壬辰
二十九	2	12	辛卯	1	13	辛酉	12	14	辛卯	11	14	辛酉	10	16	壬辰	9	16	壬戌	8	18	癸巳
三十				1	14	壬戌	12	15	壬辰	11	15	壬戌				9	17	癸亥			

西暦 一九六四年（昭和39年）甲辰

六月			五月			四月			三月			二月			一月			旧暦
辛未月			庚午月			己巳月			戊辰月			丁卯月			丙寅月			干支
新暦		干支	新暦		干支	新暦		干支	新暦		干支	新暦		干支	新暦		干支	旧暦
7	9	己未	6	10	庚寅	5	12	辛酉	4	12	辛卯	3	14	壬戌	2	13	壬辰	一
7	10	庚申	6	11	辛卯	5	13	壬戌	4	13	壬辰	3	15	癸亥	2	14	癸巳	二
7	11	辛酉	6	12	壬辰	5	14	癸亥	4	14	癸巳	3	16	甲子	2	15	甲午	三
7	12	壬戌	6	13	癸巳	5	15	甲子	4	15	甲午	3	17	乙丑	2	16	乙未	四
7	13	癸亥	6	14	甲午	5	16	乙丑	4	16	乙未	3	18	丙寅	2	17	丙申	五
7	14	甲子	6	15	乙未	5	17	丙寅	4	17	丙申	3	19	丁卯	2	18	丁酉	六
7	15	乙丑	6	16	丙申	5	18	丁卯	4	18	丁酉	3	20	戊辰	2	19	戊戌	七
7	16	丙寅	6	17	丁酉	5	19	戊辰	4	19	戊戌	3	21	己巳	2	20	己亥	八
7	17	丁卯	6	18	戊戌	5	20	己巳	4	20	己亥	3	22	庚午	2	21	庚子	九
7	18	戊辰	6	19	己亥	5	21	庚午	4	21	庚子	3	23	辛未	2	22	辛丑	十
7	19	己巳	6	20	庚子	5	22	辛未	4	22	辛丑	3	24	壬申	2	23	壬寅	十一
7	20	庚午	6	21	辛丑	5	23	壬申	4	23	壬寅	3	25	癸酉	2	24	癸卯	十二
7	21	辛未	6	22	壬寅	5	24	癸酉	4	24	癸卯	3	26	甲戌	2	25	甲辰	十三
7	22	壬申	6	23	癸卯	5	25	甲戌	4	25	甲辰	3	27	乙亥	2	26	乙巳	十四
7	23	癸酉	6	24	甲辰	5	26	乙亥	4	26	乙巳	3	28	丙子	2	27	丙午	十五
7	24	甲戌	6	25	乙巳	5	27	丙子	4	27	丙午	3	29	丁丑	2	28	丁未	十六
7	25	乙亥	6	26	丙午	5	28	丁丑	4	28	丁未	3	30	戊寅	2	29	戊申	十七
7	26	丙子	6	27	丁未	5	29	戊寅	4	29	戊申	3	31	己卯	3	1	己酉	十八
7	27	丁丑	6	28	戊申	5	30	己卯	4	30	己酉	4	1	庚辰	3	2	庚戌	十九
7	28	戊寅	6	29	己酉	5	31	庚辰	5	1	庚戌	4	2	辛巳	3	3	辛亥	二十
7	29	己卯	6	30	庚戌	6	1	辛巳	5	2	辛亥	4	3	壬午	3	4	壬子	二十一
7	30	庚辰	7	1	辛亥	6	2	壬午	5	3	壬子	4	4	癸未	3	5	癸丑	二十二
7	31	辛巳	7	2	壬子	6	3	癸未	5	4	癸丑	4	5	甲申	3	6	甲寅	二十三
8	1	壬午	7	3	癸丑	6	4	甲申	5	5	甲寅	4	6	乙酉	3	7	乙卯	二十四
8	2	癸未	7	4	甲寅	6	5	乙酉	5	6	乙卯	4	7	丙戌	3	8	丙辰	二十五
8	3	甲申	7	5	乙卯	6	6	丙戌	5	7	丙辰	4	8	丁亥	3	9	丁巳	二十六
8	4	乙酉	7	6	丙辰	6	7	丁亥	5	8	丁巳	4	9	戊子	3	10	戊午	二十七
8	5	丙戌	7	7	丁巳	6	8	戊子	5	9	戊午	4	10	己丑	3	11	己未	二十八
8	6	丁亥	7	8	戊午	6	9	己丑	5	10	己未	4	11	庚寅	3	12	庚申	二十九
8	7	戊子							5	11	庚申				3	13	辛酉	三十

旧暦	十二月			十一月			十月			九月			八月			七月		
干支	丁丑月			丙子月			乙亥月			甲戌月			癸酉月			壬申月		
旧暦	新暦		干支	新暦		干支	新暦		干支	新暦		干支	新暦		干支	新暦		干支
一	1	3	丁巳	12	4	丁亥	11	4	丁巳	10	6	戊子	9	6	戊午	8	8	己丑
二	1	4	戊午	12	5	戊子	11	5	戊午	10	7	己丑	9	7	己未	8	9	庚寅
三	1	5	己未	12	6	己丑	11	6	己未	10	8	庚寅	9	8	庚申	8	10	辛卯
四	1	6	庚申	12	7	庚寅	11	7	庚申	10	9	辛卯	9	9	辛酉	8	11	壬辰
五	1	7	辛酉	12	8	辛卯	11	8	辛酉	10	10	壬辰	9	10	壬戌	8	12	癸巳
六	1	8	壬戌	12	9	壬辰	11	9	壬戌	10	11	癸巳	9	11	癸亥	8	13	甲午
七	1	9	癸亥	12	10	癸巳	11	10	癸亥	10	12	甲午	9	12	甲子	8	14	乙未
八	1	10	甲子	12	11	甲午	11	11	甲子	10	13	乙未	9	13	乙丑	8	15	丙申
九	1	11	乙丑	12	12	乙未	11	12	乙丑	10	14	丙申	9	14	丙寅	8	16	丁酉
十	1	12	丙寅	12	13	丙申	11	13	丙寅	10	15	丁酉	9	15	丁卯	8	17	戊戌
十一	1	13	丁卯	12	14	丁酉	11	14	丁卯	10	16	戊戌	9	16	戊辰	8	18	己亥
十二	1	14	戊辰	12	15	戊戌	11	15	戊辰	10	17	己亥	9	17	己巳	8	19	庚子
十三	1	15	己巳	12	16	己亥	11	16	己巳	10	18	庚子	9	18	庚午	8	20	辛丑
十四	1	16	庚午	12	17	庚子	11	17	庚午	10	19	辛丑	9	19	辛未	8	21	壬寅
十五	1	17	辛未	12	18	辛丑	11	18	辛未	10	20	壬寅	9	20	壬申	8	22	癸卯
十六	1	18	壬申	12	19	壬寅	11	19	壬申	10	21	癸卯	9	21	癸酉	8	23	甲辰
十七	1	19	癸酉	12	20	癸卯	11	20	癸酉	10	22	甲辰	9	22	甲戌	8	24	乙巳
十八	1	20	甲戌	12	21	甲辰	11	21	甲戌	10	23	乙巳	9	23	乙亥	8	25	丙午
十九	1	21	乙亥	12	22	乙巳	11	22	乙亥	10	24	丙午	9	24	丙子	8	26	丁未
二十	1	22	丙子	12	23	丙午	11	23	丙子	10	25	丁未	9	25	丁丑	8	27	戊申
二十一	1	23	丁丑	12	24	丁未	11	24	丁丑	10	26	戊申	9	26	戊寅	8	28	己酉
二十二	1	24	戊寅	12	25	戊申	11	25	戊寅	10	27	己酉	9	27	己卯	8	29	庚戌
二十三	1	25	己卯	12	26	己酉	11	26	己卯	10	28	庚戌	9	28	庚辰	8	30	辛亥
二十四	1	26	庚辰	12	27	庚戌	11	27	庚辰	10	29	辛亥	9	29	辛巳	8	31	壬子
二十五	1	27	辛巳	12	28	辛亥	11	28	辛巳	10	30	壬子	9	30	壬午	9	1	癸丑
二十六	1	28	壬午	12	29	壬子	11	29	壬午	10	31	癸丑	10	1	癸未	9	2	甲寅
二十七	1	29	癸未	12	30	癸丑	11	30	癸未	11	1	甲寅	10	2	甲申	9	3	乙卯
二十八	1	30	甲申	12	31	甲寅	12	1	甲申	11	2	乙卯	10	3	乙酉	9	4	丙辰
二十九	1	31	乙酉	1	1	乙卯	12	2	乙酉	11	3	丙辰	10	4	丙戌	9	5	丁巳
三十	2	1	丙戌	1	2	丙辰	12	3	丙戌				10	5	丁亥			

西暦一九六五年（昭和40年）乙巳

六月			五月			四月			三月			二月			一月			旧暦
癸未月			壬午月			辛巳月			庚辰月			己卯月			戊寅月			干支
新暦		干支	新暦		干支	新暦		干支	新暦		干支	新暦		干支	新暦		干支	旧暦
6	29	甲寅	5	31	乙酉	5	1	乙卯	4	2	丙戌	3	3	丙辰	2	2	丁亥	一
6	30	乙卯	6	1	丙戌	5	2	丙辰	4	3	丁亥	3	4	丁巳	2	3	戊子	二
7	1	丙辰	6	2	丁亥	5	3	丁巳	4	4	戊子	3	5	戊午	2	4	己丑	三
7	2	丁巳	6	3	戊子	5	4	戊午	4	5	己丑	3	6	己未	2	5	庚寅	四
7	3	戊午	6	4	己丑	5	5	己未	4	6	庚寅	3	7	庚申	2	6	辛卯	五
7	4	己未	6	5	庚寅	5	6	庚申	4	7	辛卯	3	8	辛酉	2	7	壬辰	六
7	5	庚申	6	6	辛卯	5	7	辛酉	4	8	壬辰	3	9	壬戌	2	8	癸巳	七
7	6	辛酉	6	7	壬辰	5	8	壬戌	4	9	癸巳	3	10	癸亥	2	9	甲午	八
7	7	壬戌	6	8	癸巳	5	9	癸亥	4	10	甲午	3	11	甲子	2	10	乙未	九
7	8	癸亥	6	9	甲午	5	10	甲子	4	11	乙未	3	12	乙丑	2	11	丙申	十
7	9	甲子	6	10	乙未	5	11	乙丑	4	12	丙申	3	13	丙寅	2	12	丁酉	十一
7	10	乙丑	6	11	丙申	5	12	丙寅	4	13	丁酉	3	14	丁卯	2	13	戊戌	十二
7	11	丙寅	6	12	丁酉	5	13	丁卯	4	14	戊戌	3	15	戊辰	2	14	己亥	十三
7	12	丁卯	6	13	戊戌	5	14	戊辰	4	15	己亥	3	16	己巳	2	15	庚子	十四
7	13	戊辰	6	14	己亥	5	15	己巳	4	16	庚子	3	17	庚午	2	16	辛丑	十五
7	14	己巳	6	15	庚子	5	16	庚午	4	17	辛丑	3	18	辛未	2	17	壬寅	十六
7	15	庚午	6	16	辛丑	5	17	辛未	4	18	壬寅	3	19	壬申	2	18	癸卯	十七
7	16	辛未	6	17	壬寅	5	18	壬申	4	19	癸卯	3	20	癸酉	2	19	甲辰	十八
7	17	壬申	6	18	癸卯	5	19	癸酉	4	20	甲辰	3	21	甲戌	2	20	乙巳	十九
7	18	癸酉	6	19	甲辰	5	20	甲戌	4	21	乙巳	3	22	乙亥	2	21	丙午	二十
7	19	甲戌	6	20	乙巳	5	21	乙亥	4	22	丙午	3	23	丙子	2	22	丁未	二十一
7	20	乙亥	6	21	丙午	5	22	丙子	4	23	丁未	3	24	丁丑	2	23	戊申	二十二
7	21	丙子	6	22	丁未	5	23	丁丑	4	24	戊申	3	25	戊寅	2	24	己酉	二十三
7	22	丁丑	6	23	戊申	5	24	戊寅	4	25	己酉	3	26	己卯	2	25	庚戌	二十四
7	23	戊寅	6	24	己酉	5	25	己卯	4	26	庚戌	3	27	庚辰	2	26	辛亥	二十五
7	24	己卯	6	25	庚戌	5	26	庚辰	4	27	辛亥	3	28	辛巳	2	27	壬子	二十六
7	25	庚辰	6	26	辛亥	5	27	辛巳	4	28	壬子	3	29	壬午	2	28	癸丑	二十七
7	26	辛巳	6	27	壬子	5	28	壬午	4	29	癸丑	3	30	癸未	3	1	甲寅	二十八
7	27	壬午	6	28	癸丑	5	29	癸未	4	30	甲寅	3	31	甲申	3	2	乙卯	二十九
						5	30	甲申				4	1	乙酉				三十

旧暦	十二月			十一月			十月			九月			八月			七月		
干支	己丑月			戊子月			丁亥月			月丙戌			乙酉月			甲申月		
旧暦	新暦		干支	新暦		干支	新暦		干支	新暦		干支	新暦		干支	新暦		干支
一	12	23	辛亥	11	23	辛巳	10	24	辛亥	9	25	壬午	8	27	癸丑	7	28	癸未
二	12	24	壬子	11	24	壬午	10	25	壬子	9	26	癸未	8	28	甲寅	7	29	甲申
三	12	25	癸丑	11	25	癸未	10	26	癸丑	9	27	甲申	8	29	乙卯	7	30	乙酉
四	12	26	甲寅	11	26	甲申	10	27	甲寅	9	28	乙酉	8	30	丙辰	7	31	丙戌
五	12	27	乙卯	11	27	乙酉	10	28	乙卯	9	29	丙戌	8	31	丁巳	8	1	丁亥
六	12	28	丙辰	11	28	丙戌	10	29	丙辰	9	30	丁亥	9	1	戊午	8	2	戊子
七	12	29	丁巳	11	29	丁亥	10	30	丁巳	10	1	戊子	9	2	己未	8	3	己丑
八	12	30	戊午	11	30	戊子	10	31	戊午	10	2	己丑	9	3	庚申	8	4	庚寅
九	12	31	己未	12	1	己丑	11	1	己未	10	3	庚寅	9	4	辛酉	8	5	辛卯
十	1	1	庚申	12	2	庚寅	11	2	庚申	10	4	辛卯	9	5	壬戌	8	6	壬辰
十一	1	2	辛酉	12	3	辛卯	11	3	辛酉	10	5	壬辰	9	6	癸亥	8	7	癸巳
十二	1	3	壬戌	12	4	壬辰	11	4	壬戌	10	6	癸巳	9	7	甲子	8	8	甲午
十三	1	4	癸亥	12	5	癸巳	11	5	癸亥	10	7	甲午	9	8	乙丑	8	9	乙未
十四	1	5	甲子	12	6	甲午	11	6	甲子	10	8	乙未	9	9	丙寅	8	10	丙申
十五	1	6	乙丑	12	7	乙未	11	7	乙丑	10	9	丙申	9	10	丁卯	8	11	丁酉
十六	1	7	丙寅	12	8	丙申	11	8	丙寅	10	10	丁酉	9	11	戊辰	8	12	戊戌
十七	1	8	丁卯	12	9	丁酉	11	9	丁卯	10	11	戊戌	9	12	己巳	8	13	己亥
十八	1	9	戊辰	12	10	戊戌	11	10	戊辰	10	12	己亥	9	13	庚午	8	14	庚子
十九	1	10	己巳	12	11	己亥	11	11	己巳	10	13	庚子	9	14	辛未	8	15	辛丑
二十	1	11	庚午	12	12	庚子	11	12	庚午	10	14	辛丑	9	15	壬申	8	16	壬寅
二十一	1	12	辛未	12	13	辛丑	11	13	辛未	10	15	壬寅	9	16	癸酉	8	17	癸卯
二十二	1	13	壬申	12	14	壬寅	11	14	壬申	10	16	癸卯	9	17	甲戌	8	18	甲辰
二十三	1	14	癸酉	12	15	癸卯	11	15	癸酉	10	17	甲辰	9	18	乙亥	8	19	乙巳
二十四	1	15	甲戌	12	16	甲辰	11	16	甲戌	10	18	乙巳	9	19	丙子	8	20	丙午
二十五	1	16	乙亥	12	17	乙巳	11	17	乙亥	10	19	丙午	9	20	丁丑	8	21	丁未
二十六	1	17	丙子	12	18	丙午	11	18	丙子	10	20	丁未	9	21	戊寅	8	22	戊申
二十七	1	18	丁丑	12	19	丁未	11	19	丁丑	10	21	戊申	9	22	己卯	8	23	己酉
二十八	1	19	戊寅	12	20	戊申	11	20	戊寅	10	22	己酉	9	23	庚辰	8	24	庚戌
二十九	1	20	己卯	12	21	己酉	11	21	己卯	10	23	庚戌	9	24	辛巳	8	25	辛亥
三十				12	22	庚戌	11	22	庚辰							8	26	壬子

西暦一九六六年（昭和41年）丙午

五月			四月			閏三月			三月			二月			一月			旧暦
甲午月			癸巳月						壬辰月			辛卯月			庚寅月			干支
新暦		干支	新暦		干支	新暦		干支	新暦		干支	新暦		干支	新暦		干支	旧暦
6	19	己酉	5	20	己卯	4	21	庚戌	3	22	庚辰	2	20	庚戌	1	21	庚辰	一
6	20	庚戌	5	21	庚辰	4	22	辛亥	3	23	辛巳	2	21	辛亥	1	22	辛巳	二
6	21	辛亥	5	22	辛巳	4	23	壬子	3	24	壬午	2	22	壬子	1	23	壬午	三
6	22	壬子	5	23	壬午	4	24	癸丑	3	25	癸未	2	23	癸丑	1	24	癸未	四
6	23	癸丑	5	24	癸未	4	25	甲寅	3	26	甲申	2	24	甲寅	1	25	甲申	五
6	24	甲寅	5	25	甲申	4	26	乙卯	3	27	乙酉	2	25	乙卯	1	26	乙酉	六
6	25	乙卯	5	26	乙酉	4	27	丙辰	3	28	丙戌	2	26	丙辰	1	27	丙戌	七
6	26	丙辰	5	27	丙戌	4	28	丁巳	3	29	丁亥	2	27	丁巳	1	28	丁亥	八
6	27	丁巳	5	28	丁亥	4	29	戊午	3	30	戊子	2	28	戊午	1	29	戊子	九
6	28	戊午	5	29	戊子	4	30	己未	3	31	己丑	3	1	己未	1	30	己丑	十
6	29	己未	5	30	己丑	5	1	庚申	4	1	庚寅	3	2	庚申	1	31	庚寅	十一
6	30	庚申	5	31	庚寅	5	2	辛酉	4	2	辛卯	3	3	辛酉	2	1	辛卯	十二
7	1	辛酉	6	1	辛卯	5	3	壬戌	4	3	壬辰	3	4	壬戌	2	2	壬辰	十三
7	2	壬戌	6	2	壬辰	5	4	癸亥	4	4	癸巳	3	5	癸亥	2	3	癸巳	十四
7	3	癸亥	6	3	癸巳	5	5	甲子	4	5	甲午	3	6	甲子	2	4	甲午	十五
7	4	甲子	6	4	甲午	5	6	乙丑	4	6	乙未	3	7	乙丑	2	5	乙未	十六
7	5	乙丑	6	5	乙未	5	7	丙寅	4	7	丙申	3	8	丙寅	2	6	丙申	十七
7	6	丙寅	6	6	丙申	5	8	丁卯	4	8	丁酉	3	9	丁卯	2	7	丁酉	十八
7	7	丁卯	6	7	丁酉	5	9	戊辰	4	9	戊戌	3	10	戊辰	2	8	戊戌	十九
7	8	戊辰	6	8	戊戌	5	10	己巳	4	10	己亥	3	11	己巳	2	9	己亥	二十
7	9	己巳	6	9	己亥	5	11	庚午	4	11	庚子	3	12	庚午	2	10	庚子	二十一
7	10	庚午	6	10	庚子	5	12	辛未	4	12	辛丑	3	13	辛未	2	11	辛丑	二十二
7	11	辛未	6	11	辛丑	5	13	壬申	4	13	壬寅	3	14	壬申	2	12	壬寅	二十三
7	12	壬申	6	12	壬寅	5	14	癸酉	4	14	癸卯	3	15	癸酉	2	13	癸卯	二十四
7	13	癸酉	6	13	癸卯	5	15	甲戌	4	15	甲辰	3	16	甲戌	2	14	甲辰	二十五
7	14	甲戌	6	14	甲辰	5	16	乙亥	4	16	乙巳	3	17	乙亥	2	15	乙巳	二十六
7	15	乙亥	6	15	乙巳	5	17	丙子	4	17	丙午	3	18	丙子	2	16	丙午	二十七
7	16	丙子	6	16	丙午	5	18	丁丑	4	18	丁未	3	19	丁丑	2	17	丁未	二十八
7	17	丁丑	6	17	丁未	5	19	戊寅	4	19	戊申	3	20	戊寅	2	18	戊申	二十九
			6	18	戊申				4	20	己酉	3	21	己卯	2	19	己酉	三十

旧暦	十二月			十一月			十月			九月			八月			七月			六月		
干支	辛丑月			庚子月			己亥月			戊戌月			丁酉月			丙申月			乙未月		
旧暦	新暦		干支	新暦		干支	新暦		干支	新暦		干支	新暦		干支	新暦		干支	新暦		干支
一	1	11	乙亥	12	12	乙巳	11	12	乙亥	10	14	丙午	9	15	丁丑	8	16	丁未	7	18	戊寅
二	1	12	丙子	12	13	丙午	11	13	丙子	10	15	丁未	9	16	戊寅	8	17	戊申	7	19	己卯
三	1	13	丁丑	12	14	丁未	11	14	丁丑	10	16	戊申	9	17	己卯	8	18	己酉	7	20	庚辰
四	1	14	戊寅	12	15	戊申	11	15	戊寅	10	17	己酉	9	18	庚辰	8	19	庚戌	7	21	辛巳
五	1	15	己卯	12	16	己酉	11	16	己卯	10	18	庚戌	9	19	辛巳	8	20	辛亥	7	22	壬午
六	1	16	庚辰	12	17	庚戌	11	17	庚辰	10	19	辛亥	9	20	壬午	8	21	壬子	7	23	癸未
七	1	17	辛巳	12	18	辛亥	11	18	辛巳	10	20	壬子	9	21	癸未	8	22	癸丑	7	24	甲申
八	1	18	壬午	12	19	壬子	11	19	壬午	10	21	癸丑	9	22	甲申	8	23	甲寅	7	25	乙酉
九	1	19	癸未	12	20	癸丑	11	20	癸未	10	22	甲寅	9	23	乙酉	8	24	乙卯	7	26	丙戌
十	1	20	甲申	12	21	甲寅	11	21	甲申	10	23	乙卯	9	24	丙戌	8	25	丙辰	7	27	丁亥
十一	1	21	乙酉	12	22	乙卯	11	22	乙酉	10	24	丙辰	9	25	丁亥	8	26	丁巳	7	28	戊子
十二	1	22	丙戌	12	23	丙辰	11	23	丙戌	10	25	丁巳	9	26	戊子	8	27	戊午	7	29	己丑
十三	1	23	丁亥	12	24	丁巳	11	24	丁亥	10	26	戊午	9	27	己丑	8	28	己未	7	30	庚寅
十四	1	24	戊子	12	25	戊午	11	25	戊子	10	27	己未	9	28	庚寅	8	29	庚申	7	31	辛卯
十五	1	25	己丑	12	26	己未	11	26	己丑	10	28	庚申	9	29	辛卯	8	30	辛酉	8	1	壬辰
十六	1	26	庚寅	12	27	庚申	11	27	庚寅	10	29	辛酉	9	30	壬辰	8	31	壬戌	8	2	癸巳
十七	1	27	辛卯	12	28	辛酉	11	28	辛卯	10	30	壬戌	10	1	癸巳	9	1	癸亥	8	3	甲午
十八	1	28	壬辰	12	29	壬戌	11	29	壬辰	10	31	癸亥	10	2	甲午	9	2	甲子	8	4	乙未
十九	1	29	癸巳	12	30	癸亥	11	30	癸巳	11	1	甲子	10	3	乙未	9	3	乙丑	8	5	丙申
二十	1	30	甲午	12	31	甲子	12	1	甲午	11	2	乙丑	10	4	丙申	9	4	丙寅	8	6	丁酉
二十一	1	31	乙未	1	1	乙丑	12	2	乙未	11	3	丙寅	10	5	丁酉	9	5	丁卯	8	7	戊戌
二十二	2	1	丙申	1	2	丙寅	12	3	丙申	11	4	丁卯	10	6	戊戌	9	6	戊辰	8	8	己亥
二十三	2	2	丁酉	1	3	丁卯	12	4	丁酉	11	5	戊辰	10	7	己亥	9	7	己巳	8	9	庚子
二十四	2	3	戊戌	1	4	戊辰	12	5	戊戌	11	6	己巳	10	8	庚子	9	8	庚午	8	10	辛丑
二十五	2	4	己亥	1	5	己巳	12	6	己亥	11	7	庚午	10	9	辛丑	9	9	辛未	8	11	壬寅
二十六	2	5	庚子	1	6	庚午	12	7	庚子	11	8	辛未	10	10	壬寅	9	10	壬申	8	12	癸卯
二十七	2	6	辛丑	1	7	辛未	12	8	辛丑	11	9	壬申	10	11	癸卯	9	11	癸酉	8	13	甲辰
二十八	2	7	壬寅	1	8	壬申	12	9	壬寅	11	10	癸酉	10	12	甲辰	9	12	甲戌	8	14	乙巳
二十九	2	8	癸卯	1	9	癸酉	12	10	癸卯	11	11	甲戌	10	13	乙巳	9	13	乙亥	8	15	丙午
三十				1	10	甲戌	12	11	甲辰							9	14	丙子			

西暦一九六七年（昭和42年）丁未

六月			五月			四月			三月			二月			一月			旧暦
丁未月			丙午月			乙巳月			甲辰月			癸卯月			壬寅月			干支
新暦		干支	新暦		干支	新暦		干支	新暦		干支	新暦		干支	新暦		干支	旧暦
7	8	癸酉	6	8	癸卯	5	9	癸酉	4	10	甲辰	3	11	甲戌	2	9	甲辰	一
7	9	甲戌	6	9	甲辰	5	10	甲戌	4	11	乙巳	3	12	乙亥	2	10	乙巳	二
7	10	乙亥	6	10	乙巳	5	11	乙亥	4	12	丙午	3	13	丙子	2	11	丙午	三
7	11	丙子	6	11	丙午	5	12	丙子	4	13	丁未	3	14	丁丑	2	12	丁未	四
7	12	丁丑	6	12	丁未	5	13	丁丑	4	14	戊申	3	15	戊寅	2	13	戊申	五
7	13	戊寅	6	13	戊申	5	14	戊寅	4	15	己酉	3	16	己卯	2	14	己酉	六
7	14	己卯	6	14	己酉	5	15	己卯	4	16	庚戌	3	17	庚辰	2	15	庚戌	七
7	15	庚辰	6	15	庚戌	5	16	庚辰	4	17	辛亥	3	18	辛巳	2	16	辛亥	八
7	16	辛巳	6	16	辛亥	5	17	辛巳	4	18	壬子	3	19	壬午	2	17	壬子	九
7	17	壬午	6	17	壬子	5	18	壬午	4	19	癸丑	3	20	癸未	2	18	癸丑	十
7	18	癸未	6	18	癸丑	5	19	癸未	4	20	甲寅	3	21	甲申	2	19	甲寅	十一
7	19	甲申	6	19	甲寅	5	20	甲申	4	21	乙卯	3	22	乙酉	2	20	乙卯	十二
7	20	乙酉	6	20	乙卯	5	21	乙酉	4	22	丙辰	3	23	丙戌	2	21	丙辰	十三
7	21	丙戌	6	21	丙辰	5	22	丙戌	4	23	丁巳	3	24	丁亥	2	22	丁巳	十四
7	22	丁亥	6	22	丁巳	5	23	丁亥	4	24	戊午	3	25	戊子	2	23	戊午	十五
7	23	戊子	6	23	戊午	5	24	戊子	4	25	己未	3	26	己丑	2	24	己未	十六
7	24	己丑	6	24	己未	5	25	己丑	4	26	庚申	3	27	庚寅	2	25	庚申	十七
7	25	庚寅	6	25	庚申	5	26	庚寅	4	27	辛酉	3	28	辛卯	2	26	辛酉	十八
7	26	辛卯	6	26	辛酉	5	27	辛卯	4	28	壬戌	3	29	壬辰	2	27	壬戌	十九
7	27	壬辰	6	27	壬戌	5	28	壬辰	4	29	癸亥	3	30	癸巳	2	28	癸亥	二十
7	28	癸巳	6	28	癸亥	5	29	癸巳	4	30	甲子	3	31	甲午	3	1	甲子	二十一
7	29	甲午	6	29	甲子	5	30	甲午	5	1	乙丑	4	1	乙未	3	2	乙丑	二十二
7	30	乙未	6	30	乙丑	5	31	乙未	5	2	丙寅	4	2	丙申	3	3	丙寅	二十三
7	31	丙申	7	1	丙寅	6	1	丙申	5	3	丁卯	4	3	丁酉	3	4	丁卯	二十四
8	1	丁酉	7	2	丁卯	6	2	丁酉	5	4	戊辰	4	4	戊戌	3	5	戊辰	二十五
8	2	戊戌	7	3	戊辰	6	3	戊戌	5	5	己巳	4	5	己亥	3	6	己巳	二十六
8	3	己亥	7	4	己巳	6	4	己亥	5	6	庚午	4	6	庚子	3	7	庚午	二十七
8	4	庚子	7	5	庚午	6	5	庚子	5	7	辛未	4	7	辛丑	3	8	辛未	二十八
8	5	辛丑	7	6	辛未	6	6	辛丑	5	8	壬申	4	8	壬寅	3	9	壬申	二十九
			7	7	壬申	6	7	壬寅				4	9	癸卯	3	10	癸酉	三十

旧暦	十二月			十一月			十月			九月			八月			七月		
干支	癸丑月			壬子月			辛亥月			庚戌月			己酉月			戊申月		
旧暦	新暦		干支	新暦		干支	新暦		干支	新暦		干支	新暦		干支	新暦		干支
一	12	31	己巳	12	2	庚子	11	2	庚午	10	4	辛丑	9	4	辛未	8	6	壬寅
二	1	1	庚午	12	3	辛丑	11	3	辛未	10	5	壬寅	9	5	壬申	8	7	癸卯
三	1	2	辛未	12	4	壬寅	11	4	壬申	10	6	癸卯	9	6	癸酉	8	8	甲辰
四	1	3	壬申	12	5	癸卯	11	5	癸酉	10	7	甲辰	9	7	甲戌	8	9	乙巳
五	1	4	癸酉	12	6	甲辰	11	6	甲戌	10	8	乙巳	9	8	乙亥	8	10	丙午
六	1	5	甲戌	12	7	乙巳	11	7	乙亥	10	9	丙午	9	9	丙子	8	11	丁未
七	1	6	乙亥	12	8	丙午	11	8	丙子	10	10	丁未	9	10	丁丑	8	12	戊申
八	1	7	丙子	12	9	丁未	11	9	丁丑	10	11	戊申	9	11	戊寅	8	13	己酉
九	1	8	丁丑	12	10	戊申	11	10	戊寅	10	12	己酉	9	12	己卯	8	14	庚戌
十	1	9	戊寅	12	11	己酉	11	11	己卯	10	13	庚戌	9	13	庚辰	8	15	辛亥
十一	1	10	己卯	12	12	庚戌	11	12	庚辰	10	14	辛亥	9	14	辛巳	8	16	壬子
十二	1	11	庚辰	12	13	辛亥	11	13	辛巳	10	15	壬子	9	15	壬午	8	17	癸丑
十三	1	12	辛巳	12	14	壬子	11	14	壬午	10	16	癸丑	9	16	癸未	8	18	甲寅
十四	1	13	壬午	12	15	癸丑	11	15	癸未	10	17	甲寅	9	17	甲申	8	19	乙卯
十五	1	14	癸未	12	16	甲寅	11	16	甲申	10	18	乙卯	9	18	乙酉	8	20	丙辰
十六	1	15	甲申	12	17	乙卯	11	17	乙酉	10	19	丙辰	9	19	丙戌	8	21	丁巳
十七	1	16	乙酉	12	18	丙辰	11	18	丙戌	10	20	丁巳	9	20	丁亥	8	22	戊午
十八	1	17	丙戌	12	19	丁巳	11	19	丁亥	10	21	戊午	9	21	戊子	8	23	己未
十九	1	18	丁亥	12	20	戊午	11	20	戊子	10	22	己未	9	22	己丑	8	24	庚申
二十	1	19	戊子	12	21	己未	11	21	己丑	10	23	庚申	9	23	庚寅	8	25	辛酉
二十一	1	20	己丑	12	22	庚申	11	22	庚寅	10	24	辛酉	9	24	辛卯	8	26	壬戌
二十二	1	21	庚寅	12	23	辛酉	11	23	辛卯	10	25	壬戌	9	25	壬辰	8	27	癸亥
二十三	1	22	辛卯	12	24	壬戌	11	24	壬辰	10	26	癸亥	9	26	癸巳	8	28	甲子
二十四	1	23	壬辰	12	25	癸亥	11	25	癸巳	10	27	甲子	9	27	甲午	8	29	乙丑
二十五	1	24	癸巳	12	26	甲子	11	26	甲午	10	28	乙丑	9	28	乙未	8	30	丙寅
二十六	1	25	甲午	12	27	乙丑	11	27	乙未	10	29	丙寅	9	29	丙申	8	31	丁卯
二十七	1	26	乙未	12	28	丙寅	11	28	丙申	10	30	丁卯	9	30	丁酉	9	1	戊辰
二十八	1	27	丙申	12	29	丁卯	11	29	丁酉	10	31	戊辰	10	1	戊戌	9	2	己巳
二十九	1	28	丁酉	12	30	戊辰	11	30	戊戌	11	1	己巳	10	2	己亥	9	3	庚午
三十	1	29	戊戌				12	1	己亥				10	3	庚子			

西暦一九六八年（昭和43年）戊申

六月			五月			四月			三月			二月			一月			旧暦
己未月			戊午月			丁巳月			丙辰月			乙卯月			甲寅月			干支
新暦		干支	新暦		干支	新暦		干支	新暦		干支	新暦		干支	新暦		干支	旧暦
6	26	丁卯	5	27	丁酉	4	27	丁卯	3	29	戊戌	2	28	戊辰	1	30	己亥	一
6	27	戊辰	5	28	戊戌	4	28	戊辰	3	30	己亥	2	29	己巳	1	31	庚子	二
6	28	己巳	5	29	己亥	4	29	己巳	3	31	庚子	3	1	庚午	2	1	辛丑	三
6	29	庚午	5	30	庚子	4	30	庚午	4	1	辛丑	3	2	辛未	2	2	壬寅	四
6	30	辛未	5	31	辛丑	5	1	辛未	4	2	壬寅	3	3	壬申	2	3	癸卯	五
7	1	壬申	6	1	壬寅	5	2	壬申	4	3	癸卯	3	4	癸酉	2	4	甲辰	六
7	2	癸酉	6	2	癸卯	5	3	癸酉	4	4	甲辰	3	5	甲戌	2	5	乙巳	七
7	3	甲戌	6	3	甲辰	5	4	甲戌	4	5	乙巳	3	6	乙亥	2	6	丙午	八
7	4	乙亥	6	4	乙巳	5	5	乙亥	4	6	丙午	3	7	丙子	2	7	丁未	九
7	5	丙子	6	5	丙午	5	6	丙子	4	7	丁未	3	8	丁丑	2	8	戊申	十
7	6	丁丑	6	6	丁未	5	7	丁丑	4	8	戊申	3	9	戊寅	2	9	己酉	十一
7	7	戊寅	6	7	戊申	5	8	戊寅	4	9	己酉	3	10	己卯	2	10	庚戌	十二
7	8	己卯	6	8	己酉	5	9	己卯	4	10	庚戌	3	11	庚辰	2	11	辛亥	十三
7	9	庚辰	6	9	庚戌	5	10	庚辰	4	11	辛亥	3	12	辛巳	2	12	壬子	十四
7	10	辛巳	6	10	辛亥	5	11	辛巳	4	12	壬子	3	13	壬午	2	13	癸丑	十五
7	11	壬午	6	11	壬子	5	12	壬午	4	13	癸丑	3	14	癸未	2	14	甲寅	十六
7	12	癸未	6	12	癸丑	5	13	癸未	4	14	甲寅	3	15	甲申	2	15	乙卯	十七
7	13	甲申	6	13	甲寅	5	14	甲申	4	15	乙卯	3	16	乙酉	2	16	丙辰	十八
7	14	乙酉	6	14	乙卯	5	15	乙酉	4	16	丙辰	3	17	丙戌	2	17	丁巳	十九
7	15	丙戌	6	15	丙辰	5	16	丙戌	4	17	丁巳	3	18	丁亥	2	18	戊午	二十
7	16	丁亥	6	16	丁巳	5	17	丁亥	4	18	戊午	3	19	戊子	2	19	己未	二十一
7	17	戊子	6	17	戊午	5	18	戊子	4	19	己未	3	20	己丑	2	20	庚申	二十二
7	18	己丑	6	18	己未	5	19	己丑	4	20	庚申	3	21	庚寅	2	21	辛酉	二十三
7	19	庚寅	6	19	庚申	5	20	庚寅	4	21	辛酉	3	22	辛卯	2	22	壬戌	二十四
7	20	辛卯	6	20	辛酉	5	21	辛卯	4	22	壬戌	3	23	壬辰	2	23	癸亥	二十五
7	21	壬辰	6	21	壬戌	5	22	壬辰	4	23	癸亥	3	24	癸巳	2	24	甲子	二十六
7	22	癸巳	6	22	癸亥	5	23	癸巳	4	24	甲子	3	25	甲午	2	25	乙丑	二十七
7	23	甲午	6	23	甲子	5	24	甲午	4	25	乙丑	3	26	乙未	2	26	丙寅	二十八
7	24	乙未	6	24	乙丑	5	25	乙未	4	26	丙寅	3	27	丙申	2	27	丁卯	二十九
			6	25	丙寅	5	26	丙申				3	28	丁酉				三十

旧暦	十二月			十一月			十月			九月			八月			閏七月			七月		
干支	乙丑月			甲子月			癸亥月			壬戌月			辛酉月						庚申月		
旧暦	新暦		干支	新暦		干支	新暦		干支	新暦		干支	新暦		干支	新暦		干支	新暦		干支
一	1	18	癸巳	12	20	甲子	11	20	甲午	10	22	乙丑	9	22	乙未	8	24	丙寅	7	25	丙申
二	1	19	甲午	12	21	乙丑	11	21	乙未	10	23	丙寅	9	23	丙申	8	25	丁卯	7	26	丁酉
三	1	20	乙未	12	22	丙寅	11	22	丙申	10	24	丁卯	9	24	丁酉	8	26	戊辰	7	27	戊戌
四	1	21	丙申	12	23	丁卯	11	23	丁酉	10	25	戊辰	9	25	戊戌	8	27	己巳	7	28	己亥
五	1	22	丁酉	12	24	戊辰	11	24	戊戌	10	26	己巳	9	26	己亥	8	28	庚午	7	29	庚子
六	1	23	戊戌	12	25	己巳	11	25	己亥	10	27	庚午	9	27	庚子	8	29	辛未	7	30	辛丑
七	1	24	己亥	12	26	庚午	11	26	庚子	10	28	辛未	9	28	辛丑	8	30	壬申	7	31	壬寅
八	1	25	庚子	12	27	辛未	11	27	辛丑	10	29	壬申	9	29	壬寅	8	31	癸酉	8	1	癸卯
九	1	26	辛丑	12	28	壬申	11	28	壬寅	10	30	癸酉	9	30	癸卯	9	1	甲戌	8	2	甲辰
十	1	27	壬寅	12	29	癸酉	11	29	癸卯	10	31	甲戌	10	1	甲辰	9	2	乙亥	8	3	乙巳
十一	1	28	癸卯	12	30	甲戌	11	30	甲辰	11	1	乙亥	10	2	乙巳	9	3	丙子	8	4	丙午
十二	1	29	甲辰	12	31	乙亥	12	1	乙巳	11	2	丙子	10	3	丙午	9	4	丁丑	8	5	丁未
十三	1	30	乙巳	1	1	丙子	12	2	丙午	11	3	丁丑	10	4	丁未	9	5	戊寅	8	6	戊申
十四	1	31	丙午	1	2	丁丑	12	3	丁未	11	4	戊寅	10	5	戊申	9	6	己卯	8	7	己酉
十五	2	1	丁未	1	3	戊寅	12	4	戊申	11	5	己卯	10	6	己酉	9	7	庚辰	8	8	庚戌
十六	2	2	戊申	1	4	己卯	12	5	己酉	11	6	庚辰	10	7	庚戌	9	8	辛巳	8	9	辛亥
十七	2	3	己酉	1	5	庚辰	12	6	庚戌	11	7	辛巳	10	8	辛亥	9	9	壬午	8	10	壬子
十八	2	4	庚戌	1	6	辛巳	12	7	辛亥	11	8	壬午	10	9	壬子	9	10	癸未	8	11	癸丑
十九	2	5	辛亥	1	7	壬午	12	8	壬子	11	9	癸未	10	10	癸丑	9	11	甲申	8	12	甲寅
二十	2	6	壬子	1	8	癸未	12	9	癸丑	11	10	甲申	10	11	甲寅	9	12	乙酉	8	13	乙卯
二十一	2	7	癸丑	1	9	甲申	12	10	甲寅	11	11	乙酉	10	12	乙卯	9	13	丙戌	8	14	丙辰
二十二	2	8	甲寅	1	10	乙酉	12	11	乙卯	11	12	丙戌	10	13	丙辰	9	14	丁亥	8	15	丁巳
二十三	2	9	乙卯	1	11	丙戌	12	12	丙辰	11	13	丁亥	10	14	丁巳	9	15	戊子	8	16	戊午
二十四	2	10	丙辰	1	12	丁亥	12	13	丁巳	11	14	戊子	10	15	戊午	9	16	己丑	8	17	己未
二十五	2	11	丁巳	1	13	戊子	12	14	戊午	11	15	己丑	10	16	己未	9	17	庚寅	8	18	庚申
二十六	2	12	戊午	1	14	己丑	12	15	己未	11	16	庚寅	10	17	庚申	9	18	辛卯	8	19	辛酉
二十七	2	13	己未	1	15	庚寅	12	16	庚申	11	17	辛卯	10	18	辛酉	9	19	壬辰	8	20	壬戌
二十八	2	14	庚申	1	16	辛卯	12	17	辛酉	11	18	壬辰	10	19	壬戌	9	20	癸巳	8	21	癸亥
二十九	2	15	辛酉	1	17	壬辰	12	18	壬戌	11	19	癸巳	10	20	癸亥	9	21	甲午	8	22	甲子
三十	2	16	壬戌				12	19	癸亥				10	21	甲子				8	23	乙丑

西暦 一九六九年（昭和44年）己酉

六月			五月			四月			三月			二月			一月			旧暦
辛未月			庚午月			己巳月			戊辰月			丁卯月			丙寅月			干支
新暦		干支	新暦		干支	新暦		干支	新暦		干支	新暦		干支	新暦		干支	旧暦
7	14	庚寅	6	15	辛酉	5	16	辛卯	4	17	壬戌	3	18	壬辰	2	17	癸亥	一
7	15	辛卯	6	16	壬戌	5	17	壬辰	4	18	癸亥	3	19	癸巳	2	18	甲子	二
7	16	壬辰	6	17	癸亥	5	18	癸巳	4	19	甲子	3	20	甲午	2	19	乙丑	三
7	17	癸巳	6	18	甲子	5	19	甲午	4	20	乙丑	3	21	乙未	2	20	丙寅	四
7	18	甲午	6	19	乙丑	5	20	乙未	4	21	丙寅	3	22	丙申	2	21	丁卯	五
7	19	乙未	6	20	丙寅	5	21	丙申	4	22	丁卯	3	23	丁酉	2	22	戊辰	六
7	20	丙申	6	21	丁卯	5	22	丁酉	4	23	戊辰	3	24	戊戌	2	23	己巳	七
7	21	丁酉	6	22	戊辰	5	23	戊戌	4	24	己巳	3	25	己亥	2	24	庚午	八
7	22	戊戌	6	23	己巳	5	24	己亥	4	25	庚午	3	26	庚子	2	25	辛未	九
7	23	己亥	6	24	庚午	5	25	庚子	4	26	辛未	3	27	辛丑	2	26	壬申	十
7	24	庚子	6	25	辛未	5	26	辛丑	4	27	壬申	3	28	壬寅	2	27	癸酉	十一
7	25	辛丑	6	26	壬申	5	27	壬寅	4	28	癸酉	3	29	癸卯	2	28	甲戌	十二
7	26	壬寅	6	27	癸酉	5	28	癸卯	4	29	甲戌	3	30	甲辰	3	1	乙亥	十三
7	27	癸卯	6	28	甲戌	5	29	甲辰	4	30	乙亥	3	31	乙巳	3	2	丙子	十四
7	28	甲辰	6	29	乙亥	5	30	乙巳	5	1	丙子	4	1	丙午	3	3	丁丑	十五
7	29	乙巳	6	30	丙子	5	31	丙午	5	2	丁丑	4	2	丁未	3	4	戊寅	十六
7	30	丙午	7	1	丁丑	6	1	丁未	5	3	戊寅	4	3	戊申	3	5	己卯	十七
7	31	丁未	7	2	戊寅	6	2	戊申	5	4	己卯	4	4	己酉	3	6	庚辰	十八
8	1	戊申	7	3	己卯	6	3	己酉	5	5	庚辰	4	5	庚戌	3	7	辛巳	十九
8	2	己酉	7	4	庚辰	6	4	庚戌	5	6	辛巳	4	6	辛亥	3	8	壬午	二十
8	3	庚戌	7	5	辛巳	6	5	辛亥	5	7	壬午	4	7	壬子	3	9	癸未	二十一
8	4	辛亥	7	6	壬午	6	6	壬子	5	8	癸未	4	8	癸丑	3	10	甲申	二十二
8	5	壬子	7	7	癸未	6	7	癸丑	5	9	甲申	4	9	甲寅	3	11	乙酉	二十三
8	6	癸丑	7	8	甲申	6	8	甲寅	5	10	乙酉	4	10	乙卯	3	12	丙戌	二十四
8	7	甲寅	7	9	乙酉	6	9	乙卯	5	11	丙戌	4	11	丙辰	3	13	丁亥	二十五
8	8	乙卯	7	10	丙戌	6	10	丙辰	5	12	丁亥	4	12	丁巳	3	14	戊子	二十六
8	9	丙辰	7	11	丁亥	6	11	丁巳	5	13	戊子	4	13	戊午	3	15	己丑	二十七
8	10	丁巳	7	12	戊子	6	12	戊午	5	14	己丑	4	14	己未	3	16	庚寅	二十八
8	11	戊午	7	13	己丑	6	13	己未	5	15	庚寅	4	15	庚申	3	17	辛卯	二十九
8	12	己未				6	14	庚申				4	16	辛酉				三十

旧暦	十二月			十一月			十月			九月			八月			七月		
干支	丁丑月			丙子月			乙亥月			甲戌月			癸酉月			壬申月		
旧暦	新暦		干支	新暦		干支	新暦		干支	新暦		干支	新暦		干支	新暦		干支
一	1	8	戊子	12	9	戊午	11	10	己丑	10	11	己未	9	12	庚寅	8	13	庚申
二	1	9	己丑	12	10	己未	11	11	庚寅	10	12	庚申	9	13	辛卯	8	14	辛酉
三	1	10	庚寅	12	11	庚申	11	12	辛卯	10	13	辛酉	9	14	壬辰	8	15	壬戌
四	1	11	辛卯	12	12	辛酉	11	13	壬辰	10	14	壬戌	9	15	癸巳	8	16	癸亥
五	1	12	壬辰	12	13	壬戌	11	14	癸巳	10	15	癸亥	9	16	甲午	8	17	甲子
六	1	13	癸巳	12	14	癸亥	11	15	甲午	10	16	甲子	9	17	乙未	8	18	乙丑
七	1	14	甲午	12	15	甲子	11	16	乙未	10	17	乙丑	9	18	丙申	8	19	丙寅
八	1	15	乙未	12	16	乙丑	11	17	丙申	10	18	丙寅	9	19	丁酉	8	20	丁卯
九	1	16	丙申	12	17	丙寅	11	18	丁酉	10	19	丁卯	9	20	戊戌	8	21	戊辰
十	1	17	丁酉	12	18	丁卯	11	19	戊戌	10	20	戊辰	9	21	己亥	8	22	己巳
十一	1	18	戊戌	12	19	戊辰	11	20	己亥	10	21	己巳	9	22	庚子	8	23	庚午
十二	1	19	己亥	12	20	己巳	11	21	庚子	10	22	庚午	9	23	辛丑	8	24	辛未
十三	1	20	庚子	12	21	庚午	11	22	辛丑	10	23	辛未	9	24	壬寅	8	25	壬申
十四	1	21	辛丑	12	22	辛未	11	23	壬寅	10	24	壬申	9	25	癸卯	8	26	癸酉
十五	1	22	壬寅	12	23	壬申	11	24	癸卯	10	25	癸酉	9	26	甲辰	8	27	甲戌
十六	1	23	癸卯	12	24	癸酉	11	25	甲辰	10	26	甲戌	9	27	乙巳	8	28	乙亥
十七	1	24	甲辰	12	25	甲戌	11	26	乙巳	10	27	乙亥	9	28	丙午	8	29	丙子
十八	1	25	乙巳	12	26	乙亥	11	27	丙午	10	28	丙子	9	29	丁未	8	30	丁丑
十九	1	26	丙午	12	27	丙子	11	28	丁未	10	29	丁丑	9	30	戊申	8	31	戊寅
二十	1	27	丁未	12	28	丁丑	11	29	戊申	10	30	戊寅	10	1	己酉	9	1	己卯
二十一	1	28	戊申	12	29	戊寅	11	30	己酉	10	31	己卯	10	2	庚戌	9	2	庚辰
二十二	1	29	己酉	12	30	己卯	12	1	庚戌	11	1	庚辰	10	3	辛亥	9	3	辛巳
二十三	1	30	庚戌	12	31	庚辰	12	2	辛亥	11	2	辛巳	10	4	壬子	9	4	壬午
二十四	1	31	辛亥	1	1	辛巳	12	3	壬子	11	3	壬午	10	5	癸丑	9	5	癸未
二十五	2	1	壬子	1	2	壬午	12	4	癸丑	11	4	癸未	10	6	甲寅	9	6	甲申
二十六	2	2	癸丑	1	3	癸未	12	5	甲寅	11	5	甲申	10	7	乙卯	9	7	乙酉
二十七	2	3	甲寅	1	4	甲申	12	6	乙卯	11	6	乙酉	10	8	丙辰	9	8	丙戌
二十八	2	4	乙卯	1	5	乙酉	12	7	丙辰	11	7	丙戌	10	9	丁巳	9	9	丁亥
二十九	2	5	丙辰	1	6	丙戌	12	8	丁巳	11	8	丁亥	10	10	戊午	9	10	戊子
三十				1	7	丁亥				11	9	戊子				9	11	己丑

西暦一九七〇年（昭和45年）庚戌

六月			五月			四月			三月			二月			一月			旧暦
癸未月			壬午月			辛巳月			庚辰月			己卯月			戊寅月			干支
新暦		干支	新暦		干支	新暦		干支	新暦		干支	新暦		干支	新暦		干支	旧暦
7	3	甲申	6	4	乙卯	5	5	乙酉	4	6	丙辰	3	8	丁亥	2	6	丁巳	一
7	4	乙酉	6	5	丙辰	5	6	丙戌	4	7	丁巳	3	9	戊子	2	7	戊午	二
7	5	丙戌	6	6	丁巳	5	7	丁亥	4	8	戊午	3	10	己丑	2	8	己未	三
7	6	丁亥	6	7	戊午	5	8	戊子	4	9	己未	3	11	庚寅	2	9	庚申	四
7	7	戊子	6	8	己未	5	9	己丑	4	10	庚申	3	12	辛卯	2	10	辛酉	五
7	8	己丑	6	9	庚申	5	10	庚寅	4	11	辛酉	3	13	壬辰	2	11	壬戌	六
7	9	庚寅	6	10	辛酉	5	11	辛卯	4	12	壬戌	3	14	癸巳	2	12	癸亥	七
7	10	辛卯	6	11	壬戌	5	12	壬辰	4	13	癸亥	3	15	甲午	2	13	甲子	八
7	11	壬辰	6	12	癸亥	5	13	癸巳	4	14	甲子	3	16	乙未	2	14	乙丑	九
7	12	癸巳	6	13	甲子	5	14	甲午	4	15	乙丑	3	17	丙申	2	15	丙寅	十
7	13	甲午	6	14	乙丑	5	15	乙未	4	16	丙寅	3	18	丁酉	2	16	丁卯	十一
7	14	乙未	6	15	丙寅	5	16	丙申	4	17	丁卯	3	19	戊戌	2	17	戊辰	十二
7	15	丙申	6	16	丁卯	5	17	丁酉	4	18	戊辰	3	20	己亥	2	18	己巳	十三
7	16	丁酉	6	17	戊辰	5	18	戊戌	4	19	己巳	3	21	庚子	2	19	庚午	十四
7	17	戊戌	6	18	己巳	5	19	己亥	4	20	庚午	3	22	辛丑	2	20	辛未	十五
7	18	己亥	6	19	庚午	5	20	庚子	4	21	辛未	3	23	壬寅	2	21	壬申	十六
7	19	庚子	6	20	辛未	5	21	辛丑	4	22	壬申	3	24	癸卯	2	22	癸酉	十七
7	20	辛丑	6	21	壬申	5	22	壬寅	4	23	癸酉	3	25	甲辰	2	23	甲戌	十八
7	21	壬寅	6	22	癸酉	5	23	癸卯	4	24	甲戌	3	26	乙巳	2	24	乙亥	十九
7	22	癸卯	6	23	甲戌	5	24	甲辰	4	25	乙亥	3	27	丙午	2	25	丙子	二十
7	23	甲辰	6	24	乙亥	5	25	乙巳	4	26	丙子	3	28	丁未	2	26	丁丑	二十一
7	24	乙巳	6	25	丙子	5	26	丙午	4	27	丁丑	3	29	戊申	2	27	戊寅	二十二
7	25	丙午	6	26	丁丑	5	27	丁未	4	28	戊寅	3	30	己酉	2	28	己卯	二十三
7	26	丁未	6	27	戊寅	5	28	戊申	4	29	己卯	3	31	庚戌	3	1	庚辰	二十四
7	27	戊申	6	28	己卯	5	29	己酉	4	30	庚辰	4	1	辛亥	3	2	辛巳	二十五
7	28	己酉	6	29	庚辰	5	30	庚戌	5	1	辛巳	4	2	壬子	3	3	壬午	二十六
7	29	庚戌	6	30	辛巳	5	31	辛亥	5	2	壬午	4	3	癸丑	3	4	癸未	二十七
7	30	辛亥	7	1	壬午	6	1	壬子	5	3	癸未	4	4	甲寅	3	5	甲申	二十八
7	31	壬子	7	2	癸未	6	2	癸丑	5	4	甲申	4	5	乙卯	3	6	乙酉	二十九
8	1	癸丑				6	3	甲寅							3	7	丙戌	三十

旧暦	十二月			十一月			十月			九月			八月			七月		
干支	己丑月			戊子月			丁亥月			丙戌月			乙酉月			甲申月		
旧暦	新暦		干支	新暦		干支	新暦		干支	新暦		干支	新暦		干支	新暦		干支
一	12	28	壬午	11	29	癸丑	10	30	癸未	9	30	癸丑	9	1	甲申	8	2	甲寅
二	12	29	癸未	11	30	甲寅	10	31	甲申	10	1	甲寅	9	2	乙酉	8	3	乙卯
三	12	30	甲申	12	1	乙卯	11	1	乙酉	10	2	乙卯	9	3	丙戌	8	4	丙辰
四	12	31	乙酉	12	2	丙辰	11	2	丙戌	10	3	丙辰	9	4	丁亥	8	5	丁巳
五	1	1	丙戌	12	3	丁巳	11	3	丁亥	10	4	丁巳	9	5	戊子	8	6	戊午
六	1	2	丁亥	12	4	戊午	11	4	戊子	10	5	戊午	9	6	己丑	8	7	己未
七	1	3	戊子	12	5	己未	11	5	己丑	10	6	己未	9	7	庚寅	8	8	庚申
八	1	4	己丑	12	6	庚申	11	6	庚寅	10	7	庚申	9	8	辛卯	8	9	辛酉
九	1	5	庚寅	12	7	辛酉	11	7	辛卯	10	8	辛酉	9	9	壬辰	8	10	壬戌
十	1	6	辛卯	12	8	壬戌	11	8	壬辰	10	9	壬戌	9	10	癸巳	8	11	癸亥
十一	1	7	壬辰	12	9	癸亥	11	9	癸巳	10	10	癸亥	9	11	甲午	8	12	甲子
十二	1	8	癸巳	12	10	甲子	11	10	甲午	10	11	甲子	9	12	乙未	8	13	乙丑
十三	1	9	甲午	12	11	乙丑	11	11	乙未	10	12	乙丑	9	13	丙申	8	14	丙寅
十四	1	10	乙未	12	12	丙寅	11	12	丙申	10	13	丙寅	9	14	丁酉	8	15	丁卯
十五	1	11	丙申	12	13	丁卯	11	13	丁酉	10	14	丁卯	9	15	戊戌	8	16	戊辰
十六	1	12	丁酉	12	14	戊辰	11	14	戊戌	10	15	戊辰	9	16	己亥	8	17	己巳
十七	1	13	戊戌	12	15	己巳	11	15	己亥	10	16	己巳	9	17	庚子	8	18	庚午
十八	1	14	己亥	12	16	庚午	11	16	庚子	10	17	庚午	9	18	辛丑	8	19	辛未
十九	1	15	庚子	12	17	辛未	11	17	辛丑	10	18	辛未	9	19	壬寅	8	20	壬申
二十	1	16	辛丑	12	18	壬申	11	18	壬寅	10	19	壬申	9	20	癸卯	8	21	癸酉
二十一	1	17	壬寅	12	19	癸酉	11	19	癸卯	10	20	癸酉	9	21	甲辰	8	22	甲戌
二十二	1	18	癸卯	12	20	甲戌	11	20	甲辰	10	21	甲戌	9	22	乙巳	8	23	乙亥
二十三	1	19	甲辰	12	21	乙亥	11	21	乙巳	10	22	乙亥	9	23	丙午	8	24	丙子
二十四	1	20	乙巳	12	22	丙子	11	22	丙午	10	23	丙子	9	24	丁未	8	25	丁丑
二十五	1	21	丙午	12	23	丁丑	11	23	丁未	10	24	丁丑	9	25	戊申	8	26	戊寅
二十六	1	22	丁未	12	24	戊寅	11	24	戊申	10	25	戊寅	9	26	己酉	8	27	己卯
二十七	1	23	戊申	12	25	己卯	11	25	己酉	10	26	己卯	9	27	庚戌	8	28	庚辰
二十八	1	24	己酉	12	26	庚辰	11	26	庚戌	10	27	庚辰	9	28	辛亥	8	29	辛巳
二十九	1	25	庚戌	12	27	辛巳	11	27	辛亥	10	28	辛巳	9	29	壬子	8	30	壬午
三十	1	26	辛亥				11	28	壬子	10	29	壬午				8	31	癸未

西暦一九七一年（昭和46年）辛亥

閏五月			五月			四月			三月			二月			一月			旧暦
			甲午月			癸巳月			壬辰月			辛卯月			庚寅月			干支
新暦		干支	新暦		干支	新暦		干支	新暦		干支	新暦		干支	新暦		干支	旧暦
6	23	己卯	5	24	己酉	4	25	庚辰	3	27	辛亥	2	25	辛巳	1	27	壬子	一
6	24	庚辰	5	25	庚戌	4	26	辛巳	3	28	壬子	2	26	壬午	1	28	癸丑	二
6	25	辛巳	5	26	辛亥	4	27	壬午	3	29	癸丑	2	27	癸未	1	29	甲寅	三
6	26	壬午	5	27	壬子	4	28	癸未	3	30	甲寅	2	28	甲申	1	30	乙卯	四
6	27	癸未	5	28	癸丑	4	29	甲申	3	31	乙卯	3	1	乙酉	1	31	丙辰	五
6	28	甲申	5	29	甲寅	4	30	乙酉	4	1	丙辰	3	2	丙戌	2	1	丁巳	六
6	29	乙酉	5	30	乙卯	5	1	丙戌	4	2	丁巳	3	3	丁亥	2	2	戊午	七
6	30	丙戌	5	31	丙辰	5	2	丁亥	4	3	戊午	3	4	戊子	2	3	己未	八
7	1	丁亥	6	1	丁巳	5	3	戊子	4	4	己未	3	5	己丑	2	4	庚申	九
7	2	戊子	6	2	戊午	5	4	己丑	4	5	庚申	3	6	庚寅	2	5	辛酉	十
7	3	己丑	6	3	己未	5	5	庚寅	4	6	辛酉	3	7	辛卯	2	6	壬戌	十一
7	4	庚寅	6	4	庚申	5	6	辛卯	4	7	壬戌	3	8	壬辰	2	7	癸亥	十二
7	5	辛卯	6	5	辛酉	5	7	壬辰	4	8	癸亥	3	9	癸巳	2	8	甲子	十三
7	6	壬辰	6	6	壬戌	5	8	癸巳	4	9	甲子	3	10	甲午	2	9	乙丑	十四
7	7	癸巳	6	7	癸亥	5	9	甲午	4	10	乙丑	3	11	乙未	2	10	丙寅	十五
7	8	甲午	6	8	甲子	5	10	乙未	4	11	丙寅	3	12	丙申	2	11	丁卯	十六
7	9	乙未	6	9	乙丑	5	11	丙申	4	12	丁卯	3	13	丁酉	2	12	戊辰	十七
7	10	丙申	6	10	丙寅	5	12	丁酉	4	13	戊辰	3	14	戊戌	2	13	己巳	十八
7	11	丁酉	6	11	丁卯	5	13	戊戌	4	14	己巳	3	15	己亥	2	14	庚午	十九
7	12	戊戌	6	12	戊辰	5	14	己亥	4	15	庚午	3	16	庚子	2	15	辛未	二十
7	13	己亥	6	13	己巳	5	15	庚子	4	16	辛未	3	17	辛丑	2	16	壬申	二十一
7	14	庚子	6	14	庚午	5	16	辛丑	4	17	壬申	3	18	壬寅	2	17	癸酉	二十二
7	15	辛丑	6	15	辛未	5	17	壬寅	4	18	癸酉	3	19	癸卯	2	18	甲戌	二十三
7	16	壬寅	6	16	壬申	5	18	癸卯	4	19	甲戌	3	20	甲辰	2	19	乙亥	二十四
7	17	癸卯	6	17	癸酉	5	19	甲辰	4	20	乙亥	3	21	乙巳	2	20	丙子	二十五
7	18	甲辰	6	18	甲戌	5	20	乙巳	4	21	丙子	3	22	丙午	2	21	丁丑	二十六
7	19	乙巳	6	19	乙亥	5	21	丙午	4	22	丁丑	3	23	丁未	2	22	戊寅	二十七
7	20	丙午	6	20	丙子	5	22	丁未	4	23	戊寅	3	24	戊申	2	23	己卯	二十八
7	21	丁未	6	21	丁丑	5	23	戊申	4	24	己卯	3	25	己酉	2	24	庚辰	二十九
			6	22	戊寅							3	26	庚戌				三十

旧暦	十二月			十一月			十月			九月			八月			七月			六月		
干支	辛丑月			庚子月			己亥月			戊戌月			丁酉月			丙申月			乙未月		
旧暦	新暦		干支	新暦		干支	新暦		干支	新暦		干支	新暦		干支	新暦		干支	新暦		干支
一	1	16	丙午	12	18	丁丑	11	18	丁未	10	19	丁丑	9	19	丁未	8	21	戊寅	7	22	戊申
二	1	17	丁未	12	19	戊寅	11	19	戊申	10	20	戊寅	9	20	戊申	8	22	己卯	7	23	己酉
三	1	18	戊申	12	20	己卯	11	20	己酉	10	21	己卯	9	21	己酉	8	23	庚辰	7	24	庚戌
四	1	19	己酉	12	21	庚辰	11	21	庚戌	10	22	庚辰	9	22	庚戌	8	24	辛巳	7	25	辛亥
五	1	20	庚戌	12	22	辛巳	11	22	辛亥	10	23	辛巳	9	23	辛亥	8	25	壬午	7	26	壬子
六	1	21	辛亥	12	23	壬午	11	23	壬子	10	24	壬午	9	24	壬子	8	26	癸未	7	27	癸丑
七	1	22	壬子	12	24	癸未	11	24	癸丑	10	25	癸未	9	25	癸丑	8	27	甲申	7	28	甲寅
八	1	23	癸丑	12	25	甲申	11	25	甲寅	10	26	甲申	9	26	甲寅	8	28	乙酉	7	29	乙卯
九	1	24	甲寅	12	26	乙酉	11	26	乙卯	10	27	乙酉	9	27	乙卯	8	29	丙戌	7	30	丙辰
十	1	25	乙卯	12	27	丙戌	11	27	丙辰	10	28	丙戌	9	28	丙辰	8	30	丁亥	7	31	丁巳
十一	1	26	丙辰	12	28	丁亥	11	28	丁巳	10	29	丁亥	9	29	丁巳	8	31	戊子	8	1	戊午
十二	1	27	丁巳	12	29	戊子	11	29	戊午	10	30	戊子	9	30	戊午	9	1	己丑	8	2	己未
十三	1	28	戊午	12	30	己丑	11	30	己未	10	31	己丑	10	1	己未	9	2	庚寅	8	3	庚申
十四	1	29	己未	12	31	庚寅	12	1	庚申	11	1	庚寅	10	2	庚申	9	3	辛卯	8	4	辛酉
十五	1	30	庚申	1	1	辛卯	12	2	辛酉	11	2	辛卯	10	3	辛酉	9	4	壬辰	8	5	壬戌
十六	1	31	辛酉	1	2	壬辰	12	3	壬戌	11	3	壬辰	10	4	壬戌	9	5	癸巳	8	6	癸亥
十七	2	1	壬戌	1	3	癸巳	12	4	癸亥	11	4	癸巳	10	5	癸亥	9	6	甲午	8	7	甲子
十八	2	2	癸亥	1	4	甲午	12	5	甲子	11	5	甲午	10	6	甲子	9	7	乙未	8	8	乙丑
十九	2	3	甲子	1	5	乙未	12	6	乙丑	11	6	乙未	10	7	乙丑	9	8	丙申	8	9	丙寅
二十	2	4	乙丑	1	6	丙申	12	7	丙寅	11	7	丙申	10	8	丙寅	9	9	丁酉	8	10	丁卯
二十一	2	5	丙寅	1	7	丁酉	12	8	丁卯	11	8	丁酉	10	9	丁卯	9	10	戊戌	8	11	戊辰
二十二	2	6	丁卯	1	8	戊戌	12	9	戊辰	11	9	戊戌	10	10	戊辰	9	11	己亥	8	12	己巳
二十三	2	7	戊辰	1	9	己亥	12	10	己巳	11	10	己亥	10	11	己巳	9	12	庚子	8	13	庚午
二十四	2	8	己巳	1	10	庚子	12	11	庚午	11	11	庚子	10	12	庚午	9	13	辛丑	8	14	辛未
二十五	2	9	庚午	1	11	辛丑	12	12	辛未	11	12	辛丑	10	13	辛未	9	14	壬寅	8	15	壬申
二十六	2	10	辛未	1	12	壬寅	12	13	壬申	11	13	壬寅	10	14	壬申	9	15	癸卯	8	16	癸酉
二十七	2	11	壬申	1	13	癸卯	12	14	癸酉	11	14	癸卯	10	15	癸酉	9	16	甲辰	8	17	甲戌
二十八	2	12	癸酉	1	14	甲辰	12	15	甲戌	11	15	甲辰	10	16	甲戌	9	17	乙巳	8	18	乙亥
二十九	2	13	甲戌	1	15	乙巳	12	16	乙亥	11	16	乙巳	10	17	乙亥	9	18	丙午	8	19	丙子
三十	2	14	乙亥				12	17	丙子	11	17	丙午	10	18	丙子				8	20	丁丑

西暦 一九七二年（昭和47年）壬子

六月			五月			四月			三月			二月			一月			旧暦
丁未月			丙午月			乙巳月			甲辰月			癸卯月			壬寅月			干支
新暦		干支	新暦		干支	新暦		干支	新暦		干支	新暦		干支	新暦		干支	旧暦
7	11	癸卯	6	11	癸酉	5	13	甲辰	4	14	乙亥	3	15	乙巳	2	15	丙子	一
7	12	甲辰	6	12	甲戌	5	14	乙巳	4	15	丙子	3	16	丙午	2	16	丁丑	二
7	13	乙巳	6	13	乙亥	5	15	丙午	4	16	丁丑	3	17	丁未	2	17	戊寅	三
7	14	丙午	6	14	丙子	5	16	丁未	4	17	戊寅	3	18	戊申	2	18	己卯	四
7	15	丁未	6	15	丁丑	5	17	戊申	4	18	己卯	3	19	己酉	2	19	庚辰	五
7	16	戊申	6	16	戊寅	5	18	己酉	4	19	庚辰	3	20	庚戌	2	20	辛巳	六
7	17	己酉	6	17	己卯	5	19	庚戌	4	20	辛巳	3	21	辛亥	2	21	壬午	七
7	18	庚戌	6	18	庚辰	5	20	辛亥	4	21	壬午	3	22	壬子	2	22	癸未	八
7	19	辛亥	6	19	辛巳	5	21	壬子	4	22	癸未	3	23	癸丑	2	23	甲申	九
7	20	壬子	6	20	壬午	5	22	癸丑	4	23	甲申	3	24	甲寅	2	24	乙酉	十
7	21	癸丑	6	21	癸未	5	23	甲寅	4	24	乙酉	3	25	乙卯	2	25	丙戌	十一
7	22	甲寅	6	22	甲申	5	24	乙卯	4	25	丙戌	3	26	丙辰	2	26	丁亥	十二
7	23	乙卯	6	23	乙酉	5	25	丙辰	4	26	丁亥	3	27	丁巳	2	27	戊子	十三
7	24	丙辰	6	24	丙戌	5	26	丁巳	4	27	戊子	3	28	戊午	2	28	己丑	十四
7	25	丁巳	6	25	丁亥	5	27	戊午	4	28	己丑	3	29	己未	2	29	庚寅	十五
7	26	戊午	6	26	戊子	5	28	己未	4	29	庚寅	3	30	庚申	3	1	辛卯	十六
7	27	己未	6	27	己丑	5	29	庚申	4	30	辛卯	3	31	辛酉	3	2	壬辰	十七
7	28	庚申	6	28	庚寅	5	30	辛酉	5	1	壬辰	4	1	壬戌	3	3	癸巳	十八
7	29	辛酉	6	29	辛卯	5	31	壬戌	5	2	癸巳	4	2	癸亥	3	4	甲午	十九
7	30	壬戌	6	30	壬辰	6	1	癸亥	5	3	甲午	4	3	甲子	3	5	乙未	二十
7	31	癸亥	7	1	癸巳	6	2	甲子	5	4	乙未	4	4	乙丑	3	6	丙申	二十一
8	1	甲子	7	2	甲午	6	3	乙丑	5	5	丙申	4	5	丙寅	3	7	丁酉	二十二
8	2	乙丑	7	3	乙未	6	4	丙寅	5	6	丁酉	4	6	丁卯	3	8	戊戌	二十三
8	3	丙寅	7	4	丙申	6	5	丁卯	5	7	戊戌	4	7	戊辰	3	9	己亥	二十四
8	4	丁卯	7	5	丁酉	6	6	戊辰	5	8	己亥	4	8	己巳	3	10	庚子	二十五
8	5	戊辰	7	6	戊戌	6	7	己巳	5	9	庚子	4	9	庚午	3	11	辛丑	二十六
8	6	己巳	7	7	己亥	6	8	庚午	5	10	辛丑	4	10	辛未	3	12	壬寅	二十七
8	7	庚午	7	8	庚子	6	9	辛未	5	11	壬寅	4	11	壬申	3	13	癸卯	二十八
8	8	辛未	7	9	辛丑	6	10	壬申	5	12	癸卯	4	12	癸酉	3	14	甲辰	二十九
			7	10	壬寅							4	13	甲戌				三十

旧暦	十二月			十一月			十月			九月			八月			七月		
干支	癸丑月			壬子月			辛亥月			庚戌月			己酉月			戊申月		
旧暦	新暦		干支	新暦		干支	新暦		干支	新暦		干支	新暦		干支	新暦		干支
一	1	4	庚子	12	6	辛未	11	6	辛丑	10	7	辛未	9	8	壬寅	8	9	壬申
二	1	5	辛丑	12	7	壬申	11	7	壬寅	10	8	壬申	9	9	癸卯	8	10	癸酉
三	1	6	壬寅	12	8	癸酉	11	8	癸卯	10	9	癸酉	9	10	甲辰	8	11	甲戌
四	1	7	癸卯	12	9	甲戌	11	9	甲辰	10	10	甲戌	9	11	乙巳	8	12	乙亥
五	1	8	甲辰	12	10	乙亥	11	10	乙巳	10	11	乙亥	9	12	丙午	8	13	丙子
六	1	9	乙巳	12	11	丙子	11	11	丙午	10	12	丙子	9	13	丁未	8	14	丁丑
七	1	10	丙午	12	12	丁丑	11	12	丁未	10	13	丁丑	9	14	戊申	8	15	戊寅
八	1	11	丁未	12	13	戊寅	11	13	戊申	10	14	戊寅	9	15	己酉	8	16	己卯
九	1	12	戊申	12	14	己卯	11	14	己酉	10	15	己卯	9	16	庚戌	8	17	庚辰
十	1	13	己酉	12	15	庚辰	11	15	庚戌	10	16	庚辰	9	17	辛亥	8	18	辛巳
十一	1	14	庚戌	12	16	辛巳	11	16	辛亥	10	17	辛巳	9	18	壬子	8	19	壬午
十二	1	15	辛亥	12	17	壬午	11	17	壬子	10	18	壬午	9	19	癸丑	8	20	癸未
十三	1	16	壬子	12	18	癸未	11	18	癸丑	10	19	癸未	9	20	甲寅	8	21	甲申
十四	1	17	癸丑	12	19	甲申	11	19	甲寅	10	20	甲申	9	21	乙卯	8	22	乙酉
十五	1	18	甲寅	12	20	乙酉	11	20	乙卯	10	21	乙酉	9	22	丙辰	8	23	丙戌
十六	1	19	乙卯	12	21	丙戌	11	21	丙辰	10	22	丙戌	9	23	丁巳	8	24	丁亥
十七	1	20	丙辰	12	22	丁亥	11	22	丁巳	10	23	丁亥	9	24	戊午	8	25	戊子
十八	1	21	丁巳	12	23	戊子	11	23	戊午	10	24	戊子	9	25	己未	8	26	己丑
十九	1	22	戊午	12	24	己丑	11	24	己未	10	25	己丑	9	26	庚申	8	27	庚寅
二十	1	23	己未	12	25	庚寅	11	25	庚申	10	26	庚寅	9	27	辛酉	8	28	辛卯
二十一	1	24	庚申	12	26	辛卯	11	26	辛酉	10	27	辛卯	9	28	壬戌	8	29	壬辰
二十二	1	25	辛酉	12	27	壬辰	11	27	壬戌	10	28	壬辰	9	29	癸亥	8	30	癸巳
二十三	1	26	壬戌	12	28	癸巳	11	28	癸亥	10	29	癸巳	9	30	甲子	8	31	甲午
二十四	1	27	癸亥	12	29	甲午	11	29	甲子	10	30	甲午	10	1	乙丑	9	1	乙未
二十五	1	28	甲子	12	30	乙未	11	30	乙丑	10	31	乙未	10	2	丙寅	9	2	丙申
二十六	1	29	乙丑	12	31	丙申	12	1	丙寅	11	1	丙申	10	3	丁卯	9	3	丁酉
二十七	1	30	丙寅	1	1	丁酉	12	2	丁卯	11	2	丁酉	10	4	戊辰	9	4	戊戌
二十八	1	31	丁卯	1	2	戊戌	12	3	戊辰	11	3	戊戌	10	5	己巳	9	5	己亥
二十九	2	1	戊辰	1	3	己亥	12	4	己巳	11	4	己亥	10	6	庚午	9	6	庚子
三十	2	2	己巳				12	5	庚午	11	5	庚子				9	7	辛丑

西暦 一九七三年（昭和48年）癸丑

六月			五月			四月			三月			二月			一月			旧暦
己未月			戊午月			丁巳月			丙辰月			乙卯月			甲寅月			干支
新暦		干支	新暦		干支	新暦		干支	新暦		干支	新暦		干支	新暦		干支	旧暦
6	30	丁酉	6	1	戊辰	5	3	己亥	4	3	己巳	3	5	庚子	2	3	庚午	一
7	1	戊戌	6	2	己巳	5	4	庚子	4	4	庚午	3	6	辛丑	2	4	辛未	二
7	2	己亥	6	3	庚午	5	5	辛丑	4	5	辛未	3	7	壬寅	2	5	壬申	三
7	3	庚子	6	4	辛未	5	6	壬寅	4	6	壬申	3	8	癸卯	2	6	癸酉	四
7	4	辛丑	6	5	壬申	5	7	癸卯	4	7	癸酉	3	9	甲辰	2	7	甲戌	五
7	5	壬寅	6	6	癸酉	5	8	甲辰	4	8	甲戌	3	10	乙巳	2	8	乙亥	六
7	6	癸卯	6	7	甲戌	5	9	乙巳	4	9	乙亥	3	11	丙午	2	9	丙子	七
7	7	甲辰	6	8	乙亥	5	10	丙午	4	10	丙子	3	12	丁未	2	10	丁丑	八
7	8	乙巳	6	9	丙子	5	11	丁未	4	11	丁丑	3	13	戊申	2	11	戊寅	九
7	9	丙午	6	10	丁丑	5	12	戊申	4	12	戊寅	3	14	己酉	2	12	己卯	十
7	10	丁未	6	11	戊寅	5	13	己酉	4	13	己卯	3	15	庚戌	2	13	庚辰	十一
7	11	戊申	6	12	己卯	5	14	庚戌	4	14	庚辰	3	16	辛亥	2	14	辛巳	十二
7	12	己酉	6	13	庚辰	5	15	辛亥	4	15	辛巳	3	17	壬子	2	15	壬午	十三
7	13	庚戌	6	14	辛巳	5	16	壬子	4	16	壬午	3	18	癸丑	2	16	癸未	十四
7	14	辛亥	6	15	壬午	5	17	癸丑	4	17	癸未	3	19	甲寅	2	17	甲申	十五
7	15	壬子	6	16	癸未	5	18	甲寅	4	18	甲申	3	20	乙卯	2	18	乙酉	十六
7	16	癸丑	6	17	甲申	5	19	乙卯	4	19	乙酉	3	21	丙辰	2	19	丙戌	十七
7	17	甲寅	6	18	乙酉	5	20	丙辰	4	20	丙戌	3	22	丁巳	2	20	丁亥	十八
7	18	乙卯	6	19	丙戌	5	21	丁巳	4	21	丁亥	3	23	戊午	2	21	戊子	十九
7	19	丙辰	6	20	丁亥	5	22	戊午	4	22	戊子	3	24	己未	2	22	己丑	二十
7	20	丁巳	6	21	戊子	5	23	己未	4	23	己丑	3	25	庚申	2	23	庚寅	二十一
7	21	戊午	6	22	己丑	5	24	庚申	4	24	庚寅	3	26	辛酉	2	24	辛卯	二十二
7	22	己未	6	23	庚寅	5	25	辛酉	4	25	辛卯	3	27	壬戌	2	25	壬辰	二十三
7	23	庚申	6	24	辛卯	5	26	壬戌	4	26	壬辰	3	28	癸亥	2	26	癸巳	二十四
7	24	辛酉	6	25	壬辰	5	27	癸亥	4	27	癸巳	3	29	甲子	2	27	甲午	二十五
7	25	壬戌	6	26	癸巳	5	28	甲子	4	28	甲午	3	30	乙丑	2	28	乙未	二十六
7	26	癸亥	6	27	甲午	5	29	乙丑	4	29	乙未	3	31	丙寅	3	1	丙申	二十七
7	27	甲子	6	28	乙未	5	30	丙寅	4	30	丙申	4	1	丁卯	3	2	丁酉	二十八
7	28	乙丑	6	29	丙申	5	31	丁卯	5	1	丁酉	4	2	戊辰	3	3	戊戌	二十九
7	29	丙寅							5	2	戊戌				3	4	己亥	三十

旧暦	十二月			十一月			十月			九月			八月			七月		
干支	乙丑月			甲子月			癸亥月			壬戌月			辛酉月			庚申月		
旧暦	新暦		干支	新暦		干支	新暦		干支	新暦		干支	新暦		干支	新暦		干支
一	12	24	甲午	11	25	乙丑	10	26	乙未	9	26	乙丑	8	28	丙申	7	30	丁卯
二	12	25	乙未	11	26	丙寅	10	27	丙申	9	27	丙寅	8	29	丁酉	7	31	戊辰
三	12	26	丙申	11	27	丁卯	10	28	丁酉	9	28	丁卯	8	30	戊戌	8	1	己巳
四	12	27	丁酉	11	28	戊辰	10	29	戊戌	9	29	戊辰	8	31	己亥	8	2	庚午
五	12	28	戊戌	11	29	己巳	10	30	己亥	9	30	己巳	9	1	庚子	8	3	辛未
六	12	29	己亥	11	30	庚午	10	31	庚子	10	1	庚午	9	2	辛丑	8	4	壬申
七	12	30	庚子	12	1	辛未	11	1	辛丑	10	2	辛未	9	3	壬寅	8	5	癸酉
八	12	31	辛丑	12	2	壬申	11	2	壬寅	10	3	壬申	9	4	癸卯	8	6	甲戌
九	1	1	壬寅	12	3	癸酉	11	3	癸卯	10	4	癸酉	9	5	甲辰	8	7	乙亥
十	1	2	癸卯	12	4	甲戌	11	4	甲辰	10	5	甲戌	9	6	乙巳	8	8	丙子
十一	1	3	甲辰	12	5	乙亥	11	5	乙巳	10	6	乙亥	9	7	丙午	8	9	丁丑
十二	1	4	乙巳	12	6	丙子	11	6	丙午	10	7	丙子	9	8	丁未	8	10	戊寅
十三	1	5	丙午	12	7	丁丑	11	7	丁未	10	8	丁丑	9	9	戊申	8	11	己卯
十四	1	6	丁未	12	8	戊寅	11	8	戊申	10	9	戊寅	9	10	己酉	8	12	庚辰
十五	1	7	戊申	12	9	己卯	11	9	己酉	10	10	己卯	9	11	庚戌	8	13	辛巳
十六	1	8	己酉	12	10	庚辰	11	10	庚戌	10	11	庚辰	9	12	辛亥	8	14	壬午
十七	1	9	庚戌	12	11	辛巳	11	11	辛亥	10	12	辛巳	9	13	壬子	8	15	癸未
十八	1	10	辛亥	12	12	壬午	11	12	壬子	10	13	壬午	9	14	癸丑	8	16	甲申
十九	1	11	壬子	12	13	癸未	11	13	癸丑	10	14	癸未	9	15	甲寅	8	17	乙酉
二十	1	12	癸丑	12	14	甲申	11	14	甲寅	10	15	甲申	9	16	乙卯	8	18	丙戌
二十一	1	13	甲寅	12	15	乙酉	11	15	乙卯	10	16	乙酉	9	17	丙辰	8	19	丁亥
二十二	1	14	乙卯	12	16	丙戌	11	16	丙辰	10	17	丙戌	9	18	丁巳	8	20	戊子
二十三	1	15	丙辰	12	17	丁亥	11	17	丁巳	10	18	丁亥	9	19	戊午	8	21	己丑
二十四	1	16	丁巳	12	18	戊子	11	18	戊午	10	19	戊子	9	20	己未	8	22	庚寅
二十五	1	17	戊午	12	19	己丑	11	19	己未	10	20	己丑	9	21	庚申	8	23	辛卯
二十六	1	18	己未	12	20	庚寅	11	20	庚申	10	21	庚寅	9	22	辛酉	8	24	壬辰
二十七	1	19	庚申	12	21	辛卯	11	21	辛酉	10	22	辛卯	9	23	壬戌	8	25	癸巳
二十八	1	20	辛酉	12	22	壬辰	11	22	壬戌	10	23	壬辰	9	24	癸亥	8	26	甲午
二十九	1	21	壬戌	12	23	癸巳	11	23	癸亥	10	24	癸巳	9	25	甲子	8	27	乙未
三十	1	22	癸亥				11	24	甲子	10	25	甲午						

西暦一九七四年（昭和49年）甲寅

五月			閏四月			四月			三月			二月			一月			旧暦
庚午月						己巳月			戊辰月			丁卯月			丙寅月			干支
新暦		干支	新暦		干支	新暦		干支	新暦		干支	新暦		干支	新暦		干支	旧暦
6	20	壬辰	5	22	癸亥	4	22	癸巳	3	24	甲子	2	22	甲午	1	23	甲子	一
6	21	癸巳	5	23	甲子	4	23	甲午	3	25	乙丑	2	23	乙未	1	24	乙丑	二
6	22	甲午	5	24	乙丑	4	24	乙未	3	26	丙寅	2	24	丙申	1	25	丙寅	三
6	23	乙未	5	25	丙寅	4	25	丙申	3	27	丁卯	2	25	丁酉	1	26	丁卯	四
6	24	丙申	5	26	丁卯	4	26	丁酉	3	28	戊辰	2	26	戊戌	1	27	戊辰	五
6	25	丁酉	5	27	戊辰	4	27	戊戌	3	29	己巳	2	27	己亥	1	28	己巳	六
6	26	戊戌	5	28	己巳	4	28	己亥	3	30	庚午	2	28	庚子	1	29	庚午	七
6	27	己亥	5	29	庚午	4	29	庚子	3	31	辛未	3	1	辛丑	1	30	辛未	八
6	28	庚子	5	30	辛未	4	30	辛丑	4	1	壬申	3	2	壬寅	1	31	壬申	九
6	29	辛丑	5	31	壬申	5	1	壬寅	4	2	癸酉	3	3	癸卯	2	1	癸酉	十
6	30	壬寅	6	1	癸酉	5	2	癸卯	4	3	甲戌	3	4	甲辰	2	2	甲戌	十一
7	1	癸卯	6	2	甲戌	5	3	甲辰	4	4	乙亥	3	5	乙巳	2	3	乙亥	十二
7	2	甲辰	6	3	乙亥	5	4	乙巳	4	5	丙子	3	6	丙午	2	4	丙子	十三
7	3	乙巳	6	4	丙子	5	5	丙午	4	6	丁丑	3	7	丁未	2	5	丁丑	十四
7	4	丙午	6	5	丁丑	5	6	丁未	4	7	戊寅	3	8	戊申	2	6	戊寅	十五
7	5	丁未	6	6	戊寅	5	7	戊申	4	8	己卯	3	9	己酉	2	7	己卯	十六
7	6	戊申	6	7	己卯	5	8	己酉	4	9	庚辰	3	10	庚戌	2	8	庚辰	十七
7	7	己酉	6	8	庚辰	5	9	庚戌	4	10	辛巳	3	11	辛亥	2	9	辛巳	十八
7	8	庚戌	6	9	辛巳	5	10	辛亥	4	11	壬午	3	12	壬子	2	10	壬午	十九
7	9	辛亥	6	10	壬午	5	11	壬子	4	12	癸未	3	13	癸丑	2	11	癸未	二十
7	10	壬子	6	11	癸未	5	12	癸丑	4	13	甲申	3	14	甲寅	2	12	甲申	二十一
7	11	癸丑	6	12	甲申	5	13	甲寅	4	14	乙酉	3	15	乙卯	2	13	乙酉	二十二
7	12	甲寅	6	13	乙酉	5	14	乙卯	4	15	丙戌	3	16	丙辰	2	14	丙戌	二十三
7	13	乙卯	6	14	丙戌	5	15	丙辰	4	16	丁亥	3	17	丁巳	2	15	丁亥	二十四
7	14	丙辰	6	15	丁亥	5	16	丁巳	4	17	戊子	3	18	戊午	2	16	戊子	二十五
7	15	丁巳	6	16	戊子	5	17	戊午	4	18	己丑	3	19	己未	2	17	己丑	二十六
7	16	戊午	6	17	己丑	5	18	己未	4	19	庚寅	3	20	庚申	2	18	庚寅	二十七
7	17	己未	6	18	庚寅	5	19	庚申	4	20	辛卯	3	21	辛酉	2	19	辛卯	二十八
7	18	庚申	6	19	辛卯	5	20	辛酉	4	21	壬辰	3	22	壬戌	2	20	壬辰	二十九
						5	21	壬戌				3	23	癸亥	2	21	癸巳	三十

旧暦	十二月			十一月			十月			九月			八月			七月			六月		
干支	丁丑月			丙子月			乙亥月			甲戌月			癸酉月			壬申月			辛未月		
旧暦	新暦		干支	新暦		干支	新暦		干支	新暦		干支	新暦		干支	新暦		干支	新暦		干支
一	1	12	戊午	12	14	己丑	11	14	己未	10	15	己丑	9	16	庚申	8	18	辛卯	7	19	辛酉
二	1	13	己未	12	15	庚寅	11	15	庚申	10	16	庚寅	9	17	辛酉	8	19	壬辰	7	20	壬戌
三	1	14	庚申	12	16	辛卯	11	16	辛酉	10	17	辛卯	9	18	壬戌	8	20	癸巳	7	21	癸亥
四	1	15	辛酉	12	17	壬辰	11	17	壬戌	10	18	壬辰	9	19	癸亥	8	21	甲午	7	22	甲子
五	1	16	壬戌	12	18	癸巳	11	18	癸亥	10	19	癸巳	9	20	甲子	8	22	乙未	7	23	乙丑
六	1	17	癸亥	12	19	甲午	11	19	甲子	10	20	甲午	9	21	乙丑	8	23	丙申	7	24	丙寅
七	1	18	甲子	12	20	乙未	11	20	乙丑	10	21	乙未	9	22	丙寅	8	24	丁酉	7	25	丁卯
八	1	19	乙丑	12	21	丙申	11	21	丙寅	10	22	丙申	9	23	丁卯	8	25	戊戌	7	26	戊辰
九	1	20	丙寅	12	22	丁酉	11	22	丁卯	10	23	丁酉	9	24	戊辰	8	26	己亥	7	27	己巳
十	1	21	丁卯	12	23	戊戌	11	23	戊辰	10	24	戊戌	9	25	己巳	8	27	庚子	7	28	庚午
十一	1	22	戊辰	12	24	己亥	11	24	己巳	10	25	己亥	9	26	庚午	8	28	辛丑	7	29	辛未
十二	1	23	己巳	12	25	庚子	11	25	庚午	10	26	庚子	9	27	辛未	8	29	壬寅	7	30	壬申
十三	1	24	庚午	12	26	辛丑	11	26	辛未	10	27	辛丑	9	28	壬申	8	30	癸卯	7	31	癸酉
十四	1	25	辛未	12	27	壬寅	11	27	壬申	10	28	壬寅	9	29	癸酉	8	31	甲辰	8	1	甲戌
十五	1	26	壬申	12	28	癸卯	11	28	癸酉	10	29	癸卯	9	30	甲戌	9	1	乙巳	8	2	乙亥
十六	1	27	癸酉	12	29	甲辰	11	29	甲戌	10	30	甲辰	10	1	乙亥	9	2	丙午	8	3	丙子
十七	1	28	甲戌	12	30	乙巳	11	30	乙亥	10	31	乙巳	10	2	丙子	9	3	丁未	8	4	丁丑
十八	1	29	乙亥	12	31	丙午	12	1	丙子	11	1	丙午	10	3	丁丑	9	4	戊申	8	5	戊寅
十九	1	30	丙子	1	1	丁未	12	2	丁丑	11	2	丁未	10	4	戊寅	9	5	己酉	8	6	己卯
二十	1	31	丁丑	1	2	戊申	12	3	戊寅	11	3	戊申	10	5	己卯	9	6	庚戌	8	7	庚辰
二十一	2	1	戊寅	1	3	己酉	12	4	己卯	11	4	己酉	10	6	庚辰	9	7	辛亥	8	8	辛巳
二十二	2	2	己卯	1	4	庚戌	12	5	庚辰	11	5	庚戌	10	7	辛巳	9	8	壬子	8	9	壬午
二十三	2	3	庚辰	1	5	辛亥	12	6	辛巳	11	6	辛亥	10	8	壬午	9	9	癸丑	8	10	癸未
二十四	2	4	辛巳	1	6	壬子	12	7	壬午	11	7	壬子	10	9	癸未	9	10	甲寅	8	11	甲申
二十五	2	5	壬午	1	7	癸丑	12	8	癸未	11	8	癸丑	10	10	甲申	9	11	乙卯	8	12	乙酉
二十六	2	6	癸未	1	8	甲寅	12	9	甲申	11	9	甲寅	10	11	乙酉	9	12	丙辰	8	13	丙戌
二十七	2	7	甲申	1	9	乙卯	12	10	乙酉	11	10	乙卯	10	12	丙戌	9	13	丁巳	8	14	丁亥
二十八	2	8	乙酉	1	10	丙辰	12	11	丙戌	11	11	丙辰	10	13	丁亥	9	14	戊午	8	15	戊子
二十九	2	9	丙戌	1	11	丁巳	12	12	丁亥	11	12	丁巳	10	14	戊子	9	15	己未	8	16	己丑
三十	2	10	丁亥				12	13	戊子	11	13	戊午							8	17	庚寅

西暦 一九七五年（昭和50年）乙卯

六月			五月			四月			三月			二月			一月			旧暦
癸未月			壬午月			辛巳月			庚辰月			己卯月			戊寅月			干支
新暦		干支	新暦		干支	新暦		干支	新暦		干支	新暦		干支	新暦		干支	旧暦
7	9	丙辰	6	10	丁亥	5	11	丁巳	4	12	戊子	3	13	戊午	2	11	戊子	一
7	10	丁巳	6	11	戊子	5	12	戊午	4	13	己丑	3	14	己未	2	12	己丑	二
7	11	戊午	6	12	己丑	5	13	己未	4	14	庚寅	3	15	庚申	2	13	庚寅	三
7	12	己未	6	13	庚寅	5	14	庚申	4	15	辛卯	3	16	辛酉	2	14	辛卯	四
7	13	庚申	6	14	辛卯	5	15	辛酉	4	16	壬辰	3	17	壬戌	2	15	壬辰	五
7	14	辛酉	6	15	壬辰	5	16	壬戌	4	17	癸巳	3	18	癸亥	2	16	癸巳	六
7	15	壬戌	6	16	癸巳	5	17	癸亥	4	18	甲午	3	19	甲子	2	17	甲午	七
7	16	癸亥	6	17	甲午	5	18	甲子	4	19	乙未	3	20	乙丑	2	18	乙未	八
7	17	甲子	6	18	乙未	5	19	乙丑	4	20	丙申	3	21	丙寅	2	19	丙申	九
7	18	乙丑	6	19	丙申	5	20	丙寅	4	21	丁酉	3	22	丁卯	2	20	丁酉	十
7	19	丙寅	6	20	丁酉	5	21	丁卯	4	22	戊戌	3	23	戊辰	2	21	戊戌	十一
7	20	丁卯	6	21	戊戌	5	22	戊辰	4	23	己亥	3	24	己巳	2	22	己亥	十二
7	21	戊辰	6	22	己亥	5	23	己巳	4	24	庚子	3	25	庚午	2	23	庚子	十三
7	22	己巳	6	23	庚子	5	24	庚午	4	25	辛丑	3	26	辛未	2	24	辛丑	十四
7	23	庚午	6	24	辛丑	5	25	辛未	4	26	壬寅	3	27	壬申	2	25	壬寅	十五
7	24	辛未	6	25	壬寅	5	26	壬申	4	27	癸卯	3	28	癸酉	2	26	癸卯	十六
7	25	壬申	6	26	癸卯	5	27	癸酉	4	28	甲辰	3	29	甲戌	2	27	甲辰	十七
7	26	癸酉	6	27	甲辰	5	28	甲戌	4	29	乙巳	3	30	乙亥	2	28	乙巳	十八
7	27	甲戌	6	28	乙巳	5	29	乙亥	4	30	丙午	3	31	丙子	3	1	丙午	十九
7	28	乙亥	6	29	丙午	5	30	丙子	5	1	丁未	4	1	丁丑	3	2	丁未	二十
7	29	丙子	6	30	丁未	5	31	丁丑	5	2	戊申	4	2	戊寅	3	3	戊申	二十一
7	30	丁丑	7	1	戊申	6	1	戊寅	5	3	己酉	4	3	己卯	3	4	己酉	二十二
7	31	戊寅	7	2	己酉	6	2	己卯	5	4	庚戌	4	4	庚辰	3	5	庚戌	二十三
8	1	己卯	7	3	庚戌	6	3	庚辰	5	5	辛亥	4	5	辛巳	3	6	辛亥	二十四
8	2	庚辰	7	4	辛亥	6	4	辛巳	5	6	壬子	4	6	壬午	3	7	壬子	二十五
8	3	辛巳	7	5	壬子	6	5	壬午	5	7	癸丑	4	7	癸未	3	8	癸丑	二十六
8	4	壬午	7	6	癸丑	6	6	癸未	5	8	甲寅	4	8	甲申	3	9	甲寅	二十七
8	5	癸未	7	7	甲寅	6	7	甲申	5	9	乙卯	4	9	乙酉	3	10	乙卯	二十八
8	6	甲申	7	8	乙卯	6	8	乙酉	5	10	丙辰	4	10	丙戌	3	11	丙辰	二十九
						6	9	丙戌				4	11	丁亥	3	12	丁巳	三十

旧暦	十二月			十一月			十月			九月			八月			七月		
干支	己丑月			戊子月			丁亥月			丙戌月			乙酉月			甲申月		
旧暦	新暦		干支	新暦		干支	新暦		干支	新暦		干支	新暦		干支	新暦		干支
一	1	1	壬子	12	3	癸未	11	3	癸丑	10	5	甲申	9	6	乙卯	8	7	乙酉
二	1	2	癸丑	12	4	甲申	11	4	甲寅	10	6	乙酉	9	7	丙辰	8	8	丙戌
三	1	3	甲寅	12	5	乙酉	11	5	乙卯	10	7	丙戌	9	8	丁巳	8	9	丁亥
四	1	4	乙卯	12	6	丙戌	11	6	丙辰	10	8	丁亥	9	9	戊午	8	10	戊子
五	1	5	丙辰	12	7	丁亥	11	7	丁巳	10	9	戊子	9	10	己未	8	11	己丑
六	1	6	丁巳	12	8	戊子	11	8	戊午	10	10	己丑	9	11	庚申	8	12	庚寅
七	1	7	戊午	12	9	己丑	11	9	己未	10	11	庚寅	9	12	辛酉	8	13	辛卯
八	1	8	己未	12	10	庚寅	11	10	庚申	10	12	辛卯	9	13	壬戌	8	14	壬辰
九	1	9	庚申	12	11	辛卯	11	11	辛酉	10	13	壬辰	9	14	癸亥	8	15	癸巳
十	1	10	辛酉	12	12	壬辰	11	12	壬戌	10	14	癸巳	9	15	甲子	8	16	甲午
十一	1	11	壬戌	12	13	癸巳	11	13	癸亥	10	15	甲午	9	16	乙丑	8	17	乙未
十二	1	12	癸亥	12	14	甲午	11	14	甲子	10	16	乙未	9	17	丙寅	8	18	丙申
十三	1	13	甲子	12	15	乙未	11	15	乙丑	10	17	丙申	9	18	丁卯	8	19	丁酉
十四	1	14	乙丑	12	16	丙申	11	16	丙寅	10	18	丁酉	9	19	戊辰	8	20	戊戌
十五	1	15	丙寅	12	17	丁酉	11	17	丁卯	10	19	戊戌	9	20	己巳	8	21	己亥
十六	1	16	丁卯	12	18	戊戌	11	18	戊辰	10	20	己亥	9	21	庚午	8	22	庚子
十七	1	17	戊辰	12	19	己亥	11	19	己巳	10	21	庚子	9	22	辛未	8	23	辛丑
十八	1	18	己巳	12	20	庚子	11	20	庚午	10	22	辛丑	9	23	壬申	8	24	壬寅
十九	1	19	庚午	12	21	辛丑	11	21	辛未	10	23	壬寅	9	24	癸酉	8	25	癸卯
二十	1	20	辛未	12	22	壬寅	11	22	壬申	10	24	癸卯	9	25	甲戌	8	26	甲辰
二十一	1	21	壬申	12	23	癸卯	11	23	癸酉	10	25	甲辰	9	26	乙亥	8	27	乙巳
二十二	1	22	癸酉	12	24	甲辰	11	24	甲戌	10	26	乙巳	9	27	丙子	8	28	丙午
二十三	1	23	甲戌	12	25	乙巳	11	25	乙亥	10	27	丙午	9	28	丁丑	8	29	丁未
二十四	1	24	乙亥	12	26	丙午	11	26	丙子	10	28	丁未	9	29	戊寅	8	30	戊申
二十五	1	25	丙子	12	27	丁未	11	27	丁丑	10	29	戊申	9	30	己卯	8	31	己酉
二十六	1	26	丁丑	12	28	戊申	11	28	戊寅	10	30	己酉	10	1	庚辰	9	1	庚戌
二十七	1	27	戊寅	12	29	己酉	11	29	己卯	10	31	庚戌	10	2	辛巳	9	2	辛亥
二十八	1	28	己卯	12	30	庚戌	11	30	庚辰	11	1	辛亥	10	3	壬午	9	3	壬子
二十九	1	29	庚辰	12	31	辛亥	12	1	辛巳	11	2	壬子	10	4	癸未	9	4	癸丑
三十	1	30	辛巳				12	2	壬午							9	5	甲寅

西暦 一九七六年（昭和51年）丙辰

六月			五月			四月			三月			二月			一月			旧暦
乙未月			甲午月			癸巳月			壬辰月			辛卯月			庚寅月			干支
新暦		干支	新暦		干支	新暦		干支	新暦		干支	新暦		干支	新暦		干支	旧暦
6	27	庚戌	5	29	辛巳	4	29	辛亥	3	31	壬午	3	1	壬子	1	31	壬午	一
6	28	辛亥	5	30	壬午	4	30	壬子	4	1	癸未	3	2	癸丑	2	1	癸未	二
6	29	壬子	5	31	癸未	5	1	癸丑	4	2	甲申	3	3	甲寅	2	2	甲申	三
6	30	癸丑	6	1	甲申	5	2	甲寅	4	3	乙酉	3	4	乙卯	2	3	乙酉	四
7	1	甲寅	6	2	乙酉	5	3	乙卯	4	4	丙戌	3	5	丙辰	2	4	丙戌	五
7	2	乙卯	6	3	丙戌	5	4	丙辰	4	5	丁亥	3	6	丁巳	2	5	丁亥	六
7	3	丙辰	6	4	丁亥	5	5	丁巳	4	6	戊子	3	7	戊午	2	6	戊子	七
7	4	丁巳	6	5	戊子	5	6	戊午	4	7	己丑	3	8	己未	2	7	己丑	八
7	5	戊午	6	6	己丑	5	7	己未	4	8	庚寅	3	9	庚申	2	8	庚寅	九
7	6	己未	6	7	庚寅	5	8	庚申	4	9	辛卯	3	10	辛酉	2	9	辛卯	十
7	7	庚申	6	8	辛卯	5	9	辛酉	4	10	壬辰	3	11	壬戌	2	10	壬辰	十一
7	8	辛酉	6	9	壬辰	5	10	壬戌	4	11	癸巳	3	12	癸亥	2	11	癸巳	十二
7	9	壬戌	6	10	癸巳	5	11	癸亥	4	12	甲午	3	13	甲子	2	12	甲午	十三
7	10	癸亥	6	11	甲午	5	12	甲子	4	13	乙未	3	14	乙丑	2	13	乙未	十四
7	11	甲子	6	12	乙未	5	13	乙丑	4	14	丙申	3	15	丙寅	2	14	丙申	十五
7	12	乙丑	6	13	丙申	5	14	丙寅	4	15	丁酉	3	16	丁卯	2	15	丁酉	十六
7	13	丙寅	6	14	丁酉	5	15	丁卯	4	16	戊戌	3	17	戊辰	2	16	戊戌	十七
7	14	丁卯	6	15	戊戌	5	16	戊辰	4	17	己亥	3	18	己巳	2	17	己亥	十八
7	15	戊辰	6	16	己亥	5	17	己巳	4	18	庚子	3	19	庚午	2	18	庚子	十九
7	16	己巳	6	17	庚子	5	18	庚午	4	19	辛丑	3	20	辛未	2	19	辛丑	二十
7	17	庚午	6	18	辛丑	5	19	辛未	4	20	壬寅	3	21	壬申	2	20	壬寅	二十一
7	18	辛未	6	19	壬寅	5	20	壬申	4	21	癸卯	3	22	癸酉	2	21	癸卯	二十二
7	19	壬申	6	20	癸卯	5	21	癸酉	4	22	甲辰	3	23	甲戌	2	22	甲辰	二十三
7	20	癸酉	6	21	甲辰	5	22	甲戌	4	23	乙巳	3	24	乙亥	2	23	乙巳	二十四
7	21	甲戌	6	22	乙巳	5	23	乙亥	4	24	丙午	3	25	丙子	2	24	丙午	二十五
7	22	乙亥	6	23	丙午	5	24	丙子	4	25	丁未	3	26	丁丑	2	25	丁未	二十六
7	23	丙子	6	24	丁未	5	25	丁丑	4	26	戊申	3	27	戊寅	2	26	戊申	二十七
7	24	丁丑	6	25	戊申	5	26	戊寅	4	27	己酉	3	28	己卯	2	27	己酉	二十八
7	25	戊寅	6	26	己酉	5	27	己卯	4	28	庚戌	3	29	庚辰	2	28	庚戌	二十九
7	26	己卯				5	28	庚辰				3	30	辛巳	2	29	辛亥	三十

旧暦	十二月			十一月			十月			九月			閏八月			八月			七月		
干支	辛丑月			庚子月			己亥月			戊戌月						丁酉月			丙申月		
旧暦	新暦		干支	新暦		干支	新暦		干支	新暦		干支	新暦		干支	新暦		干支	新暦		干支
一	1	19	丙子	12	21	丁未	11	21	丁丑	10	23	戊申	9	24	己卯	8	25	己酉	7	27	庚辰
二	1	20	丁丑	12	22	戊申	11	22	戊寅	10	24	己酉	9	25	庚辰	8	26	庚戌	7	28	辛巳
三	1	21	戊寅	12	23	己酉	11	23	己卯	10	25	庚戌	9	26	辛巳	8	27	辛亥	7	29	壬午
四	1	22	己卯	12	24	庚戌	11	24	庚辰	10	26	辛亥	9	27	壬午	8	28	壬子	7	30	癸未
五	1	23	庚辰	12	25	辛亥	11	25	辛巳	10	27	壬子	9	28	癸未	8	29	癸丑	7	31	甲申
六	1	24	辛巳	12	26	壬子	11	26	壬午	10	28	癸丑	9	29	甲申	8	30	甲寅	8	1	乙酉
七	1	25	壬午	12	27	癸丑	11	27	癸未	10	29	甲寅	9	30	乙酉	8	31	乙卯	8	2	丙戌
八	1	26	癸未	12	28	甲寅	11	28	甲申	10	30	乙卯	10	1	丙戌	9	1	丙辰	8	3	丁亥
九	1	27	甲申	12	29	乙卯	11	29	乙酉	10	31	丙辰	10	2	丁亥	9	2	丁巳	8	4	戊子
十	1	28	乙酉	12	30	丙辰	11	30	丙戌	11	1	丁巳	10	3	戊子	9	3	戊午	8	5	己丑
十一	1	29	丙戌	12	31	丁巳	12	1	丁亥	11	2	戊午	10	4	己丑	9	4	己未	8	6	庚寅
十二	1	30	丁亥	1	1	戊午	12	2	戊子	11	3	己未	10	5	庚寅	9	5	庚申	8	7	辛卯
十三	1	31	戊子	1	2	己未	12	3	己丑	11	4	庚申	10	6	辛卯	9	6	辛酉	8	8	壬辰
十四	2	1	己丑	1	3	庚申	12	4	庚寅	11	5	辛酉	10	7	壬辰	9	7	壬戌	8	9	癸巳
十五	2	2	庚寅	1	4	辛酉	12	5	辛卯	11	6	壬戌	10	8	癸巳	9	8	癸亥	8	10	甲午
十六	2	3	辛卯	1	5	壬戌	12	6	壬辰	11	7	癸亥	10	9	甲午	9	9	甲子	8	11	乙未
十七	2	4	壬辰	1	6	癸亥	12	7	癸巳	11	8	甲子	10	10	乙未	9	10	乙丑	8	12	丙申
十八	2	5	癸巳	1	7	甲子	12	8	甲午	11	9	乙丑	10	11	丙申	9	11	丙寅	8	13	丁酉
十九	2	6	甲午	1	8	乙丑	12	9	乙未	11	10	丙寅	10	12	丁酉	9	12	丁卯	8	14	戊戌
二十	2	7	乙未	1	9	丙寅	12	10	丙申	11	11	丁卯	10	13	戊戌	9	13	戊辰	8	15	己亥
二十一	2	8	丙申	1	10	丁卯	12	11	丁酉	11	12	戊辰	10	14	己亥	9	14	己巳	8	16	庚子
二十二	2	9	丁酉	1	11	戊辰	12	12	戊戌	11	13	己巳	10	15	庚子	9	15	庚午	8	17	辛丑
二十三	2	10	戊戌	1	12	己巳	12	13	己亥	11	14	庚午	10	16	辛丑	9	16	辛未	8	18	壬寅
二十四	2	11	己亥	1	13	庚午	12	14	庚子	11	15	辛未	10	17	壬寅	9	17	壬申	8	19	癸卯
二十五	2	12	庚子	1	14	辛未	12	15	辛丑	11	16	壬申	10	18	癸卯	9	18	癸酉	8	20	甲辰
二十六	2	13	辛丑	1	15	壬申	12	16	壬寅	11	17	癸酉	10	19	甲辰	9	19	甲戌	8	21	乙巳
二十七	2	14	壬寅	1	16	癸酉	12	17	癸卯	11	18	甲戌	10	20	乙巳	9	20	乙亥	8	22	丙午
二十八	2	15	癸卯	1	17	甲戌	12	18	甲辰	11	19	乙亥	10	21	丙午	9	21	丙子	8	23	丁未
二十九	2	16	甲辰	1	18	乙亥	12	19	乙巳	11	20	丙子	10	22	丁未	9	22	丁丑	8	24	戊申
三十	2	17	乙巳				12	20	丙午							9	23	戊寅			

西暦 一九七七年（昭和52年）丁巳

六月			五月			四月			三月			二月			一月			旧暦
丁未月			丙午月			乙巳月			甲辰月			癸卯月			壬寅月			干支
新暦		干支	新暦		干支	新暦		干支	新暦		干支	新暦		干支	新暦		干支	旧暦
7	16	甲戌	6	17	乙巳	5	18	乙亥	4	18	乙巳	3	20	丙子	2	18	丙午	一
7	17	乙亥	6	18	丙午	5	19	丙子	4	19	丙午	3	21	丁丑	2	19	丁未	二
7	18	丙子	6	19	丁未	5	20	丁丑	4	20	丁未	3	22	戊寅	2	20	戊申	三
7	19	丁丑	6	20	戊申	5	21	戊寅	4	21	戊申	3	23	己卯	2	21	己酉	四
7	20	戊寅	6	21	己酉	5	22	己卯	4	22	己酉	3	24	庚辰	2	22	庚戌	五
7	21	己卯	6	22	庚戌	5	23	庚辰	4	23	庚戌	3	25	辛巳	2	23	辛亥	六
7	22	庚辰	6	23	辛亥	5	24	辛巳	4	24	辛亥	3	26	壬午	2	24	壬子	七
7	23	辛巳	6	24	壬子	5	25	壬午	4	25	壬子	3	27	癸未	2	25	癸丑	八
7	24	壬午	6	25	癸丑	5	26	癸未	4	26	癸丑	3	28	甲申	2	26	甲寅	九
7	25	癸未	6	26	甲寅	5	27	甲申	4	27	甲寅	3	29	乙酉	2	27	乙卯	十
7	26	甲申	6	27	乙卯	5	28	乙酉	4	28	乙卯	3	30	丙戌	2	28	丙辰	十一
7	27	乙酉	6	28	丙辰	5	29	丙戌	4	29	丙辰	3	31	丁亥	3	1	丁巳	十二
7	28	丙戌	6	29	丁巳	5	30	丁亥	4	30	丁巳	4	1	戊子	3	2	戊午	十三
7	29	丁亥	6	30	戊午	5	31	戊子	5	1	戊午	4	2	己丑	3	3	己未	十四
7	30	戊子	7	1	己未	6	1	己丑	5	2	己未	4	3	庚寅	3	4	庚申	十五
7	31	己丑	7	2	庚申	6	2	庚寅	5	3	庚申	4	4	辛卯	3	5	辛酉	十六
8	1	庚寅	7	3	辛酉	6	3	辛卯	5	4	辛酉	4	5	壬辰	3	6	壬戌	十七
8	2	辛卯	7	4	壬戌	6	4	壬辰	5	5	壬戌	4	6	癸巳	3	7	癸亥	十八
8	3	壬辰	7	5	癸亥	6	5	癸巳	5	6	癸亥	4	7	甲午	3	8	甲子	十九
8	4	癸巳	7	6	甲子	6	6	甲午	5	7	甲子	4	8	乙未	3	9	乙丑	二十
8	5	甲午	7	7	乙丑	6	7	乙未	5	8	乙丑	4	9	丙申	3	10	丙寅	二十一
8	6	乙未	7	8	丙寅	6	8	丙申	5	9	丙寅	4	10	丁酉	3	11	丁卯	二十二
8	7	丙申	7	9	丁卯	6	9	丁酉	5	10	丁卯	4	11	戊戌	3	12	戊辰	二十三
8	8	丁酉	7	10	戊辰	6	10	戊戌	5	11	戊辰	4	12	己亥	3	13	己巳	二十四
8	9	戊戌	7	11	己巳	6	11	己亥	5	12	己巳	4	13	庚子	3	14	庚午	二十五
8	10	己亥	7	12	庚午	6	12	庚子	5	13	庚午	4	14	辛丑	3	15	辛未	二十六
8	11	庚子	7	13	辛未	6	13	辛丑	5	14	辛未	4	15	壬寅	3	16	壬申	二十七
8	12	辛丑	7	14	壬申	6	14	壬寅	5	15	壬申	4	16	癸卯	3	17	癸酉	二十八
8	13	壬寅	7	15	癸酉	6	15	癸卯	5	16	癸酉	4	17	甲辰	3	18	甲戌	二十九
8	14	癸卯				6	16	甲辰	5	17	甲戌				3	19	乙亥	三十

旧暦	十二月			十一月			十月			九月			八月			七月		
干支	癸丑月			壬子月			辛亥月			庚戌月			己酉月			戊申月		
旧暦	新暦		干支	新暦		干支	新暦		干支	新暦		干支	新暦		干支	新暦		干支
一	1	9	辛未	12	11	壬寅	11	11	壬申	10	13	癸卯	9	13	癸酉	8	15	甲辰
二	1	10	壬申	12	12	癸卯	11	12	癸酉	10	14	甲辰	9	14	甲戌	8	16	乙巳
三	1	11	癸酉	12	13	甲辰	11	13	甲戌	10	15	乙巳	9	15	乙亥	8	17	丙午
四	1	12	甲戌	12	14	乙巳	11	14	乙亥	10	16	丙午	9	16	丙子	8	18	丁未
五	1	13	乙亥	12	15	丙午	11	15	丙子	10	17	丁未	9	17	丁丑	8	19	戊申
六	1	14	丙子	12	16	丁未	11	16	丁丑	10	18	戊申	9	18	戊寅	8	20	己酉
七	1	15	丁丑	12	17	戊申	11	17	戊寅	10	19	己酉	9	19	己卯	8	21	庚戌
八	1	16	戊寅	12	18	己酉	11	18	己卯	10	20	庚戌	9	20	庚辰	8	22	辛亥
九	1	17	己卯	12	19	庚戌	11	19	庚辰	10	21	辛亥	9	21	辛巳	8	23	壬子
十	1	18	庚辰	12	20	辛亥	11	20	辛巳	10	22	壬子	9	22	壬午	8	24	癸丑
十一	1	19	辛巳	12	21	壬子	11	21	壬午	10	23	癸丑	9	23	癸未	8	25	甲寅
十二	1	20	壬午	12	22	癸丑	11	22	癸未	10	24	甲寅	9	24	甲申	8	26	乙卯
十三	1	21	癸未	12	23	甲寅	11	23	甲申	10	25	乙卯	9	25	乙酉	8	27	丙辰
十四	1	22	甲申	12	24	乙卯	11	24	乙酉	10	26	丙辰	9	26	丙戌	8	28	丁巳
十五	1	23	乙酉	12	25	丙辰	11	25	丙戌	10	27	丁巳	9	27	丁亥	8	29	戊午
十六	1	24	丙戌	12	26	丁巳	11	26	丁亥	10	28	戊午	9	28	戊子	8	30	己未
十七	1	25	丁亥	12	27	戊午	11	27	戊子	10	29	己未	9	29	己丑	8	31	庚申
十八	1	26	戊子	12	28	己未	11	28	己丑	10	30	庚申	9	30	庚寅	9	1	辛酉
十九	1	27	己丑	12	29	庚申	11	29	庚寅	10	31	辛酉	10	1	辛卯	9	2	壬戌
二十	1	28	庚寅	12	30	辛酉	11	30	辛卯	11	1	壬戌	10	2	壬辰	9	3	癸亥
二十一	1	29	辛卯	12	31	壬戌	12	1	壬辰	11	2	癸亥	10	3	癸巳	9	4	甲子
二十二	1	30	壬辰	1	1	癸亥	12	2	癸巳	11	3	甲子	10	4	甲午	9	5	乙丑
二十三	1	31	癸巳	1	2	甲子	12	3	甲午	11	4	乙丑	10	5	乙未	9	6	丙寅
二十四	2	1	甲午	1	3	乙丑	12	4	乙未	11	5	丙寅	10	6	丙申	9	7	丁卯
二十五	2	2	乙未	1	4	丙寅	12	5	丙申	11	6	丁卯	10	7	丁酉	9	8	戊辰
二十六	2	3	丙申	1	5	丁卯	12	6	丁酉	11	7	戊辰	10	8	戊戌	9	9	己巳
二十七	2	4	丁酉	1	6	戊辰	12	7	戊戌	11	8	己巳	10	9	己亥	9	10	庚午
二十八	2	5	戊戌	1	7	己巳	12	8	己亥	11	9	庚午	10	10	庚子	9	11	辛未
二十九	2	6	己亥	1	8	庚午	12	9	庚子	11	10	辛未	10	11	辛丑	9	12	壬申
三十							12	10	辛丑				10	12	壬寅			

西暦 一九七八年（昭和53年）戊午

六月			五月			四月			三月			二月			一月			旧暦
己未月			戊午月			丁巳月			丙辰月			乙卯月			甲寅月			干支
新暦		干支	新暦		干支	新暦		干支	新暦		干支	新暦		干支	新暦		干支	旧暦
7	5	戊辰	6	6	己亥	5	7	己巳	4	7	己亥	3	9	庚午	2	7	庚子	一
7	6	己巳	6	7	庚子	5	8	庚午	4	8	庚子	3	10	辛未	2	8	辛丑	二
7	7	庚午	6	8	辛丑	5	9	辛未	4	9	辛丑	3	11	壬申	2	9	壬寅	三
7	8	辛未	6	9	壬寅	5	10	壬申	4	10	壬寅	3	12	癸酉	2	10	癸卯	四
7	9	壬申	6	10	癸卯	5	11	癸酉	4	11	癸卯	3	13	甲戌	2	11	甲辰	五
7	10	癸酉	6	11	甲辰	5	12	甲戌	4	12	甲辰	3	14	乙亥	2	12	乙巳	六
7	11	甲戌	6	12	乙巳	5	13	乙亥	4	13	乙巳	3	15	丙子	2	13	丙午	七
7	12	乙亥	6	13	丙午	5	14	丙子	4	14	丙午	3	16	丁丑	2	14	丁未	八
7	13	丙子	6	14	丁未	5	15	丁丑	4	15	丁未	3	17	戊寅	2	15	戊申	九
7	14	丁丑	6	15	戊申	5	16	戊寅	4	16	戊申	3	18	己卯	2	16	己酉	十
7	15	戊寅	6	16	己酉	5	17	己卯	4	17	己酉	3	19	庚辰	2	17	庚戌	十一
7	16	己卯	6	17	庚戌	5	18	庚辰	4	18	庚戌	3	20	辛巳	2	18	辛亥	十二
7	17	庚辰	6	18	辛亥	5	19	辛巳	4	19	辛亥	3	21	壬午	2	19	壬子	十三
7	18	辛巳	6	19	壬子	5	20	壬午	4	20	壬子	3	22	癸未	2	20	癸丑	十四
7	19	壬午	6	20	癸丑	5	21	癸未	4	21	癸丑	3	23	甲申	2	21	甲寅	十五
7	20	癸未	6	21	甲寅	5	22	甲申	4	22	甲寅	3	24	乙酉	2	22	乙卯	十六
7	21	甲申	6	22	乙卯	5	23	乙酉	4	23	乙卯	3	25	丙戌	2	23	丙辰	十七
7	22	乙酉	6	23	丙辰	5	24	丙戌	4	24	丙辰	3	26	丁亥	2	24	丁巳	十八
7	23	丙戌	6	24	丁巳	5	25	丁亥	4	25	丁巳	3	27	戊子	2	25	戊午	十九
7	24	丁亥	6	25	戊午	5	26	戊子	4	26	戊午	3	28	己丑	2	26	己未	二十
7	25	戊子	6	26	己未	5	27	己丑	4	27	己未	3	29	庚寅	2	27	庚申	二十一
7	26	己丑	6	27	庚申	5	28	庚寅	4	28	庚申	3	30	辛卯	2	28	辛酉	二十二
7	27	庚寅	6	28	辛酉	5	29	辛卯	4	29	辛酉	3	31	壬辰	3	1	壬戌	二十三
7	28	辛卯	6	29	壬戌	5	30	壬辰	4	30	壬戌	4	1	癸巳	3	2	癸亥	二十四
7	29	壬辰	6	30	癸亥	5	31	癸巳	5	1	癸亥	4	2	甲午	3	3	甲子	二十五
7	30	癸巳	7	1	甲子	6	1	甲午	5	2	甲子	4	3	乙未	3	4	乙丑	二十六
7	31	甲午	7	2	乙丑	6	2	乙未	5	3	乙丑	4	4	丙申	3	5	丙寅	二十七
8	1	乙未	7	3	丙寅	6	3	丙申	5	4	丙寅	4	5	丁酉	3	6	丁卯	二十八
8	2	丙申	7	4	丁卯	6	4	丁酉	5	5	丁卯	4	6	戊戌	3	7	戊辰	二十九
8	3	丁酉				6	5	戊戌	5	6	戊辰				3	8	己巳	三十

旧暦	十二月			十一月			十月			九月			八月			七月		
干支	乙丑月			甲子月			癸亥月			壬戌月			辛酉月			庚申月		
旧暦	新暦		干支	新暦		干支	新暦		干支	新暦		干支	新暦		干支	新暦		干支
一	12	30	丙寅	11	30	丙申	11	1	丁卯	10	2	丁酉	9	3	戊辰	8	4	戊戌
二	12	31	丁卯	12	1	丁酉	11	2	戊辰	10	3	戊戌	9	4	己巳	8	5	己亥
三	1	1	戊辰	12	2	戊戌	11	3	己巳	10	4	己亥	9	5	庚午	8	6	庚子
四	1	2	己巳	12	3	己亥	11	4	庚午	10	5	庚子	9	6	辛未	8	7	辛丑
五	1	3	庚午	12	4	庚子	11	5	辛未	10	6	辛丑	9	7	壬申	8	8	壬寅
六	1	4	辛未	12	5	辛丑	11	6	壬申	10	7	壬寅	9	8	癸酉	8	9	癸卯
七	1	5	壬申	12	6	壬寅	11	7	癸酉	10	8	癸卯	9	9	甲戌	8	10	甲辰
八	1	6	癸酉	12	7	癸卯	11	8	甲戌	10	9	甲辰	9	10	乙亥	8	11	乙巳
九	1	7	甲戌	12	8	甲辰	11	9	乙亥	10	10	乙巳	9	11	丙子	8	12	丙午
十	1	8	乙亥	12	9	乙巳	11	10	丙子	10	11	丙午	9	12	丁丑	8	13	丁未
十一	1	9	丙子	12	10	丙午	11	11	丁丑	10	12	丁未	9	13	戊寅	8	14	戊申
十二	1	10	丁丑	12	11	丁未	11	12	戊寅	10	13	戊申	9	14	己卯	8	15	己酉
十三	1	11	戊寅	12	12	戊申	11	13	己卯	10	14	己酉	9	15	庚辰	8	16	庚戌
十四	1	12	己卯	12	13	己酉	11	14	庚辰	10	15	庚戌	9	16	辛巳	8	17	辛亥
十五	1	13	庚辰	12	14	庚戌	11	15	辛巳	10	16	辛亥	9	17	壬午	8	18	壬子
十六	1	14	辛巳	12	15	辛亥	11	16	壬午	10	17	壬子	9	18	癸未	8	19	癸丑
十七	1	15	壬午	12	16	壬子	11	17	癸未	10	18	癸丑	9	19	甲申	8	20	甲寅
十八	1	16	癸未	12	17	癸丑	11	18	甲申	10	19	甲寅	9	20	乙酉	8	21	乙卯
十九	1	17	甲申	12	18	甲寅	11	19	乙酉	10	20	乙卯	9	21	丙戌	8	22	丙辰
二十	1	18	乙酉	12	19	乙卯	11	20	丙戌	10	21	丙辰	9	22	丁亥	8	23	丁巳
二十一	1	19	丙戌	12	20	丙辰	11	21	丁亥	10	22	丁巳	9	23	戊子	8	24	戊午
二十二	1	20	丁亥	12	21	丁巳	11	22	戊子	10	23	戊午	9	24	己丑	8	25	己未
二十三	1	21	戊子	12	22	戊午	11	23	己丑	10	24	己未	9	25	庚寅	8	26	庚申
二十四	1	22	己丑	12	23	己未	11	24	庚寅	10	25	庚申	9	26	辛卯	8	27	辛酉
二十五	1	23	庚寅	12	24	庚申	11	25	辛卯	10	26	辛酉	9	27	壬辰	8	28	壬戌
二十六	1	24	辛卯	12	25	辛酉	11	26	壬辰	10	27	壬戌	9	28	癸巳	8	29	癸亥
二十七	1	25	壬辰	12	26	壬戌	11	27	癸巳	10	28	癸亥	9	29	甲午	8	30	甲子
二十八	1	26	癸巳	12	27	癸亥	11	28	甲午	10	29	甲子	9	30	乙未	8	31	乙丑
二十九	1	27	甲午	12	28	甲子	11	29	乙未	10	30	乙丑	10	1	丙申	9	1	丙寅
三十				12	29	乙丑				10	31	丙寅				9	2	丁卯

西暦一九七九年（昭和54年）己未

六月			五月			四月			三月			二月			一月			旧暦
辛未月			庚午月			己巳月			戊辰月			丁卯月			丙寅月			干支
新暦		干支	新暦		干支	新暦		干支	新暦		干支	新暦		干支	新暦		干支	旧暦
6	24	壬戌	5	26	癸巳	4	26	癸亥	3	28	甲午	2	27	乙丑	1	28	乙未	一
6	25	癸亥	5	27	甲午	4	27	甲子	3	29	乙未	2	28	丙寅	1	29	丙申	二
6	26	甲子	5	28	乙未	4	28	乙丑	3	30	丙申	3	1	丁卯	1	30	丁酉	三
6	27	乙丑	5	29	丙申	4	29	丙寅	3	31	丁酉	3	2	戊辰	1	31	戊戌	四
6	28	丙寅	5	30	丁酉	4	30	丁卯	4	1	戊戌	3	3	己巳	2	1	己亥	五
6	29	丁卯	5	31	戊戌	5	1	戊辰	4	2	己亥	3	4	庚午	2	2	庚子	六
6	30	戊辰	6	1	己亥	5	2	己巳	4	3	庚子	3	5	辛未	2	3	辛丑	七
7	1	己巳	6	2	庚子	5	3	庚午	4	4	辛丑	3	6	壬申	2	4	壬寅	八
7	2	庚午	6	3	辛丑	5	4	辛未	4	5	壬寅	3	7	癸酉	2	5	癸卯	九
7	3	辛未	6	4	壬寅	5	5	壬申	4	6	癸卯	3	8	甲戌	2	6	甲辰	十
7	4	壬申	6	5	癸卯	5	6	癸酉	4	7	甲辰	3	9	乙亥	2	7	乙巳	十一
7	5	癸酉	6	6	甲辰	5	7	甲戌	4	8	乙巳	3	10	丙子	2	8	丙午	十二
7	6	甲戌	6	7	乙巳	5	8	乙亥	4	9	丙午	3	11	丁丑	2	9	丁未	十三
7	7	乙亥	6	8	丙午	5	9	丙子	4	10	丁未	3	12	戊寅	2	10	戊申	十四
7	8	丙子	6	9	丁未	5	10	丁丑	4	11	戊申	3	13	己卯	2	11	己酉	十五
7	9	丁丑	6	10	戊申	5	11	戊寅	4	12	己酉	3	14	庚辰	2	12	庚戌	十六
7	10	戊寅	6	11	己酉	5	12	己卯	4	13	庚戌	3	15	辛巳	2	13	辛亥	十七
7	11	己卯	6	12	庚戌	5	13	庚辰	4	14	辛亥	3	16	壬午	2	14	壬子	十八
7	12	庚辰	6	13	辛亥	5	14	辛巳	4	15	壬子	3	17	癸未	2	15	癸丑	十九
7	13	辛巳	6	14	壬子	5	15	壬午	4	16	癸丑	3	18	甲申	2	16	甲寅	二十
7	14	壬午	6	15	癸丑	5	16	癸未	4	17	甲寅	3	19	乙酉	2	17	乙卯	二十一
7	15	癸未	6	16	甲寅	5	17	甲申	4	18	乙卯	3	20	丙戌	2	18	丙辰	二十二
7	16	甲申	6	17	乙卯	5	18	乙酉	4	19	丙辰	3	21	丁亥	2	19	丁巳	二十三
7	17	乙酉	6	18	丙辰	5	19	丙戌	4	20	丁巳	3	22	戊子	2	20	戊午	二十四
7	18	丙戌	6	19	丁巳	5	20	丁亥	4	21	戊午	3	23	己丑	2	21	己未	二十五
7	19	丁亥	6	20	戊午	5	21	戊子	4	22	己未	3	24	庚寅	2	22	庚申	二十六
7	20	戊子	6	21	己未	5	22	己丑	4	23	庚申	3	25	辛卯	2	23	辛酉	二十七
7	21	己丑	6	22	庚申	5	23	庚寅	4	24	辛酉	3	26	壬辰	2	24	壬戌	二十八
7	22	庚寅	6	23	辛酉	5	24	辛卯	4	25	壬戌	3	27	癸巳	2	25	癸亥	二十九
7	23	辛卯				5	25	壬辰							2	26	甲子	三十

旧暦	十二月			十一月			十月			九月			八月			七月			閏六月		
干支	丁丑月			丙子月			乙亥月			甲戌月			癸酉月			壬申月					
旧暦	新暦		干支	新暦		干支	新暦		干支	新暦		干支	新暦		干支	新暦		干支	新暦		干支
一	1	18	庚寅	12	19	庚申	11	20	辛卯	10	21	辛酉	9	21	辛卯	8	23	壬戌	7	24	壬辰
二	1	19	辛卯	12	20	辛酉	11	21	壬辰	10	22	壬戌	9	22	壬辰	8	24	癸亥	7	25	癸巳
三	1	20	壬辰	12	21	壬戌	11	22	癸巳	10	23	癸亥	9	23	癸巳	8	25	甲子	7	26	甲午
四	1	21	癸巳	12	22	癸亥	11	23	甲午	10	24	甲子	9	24	甲午	8	26	乙丑	7	27	乙未
五	1	22	甲午	12	23	甲子	11	24	乙未	10	25	乙丑	9	25	乙未	8	27	丙寅	7	28	丙申
六	1	23	乙未	12	24	乙丑	11	25	丙申	10	26	丙寅	9	26	丙申	8	28	丁卯	7	29	丁酉
七	1	24	丙申	12	25	丙寅	11	26	丁酉	10	27	丁卯	9	27	丁酉	8	29	戊辰	7	30	戊戌
八	1	25	丁酉	12	26	丁卯	11	27	戊戌	10	28	戊辰	9	28	戊戌	8	30	己巳	7	31	己亥
九	1	26	戊戌	12	27	戊辰	11	28	己亥	10	29	己巳	9	29	己亥	8	31	庚午	8	1	庚子
十	1	27	己亥	12	28	己巳	11	29	庚子	10	30	庚午	9	30	庚子	9	1	辛未	8	2	辛丑
十一	1	28	庚子	12	29	庚午	11	30	辛丑	10	31	辛未	10	1	辛丑	9	2	壬申	8	3	壬寅
十二	1	29	辛丑	12	30	辛未	12	1	壬寅	11	1	壬申	10	2	壬寅	9	3	癸酉	8	4	癸卯
十三	1	30	壬寅	12	31	壬申	12	2	癸卯	11	2	癸酉	10	3	癸卯	9	4	甲戌	8	5	甲辰
十四	1	31	癸卯	1	1	癸酉	12	3	甲辰	11	3	甲戌	10	4	甲辰	9	5	乙亥	8	6	乙巳
十五	2	1	甲辰	1	2	甲戌	12	4	乙巳	11	4	乙亥	10	5	乙巳	9	6	丙子	8	7	丙午
十六	2	2	乙巳	1	3	乙亥	12	5	丙午	11	5	丙子	10	6	丙午	9	7	丁丑	8	8	丁未
十七	2	3	丙午	1	4	丙子	12	6	丁未	11	6	丁丑	10	7	丁未	9	8	戊寅	8	9	戊申
十八	2	4	丁未	1	5	丁丑	12	7	戊申	11	7	戊寅	10	8	戊申	9	9	己卯	8	10	己酉
十九	2	5	戊申	1	6	戊寅	12	8	己酉	11	8	己卯	10	9	己酉	9	10	庚辰	8	11	庚戌
二十	2	6	己酉	1	7	己卯	12	9	庚戌	11	9	庚辰	10	10	庚戌	9	11	辛巳	8	12	辛亥
二十一	2	7	庚戌	1	8	庚辰	12	10	辛亥	11	10	辛巳	10	11	辛亥	9	12	壬午	8	13	壬子
二十二	2	8	辛亥	1	9	辛巳	12	11	壬子	11	11	壬午	10	12	壬子	9	13	癸未	8	14	癸丑
二十三	2	9	壬子	1	10	壬午	12	12	癸丑	11	12	癸未	10	13	癸丑	9	14	甲申	8	15	甲寅
二十四	2	10	癸丑	1	11	癸未	12	13	甲寅	11	13	甲申	10	14	甲寅	9	15	乙酉	8	16	乙卯
二十五	2	11	甲寅	1	12	甲申	12	14	乙卯	11	14	乙酉	10	15	乙卯	9	16	丙戌	8	17	丙辰
二十六	2	12	乙卯	1	13	乙酉	12	15	丙辰	11	15	丙戌	10	16	丙辰	9	17	丁亥	8	18	丁巳
二十七	2	13	丙辰	1	14	丙戌	12	16	丁巳	11	16	丁亥	10	17	丁巳	9	18	戊子	8	19	戊午
二十八	2	14	丁巳	1	15	丁亥	12	17	戊午	11	17	戊子	10	18	戊午	9	19	己丑	8	20	己未
二十九	2	15	戊午	1	16	戊子	12	18	己未	11	18	己丑	10	19	己未	9	20	庚寅	8	21	庚申
三十				1	17	己丑				11	19	庚寅	10	20	庚申				8	22	辛酉

西暦一九八〇年（昭和55年）庚申

六月			五月			四月			三月			二月			一月			旧暦
癸未月			壬午月			辛巳月			庚辰月			己卯月			戊寅月			干支
新暦		干支	新暦		干支	新暦		干支	新暦		干支	新暦		干支	新暦		干支	旧暦
7	12	丙戌	6	13	丁巳	5	14	丁亥	4	15	戊午	3	17	己丑	2	16	己未	一
7	13	丁亥	6	14	戊午	5	15	戊子	4	16	己未	3	18	庚寅	2	17	庚申	二
7	14	戊子	6	15	己未	5	16	己丑	4	17	庚申	3	19	辛卯	2	18	辛酉	三
7	15	己丑	6	16	庚申	5	17	庚寅	4	18	辛酉	3	20	壬辰	2	19	壬戌	四
7	16	庚寅	6	17	辛酉	5	18	辛卯	4	19	壬戌	3	21	癸巳	2	20	癸亥	五
7	17	辛卯	6	18	壬戌	5	19	壬辰	4	20	癸亥	3	22	甲午	2	21	甲子	六
7	18	壬辰	6	19	癸亥	5	20	癸巳	4	21	甲子	3	23	乙未	2	22	乙丑	七
7	19	癸巳	6	20	甲子	5	21	甲午	4	22	乙丑	3	24	丙申	2	23	丙寅	八
7	20	甲午	6	21	乙丑	5	22	乙未	4	23	丙寅	3	25	丁酉	2	24	丁卯	九
7	21	乙未	6	22	丙寅	5	23	丙申	4	24	丁卯	3	26	戊戌	2	25	戊辰	十
7	22	丙申	6	23	丁卯	5	24	丁酉	4	25	戊辰	3	27	己亥	2	26	己巳	十一
7	23	丁酉	6	24	戊辰	5	25	戊戌	4	26	己巳	3	28	庚子	2	27	庚午	十二
7	24	戊戌	6	25	己巳	5	26	己亥	4	27	庚午	3	29	辛丑	2	28	辛未	十三
7	25	己亥	6	26	庚午	5	27	庚子	4	28	辛未	3	30	壬寅	2	29	壬申	十四
7	26	庚子	6	27	辛未	5	28	辛丑	4	29	壬申	3	31	癸卯	3	1	癸酉	十五
7	27	辛丑	6	28	壬申	5	29	壬寅	4	30	癸酉	4	1	甲辰	3	2	甲戌	十六
7	28	壬寅	6	29	癸酉	5	30	癸卯	5	1	甲戌	4	2	乙巳	3	3	乙亥	十七
7	29	癸卯	6	30	甲戌	5	31	甲辰	5	2	乙亥	4	3	丙午	3	4	丙子	十八
7	30	甲辰	7	1	乙亥	6	1	乙巳	5	3	丙子	4	4	丁未	3	5	丁丑	十九
7	31	乙巳	7	2	丙子	6	2	丙午	5	4	丁丑	4	5	戊申	3	6	戊寅	二十
8	1	丙午	7	3	丁丑	6	3	丁未	5	5	戊寅	4	6	己酉	3	7	己卯	二十一
8	2	丁未	7	4	戊寅	6	4	戊申	5	6	己卯	4	7	庚戌	3	8	庚辰	二十二
8	3	戊申	7	5	己卯	6	5	己酉	5	7	庚辰	4	8	辛亥	3	9	辛巳	二十三
8	4	己酉	7	6	庚辰	6	6	庚戌	5	8	辛巳	4	9	壬子	3	10	壬午	二十四
8	5	庚戌	7	7	辛巳	6	7	辛亥	5	9	壬午	4	10	癸丑	3	11	癸未	二十五
8	6	辛亥	7	8	壬午	6	8	壬子	5	10	癸未	4	11	甲寅	3	12	甲申	二十六
8	7	壬子	7	9	癸未	6	9	癸丑	5	11	甲申	4	12	乙卯	3	13	乙酉	二十七
8	8	癸丑	7	10	甲申	6	10	甲寅	5	12	乙酉	4	13	丙辰	3	14	丙戌	二十八
8	9	甲寅	7	11	乙酉	6	11	乙卯	5	13	丙戌	4	14	丁巳	3	15	丁亥	二十九
8	10	乙卯				6	12	丙辰							3	16	戊子	三十

旧暦	十二月			十一月			十月			九月			八月			七月		
干支	己丑月			戊子月			丁亥月			丙戌月			乙酉月			甲申月		
旧暦	新暦		干支	新暦		干支	新暦		干支	新暦		干支	新暦		干支	新暦		干支
一	1	6	甲申	12	7	甲寅	11	8	乙酉	10	9	乙卯	9	9	乙酉	8	11	丙辰
二	1	7	乙酉	12	8	乙卯	11	9	丙戌	10	10	丙辰	9	10	丙戌	8	12	丁巳
三	1	8	丙戌	12	9	丙辰	11	10	丁亥	10	11	丁巳	9	11	丁亥	8	13	戊午
四	1	9	丁亥	12	10	丁巳	11	11	戊子	10	12	戊午	9	12	戊子	8	14	己未
五	1	10	戊子	12	11	戊午	11	12	己丑	10	13	己未	9	13	己丑	8	15	庚申
六	1	11	己丑	12	12	己未	11	13	庚寅	10	14	庚申	9	14	庚寅	8	16	辛酉
七	1	12	庚寅	12	13	庚申	11	14	辛卯	10	15	辛酉	9	15	辛卯	8	17	壬戌
八	1	13	辛卯	12	14	辛酉	11	15	壬辰	10	16	壬戌	9	16	壬辰	8	18	癸亥
九	1	14	壬辰	12	15	壬戌	11	16	癸巳	10	17	癸亥	9	17	癸巳	8	19	甲子
十	1	15	癸巳	12	16	癸亥	11	17	甲午	10	18	甲子	9	18	甲午	8	20	乙丑
十一	1	16	甲午	12	17	甲子	11	18	乙未	10	19	乙丑	9	19	乙未	8	21	丙寅
十二	1	17	乙未	12	18	乙丑	11	19	丙申	10	20	丙寅	9	20	丙申	8	22	丁卯
十三	1	18	丙申	12	19	丙寅	11	20	丁酉	10	21	丁卯	9	21	丁酉	8	23	戊辰
十四	1	19	丁酉	12	20	丁卯	11	21	戊戌	10	22	戊辰	9	22	戊戌	8	24	己巳
十五	1	20	戊戌	12	21	戊辰	11	22	己亥	10	23	己巳	9	23	己亥	8	25	庚午
十六	1	21	己亥	12	22	己巳	11	23	庚子	10	24	庚午	9	24	庚子	8	26	辛未
十七	1	22	庚子	12	23	庚午	11	24	辛丑	10	25	辛未	9	25	辛丑	8	27	壬申
十八	1	23	辛丑	12	24	辛未	11	25	壬寅	10	26	壬申	9	26	壬寅	8	28	癸酉
十九	1	24	壬寅	12	25	壬申	11	26	癸卯	10	27	癸酉	9	27	癸卯	8	29	甲戌
二十	1	25	癸卯	12	26	癸酉	11	27	甲辰	10	28	甲戌	9	28	甲辰	8	30	乙亥
二十一	1	26	甲辰	12	27	甲戌	11	28	乙巳	10	29	乙亥	9	29	乙巳	8	31	丙子
二十二	1	27	乙巳	12	28	乙亥	11	29	丙午	10	30	丙子	9	30	丙午	9	1	丁丑
二十三	1	28	丙午	12	29	丙子	11	30	丁未	10	31	丁丑	10	1	丁未	9	2	戊寅
二十四	1	29	丁未	12	30	丁丑	12	1	戊申	11	1	戊寅	10	2	戊申	9	3	己卯
二十五	1	30	戊申	12	31	戊寅	12	2	己酉	11	2	己卯	10	3	己酉	9	4	庚辰
二十六	1	31	己酉	1	1	己卯	12	3	庚戌	11	3	庚辰	10	4	庚戌	9	5	辛巳
二十七	2	1	庚戌	1	2	庚辰	12	4	辛亥	11	4	辛巳	10	5	辛亥	9	6	壬午
二十八	2	2	辛亥	1	3	辛巳	12	5	壬子	11	5	壬午	10	6	壬子	9	7	癸未
二十九	2	3	壬子	1	4	壬午	12	6	癸丑	11	6	癸未	10	7	癸丑	9	8	甲申
三十	2	4	癸丑	1	5	癸未				11	7	甲申	10	8	甲寅			

西暦一九八一年（昭和56年）辛酉

六月			五月			四月			三月			二月			一月			旧暦
乙未月			甲午月			癸巳月			壬辰月			辛卯月			庚寅月			干支
新暦		干支	新暦		干支	新暦		干支	新暦		干支	新暦		干支	新暦		干支	旧暦
7	2	辛巳	6	2	辛亥	5	4	壬午	4	5	癸丑	3	6	癸未	2	5	甲寅	一
7	3	壬午	6	3	壬子	5	5	癸未	4	6	甲寅	3	7	甲申	2	6	乙卯	二
7	4	癸未	6	4	癸丑	5	6	甲申	4	7	乙卯	3	8	乙酉	2	7	丙辰	三
7	5	甲申	6	5	甲寅	5	7	乙酉	4	8	丙辰	3	9	丙戌	2	8	丁巳	四
7	6	乙酉	6	6	乙卯	5	8	丙戌	4	9	丁巳	3	10	丁亥	2	9	戊午	五
7	7	丙戌	6	7	丙辰	5	9	丁亥	4	10	戊午	3	11	戊子	2	10	己未	六
7	8	丁亥	6	8	丁巳	5	10	戊子	4	11	己未	3	12	己丑	2	11	庚申	七
7	9	戊子	6	9	戊午	5	11	己丑	4	12	庚申	3	13	庚寅	2	12	辛酉	八
7	10	己丑	6	10	己未	5	12	庚寅	4	13	辛酉	3	14	辛卯	2	13	壬戌	九
7	11	庚寅	6	11	庚申	5	13	辛卯	4	14	壬戌	3	15	壬辰	2	14	癸亥	十
7	12	辛卯	6	12	辛酉	5	14	壬辰	4	15	癸亥	3	16	癸巳	2	15	甲子	十一
7	13	壬辰	6	13	壬戌	5	15	癸巳	4	16	甲子	3	17	甲午	2	16	乙丑	十二
7	14	癸巳	6	14	癸亥	5	16	甲午	4	17	乙丑	3	18	乙未	2	17	丙寅	十三
7	15	甲午	6	15	甲子	5	17	乙未	4	18	丙寅	3	19	丙申	2	18	丁卯	十四
7	16	乙未	6	16	乙丑	5	18	丙申	4	19	丁卯	3	20	丁酉	2	19	戊辰	十五
7	17	丙申	6	17	丙寅	5	19	丁酉	4	20	戊辰	3	21	戊戌	2	20	己巳	十六
7	18	丁酉	6	18	丁卯	5	20	戊戌	4	21	己巳	3	22	己亥	2	21	庚午	十七
7	19	戊戌	6	19	戊辰	5	21	己亥	4	22	庚午	3	23	庚子	2	22	辛未	十八
7	20	己亥	6	20	己巳	5	22	庚子	4	23	辛未	3	24	辛丑	2	23	壬申	十九
7	21	庚子	6	21	庚午	5	23	辛丑	4	24	壬申	3	25	壬寅	2	24	癸酉	二十
7	22	辛丑	6	22	辛未	5	24	壬寅	4	25	癸酉	3	26	癸卯	2	25	甲戌	二十一
7	23	壬寅	6	23	壬申	5	25	癸卯	4	26	甲戌	3	27	甲辰	2	26	乙亥	二十二
7	24	癸卯	6	24	癸酉	5	26	甲辰	4	27	乙亥	3	28	乙巳	2	27	丙子	二十三
7	25	甲辰	6	25	甲戌	5	27	乙巳	4	28	丙子	3	29	丙午	2	28	丁丑	二十四
7	26	乙巳	6	26	乙亥	5	28	丙午	4	29	丁丑	3	30	丁未	3	1	戊寅	二十五
7	27	丙午	6	27	丙子	5	29	丁未	4	30	戊寅	3	31	戊申	3	2	己卯	二十六
7	28	丁未	6	28	丁丑	5	30	戊申	5	1	己卯	4	1	己酉	3	3	庚辰	二十七
7	29	戊申	6	29	戊寅	5	31	己酉	5	2	庚辰	4	2	庚戌	3	4	辛巳	二十八
7	30	己酉	6	30	己卯	6	1	庚戌	5	3	辛巳	4	3	辛亥	3	5	壬午	二十九
			7	1	庚辰							4	4	壬子				三十

旧暦	十二月			十一月			十月			九月			八月			七月		
干支	辛丑月			庚子月			己亥月			戊戌月			丁酉月			丙申月		
旧暦	新暦		干支	新暦		干支	新暦		干支	新暦		干支	新暦		干支	新暦		干支
一	12	26	戊寅	11	26	戊申	10	28	己卯	9	28	己酉	8	29	己卯	7	31	庚戌
二	12	27	己卯	11	27	己酉	10	29	庚辰	9	29	庚戌	8	30	庚辰	8	1	辛亥
三	12	28	庚辰	11	28	庚戌	10	30	辛巳	9	30	辛亥	8	31	辛巳	8	2	壬子
四	12	29	辛巳	11	29	辛亥	10	31	壬午	10	1	壬子	9	1	壬午	8	3	癸丑
五	12	30	壬午	11	30	壬子	11	1	癸未	10	2	癸丑	9	2	癸未	8	4	甲寅
六	12	31	癸未	12	1	癸丑	11	2	甲申	10	3	甲寅	9	3	甲申	8	5	乙卯
七	1	1	甲申	12	2	甲寅	11	3	乙酉	10	4	乙卯	9	4	乙酉	8	6	丙辰
八	1	2	乙酉	12	3	乙卯	11	4	丙戌	10	5	丙辰	9	5	丙戌	8	7	丁巳
九	1	3	丙戌	12	4	丙辰	11	5	丁亥	10	6	丁巳	9	6	丁亥	8	8	戊午
十	1	4	丁亥	12	5	丁巳	11	6	戊子	10	7	戊午	9	7	戊子	8	9	己未
十一	1	5	戊子	12	6	戊午	11	7	己丑	10	8	己未	9	8	己丑	8	10	庚申
十二	1	6	己丑	12	7	己未	11	8	庚寅	10	9	庚申	9	9	庚寅	8	11	辛酉
十三	1	7	庚寅	12	8	庚申	11	9	辛卯	10	10	辛酉	9	10	辛卯	8	12	壬戌
十四	1	8	辛卯	12	9	辛酉	11	10	壬辰	10	11	壬戌	9	11	壬辰	8	13	癸亥
十五	1	9	壬辰	12	10	壬戌	11	11	癸巳	10	12	癸亥	9	12	癸巳	8	14	甲子
十六	1	10	癸巳	12	11	癸亥	11	12	甲午	10	13	甲子	9	13	甲午	8	15	乙丑
十七	1	11	甲午	12	12	甲子	11	13	乙未	10	14	乙丑	9	14	乙未	8	16	丙寅
十八	1	12	乙未	12	13	乙丑	11	14	丙申	10	15	丙寅	9	15	丙申	8	17	丁卯
十九	1	13	丙申	12	14	丙寅	11	15	丁酉	10	16	丁卯	9	16	丁酉	8	18	戊辰
二十	1	14	丁酉	12	15	丁卯	11	16	戊戌	10	17	戊辰	9	17	戊戌	8	19	己巳
二十一	1	15	戊戌	12	16	戊辰	11	17	己亥	10	18	己巳	9	18	己亥	8	20	庚午
二十二	1	16	己亥	12	17	己巳	11	18	庚子	10	19	庚午	9	19	庚子	8	21	辛未
二十三	1	17	庚子	12	18	庚午	11	19	辛丑	10	20	辛未	9	20	辛丑	8	22	壬申
二十四	1	18	辛丑	12	19	辛未	11	20	壬寅	10	21	壬申	9	21	壬寅	8	23	癸酉
二十五	1	19	壬寅	12	20	壬申	11	21	癸卯	10	22	癸酉	9	22	癸卯	8	24	甲戌
二十六	1	20	癸卯	12	21	癸酉	11	22	甲辰	10	23	甲戌	9	23	甲辰	8	25	乙亥
二十七	1	21	甲辰	12	22	甲戌	11	23	乙巳	10	24	乙亥	9	24	乙巳	8	26	丙子
二十八	1	22	乙巳	12	23	乙亥	11	24	丙午	10	25	丙子	9	25	丙午	8	27	丁丑
二十九	1	23	丙午	12	24	丙子	11	25	丁未	10	26	丁丑	9	26	丁未	8	28	戊寅
三十	1	24	丁未	12	25	丁丑				10	27	戊寅	9	27	戊申			

西暦一九八二年（昭和57年）壬戌

五月			閏四月			四月			三月			二月			一月			旧暦
丙午月						乙巳月			甲辰月			癸卯月			壬寅月			干支
新暦		干支	新暦		干支	新暦		干支	新暦		干支	新暦		干支	新暦		干支	旧暦
6	21	乙亥	5	23	丙午	4	24	丁丑	3	25	丁未	2	24	戊寅	1	25	戊申	一
6	22	丙子	5	24	丁未	4	25	戊寅	3	26	戊申	2	25	己卯	1	26	己酉	二
6	23	丁丑	5	25	戊申	4	26	己卯	3	27	己酉	2	26	庚辰	1	27	庚戌	三
6	24	戊寅	5	26	己酉	4	27	庚辰	3	28	庚戌	2	27	辛巳	1	28	辛亥	四
6	25	己卯	5	27	庚戌	4	28	辛巳	3	29	辛亥	2	28	壬午	1	29	壬子	五
6	26	庚辰	5	28	辛亥	4	29	壬午	3	30	壬子	3	1	癸未	1	30	癸丑	六
6	27	辛巳	5	29	壬子	4	30	癸未	3	31	癸丑	3	2	甲申	1	31	甲寅	七
6	28	壬午	5	30	癸丑	5	1	甲申	4	1	甲寅	3	3	乙酉	2	1	乙卯	八
6	29	癸未	5	31	甲寅	5	2	乙酉	4	2	乙卯	3	4	丙戌	2	2	丙辰	九
6	30	甲申	6	1	乙卯	5	3	丙戌	4	3	丙辰	3	5	丁亥	2	3	丁巳	十
7	1	乙酉	6	2	丙辰	5	4	丁亥	4	4	丁巳	3	6	戊子	2	4	戊午	十一
7	2	丙戌	6	3	丁巳	5	5	戊子	4	5	戊午	3	7	己丑	2	5	己未	十二
7	3	丁亥	6	4	戊午	5	6	己丑	4	6	己未	3	8	庚寅	2	6	庚申	十三
7	4	戊子	6	5	己未	5	7	庚寅	4	7	庚申	3	9	辛卯	2	7	辛酉	十四
7	5	己丑	6	6	庚申	5	8	辛卯	4	8	辛酉	3	10	壬辰	2	8	壬戌	十五
7	6	庚寅	6	7	辛酉	5	9	壬辰	4	9	壬戌	3	11	癸巳	2	9	癸亥	十六
7	7	辛卯	6	8	壬戌	5	10	癸巳	4	10	癸亥	3	12	甲午	2	10	甲子	十七
7	8	壬辰	6	9	癸亥	5	11	甲午	4	11	甲子	3	13	乙未	2	11	乙丑	十八
7	9	癸巳	6	10	甲子	5	12	乙未	4	12	乙丑	3	14	丙申	2	12	丙寅	十九
7	10	甲午	6	11	乙丑	5	13	丙申	4	13	丙寅	3	15	丁酉	2	13	丁卯	二十
7	11	乙未	6	12	丙寅	5	14	丁酉	4	14	丁卯	3	16	戊戌	2	14	戊辰	二十一
7	12	丙申	6	13	丁卯	5	15	戊戌	4	15	戊辰	3	17	己亥	2	15	己巳	二十二
7	13	丁酉	6	14	戊辰	5	16	己亥	4	16	己巳	3	18	庚子	2	16	庚午	二十三
7	14	戊戌	6	15	己巳	5	17	庚子	4	17	庚午	3	19	辛丑	2	17	辛未	二十四
7	15	己亥	6	16	庚午	5	18	辛丑	4	18	辛未	3	20	壬寅	2	18	壬申	二十五
7	16	庚子	6	17	辛未	5	19	壬寅	4	19	壬申	3	21	癸卯	2	19	癸酉	二十六
7	17	辛丑	6	18	壬申	5	20	癸卯	4	20	癸酉	3	22	甲辰	2	20	甲戌	二十七
7	18	壬寅	6	19	癸酉	5	21	甲辰	4	21	甲戌	3	23	乙巳	2	21	乙亥	二十八
7	19	癸卯	6	20	甲戌	5	22	乙巳	4	22	乙亥	3	24	丙午	2	22	丙子	二十九
7	20	甲辰							4	23	丙子				2	23	丁丑	三十

旧暦	十二月			十一月			十月			九月			八月			七月			六月		
干支	癸丑月			壬子月			辛亥月			庚戌月			己酉月			戊申月			丁未月		
旧暦	新暦		干支	新暦		干支	新暦		干支	新暦		干支	新暦		干支	新暦		干支	新暦		干支
一	1	14	壬寅	12	15	壬申	11	15	壬寅	10	17	癸酉	9	17	癸卯	8	19	甲戌	7	21	乙巳
二	1	15	癸卯	12	16	癸酉	11	16	癸卯	10	18	甲戌	9	18	甲辰	8	20	乙亥	7	22	丙午
三	1	16	甲辰	12	17	甲戌	11	17	甲辰	10	19	乙亥	9	19	乙巳	8	21	丙子	7	23	丁未
四	1	17	乙巳	12	18	乙亥	11	18	乙巳	10	20	丙子	9	20	丙午	8	22	丁丑	7	24	戊申
五	1	18	丙午	12	19	丙子	11	19	丙午	10	21	丁丑	9	21	丁未	8	23	戊寅	7	25	己酉
六	1	19	丁未	12	20	丁丑	11	20	丁未	10	22	戊寅	9	22	戊申	8	24	己卯	7	26	庚戌
七	1	20	戊申	12	21	戊寅	11	21	戊申	10	23	己卯	9	23	己酉	8	25	庚辰	7	27	辛亥
八	1	21	己酉	12	22	己卯	11	22	己酉	10	24	庚辰	9	24	庚戌	8	26	辛巳	7	28	壬子
九	1	22	庚戌	12	23	庚辰	11	23	庚戌	10	25	辛巳	9	25	辛亥	8	27	壬午	7	29	癸丑
十	1	23	辛亥	12	24	辛巳	11	24	辛亥	10	26	壬午	9	26	壬子	8	28	癸未	7	30	甲寅
十一	1	24	壬子	12	25	壬午	11	25	壬子	10	27	癸未	9	27	癸丑	8	29	甲申	7	31	乙卯
十二	1	25	癸丑	12	26	癸未	11	26	癸丑	10	28	甲申	9	28	甲寅	8	30	乙酉	8	1	丙辰
十三	1	26	甲寅	12	27	甲申	11	27	甲寅	10	29	乙酉	9	29	乙卯	8	31	丙戌	8	2	丁巳
十四	1	27	乙卯	12	28	乙酉	11	28	乙卯	10	30	丙戌	9	30	丙辰	9	1	丁亥	8	3	戊午
十五	1	28	丙辰	12	29	丙戌	11	29	丙辰	10	31	丁亥	10	1	丁巳	9	2	戊子	8	4	己未
十六	1	29	丁巳	12	30	丁亥	11	30	丁巳	11	1	戊子	10	2	戊午	9	3	己丑	8	5	庚申
十七	1	30	戊午	12	31	戊子	12	1	戊午	11	2	己丑	10	3	己未	9	4	庚寅	8	6	辛酉
十八	1	31	己未	1	1	己丑	12	2	己未	11	3	庚寅	10	4	庚申	9	5	辛卯	8	7	壬戌
十九	2	1	庚申	1	2	庚寅	12	3	庚申	11	4	辛卯	10	5	辛酉	9	6	壬辰	8	8	癸亥
二十	2	2	辛酉	1	3	辛卯	12	4	辛酉	11	5	壬辰	10	6	壬戌	9	7	癸巳	8	9	甲子
二十一	2	3	壬戌	1	4	壬辰	12	5	壬戌	11	6	癸巳	10	7	癸亥	9	8	甲午	8	10	乙丑
二十二	2	4	癸亥	1	5	癸巳	12	6	癸亥	11	7	甲午	10	8	甲子	9	9	乙未	8	11	丙寅
二十三	2	5	甲子	1	6	甲午	12	7	甲子	11	8	乙未	10	9	乙丑	9	10	丙申	8	12	丁卯
二十四	2	6	乙丑	1	7	乙未	12	8	乙丑	11	9	丙申	10	10	丙寅	9	11	丁酉	8	13	戊辰
二十五	2	7	丙寅	1	8	丙申	12	9	丙寅	11	10	丁酉	10	11	丁卯	9	12	戊戌	8	14	己巳
二十六	2	8	丁卯	1	9	丁酉	12	10	丁卯	11	11	戊戌	10	12	戊辰	9	13	己亥	8	15	庚午
二十七	2	9	戊辰	1	10	戊戌	12	11	戊辰	11	12	己亥	10	13	己巳	9	14	庚子	8	16	辛未
二十八	2	10	己巳	1	11	己亥	12	12	己巳	11	13	庚子	10	14	庚午	9	15	辛丑	8	17	壬申
二十九	2	11	庚午	1	12	庚子	12	13	庚午	11	14	辛丑	10	15	辛未	9	16	壬寅	8	18	癸酉
三十	2	12	辛未	1	13	辛丑	12	14	辛未				10	16	壬申						

西暦 一九八三年（昭和58年） 癸亥

六月			五月			四月			三月			二月			一月			旧暦
己未月			戊午月			丁巳月			丙辰月			乙卯月			甲寅月			干支
新暦		干支	新暦		干支	新暦		干支	新暦		干支	新暦		干支	新暦		干支	旧暦
7	10	己亥	6	11	庚午	5	13	辛丑	4	13	辛未	3	15	壬寅	2	13	壬申	一
7	11	庚子	6	12	辛未	5	14	壬寅	4	14	壬申	3	16	癸卯	2	14	癸酉	二
7	12	辛丑	6	13	壬申	5	15	癸卯	4	15	癸酉	3	17	甲辰	2	15	甲戌	三
7	13	壬寅	6	14	癸酉	5	16	甲辰	4	16	甲戌	3	18	乙巳	2	16	乙亥	四
7	14	癸卯	6	15	甲戌	5	17	乙巳	4	17	乙亥	3	19	丙午	2	17	丙子	五
7	15	甲辰	6	16	乙亥	5	18	丙午	4	18	丙子	3	20	丁未	2	18	丁丑	六
7	16	乙巳	6	17	丙子	5	19	丁未	4	19	丁丑	3	21	戊申	2	19	戊寅	七
7	17	丙午	6	18	丁丑	5	20	戊申	4	20	戊寅	3	22	己酉	2	20	己卯	八
7	18	丁未	6	19	戊寅	5	21	己酉	4	21	己卯	3	23	庚戌	2	21	庚辰	九
7	19	戊申	6	20	己卯	5	22	庚戌	4	22	庚辰	3	24	辛亥	2	22	辛巳	十
7	20	己酉	6	21	庚辰	5	23	辛亥	4	23	辛巳	3	25	壬子	2	23	壬午	十一
7	21	庚戌	6	22	辛巳	5	24	壬子	4	24	壬午	3	26	癸丑	2	24	癸未	十二
7	22	辛亥	6	23	壬午	5	25	癸丑	4	25	癸未	3	27	甲寅	2	25	甲申	十三
7	23	壬子	6	24	癸未	5	26	甲寅	4	26	甲申	3	28	乙卯	2	26	乙酉	十四
7	24	癸丑	6	25	甲申	5	27	乙卯	4	27	乙酉	3	29	丙辰	2	27	丙戌	十五
7	25	甲寅	6	26	乙酉	5	28	丙辰	4	28	丙戌	3	30	丁巳	2	28	丁亥	十六
7	26	乙卯	6	27	丙戌	5	29	丁巳	4	29	丁亥	3	31	戊午	3	1	戊子	十七
7	27	丙辰	6	28	丁亥	5	30	戊午	4	30	戊子	4	1	己未	3	2	己丑	十八
7	28	丁巳	6	29	戊子	5	31	己未	5	1	己丑	4	2	庚申	3	3	庚寅	十九
7	29	戊午	6	30	己丑	6	1	庚申	5	2	庚寅	4	3	辛酉	3	4	辛卯	二十
7	30	己未	7	1	庚寅	6	2	辛酉	5	3	辛卯	4	4	壬戌	3	5	壬辰	二十一
7	31	庚申	7	2	辛卯	6	3	壬戌	5	4	壬辰	4	5	癸亥	3	6	癸巳	二十二
8	1	辛酉	7	3	壬辰	6	4	癸亥	5	5	癸巳	4	6	甲子	3	7	甲午	二十三
8	2	壬戌	7	4	癸巳	6	5	甲子	5	6	甲午	4	7	乙丑	3	8	乙未	二十四
8	3	癸亥	7	5	甲午	6	6	乙丑	5	7	乙未	4	8	丙寅	3	9	丙申	二十五
8	4	甲子	7	6	乙未	6	7	丙寅	5	8	丙申	4	9	丁卯	3	10	丁酉	二十六
8	5	乙丑	7	7	丙申	6	8	丁卯	5	9	丁酉	4	10	戊辰	3	11	戊戌	二十七
8	6	丙寅	7	8	丁酉	6	9	戊辰	5	10	戊戌	4	11	己巳	3	12	己亥	二十八
8	7	丁卯	7	9	戊戌	6	10	己巳	5	11	己亥	4	12	庚午	3	13	庚子	二十九
8	8	戊辰							5	12	庚子				3	14	辛丑	三十

旧暦	十二月			十一月			十月			九月			八月			七月		
干支	乙丑月			甲子月			癸亥月			壬戌月			辛酉月			庚申月		
旧暦	新暦		干支	新暦		干支	新暦		干支	新暦		干支	新暦		干支	新暦		干支
一	1	3	丙申	12	4	丙寅	11	5	丁酉	10	6	丁卯	9	7	戊戌	8	9	己巳
二	1	4	丁酉	12	5	丁卯	11	6	戊戌	10	7	戊辰	9	8	己亥	8	10	庚午
三	1	5	戊戌	12	6	戊辰	11	7	己亥	10	8	己巳	9	9	庚子	8	11	辛未
四	1	6	己亥	12	7	己巳	11	8	庚子	10	9	庚午	9	10	辛丑	8	12	壬申
五	1	7	庚子	12	8	庚午	11	9	辛丑	10	10	辛未	9	11	壬寅	8	13	癸酉
六	1	8	辛丑	12	9	辛未	11	10	壬寅	10	11	壬申	9	12	癸卯	8	14	甲戌
七	1	9	壬寅	12	10	壬申	11	11	癸卯	10	12	癸酉	9	13	甲辰	8	15	乙亥
八	1	10	癸卯	12	11	癸酉	11	12	甲辰	10	13	甲戌	9	14	乙巳	8	16	丙子
九	1	11	甲辰	12	12	甲戌	11	13	乙巳	10	14	乙亥	9	15	丙午	8	17	丁丑
十	1	12	乙巳	12	13	乙亥	11	14	丙午	10	15	丙子	9	16	丁未	8	18	戊寅
十一	1	13	丙午	12	14	丙子	11	15	丁未	10	16	丁丑	9	17	戊申	8	19	己卯
十二	1	14	丁未	12	15	丁丑	11	16	戊申	10	17	戊寅	9	18	己酉	8	20	庚辰
十三	1	15	戊申	12	16	戊寅	11	17	己酉	10	18	己卯	9	19	庚戌	8	21	辛巳
十四	1	16	己酉	12	17	己卯	11	18	庚戌	10	19	庚辰	9	20	辛亥	8	22	壬午
十五	1	17	庚戌	12	18	庚辰	11	19	辛亥	10	20	辛巳	9	21	壬子	8	23	癸未
十六	1	18	辛亥	12	19	辛巳	11	20	壬子	10	21	壬午	9	22	癸丑	8	24	甲申
十七	1	19	壬子	12	20	壬午	11	21	癸丑	10	22	癸未	9	23	甲寅	8	25	乙酉
十八	1	20	癸丑	12	21	癸未	11	22	甲寅	10	23	甲申	9	24	乙卯	8	26	丙戌
十九	1	21	甲寅	12	22	甲申	11	23	乙卯	10	24	乙酉	9	25	丙辰	8	27	丁亥
二十	1	22	乙卯	12	23	乙酉	11	24	丙辰	10	25	丙戌	9	26	丁巳	8	28	戊子
二十一	1	23	丙辰	12	24	丙戌	11	25	丁巳	10	26	丁亥	9	27	戊午	8	29	己丑
二十二	1	24	丁巳	12	25	丁亥	11	26	戊午	10	27	戊子	9	28	己未	8	30	庚寅
二十三	1	25	戊午	12	26	戊子	11	27	己未	10	28	己丑	9	29	庚申	8	31	辛卯
二十四	1	26	己未	12	27	己丑	11	28	庚申	10	29	庚寅	9	30	辛酉	9	1	壬辰
二十五	1	27	庚申	12	28	庚寅	11	29	辛酉	10	30	辛卯	10	1	壬戌	9	2	癸巳
二十六	1	28	辛酉	12	29	辛卯	11	30	壬戌	10	31	壬辰	10	2	癸亥	9	3	甲午
二十七	1	29	壬戌	12	30	壬辰	12	1	癸亥	11	1	癸巳	10	3	甲子	9	4	乙未
二十八	1	30	癸亥	12	31	癸巳	12	2	甲子	11	2	甲午	10	4	乙丑	9	5	丙申
二十九	1	31	甲子	1	1	甲午	12	3	乙丑	11	3	乙未	10	5	丙寅	9	6	丁酉
三十	2	1	乙丑	1	2	乙未				11	4	丙申						

西暦 一九八四年（昭和59年）甲子

六月			五月			四月			三月			二月			一月			旧暦
辛未月			庚午月			己巳月			戊辰月			丁卯月			丙寅月			干支
新暦		干支	新暦		干支	新暦		干支	新暦		干支	新暦		干支	新暦		干支	旧暦
6	29	甲午	5	31	乙丑	5	1	乙未	4	1	乙丑	3	3	丙申	2	2	丙寅	一
6	30	乙未	6	1	丙寅	5	2	丙申	4	2	丙寅	3	4	丁酉	2	3	丁卯	二
7	1	丙申	6	2	丁卯	5	3	丁酉	4	3	丁卯	3	5	戊戌	2	4	戊辰	三
7	2	丁酉	6	3	戊辰	5	4	戊戌	4	4	戊辰	3	6	己亥	2	5	己巳	四
7	3	戊戌	6	4	己巳	5	5	己亥	4	5	己巳	3	7	庚子	2	6	庚午	五
7	4	己亥	6	5	庚午	5	6	庚子	4	6	庚午	3	8	辛丑	2	7	辛未	六
7	5	庚子	6	6	辛未	5	7	辛丑	4	7	辛未	3	9	壬寅	2	8	壬申	七
7	6	辛丑	6	7	壬申	5	8	壬寅	4	8	壬申	3	10	癸卯	2	9	癸酉	八
7	7	壬寅	6	8	癸酉	5	9	癸卯	4	9	癸酉	3	11	甲辰	2	10	甲戌	九
7	8	癸卯	6	9	甲戌	5	10	甲辰	4	10	甲戌	3	12	乙巳	2	11	乙亥	十
7	9	甲辰	6	10	乙亥	5	11	乙巳	4	11	乙亥	3	13	丙午	2	12	丙子	十一
7	10	乙巳	6	11	丙子	5	12	丙午	4	12	丙子	3	14	丁未	2	13	丁丑	十二
7	11	丙午	6	12	丁丑	5	13	丁未	4	13	丁丑	3	15	戊申	2	14	戊寅	十三
7	12	丁未	6	13	戊寅	5	14	戊申	4	14	戊寅	3	16	己酉	2	15	己卯	十四
7	13	戊申	6	14	己卯	5	15	己酉	4	15	己卯	3	17	庚戌	2	16	庚辰	十五
7	14	己酉	6	15	庚辰	5	16	庚戌	4	16	庚辰	3	18	辛亥	2	17	辛巳	十六
7	15	庚戌	6	16	辛巳	5	17	辛亥	4	17	辛巳	3	19	壬子	2	18	壬午	十七
7	16	辛亥	6	17	壬午	5	18	壬子	4	18	壬午	3	20	癸丑	2	19	癸未	十八
7	17	壬子	6	18	癸未	5	19	癸丑	4	19	癸未	3	21	甲寅	2	20	甲申	十九
7	18	癸丑	6	19	甲申	5	20	甲寅	4	20	甲申	3	22	乙卯	2	21	乙酉	二十
7	19	甲寅	6	20	乙酉	5	21	乙卯	4	21	乙酉	3	23	丙辰	2	22	丙戌	二十一
7	20	乙卯	6	21	丙戌	5	22	丙辰	4	22	丙戌	3	24	丁巳	2	23	丁亥	二十二
7	21	丙辰	6	22	丁亥	5	23	丁巳	4	23	丁亥	3	25	戊午	2	24	戊子	二十三
7	22	丁巳	6	23	戊子	5	24	戊午	4	24	戊子	3	26	己未	2	25	己丑	二十四
7	23	戊午	6	24	己丑	5	25	己未	4	25	己丑	3	27	庚申	2	26	庚寅	二十五
7	24	己未	6	25	庚寅	5	26	庚申	4	26	庚寅	3	28	辛酉	2	27	辛卯	二十六
7	25	庚申	6	26	辛卯	5	27	辛酉	4	27	辛卯	3	29	壬戌	2	28	壬辰	二十七
7	26	辛酉	6	27	壬辰	5	28	壬戌	4	28	壬辰	3	30	癸亥	2	29	癸巳	二十八
7	27	壬戌	6	28	癸巳	5	29	癸亥	4	29	癸巳	3	31	甲子	3	1	甲午	二十九
						5	30	甲子	4	30	甲午				3	2	乙未	三十

旧暦	十二月			十一月			閏十月			十月			九月			八月			七月		
干支	丁丑月			丙子月						乙亥月			甲戌月			癸酉月			壬申月		
旧暦	新暦		干支	新暦		干支	新暦		干支	新暦		干支	新暦		干支	新暦		干支	新暦		干支
一	1	21	庚申	12	22	庚寅	11	23	辛酉	10	24	辛卯	9	25	壬戌	8	27	癸巳	7	28	癸亥
二	1	22	辛酉	12	23	辛卯	11	24	壬戌	10	25	壬辰	9	26	癸亥	8	28	甲午	7	29	甲子
三	1	23	壬戌	12	24	壬辰	11	25	癸亥	10	26	癸巳	9	27	甲子	8	29	乙未	7	30	乙丑
四	1	24	癸亥	12	25	癸巳	11	26	甲子	10	27	甲午	9	28	乙丑	8	30	丙申	7	31	丙寅
五	1	25	甲子	12	26	甲午	11	27	乙丑	10	28	乙未	9	29	丙寅	8	31	丁酉	8	1	丁卯
六	1	26	乙丑	12	27	乙未	11	28	丙寅	10	29	丙申	9	30	丁卯	9	1	戊戌	8	2	戊辰
七	1	27	丙寅	12	28	丙申	11	29	丁卯	10	30	丁酉	10	1	戊辰	9	2	己亥	8	3	己巳
八	1	28	丁卯	12	29	丁酉	11	30	戊辰	10	31	戊戌	10	2	己巳	9	3	庚子	8	4	庚午
九	1	29	戊辰	12	30	戊戌	12	1	己巳	11	1	己亥	10	3	庚午	9	4	辛丑	8	5	辛未
十	1	30	己巳	12	31	己亥	12	2	庚午	11	2	庚子	10	4	辛未	9	5	壬寅	8	6	壬申
十一	1	31	庚午	1	1	庚子	12	3	辛未	11	3	辛丑	10	5	壬申	9	6	癸卯	8	7	癸酉
十二	2	1	辛未	1	2	辛丑	12	4	壬申	11	4	壬寅	10	6	癸酉	9	7	甲辰	8	8	甲戌
十三	2	2	壬申	1	3	壬寅	12	5	癸酉	11	5	癸卯	10	7	甲戌	9	8	乙巳	8	9	乙亥
十四	2	3	癸酉	1	4	癸卯	12	6	甲戌	11	6	甲辰	10	8	乙亥	9	9	丙午	8	10	丙子
十五	2	4	甲戌	1	5	甲辰	12	7	乙亥	11	7	乙巳	10	9	丙子	9	10	丁未	8	11	丁丑
十六	2	5	乙亥	1	6	乙巳	12	8	丙子	11	8	丙午	10	10	丁丑	9	11	戊申	8	12	戊寅
十七	2	6	丙子	1	7	丙午	12	9	丁丑	11	9	丁未	10	11	戊寅	9	12	己酉	8	13	己卯
十八	2	7	丁丑	1	8	丁未	12	10	戊寅	11	10	戊申	10	12	己卯	9	13	庚戌	8	14	庚辰
十九	2	8	戊寅	1	9	戊申	12	11	己卯	11	11	己酉	10	13	庚辰	9	14	辛亥	8	15	辛巳
二十	2	9	己卯	1	10	己酉	12	12	庚辰	11	12	庚戌	10	14	辛巳	9	15	壬子	8	16	壬午
二十一	2	10	庚辰	1	11	庚戌	12	13	辛巳	11	13	辛亥	10	15	壬午	9	16	癸丑	8	17	癸未
二十二	2	11	辛巳	1	12	辛亥	12	14	壬午	11	14	壬子	10	16	癸未	9	17	甲寅	8	18	甲申
二十三	2	12	壬午	1	13	壬子	12	15	癸未	11	15	癸丑	10	17	甲申	9	18	乙卯	8	19	乙酉
二十四	2	13	癸未	1	14	癸丑	12	16	甲申	11	16	甲寅	10	18	乙酉	9	19	丙辰	8	20	丙戌
二十五	2	14	甲申	1	15	甲寅	12	17	乙酉	11	17	乙卯	10	19	丙戌	9	20	丁巳	8	21	丁亥
二十六	2	15	乙酉	1	16	乙卯	12	18	丙戌	11	18	丙辰	19	20	丁亥	9	21	戊午	8	22	戊子
二十七	2	16	丙戌	1	17	丙辰	12	19	丁亥	11	19	丁巳	10	21	戊子	9	22	己未	8	23	己丑
二十八	2	17	丁亥	1	18	丁巳	12	20	戊子	11	20	戊午	10	22	己丑	9	23	庚申	8	24	庚寅
二十九	2	18	戊子	1	19	戊午	12	21	己丑	11	21	己未	10	23	庚寅	9	24	辛酉	8	25	辛卯
三十	2	19	己丑	1	20	己未				11	22	庚申							8	26	壬辰

西暦一九八五年（昭和60年）乙丑

六月			五月			四月			三月			二月			一月			旧暦
癸未月			壬午月			辛巳月			庚辰月			己卯月			戊寅月			干支
新暦		干支	新暦		干支	新暦		干支	新暦		干支	新暦		干支	新暦		干支	旧暦
7	18	戊午	6	18	戊子	5	20	己未	4	20	己丑	3	21	己未	2	20	庚寅	一
7	19	己未	6	19	己丑	5	21	庚申	4	21	庚寅	3	22	庚申	2	21	辛卯	二
7	20	庚申	6	20	庚寅	5	22	辛酉	4	22	辛卯	3	23	辛酉	2	22	壬辰	三
7	21	辛酉	6	21	辛卯	5	23	壬戌	4	23	壬辰	3	24	壬戌	2	23	癸巳	四
7	22	壬戌	6	22	壬辰	5	24	癸亥	4	24	癸巳	3	25	癸亥	2	24	甲午	五
7	23	癸亥	6	23	癸巳	5	25	甲子	4	25	甲午	3	26	甲子	2	25	乙未	六
7	24	甲子	6	24	甲午	5	26	乙丑	4	26	乙未	3	27	乙丑	2	26	丙申	七
7	25	乙丑	6	25	乙未	5	27	丙寅	4	27	丙申	3	28	丙寅	2	27	丁酉	八
7	26	丙寅	6	26	丙申	5	28	丁卯	4	28	丁酉	3	29	丁卯	2	28	戊戌	九
7	27	丁卯	6	27	丁酉	5	29	戊辰	4	29	戊戌	3	30	戊辰	3	1	己亥	十
7	28	戊辰	6	28	戊戌	5	30	己巳	4	30	己亥	3	31	己巳	3	2	庚子	十一
7	29	己巳	6	29	己亥	5	31	庚午	5	1	庚子	4	1	庚午	3	3	辛丑	十二
7	30	庚午	6	30	庚子	6	1	辛未	5	2	辛丑	4	2	辛未	3	4	壬寅	十三
7	31	辛未	7	1	辛丑	6	2	壬申	5	3	壬寅	4	3	壬申	3	5	癸卯	十四
8	1	壬申	7	2	壬寅	6	3	癸酉	5	4	癸卯	4	4	癸酉	3	6	甲辰	十五
8	2	癸酉	7	3	癸卯	6	4	甲戌	5	5	甲辰	4	5	甲戌	3	7	乙巳	十六
8	3	甲戌	7	4	甲辰	6	5	乙亥	5	6	乙巳	4	6	乙亥	3	8	丙午	十七
8	4	乙亥	7	5	乙巳	6	6	丙子	5	7	丙午	4	7	丙子	3	9	丁未	十八
8	5	丙子	7	6	丙午	6	7	丁丑	5	8	丁未	4	8	丁丑	3	10	戊申	十九
8	6	丁丑	7	7	丁未	6	8	戊寅	5	9	戊申	4	9	戊寅	3	11	己酉	二十
8	7	戊寅	7	8	戊申	6	9	己卯	5	10	己酉	4	10	己卯	3	12	庚戌	二十一
8	8	己卯	7	9	己酉	6	10	庚辰	5	11	庚戌	4	11	庚辰	3	13	辛亥	二十二
8	9	庚辰	7	10	庚戌	6	11	辛巳	5	12	辛亥	4	12	辛巳	3	14	壬子	二十三
8	10	辛巳	7	11	辛亥	6	12	壬午	5	13	壬子	4	13	壬午	3	15	癸丑	二十四
8	11	壬午	7	12	壬子	6	13	癸未	5	14	癸丑	4	14	癸未	3	16	甲寅	二十五
8	12	癸未	7	13	癸丑	6	14	甲申	5	15	甲寅	4	15	甲申	3	17	乙卯	二十六
8	13	甲申	7	14	甲寅	6	15	乙酉	5	16	乙卯	4	16	乙酉	3	18	丙辰	二十七
8	14	乙酉	7	15	乙卯	6	16	丙戌	5	17	丙辰	4	17	丙戌	3	19	丁巳	二十八
8	15	丙戌	7	16	丙辰	6	17	丁亥	5	18	丁巳	4	18	丁亥	3	20	戊午	二十九
			7	17	丁巳				5	19	戊午	4	19	戊子				三十

旧暦	十二月			十一月			十月			九月			八月			七月		
干支	己丑月			戊子月			丁亥月			丙戌月			乙酉月			甲申月		
旧暦	新暦		干支	新暦		干支	新暦		干支	新暦		干支	新暦		干支	新暦		干支
一	1	10	甲寅	12	12	乙酉	11	12	乙卯	10	14	丙戌	9	15	丁巳	8	16	丁亥
二	1	11	乙卯	12	13	丙戌	11	13	丙辰	10	15	丁亥	9	16	戊午	8	17	戊子
三	1	12	丙辰	12	14	丁亥	11	14	丁巳	10	16	戊子	9	17	己未	8	18	己丑
四	1	13	丁巳	12	15	戊子	11	15	戊午	10	17	己丑	9	18	庚申	8	19	庚寅
五	1	14	戊午	12	16	己丑	11	16	己未	10	18	庚寅	9	19	辛酉	8	20	辛卯
六	1	15	己未	12	17	庚寅	11	17	庚申	10	19	辛卯	9	20	壬戌	8	21	壬辰
七	1	16	庚申	12	18	辛卯	11	18	辛酉	10	20	壬辰	9	21	癸亥	8	22	癸巳
八	1	17	辛酉	12	19	壬辰	11	19	壬戌	10	21	癸巳	9	22	甲子	8	23	甲午
九	1	18	壬戌	12	20	癸巳	11	20	癸亥	10	22	甲午	9	23	乙丑	8	24	乙未
十	1	19	癸亥	12	21	甲午	11	21	甲子	10	23	乙未	9	24	丙寅	8	25	丙申
十一	1	20	甲子	12	22	乙未	11	22	乙丑	10	24	丙申	9	25	丁卯	8	26	丁酉
十二	1	21	乙丑	12	23	丙申	11	23	丙寅	10	25	丁酉	9	26	戊辰	8	27	戊戌
十三	1	22	丙寅	12	24	丁酉	11	24	丁卯	10	26	戊戌	9	27	己巳	8	28	己亥
十四	1	23	丁卯	12	25	戊戌	11	25	戊辰	10	27	己亥	9	28	庚午	8	29	庚子
十五	1	24	戊辰	12	26	己亥	11	26	己巳	10	28	庚子	9	29	辛未	8	30	辛丑
十六	1	25	己巳	12	27	庚子	11	27	庚午	10	29	辛丑	9	30	壬申	8	31	壬寅
十七	1	26	庚午	12	28	辛丑	11	28	辛未	10	30	壬寅	10	1	癸酉	9	1	癸卯
十八	1	27	辛未	12	29	壬寅	11	29	壬申	10	31	癸卯	10	2	甲戌	9	2	甲辰
十九	1	28	壬申	12	30	癸卯	11	30	癸酉	11	1	甲辰	10	3	乙亥	9	3	乙巳
二十	1	29	癸酉	12	31	甲辰	12	1	甲戌	11	2	乙巳	10	4	丙子	9	4	丙午
二十一	1	30	甲戌	1	1	乙巳	12	2	乙亥	11	3	丙午	10	5	丁丑	9	5	丁未
二十二	1	31	乙亥	1	2	丙午	12	3	丙子	11	4	丁未	10	6	戊寅	9	6	戊申
二十三	2	1	丙子	1	3	丁未	12	4	丁丑	11	5	戊申	10	7	己卯	9	7	己酉
二十四	2	2	丁丑	1	4	戊申	12	5	戊寅	11	6	己酉	10	8	庚辰	9	8	庚戌
二十五	2	3	戊寅	1	5	己酉	12	6	己卯	11	7	庚戌	10	9	辛巳	9	9	辛亥
二十六	2	4	己卯	1	6	庚戌	12	7	庚辰	11	8	辛亥	10	10	壬午	9	10	壬子
二十七	2	5	庚辰	1	7	辛亥	12	8	辛巳	11	9	壬子	10	11	癸未	9	11	癸丑
二十八	2	6	辛巳	1	8	壬子	12	9	壬午	11	10	癸丑	10	12	甲申	9	12	甲寅
二十九	2	7	壬午	1	9	癸丑	12	10	癸未	11	11	甲寅	10	13	乙酉	9	13	乙卯
三十	2	8	癸未				12	11	甲申							9	14	丙辰

西暦一九八六年（昭和61年）丙寅

六月			五月			四月			三月			二月			一月			旧暦
乙未月			甲午月			癸巳月			壬辰月			辛卯月			庚寅月			干支
新暦		干支	新暦		干支	新暦		干支	新暦		干支	新暦		干支	新暦		干支	旧暦
7	7	壬子	6	7	壬午	5	9	癸丑	4	9	癸未	3	10	癸丑	2	9	甲申	一
7	8	癸丑	6	8	癸未	5	10	甲寅	4	10	甲申	3	11	甲寅	2	10	乙酉	二
7	9	甲寅	6	9	甲申	5	11	乙卯	4	11	乙酉	3	12	乙卯	2	11	丙戌	三
7	10	乙卯	6	10	乙酉	5	12	丙辰	4	12	丙戌	3	13	丙辰	2	12	丁亥	四
7	11	丙辰	6	11	丙戌	5	13	丁巳	4	13	丁亥	3	14	丁巳	2	13	戊子	五
7	12	丁巳	6	12	丁亥	5	14	戊午	4	14	戊子	3	15	戊午	2	14	己丑	六
7	13	戊午	6	13	戊子	5	15	己未	4	15	己丑	3	16	己未	2	15	庚寅	七
7	14	己未	6	14	己丑	5	16	庚申	4	16	庚寅	3	17	庚申	2	16	辛卯	八
7	15	庚申	6	15	庚寅	5	17	辛酉	4	17	辛卯	3	18	辛酉	2	17	壬辰	九
7	16	辛酉	6	16	辛卯	5	18	壬戌	4	18	壬辰	3	19	壬戌	2	18	癸巳	十
7	17	壬戌	6	17	壬辰	5	19	癸亥	4	19	癸巳	3	20	癸亥	2	19	甲午	十一
7	18	癸亥	6	18	癸巳	5	20	甲子	4	20	甲午	3	21	甲子	2	20	乙未	十二
7	19	甲子	6	19	甲午	5	21	乙丑	4	21	乙未	3	22	乙丑	2	21	丙申	十三
7	20	乙丑	6	20	乙未	5	22	丙寅	4	22	丙申	3	23	丙寅	2	22	丁酉	十四
7	21	丙寅	6	21	丙申	5	23	丁卯	4	23	丁酉	3	24	丁卯	2	23	戊戌	十五
7	22	丁卯	6	22	丁酉	5	24	戊辰	4	24	戊戌	3	25	戊辰	2	24	己亥	十六
7	23	戊辰	6	23	戊戌	5	25	己巳	4	25	己亥	3	26	己巳	2	25	庚子	十七
7	24	己巳	6	24	己亥	5	26	庚午	4	26	庚子	3	27	庚午	2	26	辛丑	十八
7	25	庚午	6	25	庚子	5	27	辛未	4	27	辛丑	3	28	辛未	2	27	壬寅	十九
7	26	辛未	6	26	辛丑	5	28	壬申	4	28	壬寅	3	29	壬申	2	28	癸卯	二十
7	27	壬申	6	27	壬寅	5	29	癸酉	4	29	癸卯	3	30	癸酉	3	1	甲辰	二十一
7	28	癸酉	6	28	癸卯	5	30	甲戌	4	30	甲辰	3	31	甲戌	3	2	乙巳	二十二
7	29	甲戌	6	29	甲辰	5	31	乙亥	5	1	乙巳	4	1	乙亥	3	3	丙午	二十三
7	30	乙亥	6	30	乙巳	6	1	丙子	5	2	丙午	4	2	丙子	3	4	丁未	二十四
7	31	丙子	7	1	丙午	6	2	丁丑	5	3	丁未	4	3	丁丑	3	5	戊申	二十五
8	1	丁丑	7	2	丁未	6	3	戊寅	5	4	戊申	4	4	戊寅	3	6	己酉	二十六
8	2	戊寅	7	3	戊申	6	4	己卯	5	5	己酉	4	5	己卯	3	7	庚戌	二十七
8	3	己卯	7	4	己酉	6	5	庚辰	5	6	庚戌	4	6	庚辰	3	8	辛亥	二十八
8	4	庚辰	7	5	庚戌	6	6	辛巳	5	7	辛亥	4	7	辛巳	3	9	壬子	二十九
8	5	辛巳	7	6	辛亥				5	8	壬子	4	8	壬午				三十

旧暦	十二月			十一月			十月			九月			八月			七月		
干支	辛丑月			庚子月			己亥月			戊戌月			丁酉月			丙申月		
旧暦	新暦		干支	新暦		干支	新暦		干支	新暦		干支	新暦		干支	新暦		干支
一	12	31	己酉	12	2	庚辰	11	2	庚戌	10	4	辛巳	9	4	辛亥	8	6	壬午
二	1	1	庚戌	12	3	辛巳	11	3	辛亥	10	5	壬午	9	5	壬子	8	7	癸未
三	1	2	辛亥	12	4	壬午	11	4	壬子	10	6	癸未	9	6	癸丑	8	8	甲申
四	1	3	壬子	12	5	癸未	11	5	癸丑	10	7	甲申	9	7	甲寅	8	9	乙酉
五	1	4	癸丑	12	6	甲申	11	6	甲寅	10	8	乙酉	9	8	乙卯	8	10	丙戌
六	1	5	甲寅	12	7	乙酉	11	7	乙卯	10	9	丙戌	9	9	丙辰	8	11	丁亥
七	1	6	乙卯	12	8	丙戌	11	8	丙辰	10	10	丁亥	9	10	丁巳	8	12	戊子
八	1	7	丙辰	12	9	丁亥	11	9	丁巳	10	11	戊子	9	11	戊午	8	13	己丑
九	1	8	丁巳	12	10	戊子	11	10	戊午	10	12	己丑	9	12	己未	8	14	庚寅
十	1	9	戊午	12	11	己丑	11	11	己未	10	13	庚寅	9	13	庚申	8	15	辛卯
十一	1	10	己未	12	12	庚寅	11	12	庚申	10	14	辛卯	9	14	辛酉	8	16	壬辰
十二	1	11	庚申	12	13	辛卯	11	13	辛酉	10	15	壬辰	9	15	壬戌	8	17	癸巳
十三	1	12	辛酉	12	14	壬辰	11	14	壬戌	10	16	癸巳	9	16	癸亥	8	18	甲午
十四	1	13	壬戌	12	15	癸巳	11	15	癸亥	10	17	甲午	9	17	甲子	8	19	乙未
十五	1	14	癸亥	12	16	甲午	11	16	甲子	10	18	乙未	9	18	乙丑	8	20	丙申
十六	1	15	甲子	12	17	乙未	11	17	乙丑	10	19	丙申	9	19	丙寅	8	21	丁酉
十七	1	16	乙丑	12	18	丙申	11	18	丙寅	10	20	丁酉	9	20	丁卯	8	22	戊戌
十八	1	17	丙寅	12	19	丁酉	11	19	丁卯	10	21	戊戌	9	21	戊辰	8	23	己亥
十九	1	18	丁卯	12	20	戊戌	11	20	戊辰	10	22	己亥	9	22	己巳	8	24	庚子
二十	1	19	戊辰	12	21	己亥	11	21	己巳	10	23	庚子	9	23	庚午	8	25	辛丑
二十一	1	20	己巳	12	22	庚子	11	22	庚午	10	24	辛丑	9	24	辛未	8	26	壬寅
二十二	1	21	庚午	12	23	辛丑	11	23	辛未	10	25	壬寅	9	25	壬申	8	27	癸卯
二十三	1	22	辛未	12	24	壬寅	11	24	壬申	10	26	癸卯	9	26	癸酉	8	28	甲辰
二十四	1	23	壬申	12	25	癸卯	11	25	癸酉	10	27	甲辰	9	27	甲戌	8	29	乙巳
二十五	1	24	癸酉	12	26	甲辰	11	26	甲戌	10	28	乙巳	9	28	乙亥	8	30	丙午
二十六	1	25	甲戌	12	27	乙巳	11	27	乙亥	10	29	丙午	9	29	丙子	8	31	丁未
二十七	1	26	乙亥	12	28	丙午	11	28	丙子	10	30	丁未	9	30	丁丑	9	1	戊申
二十八	1	27	丙子	12	29	丁未	11	29	丁丑	10	31	戊申	10	1	戊寅	9	2	己酉
二十九	1	28	丁丑	12	30	戊申	11	30	戊寅	11	1	己酉	10	2	己卯	9	3	庚戌
三十							12	1	己卯				10	3	庚辰			

西暦一九八七年（昭和62年）丁卯

六月			五月			四月			三月			二月			一月			旧暦
丁未月			丙午月			乙巳月			甲辰月			癸卯月			壬寅月			干支
新暦		干支	新暦		干支	新暦		干支	新暦		干支	新暦		干支	新暦		干支	旧暦
6	26	丙午	5	27	丙子	4	28	丁未	3	29	丁丑	2	28	戊申	1	29	戊寅	一
6	27	丁未	5	28	丁丑	4	29	戊申	3	30	戊寅	3	1	己酉	1	30	己卯	二
6	28	戊申	5	29	戊寅	4	30	己酉	3	31	己卯	3	2	庚戌	1	31	庚辰	三
6	29	己酉	5	30	己卯	5	1	庚戌	4	1	庚辰	3	3	辛亥	2	1	辛巳	四
6	30	庚戌	5	31	庚辰	5	2	辛亥	4	2	辛巳	3	4	壬子	2	2	壬午	五
7	1	辛亥	6	1	辛巳	5	3	壬子	4	3	壬午	3	5	癸丑	2	3	癸未	六
7	2	壬子	6	2	壬午	5	4	癸丑	4	4	癸未	3	6	甲寅	2	4	甲申	七
7	3	癸丑	6	3	癸未	5	5	甲寅	4	5	甲申	3	7	乙卯	2	5	乙酉	八
7	4	甲寅	6	4	甲申	5	6	乙卯	4	6	乙酉	3	8	丙辰	2	6	丙戌	九
7	5	乙卯	6	5	乙酉	5	7	丙辰	4	7	丙戌	3	9	丁巳	2	7	丁亥	十
7	6	丙辰	6	6	丙戌	5	8	丁巳	4	8	丁亥	3	10	戊午	2	8	戊子	十一
7	7	丁巳	6	7	丁亥	5	9	戊午	4	9	戊子	3	11	己未	2	9	己丑	十二
7	8	戊午	6	8	戊子	5	10	己未	4	10	己丑	3	12	庚申	2	10	庚寅	十三
7	9	己未	6	9	己丑	5	11	庚申	4	11	庚寅	3	13	辛酉	2	11	辛卯	十四
7	10	庚申	6	10	庚寅	5	12	辛酉	4	12	辛卯	3	14	壬戌	2	12	壬辰	十五
7	11	辛酉	6	11	辛卯	5	13	壬戌	4	13	壬辰	3	15	癸亥	2	13	癸巳	十六
7	12	壬戌	6	12	壬辰	5	14	癸亥	4	14	癸巳	3	16	甲子	2	14	甲午	十七
7	13	癸亥	6	13	癸巳	5	15	甲子	4	15	甲午	3	17	乙丑	2	15	乙未	十八
7	14	甲子	6	14	甲午	5	16	乙丑	4	16	乙未	3	18	丙寅	2	16	丙申	十九
7	15	乙丑	6	15	乙未	5	17	丙寅	4	17	丙申	3	19	丁卯	2	17	丁酉	二十
7	16	丙寅	6	16	丙申	5	18	丁卯	4	18	丁酉	3	20	戊辰	2	18	戊戌	二十一
7	17	丁卯	6	17	丁酉	5	19	戊辰	4	19	戊戌	3	21	己巳	2	19	己亥	二十二
7	18	戊辰	6	18	戊戌	5	20	己巳	4	20	己亥	3	22	庚午	2	20	庚子	二十三
7	19	己巳	6	19	己亥	5	21	庚午	4	21	庚子	3	23	辛未	2	21	辛丑	二十四
7	20	庚午	6	20	庚子	5	22	辛未	4	22	辛丑	3	24	壬申	2	22	壬寅	二十五
7	21	辛未	6	21	辛丑	5	23	壬申	4	23	壬寅	3	25	癸酉	2	23	癸卯	二十六
7	22	壬申	6	22	壬寅	5	24	癸酉	4	24	癸卯	3	26	甲戌	2	24	甲辰	二十七
7	23	癸酉	6	23	癸卯	5	25	甲戌	4	25	甲辰	3	27	乙亥	2	25	乙巳	二十八
7	24	甲戌	6	24	甲辰	5	26	乙亥	4	26	乙巳	3	28	丙子	2	26	丙午	二十九
7	25	乙亥	6	25	乙巳				4	27	丙午				2	27	丁未	三十

旧暦	十二月			十一月			十月			九月			八月			七月			閏六月		
干支	癸丑月			壬子月			辛亥月			庚戌月			己酉月			戊申月					
旧暦	新暦		干支	新暦		干支	新暦		干支	新暦		干支	新暦		干支	新暦		干支	新暦		干支
一	1	19	癸酉	12	21	甲辰	11	21	甲戌	10	23	乙巳	9	23	乙亥	8	24	乙巳	7	26	丙子
二	1	20	甲戌	12	22	乙巳	11	22	乙亥	10	24	丙午	9	24	丙子	8	25	丙午	7	27	丁丑
三	1	21	乙亥	12	23	丙午	11	23	丙子	10	25	丁未	9	25	丁丑	8	26	丁未	7	28	戊寅
四	1	22	丙子	12	24	丁未	11	24	丁丑	10	26	戊申	9	26	戊寅	8	27	戊申	7	29	己卯
五	1	23	丁丑	12	25	戊申	11	25	戊寅	10	27	己酉	9	27	己卯	8	28	己酉	7	30	庚辰
六	1	24	戊寅	12	26	己酉	11	26	己卯	10	28	庚戌	9	28	庚辰	8	29	庚戌	7	31	辛巳
七	1	25	己卯	12	27	庚戌	11	27	庚辰	10	29	辛亥	9	29	辛巳	8	30	辛亥	8	1	壬午
八	1	26	庚辰	12	28	辛亥	11	28	辛巳	10	30	壬子	9	30	壬午	8	31	壬子	8	2	癸未
九	1	27	辛巳	12	29	壬子	11	29	壬午	10	31	癸丑	10	1	癸未	9	1	癸丑	8	3	甲申
十	1	28	壬午	12	30	癸丑	11	30	癸未	11	1	甲寅	10	2	甲申	9	2	甲寅	8	4	乙酉
十一	1	29	癸未	12	31	甲寅	12	1	甲申	11	2	乙卯	10	3	乙酉	9	3	乙卯	8	5	丙戌
十二	1	30	甲申	1	1	乙卯	12	2	乙酉	11	3	丙辰	10	4	丙戌	9	4	丙辰	8	6	丁亥
十三	1	31	乙酉	1	2	丙辰	12	3	丙戌	11	4	丁巳	10	5	丁亥	9	5	丁巳	8	7	戊子
十四	2	1	丙戌	1	3	丁巳	12	4	丁亥	11	5	戊午	10	6	戊子	9	6	戊午	8	8	己丑
十五	2	2	丁亥	1	4	戊午	12	5	戊子	11	6	己未	10	7	己丑	9	7	己未	8	9	庚寅
十六	2	3	戊子	1	5	己未	12	6	己丑	11	7	庚申	10	8	庚寅	9	8	庚申	8	10	辛卯
十七	2	4	己丑	1	6	庚申	12	7	庚寅	11	8	辛酉	10	9	辛卯	9	9	辛酉	8	11	壬辰
十八	2	5	庚寅	1	7	辛酉	12	8	辛卯	11	9	壬戌	10	10	壬辰	9	10	壬戌	8	12	癸巳
十九	2	6	辛卯	1	8	壬戌	12	9	壬辰	11	10	癸亥	10	11	癸巳	9	11	癸亥	8	13	甲午
二十	2	7	壬辰	1	9	癸亥	12	10	癸巳	11	11	甲子	10	12	甲午	9	12	甲子	8	14	乙未
二十一	2	8	癸巳	1	10	甲子	12	11	甲午	11	12	乙丑	10	13	乙未	9	13	乙丑	8	15	丙申
二十二	2	9	甲午	1	11	乙丑	12	12	乙未	11	13	丙寅	10	14	丙申	9	14	丙寅	8	16	丁酉
二十三	2	10	乙未	1	12	丙寅	12	13	丙申	11	14	丁卯	10	15	丁酉	9	15	丁卯	8	17	戊戌
二十四	2	11	丙申	1	13	丁卯	12	14	丁酉	11	15	戊辰	10	16	戊戌	9	16	戊辰	8	18	己亥
二十五	2	12	丁酉	1	14	戊辰	12	15	戊戌	11	16	己巳	10	17	己亥	9	17	己巳	8	19	庚子
二十六	2	13	戊戌	1	15	己巳	12	16	己亥	11	17	庚午	10	18	庚子	9	18	庚午	8	20	辛丑
二十七	2	14	己亥	1	16	庚午	12	17	庚子	11	18	辛未	10	19	辛丑	9	19	辛未	8	21	壬寅
二十八	2	15	庚子	1	17	辛未	12	18	辛丑	11	19	壬申	10	20	壬寅	9	20	壬申	8	22	癸卯
二十九	2	16	辛丑	1	18	壬申	12	19	壬寅	11	20	癸酉	10	21	癸卯	9	21	癸酉	8	23	甲辰
三十							12	20	癸卯				10	22	甲辰	9	22	甲戌			

西暦一九八八年（昭和63年）戊辰

六月			五月			四月			三月			二月			一月			旧暦
己未月			戊午月			丁巳月			丙辰月			乙卯月			甲寅月			干支
新暦		干支	新暦		干支	新暦		干支	新暦		干支	新暦		干支	新暦		干支	旧暦
7	14	庚午	6	14	庚子	5	16	辛未	4	16	辛丑	3	18	壬申	2	17	壬寅	一
7	15	辛未	6	15	辛丑	5	17	壬申	4	17	壬寅	3	19	癸酉	2	18	癸卯	二
7	16	壬申	6	16	壬寅	5	18	癸酉	4	18	癸卯	3	20	甲戌	2	19	甲辰	三
7	17	癸酉	6	17	癸卯	5	19	甲戌	4	19	甲辰	3	21	乙亥	2	20	乙巳	四
7	18	甲戌	6	18	甲辰	5	20	乙亥	4	20	乙巳	3	22	丙子	2	21	丙午	五
7	19	乙亥	6	19	乙巳	5	21	丙子	4	21	丙午	3	23	丁丑	2	22	丁未	六
7	20	丙子	6	20	丙午	5	22	丁丑	4	22	丁未	3	24	戊寅	2	23	戊申	七
7	21	丁丑	6	21	丁未	5	23	戊寅	4	23	戊申	3	25	己卯	2	24	己酉	八
7	22	戊寅	6	22	戊申	5	24	己卯	4	24	己酉	3	26	庚辰	2	25	庚戌	九
7	23	己卯	6	23	己酉	5	25	庚辰	4	25	庚戌	3	27	辛巳	2	26	辛亥	十
7	24	庚辰	6	24	庚戌	5	26	辛巳	4	26	辛亥	3	28	壬午	2	27	壬子	十一
7	25	辛巳	6	25	辛亥	5	27	壬午	4	27	壬子	3	29	癸未	2	28	癸丑	十二
7	26	壬午	6	26	壬子	5	28	癸未	4	28	癸丑	3	30	甲申	2	29	甲寅	十三
7	27	癸未	6	27	癸丑	5	29	甲申	4	29	甲寅	3	31	乙酉	3	1	乙卯	十四
7	28	甲申	6	28	甲寅	5	30	乙酉	4	30	乙卯	4	1	丙戌	3	2	丙辰	十五
7	29	乙酉	6	29	乙卯	5	31	丙戌	5	1	丙辰	4	2	丁亥	3	3	丁巳	十六
7	30	丙戌	6	30	丙辰	6	1	丁亥	5	2	丁巳	4	3	戊子	3	4	戊午	十七
7	31	丁亥	7	1	丁巳	6	2	戊子	5	3	戊午	4	4	己丑	3	5	己未	十八
8	1	戊子	7	2	戊午	6	3	己丑	5	4	己未	4	5	庚寅	3	6	庚申	十九
8	2	己丑	7	3	己未	6	4	庚寅	5	5	庚申	4	6	辛卯	3	7	辛酉	二十
8	3	庚寅	7	4	庚申	6	5	辛卯	5	6	辛酉	4	7	壬辰	3	8	壬戌	二十一
8	4	辛卯	7	5	辛酉	6	6	壬辰	5	7	壬戌	4	8	癸巳	3	9	癸亥	二十二
8	5	壬辰	7	6	壬戌	6	7	癸巳	5	8	癸亥	4	9	甲午	3	10	甲子	二十三
8	6	癸巳	7	7	癸亥	6	8	甲午	5	9	甲子	4	10	乙未	3	11	乙丑	二十四
8	7	甲午	7	8	甲子	6	9	乙未	5	10	乙丑	4	11	丙申	3	12	丙寅	二十五
8	8	乙未	7	9	乙丑	6	10	丙申	5	11	丙寅	4	12	丁酉	3	13	丁卯	二十六
8	9	丙申	7	10	丙寅	6	11	丁酉	5	12	丁卯	4	13	戊戌	3	14	戊辰	二十七
8	10	丁酉	7	11	丁卯	6	12	戊戌	5	13	戊辰	4	14	己亥	3	15	己巳	二十八
8	11	戊戌	7	12	戊辰	6	13	己亥	5	14	己巳	4	15	庚子	3	16	庚午	二十九
			7	13	己巳				5	15	庚午				3	17	辛未	三十

旧暦	十二月			十一月			十月			九月			八月			七月		
干支	乙丑月			甲子月			癸亥月			壬戌月			辛酉月			庚申月		
旧暦	新暦		干支	新暦		干支	新暦		干支	新暦		干支	新暦		干支	新暦		干支
一	1	8	戊辰	12	9	戊戌	11	9	戊辰	10	11	己亥	9	11	己巳	8	12	己亥
二	1	9	己巳	12	10	己亥	11	10	己巳	10	12	庚子	9	12	庚午	8	13	庚子
三	1	10	庚午	12	11	庚子	11	11	庚午	10	13	辛丑	9	13	辛未	8	14	辛丑
四	1	11	辛未	12	12	辛丑	11	12	辛未	10	14	壬寅	9	14	壬申	8	15	壬寅
五	1	12	壬申	12	13	壬寅	11	13	壬申	10	15	癸卯	9	15	癸酉	8	16	癸卯
六	1	13	癸酉	12	14	癸卯	11	14	癸酉	10	16	甲辰	9	16	甲戌	8	17	甲辰
七	1	14	甲戌	12	15	甲辰	11	15	甲戌	10	17	乙巳	9	17	乙亥	8	18	乙巳
八	1	15	乙亥	12	16	乙巳	11	16	乙亥	10	18	丙午	9	18	丙子	8	19	丙午
九	1	16	丙子	12	17	丙午	11	17	丙子	10	19	丁未	9	19	丁丑	8	20	丁未
十	1	17	丁丑	12	18	丁未	11	18	丁丑	10	20	戊申	9	20	戊寅	8	21	戊申
十一	1	18	戊寅	12	19	戊申	11	19	戊寅	10	21	己酉	9	21	己卯	8	22	己酉
十二	1	19	己卯	12	20	己酉	11	20	己卯	10	22	庚戌	9	22	庚辰	8	23	庚戌
十三	1	20	庚辰	12	21	庚戌	11	21	庚辰	10	23	辛亥	9	23	辛巳	8	24	辛亥
十四	1	21	辛巳	12	22	辛亥	11	22	辛巳	10	24	壬子	9	24	壬午	8	25	壬子
十五	1	22	壬午	12	23	壬子	11	23	壬午	10	25	癸丑	9	25	癸未	8	26	癸丑
十六	1	23	癸未	12	24	癸丑	11	24	癸未	10	26	甲寅	9	26	甲申	8	27	甲寅
十七	1	24	甲申	12	25	甲寅	11	25	甲申	10	27	乙卯	9	27	乙酉	8	28	乙卯
十八	1	25	乙酉	12	26	乙卯	11	26	乙酉	10	28	丙辰	9	28	丙戌	8	29	丙辰
十九	1	26	丙戌	12	27	丙辰	11	27	丙戌	10	29	丁巳	9	29	丁亥	8	30	丁巳
二十	1	27	丁亥	12	28	丁巳	11	28	丁亥	10	30	戊午	9	30	戊子	8	31	戊午
二十一	1	28	戊子	12	29	戊午	11	29	戊子	10	31	己未	10	1	己丑	9	1	己未
二十二	1	29	己丑	12	30	己未	11	30	己丑	11	1	庚申	10	2	庚寅	9	2	庚申
二十三	1	30	庚寅	12	31	庚申	12	1	庚寅	11	2	辛酉	10	3	辛卯	9	3	辛酉
二十四	1	31	辛卯	1	1	辛酉	12	2	辛卯	11	3	壬戌	10	4	壬辰	9	4	壬戌
二十五	2	1	壬辰	1	2	壬戌	12	3	壬辰	11	4	癸亥	10	5	癸巳	9	5	癸亥
二十六	2	2	癸巳	1	3	癸亥	12	4	癸巳	11	5	甲子	10	6	甲午	9	6	甲子
二十七	2	3	甲午	1	4	甲子	12	5	甲午	11	6	乙丑	10	7	乙未	9	7	乙丑
二十八	2	4	乙未	1	5	乙丑	12	6	乙未	11	7	丙寅	10	8	丙申	9	8	丙寅
二十九	2	5	丙申	1	6	丙寅	12	7	丙申	11	8	丁卯	10	9	丁酉	9	9	丁卯
三十				1	7	丁卯	12	8	丁酉				10	10	戊戌	9	10	戊辰

西暦一九八九年（平成元年）己巳

六月			五月			四月			三月			二月			一月			旧暦
辛未月			庚午月			己巳月			戊辰月			丁卯月			丙寅月			干支
新暦		干支	新暦		干支	新暦		干支	新暦		干支	新暦		干支	新暦		干支	旧暦
7	3	甲子	6	4	乙未	5	5	乙丑	4	6	丙申	3	8	丁卯	2	6	丁酉	一
7	4	乙丑	6	5	丙申	5	6	丙寅	4	7	丁酉	3	9	戊辰	2	7	戊戌	二
7	5	丙寅	6	6	丁酉	5	7	丁卯	4	8	戊戌	3	10	己巳	2	8	己亥	三
7	6	丁卯	6	7	戊戌	5	8	戊辰	4	9	己亥	3	11	庚午	2	9	庚子	四
7	7	戊辰	6	8	己亥	5	9	己巳	4	10	庚子	3	12	辛未	2	10	辛丑	五
7	8	己巳	6	9	庚子	5	10	庚午	4	11	辛丑	3	13	壬申	2	11	壬寅	六
7	9	庚午	6	10	辛丑	5	11	辛未	4	12	壬寅	3	14	癸酉	2	12	癸卯	七
7	10	辛未	6	11	壬寅	5	12	壬申	4	13	癸卯	3	15	甲戌	2	13	甲辰	八
7	11	壬申	6	12	癸卯	5	13	癸酉	4	14	甲辰	3	16	乙亥	2	14	乙巳	九
7	12	癸酉	6	13	甲辰	5	14	甲戌	4	15	乙巳	3	17	丙子	2	15	丙午	十
7	13	甲戌	6	14	乙巳	5	15	乙亥	4	16	丙午	3	18	丁丑	2	16	丁未	十一
7	14	乙亥	6	15	丙午	5	16	丙子	4	17	丁未	3	19	戊寅	2	17	戊申	十二
7	15	丙子	6	16	丁未	5	17	丁丑	4	18	戊申	3	20	己卯	2	18	己酉	十三
7	16	丁丑	6	17	戊申	5	18	戊寅	4	19	己酉	3	21	庚辰	2	19	庚戌	十四
7	17	戊寅	6	18	己酉	5	19	己卯	4	20	庚戌	3	22	辛巳	2	20	辛亥	十五
7	18	己卯	6	19	庚戌	5	20	庚辰	4	21	辛亥	3	23	壬午	2	21	壬子	十六
7	19	庚辰	6	20	辛亥	5	21	辛巳	4	22	壬子	3	24	癸未	2	22	癸丑	十七
7	20	辛巳	6	21	壬子	5	22	壬午	4	23	癸丑	3	25	甲申	2	23	甲寅	十八
7	21	壬午	6	22	癸丑	5	23	癸未	4	24	甲寅	3	26	乙酉	2	24	乙卯	十九
7	22	癸未	6	23	甲寅	5	24	甲申	4	25	乙卯	3	27	丙戌	2	25	丙辰	二十
7	23	甲申	6	24	乙卯	5	25	乙酉	4	26	丙辰	3	28	丁亥	2	26	丁巳	二十一
7	24	乙酉	6	25	丙辰	5	26	丙戌	4	27	丁巳	3	29	戊子	2	27	戊午	二十二
7	25	丙戌	6	26	丁巳	5	27	丁亥	4	28	戊午	3	30	己丑	2	28	己未	二十三
7	26	丁亥	6	27	戊午	5	28	戊子	4	29	己未	3	31	庚寅	3	1	庚申	二十四
7	27	戊子	6	28	己未	5	29	己丑	4	30	庚申	4	1	辛卯	3	2	辛酉	二十五
7	28	己丑	6	29	庚申	5	30	庚寅	5	1	辛酉	4	2	壬辰	3	3	壬戌	二十六
7	29	庚寅	6	30	辛酉	5	31	辛卯	5	2	壬戌	4	3	癸巳	3	4	癸亥	二十七
7	30	辛卯	7	1	壬戌	6	1	壬辰	5	3	癸亥	4	4	甲午	3	5	甲子	二十八
7	31	壬辰	7	2	癸亥	6	2	癸巳	5	4	甲子	4	5	乙未	3	6	乙丑	二十九
8	1	癸巳				6	3	甲午							3	7	丙寅	三十

旧暦	十二月			十一月			十月			九月			八月			七月		
干支	丁丑月			丙子月			乙亥月			甲戌月			癸酉月			壬申月		
旧暦	新暦		干支	新暦		干支	新暦		干支	新暦		干支	新暦		干支	新暦		干支
一	12	28	壬戌	11	28	壬辰	10	29	壬戌	9	30	癸巳	8	31	癸亥	8	2	甲午
二	12	29	癸亥	11	29	癸巳	10	30	癸亥	10	1	甲午	9	1	甲子	8	3	乙未
三	12	30	甲子	11	30	甲午	10	31	甲子	10	2	乙未	9	2	乙丑	8	4	丙申
四	12	31	乙丑	12	1	乙未	11	1	乙丑	10	3	丙申	9	3	丙寅	8	5	丁酉
五	1	1	丙寅	12	2	丙申	11	2	丙寅	10	4	丁酉	9	4	丁卯	8	6	戊戌
六	1	2	丁卯	12	3	丁酉	11	3	丁卯	10	5	戊戌	9	5	戊辰	8	7	己亥
七	1	3	戊辰	12	4	戊戌	11	4	戊辰	10	6	己亥	9	6	己巳	8	8	庚子
八	1	4	己巳	12	5	己亥	11	5	己巳	10	7	庚子	9	7	庚午	8	9	辛丑
九	1	5	庚午	12	6	庚子	11	6	庚午	10	8	辛丑	9	8	辛未	8	10	壬寅
十	1	6	辛未	12	7	辛丑	11	7	辛未	10	9	壬寅	9	9	壬申	8	11	癸卯
十一	1	7	壬申	12	8	壬寅	11	8	壬申	10	10	癸卯	9	10	癸酉	8	12	甲辰
十二	1	8	癸酉	12	9	癸卯	11	9	癸酉	10	11	甲辰	9	11	甲戌	8	13	乙巳
十三	1	9	甲戌	12	10	甲辰	11	10	甲戌	10	12	乙巳	9	12	乙亥	8	14	丙午
十四	1	10	乙亥	12	11	乙巳	11	11	乙亥	10	13	丙午	9	13	丙子	8	15	丁未
十五	1	11	丙子	12	12	丙午	11	12	丙子	10	14	丁未	9	14	丁丑	8	16	戊申
十六	1	12	丁丑	12	13	丁未	11	13	丁丑	10	15	戊申	9	15	戊寅	8	17	己酉
十七	1	13	戊寅	12	14	戊申	11	14	戊寅	10	16	己酉	9	16	己卯	8	18	庚戌
十八	1	14	己卯	12	15	己酉	11	15	己卯	10	17	庚戌	9	17	庚辰	8	19	辛亥
十九	1	15	庚辰	12	16	庚戌	11	16	庚辰	10	18	辛亥	9	18	辛巳	8	20	壬子
二十	1	16	辛巳	12	17	辛亥	11	17	辛巳	10	19	壬子	9	19	壬午	8	21	癸丑
二十一	1	17	壬午	12	18	壬子	11	18	壬午	10	20	癸丑	9	20	癸未	8	22	甲寅
二十二	1	18	癸未	12	19	癸丑	11	19	癸未	10	21	甲寅	9	21	甲申	8	23	乙卯
二十三	1	19	甲申	12	20	甲寅	11	20	甲申	10	22	乙卯	9	22	乙酉	8	24	丙辰
二十四	1	20	乙酉	12	21	乙卯	11	21	乙酉	10	23	丙辰	9	23	丙戌	8	25	丁巳
二十五	1	21	丙戌	12	22	丙辰	11	22	丙戌	10	24	丁巳	9	24	丁亥	8	26	戊午
二十六	1	22	丁亥	12	23	丁巳	11	23	丁亥	10	25	戊午	9	25	戊子	8	27	己未
二十七	1	23	戊子	12	24	戊午	11	24	戊子	10	26	己未	9	26	己丑	8	28	庚申
二十八	1	24	己丑	12	25	己未	11	25	己丑	10	27	庚申	9	27	庚寅	8	29	辛酉
二十九	1	25	庚寅	12	26	庚申	11	26	庚寅	10	28	辛酉	9	28	辛卯	8	30	壬戌
三十	1	26	辛卯	12	27	辛酉	11	27	辛卯				9	29	壬辰			

西暦 一九九〇年（平成2年）庚午

閏五月			五月			四月			三月			二月			一月			旧暦
			壬午月			辛巳月			庚辰月			己卯月			戊寅月			干支
新暦		干支	新暦		干支	新暦		干支	新暦		干支	新暦		干支	新暦		干支	旧暦
6	23	己未	5	24	己丑	4	25	庚申	3	27	辛卯	2	25	辛酉	1	27	壬辰	一
6	24	庚申	5	25	庚寅	4	26	辛酉	3	28	壬辰	2	26	壬戌	1	28	癸巳	二
6	25	辛酉	5	26	辛卯	4	27	壬戌	3	29	癸巳	2	27	癸亥	1	29	甲午	三
6	26	壬戌	5	27	壬辰	4	28	癸亥	3	30	甲午	2	28	甲子	1	30	乙未	四
6	27	癸亥	5	28	癸巳	4	29	甲子	3	31	乙未	3	1	乙丑	1	31	丙申	五
6	28	甲子	5	29	甲午	4	30	乙丑	4	1	丙申	3	2	丙寅	2	1	丁酉	六
6	29	乙丑	5	30	乙未	5	1	丙寅	4	2	丁酉	3	3	丁卯	2	2	戊戌	七
6	30	丙寅	5	31	丙申	5	2	丁卯	4	3	戊戌	3	4	戊辰	2	3	己亥	八
7	1	丁卯	6	1	丁酉	5	3	戊辰	4	4	己亥	3	5	己巳	2	4	庚子	九
7	2	戊辰	6	2	戊戌	5	4	己巳	4	5	庚子	3	6	庚午	2	5	辛丑	十
7	3	己巳	6	3	己亥	5	5	庚午	4	6	辛丑	3	7	辛未	2	6	壬寅	十一
7	4	庚午	6	4	庚子	5	6	辛未	4	7	壬寅	3	8	壬申	2	7	癸卯	十二
7	5	辛未	6	5	辛丑	5	7	壬申	4	8	癸卯	3	9	癸酉	2	8	甲辰	十三
7	6	壬申	6	6	壬寅	5	8	癸酉	4	9	甲辰	3	10	甲戌	2	9	乙巳	十四
7	7	癸酉	6	7	癸卯	5	9	甲戌	4	10	乙巳	3	11	乙亥	2	10	丙午	十五
7	8	甲戌	6	8	甲辰	5	10	乙亥	4	11	丙午	3	12	丙子	2	11	丁未	十六
7	9	乙亥	6	9	乙巳	5	11	丙子	4	12	丁未	3	13	丁丑	2	12	戊申	十七
7	10	丙子	6	10	丙午	5	12	丁丑	4	13	戊申	3	14	戊寅	2	13	己酉	十八
7	11	丁丑	6	11	丁未	5	13	戊寅	4	14	己酉	3	15	己卯	2	14	庚戌	十九
7	12	戊寅	6	12	戊申	5	14	己卯	4	15	庚戌	3	16	庚辰	2	15	辛亥	二十
7	13	己卯	6	13	己酉	5	15	庚辰	4	16	辛亥	3	17	辛巳	2	16	壬子	二十一
7	14	庚辰	6	14	庚戌	5	16	辛巳	4	17	壬子	3	18	壬午	2	17	癸丑	二十二
7	15	辛巳	6	15	辛亥	5	17	壬午	4	18	癸丑	3	19	癸未	2	18	甲寅	二十三
7	16	壬午	6	16	壬子	5	18	癸未	4	19	甲寅	3	20	甲申	2	19	乙卯	二十四
7	17	癸未	6	17	癸丑	5	19	甲申	4	20	乙卯	3	21	乙酉	2	20	丙辰	二十五
7	18	甲申	6	18	甲寅	5	20	乙酉	4	21	丙辰	3	22	丙戌	2	21	丁巳	二十六
7	19	乙酉	6	19	乙卯	5	21	丙戌	4	22	丁巳	3	23	丁亥	2	22	戊午	二十七
7	20	丙戌	6	20	丙辰	5	22	丁亥	4	23	戊午	3	24	戊子	2	23	己未	二十八
7	21	丁亥	6	21	丁巳	5	23	戊子	4	24	己未	3	25	己丑	2	24	庚申	二十九
			6	22	戊午							3	26	庚寅				三十

旧暦	十二月			十一月			十月			九月			八月			七月			六月		
干支	己丑月			戊子月			丁亥月			丙戌月			乙酉月			甲申月			癸未月		
旧暦	新暦		干支	新暦		干支	新暦		干支	新暦		干支	新暦		干支	新暦		干支	新暦		干支
一	1	16	丙戌	12	17	丙辰	11	17	丙戌	10	18	丙辰	9	19	丁亥	8	20	丁巳	7	22	戊子
二	1	17	丁亥	12	18	丁巳	11	18	丁亥	10	19	丁巳	9	20	戊子	8	21	戊午	7	23	己丑
三	1	18	戊子	12	19	戊午	11	19	戊子	10	20	戊午	9	21	己丑	8	22	己未	7	24	庚寅
四	1	19	己丑	12	20	己未	11	20	己丑	10	21	己未	9	22	庚寅	8	23	庚申	7	25	辛卯
五	1	20	庚寅	12	21	庚申	11	21	庚寅	10	22	庚申	9	23	辛卯	8	24	辛酉	7	26	壬辰
六	1	21	辛卯	12	22	辛酉	11	22	辛卯	10	23	辛酉	9	24	壬辰	8	25	壬戌	7	27	癸巳
七	1	22	壬辰	12	23	壬戌	11	23	壬辰	10	24	壬戌	9	25	癸巳	8	26	癸亥	7	28	甲午
八	1	23	癸巳	12	24	癸亥	11	24	癸巳	10	25	癸亥	9	26	甲午	8	27	甲子	7	29	乙未
九	1	24	甲午	12	25	甲子	11	25	甲午	10	26	甲子	9	27	乙未	8	28	乙丑	7	30	丙申
十	1	25	乙未	12	26	乙丑	11	26	乙未	10	27	乙丑	9	28	丙申	8	29	丙寅	7	31	丁酉
十一	1	26	丙申	12	27	丙寅	11	27	丙申	10	28	丙寅	9	29	丁酉	8	30	丁卯	8	1	戊戌
十二	1	27	丁酉	12	28	丁卯	11	28	丁酉	10	29	丁卯	9	30	戊戌	8	31	戊辰	8	2	己亥
十三	1	28	戊戌	12	29	戊辰	11	29	戊戌	10	30	戊辰	10	1	己亥	9	1	己巳	8	3	庚子
十四	1	29	己亥	12	30	己巳	11	30	己亥	10	31	己巳	10	2	庚子	9	2	庚午	8	4	辛丑
十五	1	30	庚子	12	31	庚午	12	1	庚子	11	1	庚午	10	3	辛丑	9	3	辛未	8	5	壬寅
十六	1	31	辛丑	1	1	辛未	12	2	辛丑	11	2	辛未	10	4	壬寅	9	4	壬申	8	6	癸卯
十七	2	1	壬寅	1	2	壬申	12	3	壬寅	11	3	壬申	10	5	癸卯	9	5	癸酉	8	7	甲辰
十八	2	2	癸卯	1	3	癸酉	12	4	癸卯	11	4	癸酉	10	6	甲辰	9	6	甲戌	8	8	乙巳
十九	2	3	甲辰	1	4	甲戌	12	5	甲辰	11	5	甲戌	10	7	乙巳	9	7	乙亥	8	9	丙午
二十	2	4	乙巳	1	5	乙亥	12	6	乙巳	11	6	乙亥	10	8	丙午	9	8	丙子	8	10	丁未
二十一	2	5	丙午	1	6	丙子	12	7	丙午	11	7	丙子	10	9	丁未	9	9	丁丑	8	11	戊申
二十二	2	6	丁未	1	7	丁丑	12	8	丁未	11	8	丁丑	10	10	戊申	9	10	戊寅	8	12	己酉
二十三	2	7	戊申	1	8	戊寅	12	9	戊申	11	9	戊寅	10	11	己酉	9	11	己卯	8	13	庚戌
二十四	2	8	己酉	1	9	己卯	12	10	己酉	11	10	己卯	10	12	庚戌	9	12	庚辰	8	14	辛亥
二十五	2	9	庚戌	1	10	庚辰	12	11	庚戌	11	11	庚辰	10	13	辛亥	9	13	辛巳	8	15	壬子
二十六	2	10	辛亥	1	11	辛巳	12	12	辛亥	11	12	辛巳	10	14	壬子	9	14	壬午	8	16	癸丑
二十七	2	11	壬子	1	12	壬午	12	13	壬子	11	13	壬午	10	15	癸丑	9	15	癸未	8	17	甲寅
二十八	2	12	癸丑	1	13	癸未	12	14	癸丑	11	14	癸未	10	16	甲寅	9	16	甲申	8	18	乙卯
二十九	2	13	甲寅	1	14	甲申	12	15	甲寅	11	15	甲申	10	17	乙卯	9	17	乙酉	8	19	丙辰
三十	2	14	乙卯	1	15	乙酉	12	16	乙卯	11	16	乙酉				9	18	丙戌			

西暦 一九九一年（平成3年）辛未

六月			五月			四月			三月			二月			一月			旧暦
乙未月			甲午月			癸巳月			壬辰月			辛卯月			庚寅月			干支
新暦		干支	新暦		干支	新暦		干支	新暦		干支	新暦		干支	新暦		干支	旧暦
7	12	癸未	6	12	癸丑	5	14	甲申	4	15	乙卯	3	16	乙酉	2	15	丙辰	一
7	13	甲申	6	13	甲寅	5	15	乙酉	4	16	丙辰	3	17	丙戌	2	16	丁巳	二
7	14	乙酉	6	14	乙卯	5	16	丙戌	4	17	丁巳	3	18	丁亥	2	17	戊午	三
7	15	丙戌	6	15	丙辰	5	17	丁亥	4	18	戊午	3	19	戊子	2	18	己未	四
7	16	丁亥	6	16	丁巳	5	18	戊子	4	19	己未	3	20	己丑	2	19	庚申	五
7	17	戊子	6	17	戊午	5	19	己丑	4	20	庚申	3	21	庚寅	2	20	辛酉	六
7	18	己丑	6	18	己未	5	20	庚寅	4	21	辛酉	3	22	辛卯	2	21	壬戌	七
7	19	庚寅	6	19	庚申	5	21	辛卯	4	22	壬戌	3	23	壬辰	2	22	癸亥	八
7	20	辛卯	6	20	辛酉	5	22	壬辰	4	23	癸亥	3	24	癸巳	2	23	甲子	九
7	21	壬辰	6	21	壬戌	5	23	癸巳	4	24	甲子	3	25	甲午	2	24	乙丑	十
7	22	癸巳	6	22	癸亥	5	24	甲午	4	25	乙丑	3	26	乙未	2	25	丙寅	十一
7	23	甲午	6	23	甲子	5	25	乙未	4	26	丙寅	3	27	丙申	2	26	丁卯	十二
7	24	乙未	6	24	乙丑	5	26	丙申	4	27	丁卯	3	28	丁酉	2	27	戊辰	十三
7	25	丙申	6	25	丙寅	5	27	丁酉	4	28	戊辰	3	29	戊戌	2	28	己巳	十四
7	26	丁酉	6	26	丁卯	5	28	戊戌	4	29	己巳	3	30	己亥	3	1	庚午	十五
7	27	戊戌	6	27	戊辰	5	29	己亥	4	30	庚午	3	31	庚子	3	2	辛未	十六
7	28	己亥	6	28	己巳	5	30	庚子	5	1	辛未	4	1	辛丑	3	3	壬申	十七
7	29	庚子	6	29	庚午	5	31	辛丑	5	2	壬申	4	2	壬寅	3	4	癸酉	十八
7	30	辛丑	6	30	辛未	6	1	壬寅	5	3	癸酉	4	3	癸卯	3	5	甲戌	十九
7	31	壬寅	7	1	壬申	6	2	癸卯	5	4	甲戌	4	4	甲辰	3	6	乙亥	二十
8	1	癸卯	7	2	癸酉	6	3	甲辰	5	5	乙亥	4	5	乙巳	3	7	丙子	二十一
8	2	甲辰	7	3	甲戌	6	4	乙巳	5	6	丙子	4	6	丙午	3	8	丁丑	二十二
8	3	乙巳	7	4	乙亥	6	5	丙午	5	7	丁丑	4	7	丁未	3	9	戊寅	二十三
8	4	丙午	7	5	丙子	6	6	丁未	5	8	戊寅	4	8	戊申	3	10	己卯	二十四
8	5	丁未	7	6	丁丑	6	7	戊申	5	9	己卯	4	9	己酉	3	11	庚辰	二十五
8	6	戊申	7	7	戊寅	6	8	己酉	5	10	庚辰	4	10	庚戌	3	12	辛巳	二十六
8	7	己酉	7	8	己卯	6	9	庚戌	5	11	辛巳	4	11	辛亥	3	13	壬午	二十七
8	8	庚戌	7	9	庚辰	6	10	辛亥	5	12	壬午	4	12	壬子	3	14	癸未	二十八
8	9	辛亥	7	10	辛巳	6	11	壬子	5	13	癸未	4	13	癸丑	3	15	甲申	二十九
			7	11	壬午							4	14	甲寅				三十

旧暦	十二月			十一月			十月			九月			八月			七月		
干支	辛丑月			庚子月			己亥月			戊戌月			丁酉月			丙申月		
旧暦	新暦		干支	新暦		干支	新暦		干支	新暦		干支	新暦		干支	新暦		干支
一	1	5	庚辰	12	6	庚戌	11	6	庚辰	10	8	辛亥	9	8	辛巳	8	10	壬子
二	1	6	辛巳	12	7	辛亥	11	7	辛巳	10	9	壬子	9	9	壬午	8	11	癸丑
三	1	7	壬午	12	8	壬子	11	8	壬午	10	10	癸丑	9	10	癸未	8	12	甲寅
四	1	8	癸未	12	9	癸丑	11	9	癸未	10	11	甲寅	9	11	甲申	8	13	乙卯
五	1	9	甲申	12	10	甲寅	11	10	甲申	10	12	乙卯	9	12	乙酉	8	14	丙辰
六	1	10	乙酉	12	11	乙卯	11	11	乙酉	10	13	丙辰	9	13	丙戌	8	15	丁巳
七	1	11	丙戌	12	12	丙辰	11	12	丙戌	10	14	丁巳	9	14	丁亥	8	16	戊午
八	1	12	丁亥	12	13	丁巳	11	13	丁亥	10	15	戊午	9	15	戊子	8	17	己未
九	1	13	戊子	12	14	戊午	11	14	戊子	10	16	己未	9	16	己丑	8	18	庚申
十	1	14	己丑	12	15	己未	11	15	己丑	10	17	庚申	9	17	庚寅	8	19	辛酉
十一	1	15	庚寅	12	16	庚申	11	16	庚寅	10	18	辛酉	9	18	辛卯	8	20	壬戌
十二	1	16	辛卯	12	17	辛酉	11	17	辛卯	10	19	壬戌	9	19	壬辰	8	21	癸亥
十三	1	17	壬辰	12	18	壬戌	11	18	壬辰	10	20	癸亥	9	20	癸巳	8	22	甲子
十四	1	18	癸巳	12	19	癸亥	11	19	癸巳	10	21	甲子	9	21	甲午	8	23	乙丑
十五	1	19	甲午	12	20	甲子	11	20	甲午	10	22	乙丑	9	22	乙未	8	24	丙寅
十六	1	20	乙未	12	21	乙丑	11	21	乙未	10	23	丙寅	9	23	丙申	8	25	丁卯
十七	1	21	丙申	12	22	丙寅	11	22	丙申	10	24	丁卯	9	24	丁酉	8	26	戊辰
十八	1	22	丁酉	12	23	丁卯	11	23	丁酉	10	25	戊辰	9	25	戊戌	8	27	己巳
十九	1	23	戊戌	12	24	戊辰	11	24	戊戌	10	26	己巳	9	26	己亥	8	28	庚午
二十	1	24	己亥	12	25	己巳	11	25	己亥	10	27	庚午	9	27	庚子	8	29	辛未
二十一	1	25	庚子	12	26	庚午	11	26	庚子	10	28	辛未	9	28	辛丑	8	30	壬申
二十二	1	26	辛丑	12	27	辛未	11	27	辛丑	10	29	壬申	9	29	壬寅	8	31	癸酉
二十三	1	27	壬寅	12	28	壬申	11	28	壬寅	10	30	癸酉	9	30	癸卯	9	1	甲戌
二十四	1	28	癸卯	12	29	癸酉	11	29	癸卯	10	31	甲戌	10	1	甲辰	9	2	乙亥
二十五	1	29	甲辰	12	30	甲戌	11	30	甲辰	11	1	乙亥	10	2	乙巳	9	3	丙子
二十六	1	30	乙巳	12	31	乙亥	12	1	乙巳	11	2	丙子	10	3	丙午	9	4	丁丑
二十七	1	31	丙午	1	1	丙子	12	2	丙午	11	3	丁丑	10	4	丁未	9	5	戊寅
二十八	2	1	丁未	1	2	丁丑	12	3	丁未	11	4	戊寅	10	5	戊申	9	6	己卯
二十九	2	2	戊申	1	3	戊寅	12	4	戊申	11	5	己卯	10	6	己酉	9	7	庚辰
三十	2	3	己酉	1	4	己卯	12	5	己酉				10	7	庚戌			

西暦 一九九二年（平成4年）壬申

六月			五月			四月			三月			二月			一月			旧暦
丁未月			丙午月			乙巳月			甲辰月			癸卯月			壬寅月			干支
新暦		干支	新暦		干支	新暦		干支	新暦		干支	新暦		干支	新暦		干支	旧暦
6	30	丁丑	6	1	戊申	5	3	己卯	4	3	己酉	3	4	己卯	2	4	庚戌	一
7	1	戊寅	6	2	己酉	5	4	庚辰	4	4	庚戌	3	5	庚辰	2	5	辛亥	二
7	2	己卯	6	3	庚戌	5	5	辛巳	4	5	辛亥	3	6	辛巳	2	6	壬子	三
7	3	庚辰	6	4	辛亥	5	6	壬午	4	6	壬子	3	7	壬午	2	7	癸丑	四
7	4	辛巳	6	5	壬子	5	7	癸未	4	7	癸丑	3	8	癸未	2	8	甲寅	五
7	5	壬午	6	6	癸丑	5	8	甲申	4	8	甲寅	3	9	甲申	2	9	乙卯	六
7	6	癸未	6	7	甲寅	5	9	乙酉	4	9	乙卯	3	10	乙酉	2	10	丙辰	七
7	7	甲申	6	8	乙卯	5	10	丙戌	4	10	丙辰	3	11	丙戌	2	11	丁巳	八
7	8	乙酉	6	9	丙辰	5	11	丁亥	4	11	丁巳	3	12	丁亥	2	12	戊午	九
7	9	丙戌	6	10	丁巳	5	12	戊子	4	12	戊午	3	13	戊子	2	13	己未	十
7	10	丁亥	6	11	戊午	5	13	己丑	4	13	己未	3	14	己丑	2	14	庚申	十一
7	11	戊子	6	12	己未	5	14	庚寅	4	14	庚申	3	15	庚寅	2	15	辛酉	十二
7	12	己丑	6	13	庚申	5	15	辛卯	4	15	辛酉	3	16	辛卯	2	16	壬戌	十三
7	13	庚寅	6	14	辛酉	5	16	壬辰	4	16	壬戌	3	17	壬辰	2	17	癸亥	十四
7	14	辛卯	6	15	壬戌	5	17	癸巳	4	17	癸亥	3	18	癸巳	2	18	甲子	十五
7	15	壬辰	6	16	癸亥	5	18	甲午	4	18	甲子	3	19	甲午	2	19	乙丑	十六
7	16	癸巳	6	17	甲子	5	19	乙未	4	19	乙丑	3	20	乙未	2	20	丙寅	十七
7	17	甲午	6	18	乙丑	5	20	丙申	4	20	丙寅	3	21	丙申	2	21	丁卯	十八
7	18	乙未	6	19	丙寅	5	21	丁酉	4	21	丁卯	3	22	丁酉	2	22	戊辰	十九
7	19	丙申	6	20	丁卯	5	22	戊戌	4	22	戊辰	3	23	戊戌	2	23	己巳	二十
7	20	丁酉	6	21	戊辰	5	23	己亥	4	23	己巳	3	24	己亥	2	24	庚午	二十一
7	21	戊戌	6	22	己巳	5	24	庚子	4	24	庚午	3	25	庚子	2	25	辛未	二十二
7	22	己亥	6	23	庚午	5	25	辛丑	4	25	辛未	3	26	辛丑	2	26	壬申	二十三
7	23	庚子	6	24	辛未	5	26	壬寅	4	26	壬申	3	27	壬寅	2	27	癸酉	二十四
7	24	辛丑	6	25	壬申	5	27	癸卯	4	27	癸酉	3	28	癸卯	2	28	甲戌	二十五
7	25	壬寅	6	26	癸酉	5	28	甲辰	4	28	甲戌	3	29	甲辰	2	29	乙亥	二十六
7	26	癸卯	6	27	甲戌	5	29	乙巳	4	29	乙亥	3	30	乙巳	3	1	丙子	二十七
7	27	甲辰	6	28	乙亥	5	30	丙午	4	30	丙子	3	31	丙午	3	2	丁丑	二十八
7	28	乙巳	6	29	丙子	5	31	丁未	5	1	丁丑	4	1	丁未	3	3	戊寅	二十九
7	29	丙午							5	2	戊寅	4	2	戊申				三十

旧暦	十二月			十一月			十月			九月			八月			七月		
干支	癸丑月			壬子月			辛亥月			庚戌月			己酉月			戊申月		
旧暦	新暦		干支	新暦		干支	新暦		干支	新暦		干支	新暦		干支	新暦		干支
一	12	24	甲戌	11	24	甲辰	10	26	乙亥	9	26	乙巳	8	28	丙子	7	30	丁未
二	12	25	乙亥	11	25	乙巳	10	27	丙子	9	27	丙午	8	29	丁丑	7	31	戊申
三	12	26	丙子	11	26	丙午	10	28	丁丑	9	28	丁未	8	30	戊寅	8	1	己酉
四	12	27	丁丑	11	27	丁未	10	29	戊寅	9	29	戊申	8	31	己卯	8	2	庚戌
五	12	28	戊寅	11	28	戊申	10	30	己卯	9	30	己酉	9	1	庚辰	8	3	辛亥
六	12	29	己卯	11	29	己酉	10	31	庚辰	10	1	庚戌	9	2	辛巳	8	4	壬子
七	12	30	庚辰	11	30	庚戌	11	1	辛巳	10	2	辛亥	9	3	壬午	8	5	癸丑
八	12	31	辛巳	12	1	辛亥	11	2	壬午	10	3	壬子	9	4	癸未	8	6	甲寅
九	1	1	壬午	12	2	壬子	11	3	癸未	10	4	癸丑	9	5	甲申	8	7	乙卯
十	1	2	癸未	12	3	癸丑	11	4	甲申	10	5	甲寅	9	6	乙酉	8	8	丙辰
十一	1	3	甲申	12	4	甲寅	11	5	乙酉	10	6	乙卯	9	7	丙戌	8	9	丁巳
十二	1	4	乙酉	12	5	乙卯	11	6	丙戌	10	7	丙辰	9	8	丁亥	8	10	戊午
十三	1	5	丙戌	12	6	丙辰	11	7	丁亥	10	8	丁巳	9	9	戊子	8	11	己未
十四	1	6	丁亥	12	7	丁巳	11	8	戊子	10	9	戊午	9	10	己丑	8	12	庚申
十五	1	7	戊子	12	8	戊午	11	9	己丑	10	10	己未	9	11	庚寅	8	13	辛酉
十六	1	8	己丑	12	9	己未	11	10	庚寅	10	11	庚申	9	12	辛卯	8	14	壬戌
十七	1	9	庚寅	12	10	庚申	11	11	辛卯	10	12	辛酉	9	13	壬辰	8	15	癸亥
十八	1	10	辛卯	12	11	辛酉	11	12	壬辰	10	13	壬戌	9	14	癸巳	8	16	甲子
十九	1	11	壬辰	12	12	壬戌	11	13	癸巳	10	14	癸亥	9	15	甲午	8	17	乙丑
二十	1	12	癸巳	12	13	癸亥	11	14	甲午	10	15	甲子	9	16	乙未	8	18	丙寅
二十一	1	13	甲午	12	14	甲子	11	15	乙未	10	16	乙丑	9	17	丙申	8	19	丁卯
二十二	1	14	乙未	12	15	乙丑	11	16	丙申	10	17	丙寅	9	18	丁酉	8	20	戊辰
二十三	1	15	丙申	12	16	丙寅	11	17	丁酉	10	18	丁卯	9	19	戊戌	8	21	己巳
二十四	1	16	丁酉	12	17	丁卯	11	18	戊戌	10	19	戊辰	9	20	己亥	8	22	庚午
二十五	1	17	戊戌	12	18	戊辰	11	19	己亥	10	20	己巳	9	21	庚子	8	23	辛未
二十六	1	18	己亥	12	19	己巳	11	20	庚子	10	21	庚午	9	22	辛丑	8	24	壬申
二十七	1	19	庚子	12	20	庚午	11	21	辛丑	10	22	辛未	9	23	壬寅	8	25	癸酉
二十八	1	20	辛丑	12	21	辛未	11	22	壬寅	10	23	壬申	9	24	癸卯	8	26	甲戌
二十九	1	21	壬寅	12	22	壬申	11	23	癸卯	10	24	癸酉	9	25	甲辰	8	27	乙亥
三十	1	22	癸卯	12	23	癸酉				10	25	甲戌						

西暦一九九三年（平成5年）癸酉

五月			四月			閏三月			三月			二月			一月			旧暦
戊午月			丁巳月						丙辰月			乙卯月			甲寅月			干支
新暦		干支	新暦		干支	新暦		干支	新暦		干支	新暦		干支	新暦		干支	旧暦
6	20	壬申	5	21	壬寅	4	22	癸酉	3	23	癸卯	2	21	癸酉	1	23	甲辰	一
6	21	癸酉	5	22	癸卯	4	23	甲戌	3	24	甲辰	2	22	甲戌	1	24	乙巳	二
6	22	甲戌	5	23	甲辰	4	24	乙亥	3	25	乙巳	2	23	乙亥	1	25	丙午	三
6	23	乙亥	5	24	乙巳	4	25	丙子	3	26	丙午	2	24	丙子	1	26	丁未	四
6	24	丙子	5	25	丙午	4	26	丁丑	3	27	丁未	2	25	丁丑	1	27	戊申	五
6	25	丁丑	5	26	丁未	4	27	戊寅	3	28	戊申	2	26	戊寅	1	28	己酉	六
6	26	戊寅	5	27	戊申	4	28	己卯	3	29	己酉	2	27	己卯	1	29	庚戌	七
6	27	己卯	5	28	己酉	4	29	庚辰	3	30	庚戌	2	28	庚辰	1	30	辛亥	八
6	28	庚辰	5	29	庚戌	4	30	辛巳	3	31	辛亥	3	1	辛巳	1	31	壬子	九
6	29	辛巳	5	30	辛亥	5	1	壬午	4	1	壬子	3	2	壬午	2	1	癸丑	十
6	30	壬午	5	31	壬子	5	2	癸未	4	2	癸丑	3	3	癸未	2	2	甲寅	十一
7	1	癸未	6	1	癸丑	5	3	甲申	4	3	甲寅	3	4	甲申	2	3	乙卯	十二
7	2	甲申	6	2	甲寅	5	4	乙酉	4	4	乙卯	3	5	乙酉	2	4	丙辰	十三
7	3	乙酉	6	3	乙卯	5	5	丙戌	4	5	丙辰	3	6	丙戌	2	5	丁巳	十四
7	4	丙戌	6	4	丙辰	5	6	丁亥	4	6	丁巳	3	7	丁亥	2	6	戊午	十五
7	5	丁亥	6	5	丁巳	5	7	戊子	4	7	戊午	3	8	戊子	2	7	己未	十六
7	6	戊子	6	6	戊午	5	8	己丑	4	8	己未	3	9	己丑	2	8	庚申	十七
7	7	己丑	6	7	己未	5	9	庚寅	4	9	庚申	3	10	庚寅	2	9	辛酉	十八
7	8	庚寅	6	8	庚申	5	10	辛卯	4	10	辛酉	3	11	辛卯	2	10	壬戌	十九
7	9	辛卯	6	9	辛酉	5	11	壬辰	4	11	壬戌	3	12	壬辰	2	11	癸亥	二十
7	10	壬辰	6	10	壬戌	5	12	癸巳	4	12	癸亥	3	13	癸巳	2	12	甲子	二十一
7	11	癸巳	6	11	癸亥	5	13	甲午	4	13	甲子	3	14	甲午	2	13	乙丑	二十二
7	12	甲午	6	12	甲子	5	14	乙未	4	14	乙丑	3	15	乙未	2	14	丙寅	二十三
7	13	乙未	6	13	乙丑	5	15	丙申	4	15	丙寅	3	16	丙申	2	15	丁卯	二十四
7	14	丙申	6	14	丙寅	5	16	丁酉	4	16	丁卯	3	17	丁酉	2	16	戊辰	二十五
7	15	丁酉	6	15	丁卯	5	17	戊戌	4	17	戊辰	3	18	戊戌	2	17	己巳	二十六
7	16	戊戌	6	16	戊辰	5	18	己亥	4	18	己巳	3	19	己亥	2	18	庚午	二十七
7	17	己亥	6	17	己巳	5	19	庚子	4	19	庚午	3	20	庚子	2	19	辛未	二十八
7	18	庚子	6	18	庚午	5	20	辛丑	4	20	辛未	3	21	辛丑	2	20	壬申	二十九
			6	19	辛未				4	21	壬申	3	22	壬寅				三十

旧暦	十二月			十一月			十月			九月			八月			七月			六月		
干支	乙丑月			甲子月			癸亥月			壬戌月			辛酉月			庚申月			己未月		
旧暦	新暦		干支	新暦		干支	新暦		干支	新暦		干支	新暦		干支	新暦		干支	新暦		干支
一	1	12	戊戌	12	13	戊辰	11	14	己亥	10	15	己巳	9	16	庚子	8	18	辛未	7	19	辛丑
二	1	13	己亥	12	14	己巳	11	15	庚子	10	16	庚午	9	17	辛丑	8	19	壬申	7	20	壬寅
三	1	14	庚子	12	15	庚午	11	16	辛丑	10	17	辛未	9	18	壬寅	8	20	癸酉	7	21	癸卯
四	1	15	辛丑	12	16	辛未	11	17	壬寅	10	18	壬申	9	19	癸卯	8	21	甲戌	7	22	甲辰
五	1	16	壬寅	12	17	壬申	11	18	癸卯	10	19	癸酉	9	20	甲辰	8	22	乙亥	7	23	乙巳
六	1	17	癸卯	12	18	癸酉	11	19	甲辰	10	20	甲戌	9	21	乙巳	8	23	丙子	7	24	丙午
七	1	18	甲辰	12	19	甲戌	11	20	乙巳	10	21	乙亥	9	22	丙午	8	24	丁丑	7	25	丁未
八	1	19	乙巳	12	20	乙亥	11	21	丙午	10	22	丙子	9	23	丁未	8	25	戊寅	7	26	戊申
九	1	20	丙午	12	21	丙子	11	22	丁未	10	23	丁丑	9	24	戊申	8	26	己卯	7	27	己酉
十	1	21	丁未	12	22	丁丑	11	23	戊申	10	24	戊寅	9	25	己酉	8	27	庚辰	7	28	庚戌
十一	1	22	戊申	12	23	戊寅	11	24	己酉	10	25	己卯	9	26	庚戌	8	28	辛巳	7	29	辛亥
十二	1	23	己酉	12	24	己卯	11	25	庚戌	10	26	庚辰	9	27	辛亥	8	29	壬午	7	30	壬子
十三	1	24	庚戌	12	25	庚辰	11	26	辛亥	10	27	辛巳	9	28	壬子	8	30	癸未	7	31	癸丑
十四	1	25	辛亥	12	26	辛巳	11	27	壬子	10	28	壬午	9	29	癸丑	8	31	甲申	8	1	甲寅
十五	1	26	壬子	12	27	壬午	11	28	癸丑	10	29	癸未	9	30	甲寅	9	1	乙酉	8	2	乙卯
十六	1	27	癸丑	12	28	癸未	11	29	甲寅	10	30	甲申	10	1	乙卯	9	2	丙戌	8	3	丙辰
十七	1	28	甲寅	12	29	甲申	11	30	乙卯	10	31	乙酉	10	2	丙辰	9	3	丁亥	8	4	丁巳
十八	1	29	乙卯	12	30	乙酉	12	1	丙辰	11	1	丙戌	10	3	丁巳	9	4	戊子	8	5	戊午
十九	1	30	丙辰	12	31	丙戌	12	2	丁巳	11	2	丁亥	10	4	戊午	9	5	己丑	8	6	己未
二十	1	31	丁巳	1	1	丁亥	12	3	戊午	11	3	戊子	10	5	己未	9	6	庚寅	8	7	庚申
二十一	2	1	戊午	1	2	戊子	12	4	己未	11	4	己丑	10	6	庚申	9	7	辛卯	8	8	辛酉
二十二	2	2	己未	1	3	己丑	12	5	庚申	11	5	庚寅	10	7	辛酉	9	8	壬辰	8	9	壬戌
二十三	2	3	庚申	1	4	庚寅	12	6	辛酉	11	6	辛卯	10	8	壬戌	9	9	癸巳	8	10	癸亥
二十四	2	4	辛酉	1	5	辛卯	12	7	壬戌	11	7	壬辰	10	9	癸亥	9	10	甲午	8	11	甲子
二十五	2	5	壬戌	1	6	壬辰	12	8	癸亥	11	8	癸巳	10	10	甲子	9	11	乙未	8	12	乙丑
二十六	2	6	癸亥	1	7	癸巳	12	9	甲子	11	9	甲午	10	11	乙丑	9	12	丙申	8	13	丙寅
二十七	2	7	甲子	1	8	甲午	12	10	乙丑	11	10	乙未	10	12	丙寅	9	13	丁酉	8	14	丁卯
二十八	2	8	乙丑	1	9	乙未	12	11	丙寅	11	11	丙申	10	13	丁卯	9	14	戊戌	8	15	戊辰
二十九	2	9	丙寅	1	10	丙申	12	12	丁卯	11	12	丁酉	10	14	戊辰	9	15	己亥	8	16	己巳
三十				1	11	丁酉				11	13	戊戌							8	17	庚午

西暦一九九四年（平成6年）甲戌

六月			五月			四月			三月			二月			一月			旧暦
辛未月			庚午月			己巳月			戊辰月			丁卯月			丙寅月			干支
新暦		干支	新暦		干支	新暦		干支	新暦		干支	新暦		干支	新暦		干支	旧暦
7	9	丙申	6	9	丙寅	5	11	丁酉	4	11	丁卯	3	12	丁酉	2	10	丁卯	一
7	10	丁酉	6	10	丁卯	5	12	戊戌	4	12	戊辰	3	13	戊戌	2	11	戊辰	二
7	11	戊戌	6	11	戊辰	5	13	己亥	4	13	己巳	3	14	己亥	2	12	己巳	三
7	12	己亥	6	12	己巳	5	14	庚子	4	14	庚午	3	15	庚子	2	13	庚午	四
7	13	庚子	6	13	庚午	5	15	辛丑	4	15	辛未	3	16	辛丑	2	14	辛未	五
7	14	辛丑	6	14	辛未	5	16	壬寅	4	16	壬申	3	17	壬寅	2	15	壬申	六
7	15	壬寅	6	15	壬申	5	17	癸卯	4	17	癸酉	3	18	癸卯	2	16	癸酉	七
7	16	癸卯	6	16	癸酉	5	18	甲辰	4	18	甲戌	3	19	甲辰	2	17	甲戌	八
7	17	甲辰	6	17	甲戌	5	19	乙巳	4	19	乙亥	3	20	乙巳	2	18	乙亥	九
7	18	乙巳	6	18	乙亥	5	20	丙午	4	20	丙子	3	21	丙午	2	19	丙子	十
7	19	丙午	6	19	丙子	5	21	丁未	4	21	丁丑	3	22	丁未	2	20	丁丑	十一
7	20	丁未	6	20	丁丑	5	22	戊申	4	22	戊寅	3	23	戊申	2	21	戊寅	十二
7	21	戊申	6	21	戊寅	5	23	己酉	4	23	己卯	3	24	己酉	2	22	己卯	十三
7	22	己酉	6	22	己卯	5	24	庚戌	4	24	庚辰	3	25	庚戌	2	23	庚辰	十四
7	23	庚戌	6	23	庚辰	5	25	辛亥	4	25	辛巳	3	26	辛亥	2	24	辛巳	十五
7	24	辛亥	6	24	辛巳	5	26	壬子	4	26	壬午	3	27	壬子	2	25	壬午	十六
7	25	壬子	6	25	壬午	5	27	癸丑	4	27	癸未	3	28	癸丑	2	26	癸未	十七
7	26	癸丑	6	26	癸未	5	28	甲寅	4	28	甲申	3	29	甲寅	2	27	甲申	十八
7	27	甲寅	6	27	甲申	5	29	乙卯	4	29	乙酉	3	30	乙卯	2	28	乙酉	十九
7	28	乙卯	6	28	乙酉	5	30	丙辰	4	30	丙戌	3	31	丙辰	3	1	丙戌	二十
7	29	丙辰	6	29	丙戌	5	31	丁巳	5	1	丁亥	4	1	丁巳	3	2	丁亥	二十一
7	30	丁巳	6	30	丁亥	6	1	戊午	5	2	戊子	4	2	戊午	3	3	戊子	二十二
7	31	戊午	7	1	戊子	6	2	己未	5	3	己丑	4	3	己未	3	4	己丑	二十三
8	1	己未	7	2	己丑	6	3	庚申	5	4	庚寅	4	4	庚申	3	5	庚寅	二十四
8	2	庚申	7	3	庚寅	6	4	辛酉	5	5	辛卯	4	5	辛酉	3	6	辛卯	二十五
8	3	辛酉	7	4	辛卯	6	5	壬戌	5	6	壬辰	4	6	壬戌	3	7	壬辰	二十六
8	4	壬戌	7	5	壬辰	6	6	癸亥	5	7	癸巳	4	7	癸亥	3	8	癸巳	二十七
8	5	癸亥	7	6	癸巳	6	7	甲子	5	8	甲午	4	8	甲子	3	9	甲午	二十八
8	6	甲子	7	7	甲午	6	8	乙丑	5	9	乙未	4	9	乙丑	3	10	乙未	二十九
			7	8	乙未				5	10	丙申	4	10	丙寅	3	11	丙申	三十

旧暦	十二月			十一月			十月			九月			八月			七月		
干支	丁丑月			丙子月			乙亥月			甲戌月			癸酉月			壬申月		
旧暦	新暦		干支	新暦		干支	新暦		干支	新暦		干支	新暦		干支	新暦		干支
一	1	1	壬辰	12	3	癸亥	11	3	癸巳	10	5	甲子	9	6	乙未	8	7	乙丑
二	1	2	癸巳	12	4	甲子	11	4	甲午	10	6	乙丑	9	7	丙申	8	8	丙寅
三	1	3	甲午	12	5	乙丑	11	5	乙未	10	7	丙寅	9	8	丁酉	8	9	丁卯
四	1	4	乙未	12	6	丙寅	11	6	丙申	10	8	丁卯	9	9	戊戌	8	10	戊辰
五	1	5	丙申	12	7	丁卯	11	7	丁酉	10	9	戊辰	9	10	己亥	8	11	己巳
六	1	6	丁酉	12	8	戊辰	11	8	戊戌	10	10	己巳	9	11	庚子	8	12	庚午
七	1	7	戊戌	12	9	己巳	11	9	己亥	10	11	庚午	9	12	辛丑	8	13	辛未
八	1	8	己亥	12	10	庚午	11	10	庚子	10	12	辛未	9	13	壬寅	8	14	壬申
九	1	9	庚子	12	11	辛未	11	11	辛丑	10	13	壬申	9	14	癸卯	8	15	癸酉
十	1	10	辛丑	12	12	壬申	11	12	壬寅	10	14	癸酉	9	15	甲辰	8	16	甲戌
十一	1	11	壬寅	12	13	癸酉	11	13	癸卯	10	15	甲戌	9	16	乙巳	8	17	乙亥
十二	1	12	癸卯	12	14	甲戌	11	14	甲辰	10	16	乙亥	9	17	丙午	8	18	丙子
十三	1	13	甲辰	12	15	乙亥	11	15	乙巳	10	17	丙子	9	18	丁未	8	19	丁丑
十四	1	14	乙巳	12	16	丙子	11	16	丙午	10	18	丁丑	9	19	戊申	8	20	戊寅
十五	1	15	丙午	12	17	丁丑	11	17	丁未	10	19	戊寅	9	20	己酉	8	21	己卯
十六	1	16	丁未	12	18	戊寅	11	18	戊申	10	20	己卯	9	21	庚戌	8	22	庚辰
十七	1	17	戊申	12	19	己卯	11	19	己酉	10	21	庚辰	9	22	辛亥	8	23	辛巳
十八	1	18	己酉	12	20	庚辰	11	20	庚戌	10	22	辛巳	9	23	壬子	8	24	壬午
十九	1	19	庚戌	12	21	辛巳	11	21	辛亥	10	23	壬午	9	24	癸丑	8	25	癸未
二十	1	20	辛亥	12	22	壬午	11	22	壬子	10	24	癸未	9	25	甲寅	8	26	甲申
二十一	1	21	壬子	12	23	癸未	11	23	癸丑	10	25	甲申	9	26	乙卯	8	27	乙酉
二十二	1	22	癸丑	12	24	甲申	11	24	甲寅	10	26	乙酉	9	27	丙辰	8	28	丙戌
二十三	1	23	甲寅	12	25	乙酉	11	25	乙卯	10	27	丙戌	9	28	丁巳	8	29	丁亥
二十四	1	24	乙卯	12	26	丙戌	11	26	丙辰	10	28	丁亥	9	29	戊午	8	30	戊子
二十五	1	25	丙辰	12	27	丁亥	11	27	丁巳	10	29	戊子	9	30	己未	8	31	己丑
二十六	1	26	丁巳	12	28	戊子	11	28	戊午	10	30	己丑	10	1	庚申	9	1	庚寅
二十七	1	27	戊午	12	29	己丑	11	29	己未	10	31	庚寅	10	2	辛酉	9	2	辛卯
二十八	1	28	己未	12	30	庚寅	11	30	庚申	11	1	辛卯	10	3	壬戌	9	3	壬辰
二十九	1	29	庚申	12	31	辛卯	12	1	辛酉	11	2	壬辰	10	4	癸亥	9	4	癸巳
三十	1	30	辛酉				12	2	壬戌							9	5	甲午

西暦 一九九五年（平成7年）乙亥

六月			五月			四月			三月			二月			一月			旧暦
癸未月			壬午月			辛巳月			庚辰月			己卯月			戊寅月			干支
新暦		干支	新暦		干支	新暦		干支	新暦		干支	新暦		干支	新暦		干支	旧暦
6	28	庚寅	5	29	庚申	4	30	辛卯	3	31	辛酉	3	1	辛卯	1	31	壬戌	一
6	29	辛卯	5	30	辛酉	5	1	壬辰	4	1	壬戌	3	2	壬辰	2	1	癸亥	二
6	30	壬辰	5	31	壬戌	5	2	癸巳	4	2	癸亥	3	3	癸巳	2	2	甲子	三
7	1	癸巳	6	1	癸亥	5	3	甲午	4	3	甲子	3	4	甲午	2	3	乙丑	四
7	2	甲午	6	2	甲子	5	4	乙未	4	4	乙丑	3	5	乙未	2	4	丙寅	五
7	3	乙未	6	3	乙丑	5	5	丙申	4	5	丙寅	3	6	丙申	2	5	丁卯	六
7	4	丙申	6	4	丙寅	5	6	丁酉	4	6	丁卯	3	7	丁酉	2	6	戊辰	七
7	5	丁酉	6	5	丁卯	5	7	戊戌	4	7	戊辰	3	8	戊戌	2	7	己巳	八
7	6	戊戌	6	6	戊辰	5	8	己亥	4	8	己巳	3	9	己亥	2	8	庚午	九
7	7	己亥	6	7	己巳	5	9	庚子	4	9	庚午	3	10	庚子	2	9	辛未	十
7	8	庚子	6	8	庚午	5	10	辛丑	4	10	辛未	3	11	辛丑	2	10	壬申	十一
7	9	辛丑	6	9	辛未	5	11	壬寅	4	11	壬申	3	12	壬寅	2	11	癸酉	十二
7	10	壬寅	6	10	壬申	5	12	癸卯	4	12	癸酉	3	13	癸卯	2	12	甲戌	十三
7	11	癸卯	6	11	癸酉	5	13	甲辰	4	13	甲戌	3	14	甲辰	2	13	乙亥	十四
7	12	甲辰	6	12	甲戌	5	14	乙巳	4	14	乙亥	3	15	乙巳	2	14	丙子	十五
7	13	乙巳	6	13	乙亥	5	15	丙午	4	15	丙子	3	16	丙午	2	15	丁丑	十六
7	14	丙午	6	14	丙子	5	16	丁未	4	16	丁丑	3	17	丁未	2	16	戊寅	十七
7	15	丁未	6	15	丁丑	5	17	戊申	4	17	戊寅	3	18	戊申	2	17	己卯	十八
7	16	戊申	6	16	戊寅	5	18	己酉	4	18	己卯	3	19	己酉	2	18	庚辰	十九
7	17	己酉	6	17	己卯	5	19	庚戌	4	19	庚辰	3	20	庚戌	2	19	辛巳	二十
7	18	庚戌	6	18	庚辰	5	20	辛亥	4	20	辛巳	3	21	辛亥	2	20	壬午	二十一
7	19	辛亥	6	19	辛巳	5	21	壬子	4	21	壬午	3	22	壬子	2	21	癸未	二十二
7	20	壬子	6	20	壬午	5	22	癸丑	4	22	癸未	3	23	癸丑	2	22	甲申	二十三
7	21	癸丑	6	21	癸未	5	23	甲寅	4	23	甲申	3	24	甲寅	2	23	乙酉	二十四
7	22	甲寅	6	22	甲申	5	24	乙卯	4	24	乙酉	3	25	乙卯	2	24	丙戌	二十五
7	23	乙卯	6	23	乙酉	5	25	丙辰	4	25	丙戌	3	26	丙辰	2	25	丁亥	二十六
7	24	丙辰	6	24	丙戌	5	26	丁巳	4	26	丁亥	3	27	丁巳	2	26	戊子	二十七
7	25	丁巳	6	25	丁亥	5	27	戊午	4	27	戊子	3	28	戊午	2	27	己丑	二十八
7	26	戊午	6	26	戊子	5	28	己未	4	28	己丑	3	29	己未	2	28	庚寅	二十九
			6	27	己丑				4	29	庚寅	3	30	庚申				三十

旧暦	十二月			十一月			十月			九月			閏八月			八月			七月		
干支	己丑月			戊子月			丁亥月			丙戌月						乙酉月			甲申月		
旧暦	新暦		干支	新暦		干支	新暦		干支	新暦		干支	新暦		干支	新暦		干支	新暦		干支
一	1	20	丙辰	12	22	丁亥	11	22	丁巳	10	24	戊子	9	25	己未	8	26	己丑	7	27	己未
二	1	21	丁巳	12	23	戊子	11	23	戊午	10	25	己丑	9	26	庚申	8	27	庚寅	7	28	庚申
三	1	22	戊午	12	24	己丑	11	24	己未	10	26	庚寅	9	27	辛酉	8	28	辛卯	7	29	辛酉
四	1	23	己未	12	25	庚寅	11	25	庚申	10	27	辛卯	9	28	壬戌	8	29	壬辰	7	30	壬戌
五	1	24	庚申	12	26	辛卯	11	26	辛酉	10	28	壬辰	9	29	癸亥	8	30	癸巳	7	31	癸亥
六	1	25	辛酉	12	27	壬辰	11	27	壬戌	10	29	癸巳	9	30	甲子	8	31	甲午	8	1	甲子
七	1	26	壬戌	12	28	癸巳	11	28	癸亥	10	30	甲午	10	1	乙丑	9	1	乙未	8	2	乙丑
八	1	27	癸亥	12	29	甲午	11	29	甲子	10	31	乙未	10	2	丙寅	9	2	丙申	8	3	丙寅
九	1	28	甲子	12	30	乙未	11	30	乙丑	11	1	丙申	10	3	丁卯	9	3	丁酉	8	4	丁卯
十	1	29	乙丑	12	31	丙申	12	1	丙寅	11	2	丁酉	10	4	戊辰	9	4	戊戌	8	5	戊辰
十一	1	30	丙寅	1	1	丁酉	12	2	丁卯	11	3	戊戌	10	5	己巳	9	5	己亥	8	6	己巳
十二	1	31	丁卯	1	2	戊戌	12	3	戊辰	11	4	己亥	10	6	庚午	9	6	庚子	8	7	庚午
十三	2	1	戊辰	1	3	己亥	12	4	己巳	11	5	庚子	10	7	辛未	9	7	辛丑	8	8	辛未
十四	2	2	己巳	1	4	庚子	12	5	庚午	11	6	辛丑	10	8	壬申	9	8	壬寅	8	9	壬申
十五	2	3	庚午	1	5	辛丑	12	6	辛未	11	7	壬寅	10	9	癸酉	9	9	癸卯	8	10	癸酉
十六	2	4	辛未	1	6	壬寅	12	7	壬申	11	8	癸卯	10	10	甲戌	9	10	甲辰	8	11	甲戌
十七	2	5	壬申	1	7	癸卯	12	8	癸酉	11	9	甲辰	10	11	乙亥	9	11	乙巳	8	12	乙亥
十八	2	6	癸酉	1	8	甲辰	12	9	甲戌	11	10	乙巳	10	12	丙子	9	12	丙午	8	13	丙子
十九	2	7	甲戌	1	9	乙巳	12	10	乙亥	11	11	丙午	10	13	丁丑	9	13	丁未	8	14	丁丑
二十	2	8	乙亥	1	10	丙午	12	11	丙子	11	12	丁未	10	14	戊寅	9	14	戊申	8	15	戊寅
二十一	2	9	丙子	1	11	丁未	12	12	丁丑	11	13	戊申	10	15	己卯	9	15	己酉	8	16	己卯
二十二	2	10	丁丑	1	12	戊申	12	13	戊寅	11	14	己酉	10	16	庚辰	9	16	庚戌	8	17	庚辰
二十三	2	11	戊寅	1	13	己酉	12	14	己卯	11	15	庚戌	10	17	辛巳	9	17	辛亥	8	18	辛巳
二十四	2	12	己卯	1	14	庚戌	12	15	庚辰	11	16	辛亥	10	18	壬午	9	18	壬子	8	19	壬午
二十五	2	13	庚辰	1	15	辛亥	12	16	辛巳	11	17	壬子	10	19	癸未	9	19	癸丑	8	20	癸未
二十六	2	14	辛巳	1	16	壬子	12	17	壬午	11	18	癸丑	10	20	甲申	9	20	甲寅	8	21	甲申
二十七	2	15	壬午	1	17	癸丑	12	18	癸未	11	19	甲寅	10	21	乙酉	9	21	乙卯	8	22	乙酉
二十八	2	16	癸未	1	18	甲寅	12	19	甲申	11	20	乙卯	10	22	丙戌	9	22	丙辰	8	23	丙戌
二十九	2	17	甲申	1	19	乙卯	12	20	乙酉	11	21	丙辰	10	23	丁亥	9	23	丁巳	8	24	丁亥
三十	2	18	乙酉				12	21	丙戌							9	24	戊午	8	25	戊子

西暦一九九六年（平成8年）丙子

六月			五月			四月			三月			二月			一月			旧暦
乙未月			甲午月			癸巳月			壬辰月			辛卯月			庚寅月			干支
新暦		干支	新暦		干支	新暦		干支	新暦		干支	新暦		干支	新暦		干支	旧暦
7	16	甲寅	6	16	甲申	5	17	甲寅	4	18	乙酉	3	19	乙卯	2	19	丙戌	一
7	17	乙卯	6	17	乙酉	5	18	乙卯	4	19	丙戌	3	20	丙辰	2	20	丁亥	二
7	18	丙辰	6	18	丙戌	5	19	丙辰	4	20	丁亥	3	21	丁巳	2	21	戊子	三
7	19	丁巳	6	19	丁亥	5	20	丁巳	4	21	戊子	3	22	戊午	2	22	己丑	四
7	20	戊午	6	20	戊子	5	21	戊午	4	22	己丑	3	23	己未	2	23	庚寅	五
7	21	己未	6	21	己丑	5	22	己未	4	23	庚寅	3	24	庚申	2	24	辛卯	六
7	22	庚申	6	22	庚寅	5	23	庚申	4	24	辛卯	3	25	辛酉	2	25	壬辰	七
7	23	辛酉	6	23	辛卯	5	24	辛酉	4	25	壬辰	3	26	壬戌	2	26	癸巳	八
7	24	壬戌	6	24	壬辰	5	25	壬戌	4	26	癸巳	3	27	癸亥	2	27	甲午	九
7	25	癸亥	6	25	癸巳	5	26	癸亥	4	27	甲午	3	28	甲子	2	28	乙未	十
7	26	甲子	6	26	甲午	5	27	甲子	4	28	乙未	3	29	乙丑	2	29	丙申	十一
7	27	乙丑	6	27	乙未	5	28	乙丑	4	29	丙申	3	30	丙寅	3	1	丁酉	十二
7	28	丙寅	6	28	丙申	5	29	丙寅	4	30	丁酉	3	31	丁卯	3	2	戊戌	十三
7	29	丁卯	6	29	丁酉	5	30	丁卯	5	1	戊戌	4	1	戊辰	3	3	己亥	十四
7	30	戊辰	6	30	戊戌	5	31	戊辰	5	2	己亥	4	2	己巳	3	4	庚子	十五
7	31	己巳	7	1	己亥	6	1	己巳	5	3	庚子	4	3	庚午	3	5	辛丑	十六
8	1	庚午	7	2	庚子	6	2	庚午	5	4	辛丑	4	4	辛未	3	6	壬寅	十七
8	2	辛未	7	3	辛丑	6	3	辛未	5	5	壬寅	4	5	壬申	3	7	癸卯	十八
8	3	壬申	7	4	壬寅	6	4	壬申	5	6	癸卯	4	6	癸酉	3	8	甲辰	十九
8	4	癸酉	7	5	癸卯	6	5	癸酉	5	7	甲辰	4	7	甲戌	3	9	乙巳	二十
8	5	甲戌	7	6	甲辰	6	6	甲戌	5	8	乙巳	4	8	乙亥	3	10	丙午	二十一
8	6	乙亥	7	7	乙巳	6	7	乙亥	5	9	丙午	4	9	丙子	3	11	丁未	二十二
8	7	丙子	7	8	丙午	6	8	丙子	5	10	丁未	4	10	丁丑	3	12	戊申	二十三
8	8	丁丑	7	9	丁未	6	9	丁丑	5	11	戊申	4	11	戊寅	3	13	己酉	二十四
8	9	戊寅	7	10	戊申	6	10	戊寅	5	12	己酉	4	12	己卯	3	14	庚戌	二十五
8	10	己卯	7	11	己酉	6	11	己卯	5	13	庚戌	4	13	庚辰	3	15	辛亥	二十六
8	11	庚辰	7	12	庚戌	6	12	庚辰	5	14	辛亥	4	14	辛巳	3	16	壬子	二十七
8	12	辛巳	7	13	辛亥	6	13	辛巳	5	15	壬子	4	15	壬午	3	17	癸丑	二十八
8	13	壬午	7	14	壬子	6	14	壬午	5	16	癸丑	4	16	癸未	3	18	甲寅	二十九
			7	15	癸丑	6	15	癸未				4	17	甲申				三十

旧暦	十二月			十一月			十月			九月			八月			七月		
干支	辛丑月			庚子月			己亥月			戊戌月			丁酉月			丙申月		
旧暦	新暦		干支	新暦		干支	新暦		干支	新暦		干支	新暦		干支	新暦		干支
一	1	9	辛亥	12	11	壬午	11	11	壬子	10	12	壬午	9	13	癸丑	8	14	癸未
二	1	10	壬子	12	12	癸未	11	12	癸丑	10	13	癸未	9	14	甲寅	8	15	甲申
三	1	11	癸丑	12	13	甲申	11	13	甲寅	10	14	甲申	9	15	乙卯	8	16	乙酉
四	1	12	甲寅	12	14	乙酉	11	14	乙卯	10	15	乙酉	9	16	丙辰	8	17	丙戌
五	1	13	乙卯	12	15	丙戌	11	15	丙辰	10	16	丙戌	9	17	丁巳	8	18	丁亥
六	1	14	丙辰	12	16	丁亥	11	16	丁巳	10	17	丁亥	9	18	戊午	8	19	戊子
七	1	15	丁巳	12	17	戊子	11	17	戊午	10	18	戊子	9	19	己未	8	20	己丑
八	1	16	戊午	12	18	己丑	11	18	己未	10	19	己丑	9	20	庚申	8	21	庚寅
九	1	17	己未	12	19	庚寅	11	19	庚申	10	20	庚寅	9	21	辛酉	8	22	辛卯
十	1	18	庚申	12	20	辛卯	11	20	辛酉	10	21	辛卯	9	22	壬戌	8	23	壬辰
十一	1	19	辛酉	12	21	壬辰	11	21	壬戌	10	22	壬辰	9	23	癸亥	8	24	癸巳
十二	1	20	壬戌	12	22	癸巳	11	22	癸亥	10	23	癸巳	9	24	甲子	8	25	甲午
十三	1	21	癸亥	12	23	甲午	11	23	甲子	10	24	甲午	9	25	乙丑	8	26	乙未
十四	1	22	甲子	12	24	乙未	11	24	乙丑	10	25	乙未	9	26	丙寅	8	27	丙申
十五	1	23	乙丑	12	25	丙申	11	25	丙寅	10	26	丙申	9	27	丁卯	8	28	丁酉
十六	1	24	丙寅	12	26	丁酉	11	26	丁卯	10	27	丁酉	9	28	戊辰	8	29	戊戌
十七	1	25	丁卯	12	27	戊戌	11	27	戊辰	10	28	戊戌	9	29	己巳	8	30	己亥
十八	1	26	戊辰	12	28	己亥	11	28	己巳	10	29	己亥	9	30	庚午	8	31	庚子
十九	1	27	己巳	12	29	庚子	11	29	庚午	10	30	庚子	10	1	辛未	9	1	辛丑
二十	1	28	庚午	12	30	辛丑	11	30	辛未	10	31	辛丑	10	2	壬申	9	2	壬寅
二十一	1	29	辛未	12	31	壬寅	12	1	壬申	11	1	壬寅	10	3	癸酉	9	3	癸卯
二十二	1	30	壬申	1	1	癸卯	12	2	癸酉	11	2	癸卯	10	4	甲戌	9	4	甲辰
二十三	1	31	癸酉	1	2	甲辰	12	3	甲戌	11	3	甲辰	10	5	乙亥	9	5	乙巳
二十四	2	1	甲戌	1	3	乙巳	12	4	乙亥	11	4	乙巳	10	6	丙子	9	6	丙午
二十五	2	2	乙亥	1	4	丙午	12	5	丙子	11	5	丙午	10	7	丁丑	9	7	丁未
二十六	2	3	丙子	1	5	丁未	12	6	丁丑	11	6	丁未	10	8	戊寅	9	8	戊申
二十七	2	4	丁丑	1	6	戊申	12	7	戊寅	11	7	戊申	10	9	己卯	9	9	己酉
二十八	2	5	戊寅	1	7	己酉	12	8	己卯	11	8	己酉	10	10	庚辰	9	10	庚戌
二十九	2	6	己卯	1	8	庚戌	12	9	庚辰	11	9	庚戌	10	11	辛巳	9	11	辛亥
三十							12	10	辛巳	11	10	辛亥				9	12	壬子

西暦 一九九七年（平成9年）丁丑

六月			五月			四月			三月			二月			一月			旧暦
丁未月			丙午月			乙巳月			甲辰月			癸卯月			壬寅月			干支
新暦		干支	新暦		干支	新暦		干支	新暦		干支	新暦		干支	新暦		干支	旧暦
7	5	戊申	6	5	戊寅	5	7	己酉	4	7	己卯	3	9	庚戌	2	7	庚辰	一
7	6	己酉	6	6	己卯	5	8	庚戌	4	8	庚辰	3	10	辛亥	2	8	辛巳	二
7	7	庚戌	6	7	庚辰	5	9	辛亥	4	9	辛巳	3	11	壬子	2	9	壬午	三
7	8	辛亥	6	8	辛巳	5	10	壬子	4	10	壬午	3	12	癸丑	2	10	癸未	四
7	9	壬子	6	9	壬午	5	11	癸丑	4	11	癸未	3	13	甲寅	2	11	甲申	五
7	10	癸丑	6	10	癸未	5	12	甲寅	4	12	甲申	3	14	乙卯	2	12	乙酉	六
7	11	甲寅	6	11	甲申	5	13	乙卯	4	13	乙酉	3	15	丙辰	2	13	丙戌	七
7	12	乙卯	6	12	乙酉	5	14	丙辰	4	14	丙戌	3	16	丁巳	2	14	丁亥	八
7	13	丙辰	6	13	丙戌	5	15	丁巳	4	15	丁亥	3	17	戊午	2	15	戊子	九
7	14	丁巳	6	14	丁亥	5	16	戊午	4	16	戊子	3	18	己未	2	16	己丑	十
7	15	戊午	6	15	戊子	5	17	己未	4	17	己丑	3	19	庚申	2	17	庚寅	十一
7	16	己未	6	16	己丑	5	18	庚申	4	18	庚寅	3	20	辛酉	2	18	辛卯	十二
7	17	庚申	6	17	庚寅	5	19	辛酉	4	19	辛卯	3	21	壬戌	2	19	壬辰	十三
7	18	辛酉	6	18	辛卯	5	20	壬戌	4	20	壬辰	3	22	癸亥	2	20	癸巳	十四
7	19	壬戌	6	19	壬辰	5	21	癸亥	4	21	癸巳	3	23	甲子	2	21	甲午	十五
7	20	癸亥	6	20	癸巳	5	22	甲子	4	22	甲午	3	24	乙丑	2	22	乙未	十六
7	21	甲子	6	21	甲午	5	23	乙丑	4	23	乙未	3	25	丙寅	2	23	丙申	十七
7	22	乙丑	6	22	乙未	5	24	丙寅	4	24	丙申	3	26	丁卯	2	24	丁酉	十八
7	23	丙寅	6	23	丙申	5	25	丁卯	4	25	丁酉	3	27	戊辰	2	25	戊戌	十九
7	24	丁卯	6	24	丁酉	5	26	戊辰	4	26	戊戌	3	28	己巳	2	26	己亥	二十
7	25	戊辰	6	25	戊戌	5	27	己巳	4	27	己亥	3	29	庚午	2	27	庚子	二十一
7	26	己巳	6	26	己亥	5	28	庚午	4	28	庚子	3	30	辛未	2	28	辛丑	二十二
7	27	庚午	6	27	庚子	5	29	辛未	4	29	辛丑	3	31	壬申	3	1	壬寅	二十三
7	28	辛未	6	28	辛丑	5	30	壬申	4	30	壬寅	4	1	癸酉	3	2	癸卯	二十四
7	29	壬申	6	29	壬寅	5	31	癸酉	5	1	癸卯	4	2	甲戌	3	3	甲辰	二十五
7	30	癸酉	6	30	癸卯	6	1	甲戌	5	2	甲辰	4	3	乙亥	3	4	乙巳	二十六
7	31	甲戌	7	1	甲辰	6	2	乙亥	5	3	乙巳	4	4	丙子	3	5	丙午	二十七
8	1	乙亥	7	2	乙巳	6	3	丙子	5	4	丙午	4	5	丁丑	3	6	丁未	二十八
8	2	丙子	7	3	丙午	6	4	丁丑	5	5	丁未	4	6	戊寅	3	7	戊申	二十九
			7	4	丁未				5	6	戊申				3	8	己酉	三十

旧暦	十二月			十一月			十月			九月			八月			七月		
干支	癸丑月			壬子月			辛亥月			庚戌月			己酉月			戊申月		
旧暦	新暦		干支	新暦		干支	新暦		干支	新暦		干支	新暦		干支	新暦		干支
一	12	30	丙午	11	30	丙子	10	31	丙午	10	2	丁丑	9	2	丁未	8	3	丁丑
二	12	31	丁未	12	1	丁丑	11	1	丁未	10	3	戊寅	9	3	戊申	8	4	戊寅
三	1	1	戊申	12	2	戊寅	11	2	戊申	10	4	己卯	9	4	己酉	8	5	己卯
四	1	2	己酉	12	3	己卯	11	3	己酉	10	5	庚辰	9	5	庚戌	8	6	庚辰
五	1	3	庚戌	12	4	庚辰	11	4	庚戌	10	6	辛巳	9	6	辛亥	8	7	辛巳
六	1	4	辛亥	12	5	辛巳	11	5	辛亥	10	7	壬午	9	7	壬子	8	8	壬午
七	1	5	壬子	12	6	壬午	11	6	壬子	10	8	癸未	9	8	癸丑	8	9	癸未
八	1	6	癸丑	12	7	癸未	11	7	癸丑	10	9	甲申	9	9	甲寅	8	10	甲申
九	1	7	甲寅	12	8	甲申	11	8	甲寅	10	10	乙酉	9	10	乙卯	8	11	乙酉
十	1	8	乙卯	12	9	乙酉	11	9	乙卯	10	11	丙戌	9	11	丙辰	8	12	丙戌
十一	1	9	丙辰	12	10	丙戌	11	10	丙辰	10	12	丁亥	9	12	丁巳	8	13	丁亥
十二	1	10	丁巳	12	11	丁亥	11	11	丁巳	10	13	戊子	9	13	戊午	8	14	戊子
十三	1	11	戊午	12	12	戊子	11	12	戊午	10	14	己丑	9	14	己未	8	15	己丑
十四	1	12	己未	12	13	己丑	11	13	己未	10	15	庚寅	9	15	庚申	8	16	庚寅
十五	1	13	庚申	12	14	庚寅	11	14	庚申	10	16	辛卯	9	16	辛酉	8	17	辛卯
十六	1	14	辛酉	12	15	辛卯	11	15	辛酉	10	17	壬辰	9	17	壬戌	8	18	壬辰
十七	1	15	壬戌	12	16	壬辰	11	16	壬戌	10	18	癸巳	9	18	癸亥	8	19	癸巳
十八	1	16	癸亥	12	17	癸巳	11	17	癸亥	10	19	甲午	9	19	甲子	8	20	甲午
十九	1	17	甲子	12	18	甲午	11	18	甲子	10	20	乙未	9	20	乙丑	8	21	乙未
二十	1	18	乙丑	12	19	乙未	11	19	乙丑	10	21	丙申	9	21	丙寅	8	22	丙申
二十一	1	19	丙寅	12	20	丙申	11	20	丙寅	10	22	丁酉	9	22	丁卯	8	23	丁酉
二十二	1	20	丁卯	12	21	丁酉	11	21	丁卯	10	23	戊戌	9	23	戊辰	8	24	戊戌
二十三	1	21	戊辰	12	22	戊戌	11	22	戊辰	10	24	己亥	9	24	己巳	8	25	己亥
二十四	1	22	己巳	12	23	己亥	11	23	己巳	10	25	庚子	9	25	庚午	8	26	庚子
二十五	1	23	庚午	12	24	庚子	11	24	庚午	10	26	辛丑	9	26	辛未	8	27	辛丑
二十六	1	24	辛未	12	25	辛丑	11	25	辛未	10	27	壬寅	9	27	壬申	8	28	壬寅
二十七	1	25	壬申	12	26	壬寅	11	26	壬申	10	28	癸卯	9	28	癸酉	8	29	癸卯
二十八	1	26	癸酉	12	27	癸卯	11	27	癸酉	10	29	甲辰	9	29	甲戌	8	30	甲辰
二十九	1	27	甲戌	12	28	甲辰	11	28	甲戌	10	30	乙巳	9	30	乙亥	8	31	乙巳
三十				12	29	乙巳	11	29	乙亥				10	1	丙子	9	1	丙午

西暦 一九九八年（平成10年）戊寅

閏五月			五月			四月			三月			二月			一月			旧暦
			戊午月			丁巳月			丙辰月			乙卯月			甲寅月			干支
新暦		干支	新暦		干支	新暦		干支	新暦		干支	新暦		干支	新暦		干支	旧暦
6	24	壬寅	5	26	癸酉	4	26	癸卯	3	28	甲戌	2	27	乙巳	1	28	乙亥	一
6	25	癸卯	5	27	甲戌	4	27	甲辰	3	29	乙亥	2	28	丙午	1	29	丙子	二
6	26	甲辰	5	28	乙亥	4	28	乙巳	3	30	丙子	3	1	丁未	1	30	丁丑	三
6	27	乙巳	5	29	丙子	4	29	丙午	3	31	丁丑	3	2	戊申	1	31	戊寅	四
6	28	丙午	5	30	丁丑	4	30	丁未	4	1	戊寅	3	3	己酉	2	1	己卯	五
6	29	丁未	5	31	戊寅	5	1	戊申	4	2	己卯	3	4	庚戌	2	2	庚辰	六
6	30	戊申	6	1	己卯	5	2	己酉	4	3	庚辰	3	5	辛亥	2	3	辛巳	七
7	1	己酉	6	2	庚辰	5	3	庚戌	4	4	辛巳	3	6	壬子	2	4	壬午	八
7	2	庚戌	6	3	辛巳	5	4	辛亥	4	5	壬午	3	7	癸丑	2	5	癸未	九
7	3	辛亥	6	4	壬午	5	5	壬子	4	6	癸未	3	8	甲寅	2	6	甲申	十
7	4	壬子	6	5	癸未	5	6	癸丑	4	7	甲申	3	9	乙卯	2	7	乙酉	十一
7	5	癸丑	6	6	甲申	5	7	甲寅	4	8	乙酉	3	10	丙辰	2	8	丙戌	十二
7	6	甲寅	6	7	乙酉	5	8	乙卯	4	9	丙戌	3	11	丁巳	2	9	丁亥	十三
7	7	乙卯	6	8	丙戌	5	9	丙辰	4	10	丁亥	3	12	戊午	2	10	戊子	十四
7	8	丙辰	6	9	丁亥	5	10	丁巳	4	11	戊子	3	13	己未	2	11	己丑	十五
7	9	丁巳	6	10	戊子	5	11	戊午	4	12	己丑	3	14	庚申	2	12	庚寅	十六
7	10	戊午	6	11	己丑	5	12	己未	4	13	庚寅	3	15	辛酉	2	13	辛卯	十七
7	11	己未	6	12	庚寅	5	13	庚申	4	14	辛卯	3	16	壬戌	2	14	壬辰	十八
7	12	庚申	6	13	辛卯	5	14	辛酉	4	15	壬辰	3	17	癸亥	2	15	癸巳	十九
7	13	辛酉	6	14	壬辰	5	15	壬戌	4	16	癸巳	3	18	甲子	2	16	甲午	二十
7	14	壬戌	6	15	癸巳	5	16	癸亥	4	17	甲午	3	19	乙丑	2	17	乙未	二十一
7	15	癸亥	6	16	甲午	5	17	甲子	4	18	乙未	3	20	丙寅	2	18	丙申	二十二
7	16	甲子	6	17	乙未	5	18	乙丑	4	19	丙申	3	21	丁卯	2	19	丁酉	二十三
7	17	乙丑	6	18	丙申	5	19	丙寅	4	20	丁酉	3	22	戊辰	2	20	戊戌	二十四
7	18	丙寅	6	19	丁酉	5	20	丁卯	4	21	戊戌	3	23	己巳	2	21	己亥	二十五
7	19	丁卯	6	20	戊戌	5	21	戊辰	4	22	己亥	3	24	庚午	2	22	庚子	二十六
7	20	戊辰	6	21	己亥	5	22	己巳	4	23	庚子	3	25	辛未	2	23	辛丑	二十七
7	21	己巳	6	22	庚子	5	23	庚午	4	24	辛丑	3	26	壬申	2	24	壬寅	二十八
7	22	庚午	6	23	辛丑	5	24	辛未	4	25	壬寅	3	27	癸酉	2	25	癸卯	二十九
						5	25	壬申							2	26	甲辰	三十

旧暦	十二月			十一月			十月			九月			八月			七月			六月		
干支	乙丑月			甲子月			癸亥月			壬戌月			辛酉月			庚申月			己未月		
旧暦	新暦		干支	新暦		干支	新暦		干支	新暦		干支	新暦		干支	新暦		干支	新暦		干支
一	1	17	己巳	12	19	庚子	11	19	庚午	10	20	庚子	9	21	辛未	8	22	辛丑	7	23	辛未
二	1	18	庚午	12	20	辛丑	11	20	辛未	10	21	辛丑	9	22	壬申	8	23	壬寅	7	24	壬申
三	1	19	辛未	12	21	壬寅	11	21	壬申	10	22	壬寅	9	23	癸酉	8	24	癸卯	7	25	癸酉
四	1	20	壬申	12	22	癸卯	11	22	癸酉	10	23	癸卯	9	24	甲戌	8	25	甲辰	7	26	甲戌
五	1	21	癸酉	12	23	甲辰	11	23	甲戌	10	24	甲辰	9	25	乙亥	8	26	乙巳	7	27	乙亥
六	1	22	甲戌	12	24	乙巳	11	24	乙亥	10	25	乙巳	9	26	丙子	8	27	丙午	7	28	丙子
七	1	23	乙亥	12	25	丙午	11	25	丙子	10	26	丙午	9	27	丁丑	8	28	丁未	7	29	丁丑
八	1	24	丙子	12	26	丁未	11	26	丁丑	10	27	丁未	9	28	戊寅	8	29	戊申	7	30	戊寅
九	1	25	丁丑	12	27	戊申	11	27	戊寅	10	28	戊申	9	29	己卯	8	30	己酉	7	31	己卯
十	1	26	戊寅	12	28	己酉	11	28	己卯	10	29	己酉	9	30	庚辰	8	31	庚戌	8	1	庚辰
十一	1	27	己卯	12	29	庚戌	11	29	庚辰	10	30	庚戌	10	1	辛巳	9	1	辛亥	8	2	辛巳
十二	1	28	庚辰	12	30	辛亥	11	30	辛巳	10	31	辛亥	10	2	壬午	9	2	壬子	8	3	壬午
十三	1	29	辛巳	12	31	壬子	12	1	壬午	11	1	壬子	10	3	癸未	9	3	癸丑	8	4	癸未
十四	1	30	壬午	1	1	癸丑	12	2	癸未	11	2	癸丑	10	4	甲申	9	4	甲寅	8	5	甲申
十五	1	31	癸未	1	2	甲寅	12	3	甲申	11	3	甲寅	10	5	乙酉	9	5	乙卯	8	6	乙酉
十六	2	1	甲申	1	3	乙卯	12	4	乙酉	11	4	乙卯	10	6	丙戌	9	6	丙辰	8	7	丙戌
十七	2	2	乙酉	1	4	丙辰	12	5	丙戌	11	5	丙辰	10	7	丁亥	9	7	丁巳	8	8	丁亥
十八	2	3	丙戌	1	5	丁巳	12	6	丁亥	11	6	丁巳	10	8	戊子	9	8	戊午	8	9	戊子
十九	2	4	丁亥	1	6	戊午	12	7	戊子	11	7	戊午	10	9	己丑	9	9	己未	8	10	己丑
二十	2	5	戊子	1	7	己未	12	8	己丑	11	8	己未	10	10	庚寅	9	10	庚申	8	11	庚寅
二十一	2	6	己丑	1	8	庚申	12	9	庚寅	11	9	庚申	10	11	辛卯	9	11	辛酉	8	12	辛卯
二十二	2	7	庚寅	1	9	辛酉	12	10	辛卯	11	10	辛酉	10	12	壬辰	9	12	壬戌	8	13	壬辰
二十三	2	8	辛卯	1	10	壬戌	12	11	壬辰	11	11	壬戌	10	13	癸巳	9	13	癸亥	8	14	癸巳
二十四	2	9	壬辰	1	11	癸亥	12	12	癸巳	11	12	癸亥	10	14	甲午	9	14	甲子	8	15	甲午
二十五	2	10	癸巳	1	12	甲子	12	13	甲午	11	13	甲子	10	15	乙未	9	15	乙丑	8	16	乙未
二十六	2	11	甲午	1	13	乙丑	12	14	乙未	11	14	乙丑	10	16	丙申	9	16	丙寅	8	17	丙申
二十七	2	12	乙未	1	14	丙寅	12	15	丙申	11	15	丙寅	10	17	丁酉	9	17	丁卯	8	18	丁酉
二十八	2	13	丙申	1	15	丁卯	12	16	丁酉	11	16	丁卯	10	18	戊戌	9	18	戊辰	8	19	戊戌
二十九	2	14	丁酉	1	16	戊辰	12	17	戊戌	11	17	戊辰	10	19	己亥	9	19	己巳	8	20	己亥
三十	2	15	戊戌				12	18	己亥	11	18	己巳				9	20	庚午	8	21	庚子

西暦一九九九年（平成11年）己卯

六月			五月			四月			三月			二月			一月			旧暦
辛未月			庚午月			己巳月			戊辰月			丁卯月			丙寅月			干支
新暦		干支	新暦		干支	新暦		干支	新暦		干支	新暦		干支	新暦		干支	旧暦
7	13	丙寅	6	14	丁酉	5	15	丁卯	4	16	戊戌	3	18	己巳	2	16	己亥	一
7	14	丁卯	6	15	戊戌	5	16	戊辰	4	17	己亥	3	19	庚午	2	17	庚子	二
7	15	戊辰	6	16	己亥	5	17	己巳	4	18	庚子	3	20	辛未	2	18	辛丑	三
7	16	己巳	6	17	庚子	5	18	庚午	4	19	辛丑	3	21	壬申	2	19	壬寅	四
7	17	庚午	6	18	辛丑	5	19	辛未	4	20	壬寅	3	22	癸酉	2	20	癸卯	五
7	18	辛未	6	19	壬寅	5	20	壬申	4	21	癸卯	3	23	甲戌	2	21	甲辰	六
7	19	壬申	6	20	癸卯	5	21	癸酉	4	22	甲辰	3	24	乙亥	2	22	乙巳	七
7	20	癸酉	6	21	甲辰	5	22	甲戌	4	23	乙巳	3	25	丙子	2	23	丙午	八
7	21	甲戌	6	22	乙巳	5	23	乙亥	4	24	丙午	3	26	丁丑	2	24	丁未	九
7	22	乙亥	6	23	丙午	5	24	丙子	4	25	丁未	3	27	戊寅	2	25	戊申	十
7	23	丙子	6	24	丁未	5	25	丁丑	4	26	戊申	3	28	己卯	2	26	己酉	十一
7	24	丁丑	6	25	戊申	5	26	戊寅	4	27	己酉	3	29	庚辰	2	27	庚戌	十二
7	25	戊寅	6	26	己酉	5	27	己卯	4	28	庚戌	3	30	辛巳	2	28	辛亥	十三
7	26	己卯	6	27	庚戌	5	28	庚辰	4	29	辛亥	3	31	壬午	3	1	壬子	十四
7	27	庚辰	6	28	辛亥	5	29	辛巳	4	30	壬子	4	1	癸未	3	2	癸丑	十五
7	28	辛巳	6	29	壬子	5	30	壬午	5	1	癸丑	4	2	甲申	3	3	甲寅	十六
7	29	壬午	6	30	癸丑	5	31	癸未	5	2	甲寅	4	3	乙酉	3	4	乙卯	十七
7	30	癸未	7	1	甲寅	6	1	甲申	5	3	乙卯	4	4	丙戌	3	5	丙辰	十八
7	31	甲申	7	2	乙卯	6	2	乙酉	5	4	丙辰	4	5	丁亥	3	6	丁巳	十九
8	1	乙酉	7	3	丙辰	6	3	丙戌	5	5	丁巳	4	6	戊子	3	7	戊午	二十
8	2	丙戌	7	4	丁巳	6	4	丁亥	5	6	癸亥	4	7	己丑	3	8	己未	二十一
8	3	丁亥	7	5	戊午	6	5	戊子	5	7	己未	4	8	庚寅	3	9	庚申	二十二
8	4	戊子	7	6	己未	6	6	己丑	5	8	庚申	4	9	辛卯	3	10	辛酉	二十三
8	5	己丑	7	7	庚申	6	7	庚寅	5	9	辛酉	4	10	壬辰	3	11	壬戌	二十四
8	6	庚寅	7	8	辛酉	6	8	辛卯	5	10	壬戌	4	11	癸巳	3	12	癸亥	二十五
8	7	辛卯	7	9	壬戌	6	9	壬辰	5	11	癸亥	4	12	甲午	3	13	甲子	二十六
8	8	壬辰	7	10	癸亥	6	10	癸巳	5	12	甲子	4	13	乙未	3	14	乙丑	二十七
8	9	癸巳	7	11	甲子	6	11	甲午	5	13	乙丑	4	14	丙申	3	15	丙寅	二十八
8	10	甲午	7	12	乙丑	6	12	乙未	5	14	丙寅	4	15	丁酉	3	16	丁卯	二十九
						6	13	丙申							3	17	戊辰	三十

旧暦	十二月			十一月			十月			九月			八月			七月		
干支	丁丑月			丙子月			乙亥月			甲戌月			癸酉月			壬申月		
旧暦	新暦		干支	新暦		干支	新暦		干支	新暦		干支	新暦		干支	新暦		干支
一	1	7	甲子	12	8	甲午	11	8	甲子	10	9	甲午	9	10	乙丑	8	11	乙未
二	1	8	乙丑	12	9	乙未	11	9	乙丑	10	10	乙未	9	11	丙寅	8	12	丙申
三	1	9	丙寅	12	10	丙申	11	10	丙寅	10	11	丙申	9	12	丁卯	8	13	丁酉
四	1	10	丁卯	12	11	丁酉	11	11	丁卯	10	12	丁酉	9	13	戊辰	8	14	戊戌
五	1	11	戊辰	12	12	戊戌	11	12	戊辰	10	13	戊戌	9	14	己巳	8	15	己亥
六	1	12	己巳	12	13	己亥	11	13	己巳	10	14	己亥	9	15	庚午	8	16	庚子
七	1	13	庚午	12	14	庚子	11	14	庚午	10	15	庚子	9	16	辛未	8	17	辛丑
八	1	14	辛未	12	15	辛丑	11	15	辛未	10	16	辛丑	9	17	壬申	8	18	壬寅
九	1	15	壬申	12	16	壬寅	11	16	壬申	10	17	壬寅	9	18	癸酉	8	19	癸卯
十	1	16	癸酉	12	17	癸卯	11	17	癸酉	10	18	癸卯	9	19	甲戌	8	20	甲辰
十一	1	17	甲戌	12	18	甲辰	11	18	甲戌	10	19	甲辰	9	20	乙亥	8	21	乙巳
十二	1	18	乙亥	12	19	乙巳	11	19	乙亥	10	20	乙巳	9	21	丙子	8	22	丙午
十三	1	19	丙子	12	20	丙午	11	20	丙子	10	21	丙午	9	22	丁丑	8	23	丁未
十四	1	20	丁丑	12	21	丁未	11	21	丁丑	10	22	丁未	9	23	戊寅	8	24	戊申
十五	1	21	戊寅	12	22	戊申	11	22	戊寅	10	23	戊申	9	24	己卯	8	25	己酉
十六	1	22	己卯	12	23	己酉	11	23	己卯	10	24	己酉	9	25	庚辰	8	26	庚戌
十七	1	23	庚辰	12	24	庚戌	11	24	庚辰	10	25	庚戌	9	26	辛巳	8	27	辛亥
十八	1	24	辛巳	12	25	辛亥	11	25	辛巳	10	26	辛亥	9	27	壬午	8	28	壬子
十九	1	25	壬午	12	26	壬子	11	26	壬午	10	27	壬子	9	28	癸未	8	29	癸丑
二十	1	26	癸未	12	27	癸丑	11	27	癸未	10	28	癸丑	9	29	甲申	8	30	甲寅
二十一	1	27	甲申	12	28	甲寅	11	28	甲申	10	29	甲寅	9	30	乙酉	8	31	乙卯
二十二	1	28	乙酉	12	29	乙卯	11	29	乙酉	10	30	乙卯	10	1	丙戌	9	1	丙辰
二十三	1	29	丙戌	12	30	丙辰	11	30	丙戌	10	31	丙辰	10	2	丁亥	9	2	丁巳
二十四	1	30	丁亥	12	31	丁巳	12	1	丁亥	11	1	丁巳	10	3	戊子	9	3	戊午
二十五	1	31	戊子	1	1	戊午	12	2	戊子	11	2	戊午	10	4	己丑	9	4	己未
二十六	2	1	己丑	1	2	己未	12	3	己丑	11	3	己未	10	5	庚寅	9	5	庚申
二十七	2	2	庚寅	1	3	庚申	12	4	庚寅	11	4	庚申	10	6	辛卯	9	6	辛酉
二十八	2	3	辛卯	1	4	辛酉	12	5	辛卯	11	5	辛酉	10	7	壬辰	9	7	壬戌
二十九	2	4	壬辰	1	5	壬戌	12	6	壬辰	11	6	壬戌	10	8	癸巳	9	8	癸亥
三十				1	6	癸亥	12	7	癸巳	11	7	癸亥				9	9	甲子

西暦 二〇〇〇年（平成12年）庚辰

六月			五月			四月			三月			二月			一月			旧暦
癸未月			壬午月			辛巳月			庚辰月			己卯月			戊寅月			干支
新暦		干支	新暦		干支	新暦		干支	新暦		干支	新暦		干支	新暦		干支	旧暦
7	2	辛酉	6	2	辛卯	5	4	壬戌	4	5	癸巳	3	6	癸亥	2	5	癸巳	一
7	3	壬戌	6	3	壬辰	5	5	癸亥	4	6	甲午	3	7	甲子	2	6	甲午	二
7	4	癸亥	6	4	癸巳	5	6	甲子	4	7	乙未	3	8	乙丑	2	7	乙未	三
7	5	甲子	6	5	甲午	5	7	乙丑	4	8	丙申	3	9	丙寅	2	8	丙申	四
7	6	乙丑	6	6	乙未	5	8	丙寅	4	9	丁酉	3	10	丁卯	2	9	丁酉	五
7	7	丙寅	6	7	丙申	5	9	丁卯	4	10	戊戌	3	11	戊辰	2	10	戊戌	六
7	8	丁卯	6	8	丁酉	5	10	戊辰	4	11	己亥	3	12	己巳	2	11	己亥	七
7	9	戊辰	6	9	戊戌	5	11	己巳	4	12	庚子	3	13	庚午	2	12	庚子	八
7	10	己巳	6	10	己亥	5	12	庚午	4	13	辛丑	3	14	辛未	2	13	辛丑	九
7	11	庚午	6	11	庚子	5	13	辛未	4	14	壬寅	3	15	壬申	2	14	壬寅	十
7	12	辛未	6	12	辛丑	5	14	壬申	4	15	癸卯	3	16	癸酉	2	15	癸卯	十一
7	13	壬申	6	13	壬寅	5	15	癸酉	4	16	甲辰	3	17	甲戌	2	16	甲辰	十二
7	14	癸酉	6	14	癸卯	5	16	甲戌	4	17	乙巳	3	18	乙亥	2	17	乙巳	十三
7	15	甲戌	6	15	甲辰	5	17	乙亥	4	18	丙午	3	19	丙子	2	18	丙午	十四
7	16	乙亥	6	16	乙巳	5	18	丙子	4	19	丁未	3	20	丁丑	2	19	丁未	十五
7	17	丙子	6	17	丙午	5	19	丁丑	4	20	戊申	3	21	戊寅	2	20	戊申	十六
7	18	丁丑	6	18	丁未	5	20	戊寅	4	21	己酉	3	22	己卯	2	21	己酉	十七
7	19	戊寅	6	19	戊申	5	21	己卯	4	22	庚戌	3	23	庚辰	2	22	庚戌	十八
7	20	己卯	6	20	己酉	5	22	庚辰	4	23	辛亥	3	24	辛巳	2	23	辛亥	十九
7	21	庚辰	6	21	庚戌	5	23	辛巳	4	24	壬子	3	25	壬午	2	24	壬子	二十
7	22	辛巳	6	22	辛亥	5	24	壬午	4	25	癸丑	3	26	癸未	2	25	癸丑	二十一
7	23	壬午	6	23	壬子	5	25	癸未	4	26	甲寅	3	27	甲申	2	26	甲寅	二十二
7	24	癸未	6	24	癸丑	5	26	甲申	4	27	乙卯	3	28	乙酉	2	27	乙卯	二十三
7	25	甲申	6	25	甲寅	5	27	乙酉	4	28	丙辰	3	29	丙戌	2	28	丙辰	二十四
7	26	乙酉	6	26	乙卯	5	28	丙戌	4	29	丁巳	3	30	丁亥	2	29	丁巳	二十五
7	27	丙戌	6	27	丙辰	5	29	丁亥	4	30	戊午	3	31	戊子	3	1	戊午	二十六
7	28	丁亥	6	28	丁巳	5	30	戊子	5	1	己未	4	1	己丑	3	2	己未	二十七
7	29	戊子	6	29	戊午	5	31	己丑	5	2	庚申	4	2	庚寅	3	3	庚申	二十八
7	30	己丑	6	30	己未	6	1	庚寅	5	3	辛酉	4	3	辛卯	3	4	辛酉	二十九
			7	1	庚申							4	4	壬辰	3	5	壬戌	三十

旧暦	十二月			十一月			十月			九月			八月			七月		
干支	己丑月			戊子月			丁亥月			丙戌月			乙酉月			甲申月		
旧暦	新暦		干支	新暦		干支	新暦		干支	新暦		干支	新暦		干支	新暦		干支
一	12	26	戊午	11	26	戊子	10	27	戊午	9	28	己丑	8	29	己未	7	31	庚寅
二	12	27	己未	11	27	己丑	10	28	己未	9	29	庚寅	8	30	庚申	8	1	辛卯
三	12	28	庚申	11	28	庚寅	10	29	庚申	9	30	辛卯	8	31	辛酉	8	2	壬辰
四	12	29	辛酉	11	29	辛卯	10	30	辛酉	10	1	壬辰	9	1	壬戌	8	3	癸巳
五	12	30	壬戌	11	30	壬辰	10	31	壬戌	10	2	癸巳	9	2	癸亥	8	4	甲午
六	12	31	癸亥	12	1	癸巳	11	1	癸亥	10	3	甲午	9	3	甲子	8	5	乙未
七	1	1	甲子	12	2	甲午	11	2	甲子	10	4	乙未	9	4	乙丑	8	6	丙申
八	1	2	乙丑	12	3	乙未	11	3	乙丑	10	5	丙申	9	5	丙寅	8	7	丁酉
九	1	3	丙寅	12	4	丙申	11	4	丙寅	10	6	丁酉	9	6	丁卯	8	8	戊戌
十	1	4	丁卯	12	5	丁酉	11	5	丁卯	10	7	戊戌	9	7	戊辰	8	9	己亥
十一	1	5	戊辰	12	6	戊戌	11	6	戊辰	10	8	己亥	9	8	己巳	8	10	庚子
十二	1	6	己巳	12	7	己亥	11	7	己巳	10	9	庚子	9	9	庚午	8	11	辛丑
十三	1	7	庚午	12	8	庚子	11	8	庚午	10	10	辛丑	9	10	辛未	8	12	壬寅
十四	1	8	辛未	12	9	辛丑	11	9	辛未	10	11	壬寅	9	11	壬申	8	13	癸卯
十五	1	9	壬申	12	10	壬寅	11	10	壬申	10	12	癸卯	9	12	癸酉	8	14	甲辰
十六	1	10	癸酉	12	11	癸卯	11	11	癸酉	10	13	甲辰	9	13	甲戌	8	15	乙巳
十七	1	11	甲戌	12	12	甲辰	11	12	甲戌	10	14	乙巳	9	14	乙亥	8	16	丙午
十八	1	12	乙亥	12	13	乙巳	11	13	乙亥	10	15	丙午	9	15	丙子	8	17	丁未
十九	1	13	丙子	12	14	丙午	11	14	丙子	10	16	丁未	9	16	丁丑	8	18	戊申
二十	1	14	丁丑	12	15	丁未	11	15	丁丑	10	17	戊申	9	17	戊寅	8	19	己酉
二十一	1	15	戊寅	12	16	戊申	11	16	戊寅	10	18	己酉	9	18	己卯	8	20	庚戌
二十二	1	16	己卯	12	17	己酉	11	17	己卯	10	19	庚戌	9	19	庚辰	8	21	辛亥
二十三	1	17	庚辰	12	18	庚戌	11	18	庚辰	10	20	辛亥	9	20	辛巳	8	22	壬子
二十四	1	18	辛巳	12	19	辛亥	11	19	辛巳	10	21	壬子	9	21	壬午	8	23	癸丑
二十五	1	19	壬午	12	20	壬子	11	20	壬午	10	22	癸丑	9	22	癸未	8	24	甲寅
二十六	1	20	癸未	12	21	癸丑	11	21	癸未	10	23	甲寅	9	23	甲申	8	25	乙卯
二十七	1	21	甲申	12	22	甲寅	11	22	甲申	10	24	乙卯	9	24	乙酉	8	26	丙辰
二十八	1	22	乙酉	12	23	乙卯	11	23	乙酉	10	25	丙辰	9	25	丙戌	8	27	丁巳
二十九	1	23	丙戌	12	24	丙辰	11	24	丙戌	10	26	丁巳	9	26	丁亥	8	28	戊午
三十				12	25	丁巳	11	25	丁亥				9	27	戊子			

西暦二〇〇一年（平成13年）辛巳

五月			閏四月			四月			三月			二月			一月			旧暦
甲午月						癸巳月			壬辰月			辛卯月			庚寅月			干支
新暦		干支	新暦		干支	新暦		干支	新暦		干支	新暦		干支	新暦		干支	旧暦
6	21	乙卯	5	23	丙戌	4	23	丙辰	3	25	丁亥	2	23	丁巳	1	24	丁亥	一
6	22	丙辰	5	24	丁亥	4	24	丁巳	3	26	戊子	2	24	戊午	1	25	戊子	二
6	23	丁巳	5	25	戊子	4	25	戊午	3	27	己丑	2	25	己未	1	26	己丑	三
6	24	戊午	5	26	己丑	4	26	己未	3	28	庚寅	2	26	庚申	1	27	庚寅	四
6	25	己未	5	27	庚寅	4	27	庚申	3	29	辛卯	2	27	辛酉	1	28	辛卯	五
6	26	庚申	5	28	辛卯	4	28	辛酉	3	30	壬辰	2	28	壬戌	1	29	壬辰	六
6	27	辛酉	5	29	壬辰	4	29	壬戌	3	31	癸巳	3	1	癸亥	1	30	癸巳	七
6	28	壬戌	5	30	癸巳	4	30	癸亥	4	1	甲午	3	2	甲子	1	31	甲午	八
6	29	癸亥	5	31	甲午	5	1	甲子	4	2	乙未	3	3	乙丑	2	1	乙未	九
6	30	甲子	6	1	乙未	5	2	乙丑	4	3	丙申	3	4	丙寅	2	2	丙申	十
7	1	乙丑	6	2	丙申	5	3	丙寅	4	4	丁酉	3	5	丁卯	2	3	丁酉	十一
7	2	丙寅	6	3	丁酉	5	4	丁卯	4	5	戊戌	3	6	戊辰	2	4	戊戌	十二
7	3	丁卯	6	4	戊戌	5	5	戊辰	4	6	己亥	3	7	己巳	2	5	己亥	十三
7	4	戊辰	6	5	己亥	5	6	己巳	4	7	庚子	3	8	庚午	2	6	庚子	十四
7	5	己巳	6	6	庚子	5	7	庚午	4	8	辛丑	3	9	辛未	2	7	辛丑	十五
7	6	庚午	6	7	辛丑	5	8	辛未	4	9	壬寅	3	10	壬申	2	8	壬寅	十六
7	7	辛未	6	8	壬寅	5	9	壬申	4	10	癸卯	3	11	癸酉	2	9	癸卯	十七
7	8	壬申	6	9	癸卯	5	10	癸酉	4	11	甲辰	3	12	甲戌	2	10	甲辰	十八
7	9	癸酉	6	10	甲辰	5	11	甲戌	4	12	乙巳	3	13	乙亥	2	11	乙巳	十九
7	10	甲戌	6	11	乙巳	5	12	乙亥	4	13	丙午	3	14	丙子	2	12	丙午	二十
7	11	乙亥	6	12	丙午	5	13	丙子	4	14	丁未	3	15	丁丑	2	13	丁未	二十一
7	12	丙子	6	13	丁未	5	14	丁丑	4	15	戊申	3	16	戊寅	2	14	戊申	二十二
7	13	丁丑	6	14	戊申	5	15	戊寅	4	16	己酉	3	17	己卯	2	15	己酉	二十三
7	14	戊寅	6	15	己酉	5	16	己卯	4	17	庚戌	3	18	庚辰	2	16	庚戌	二十四
7	15	己卯	6	16	庚戌	5	17	庚辰	4	18	辛亥	3	19	辛巳	2	17	辛亥	二十五
7	16	庚辰	6	17	辛亥	5	18	辛巳	4	19	壬子	3	20	壬午	2	18	壬子	二十六
7	17	辛巳	6	18	壬子	5	19	壬午	4	20	癸丑	3	21	癸未	2	19	癸丑	二十七
7	18	壬午	6	19	癸丑	5	20	癸未	4	21	甲寅	3	22	甲申	2	20	甲寅	二十八
7	19	癸未	6	20	甲寅	5	21	甲申	4	22	乙卯	3	23	乙酉	2	21	乙卯	二十九
7	20	甲申				5	22	乙酉				3	24	丙戌	2	22	丙辰	三十

旧暦	十二月			十一月			十月			九月			八月			七月			六月		
干支	辛丑月			庚子月			己亥月			戊戌月			丁酉月			丙申月			乙未月		
旧暦	新暦		干支	新暦		干支	新暦		干支	新暦		干支	新暦		干支	新暦		干支	新暦		干支
一	1	13	辛巳	12	15	壬子	11	15	壬午	10	17	癸丑	9	17	癸未	8	19	甲寅	7	21	乙酉
二	1	14	壬午	12	16	癸丑	11	16	癸未	10	18	甲寅	9	18	甲申	8	20	乙卯	7	22	丙戌
三	1	15	癸未	12	17	甲寅	11	17	甲申	10	19	乙卯	9	19	乙酉	8	21	丙辰	7	23	丁亥
四	1	16	甲申	12	18	乙卯	11	18	乙酉	10	20	丙辰	9	20	丙戌	8	22	丁巳	7	24	戊子
五	1	17	乙酉	12	19	丙辰	11	19	丙戌	10	21	丁巳	9	21	丁亥	8	23	戊午	7	25	己丑
六	1	18	丙戌	12	20	丁巳	11	20	丁亥	10	22	戊午	9	22	戊子	8	24	己未	7	26	庚寅
七	1	19	丁亥	12	21	戊午	11	21	戊子	10	23	己未	9	23	己丑	8	25	庚申	7	27	辛卯
八	1	20	戊子	12	22	己未	11	22	己丑	10	24	庚申	9	24	庚寅	8	26	辛酉	7	28	壬辰
九	1	21	己丑	12	23	庚申	11	23	庚寅	10	25	辛酉	9	25	辛卯	8	27	壬戌	7	29	癸巳
十	1	22	庚寅	12	24	辛酉	11	24	辛卯	10	26	壬戌	9	26	壬辰	8	28	癸亥	7	30	甲午
十一	1	23	辛卯	12	25	壬戌	11	25	壬辰	10	27	癸亥	9	27	癸巳	8	29	甲子	7	31	乙未
十二	1	24	壬辰	12	26	癸亥	11	26	癸巳	10	28	甲子	9	28	甲午	8	30	乙丑	8	1	丙申
十三	1	25	癸巳	12	27	甲子	11	27	甲午	10	29	乙丑	9	29	乙未	8	31	丙寅	8	2	丁酉
十四	1	26	甲午	12	28	乙丑	11	28	乙未	10	30	丙寅	9	30	丙申	9	1	丁卯	8	3	戊戌
十五	1	27	乙未	12	29	丙寅	11	29	丙申	10	31	丁卯	10	1	丁酉	9	2	戊辰	8	4	己亥
十六	1	28	丙申	12	30	丁卯	11	30	丁酉	11	1	戊辰	10	2	戊戌	9	3	己巳	8	5	庚子
十七	1	29	丁酉	12	31	戊辰	12	1	戊戌	11	2	己巳	10	3	己亥	9	4	庚午	8	6	辛丑
十八	1	30	戊戌	1	1	己巳	12	2	己亥	11	3	庚午	10	4	庚子	9	5	辛未	8	7	壬寅
十九	1	31	己亥	1	2	庚午	12	3	庚子	11	4	辛未	10	5	辛丑	9	6	壬申	8	8	癸卯
二十	2	1	庚子	1	3	辛未	12	4	辛丑	11	5	壬申	10	6	壬寅	9	7	癸酉	8	9	甲辰
二十一	2	2	辛丑	1	4	壬申	12	5	壬寅	11	6	癸酉	10	7	癸卯	9	8	甲戌	8	10	乙巳
二十二	2	3	壬寅	1	5	癸酉	12	6	癸卯	11	7	甲戌	10	8	甲辰	9	9	乙亥	8	11	丙午
二十三	2	4	癸卯	1	6	甲戌	12	7	甲辰	11	8	乙亥	10	9	乙巳	9	10	丙子	8	12	丁未
二十四	2	5	甲辰	1	7	乙亥	12	8	乙巳	11	9	丙子	10	10	丙午	9	11	丁丑	8	13	戊申
二十五	2	6	乙巳	1	8	丙子	12	9	丙午	11	10	丁丑	10	11	丁未	9	12	戊寅	8	14	己酉
二十六	2	7	丙午	1	9	丁丑	12	10	丁未	11	11	戊寅	10	12	戊申	9	13	己卯	8	15	庚戌
二十七	2	8	丁未	1	10	戊寅	12	11	戊申	11	12	己卯	10	13	己酉	9	14	庚辰	8	16	辛亥
二十八	2	9	戊申	1	11	己卯	12	12	己酉	11	13	庚辰	10	14	庚戌	9	15	辛巳	8	17	壬子
二十九	2	10	己酉	1	12	庚辰	12	13	庚戌	11	14	辛巳	10	15	辛亥	9	16	壬午	8	18	癸丑
三十	2	11	庚戌				12	14	辛亥				10	16	壬子						

西暦二〇〇二年（平成14年）壬午

六月			五月			四月			三月			二月			一月			旧暦
丁未月			丙午月			乙巳月			甲辰月			癸卯月			壬寅月			干支
新暦		干支	新暦		干支	新暦		干支	新暦		干支	新暦		干支	新暦		干支	旧暦
7	10	己卯	6	11	庚戌	5	12	庚辰	4	13	辛亥	3	14	辛巳	2	12	辛亥	一
7	11	庚辰	6	12	辛亥	5	13	辛巳	4	14	壬子	3	15	壬午	2	13	壬子	二
7	12	辛巳	6	13	壬子	5	14	壬午	4	15	癸丑	3	16	癸未	2	14	癸丑	三
7	13	壬午	6	14	癸丑	5	15	癸未	4	16	甲寅	3	17	甲申	2	15	甲寅	四
7	14	癸未	6	15	甲寅	5	16	甲申	4	17	乙卯	3	18	乙酉	2	16	乙卯	五
7	15	甲申	6	16	乙卯	5	17	乙酉	4	18	丙辰	3	19	丙戌	2	17	丙辰	六
7	16	乙酉	6	17	丙辰	5	18	丙戌	4	19	丁巳	3	20	丁亥	2	18	丁巳	七
7	17	丙戌	6	18	丁巳	5	19	丁亥	4	20	戊午	3	21	戊子	2	19	戊午	八
7	18	丁亥	6	19	戊午	5	20	戊子	4	21	己未	3	22	己丑	2	20	己未	九
7	19	戊子	6	20	己未	5	21	己丑	4	22	庚申	3	23	庚寅	2	21	庚申	十
7	20	己丑	6	21	庚申	5	22	庚寅	4	23	辛酉	3	24	辛卯	2	22	辛酉	十一
7	21	庚寅	6	22	辛酉	5	23	辛卯	4	24	壬戌	3	25	壬辰	2	23	壬戌	十二
7	22	辛卯	6	23	壬戌	5	24	壬辰	4	25	癸亥	3	26	癸巳	2	24	癸亥	十三
7	23	壬辰	6	24	癸亥	5	25	癸巳	4	26	甲子	3	27	甲午	2	25	甲子	十四
7	24	癸巳	6	25	甲子	5	26	甲午	4	27	乙丑	3	28	乙未	2	26	乙丑	十五
7	25	甲午	6	26	乙丑	5	27	乙未	4	28	丙寅	3	29	丙申	2	27	丙寅	十六
7	26	乙未	6	27	丙寅	5	28	丙申	4	29	丁卯	3	30	丁酉	2	28	丁卯	十七
7	27	丙申	6	28	丁卯	5	29	丁酉	4	30	戊辰	3	31	戊戌	3	1	戊辰	十八
7	28	丁酉	6	29	戊辰	5	30	戊戌	5	1	己巳	4	1	己亥	3	2	己巳	十九
7	29	戊戌	6	30	己巳	5	31	己亥	5	2	庚午	4	2	庚子	3	3	庚午	二十
7	30	己亥	7	1	庚午	6	1	庚子	5	3	辛未	4	3	辛丑	3	4	辛未	二十一
7	31	庚子	7	2	辛未	6	2	辛丑	5	4	壬申	4	4	壬寅	3	5	壬申	二十二
8	1	辛丑	7	3	壬申	6	3	壬寅	5	5	癸酉	4	5	癸卯	3	6	癸酉	二十三
8	2	壬寅	7	4	癸酉	6	4	癸卯	5	6	甲戌	4	6	甲辰	3	7	甲戌	二十四
8	3	癸卯	7	5	甲戌	6	5	甲辰	5	7	乙亥	4	7	乙巳	3	8	乙亥	二十五
8	4	甲辰	7	6	乙亥	6	6	乙巳	5	8	丙子	4	8	丙午	3	9	丙子	二十六
8	5	乙巳	7	7	丙子	6	7	丙午	5	9	丁丑	4	9	丁未	3	10	丁丑	二十七
8	6	丙午	7	8	丁丑	6	8	丁未	5	10	戊寅	4	10	戊申	3	11	戊寅	二十八
8	7	丁未	7	9	戊寅	6	9	戊申	5	11	己卯	4	11	己酉	3	12	己卯	二十九
8	8	戊申				6	10	己酉				4	12	庚戌	3	13	庚辰	三十

旧暦	十二月			十一月			十月			九月			八月			七月		
干支	癸丑月			壬子月			辛亥月			庚戌月			己酉月			戊申月		
旧暦	新暦		干支	新暦		干支	新暦		干支	新暦		干支	新暦		干支	新暦		干支
一	1	3	丙子	12	4	丙午	11	5	丁丑	10	6	丁未	9	7	戊寅	8	9	己酉
二	1	4	丁丑	12	5	丁未	11	6	戊寅	10	7	戊申	9	8	己卯	8	10	庚戌
三	1	5	戊寅	12	6	戊申	11	7	己卯	10	8	己酉	9	9	庚辰	8	11	辛亥
四	1	6	己卯	12	7	己酉	11	8	庚辰	10	9	庚戌	9	10	辛巳	8	12	壬子
五	1	7	庚辰	12	8	庚戌	11	9	辛巳	10	10	辛亥	9	11	壬午	8	13	癸丑
六	1	8	辛巳	12	9	辛亥	11	10	壬午	10	11	壬子	9	12	癸未	8	14	甲寅
七	1	9	壬午	12	10	壬子	11	11	癸未	10	12	癸丑	9	13	甲申	8	15	乙卯
八	1	10	癸未	12	11	癸丑	11	12	甲申	10	13	甲寅	9	14	乙酉	8	16	丙辰
九	1	11	甲申	12	12	甲寅	11	13	乙酉	10	14	乙卯	9	15	丙戌	8	17	丁巳
十	1	12	乙酉	12	13	乙卯	11	14	丙戌	10	15	丙辰	9	16	丁亥	8	18	戊午
十一	1	13	丙戌	12	14	丙辰	11	15	丁亥	10	16	丁巳	9	17	戊子	8	19	己未
十二	1	14	丁亥	12	15	丁巳	11	16	戊子	10	17	戊午	9	18	己丑	8	20	庚申
十三	1	15	戊子	12	16	戊午	11	17	己丑	10	18	己未	9	19	庚寅	8	21	辛酉
十四	1	16	己丑	12	17	己未	11	18	庚寅	10	19	庚申	9	20	辛卯	8	22	壬戌
十五	1	17	庚寅	12	18	庚申	11	19	辛卯	10	20	辛酉	9	21	壬辰	8	23	癸亥
十六	1	18	辛卯	12	19	辛酉	11	20	壬辰	10	21	壬戌	9	22	癸巳	8	24	甲子
十七	1	19	壬辰	12	20	壬戌	11	21	癸巳	10	22	癸亥	9	23	甲午	8	25	乙丑
十八	1	20	癸巳	12	21	癸亥	11	22	甲午	10	23	甲子	9	24	乙未	8	26	丙寅
十九	1	21	甲午	12	22	甲子	11	23	乙未	10	24	乙丑	9	25	丙申	8	27	丁卯
二十	1	22	乙未	12	23	乙丑	11	24	丙申	10	25	丙寅	9	26	丁酉	8	28	戊辰
二十一	1	23	丙申	12	24	丙寅	11	25	丁酉	10	26	丁卯	9	27	戊戌	8	29	己巳
二十二	1	24	丁酉	12	25	丁卯	11	26	戊戌	10	27	戊辰	9	28	己亥	8	30	庚午
二十三	1	25	戊戌	12	26	戊辰	11	27	己亥	10	28	己巳	9	29	庚子	8	31	辛未
二十四	1	26	己亥	12	27	己巳	11	28	庚子	10	29	庚午	9	30	辛丑	9	1	壬申
二十五	1	27	庚子	12	28	庚午	11	29	辛丑	10	30	辛未	10	1	壬寅	9	2	癸酉
二十六	1	28	辛丑	12	29	辛未	11	30	壬寅	10	31	壬申	10	2	癸卯	9	3	甲戌
二十七	1	29	壬寅	12	30	壬申	12	1	癸卯	11	1	癸酉	10	3	甲辰	9	4	乙亥
二十八	1	30	癸卯	12	31	癸酉	12	2	甲辰	11	2	甲戌	10	4	乙巳	9	5	丙子
二十九	1	31	甲辰	1	1	甲戌	12	3	乙巳	11	3	乙亥	10	5	丙午	9	6	丁丑
三十				1	2	乙亥				11	4	丙子						

西暦 二〇〇三年（平成15年）癸未

六月			五月			四月			三月			二月			一月			旧暦
己未月			戊午月			丁巳月			丙辰月			乙卯月			甲寅月			干支
新暦		干支	新暦		干支	新暦		干支	新暦		干支	新暦		干支	新暦		干支	旧暦
6	30	甲戌	5	31	甲辰	5	1	甲戌	4	2	乙巳	3	3	乙亥	2	1	乙巳	一
7	1	乙亥	6	1	乙巳	5	2	乙亥	4	3	丙午	3	4	丙子	2	2	丙午	二
7	2	丙子	6	2	丙午	5	3	丙子	4	4	丁未	3	5	丁丑	2	3	丁未	三
7	3	丁丑	6	3	丁未	5	4	丁丑	4	5	戊申	3	6	戊寅	2	4	戊申	四
7	4	戊寅	6	4	戊申	5	5	戊寅	4	6	己酉	3	7	己卯	2	5	己酉	五
7	5	己卯	6	5	己酉	5	6	己卯	4	7	庚戌	3	8	庚辰	2	6	庚戌	六
7	6	庚辰	6	6	庚戌	5	7	庚辰	4	8	辛亥	3	9	辛巳	2	7	辛亥	七
7	7	辛巳	6	7	辛亥	5	8	辛巳	4	9	壬子	3	10	壬午	2	8	壬子	八
7	8	壬午	6	8	壬子	5	9	壬午	4	10	癸丑	3	11	癸未	2	9	癸丑	九
7	9	癸未	6	9	癸丑	5	10	癸未	4	11	甲寅	3	12	甲申	2	10	甲寅	十
7	10	戊子	6	10	甲寅	5	11	戊子	4	12	乙卯	3	13	乙酉	2	11	乙卯	十一
7	11	乙酉	6	11	乙卯	5	12	乙酉	4	13	丙辰	3	14	丙戌	2	12	丙辰	十二
7	12	丙戌	6	12	丙辰	5	13	丙戌	4	14	丁巳	3	15	丁亥	2	13	丁巳	十三
7	13	丁亥	6	13	丁巳	5	14	丁亥	4	15	戊午	3	16	戊子	2	14	戊午	十四
7	14	戊子	6	14	戊午	5	15	戊子	4	16	己未	3	17	己丑	2	15	己未	十五
7	15	己丑	6	15	己未	5	16	己丑	4	17	庚申	3	18	庚寅	2	16	庚申	十六
7	16	庚寅	6	16	庚申	5	17	庚寅	4	18	辛酉	3	19	辛卯	2	17	辛酉	十七
7	17	辛卯	6	17	辛酉	5	18	辛卯	4	19	壬戌	3	20	壬辰	2	18	壬戌	十八
7	18	壬辰	6	18	壬戌	5	19	壬辰	4	20	癸亥	3	21	癸巳	2	19	癸亥	十九
7	19	癸巳	6	19	癸亥	5	20	癸巳	4	21	甲子	3	22	甲午	2	20	甲子	二十
7	20	甲午	6	20	甲子	5	21	甲午	4	22	乙丑	3	23	乙未	2	21	乙丑	二十一
7	21	乙未	6	21	乙丑	5	22	乙未	4	23	丙寅	3	24	丙申	2	22	丙寅	二十二
7	22	丙申	6	22	丙寅	5	23	丙申	4	24	丁卯	3	25	丁酉	2	23	丁卯	二十三
7	23	丁酉	6	23	丁卯	5	24	丁酉	4	25	戊辰	3	26	戊戌	2	24	戊辰	二十四
7	24	戊戌	6	24	戊辰	5	25	戊戌	4	26	己巳	3	27	己亥	2	25	己巳	二十五
7	25	己亥	6	25	己巳	5	26	己亥	4	27	庚午	3	28	庚子	2	26	庚午	二十六
7	26	庚子	6	26	庚午	5	27	庚子	4	28	辛未	3	29	辛丑	2	27	辛未	二十七
7	27	辛丑	6	27	辛未	5	28	辛丑	4	29	壬申	3	30	壬寅	2	28	壬申	二十八
7	28	壬寅	6	28	壬申	5	29	壬寅	4	30	癸酉	3	31	癸卯	3	1	癸酉	二十九
			6	29	癸酉	5	30	癸卯				4	1	甲辰	3	2	甲戌	三十

旧暦	十二月			十一月			十月			九月			八月			七月		
干支	乙丑月			甲子月			癸亥月			壬戌月			辛酉月			庚申月		
旧暦	新暦		干支	新暦		干支	新暦		干支	新暦		干支	新暦		干支	新暦		干支
一	12	23	庚午	11	24	辛丑	10	25	辛未	9	26	壬寅	8	28	癸酉	7	29	癸卯
二	12	24	辛未	11	25	壬寅	10	26	壬申	9	27	癸卯	8	29	甲戌	7	30	甲辰
三	12	25	壬申	11	26	癸卯	10	27	癸酉	9	28	甲辰	8	30	乙亥	7	31	乙巳
四	12	26	癸酉	11	27	甲辰	10	28	甲戌	9	29	乙巳	8	31	丙子	8	1	丙午
五	12	27	甲戌	11	28	乙巳	10	29	乙亥	9	30	丙午	9	1	丁丑	8	2	丁未
六	12	28	乙亥	11	29	丙午	10	30	丙子	10	1	丁未	9	2	戊寅	8	3	戊申
七	12	29	丙子	11	30	丁未	10	31	丁丑	10	2	戊申	9	3	己卯	8	4	己酉
八	12	30	丁丑	12	1	戊申	11	1	戊寅	10	3	己酉	9	4	庚辰	8	5	庚戌
九	12	31	戊寅	12	2	己酉	11	2	己卯	10	4	庚戌	9	5	辛巳	8	6	辛亥
十	1	1	己卯	12	3	庚戌	11	3	庚辰	10	5	辛亥	9	6	壬午	8	7	壬子
十一	1	2	庚辰	12	4	辛亥	11	4	辛巳	10	6	壬子	9	7	癸未	8	8	癸丑
十二	1	3	辛巳	12	5	壬子	11	5	壬午	10	7	癸丑	9	8	甲申	8	9	甲寅
十三	1	4	壬午	12	6	癸丑	11	6	癸未	10	8	甲寅	9	9	乙酉	8	10	乙卯
十四	1	5	癸未	12	7	甲寅	11	7	甲申	10	9	乙卯	9	10	丙戌	8	11	丙辰
十五	1	6	甲申	12	8	乙卯	11	8	乙酉	10	10	丙辰	9	11	丁亥	8	12	丁巳
十六	1	7	乙酉	12	9	丙辰	11	9	丙戌	10	11	丁巳	9	12	戊子	8	13	戊午
十七	1	8	丙戌	12	10	丁巳	11	10	丁亥	10	12	戊午	9	13	己丑	8	14	己未
十八	1	9	丁亥	12	11	戊午	11	11	戊子	10	13	己未	9	14	庚寅	8	15	庚申
十九	1	10	戊子	12	12	己未	11	12	己丑	10	14	庚申	9	15	辛卯	8	16	辛酉
二十	1	11	己丑	12	13	庚申	11	13	庚寅	10	15	辛酉	9	16	壬辰	8	17	壬戌
二十一	1	12	庚寅	12	14	辛酉	11	14	辛卯	10	16	壬戌	9	17	癸巳	8	18	癸亥
二十二	1	13	辛卯	12	15	壬戌	11	15	壬辰	10	17	癸亥	9	18	甲午	8	19	甲子
二十三	1	14	壬辰	12	16	癸亥	11	16	癸巳	10	18	甲子	9	19	乙未	8	20	乙丑
二十四	1	15	癸巳	12	17	甲子	11	17	甲午	10	19	乙丑	9	20	丙申	8	21	丙寅
二十五	1	16	甲午	12	18	乙丑	11	18	乙未	10	20	丙寅	9	21	丁酉	8	22	丁卯
二十六	1	17	乙未	12	19	丙寅	11	19	丙申	10	21	丁卯	9	22	戊戌	8	23	戊辰
二十七	1	18	丙申	12	20	丁卯	11	20	丁酉	10	22	戊辰	9	23	己亥	8	24	己巳
二十八	1	19	丁酉	12	21	戊辰	11	21	戊戌	10	23	己巳	9	24	庚子	8	25	庚午
二十九	1	20	戊戌	12	22	己巳	11	22	己亥	10	24	庚午	9	25	辛丑	8	26	辛未
三十	1	21	己亥				11	23	庚子							8	27	壬申

西暦二〇〇四年（平成16年）甲申

五月			四月			三月			閏二月			二月			一月			旧暦
庚午月			己巳月			戊辰月						丁卯月			丙寅月			干支
新暦		干支	新暦		干支	新暦		干支	新暦		干支	新暦		干支	新暦		干支	旧暦
6	18	戊辰	5	19	戊戌	4	19	戊辰	3	21	己亥	2	20	己巳	1	22	庚子	一
6	19	己巳	5	20	己亥	4	20	己巳	3	22	庚子	2	21	庚午	1	23	辛丑	二
6	20	庚午	5	21	庚子	4	21	庚午	3	23	辛丑	2	22	辛未	1	24	壬寅	三
6	21	辛未	5	22	辛丑	4	22	辛未	3	24	壬寅	2	23	壬申	1	25	癸卯	四
6	22	壬申	5	23	壬寅	4	23	壬申	3	25	癸卯	2	24	癸酉	1	26	甲辰	五
6	23	癸酉	5	24	癸卯	4	24	癸酉	3	26	甲辰	2	25	甲戌	1	27	乙巳	六
6	24	甲戌	5	25	甲辰	4	25	甲戌	3	27	乙巳	2	26	乙亥	1	28	丙午	七
6	25	乙亥	5	26	乙巳	4	26	乙亥	3	28	丙午	2	27	丙子	1	29	丁未	八
6	26	丙子	5	27	丙午	4	27	丙子	3	29	丁未	2	28	丁丑	1	30	戊申	九
6	27	丁丑	5	28	丁未	4	28	丁丑	3	30	戊申	2	29	戊寅	1	31	己酉	十
6	28	戊寅	5	29	戊申	4	29	戊寅	3	31	己酉	3	1	己卯	2	1	庚戌	十一
6	29	己卯	5	30	己酉	4	30	己卯	4	1	庚戌	3	2	庚辰	2	2	辛亥	十二
6	30	庚辰	5	31	庚戌	5	1	庚辰	4	2	辛亥	3	3	辛巳	2	3	壬子	十三
7	1	辛巳	6	1	辛亥	5	2	辛巳	4	3	壬子	3	4	壬午	2	4	癸丑	十四
7	2	壬午	6	2	壬子	5	3	壬午	4	4	癸丑	3	5	癸未	2	5	甲寅	十五
7	3	癸未	6	3	癸丑	5	4	癸未	4	5	甲寅	3	6	甲申	2	6	乙卯	十六
7	4	甲申	6	4	甲寅	5	5	甲申	4	6	乙卯	3	7	乙酉	2	7	丙辰	十七
7	5	乙酉	6	5	乙卯	5	6	乙酉	4	7	丙辰	3	8	丙戌	2	8	丁巳	十八
7	6	丙戌	6	6	丙辰	5	7	丙戌	4	8	丁巳	3	9	丁亥	2	9	戊午	十九
7	7	丁亥	6	7	丁巳	5	8	丁亥	4	9	戊午	3	10	戊子	2	10	己未	二十
7	8	戊子	6	8	戊午	5	9	戊子	4	10	己未	3	11	己丑	2	11	庚申	二十一
7	9	己丑	6	9	己未	5	10	己丑	4	11	庚申	3	12	庚寅	2	12	辛酉	二十二
7	10	庚寅	6	10	庚申	5	11	庚寅	4	12	辛酉	3	13	辛卯	2	13	壬戌	二十三
7	11	辛卯	6	11	辛酉	5	12	辛卯	4	13	壬戌	3	14	壬辰	2	14	癸亥	二十四
7	12	壬辰	6	12	壬戌	5	13	壬辰	4	14	癸亥	3	15	癸巳	2	15	甲子	二十五
7	13	癸巳	6	13	癸亥	5	14	癸巳	4	15	甲子	3	16	甲午	2	16	乙丑	二十六
7	14	甲午	6	14	甲子	5	15	甲午	4	16	乙丑	3	17	乙未	2	17	丙寅	二十七
7	15	乙未	6	15	乙丑	5	16	乙未	4	17	丙寅	3	18	丙申	2	18	丁卯	二十八
7	16	丙申	6	16	丙寅	5	17	丙申	4	18	丁卯	3	19	丁酉	2	19	戊辰	二十九
			6	17	丁卯	5	18	丁酉				3	20	戊戌				三十

旧暦	十二月			十一月			十月			九月			八月			七月			六月		
干支	丁丑月			丙子月			乙亥月			甲戌月			癸酉月			壬申月			辛未月		
旧暦	新暦		干支	新暦		干支	新暦		干支	新暦		干支	新暦		干支	新暦		干支	新暦		干支
一	1	10	甲午	12	12	乙丑	11	12	乙未	10	14	丙寅	9	14	丙申	8	16	丁卯	7	17	丁酉
二	1	11	乙未	12	13	丙寅	11	13	丙申	10	15	丁卯	9	15	丁酉	8	17	戊辰	7	18	戊戌
三	1	12	丙申	12	14	丁卯	11	14	丁酉	10	16	戊辰	9	16	戊戌	8	18	己巳	7	19	己亥
四	1	13	丁酉	12	15	戊辰	11	15	戊戌	10	17	己巳	9	17	己亥	8	19	庚午	7	20	庚子
五	1	14	戊戌	12	16	己巳	11	16	己亥	10	18	庚午	9	18	庚子	8	20	辛未	7	21	辛丑
六	1	15	己亥	12	17	庚午	11	17	庚子	10	19	辛未	9	19	辛丑	8	21	壬申	7	22	壬寅
七	1	16	庚子	12	18	辛未	11	18	辛丑	10	20	壬申	9	20	壬寅	8	22	癸酉	7	23	癸卯
八	1	17	辛丑	12	19	壬申	11	19	壬寅	10	21	癸酉	9	21	癸卯	8	23	甲戌	7	24	甲辰
九	1	18	壬寅	12	20	癸酉	11	20	癸卯	10	22	甲戌	9	22	甲辰	8	24	乙亥	7	25	乙巳
十	1	19	癸卯	12	21	甲戌	11	21	甲辰	10	23	乙亥	9	23	乙巳	8	25	丙子	7	26	丙午
十一	1	20	甲辰	12	22	乙亥	11	22	乙巳	10	24	丙子	9	24	丙午	8	26	丁丑	7	27	丁未
十二	1	21	乙巳	12	23	丙子	11	23	丙午	10	25	丁丑	9	25	丁未	8	27	戊寅	7	28	戊申
十三	1	22	丙午	12	24	丁丑	11	24	丁未	10	26	戊寅	9	26	戊申	8	28	己卯	7	29	己酉
十四	1	23	丁未	12	25	戊寅	11	25	戊申	10	27	己卯	9	27	己酉	8	29	庚辰	7	30	庚戌
十五	1	24	戊申	12	26	己卯	11	26	己酉	10	28	庚辰	9	28	庚戌	8	30	辛巳	7	31	辛亥
十六	1	25	己酉	12	27	庚辰	11	27	庚戌	10	29	辛巳	9	29	辛亥	8	31	壬午	8	1	壬子
十七	1	26	庚戌	12	28	辛巳	11	28	辛亥	10	30	壬午	9	30	壬子	9	1	癸未	8	2	癸丑
十八	1	27	辛亥	12	29	壬午	11	29	壬子	10	31	癸未	10	1	癸丑	9	2	甲申	8	3	甲寅
十九	1	28	壬子	12	30	癸未	11	30	癸丑	11	1	甲申	10	2	甲寅	9	3	乙酉	8	4	乙卯
二十	1	29	癸丑	12	31	甲申	12	1	甲寅	11	2	乙酉	10	3	乙卯	9	4	丙戌	8	5	丙辰
二十一	1	30	甲寅	1	1	乙酉	12	2	乙卯	11	3	丙戌	10	4	丙辰	9	5	丁亥	8	6	丁巳
二十二	1	31	乙卯	1	2	丙戌	12	3	丙辰	11	4	丁亥	10	5	丁巳	9	6	戊子	8	7	戊午
二十三	2	1	丙辰	1	3	丁亥	12	4	丁巳	11	5	戊子	10	6	戊午	9	7	己丑	8	8	己未
二十四	2	2	丁巳	1	4	戊子	12	5	戊午	11	6	己丑	10	7	己未	9	8	庚寅	8	9	庚申
二十五	2	3	戊午	1	5	己丑	12	6	己未	11	7	庚寅	10	8	庚申	9	9	辛卯	8	10	辛酉
二十六	2	4	己未	1	6	庚寅	12	7	庚申	11	8	辛卯	10	9	辛酉	9	10	壬辰	8	11	壬戌
二十七	2	5	庚申	1	7	辛卯	12	8	辛酉	11	9	壬辰	10	10	壬戌	9	11	癸巳	8	12	癸亥
二十八	2	6	辛酉	1	8	壬辰	12	9	壬戌	11	10	癸巳	10	11	癸亥	9	12	甲午	8	13	甲子
二十九	2	7	壬戌	1	9	癸巳	12	10	癸亥	11	11	甲午	10	12	甲子	9	13	乙未	8	14	乙丑
三十	2	8	癸亥				12	11	甲子				10	13	乙丑				8	15	丙寅

西暦二〇〇五年（平成17年）乙酉

六月			五月			四月			三月			二月			一月			旧暦
癸未月			壬午月			辛巳月			庚辰月			己卯月			戊寅月			干支
新暦		干支	新暦		干支	新暦		干支	新暦		干支	新暦		干支	新暦		干支	旧暦
7	6	辛卯	6	7	壬戌	5	8	壬辰	4	9	癸亥	3	10	癸巳	2	9	甲子	一
7	7	壬辰	6	8	癸亥	5	9	癸巳	4	10	甲子	3	11	甲午	2	10	乙丑	二
7	8	癸巳	6	9	甲子	5	10	甲午	4	11	乙丑	3	12	乙未	2	11	丙寅	三
7	9	甲午	6	10	乙丑	5	11	乙未	4	12	丙寅	3	13	丙申	2	12	丁卯	四
7	10	乙未	6	11	丙寅	5	12	丙申	4	13	丁卯	3	14	丁酉	2	13	戊辰	五
7	11	丙申	6	12	丁卯	5	13	丁酉	4	14	戊辰	3	15	戊戌	2	14	己巳	六
7	12	丁酉	6	13	戊辰	5	14	戊戌	4	15	己巳	3	16	己亥	2	15	庚午	七
7	13	戊戌	6	14	己巳	5	15	己亥	4	16	庚午	3	17	庚子	2	16	辛未	八
7	14	己亥	6	15	庚午	5	16	庚子	4	17	辛未	3	18	辛丑	2	17	壬申	九
7	15	庚子	6	16	辛未	5	17	辛丑	4	18	壬申	3	19	壬寅	2	18	癸酉	十
7	16	辛丑	6	17	壬申	5	18	壬寅	4	19	癸酉	3	20	癸卯	2	19	甲戌	十一
7	17	壬寅	6	18	癸酉	5	19	癸卯	4	20	甲戌	3	21	甲辰	2	20	乙亥	十二
7	18	癸卯	6	19	甲戌	5	20	甲辰	4	21	乙亥	3	22	乙巳	2	21	丙子	十三
7	19	甲辰	6	20	乙亥	5	21	乙巳	4	22	丙子	3	23	丙午	2	22	丁丑	十四
7	20	乙巳	6	21	丙子	5	22	丙午	4	23	丁丑	3	24	丁未	2	23	戊寅	十五
7	21	丙午	6	22	丁丑	5	23	丁未	4	24	戊寅	3	25	戊申	2	24	己卯	十六
7	22	丁未	6	23	戊寅	5	24	戊申	4	25	己卯	3	26	己酉	2	25	庚辰	十七
7	23	戊申	6	24	己卯	5	25	己酉	4	26	庚辰	3	27	庚戌	2	26	辛巳	十八
7	24	己酉	6	25	庚辰	5	26	庚戌	4	27	辛巳	3	28	辛亥	2	27	壬午	十九
7	25	庚戌	6	26	辛巳	5	27	辛亥	4	28	壬午	3	29	壬子	2	28	癸未	二十
7	26	辛亥	6	27	壬午	5	28	壬子	4	29	癸未	3	30	癸丑	3	1	甲申	二十一
7	27	壬子	6	28	癸未	5	29	癸丑	4	30	甲申	3	31	甲寅	3	2	乙酉	二十二
7	28	癸丑	6	29	甲申	5	30	甲寅	5	1	乙酉	4	1	乙卯	3	3	丙戌	二十三
7	29	甲寅	6	30	乙酉	5	31	乙卯	5	2	丙戌	4	2	丙辰	3	4	丁亥	二十四
7	30	乙卯	7	1	丙戌	6	1	丙辰	5	3	丁亥	4	3	丁巳	3	5	戊子	二十五
7	31	丙辰	7	2	丁亥	6	2	丁巳	5	4	戊子	4	4	戊午	3	6	己丑	二十六
8	1	丁巳	7	3	戊子	6	3	戊午	5	5	己丑	4	5	己未	3	7	庚寅	二十七
8	2	戊午	7	4	己丑	6	4	己未	5	6	庚寅	4	6	庚申	3	8	辛卯	二十八
8	3	己未	7	5	庚寅	6	5	庚申	5	7	辛卯	4	7	辛酉	3	9	壬辰	二十九
8	4	庚申				6	6	辛酉				4	8	壬戌				三十

旧暦	十二月			十一月			十月			九月			八月			七月		
干支	己丑月			戊子月			丁亥月			丙戌月			乙酉月			甲申月		
旧暦	新暦		干支	新暦		干支	新暦		干支	新暦		干支	新暦		干支	新暦		干支
一	12	31	己丑	12	1	己未	11	2	庚寅	10	3	庚申	9	4	辛卯	8	5	辛酉
二	1	1	庚寅	12	2	庚申	11	3	辛卯	10	4	辛酉	9	5	壬辰	8	6	壬戌
三	1	2	辛卯	12	3	辛酉	11	4	壬辰	10	5	壬戌	9	6	癸巳	8	7	癸亥
四	1	3	壬辰	12	4	壬戌	11	5	癸巳	10	6	癸亥	9	7	甲午	8	8	甲子
五	1	4	癸巳	12	5	癸亥	11	6	甲午	10	7	甲子	9	8	乙未	8	9	乙丑
六	1	5	甲午	12	6	甲子	11	7	乙未	10	8	乙丑	9	9	丙申	8	10	丙寅
七	1	6	乙未	12	7	乙丑	11	8	丙申	10	9	丙寅	9	10	丁酉	8	11	丁卯
八	1	7	丙申	12	8	丙寅	11	9	丁酉	10	10	丁卯	9	11	戊戌	8	12	戊辰
九	1	8	丁酉	12	9	丁卯	11	10	戊戌	10	11	戊辰	9	12	己亥	8	13	己巳
十	1	9	戊戌	12	10	戊辰	11	11	己亥	10	12	己巳	9	13	庚子	8	14	庚午
十一	1	10	己亥	12	11	己巳	11	12	庚子	10	13	庚午	9	14	辛丑	8	15	辛未
十二	1	11	庚子	12	12	庚午	11	13	辛丑	10	14	辛未	9	15	壬寅	8	16	壬申
十三	1	12	辛丑	12	13	辛未	11	14	壬寅	10	15	壬申	9	16	癸卯	8	17	癸酉
十四	1	13	壬寅	12	14	壬申	11	15	癸卯	10	16	癸酉	9	17	甲辰	8	18	甲戌
十五	1	14	癸卯	12	15	癸酉	11	16	甲辰	10	17	甲戌	9	18	乙巳	8	19	乙亥
十六	1	15	甲辰	12	16	甲戌	11	17	乙巳	10	18	乙亥	9	19	丙午	8	20	丙子
十七	1	16	乙巳	12	17	乙亥	11	18	丙午	10	19	丙子	9	20	丁未	8	21	丁丑
十八	1	17	丙午	12	18	丙子	11	19	丁未	10	20	丁丑	9	21	戊申	8	22	戊寅
十九	1	18	丁未	12	19	丁丑	11	20	戊申	10	21	戊寅	9	22	己酉	8	23	己卯
二十	1	19	戊申	12	20	戊寅	11	21	己酉	10	22	己卯	9	23	庚戌	8	24	庚辰
二十一	1	20	己酉	12	21	己卯	11	22	庚戌	10	23	庚辰	9	24	辛亥	8	25	辛巳
二十二	1	21	庚戌	12	22	庚辰	11	23	辛亥	10	24	辛巳	9	25	壬子	8	26	壬午
二十三	1	22	辛亥	12	23	辛巳	11	24	壬子	10	25	壬午	9	26	癸丑	8	27	癸未
二十四	1	23	壬子	12	24	壬午	11	25	癸丑	10	26	癸未	9	27	甲寅	8	28	甲申
二十五	1	24	癸丑	12	25	癸未	11	26	甲寅	10	27	甲申	9	28	乙卯	8	29	乙酉
二十六	1	25	甲寅	12	26	甲申	11	27	乙卯	10	28	乙酉	9	29	丙辰	8	30	丙戌
二十七	1	26	乙卯	12	27	乙酉	11	28	丙辰	10	29	丙戌	9	30	丁巳	8	31	丁亥
二十八	1	27	丙辰	12	28	丙戌	11	29	丁巳	10	30	丁亥	10	1	戊午	9	1	戊子
二十九	1	28	丁巳	12	29	丁亥	11	30	戊午	10	31	戊子	10	2	己未	9	2	己丑
三十				12	30	戊子				11	1	己丑				9	3	庚寅

西暦二〇〇六年（平成18年）丙戌

旧暦	六月			五月			四月			三月			二月			一月			旧暦
干支	乙未月			甲午月			癸巳月			壬辰月			辛卯月			庚寅月			干支
	新暦		干支	新暦		干支	新暦		干支	新暦		干支	新暦		干支	新暦		干支	旧暦
	6	26	丙戌	5	27	丙辰	4	28	丁亥	3	29	丁巳	2	28	戊子	1	29	戊午	一
	6	27	丁亥	5	28	丁巳	4	29	戊子	3	30	戊午	3	1	己丑	1	30	己未	二
	6	28	戊子	5	29	戊午	4	30	己丑	3	31	己未	3	2	庚寅	1	31	庚申	三
	6	29	己丑	5	30	己未	5	1	庚寅	4	1	庚申	3	3	辛卯	2	1	辛酉	四
	6	30	庚寅	5	31	庚申	5	2	辛卯	4	2	辛酉	3	4	壬辰	2	2	壬戌	五
	7	1	辛卯	6	1	辛酉	5	3	壬辰	4	3	壬戌	3	5	癸巳	2	3	癸亥	六
	7	2	壬辰	6	2	壬戌	5	4	癸巳	4	4	癸亥	3	6	甲午	2	4	甲子	七
	7	3	癸巳	6	3	癸亥	5	5	甲午	4	5	甲子	3	7	乙未	2	5	乙丑	八
	7	4	甲午	6	4	甲子	5	6	乙未	4	6	乙丑	3	8	丙申	2	6	丙寅	九
	7	5	乙未	6	5	乙丑	5	7	丙申	4	7	丙寅	3	9	丁酉	2	7	丁卯	十
	7	6	丙申	6	6	丙寅	5	8	丁酉	4	8	丁卯	3	10	戊戌	2	8	戊辰	十一
	7	7	丁酉	6	7	丁卯	5	9	戊戌	4	9	戊辰	3	11	己亥	2	9	己巳	十二
	7	8	戊戌	6	8	戊辰	5	10	己亥	4	10	己巳	3	12	庚子	2	10	庚午	十三
	7	9	己亥	6	9	己巳	5	11	庚子	4	11	庚午	3	13	辛丑	2	11	辛未	十四
	7	10	庚子	6	10	庚午	5	12	辛丑	4	12	辛未	3	14	壬寅	2	12	壬申	十五
	7	11	辛丑	6	11	辛未	5	13	壬寅	4	13	壬申	3	15	癸卯	2	13	癸酉	十六
	7	12	壬寅	6	12	壬申	5	14	癸卯	4	14	癸酉	3	16	甲辰	2	14	甲戌	十七
	7	13	癸卯	6	13	癸酉	5	15	甲辰	4	15	甲戌	3	17	乙巳	2	15	乙亥	十八
	7	14	甲辰	6	14	甲戌	5	16	乙巳	4	16	乙亥	3	18	丙午	2	16	丙子	十九
	7	15	乙巳	6	15	乙亥	5	17	丙午	4	17	丙子	3	19	丁未	2	17	丁丑	二十
	7	16	丙午	6	16	丙子	5	18	丁未	4	18	丁丑	3	20	戊申	2	18	戊寅	二十一
	7	17	丁未	6	17	丁丑	5	19	戊申	4	19	戊寅	3	21	己酉	2	19	己卯	二十二
	7	18	戊申	6	18	戊寅	5	20	己酉	4	20	己卯	3	22	庚戌	2	20	庚辰	二十三
	7	19	己酉	6	19	己卯	5	21	庚戌	4	21	庚辰	3	23	辛亥	2	21	辛巳	二十四
	7	20	庚戌	6	20	庚辰	5	22	辛亥	4	22	辛巳	3	24	壬子	2	22	壬午	二十五
	7	21	辛亥	6	21	辛巳	5	23	壬子	4	23	壬午	3	25	癸丑	2	23	癸未	二十六
	7	22	壬子	6	22	壬午	5	24	癸丑	4	24	癸未	3	26	甲寅	2	24	甲申	二十七
	7	23	癸丑	6	23	癸未	5	25	甲寅	4	25	甲申	3	27	乙卯	2	25	乙酉	二十八
	7	24	甲寅	6	24	甲申	5	26	乙卯	4	26	乙酉	3	28	丙辰	2	26	丙戌	二十九
				6	25	乙酉				4	27	丙戌				2	27	丁亥	三十

旧暦	十二月			十一月			十月			九月			八月			閏七月			七月		
干支	辛丑月			庚子月			己亥月			戊戌月			丁酉月						丙申月		
旧暦	新暦		干支	新暦		干支	新暦		干支	新暦		干支	新暦		干支	新暦		干支	新暦		干支
一	1	19	癸丑	12	20	癸未	11	21	甲寅	10	22	甲申	9	22	甲寅	8	24	乙酉	7	25	乙卯
二	1	20	甲寅	12	21	甲申	11	22	乙卯	10	23	乙酉	9	23	乙卯	8	25	丙戌	7	26	丙辰
三	1	21	乙卯	12	22	乙酉	11	23	丙辰	10	24	丙戌	9	24	丙辰	8	26	丁亥	7	27	丁巳
四	1	22	丙辰	12	23	丙戌	11	24	丁巳	10	25	丁亥	9	25	丁巳	8	27	戊子	7	28	戊午
五	1	23	丁巳	12	24	丁亥	11	25	戊午	10	26	戊子	9	26	戊午	8	28	己丑	7	29	己未
六	1	24	戊午	12	25	戊子	11	26	己未	10	27	己丑	9	27	己未	8	29	庚寅	7	30	庚申
七	1	25	己未	12	26	己丑	11	27	庚申	10	28	庚寅	9	28	庚申	8	30	辛卯	7	31	辛酉
八	1	26	庚申	12	27	庚寅	11	28	辛酉	10	29	辛卯	9	29	辛酉	8	31	壬辰	8	1	壬戌
九	1	27	辛酉	12	28	辛卯	11	29	壬戌	10	30	壬辰	9	30	壬戌	9	1	癸巳	8	2	癸亥
十	1	28	壬戌	12	29	壬辰	11	30	癸亥	10	31	癸巳	10	1	癸亥	9	2	甲午	8	3	甲子
十一	1	29	癸亥	12	30	癸巳	12	1	甲子	11	1	甲午	10	2	甲子	9	3	乙未	8	4	乙丑
十二	1	30	甲子	12	31	甲午	12	2	乙丑	11	2	乙未	10	3	乙丑	9	4	丙申	8	5	丙寅
十三	1	31	乙丑	1	1	乙未	12	3	丙寅	11	3	丙申	10	4	丙寅	9	5	丁酉	8	6	丁卯
十四	2	1	丙寅	1	2	丙申	12	4	丁卯	11	4	丁酉	10	5	丁卯	9	6	戊戌	8	7	戊辰
十五	2	2	丁卯	1	3	丁酉	12	5	戊辰	11	5	戊戌	10	6	戊辰	9	7	己亥	8	8	己巳
十六	2	3	戊辰	1	4	戊戌	12	6	己巳	11	6	己亥	10	7	己巳	9	8	庚子	8	9	庚午
十七	2	4	己巳	1	5	己亥	12	7	庚午	11	7	庚子	10	8	庚午	9	9	辛丑	8	10	辛未
十八	2	5	庚午	1	6	庚子	12	8	辛未	11	8	辛丑	10	9	辛未	9	10	壬寅	8	11	壬申
十九	2	6	辛未	1	7	辛丑	12	9	壬申	11	9	壬寅	10	10	壬申	9	11	癸卯	8	12	癸酉
二十	2	7	壬申	1	8	壬寅	12	10	癸酉	11	10	癸卯	10	11	癸酉	9	12	甲辰	8	13	甲戌
二十一	2	8	癸酉	1	9	癸卯	12	11	甲戌	11	11	甲辰	10	12	甲戌	9	13	乙巳	8	14	乙亥
二十二	2	9	甲戌	1	10	甲辰	12	12	乙亥	11	12	乙巳	10	13	乙亥	9	14	丙午	8	15	丙子
二十三	2	10	乙亥	1	11	乙巳	12	13	丙子	11	13	丙午	10	14	丙子	9	15	丁未	8	16	丁丑
二十四	2	11	丙子	1	12	丙午	12	14	丁丑	11	14	丁未	10	15	丁丑	9	16	戊申	8	17	戊寅
二十五	2	12	丁丑	1	13	丁未	12	15	戊寅	11	15	戊申	10	16	戊寅	9	17	己酉	8	18	己卯
二十六	2	13	戊寅	1	14	戊申	12	16	己卯	11	16	己酉	10	17	己卯	9	18	庚戌	8	19	庚辰
二十七	2	14	己卯	1	15	己酉	12	17	庚辰	11	17	庚戌	10	18	庚辰	9	19	辛亥	8	20	辛巳
二十八	2	15	庚辰	1	16	庚戌	12	18	辛巳	11	18	辛亥	10	19	辛巳	9	20	壬子	8	21	壬午
二十九	2	16	辛巳	1	17	辛亥	12	19	壬午	11	19	壬子	10	20	壬午	9	21	癸丑	8	22	癸未
三十	2	17	壬午	1	18	壬子				11	20	癸丑	10	21	癸未				8	23	甲申

西暦二〇〇七年（平成19年）丁亥

六月			五月			四月			三月			二月			一月			旧暦
丁未月			丙午月			乙巳月			甲辰月			癸卯月			壬寅月			干支
新暦		干支	新暦		干支	新暦		干支	新暦		干支	新暦		干支	新暦		干支	旧暦
7	14	己酉	6	15	庚辰	5	17	辛亥	4	17	辛巳	3	19	壬子	2	18	癸未	一
7	15	庚戌	6	16	辛巳	5	18	壬子	4	18	壬午	3	20	癸丑	2	19	甲申	二
7	16	辛亥	6	17	壬午	5	19	癸丑	4	19	癸未	3	21	甲寅	2	20	乙酉	三
7	17	壬子	6	18	癸未	5	20	甲寅	4	20	甲申	3	22	乙卯	2	21	丙戌	四
7	18	癸丑	6	19	甲申	5	21	乙卯	4	21	乙酉	3	23	丙辰	2	22	丁亥	五
7	19	甲寅	6	20	乙酉	5	22	丙辰	4	22	丙戌	3	24	丁巳	2	23	戊子	六
7	20	乙卯	6	21	丙戌	5	23	丁巳	4	23	丁亥	3	25	戊午	2	24	己丑	七
7	21	丙辰	6	22	丁亥	5	24	戊午	4	24	戊子	3	26	己未	2	25	庚寅	八
7	22	丁巳	6	23	戊子	5	25	己未	4	25	己丑	3	27	庚申	2	26	辛卯	九
7	23	戊午	6	24	己丑	5	26	庚申	4	26	庚寅	3	28	辛酉	2	27	壬辰	十
7	24	己未	6	25	庚寅	5	27	辛酉	4	27	辛卯	3	29	壬戌	2	28	癸巳	十一
7	25	庚申	6	26	辛卯	5	28	壬戌	4	28	壬辰	3	30	癸亥	3	1	甲午	十二
7	26	辛酉	6	27	壬辰	5	29	癸亥	4	29	癸巳	3	31	甲子	3	2	乙未	十三
7	27	壬戌	6	28	癸巳	5	30	甲子	4	30	甲午	4	1	乙丑	3	3	丙申	十四
7	28	癸亥	6	29	甲午	5	31	乙丑	5	1	乙未	4	2	丙寅	3	4	丁酉	十五
7	29	甲子	6	30	乙未	6	1	丙寅	5	2	丙申	4	3	丁卯	3	5	戊戌	十六
7	30	乙丑	7	1	丙申	6	2	丁卯	5	3	丁酉	4	4	戊辰	3	6	己亥	十七
7	31	丙寅	7	2	丁酉	6	3	戊辰	5	4	戊戌	4	5	己巳	3	7	庚子	十八
8	1	丁卯	7	3	戊戌	6	4	己巳	5	5	己亥	4	6	庚午	3	8	辛丑	十九
8	2	戊辰	7	4	己亥	6	5	庚午	5	6	庚子	4	7	辛未	3	9	壬寅	二十
8	3	己巳	7	5	庚子	6	6	辛未	5	7	辛丑	4	8	壬申	3	10	癸卯	二十一
8	4	庚午	7	6	辛丑	6	7	壬申	5	8	壬寅	4	9	癸酉	3	11	甲辰	二十二
8	5	辛未	7	7	壬寅	6	8	癸酉	5	9	癸卯	4	10	甲戌	3	12	乙巳	二十三
8	6	壬申	7	8	癸卯	6	9	甲戌	5	10	甲辰	4	11	乙亥	3	13	丙午	二十四
8	7	癸酉	7	9	甲辰	6	10	乙亥	5	11	乙巳	4	12	丙子	3	14	丁未	二十五
8	8	甲戌	7	10	乙巳	6	11	丙子	5	12	丙午	4	13	丁丑	3	15	戊申	二十六
8	9	乙亥	7	11	丙午	6	12	丁丑	5	13	丁未	4	14	戊寅	3	16	己酉	二十七
8	10	丙子	7	12	丁未	6	13	戊寅	5	14	戊申	4	15	己卯	3	17	庚戌	二十八
8	11	丁丑	7	13	戊申	6	14	己卯	5	15	己酉	4	16	庚辰	3	18	辛亥	二十九
8	12	戊寅							5	16	庚戌							三十

旧暦	十二月			十一月			十月			九月			八月			七月		
干支	癸丑月			壬子月			辛亥月			庚戌月			己酉月			戊申月		
旧暦	新暦		干支	新暦		干支	新暦		干支	新暦		干支	新暦		干支	新暦		干支
一	1	8	丁未	12	10	戊寅	11	10	戊申	10	11	戊寅	9	11	戊申	8	13	己卯
二	1	9	戊申	12	11	己卯	11	11	己酉	10	12	己卯	9	12	己酉	8	14	庚辰
三	1	10	己酉	12	12	庚辰	11	12	庚戌	10	13	庚辰	9	13	庚戌	8	15	辛巳
四	1	11	庚戌	12	13	辛巳	11	13	辛亥	10	14	辛巳	9	14	辛亥	8	16	壬午
五	1	12	辛亥	12	14	壬午	11	14	壬子	10	15	壬午	9	15	壬子	8	17	癸未
六	1	13	壬子	12	15	癸未	11	15	癸丑	10	16	癸未	9	16	癸丑	8	18	甲申
七	1	14	癸丑	12	16	甲申	11	16	甲寅	10	17	甲申	9	17	甲寅	8	19	乙酉
八	1	15	甲寅	12	17	乙酉	11	17	乙卯	10	18	乙酉	9	18	乙卯	8	20	丙戌
九	1	16	乙卯	12	18	丙戌	11	18	丙辰	10	19	丙戌	9	19	丙辰	8	21	丁亥
十	1	17	丙辰	12	19	丁亥	11	19	丁巳	10	20	丁亥	9	20	丁巳	8	22	戊子
十一	1	18	丁巳	12	20	戊子	11	20	戊午	10	21	戊子	9	21	戊午	8	23	己丑
十二	1	19	戊午	12	21	己丑	11	21	己未	10	22	己丑	9	22	己未	8	24	庚寅
十三	1	20	己未	12	22	庚寅	11	22	庚申	10	23	庚寅	9	23	庚申	8	25	辛卯
十四	1	21	庚申	12	23	辛卯	11	23	辛酉	10	24	辛卯	9	24	辛酉	8	26	壬辰
十五	1	22	辛酉	12	24	壬辰	11	24	壬戌	10	25	壬辰	9	25	壬戌	8	27	癸巳
十六	1	23	壬戌	12	25	癸巳	11	25	癸亥	10	26	癸巳	9	26	癸亥	8	28	甲午
十七	1	24	癸亥	12	26	甲午	11	26	甲子	10	27	甲午	9	27	甲子	8	29	乙未
十八	1	25	甲子	12	27	乙未	11	27	乙丑	10	28	乙未	9	28	乙丑	8	30	丙申
十九	1	26	乙丑	12	28	丙申	11	28	丙寅	10	29	丙申	9	29	丙寅	8	31	丁酉
二十	1	27	丙寅	12	29	丁酉	11	29	丁卯	10	30	丁酉	9	30	丁卯	9	1	戊戌
二十一	1	28	丁卯	12	30	戊戌	11	30	戊辰	10	31	戊戌	10	1	戊辰	9	2	己亥
二十二	1	29	戊辰	12	31	己亥	12	1	己巳	11	1	己亥	10	2	己巳	9	3	庚子
二十三	1	30	己巳	1	1	庚子	12	2	庚午	11	2	庚子	10	3	庚午	9	4	辛丑
二十四	1	31	庚午	1	2	辛丑	12	3	辛未	11	3	辛丑	10	4	辛未	9	5	壬寅
二十五	2	1	辛未	1	3	壬寅	12	4	壬申	11	4	壬寅	10	5	壬申	9	6	癸卯
二十六	2	2	壬申	1	4	癸卯	12	5	癸酉	11	5	癸卯	10	6	癸酉	9	7	甲辰
二十七	2	3	癸酉	1	5	甲辰	12	6	甲戌	11	6	甲辰	10	7	甲戌	9	8	乙巳
二十八	2	4	甲戌	1	6	乙巳	12	7	乙亥	11	7	乙巳	10	8	乙亥	9	9	丙午
二十九	2	5	乙亥	1	7	丙午	12	8	丙子	11	8	丙午	10	9	丙子	9	10	丁未
三十	2	6	丙子				12	9	丁丑	11	9	丁未	10	10	丁丑			

西暦二〇〇八年（平成20年）戊子

六月			五月			四月			三月			二月			一月			旧暦
己未月			戊午月			丁巳月			丙辰月			乙卯月			甲寅月			干支
新暦		干支	新暦		干支	新暦		干支	新暦		干支	新暦		干支	新暦		干支	旧暦
7	3	甲辰	6	4	乙亥	5	5	乙巳	4	6	丙子	3	8	丁未	2	7	丁丑	一
7	4	乙巳	6	5	丙子	5	6	丙午	4	7	丁丑	3	9	戊申	2	8	戊寅	二
7	5	丙午	6	6	丁丑	5	7	丁未	4	8	戊寅	3	10	己酉	2	9	己卯	三
7	6	丁未	6	7	戊寅	5	8	戊申	4	9	己卯	3	11	庚戌	2	10	庚辰	四
7	7	戊申	6	8	己卯	5	9	己酉	4	10	庚辰	3	12	辛亥	2	11	辛巳	五
7	8	己酉	6	9	庚辰	5	10	庚戌	4	11	辛巳	3	13	壬子	2	12	壬午	六
7	9	庚戌	6	10	辛巳	5	11	辛亥	4	12	壬午	3	14	癸丑	2	13	癸未	七
7	10	辛亥	6	11	壬午	5	12	壬子	4	13	癸未	3	15	甲寅	2	14	甲申	八
7	11	壬子	6	12	癸未	5	13	癸丑	4	14	甲申	3	16	乙卯	2	15	乙酉	九
7	12	癸丑	6	13	甲申	5	14	甲寅	4	15	乙酉	3	17	丙辰	2	16	丙戌	十
7	13	甲寅	6	14	乙酉	5	15	乙卯	4	16	丙戌	3	18	丁巳	2	17	丁亥	十一
7	14	乙卯	6	15	丙戌	5	16	丙辰	4	17	丁亥	3	19	戊午	2	18	戊子	十二
7	15	丙辰	6	16	丁亥	5	17	丁巳	4	18	戊子	3	20	己未	2	19	己丑	十三
7	16	丁巳	6	17	戊子	5	18	戊午	4	19	己丑	3	21	庚申	2	20	庚寅	十四
7	17	戊午	6	18	己丑	5	19	己未	4	20	庚寅	3	22	辛酉	2	21	辛卯	十五
7	18	己未	6	19	庚寅	5	20	庚申	4	21	辛卯	3	23	壬戌	2	22	壬辰	十六
7	19	庚申	6	20	辛卯	5	21	辛酉	4	22	壬辰	3	24	癸亥	2	23	癸巳	十七
7	20	辛酉	6	21	壬辰	5	22	壬戌	4	23	癸巳	3	25	甲子	2	24	甲午	十八
7	21	壬戌	6	22	癸巳	5	23	癸亥	4	24	甲午	3	26	乙丑	2	25	乙未	十九
7	22	癸亥	6	23	甲午	5	24	甲子	4	25	乙未	3	27	丙寅	2	26	丙申	二十
7	23	甲子	6	24	乙未	5	25	乙丑	4	26	丙申	3	28	丁卯	2	27	丁酉	二十一
7	24	乙丑	6	25	丙申	5	26	丙寅	4	27	丁酉	3	29	戊辰	2	28	戊戌	二十二
7	25	丙寅	6	26	丁酉	5	27	丁卯	4	28	戊戌	3	30	己巳	2	29	己亥	二十三
7	26	丁卯	6	27	戊戌	5	28	戊辰	4	29	己亥	3	31	庚午	3	1	庚子	二十四
7	27	戊辰	6	28	己亥	5	29	己巳	4	30	庚子	4	1	辛未	3	2	辛丑	二十五
7	28	己巳	6	29	庚子	5	30	庚午	5	1	辛丑	4	2	壬申	3	3	壬寅	二十六
7	29	庚午	6	30	辛丑	5	31	辛未	5	2	壬寅	4	3	癸酉	3	4	癸卯	二十七
7	30	辛未	7	1	壬寅	6	1	壬申	5	3	癸卯	4	4	甲戌	3	5	甲辰	二十八
7	31	壬申	7	2	癸卯	6	2	癸酉	5	4	甲辰	4	5	乙亥	3	6	乙巳	二十九
						6	3	甲戌							3	7	丙午	三十

旧暦	十二月			十一月			十月			九月			八月			七月		
干支	乙丑月			甲子月			癸亥月			壬戌月			辛酉月			庚申月		
旧暦	新暦		干支	新暦		干支	新暦		干支	新暦		干支	新暦		干支	新暦		干支
一	12	27	辛丑	11	28	壬申	10	29	壬寅	9	29	壬申	8	31	癸卯	8	1	癸酉
二	12	28	壬寅	11	29	癸酉	10	30	癸卯	9	30	癸酉	9	1	甲辰	8	2	甲戌
三	12	29	癸卯	11	30	甲戌	10	31	甲辰	10	1	甲戌	9	2	乙巳	8	3	乙亥
四	12	30	甲辰	12	1	乙亥	11	1	乙巳	10	2	乙亥	9	3	丙午	8	4	丙子
五	12	31	乙巳	12	2	丙子	11	2	丙午	10	3	丙子	9	4	丁未	8	5	丁丑
六	1	1	丙午	12	3	丁丑	11	3	丁未	10	4	丁丑	9	5	戊申	8	6	戊寅
七	1	2	丁未	12	4	戊寅	11	4	戊申	10	5	戊寅	9	6	己酉	8	7	己卯
八	1	3	戊申	12	5	己卯	11	5	己酉	10	6	己卯	9	7	庚戌	8	8	庚辰
九	1	4	己酉	12	6	庚辰	11	6	庚戌	10	7	庚辰	9	8	辛亥	8	9	辛巳
十	1	5	庚戌	12	7	辛巳	11	7	辛亥	10	8	辛巳	9	9	壬子	8	10	壬午
十一	1	6	辛亥	12	8	壬午	11	8	壬子	10	9	壬午	9	10	癸丑	8	11	癸未
十二	1	7	壬子	12	9	癸未	11	9	癸丑	10	10	癸未	9	11	甲寅	8	12	甲申
十三	1	8	癸丑	12	10	甲申	11	10	甲寅	10	11	甲申	9	12	乙卯	8	13	乙酉
十四	1	9	甲寅	12	11	乙酉	11	11	乙卯	10	12	乙酉	9	13	丙辰	8	14	丙戌
十五	1	10	乙卯	12	12	丙戌	11	12	丙辰	10	13	丙戌	9	14	丁巳	8	15	丁亥
十六	1	11	丙辰	12	13	丁亥	11	13	丁巳	10	14	丁亥	9	15	戊午	8	16	戊子
十七	1	12	丁巳	12	14	戊子	11	14	戊午	10	15	戊子	9	16	己未	8	17	己丑
十八	1	13	戊午	12	15	己丑	11	15	己未	10	16	己丑	9	17	庚申	8	18	庚寅
十九	1	14	己未	12	16	庚寅	11	16	庚申	10	17	庚寅	9	18	辛酉	8	19	辛卯
二十	1	15	庚申	12	17	辛卯	11	17	辛酉	10	18	辛卯	9	19	壬戌	8	20	壬辰
二十一	1	16	辛酉	12	18	壬辰	11	18	壬戌	10	19	壬辰	9	20	癸亥	8	21	癸巳
二十二	1	17	壬戌	12	19	癸巳	11	19	癸亥	10	20	癸巳	9	21	甲子	8	22	甲午
二十三	1	18	癸亥	12	20	甲午	11	20	甲子	10	21	甲午	9	22	乙丑	8	23	乙未
二十四	1	19	甲子	12	21	乙未	11	21	乙丑	10	22	乙未	9	23	丙寅	8	24	丙申
二十五	1	20	乙丑	12	22	丙申	11	22	丙寅	10	23	丙申	9	24	丁卯	8	25	丁酉
二十六	1	21	丙寅	12	23	丁酉	11	23	丁卯	10	24	丁酉	9	25	戊辰	8	26	戊戌
二十七	1	22	丁卯	12	24	戊戌	11	24	戊辰	10	25	戊戌	9	26	己巳	8	27	己亥
二十八	1	23	戊辰	12	25	己亥	11	25	己巳	10	26	己亥	9	27	庚午	8	28	庚子
二十九	1	24	己巳	12	26	庚子	11	26	庚午	10	27	庚子	9	28	辛未	8	29	辛丑
三十	1	25	庚午				11	27	辛未	10	28	辛丑				8	30	壬寅

西暦二〇〇九年（平成21年）己丑

閏五月			五月			四月			三月			二月			一月			旧暦
			庚午月			己巳月			戊辰月			丁卯月			丙寅月			干支
新暦		干支	新暦		干支	新暦		干支	新暦		干支	新暦		干支	新暦		干支	旧暦
6	23	己亥	5	24	己巳	4	25	庚子	3	27	辛未	2	25	辛丑	1	26	辛未	一
6	24	庚子	5	25	庚午	4	26	辛丑	3	28	壬申	2	26	壬寅	1	27	壬申	二
6	25	辛丑	5	26	辛未	4	27	壬寅	3	29	癸酉	2	27	癸卯	1	28	癸酉	三
6	26	壬寅	5	27	壬申	4	28	癸卯	3	30	甲戌	2	28	甲辰	1	29	甲戌	四
6	27	癸卯	5	28	癸酉	4	29	甲辰	3	31	乙亥	3	1	乙巳	1	30	乙亥	五
6	28	甲辰	5	29	甲戌	4	30	乙巳	4	1	丙子	3	2	丙午	1	31	丙子	六
6	29	乙巳	5	30	乙亥	5	1	丙午	4	2	丁丑	3	3	丁未	2	1	丁丑	七
6	30	丙午	5	31	丙子	5	2	丁未	4	3	戊寅	3	4	戊申	2	2	戊寅	八
7	1	丁未	6	1	丁丑	5	3	戊申	4	4	己卯	3	5	己酉	2	3	己卯	九
7	2	戊申	6	2	戊寅	5	4	己酉	4	5	庚辰	3	6	庚戌	2	4	庚辰	十
7	3	己酉	6	3	己卯	5	5	庚戌	4	6	辛巳	3	7	辛亥	2	5	辛巳	十一
7	4	庚戌	6	4	庚辰	5	6	辛亥	4	7	壬午	3	8	壬子	2	6	壬午	十二
7	5	辛亥	6	5	辛巳	5	7	壬子	4	8	癸未	3	9	癸丑	2	7	癸未	十三
7	6	辛亥	6	6	壬午	5	8	癸丑	4	9	甲申	3	10	甲寅	2	8	甲申	十四
7	7	癸丑	6	7	癸未	5	9	甲寅	4	10	乙酉	3	11	乙卯	2	9	乙酉	十五
7	8	甲寅	6	8	甲申	5	10	乙卯	4	11	丙戌	3	12	丙辰	2	10	丙戌	十六
7	9	乙卯	6	9	乙酉	5	11	丙辰	4	12	丁亥	3	13	丁巳	2	11	丁亥	十七
7	10	丙辰	6	10	丙戌	5	12	丁巳	4	13	戊子	3	14	戊午	2	12	戊子	十八
7	11	丁巳	6	11	丁亥	5	13	戊午	4	14	己丑	3	15	己未	2	13	己丑	十九
7	12	戊午	6	12	戊子	5	14	己未	4	15	庚寅	3	16	庚申	2	14	庚寅	二十
7	13	己未	6	13	己丑	5	15	庚申	4	16	辛卯	3	17	辛酉	2	15	辛卯	二十一
7	14	庚申	6	14	庚寅	5	16	辛酉	4	17	壬辰	3	18	壬戌	2	16	壬辰	二十二
7	15	辛酉	6	15	辛卯	5	17	壬戌	4	18	癸巳	3	19	癸亥	2	17	癸巳	二十三
7	16	壬戌	6	16	壬辰	5	18	癸亥	4	19	甲午	3	20	甲子	2	18	甲午	二十四
7	17	癸亥	6	17	癸巳	5	19	甲子	4	20	乙未	3	21	乙丑	2	19	乙未	二十五
7	18	甲子	6	18	甲午	5	20	乙丑	4	21	丙申	3	22	丙寅	2	20	丙申	二十六
7	19	乙丑	6	19	乙未	5	21	丙寅	4	22	丁酉	3	23	丁卯	2	21	丁酉	二十七
7	20	丙寅	6	20	丙申	5	22	丁卯	4	23	戊戌	3	24	戊辰	2	22	戊戌	二十八
7	21	丁卯	6	21	丁酉	5	23	戊辰	4	24	己亥	3	25	己巳	2	23	己亥	二十九
			6	22	戊戌							3	26	庚午	2	24	庚子	三十

旧暦	十二月			十一月			十月			九月			八月			七月			六月		
干支	丁丑月			丙子月			乙亥月			甲戌月			癸酉月			壬申月			辛未月		
旧暦	新暦		干支	新暦		干支	新暦		干支	新暦		干支	新暦		干支	新暦		干支	新暦		干支
一	1	15	乙丑	12	16	乙未	11	17	丙寅	10	18	丙申	9	19	丁卯	8	20	丁酉	7	22	戊辰
二	1	16	丙寅	12	17	丙申	11	18	丁卯	10	19	丁酉	9	20	戊辰	8	21	戊戌	7	23	己巳
三	1	17	丁卯	12	18	丁酉	11	19	戊辰	10	20	戊戌	9	21	己巳	8	22	己亥	7	24	庚午
四	1	18	戊辰	12	19	戊戌	11	20	己巳	10	21	己亥	9	22	庚午	8	23	庚子	7	25	辛未
五	1	19	己巳	12	20	己亥	11	21	庚午	10	22	庚子	9	23	辛未	8	24	辛丑	7	26	壬申
六	1	20	庚午	12	21	庚子	11	22	辛未	10	23	辛丑	9	24	壬申	8	25	壬寅	7	27	癸酉
七	1	21	辛未	12	22	辛丑	11	23	壬申	10	24	壬寅	9	25	癸酉	8	26	癸卯	7	28	甲戌
八	1	22	壬申	12	23	壬寅	11	24	癸酉	10	25	癸卯	9	26	甲戌	8	27	甲辰	7	29	乙亥
九	1	23	癸酉	12	24	癸卯	11	25	甲戌	10	26	甲辰	9	27	乙亥	8	28	乙巳	7	30	丙子
十	1	24	甲戌	12	25	甲辰	11	26	乙亥	10	27	乙巳	9	28	丙子	8	29	丙午	7	31	丁丑
十一	1	25	乙亥	12	26	乙巳	11	27	丙子	10	28	丙午	9	29	丁丑	8	30	丁未	8	1	戊寅
十二	1	26	丙子	12	27	丙午	11	28	丁丑	10	29	丁未	9	30	戊寅	8	31	戊申	8	2	己卯
十三	1	27	丁丑	12	28	丁未	11	29	戊寅	10	30	戊申	10	1	己卯	9	1	己酉	8	3	庚辰
十四	1	28	戊寅	12	29	戊申	11	30	己卯	10	31	己酉	10	2	庚辰	9	2	庚戌	8	4	辛巳
十五	1	29	己卯	12	30	己酉	12	1	庚辰	11	1	庚戌	10	3	辛巳	9	3	辛亥	8	5	壬午
十六	1	30	庚辰	12	31	庚戌	12	2	辛巳	11	2	辛亥	10	4	壬午	9	4	壬子	8	6	癸未
十七	1	31	辛巳	1	1	辛亥	12	3	壬午	11	3	壬子	10	5	癸未	9	5	癸丑	8	7	甲申
十八	2	1	壬午	1	2	壬子	12	4	癸未	11	4	癸丑	10	6	甲申	9	6	甲寅	8	8	乙酉
十九	2	2	癸未	1	3	癸丑	12	5	甲申	11	5	甲寅	10	7	乙酉	9	7	乙卯	8	9	丙戌
二十	2	3	甲申	1	4	甲寅	12	6	乙酉	11	6	乙卯	10	8	丙戌	9	8	丙辰	8	10	丁亥
二十一	2	4	乙酉	1	5	乙卯	12	7	丙戌	11	7	丙辰	10	9	丁亥	9	9	丁巳	8	11	戊子
二十二	2	5	丙戌	1	6	丙辰	12	8	丁亥	11	8	丁巳	10	10	戊子	9	10	戊午	8	12	己丑
二十三	2	6	丁亥	1	7	丁巳	12	9	戊子	11	9	戊午	10	11	己丑	9	11	己未	8	13	庚寅
二十四	2	7	戊子	1	8	戊午	12	10	己丑	11	10	己未	10	12	庚寅	9	12	庚申	8	14	辛卯
二十五	2	8	己丑	1	9	己未	12	11	庚寅	11	11	庚申	10	13	辛卯	9	13	辛酉	8	15	壬辰
二十六	2	9	庚寅	1	10	庚申	12	12	辛卯	11	12	辛酉	10	14	壬辰	9	14	壬戌	8	16	癸巳
二十七	2	10	辛卯	1	11	辛酉	12	13	壬辰	11	13	壬戌	10	15	癸巳	9	15	癸亥	8	17	甲午
二十八	2	11	壬辰	1	12	壬戌	12	14	癸巳	11	14	癸亥	10	16	甲午	9	16	甲子	8	18	乙未
二十九	2	12	癸巳	1	13	癸亥	12	15	甲午	11	15	甲子	10	17	乙未	9	17	乙丑	8	19	丙申
三十	2	13	甲午	1	14	甲子				11	16	乙丑				9	18	丙寅			

西暦二〇一〇年（平成22年）庚寅

六月			五月			四月			三月			二月			一月			旧暦
癸未月			壬午月			辛巳月			庚辰月			己卯月			戊寅月			干支
新暦		干支	新暦		干支	新暦		干支	新暦		干支	新暦		干支	新暦		干支	旧暦
7	12	癸亥	6	12	癸巳	5	14	甲子	4	14	甲午	3	16	乙丑	2	14	乙未	一
7	13	甲子	6	13	甲午	5	15	乙丑	4	15	乙未	3	17	丙寅	2	15	丙申	二
7	14	乙丑	6	14	乙未	5	16	丙寅	4	16	丙申	3	18	丁卯	2	16	丁酉	三
7	15	丙寅	6	15	丙申	5	17	丁卯	4	17	丁酉	3	19	戊辰	2	17	戊戌	四
7	16	丁卯	6	16	丁酉	5	18	戊辰	4	18	戊戌	3	20	己巳	2	18	己亥	五
7	17	戊辰	6	17	戊戌	5	19	己巳	4	19	己亥	3	21	庚午	2	19	庚子	六
7	18	己巳	6	18	己亥	5	20	庚午	4	20	庚子	3	22	辛未	2	20	辛丑	七
7	19	庚午	6	19	庚子	5	21	辛未	4	21	辛丑	3	23	壬申	2	21	壬寅	八
7	20	辛未	6	20	辛丑	5	22	壬申	4	22	壬寅	3	24	癸酉	2	22	癸卯	九
7	21	壬申	6	21	壬寅	5	23	癸酉	4	23	癸卯	3	25	甲戌	2	23	甲辰	十
7	22	癸酉	6	22	癸卯	5	24	甲戌	4	24	甲辰	3	26	乙亥	2	24	乙巳	十一
7	23	甲戌	6	23	甲辰	5	25	乙亥	4	25	乙巳	3	27	丙子	2	25	丙午	十二
7	24	乙亥	6	24	乙巳	5	26	丙子	4	26	丙午	3	28	丁丑	2	26	丁未	十三
7	25	丙子	6	25	丙午	5	27	丁丑	4	27	丁未	3	29	戊寅	2	27	戊申	十四
7	26	丁丑	6	26	丁未	5	28	戊寅	4	28	戊申	3	30	己卯	2	28	己酉	十五
7	27	戊寅	6	27	戊申	5	29	己卯	4	29	己酉	3	31	庚辰	3	1	庚戌	十六
7	28	己卯	6	28	己酉	5	30	庚辰	4	30	庚戌	4	1	辛巳	3	2	辛亥	十七
7	29	庚辰	6	29	庚戌	5	31	辛巳	5	1	辛亥	4	2	壬午	3	3	壬子	十八
7	30	辛巳	6	30	辛亥	6	1	壬午	5	2	壬子	4	3	癸未	3	4	癸丑	十九
7	31	壬午	7	1	壬子	6	2	癸未	5	3	癸丑	4	4	甲申	3	5	甲寅	二十
8	1	癸未	7	2	癸丑	6	3	甲申	5	4	甲寅	4	5	乙酉	3	6	乙卯	二十一
8	2	甲申	7	3	甲寅	6	4	乙酉	5	5	乙卯	4	6	丙戌	3	7	丙辰	二十二
8	3	乙酉	7	4	乙卯	6	5	丙戌	5	6	丙辰	4	7	丁亥	3	8	丁巳	二十三
8	4	丙戌	7	5	丙辰	6	6	丁亥	5	7	丁巳	4	8	戊子	3	9	戊午	二十四
8	5	丁亥	7	6	丁巳	6	7	戊子	5	8	戊午	4	9	己丑	3	10	己未	二十五
8	6	戊子	7	7	戊午	6	8	己丑	5	9	己未	4	10	庚寅	3	11	庚申	二十六
8	7	己丑	7	8	己未	6	9	庚寅	5	10	庚申	4	11	辛卯	3	12	辛酉	二十七
8	8	庚寅	7	9	庚申	6	10	辛卯	5	11	辛酉	4	12	壬辰	3	13	壬戌	二十八
8	9	辛卯	7	10	辛酉	6	11	壬辰	5	12	壬戌	4	13	癸巳	3	14	癸亥	二十九
			7	11	壬戌				5	13	癸亥				3	15	甲子	三十

旧暦	十二月			十一月			十月			九月			八月			七月		
干支	己丑月			戊子月			丁亥月			丙戌月			乙酉月			甲申月		
旧暦	新暦		干支	新暦		干支	新暦		干支	新暦		干支	新暦		干支	新暦		干支
一	1	4	己未	12	6	庚寅	11	6	庚申	10	8	辛卯	9	8	辛酉	8	10	壬辰
二	1	5	庚申	12	7	辛卯	11	7	辛酉	10	9	壬辰	9	9	壬戌	8	11	癸巳
三	1	6	辛酉	12	8	壬辰	11	8	壬戌	10	10	癸巳	9	10	癸亥	8	12	甲午
四	1	7	壬戌	12	9	癸巳	11	9	癸亥	10	11	甲午	9	11	甲子	8	13	乙未
五	1	8	癸亥	12	10	甲午	11	10	甲子	10	12	乙未	9	12	乙丑	8	14	丙申
六	1	9	甲子	12	11	乙未	11	11	乙丑	10	13	丙申	9	13	丙寅	8	15	丁酉
七	1	10	乙丑	12	12	丙申	11	12	丙寅	10	14	丁酉	9	14	丁卯	8	16	戊戌
八	1	11	丙寅	12	13	丁酉	11	13	丁卯	10	15	戊戌	9	15	戊辰	8	17	己亥
九	1	12	丁卯	12	14	戊戌	11	14	戊辰	10	16	己亥	9	16	己巳	8	18	庚子
十	1	13	戊辰	12	15	己亥	11	15	己巳	10	17	庚子	9	17	庚午	8	19	辛丑
十一	1	14	己巳	12	16	庚子	11	16	庚午	10	18	辛丑	9	18	辛未	8	20	壬寅
十二	1	15	庚午	12	17	辛丑	11	17	辛未	10	19	壬寅	9	19	壬申	8	21	癸卯
十三	1	16	辛未	12	18	壬寅	11	18	壬申	10	20	癸卯	9	20	癸酉	8	22	甲辰
十四	1	17	壬申	12	19	癸卯	11	19	癸酉	10	21	甲辰	9	21	甲戌	8	23	乙巳
十五	1	18	癸酉	12	20	甲辰	11	20	甲戌	10	22	乙巳	9	22	乙亥	8	24	丙午
十六	1	19	甲戌	12	21	乙巳	11	21	乙亥	10	23	丙午	9	23	丙子	8	25	丁未
十七	1	20	乙亥	12	22	丙午	11	22	丙子	10	24	丁未	9	24	丁丑	8	26	戊申
十八	1	21	丙子	12	23	丁未	11	23	丁丑	10	25	戊申	9	25	戊寅	8	27	己酉
十九	1	22	丁丑	12	24	戊申	11	24	戊寅	10	26	己酉	9	26	己卯	8	28	庚戌
二十	1	23	戊寅	12	25	己酉	11	25	己卯	10	27	庚戌	9	27	庚辰	8	29	辛亥
二十一	1	24	己卯	12	26	庚戌	11	26	庚辰	10	28	辛亥	9	28	辛巳	8	30	壬子
二十二	1	25	庚辰	12	27	辛亥	11	27	辛巳	10	29	壬子	9	29	壬午	8	31	癸丑
二十三	1	26	辛巳	12	28	壬子	11	28	壬午	10	30	癸丑	9	30	癸未	9	1	甲寅
二十四	1	27	壬午	12	29	癸丑	11	29	癸未	10	31	甲寅	10	1	甲申	9	2	乙卯
二十五	1	28	癸未	12	30	甲寅	11	30	甲申	11	1	乙卯	10	2	乙酉	9	3	丙辰
二十六	1	29	甲申	12	31	乙卯	12	1	乙酉	11	2	丙辰	10	3	丙戌	9	4	丁巳
二十七	1	30	乙酉	1	1	丙辰	12	2	丙戌	11	3	丁巳	10	4	丁亥	9	5	戊午
二十八	1	31	丙戌	1	2	丁巳	12	3	丁亥	11	4	戊午	10	5	戊子	9	6	己未
二十九	2	1	丁亥	1	3	戊午	12	4	戊子	11	5	己未	10	6	己丑	9	7	庚申
三十	2	2	戊子				12	5	己丑				10	7	庚寅			

西暦二〇一一年（平成23年）辛卯

六月			五月			四月			三月			二月			一月			旧暦
乙未月			甲午月			癸巳月			壬辰月			辛卯月			庚寅月			干支
新暦		干支	新暦		干支	新暦		干支	新暦		干支	新暦		干支	新暦		干支	旧暦
7	1	丁巳	6	2	戊子	5	3	戊午	4	3	戊子	3	5	己未	2	3	己丑	一
7	2	戊午	6	3	己丑	5	4	己未	4	4	己丑	3	6	庚申	2	4	庚寅	二
7	3	己未	6	4	庚寅	5	5	庚申	4	5	庚寅	3	7	辛酉	2	5	辛卯	三
7	4	庚申	6	5	辛卯	5	6	辛酉	4	6	辛卯	3	8	壬戌	2	6	壬辰	四
7	5	辛酉	6	6	壬辰	5	7	壬戌	4	7	壬辰	3	9	癸亥	2	7	癸巳	五
7	6	壬戌	6	7	癸巳	5	8	癸亥	4	8	癸巳	3	10	甲子	2	8	甲午	六
7	7	癸亥	6	8	甲午	5	9	甲子	4	9	甲午	3	11	乙丑	2	9	乙未	七
7	8	甲子	6	9	乙未	5	10	乙丑	4	10	乙未	3	12	丙寅	2	10	丙申	八
7	9	乙丑	6	10	丙申	5	11	丙寅	4	11	丙申	3	13	丁卯	2	11	丁酉	九
7	10	丙寅	6	11	丁酉	5	12	丁卯	4	12	丁酉	3	14	戊辰	2	12	戊戌	十
7	11	丁卯	6	12	戊戌	5	13	戊辰	4	13	戊戌	3	15	己巳	2	13	己亥	十一
7	12	戊辰	6	13	己亥	5	14	己巳	4	14	己亥	3	16	庚午	2	14	庚子	十二
7	13	己巳	6	14	庚子	5	15	庚午	4	15	庚子	3	17	辛未	2	15	辛丑	十三
7	14	庚午	6	15	辛丑	5	16	辛未	4	16	辛丑	3	18	壬申	2	16	壬寅	十四
7	15	辛未	6	16	壬寅	5	17	壬申	4	17	壬寅	3	19	癸酉	2	17	癸卯	十五
7	16	壬申	6	17	癸卯	5	18	癸酉	4	18	癸卯	3	20	甲戌	2	18	甲辰	十六
7	17	癸酉	6	18	甲辰	5	19	甲戌	4	19	甲辰	3	21	乙亥	2	19	乙巳	十七
7	18	甲戌	6	19	乙巳	5	20	乙亥	4	20	乙巳	3	22	丙子	2	20	丙午	十八
7	19	乙亥	6	20	丙午	5	21	丙子	4	21	丙午	3	23	丁丑	2	21	丁未	十九
7	20	丙子	6	21	丁未	5	22	丁丑	4	22	丁未	3	24	戊寅	2	22	戊申	二十
7	21	丁丑	6	22	戊申	5	23	戊寅	4	23	戊申	3	25	己卯	2	23	己酉	二十一
7	22	戊寅	6	23	己酉	5	24	己卯	4	24	己酉	3	26	庚辰	2	24	庚戌	二十二
7	23	己卯	6	24	庚戌	5	25	庚辰	4	25	庚戌	3	27	辛巳	2	25	辛亥	二十三
7	24	庚辰	6	25	辛亥	5	26	辛巳	4	26	辛亥	3	28	壬午	2	26	壬子	二十四
7	25	辛巳	6	26	壬子	5	27	壬午	4	27	壬子	3	29	癸未	2	27	癸丑	二十五
7	26	壬午	6	27	癸丑	5	28	癸未	4	28	癸丑	3	30	甲申	2	28	甲寅	二十六
7	27	癸未	6	28	甲寅	5	29	甲申	4	29	甲寅	3	31	乙酉	3	1	乙卯	二十七
7	28	甲申	6	29	乙卯	5	30	乙酉	4	30	乙卯	4	1	丙戌	3	2	丙辰	二十八
7	29	乙酉	6	30	丙辰	5	31	丙戌	5	1	丙辰	4	2	丁亥	3	3	丁巳	二十九
7	30	丙戌				6	1	丁亥	5	2	丁巳				3	4	戊午	三十

旧暦	十二月			十一月			十月			九月			八月			七月		
干支	辛丑月			庚子月			己亥月			戊戌月			丁酉月			丙申月		
旧暦	新暦		干支	新暦		干支	新暦		干支	新暦		干支	新暦		干支	新暦		干支
一	12	25	甲寅	11	25	甲申	10	27	乙卯	9	27	乙酉	8	29	丙辰	7	31	丁亥
二	12	26	乙卯	11	26	乙酉	10	28	丙辰	9	28	丙戌	8	30	丁巳	8	1	戊子
三	12	27	丙辰	11	27	丙戌	10	29	丁巳	9	29	丁亥	8	31	戊午	8	2	己丑
四	12	28	丁巳	11	28	丁亥	10	30	戊午	9	30	戊子	9	1	己未	8	3	庚寅
五	12	29	戊午	11	29	戊子	10	31	己未	10	1	己丑	9	2	庚申	8	4	辛卯
六	12	30	己未	11	30	己丑	11	1	庚申	10	2	庚寅	9	3	辛酉	8	5	壬辰
七	12	31	庚申	12	1	庚寅	11	2	辛酉	10	3	辛卯	9	4	壬戌	8	6	癸巳
八	1	1	辛酉	12	2	辛卯	11	3	壬戌	10	4	壬辰	9	5	癸亥	8	7	甲午
九	1	2	壬戌	12	3	壬辰	11	4	癸亥	10	5	癸巳	9	6	甲子	8	8	乙未
十	1	3	癸亥	12	4	癸巳	11	5	甲子	10	6	甲午	9	7	乙丑	8	9	丙申
十一	1	4	甲子	12	5	甲午	11	6	乙丑	10	7	乙未	9	8	丙寅	8	10	丁酉
十二	1	5	乙丑	12	6	乙未	11	7	丙寅	10	8	丙申	9	9	丁卯	8	11	戊戌
十三	1	6	丙寅	12	7	丙申	11	8	丁卯	10	9	丁酉	9	10	戊辰	8	12	己亥
十四	1	7	丁卯	12	8	丁酉	11	9	戊辰	10	10	戊戌	9	11	己巳	8	13	庚子
十五	1	8	戊辰	12	9	戊戌	11	10	己巳	10	11	己亥	9	12	庚午	8	14	辛丑
十六	1	9	己巳	12	10	己亥	11	11	庚午	10	12	庚子	9	13	辛未	8	15	壬寅
十七	1	10	庚午	12	11	庚子	11	12	辛未	10	13	辛丑	9	14	壬申	8	16	癸卯
十八	1	11	辛未	12	12	辛丑	11	13	壬申	10	14	壬寅	9	15	癸酉	8	17	甲辰
十九	1	12	壬申	12	13	壬寅	11	14	癸酉	10	15	癸卯	9	16	甲戌	8	18	乙巳
二十	1	13	癸酉	12	14	癸卯	11	15	甲戌	10	16	甲辰	9	17	乙亥	8	19	丙午
二十一	1	14	甲戌	12	15	甲辰	11	16	乙亥	10	17	乙巳	9	18	丙子	8	20	丁未
二十二	1	15	乙亥	12	16	乙巳	11	17	丙子	10	18	丙午	9	19	丁丑	8	21	戊申
二十三	1	16	丙子	12	17	丙午	11	18	丁丑	10	19	丁未	9	20	戊寅	8	22	己酉
二十四	1	17	丁丑	12	18	丁未	11	19	戊寅	10	20	戊申	9	21	己卯	8	23	庚戌
二十五	1	18	戊寅	12	19	戊申	11	20	己卯	10	21	己酉	9	22	庚辰	8	24	辛亥
二十六	1	19	己卯	12	20	己酉	11	21	庚辰	10	22	庚戌	9	23	辛巳	8	25	壬子
二十七	1	20	庚辰	12	21	庚戌	11	22	辛巳	10	23	辛亥	9	24	壬午	8	26	癸丑
二十八	1	21	辛巳	12	22	辛亥	11	23	壬午	10	24	壬子	9	25	癸未	8	27	甲寅
二十九	1	22	壬午	12	23	壬子	11	24	癸未	10	25	癸丑	9	26	甲申	8	28	乙卯
三十				12	24	癸丑				10	26	甲寅						

西暦二〇一二年（平成24年）壬辰

五月			閏四月			四月			三月			二月			一月			旧暦
丙午月						乙巳月			甲辰月			癸卯月			壬寅月			干支
新暦		干支	新暦		干支	新暦		干支	新暦		干支	新暦		干支	新暦		干支	旧暦
6	19	辛亥	5	21	壬午	4	21	壬子	3	22	壬午	2	22	癸丑	1	23	癸未	一
6	20	壬子	5	22	癸未	4	22	癸丑	3	23	癸未	2	23	甲寅	1	24	甲申	二
6	21	癸丑	5	23	甲申	4	23	甲寅	3	24	甲申	2	24	乙卯	1	25	乙酉	三
6	22	甲寅	5	24	乙酉	4	24	乙卯	3	25	乙酉	2	25	丙辰	1	26	丙戌	四
6	23	乙卯	5	25	丙戌	4	25	丙辰	3	26	丙戌	2	26	丁巳	1	27	丁亥	五
6	24	丙辰	5	26	丁亥	4	26	丁巳	3	27	丁亥	2	27	戊午	1	28	戊子	六
6	25	丁巳	5	27	戊子	4	27	戊午	3	28	戊子	2	28	己未	1	29	己丑	七
6	26	戊午	5	28	己丑	4	28	己未	3	29	己丑	2	29	庚申	1	30	庚寅	八
6	27	己未	5	29	庚寅	4	29	庚申	3	30	庚寅	3	1	辛酉	1	31	辛卯	九
6	28	庚申	5	30	辛卯	4	30	辛酉	3	31	辛卯	3	2	壬戌	2	1	壬辰	十
6	29	辛酉	5	31	壬辰	5	1	壬戌	4	1	壬辰	3	3	癸亥	2	2	癸巳	十一
6	30	壬戌	6	1	癸巳	5	2	癸亥	4	2	癸巳	3	4	甲子	2	3	甲午	十二
7	1	癸亥	6	2	甲午	5	3	甲子	4	3	甲午	3	5	乙丑	2	4	乙未	十三
7	2	甲子	6	3	乙未	5	4	乙丑	4	4	乙未	3	6	丙寅	2	5	丙申	十四
7	3	乙丑	6	4	丙申	5	5	丙寅	4	5	丙申	3	7	丁卯	2	6	丁酉	十五
7	4	丙寅	6	5	丁酉	5	6	丁卯	4	6	丁酉	3	8	戊辰	2	7	戊戌	十六
7	5	丁卯	6	6	戊戌	5	7	戊辰	4	7	戊戌	3	9	己巳	2	8	己亥	十七
7	6	戊辰	6	7	己亥	5	8	己巳	4	8	己亥	3	10	庚午	2	9	庚子	十八
7	7	己巳	6	8	庚子	5	9	庚午	4	9	庚子	3	11	辛未	2	10	辛丑	十九
7	8	庚午	6	9	辛丑	5	10	辛未	4	10	辛丑	3	12	壬申	2	11	壬寅	二十
7	9	辛未	6	10	壬寅	5	11	壬申	4	11	壬寅	3	13	癸酉	2	12	癸卯	二十一
7	10	壬申	6	11	癸卯	5	12	癸酉	4	12	癸卯	3	14	甲戌	2	13	甲辰	二十二
7	11	癸酉	6	12	甲辰	5	13	甲戌	4	13	甲辰	3	15	乙亥	2	14	乙巳	二十三
7	12	甲戌	6	13	乙巳	5	14	乙亥	4	14	乙巳	3	16	丙子	2	15	丙午	二十四
7	13	乙亥	6	14	丙午	5	15	丙子	4	15	丙午	3	17	丁丑	2	16	丁未	二十五
7	14	丙子	6	15	丁未	5	16	丁丑	4	16	丁未	3	18	戊寅	2	17	戊申	二十六
7	15	丁丑	6	16	戊申	5	17	戊寅	4	17	戊申	3	19	己卯	2	18	己酉	二十七
7	16	戊寅	6	17	己酉	5	18	己卯	4	18	己酉	3	20	庚辰	2	19	庚戌	二十八
7	17	己卯	6	18	庚戌	5	19	庚辰	4	19	庚戌	3	21	辛巳	2	20	辛亥	二十九
7	18	庚辰				5	20	辛巳	4	20	辛亥				2	21	壬子	三十

旧暦	十二月			十一月			十月			九月			八月			七月			六月		
干支	癸丑月			壬子月			辛亥月			庚戌月			己酉月			戊申月			丁未月		
旧暦	新暦		干支	新暦		干支	新暦		干支	新暦		干支	新暦		干支	新暦		干支	新暦		干支
一	1	12	戊寅	12	13	戊申	11	14	己卯	10	15	己酉	9	16	庚辰	8	17	庚戌	7	19	辛巳
二	1	13	己卯	12	14	己酉	11	15	庚辰	10	16	庚戌	9	17	辛巳	8	18	辛亥	7	20	壬午
三	1	14	庚辰	12	15	庚戌	11	16	辛巳	10	17	辛亥	9	18	壬午	8	19	壬子	7	21	癸未
四	1	15	辛巳	12	16	辛亥	11	17	壬午	10	18	壬子	9	19	癸未	8	20	癸丑	7	22	甲申
五	1	16	壬午	12	17	壬子	11	18	癸未	10	19	癸丑	9	20	甲申	8	21	甲寅	7	23	乙酉
六	1	17	癸未	12	18	癸丑	11	19	甲申	10	20	甲寅	9	21	乙酉	8	22	乙卯	7	24	丙戌
七	1	18	甲申	12	19	甲寅	11	20	乙酉	10	21	乙卯	9	22	丙戌	8	23	丙辰	7	25	丁亥
八	1	19	乙酉	12	20	乙卯	11	21	丙戌	10	22	丙辰	9	23	丁亥	8	24	丁巳	7	26	戊子
九	1	20	丙戌	12	21	丙辰	11	22	丁亥	10	23	丁巳	9	24	戊子	8	25	戊午	7	27	己丑
十	1	21	丁亥	12	22	丁巳	11	23	戊子	10	24	戊午	9	25	己丑	8	26	己未	7	28	庚寅
十一	1	22	戊子	12	23	戊午	11	24	己丑	10	25	己未	9	26	庚寅	8	27	庚申	7	29	辛卯
十二	1	23	己丑	12	24	己未	11	25	庚寅	10	26	庚申	9	27	辛卯	8	28	辛酉	7	30	壬辰
十三	1	24	庚寅	12	25	庚申	11	26	辛卯	10	27	辛酉	9	28	壬辰	8	29	壬戌	7	31	癸巳
十四	1	25	辛卯	12	26	辛酉	11	27	壬辰	10	28	壬戌	9	29	癸巳	8	30	癸亥	8	1	甲午
十五	1	26	壬辰	12	27	壬戌	11	28	癸巳	10	29	癸亥	9	30	甲午	8	31	甲子	8	2	乙未
十六	1	27	癸巳	12	28	癸亥	11	29	甲午	10	30	甲子	10	1	乙未	9	1	乙丑	8	3	丙申
十七	1	28	甲午	12	29	甲子	11	30	乙未	10	31	乙丑	10	2	丙申	9	2	丙寅	8	4	丁酉
十八	1	29	乙未	12	30	乙丑	12	1	丙申	11	1	丙寅	10	3	丁酉	9	3	丁卯	8	5	戊戌
十九	1	30	丙申	12	31	丙寅	12	2	丁酉	11	2	丁卯	10	4	戊戌	9	4	戊辰	8	6	己亥
二十	1	31	丁酉	1	1	丁卯	12	3	戊戌	11	3	戊辰	10	5	己亥	9	5	己巳	8	7	庚子
二十一	2	1	戊戌	1	2	戊辰	12	4	己亥	11	4	己巳	10	6	庚子	9	6	庚午	8	8	辛丑
二十二	2	2	己亥	1	3	己巳	12	5	庚子	11	5	庚午	10	7	辛丑	9	7	辛未	8	9	壬寅
二十三	2	3	庚子	1	4	庚午	12	6	辛丑	11	6	辛未	10	8	壬寅	9	8	壬申	8	10	癸卯
二十四	2	4	辛丑	1	5	辛未	12	7	壬寅	11	7	壬申	10	9	癸卯	9	9	癸酉	8	11	甲辰
二十五	2	5	壬寅	1	6	壬申	12	8	癸卯	11	8	癸酉	10	10	甲辰	9	10	甲戌	8	12	乙巳
二十六	2	6	癸卯	1	7	癸酉	12	9	甲辰	11	9	甲戌	10	11	乙巳	9	11	乙亥	8	13	丙午
二十七	2	7	甲辰	1	8	甲戌	12	10	乙巳	11	10	乙亥	10	12	丙午	9	12	丙子	8	14	丁未
二十八	2	8	乙巳	1	9	乙亥	12	11	丙午	11	11	丙子	10	13	丁未	9	13	丁丑	8	15	戊申
二十九	2	9	丙午	1	10	丙子	12	12	丁未	11	12	丁丑	10	14	戊申	9	14	戊寅	8	16	己酉
三十				1	11	丁丑				11	13	戊寅				9	15	己卯			

西暦二〇一三年（平成25年）癸巳

六月			五月			四月			三月			二月			一月			旧暦
己未月			戊午月			丁巳月			丙辰月			乙卯月			甲寅月			干支
新暦		干支	新暦		干支	新暦		干支	新暦		干支	新暦		干支	新暦		干支	旧暦
7	8	乙亥	6	8	乙巳	5	10	丙子	4	10	丙午	3	12	丁丑	2	10	丁未	一
7	9	丙子	6	9	丙午	5	11	丁丑	4	11	丁未	3	13	戊寅	2	11	戊申	二
7	10	丁丑	6	10	丁未	5	12	戊寅	4	12	戊申	3	14	己卯	2	12	己酉	三
7	11	戊寅	6	11	戊申	5	13	己卯	4	13	己酉	3	15	庚辰	2	13	庚戌	四
7	12	己卯	6	12	己酉	5	14	庚辰	4	14	庚戌	3	16	辛巳	2	14	辛亥	五
7	13	庚辰	6	13	庚戌	5	15	辛巳	4	15	辛亥	3	17	壬午	2	15	壬子	六
7	14	辛巳	6	14	辛亥	5	16	壬午	4	16	壬子	3	18	癸未	2	16	癸丑	七
7	15	壬午	6	15	壬子	5	17	癸未	4	17	癸丑	3	19	甲申	2	17	甲寅	八
7	16	癸未	6	16	癸丑	5	18	甲申	4	18	甲寅	3	20	乙酉	2	18	乙卯	九
7	17	甲申	6	17	甲寅	5	19	乙酉	4	19	乙卯	3	21	丙戌	2	19	丙辰	十
7	18	乙酉	6	18	乙卯	5	20	丙戌	4	20	丙辰	3	22	丁亥	2	20	丁巳	十一
7	19	丙戌	6	19	丙辰	5	21	丁亥	4	21	丁巳	3	23	戊子	2	21	戊午	十二
7	20	丁亥	6	20	丁巳	5	22	戊子	4	22	戊午	3	24	己丑	2	22	己未	十三
7	21	戊子	6	21	戊午	5	23	己丑	4	23	己未	3	25	庚寅	2	23	庚申	十四
7	22	己丑	6	22	己未	5	24	庚寅	4	24	庚申	3	26	辛卯	2	24	辛酉	十五
7	23	庚寅	6	23	庚申	5	25	辛卯	4	25	辛酉	3	27	壬辰	2	25	壬戌	十六
7	24	辛卯	6	24	辛酉	5	26	壬辰	4	26	壬戌	3	28	癸巳	2	26	癸亥	十七
7	25	壬辰	6	25	壬戌	5	27	癸巳	4	27	癸亥	3	29	甲午	2	27	甲子	十八
7	26	癸巳	6	26	癸亥	5	28	甲午	4	28	甲子	3	30	乙未	2	28	乙丑	十九
7	27	甲午	6	27	甲子	5	29	乙未	4	29	乙丑	3	31	丙申	3	1	丙寅	二十
7	28	乙未	6	28	乙丑	5	30	丙申	4	30	丙寅	4	1	丁酉	3	2	丁卯	二十一
7	29	丙申	6	29	丙寅	5	31	丁酉	5	1	丁卯	4	2	戊戌	3	3	戊辰	二十二
7	30	丁酉	6	30	丁卯	6	1	戊戌	5	2	戊辰	4	3	己亥	3	4	己巳	二十三
7	31	戊戌	7	1	戊辰	6	2	己亥	5	3	己巳	4	4	庚子	3	5	庚午	二十四
8	1	己亥	7	2	己巳	6	3	庚子	5	4	庚午	4	5	辛丑	3	6	辛未	二十五
8	2	庚子	7	3	庚午	6	4	辛丑	5	5	辛未	4	6	壬寅	3	7	壬申	二十六
8	3	辛丑	7	4	辛未	6	5	壬寅	5	6	壬申	4	7	癸卯	3	8	癸酉	二十七
8	4	壬寅	7	5	壬申	6	6	癸卯	5	7	癸酉	4	8	甲辰	3	9	甲戌	二十八
8	5	癸卯	7	6	癸酉	6	7	甲辰	5	8	甲戌	4	9	乙巳	3	10	乙亥	二十九
8	6	甲辰	7	7	甲戌				5	9	乙亥				3	11	丙子	三十

旧暦	十二月			十一月			十月			九月			八月			七月		
干支	乙丑月			甲子月			癸亥月			壬戌月			辛酉月			庚申月		
旧暦	新暦		干支	新暦		干支	新暦		干支	新暦		干支	新暦		干支	新暦		干支
一	1	1	壬申	12	3	癸卯	11	3	癸酉	10	5	甲辰	9	5	甲戌	8	7	乙巳
二	1	2	癸酉	12	4	甲辰	11	4	甲戌	10	6	乙巳	9	6	乙亥	8	8	丙午
三	1	3	甲戌	12	5	乙巳	11	5	乙亥	10	7	丙午	9	7	丙子	8	9	丁未
四	1	4	乙亥	12	6	丙午	11	6	丙子	10	8	丁未	9	8	丁丑	8	10	戊申
五	1	5	丙子	12	7	丁未	11	7	丁丑	10	9	戊申	9	9	戊寅	8	11	己酉
六	1	6	丁丑	12	8	戊申	11	8	戊寅	10	10	己酉	9	10	己卯	8	12	庚戌
七	1	7	戊寅	12	9	己酉	11	9	己卯	10	11	庚戌	9	11	庚辰	8	13	辛亥
八	1	8	己卯	12	10	庚戌	11	10	庚辰	10	12	辛亥	9	12	辛巳	8	14	壬子
九	1	9	庚辰	12	11	辛亥	11	11	辛巳	10	13	壬子	9	13	壬午	8	15	癸丑
十	1	10	辛巳	12	12	壬子	11	12	壬午	10	14	癸丑	9	14	癸未	8	16	甲寅
十一	1	11	壬午	12	13	癸丑	11	13	癸未	10	15	甲寅	9	15	甲申	8	17	乙卯
十二	1	12	癸未	12	14	甲寅	11	14	甲申	10	16	乙卯	9	16	乙酉	8	18	丙辰
十三	1	13	甲申	12	15	乙卯	11	15	乙酉	10	17	丙辰	9	17	丙戌	8	19	丁巳
十四	1	14	乙酉	12	16	丙辰	11	16	丙戌	10	18	丁巳	9	18	丁亥	8	20	戊午
十五	1	15	丙戌	12	17	丁巳	11	17	丁亥	10	19	戊午	9	19	戊子	8	21	己未
十六	1	16	丁亥	12	18	戊午	11	18	戊子	10	20	己未	9	20	己丑	8	22	庚申
十七	1	17	戊子	12	19	己未	11	19	己丑	10	21	庚申	9	21	庚寅	8	23	辛酉
十八	1	18	己丑	12	20	庚申	11	20	庚寅	10	22	辛酉	9	22	辛卯	8	24	壬戌
十九	1	19	庚寅	12	21	辛酉	11	21	辛卯	10	23	壬戌	9	23	壬辰	8	25	癸亥
二十	1	20	辛卯	12	22	壬戌	11	22	壬辰	10	24	癸亥	9	24	癸巳	8	26	甲子
二十一	1	21	壬辰	12	23	癸亥	11	23	癸巳	10	25	甲子	9	25	甲午	8	27	乙丑
二十二	1	22	癸巳	12	24	甲子	11	24	甲午	10	26	乙丑	9	26	乙未	8	28	丙寅
二十三	1	23	甲午	12	25	乙丑	11	25	乙未	10	27	丙寅	9	27	丙申	8	29	丁卯
二十四	1	24	乙未	12	26	丙寅	11	26	丙申	10	28	丁卯	9	28	丁酉	8	30	戊辰
二十五	1	25	丙申	12	27	丁卯	11	27	丁酉	10	29	戊辰	9	29	戊戌	8	31	己巳
二十六	1	26	丁酉	12	28	戊辰	11	28	戊戌	10	30	己巳	9	30	己亥	9	1	庚午
二十七	1	27	戊戌	12	29	己巳	11	29	己亥	10	31	庚午	10	1	庚子	9	2	辛未
二十八	1	28	己亥	12	30	庚午	11	30	庚子	11	1	辛未	10	2	辛丑	9	3	壬申
二十九	1	29	庚子	12	31	辛未	12	1	辛丑	11	2	壬申	10	3	壬寅	9	4	癸酉
三十	1	30	辛丑				12	2	壬寅				10	4	癸卯			

西暦 二〇一四年（平成26年）甲午

六月			五月			四月			三月			二月			一月			旧暦
辛未月			庚午月			己巳月			戊辰月			丁卯月			丙寅月			干支
新暦		干支	新暦		干支	新暦		干支	新暦		干支	新暦		干支	新暦		干支	旧暦
6	27	己巳	5	29	庚子	4	29	庚午	3	31	辛丑	3	1	辛未	1	31	壬寅	一
6	28	庚午	5	30	辛丑	4	30	辛未	4	1	壬寅	3	2	壬申	2	1	癸卯	二
6	29	辛未	5	31	壬寅	5	1	壬申	4	2	癸卯	3	3	癸酉	2	2	甲辰	三
6	30	壬申	6	1	癸卯	5	2	癸酉	4	3	甲辰	3	4	甲戌	2	3	乙巳	四
7	1	癸酉	6	2	甲辰	5	3	甲戌	4	4	乙巳	3	5	乙亥	2	4	丙午	五
7	2	甲戌	6	3	乙巳	5	4	乙亥	4	5	丙午	3	6	丙子	2	5	丁未	六
7	3	乙亥	6	4	丙午	5	5	丙子	4	6	丁未	3	7	丁丑	2	6	戊申	七
7	4	丙子	6	5	丁未	5	6	丁丑	4	7	戊申	3	8	戊寅	2	7	己酉	八
7	5	丁丑	6	6	戊申	5	7	戊寅	4	8	己酉	3	9	己卯	2	8	庚戌	九
7	6	戊寅	6	7	己酉	5	8	己卯	4	9	庚戌	3	10	庚辰	2	9	辛亥	十
7	7	己卯	6	8	庚戌	5	9	庚辰	4	10	辛亥	3	11	辛巳	2	10	壬子	十一
7	8	庚辰	6	9	辛亥	5	10	辛巳	4	11	壬子	3	12	壬午	2	11	癸丑	十二
7	9	辛巳	6	10	壬子	5	11	壬午	4	12	癸丑	3	13	癸未	2	12	甲寅	十三
7	10	壬午	6	11	癸丑	5	12	癸未	4	13	甲寅	3	14	甲申	2	13	乙卯	十四
7	11	癸未	6	12	甲寅	5	13	甲申	4	14	乙卯	3	15	乙酉	2	14	丙辰	十五
7	12	甲申	6	13	乙卯	5	14	乙酉	4	15	丙辰	3	16	丙戌	2	15	丁巳	十六
7	13	乙酉	6	14	丙辰	5	15	丙戌	4	16	丁巳	3	17	丁亥	2	16	戊午	十七
7	14	丙戌	6	15	丁巳	5	16	丁亥	4	17	戊午	3	18	戊子	2	17	己未	十八
7	15	丁亥	6	16	戊午	5	17	戊子	4	18	己未	3	19	己丑	2	18	庚申	十九
7	16	戊子	6	17	己未	5	18	己丑	4	19	庚申	3	20	庚寅	2	19	辛酉	二十
7	17	己丑	6	18	庚申	5	19	庚寅	4	20	辛酉	3	21	辛卯	2	20	壬戌	二十一
7	18	庚寅	6	19	辛酉	5	20	辛卯	4	21	壬戌	3	22	壬辰	2	21	癸亥	二十二
7	19	辛卯	6	20	壬戌	5	21	壬辰	4	22	癸亥	3	23	癸巳	2	22	甲子	二十三
7	20	壬辰	6	21	癸亥	5	22	癸巳	4	23	甲子	3	24	甲午	2	23	乙丑	二十四
7	21	癸巳	6	22	甲子	5	23	甲午	4	24	乙丑	3	25	乙未	2	24	丙寅	二十五
7	22	甲午	6	23	乙丑	5	24	乙未	4	25	丙寅	3	26	丙申	2	25	丁卯	二十六
7	23	乙未	6	24	丙寅	5	25	丙申	4	26	丁卯	3	27	丁酉	2	26	戊辰	二十七
7	24	丙申	6	25	丁卯	5	26	丁酉	4	27	戊辰	3	28	戊戌	2	27	己巳	二十八
7	25	丁酉	6	26	戊辰	5	27	戊戌	4	28	己巳	3	29	己亥	2	28	庚午	二十九
7	26	戊戌				5	28	己亥				3	30	庚子				三十

旧暦	十二月			十一月			十月			閏九月			九月			八月			七月		
干支	丁丑月			丙子月			乙亥月						甲戌月			癸酉月			壬申月		
旧暦	新暦		干支	新暦		干支	新暦		干支	新暦		干支	新暦		干支	新暦		干支	新暦		干支
一	1	20	丙申	12	22	丁卯	11	22	丁酉	10	24	戊辰	9	24	戊戌	8	25	戊辰	7	27	己亥
二	1	21	丁酉	12	23	戊辰	11	23	戊戌	10	25	己巳	9	25	己亥	8	26	己巳	7	28	庚子
三	1	22	戊戌	12	24	己巳	11	24	己亥	10	26	庚午	9	26	庚子	8	27	庚午	7	29	辛丑
四	1	23	己亥	12	25	庚午	11	25	庚子	10	27	辛未	9	27	辛丑	8	28	辛未	7	30	壬寅
五	1	24	庚子	12	26	辛未	11	26	辛丑	10	28	壬申	9	28	壬寅	8	29	壬申	7	31	癸卯
六	1	25	辛丑	12	27	壬申	11	27	壬寅	10	29	癸酉	9	29	癸卯	8	30	癸酉	8	1	甲辰
七	1	26	壬寅	12	28	癸酉	11	28	癸卯	10	30	甲戌	9	30	甲辰	8	31	甲戌	8	2	乙巳
八	1	27	癸卯	12	29	甲戌	11	29	甲辰	10	31	乙亥	10	1	乙巳	9	1	乙亥	8	3	丙午
九	1	28	甲辰	12	30	乙亥	11	30	乙巳	11	1	丙子	10	2	丙午	9	2	丙子	8	4	丁未
十	1	29	乙巳	12	31	丙子	12	1	丙午	11	2	丁丑	10	3	丁未	9	3	丁丑	8	5	戊申
十一	1	30	丙午	1	1	丁丑	12	2	丁未	11	3	戊寅	10	4	戊申	9	4	戊寅	8	6	己酉
十二	1	31	丁未	1	2	戊寅	12	3	戊申	11	4	己卯	10	5	己酉	9	5	己卯	8	7	庚戌
十三	2	1	戊申	1	3	己卯	12	4	己酉	11	5	庚辰	10	6	庚戌	9	6	庚辰	8	8	辛亥
十四	2	2	己酉	1	4	庚辰	12	5	庚戌	11	6	辛巳	10	7	辛亥	9	7	辛巳	8	9	壬子
十五	2	3	庚戌	1	5	辛巳	12	6	辛亥	11	7	壬午	10	8	壬子	9	8	壬午	8	10	癸丑
十六	2	4	辛亥	1	6	壬午	12	7	壬子	11	8	癸未	10	9	癸丑	9	9	癸未	8	11	甲寅
十七	2	5	壬子	1	7	癸未	12	8	癸丑	11	9	甲申	10	10	甲寅	9	10	甲申	8	12	乙卯
十八	2	6	癸丑	1	8	甲申	12	9	甲寅	11	10	乙酉	10	11	乙卯	9	11	乙酉	8	13	丙辰
十九	2	7	甲寅	1	9	乙酉	12	10	乙卯	11	11	丙戌	10	12	丙辰	9	12	丙戌	8	14	丁巳
二十	2	8	乙卯	1	10	丙戌	12	11	丙辰	11	12	丁亥	10	13	丁巳	9	13	丁亥	8	15	戊午
二十一	2	9	丙辰	1	11	丁亥	12	12	丁巳	11	13	戊子	10	14	戊午	9	14	戊子	8	16	己未
二十二	2	10	丁巳	1	12	戊子	12	13	戊午	11	14	己丑	10	15	己未	9	15	己丑	8	17	庚申
二十三	2	11	戊午	1	13	己丑	12	14	己未	11	15	庚寅	10	16	庚申	9	16	庚寅	8	18	辛酉
二十四	2	12	己未	1	14	庚寅	12	15	庚申	11	16	辛卯	10	17	辛酉	9	17	辛卯	8	19	壬戌
二十五	2	13	庚申	1	15	辛卯	12	16	辛酉	11	17	壬辰	10	18	壬戌	9	18	壬辰	8	20	癸亥
二十六	2	14	辛酉	1	16	壬辰	12	17	壬戌	11	18	癸巳	10	19	癸亥	9	19	癸巳	8	21	甲子
二十七	2	15	壬戌	1	17	癸巳	12	18	癸亥	11	19	甲午	10	20	甲子	9	20	甲午	8	22	乙丑
二十八	2	16	癸亥	1	18	甲午	12	19	甲子	11	20	乙未	10	21	乙丑	9	21	乙未	8	23	丙寅
二十九	2	17	甲子	1	19	乙未	12	20	乙丑	11	21	丙申	10	22	丙寅	9	22	丙申	8	24	丁卯
三十	2	18	乙丑				12	21	丙寅				10	23	丁卯	9	23	丁酉			

西暦二〇一五年（平成27年）乙未

六月			五月			四月			三月			二月			一月			旧暦
癸未月			壬午月			辛巳月			庚辰月			己卯月			戊寅月			干支
新暦		干支	新暦		干支	新暦		干支	新暦		干支	新暦		干支	新暦		干支	旧暦
7	16	癸巳	6	16	癸亥	5	18	甲午	4	19	乙丑	3	20	乙未	2	19	丙寅	一
7	17	甲午	6	17	甲子	5	19	乙未	4	20	丙寅	3	21	丙申	2	20	丁卯	二
7	18	乙未	6	18	乙丑	5	20	丙申	4	21	丁卯	3	22	丁酉	2	21	戊辰	三
7	19	丙申	6	19	丙寅	5	21	丁酉	4	22	戊辰	3	23	戊戌	2	22	己巳	四
7	20	丁酉	6	20	丁卯	5	22	戊戌	4	23	己巳	3	24	己亥	2	23	庚午	五
7	21	戊戌	6	21	戊辰	5	23	己亥	4	24	庚午	3	25	庚子	2	24	辛未	六
7	22	己亥	6	22	己巳	5	24	庚子	4	25	辛未	3	26	辛丑	2	25	壬申	七
7	23	庚子	6	23	庚午	5	25	辛丑	4	26	壬申	3	27	壬寅	2	26	癸酉	八
7	24	辛丑	6	24	辛未	5	26	壬寅	4	27	癸酉	3	28	癸卯	2	27	甲戌	九
7	25	壬寅	6	25	壬申	5	27	癸卯	4	28	甲戌	3	29	甲辰	2	28	乙亥	十
7	26	癸卯	6	26	癸酉	5	28	甲辰	4	29	乙亥	3	30	乙巳	3	1	丙子	十一
7	27	甲辰	6	27	甲戌	5	29	乙巳	4	30	丙子	3	31	丙午	3	2	丁丑	十二
7	28	乙巳	6	28	乙亥	5	30	丙午	5	1	丁丑	4	1	丁未	3	3	戊寅	十三
7	29	丙午	6	29	丙子	5	31	丁未	5	2	戊寅	4	2	戊申	3	4	己卯	十四
7	30	丁未	6	30	丁丑	6	1	戊申	5	3	己卯	4	3	己酉	3	5	庚辰	十五
7	31	戊申	7	1	戊寅	6	2	己酉	5	4	庚辰	4	4	庚戌	3	6	辛巳	十六
8	1	己酉	7	2	己卯	6	3	庚戌	5	5	辛巳	4	5	辛亥	3	7	壬午	十七
8	2	庚戌	7	3	庚辰	6	4	辛亥	5	6	壬午	4	6	壬子	3	8	癸未	十八
8	3	辛亥	7	4	辛巳	6	5	壬子	5	7	癸未	4	7	癸丑	3	9	甲申	十九
8	4	壬子	7	5	壬午	6	6	癸丑	5	8	甲申	4	8	甲寅	3	10	乙酉	二十
8	5	癸丑	7	6	癸未	6	7	甲寅	5	9	乙酉	4	9	乙卯	3	11	丙戌	二十一
8	6	甲寅	7	7	甲申	6	8	乙卯	5	10	丙戌	4	10	丙辰	3	12	丁亥	二十二
8	7	乙卯	7	8	乙酉	6	9	丙辰	5	11	丁亥	4	11	丁巳	3	13	戊子	二十三
8	8	丙辰	7	9	丙戌	6	10	丁巳	5	12	戊子	4	12	戊午	3	14	己丑	二十四
8	9	丁巳	7	10	丁亥	6	11	戊午	5	13	己丑	4	13	己未	3	15	庚寅	二十五
8	10	戊午	7	11	戊子	6	12	己未	5	14	庚寅	4	14	庚申	3	16	辛卯	二十六
8	11	己未	7	12	己丑	6	13	庚申	5	15	辛卯	4	15	辛酉	3	17	壬辰	二十七
8	12	庚申	7	13	庚寅	6	14	辛酉	5	16	壬辰	4	16	壬戌	3	18	癸巳	二十八
8	13	辛酉	7	14	辛卯	6	15	壬戌	5	17	癸巳	4	17	癸亥	3	19	甲午	二十九
			7	15	壬辰							4	18	甲子				三十

旧暦	十二月			十一月			十月			九月			八月			七月		
干支	己丑月			戊子月			丁亥月			丙戌月			乙酉月			甲申月		
旧暦	新暦		干支	新暦		干支	新暦		干支	新暦		干支	新暦		干支	新暦		干支
一	1	10	辛卯	12	11	辛酉	11	12	壬辰	10	13	壬戌	9	13	壬辰	8	14	壬戌
二	1	11	壬辰	12	12	壬戌	11	13	癸巳	10	14	癸亥	9	14	癸巳	8	15	癸亥
三	1	12	癸巳	12	13	癸亥	11	14	甲午	10	15	甲子	9	15	甲午	8	16	甲子
四	1	13	甲午	12	14	甲子	11	15	乙未	10	16	乙丑	9	16	乙未	8	17	乙丑
五	1	14	乙未	12	15	乙丑	11	16	丙申	10	17	丙寅	9	17	丙申	8	18	丙寅
六	1	15	丙申	12	16	丙寅	11	17	丁酉	10	18	丁卯	9	18	丁酉	8	19	丁卯
七	1	16	丁酉	12	17	丁卯	11	18	戊戌	10	19	戊辰	9	19	戊戌	8	20	戊辰
八	1	17	戊戌	12	18	戊辰	11	19	己亥	10	20	己巳	9	20	己亥	8	21	己巳
九	1	18	己亥	12	19	己巳	11	20	庚子	10	21	庚午	9	21	庚子	8	22	庚午
十	1	19	庚子	12	20	庚午	11	21	辛丑	10	22	辛未	9	22	辛丑	8	23	辛未
十一	1	20	辛丑	12	21	辛未	11	22	壬寅	10	23	壬申	9	23	壬寅	8	24	壬申
十二	1	21	壬寅	12	22	壬申	11	23	癸卯	10	24	癸酉	9	24	癸卯	8	25	癸酉
十三	1	22	癸卯	12	23	癸酉	11	24	甲辰	10	25	甲戌	9	25	甲辰	8	26	甲戌
十四	1	23	甲辰	12	24	甲戌	11	25	乙巳	10	26	乙亥	9	26	乙巳	8	27	乙亥
十五	1	24	乙巳	12	25	乙亥	11	26	丙午	10	27	丙子	9	27	丙午	8	28	丙子
十六	1	25	丙午	12	26	丙子	11	27	丁未	10	28	丁丑	9	28	丁未	8	29	丁丑
十七	1	26	丁未	12	27	丁丑	11	28	戊申	10	29	戊寅	9	29	戊申	8	30	戊寅
十八	1	27	戊申	12	28	戊寅	11	29	己酉	10	30	己卯	9	30	己酉	8	31	己卯
十九	1	28	己酉	12	29	己卯	11	30	庚戌	10	31	庚辰	10	1	庚戌	9	1	庚辰
二十	1	29	庚戌	12	30	庚辰	12	1	辛亥	11	1	辛巳	10	2	辛亥	9	2	辛巳
二十一	1	30	辛亥	12	31	辛巳	12	2	壬子	11	2	壬午	10	3	壬子	9	3	壬午
二十二	1	31	壬子	1	1	壬午	12	3	癸丑	11	3	癸未	10	4	癸丑	9	4	癸未
二十三	2	1	癸丑	1	2	癸未	12	4	甲寅	11	4	甲申	10	5	甲寅	9	5	甲申
二十四	2	2	甲寅	1	3	甲申	12	5	乙卯	11	5	乙酉	10	6	乙卯	9	6	乙酉
二十五	2	3	乙卯	1	4	乙酉	12	6	丙辰	11	6	丙戌	10	7	丙辰	9	7	丙戌
二十六	2	4	丙辰	1	5	丙戌	12	7	丁巳	11	7	丁亥	10	8	丁巳	9	8	丁亥
二十七	2	5	丁巳	1	6	丁亥	12	8	戊午	11	8	戊子	10	9	戊午	9	9	戊子
二十八	2	6	戊午	1	7	戊子	12	9	己未	11	9	己丑	10	10	己未	9	10	己丑
二十九	2	7	己未	1	8	己丑	12	10	庚申	11	10	庚寅	10	11	庚申	9	11	庚寅
三十				1	9	庚寅				11	11	辛卯	10	12	辛酉	9	12	辛卯

西暦二〇一六年（平成28年）丙申

六月			五月			四月			三月			二月			一月			旧暦
乙未月			甲午月			癸巳月			壬辰月			辛卯月			庚寅月			干支
新暦		干支	新暦		干支	新暦		干支	新暦		干支	新暦		干支	新暦		干支	旧暦
7	4	丁亥	6	5	戊午	5	7	己丑	4	7	己未	3	9	庚寅	2	8	庚申	一
7	5	戊子	6	6	己未	5	8	庚寅	4	8	庚申	3	10	辛卯	2	9	辛酉	二
7	6	己丑	6	7	庚申	5	9	辛卯	4	9	辛酉	3	11	壬辰	2	10	壬戌	三
7	7	庚寅	6	8	辛酉	5	10	壬辰	4	10	壬戌	3	12	癸巳	2	11	癸亥	四
7	8	辛卯	6	9	壬戌	5	11	癸巳	4	11	癸亥	3	13	甲午	2	12	甲子	五
7	9	壬辰	6	10	癸亥	5	12	甲午	4	12	甲子	3	14	乙未	2	13	乙丑	六
7	10	癸巳	6	11	甲子	5	13	乙未	4	13	乙丑	3	15	丙申	2	14	丙寅	七
7	11	甲午	6	12	乙丑	5	14	丙申	4	14	丙寅	3	16	丁酉	2	15	丁卯	八
7	12	乙未	6	13	丙寅	5	15	丁酉	4	15	丁卯	3	17	戊戌	2	16	戊辰	九
7	13	丙申	6	14	丁卯	5	16	戊戌	4	16	戊辰	3	18	己亥	2	17	己巳	十
7	14	丁酉	6	15	戊辰	5	17	己亥	4	17	己巳	3	19	庚子	2	18	庚午	十一
7	15	戊戌	6	16	己巳	5	18	庚子	4	18	庚午	3	20	辛丑	2	19	辛未	十二
7	16	己亥	6	17	庚午	5	19	辛丑	4	19	辛未	3	21	壬寅	2	20	壬申	十三
7	17	庚子	6	18	辛未	5	20	壬寅	4	20	壬申	3	22	癸卯	2	21	癸酉	十四
7	18	辛丑	6	19	壬申	5	21	癸卯	4	21	癸酉	3	23	甲辰	2	22	甲戌	十五
7	19	壬寅	6	20	癸酉	5	22	甲辰	4	22	甲戌	3	24	乙巳	2	23	乙亥	十六
7	20	癸卯	6	21	甲戌	5	23	乙巳	4	23	乙亥	3	25	丙午	2	24	丙子	十七
7	21	甲辰	6	22	乙亥	5	24	丙午	4	24	丙子	3	26	丁未	2	25	丁丑	十八
7	22	乙巳	6	23	丙子	5	25	丁未	4	25	丁丑	3	27	戊申	2	26	戊寅	十九
7	23	丙午	6	24	丁丑	5	26	戊申	4	26	戊寅	3	28	己酉	2	27	己卯	二十
7	24	丁未	6	25	戊寅	5	27	己酉	4	27	己卯	3	29	庚戌	2	28	庚辰	二十一
7	25	戊申	6	26	己卯	5	28	庚戌	4	28	庚辰	3	30	辛亥	2	29	辛巳	二十二
7	26	己酉	6	27	庚辰	5	29	辛亥	4	29	辛巳	3	31	壬子	3	1	壬午	二十三
7	27	庚戌	6	28	辛巳	5	30	壬子	4	30	壬午	4	1	癸丑	3	2	癸未	二十四
7	28	辛亥	6	29	壬午	5	31	癸丑	5	1	癸未	4	2	甲寅	3	3	甲申	二十五
7	29	壬子	6	30	癸未	6	1	甲寅	5	2	甲申	4	3	乙卯	3	4	乙酉	二十六
7	30	癸丑	7	1	甲申	6	2	乙卯	5	3	乙酉	4	4	丙辰	3	5	丙戌	二十七
7	31	甲寅	7	2	乙酉	6	3	丙辰	5	4	丙戌	4	5	丁巳	3	6	丁亥	二十八
8	1	乙卯	7	3	丙戌	6	4	丁巳	5	5	丁亥	4	6	戊午	3	7	戊子	二十九
8	2	丙辰							5	6	戊子				3	8	己丑	三十

旧暦	十二月			十一月			十月			九月			八月			七月		
干支	辛丑月			庚子月			己亥月			戊戌月			丁酉月			丙申月		
旧暦	新暦		干支	新暦		干支	新暦		干支	新暦		干支	新暦		干支	新暦		干支
一	12	29	乙酉	11	29	乙卯	10	31	丙戌	10	1	丙辰	9	1	丙戌	8	3	丁巳
二	12	30	丙戌	11	30	丙辰	11	1	丁亥	10	2	丁巳	9	2	丁亥	8	4	戊午
三	12	31	丁亥	12	1	丁巳	11	2	戊子	10	3	戊午	9	3	戊子	8	5	己未
四	1	1	戊子	12	2	戊午	11	3	己丑	10	4	己未	9	4	己丑	8	6	庚申
五	1	2	己丑	12	3	己未	11	4	庚寅	10	5	庚申	9	5	庚寅	8	7	辛酉
六	1	3	庚寅	12	4	庚申	11	5	辛卯	10	6	辛酉	9	6	辛卯	8	8	壬戌
七	1	4	辛卯	12	5	辛酉	11	6	壬辰	10	7	壬戌	9	7	壬辰	8	9	癸亥
八	1	5	壬辰	12	6	壬戌	11	7	癸巳	10	8	癸亥	9	8	癸巳	8	10	甲子
九	1	6	癸巳	12	7	癸亥	11	8	甲午	10	9	甲子	9	9	甲午	8	11	乙丑
十	1	7	甲午	12	8	甲子	11	9	乙未	10	10	乙丑	9	10	乙未	8	12	丙寅
十一	1	8	乙未	12	9	乙丑	11	10	丙申	10	11	丙寅	9	11	丙申	8	13	丁卯
十二	1	9	丙申	12	10	丙寅	11	11	丁酉	10	12	丁卯	9	12	丁酉	8	14	戊辰
十三	1	10	丁酉	12	11	丁卯	11	12	戊戌	10	13	戊辰	9	13	戊戌	8	15	己巳
十四	1	11	戊戌	12	12	戊辰	11	13	己亥	10	14	己巳	9	14	己亥	8	16	庚午
十五	1	12	己亥	12	13	己巳	11	14	庚子	10	15	庚午	9	15	庚子	8	17	辛未
十六	1	13	庚子	12	14	庚午	11	15	辛丑	10	16	辛未	9	16	辛丑	8	18	壬申
十七	1	14	辛丑	12	15	辛未	11	16	壬寅	10	17	壬申	9	17	壬寅	8	19	癸酉
十八	1	15	壬寅	12	16	壬申	11	17	癸卯	10	18	癸酉	9	18	癸卯	8	20	甲戌
十九	1	16	癸卯	12	17	癸酉	11	18	甲辰	10	19	甲戌	9	19	甲辰	8	21	乙亥
二十	1	17	甲辰	12	18	甲戌	11	19	乙巳	10	20	乙亥	9	20	乙巳	8	22	丙子
二十一	1	18	乙巳	12	19	乙亥	11	20	丙午	10	21	丙子	9	21	丙午	8	23	丁丑
二十二	1	19	丙午	12	20	丙子	11	21	丁未	10	22	丁丑	9	22	丁未	8	24	戊寅
二十三	1	20	丁未	12	21	丁丑	11	22	戊申	10	23	戊寅	9	23	戊申	8	25	己卯
二十四	1	21	戊申	12	22	戊寅	11	23	己酉	10	24	己卯	9	24	己酉	8	26	庚辰
二十五	1	22	己酉	12	23	己卯	11	24	庚戌	10	25	庚辰	9	25	庚戌	8	27	辛巳
二十六	1	23	庚戌	12	24	庚辰	11	25	辛亥	10	26	辛巳	9	26	辛亥	8	28	壬午
二十七	1	24	辛亥	12	25	辛巳	11	26	壬子	10	27	壬午	9	27	壬子	8	29	癸未
二十八	1	25	壬子	12	26	壬午	11	27	癸丑	10	28	癸未	9	28	癸丑	8	30	甲申
二十九	1	26	癸丑	12	27	癸未	11	28	甲寅	10	29	甲申	9	29	甲寅	8	31	乙酉
三十	1	27	甲寅	12	28	甲申				10	30	乙酉	9	30	乙卯			

西暦二〇一七年（平成29年）丁酉

六月			五月			四月			三月			二月			一月			旧暦
丁未月			丙午月			乙巳月			甲辰月			癸卯月			壬寅月			干支
新暦		干支	新暦		干支	新暦		干支	新暦		干支	新暦		干支	新暦		干支	旧暦
6	24	壬午	5	26	癸丑	4	26	癸未	3	28	甲寅	2	26	甲申	1	28	乙卯	一
6	25	癸未	5	27	甲寅	4	27	甲申	3	29	乙卯	2	27	乙酉	1	29	丙辰	二
6	26	甲申	5	28	乙卯	4	28	乙酉	3	30	丙辰	2	28	丙戌	1	30	丁巳	三
6	27	乙酉	5	29	丙辰	4	29	丙戌	3	31	丁巳	3	1	丁亥	1	31	戊午	四
6	28	丙戌	5	30	丁巳	4	30	丁亥	4	1	戊午	3	2	戊子	2	1	己未	五
6	29	丁亥	5	31	戊午	5	1	戊子	4	2	己未	3	3	己丑	2	2	庚申	六
6	30	戊子	6	1	己未	5	2	己丑	4	3	庚申	3	4	庚寅	2	3	辛酉	七
7	1	己丑	6	2	庚申	5	3	庚寅	4	4	辛酉	3	5	辛卯	2	4	壬戌	八
7	2	庚寅	6	3	辛酉	5	4	辛卯	4	5	壬戌	3	6	壬辰	2	5	癸亥	九
7	3	辛卯	6	4	壬戌	5	5	壬辰	4	6	癸亥	3	7	癸巳	2	6	甲子	十
7	4	壬辰	6	5	癸亥	5	6	癸巳	4	7	甲子	3	8	甲午	2	7	乙丑	十一
7	5	癸巳	6	6	甲子	5	7	甲午	4	8	乙丑	3	9	乙未	2	8	丙寅	十二
7	6	甲午	6	7	乙丑	5	8	乙未	4	9	丙寅	3	10	丙申	2	9	丁卯	十三
7	7	乙未	6	8	丙寅	5	9	丙申	4	10	丁卯	3	11	丁酉	2	10	戊辰	十四
7	8	丙申	6	9	丁卯	5	10	丁酉	4	11	戊辰	3	12	戊戌	2	11	己巳	十五
7	9	丁酉	6	10	戊辰	5	11	戊戌	4	12	己巳	3	13	己亥	2	12	庚午	十六
7	10	戊戌	6	11	己巳	5	12	己亥	4	13	庚午	3	14	庚子	2	13	辛未	十七
7	11	己亥	6	12	庚午	5	13	庚子	4	14	辛未	3	15	辛丑	2	14	壬申	十八
7	12	庚子	6	13	辛未	5	14	辛丑	4	15	壬申	3	16	壬寅	2	15	癸酉	十九
7	13	辛丑	6	14	壬申	5	15	壬寅	4	16	癸酉	3	17	癸卯	2	16	甲戌	二十
7	14	壬寅	6	15	癸酉	5	16	癸卯	4	17	甲戌	3	18	甲辰	2	17	乙亥	二十一
7	15	癸卯	6	16	甲戌	5	17	甲辰	4	18	乙亥	3	19	乙巳	2	18	丙子	二十二
7	16	甲辰	6	17	乙亥	5	18	乙巳	4	19	丙子	3	20	丙午	2	19	丁丑	二十三
7	17	乙巳	6	18	丙子	5	19	丙午	4	20	丁丑	3	21	丁未	2	20	戊寅	二十四
7	18	丙午	6	19	丁丑	5	20	丁未	4	21	戊寅	3	22	戊申	2	21	己卯	二十五
7	19	丁未	6	20	戊寅	5	21	戊申	4	22	己卯	3	23	己酉	2	22	庚辰	二十六
7	20	戊申	6	21	己卯	5	22	己酉	4	23	庚辰	3	24	庚戌	2	23	辛巳	二十七
7	21	己酉	6	22	庚辰	5	23	庚戌	4	24	辛巳	3	25	辛亥	2	24	壬午	二十八
7	22	庚戌	6	23	辛巳	5	24	辛亥	4	25	壬午	3	26	壬子	2	25	癸未	二十九
						5	25	壬子				3	27	癸丑				三十

旧暦	十二月			十一月			十月			九月			八月			七月			閏六月		
干支	癸丑月			壬子月			辛亥月			庚戌月			己酉月			戊申月					
旧暦	新暦		干支	新暦		干支	新暦		干支	新暦		干支	新暦		干支	新暦		干支	新暦		干支
一	1	17	己酉	12	18	己卯	11	18	己酉	10	20	庚辰	9	20	庚戌	8	22	辛巳	7	23	辛亥
二	1	18	庚戌	12	19	庚辰	11	19	庚戌	10	21	辛巳	9	21	辛亥	8	23	壬午	7	24	壬子
三	1	19	辛亥	12	20	辛巳	11	20	辛亥	10	22	壬午	9	22	壬子	8	24	癸未	7	25	癸丑
四	1	20	壬子	12	21	壬午	11	21	壬子	10	23	癸未	9	23	癸丑	8	25	甲申	7	26	甲寅
五	1	21	癸丑	12	22	癸未	11	22	癸丑	10	24	甲申	9	24	甲寅	8	26	乙酉	7	27	乙卯
六	1	22	甲寅	12	23	甲申	11	23	甲寅	10	25	乙酉	9	25	乙卯	8	27	丙戌	7	28	丙辰
七	1	23	乙卯	12	24	乙酉	11	24	乙卯	10	26	丙戌	9	26	丙辰	8	28	丁亥	7	29	丁巳
八	1	24	丙辰	12	25	丙戌	11	25	丙辰	10	27	丁亥	9	27	丁巳	8	29	戊子	7	30	戊午
九	1	25	丁巳	12	26	丁亥	11	26	丁巳	10	28	戊子	9	28	戊午	8	30	己丑	7	31	己未
十	1	26	戊午	12	27	戊子	11	27	戊午	10	29	己丑	9	29	己未	8	31	庚寅	8	1	庚申
十一	1	27	己未	12	28	己丑	11	28	己未	10	30	庚寅	9	30	庚申	9	1	辛卯	8	2	辛酉
十二	1	28	庚申	12	29	庚寅	11	29	庚申	10	31	辛卯	10	1	辛酉	9	2	壬辰	8	3	壬戌
十三	1	29	辛酉	12	30	辛卯	11	30	辛酉	11	1	壬辰	10	2	壬戌	9	3	癸巳	8	4	癸亥
十四	1	30	壬戌	12	31	壬辰	12	1	壬戌	11	2	癸巳	10	3	癸亥	9	4	甲午	8	5	甲子
十五	1	31	癸亥	1	1	癸巳	12	2	癸亥	11	3	甲午	10	4	甲子	9	5	乙未	8	6	乙丑
十六	2	1	甲子	1	2	甲午	12	3	甲子	11	4	乙未	10	5	乙丑	9	6	丙申	8	7	丙寅
十七	2	2	乙丑	1	3	乙未	12	4	乙丑	11	5	丙申	10	6	丙寅	9	7	丁酉	8	8	丁卯
十八	2	3	丙寅	1	4	丙申	12	5	丙寅	11	6	丁酉	10	7	丁卯	9	8	戊戌	8	9	戊辰
十九	2	4	丁卯	1	5	丁酉	12	6	丁卯	11	7	戊戌	10	8	戊辰	9	9	己亥	8	10	己巳
二十	2	5	戊辰	1	6	戊戌	12	7	戊辰	11	8	己亥	10	9	己巳	9	10	庚子	8	11	庚午
二十一	2	6	己巳	1	7	己亥	12	8	己巳	11	9	庚子	10	10	庚午	9	11	辛丑	8	12	辛未
二十二	2	7	庚午	1	8	庚子	12	9	庚午	11	10	辛丑	10	11	辛未	9	12	壬寅	8	13	壬申
二十三	2	8	辛未	1	9	辛丑	12	10	辛未	11	11	壬寅	10	12	壬申	9	13	癸卯	8	14	癸酉
二十四	2	9	壬申	1	10	壬寅	12	11	壬申	11	12	癸卯	10	13	癸酉	9	14	甲辰	8	15	甲戌
二十五	2	10	癸酉	1	11	癸卯	12	12	癸酉	11	13	甲辰	10	14	甲戌	9	15	乙巳	8	16	乙亥
二十六	2	11	甲戌	1	12	甲辰	12	13	甲戌	11	14	乙巳	10	15	乙亥	9	16	丙午	8	17	丙子
二十七	2	12	乙亥	1	13	乙巳	12	14	乙亥	11	15	丙午	10	16	丙子	9	17	丁未	8	18	丁丑
二十八	2	13	丙子	1	14	丙午	12	15	丙子	11	16	丁未	10	17	丁丑	9	18	戊申	8	19	戊寅
二十九	2	14	丁丑	1	15	丁未	12	16	丁丑	11	17	戊申	10	18	戊寅	9	19	己酉	8	20	己卯
三十	2	15	戊寅	1	16	戊申	12	17	戊寅				10	19	己卯				8	21	庚辰

西暦 二〇一八年（平成30年）戊戌

六月			五月			四月			三月			二月			一月			旧暦
己未月			戊午月			丁巳月			丙辰月			乙卯月			甲寅月			干支
新暦		干支	新暦		干支	新暦		干支	新暦		干支	新暦		干支	新暦		干支	旧暦
7	13	丙午	6	14	丁丑	5	15	丁未	4	16	戊寅	3	17	戊申	2	16	己卯	一
7	14	丁未	6	15	戊寅	5	16	戊申	4	17	己卯	3	18	己酉	2	17	庚辰	二
7	15	戊申	6	16	己卯	5	17	己酉	4	18	庚辰	3	19	庚戌	2	18	辛巳	三
7	16	己酉	6	17	庚辰	5	18	庚戌	4	19	辛巳	3	20	辛亥	2	19	壬午	四
7	17	庚戌	6	18	辛巳	5	19	辛亥	4	20	壬午	3	21	壬子	2	20	癸未	五
7	18	辛亥	6	19	壬午	5	20	壬子	4	21	癸未	3	22	癸丑	2	21	甲申	六
7	19	壬子	6	20	癸未	5	21	癸丑	4	22	甲申	3	23	甲寅	2	22	乙酉	七
7	20	癸丑	6	21	甲申	5	22	甲寅	4	23	乙酉	3	24	乙卯	2	23	丙戌	八
7	21	甲寅	6	22	乙酉	5	23	乙卯	4	24	丙戌	3	25	丙辰	2	24	丁亥	九
7	22	乙卯	6	23	丙戌	5	24	丙辰	4	25	丁亥	3	26	丁巳	2	25	戊子	十
7	23	丙辰	6	24	丁亥	5	25	丁巳	4	26	戊子	3	27	戊午	2	26	己丑	十一
7	24	丁巳	6	25	戊子	5	26	戊午	4	27	己丑	3	28	己未	2	27	庚寅	十二
7	25	戊午	6	26	己丑	5	27	己未	4	28	庚寅	3	29	庚申	2	28	辛卯	十三
7	26	己未	6	27	庚寅	5	28	庚申	4	29	辛卯	3	30	辛酉	3	1	壬辰	十四
7	27	庚申	6	28	辛卯	5	29	辛酉	4	30	壬辰	3	31	壬戌	3	2	癸巳	十五
7	28	辛酉	6	29	壬辰	5	30	壬戌	5	1	癸巳	4	1	癸亥	3	3	甲午	十六
7	29	壬戌	6	30	癸巳	5	31	癸亥	5	2	甲午	4	2	甲子	3	4	乙未	十七
7	30	癸亥	7	1	甲午	6	1	甲子	5	3	乙未	4	3	乙丑	3	5	丙申	十八
7	31	甲子	7	2	乙未	6	2	乙丑	5	4	丙申	4	4	丙寅	3	6	丁酉	十九
8	1	乙丑	7	3	丙申	6	3	丙寅	5	5	丁酉	4	5	丁卯	3	7	戊戌	二十
8	2	丙寅	7	4	丁酉	6	4	丁卯	5	6	戊戌	4	6	戊辰	3	8	己亥	二十一
8	3	丁卯	7	5	戊戌	6	5	戊辰	5	7	己亥	4	7	己巳	3	9	庚子	二十二
8	4	戊辰	7	6	己亥	6	6	己巳	5	8	庚子	4	8	庚午	3	10	辛丑	二十三
8	5	己巳	7	7	庚子	6	7	庚午	5	9	辛丑	4	9	辛未	3	11	壬寅	二十四
8	6	庚午	7	8	辛丑	6	8	辛未	5	10	壬寅	4	10	壬申	3	12	癸卯	二十五
8	7	辛未	7	9	壬寅	6	9	壬申	5	11	癸卯	4	11	癸酉	3	13	甲辰	二十六
8	8	壬申	7	10	癸卯	6	10	癸酉	5	12	甲辰	4	12	甲戌	3	14	乙巳	二十七
8	9	癸酉	7	11	甲辰	6	11	甲戌	5	13	乙巳	4	13	乙亥	3	15	丙午	二十八
8	10	甲戌	7	12	乙巳	6	12	乙亥	5	14	丙午	4	14	丙子	3	16	丁未	二十九
						6	13	丙子				4	15	丁丑				三十

旧暦	十二月			十一月			十月			九月			八月			七月		
干支	乙丑月			甲子月			癸亥月			壬戌月			辛酉月			庚申月		
旧暦	新暦		干支	新暦		干支	新暦		干支	新暦		干支	新暦		干支	新暦		干支
一	1	6	癸卯	12	7	癸酉	11	8	甲辰	10	9	甲戌	9	10	乙巳	8	11	乙亥
二	1	7	甲辰	12	8	甲戌	11	9	乙巳	10	10	乙亥	9	11	丙午	8	12	丙子
三	1	8	乙巳	12	9	乙亥	11	10	丙午	10	11	丙子	9	12	丁未	8	13	丁丑
四	1	9	丙午	12	10	丙子	11	11	丁未	10	12	丁丑	9	13	戊申	8	14	戊寅
五	1	10	丁未	12	11	丁丑	11	12	戊申	10	13	戊寅	9	14	己酉	8	15	己卯
六	1	11	戊申	12	12	戊寅	11	13	己酉	10	14	己卯	9	15	庚戌	8	16	庚辰
七	1	12	己酉	12	13	己卯	11	14	庚戌	10	15	庚辰	9	16	辛亥	8	17	辛巳
八	1	13	庚戌	12	14	庚辰	11	15	辛亥	10	16	辛巳	9	17	壬子	8	18	壬午
九	1	14	辛亥	12	15	辛巳	11	16	壬子	10	17	壬午	9	18	癸丑	8	19	癸未
十	1	15	壬子	12	16	壬午	11	17	癸丑	10	18	癸未	9	19	甲寅	8	20	甲申
十一	1	16	癸丑	12	17	癸未	11	18	甲寅	10	19	甲申	9	20	乙卯	8	21	乙酉
十二	1	17	甲寅	12	18	甲申	11	19	乙卯	10	20	乙酉	9	21	丙辰	8	22	丙戌
十三	1	18	乙卯	12	19	乙酉	11	20	丙辰	10	21	丙戌	9	22	丁巳	8	23	丁亥
十四	1	19	丙辰	12	20	丙戌	11	21	丁巳	10	22	丁亥	9	23	戊午	8	24	戊子
十五	1	20	丁巳	12	21	丁亥	11	22	戊午	10	23	戊子	9	24	己未	8	25	己丑
十六	1	21	戊午	12	22	戊子	11	23	己未	10	24	己丑	9	25	庚申	8	26	庚寅
十七	1	22	己未	12	23	己丑	11	24	庚申	10	25	庚寅	9	26	辛酉	8	27	辛卯
十八	1	23	庚申	12	24	庚寅	11	25	辛酉	10	26	辛卯	9	27	壬戌	8	28	壬辰
十九	1	24	辛酉	12	25	辛卯	11	26	壬戌	10	27	壬辰	9	28	癸亥	8	29	癸巳
二十	1	25	壬戌	12	26	壬辰	11	27	癸亥	10	28	癸巳	9	29	甲子	8	30	甲午
二十一	1	26	癸亥	12	27	癸巳	11	28	甲子	10	29	甲午	9	30	乙丑	8	31	乙未
二十二	1	27	甲子	12	28	甲午	11	29	乙丑	10	30	乙未	10	1	丙寅	9	1	丙申
二十三	1	28	乙丑	12	29	乙未	11	30	丙寅	10	31	丙申	10	2	丁卯	9	2	丁酉
二十四	1	29	丙寅	12	30	丙申	12	1	丁卯	11	1	丁酉	10	3	戊辰	9	3	戊戌
二十五	1	30	丁卯	12	31	丁酉	12	2	戊辰	11	2	戊戌	10	4	己巳	9	4	己亥
二十六	1	31	戊辰	1	1	戊戌	12	3	己巳	11	3	己亥	10	5	庚午	9	5	庚子
二十七	2	1	己巳	1	2	己亥	12	4	庚午	11	4	庚子	10	6	辛未	9	6	辛丑
二十八	2	2	庚午	1	3	庚子	12	5	辛未	11	5	辛丑	10	7	壬申	9	7	壬寅
二十九	2	3	辛未	1	4	辛丑	12	6	壬申	11	6	壬寅	10	8	癸酉	9	8	癸卯
三十	2	4	壬申	1	5	壬寅				11	7	癸卯				9	9	甲辰

西暦二〇一九年（令和元年）己亥

六月			五月			四月			三月			二月			一月			旧暦
辛未月			庚午月			己巳月			戊辰月			丁卯月			丙寅月			干支
新暦		干支	新暦		干支	新暦		干支	新暦		干支	新暦		干支	新暦		干支	旧暦
7	3	辛丑	6	3	辛未	5	5	壬寅	4	5	壬申	3	7	癸卯	2	5	癸酉	一
7	4	壬寅	6	4	壬申	5	6	癸卯	4	6	癸酉	3	8	甲辰	2	6	甲戌	二
7	5	癸卯	6	5	癸酉	5	7	甲辰	4	7	甲戌	3	9	乙巳	2	7	乙亥	三
7	6	甲辰	6	6	甲戌	5	8	乙巳	4	8	乙亥	3	10	丙午	2	8	丙子	四
7	7	乙巳	6	7	乙亥	5	9	丙午	4	9	丙子	3	11	丁未	2	9	丁丑	五
7	8	丙午	6	8	丙子	5	10	丁未	4	10	丁丑	3	12	戊申	2	10	戊寅	六
7	9	丁未	6	9	丁丑	5	11	戊申	4	11	戊寅	3	13	己酉	2	11	己卯	七
7	10	戊申	6	10	戊寅	5	12	己酉	4	12	己卯	3	14	庚戌	2	12	庚辰	八
7	11	己酉	6	11	己卯	5	13	庚戌	4	13	庚辰	3	15	辛亥	2	13	辛巳	九
7	12	庚戌	6	12	庚辰	5	14	辛亥	4	14	辛巳	3	16	壬子	2	14	壬午	十
7	13	辛亥	6	13	辛巳	5	15	壬子	4	15	壬午	3	17	癸丑	2	15	癸未	十一
7	14	壬子	6	14	壬午	5	16	癸丑	4	16	癸未	3	18	甲寅	2	16	甲申	十二
7	15	癸丑	6	15	癸未	5	17	甲寅	4	17	甲申	3	19	乙卯	2	17	乙酉	十三
7	16	甲寅	6	16	甲申	5	18	乙卯	4	18	乙酉	3	20	丙辰	2	18	丙戌	十四
7	17	乙卯	6	17	乙酉	5	19	丙辰	4	19	丙戌	3	21	丁巳	2	19	丁亥	十五
7	18	丙辰	6	18	丙戌	5	20	丁巳	4	20	丁亥	3	22	戊午	2	20	戊子	十六
7	19	丁巳	6	19	丁亥	5	21	戊午	4	21	戊子	3	23	己未	2	21	己丑	十七
7	20	戊午	6	20	戊子	5	22	己未	4	22	己丑	3	24	庚申	2	22	庚寅	十八
7	21	己未	6	21	己丑	5	23	庚申	4	23	庚寅	3	25	辛酉	2	23	辛卯	十九
7	22	庚申	6	22	庚寅	5	24	辛酉	4	24	辛卯	3	26	壬戌	2	24	壬辰	二十
7	23	辛酉	6	23	辛卯	5	25	壬戌	4	25	壬辰	3	27	癸亥	2	25	癸巳	二十一
7	24	壬戌	6	24	壬辰	5	26	癸亥	4	26	癸巳	3	28	甲子	2	26	甲午	二十二
7	25	癸亥	6	25	癸巳	5	27	甲子	4	27	甲午	3	29	乙丑	2	27	乙未	二十三
7	26	甲子	6	26	甲午	5	28	乙丑	4	28	乙未	3	30	丙寅	2	28	丙申	二十四
7	27	乙丑	6	27	乙未	5	29	丙寅	4	29	丙申	3	31	丁卯	3	1	丁酉	二十五
7	28	丙寅	6	28	丙申	5	30	丁卯	4	30	丁酉	4	1	戊辰	3	2	戊戌	二十六
7	29	丁卯	6	29	丁酉	5	31	戊辰	5	1	戊戌	4	2	己巳	3	3	己亥	二十七
7	30	戊辰	6	30	戊戌	6	1	己巳	5	2	己亥	4	3	庚午	3	4	庚子	二十八
7	31	己巳	7	1	己亥	6	2	庚午	5	3	庚子	4	4	辛未	3	5	辛丑	二十九
			7	2	庚子				5	4	辛丑				3	6	壬寅	三十

旧暦	十二月			十一月			十月			九月			八月			七月		
干支	丁丑月			丙子月			乙亥月			甲戌月			癸酉月			壬申月		
旧暦	新暦		干支	新暦		干支	新暦		干支	新暦		干支	新暦		干支	新暦		干支
一	12	26	丁酉	11	26	丁卯	10	28	戊戌	9	29	己巳	8	30	己亥	8	1	庚午
二	12	27	戊戌	11	27	戊辰	10	29	己亥	9	30	癸酉	8	31	庚子	8	2	辛未
三	12	28	己亥	11	28	己巳	10	30	庚子	10	1	辛未	9	1	辛丑	8	3	壬申
四	12	29	庚子	11	29	庚午	10	31	辛丑	10	2	壬申	9	2	壬寅	8	4	癸酉
五	12	30	辛丑	11	30	辛未	11	1	壬寅	10	3	癸酉	9	3	癸卯	8	5	甲戌
六	12	31	壬寅	12	1	壬申	11	2	癸卯	10	4	甲戌	9	4	甲辰	8	6	乙亥
七	1	1	癸卯	12	2	癸酉	11	3	甲辰	10	5	乙亥	9	5	乙巳	8	7	丙子
八	1	2	甲辰	12	3	甲戌	11	4	乙巳	10	6	丙子	9	6	丙午	8	8	丁丑
九	1	3	乙巳	12	4	乙亥	11	5	丙午	10	7	丁丑	9	7	丁未	8	9	戊寅
十	1	4	丙午	12	5	丙子	11	6	丁未	10	8	戊寅	9	8	戊申	8	10	己卯
十一	1	5	丁未	12	6	丁丑	11	7	戊申	10	9	己卯	9	9	己酉	8	11	庚辰
十二	1	6	戊申	12	7	戊寅	11	8	己酉	10	10	庚辰	9	10	庚戌	8	12	辛巳
十三	1	7	己酉	12	8	己卯	11	9	庚戌	10	11	辛巳	9	11	辛亥	8	13	壬午
十四	1	8	庚戌	12	9	庚辰	11	10	辛亥	10	12	壬午	9	12	壬子	8	14	癸未
十五	1	9	辛亥	12	10	辛巳	11	11	壬子	10	13	癸未	9	13	癸丑	8	15	甲申
十六	1	10	壬子	12	11	壬午	11	12	癸丑	10	14	甲申	9	14	甲寅	8	16	乙酉
十七	1	11	癸丑	12	12	癸未	11	13	甲寅	10	15	乙酉	9	15	乙卯	8	17	丙戌
十八	1	12	甲寅	12	13	甲申	11	14	乙卯	10	16	丙戌	9	16	丙辰	8	18	丁亥
十九	1	13	乙卯	12	14	乙酉	11	15	丙辰	10	17	丁亥	9	17	丁巳	8	19	戊子
二十	1	14	丙辰	12	15	丙戌	11	16	丁巳	10	18	戊子	9	18	戊午	8	20	己丑
二十一	1	15	丁巳	12	16	丁亥	11	17	戊午	10	19	己丑	9	19	己未	8	21	庚寅
二十二	1	16	戊午	12	17	戊子	11	18	己未	10	20	庚寅	9	20	庚申	8	22	辛卯
二十三	1	17	己未	12	18	己丑	11	19	庚申	10	21	辛卯	9	21	辛酉	8	23	壬辰
二十四	1	18	庚申	12	19	庚寅	11	20	辛酉	10	22	壬辰	9	22	壬戌	8	24	癸巳
二十五	1	19	辛酉	12	20	辛卯	11	21	壬戌	10	23	癸巳	9	23	癸亥	8	25	甲午
二十六	1	20	壬戌	12	21	壬辰	11	22	癸亥	10	24	甲午	9	24	甲子	8	26	乙未
二十七	1	21	癸亥	12	22	癸巳	11	23	甲子	10	25	乙未	9	25	乙丑	8	27	丙申
二十八	1	22	甲子	12	23	甲午	11	24	乙丑	10	26	丙申	9	26	丙寅	8	28	丁酉
二十九	1	23	乙丑	12	24	乙未	11	25	丙寅	10	27	丁酉	9	27	丁卯	8	29	戊戌
三十	1	24	丙寅	12	25	丙申							9	28	戊辰			

西暦 二〇二〇年（令和2年）庚子

五月			閏四月			四月			三月			二月			一月			旧暦
壬午月						辛巳月			庚辰月			己卯月			戊寅月			干支
新暦		干支	新暦		干支	新暦		干支	新暦		干支	新暦		干支	新暦		干支	旧暦
6	21	乙未	5	23	丙寅	4	23	丙申	3	24	丙寅	2	23	丙申	1	25	丁卯	一
6	22	丙申	5	24	丁卯	4	24	丁酉	3	25	丁卯	2	24	丁酉	1	26	戊辰	二
6	23	丁酉	5	25	戊辰	4	25	戊戌	3	26	戊辰	2	25	戊戌	1	27	己巳	三
6	24	戊戌	5	26	己巳	4	26	己亥	3	27	己巳	2	26	己亥	1	28	庚午	四
6	25	己亥	5	27	庚午	4	27	庚子	3	28	庚午	2	27	庚子	1	29	辛未	五
6	26	庚子	5	28	辛未	4	28	辛丑	3	29	辛未	2	28	辛丑	1	30	壬申	六
6	27	辛丑	5	29	壬申	4	29	壬寅	3	30	壬申	2	29	壬寅	1	31	癸酉	七
6	28	壬寅	5	30	癸酉	4	30	癸卯	3	31	癸酉	3	1	癸卯	2	1	甲戌	八
6	29	癸卯	5	31	甲戌	5	1	甲辰	4	1	甲戌	3	2	甲辰	2	2	乙亥	九
6	30	甲辰	6	1	乙亥	5	2	乙巳	4	2	乙亥	3	3	乙巳	2	3	丙子	十
7	1	乙巳	6	2	丙子	5	3	丙午	4	3	丙子	3	4	丙午	2	4	丁丑	十一
7	2	丙午	6	3	丁丑	5	4	丁未	4	4	丁丑	3	5	丁未	2	5	戊寅	十二
7	3	丁未	6	4	戊寅	5	5	戊申	4	5	戊寅	3	6	戊申	2	6	己卯	十三
7	4	戊申	6	5	己卯	5	6	己酉	4	6	己卯	3	7	己酉	2	7	庚辰	十四
7	5	己酉	6	6	庚辰	5	7	庚戌	4	7	庚辰	3	8	庚戌	2	8	辛巳	十五
7	6	庚戌	6	7	辛巳	5	8	辛亥	4	8	辛巳	3	9	辛亥	2	9	壬午	十六
7	7	辛亥	6	8	壬午	5	9	壬子	4	9	壬午	3	10	壬子	2	10	癸未	十七
7	8	壬子	6	9	癸未	5	10	癸丑	4	10	癸未	3	11	癸丑	2	11	甲申	十八
7	9	癸丑	6	10	甲申	5	11	甲寅	4	11	甲申	3	12	甲寅	2	12	乙酉	十九
7	10	甲寅	6	11	乙酉	5	12	乙卯	4	12	乙酉	3	13	乙卯	2	13	丙戌	二十
7	11	乙卯	6	12	丙戌	5	13	丙辰	4	13	丙戌	3	14	丙辰	2	14	丁亥	二十一
7	12	丙辰	6	13	丁亥	5	14	丁巳	4	14	丁亥	3	15	丁巳	2	15	戊子	二十二
7	13	丁巳	6	14	戊子	5	15	戊午	4	15	戊子	3	16	戊午	2	16	己丑	二十三
7	14	戊午	6	15	己丑	5	16	己未	4	16	己丑	3	17	己未	2	17	庚寅	二十四
7	15	己未	6	16	庚寅	5	17	庚申	4	17	庚寅	3	18	庚申	2	18	辛卯	二十五
7	16	庚申	6	17	辛卯	5	18	辛酉	4	18	辛卯	3	19	辛酉	2	19	壬辰	二十六
7	17	辛酉	6	18	壬辰	5	19	壬戌	4	19	壬辰	3	20	壬戌	2	20	癸巳	二十七
7	18	壬戌	6	19	癸巳	5	20	癸亥	4	20	癸巳	3	21	癸亥	2	21	甲午	二十八
7	19	癸亥	6	20	甲午	5	21	甲子	4	21	甲午	3	22	甲子	2	22	乙未	二十九
7	20	甲子				5	22	乙丑	4	22	乙未	3	23	乙丑				三十

旧暦	十二月			十一月			十月			九月			八月			七月			六月		
干支	己丑月			戊子月			丁亥月			丙戌月			乙酉月			甲申月			癸未月		
旧暦	新暦		干支	新暦		干支	新暦		干支	新暦		干支	新暦		干支	新暦		干支	新暦		干支
一	1	13	辛酉	12	15	壬辰	11	15	壬戌	10	17	癸巳	9	17	癸亥	8	19	甲午	7	21	乙丑
二	1	14	壬戌	12	16	癸巳	11	16	癸亥	10	18	甲午	9	18	甲子	8	20	乙未	7	22	丙寅
三	1	15	癸亥	12	17	甲午	11	17	甲子	10	19	乙未	9	19	乙丑	8	21	丙申	7	23	丁卯
四	1	16	甲子	12	18	乙未	11	18	乙丑	10	20	丙申	9	20	丙寅	8	22	丁酉	7	24	戊辰
五	1	17	乙丑	12	19	丙申	11	19	丙寅	10	21	丁酉	9	21	丁卯	8	23	戊戌	7	25	己巳
六	1	18	丙寅	12	20	丁酉	11	20	丁卯	10	22	戊戌	9	22	戊辰	8	24	己亥	7	26	庚午
七	1	19	丁卯	12	21	戊戌	11	21	戊辰	10	23	己亥	9	23	己巳	8	25	庚子	7	27	辛未
八	1	20	戊辰	12	22	己亥	11	22	己巳	10	24	庚子	9	24	庚午	8	26	辛丑	7	28	壬申
九	1	21	己巳	12	23	庚子	11	23	庚午	10	25	辛丑	9	25	辛未	8	27	壬寅	7	29	癸酉
十	1	22	庚午	12	24	辛丑	11	24	辛未	10	26	壬寅	9	26	壬申	8	28	癸卯	7	30	甲戌
十一	1	23	辛未	12	25	壬寅	11	25	壬申	10	27	癸卯	9	27	癸酉	8	29	甲辰	7	31	乙亥
十二	1	24	壬申	12	26	癸卯	11	26	癸酉	10	28	甲辰	9	28	甲戌	8	30	乙巳	8	1	丙子
十三	1	25	癸酉	12	27	甲辰	11	27	甲戌	10	29	乙巳	9	29	乙亥	8	31	丙午	8	2	丁丑
十四	1	26	甲戌	12	28	乙巳	11	28	乙亥	10	30	丙午	9	30	丙子	9	1	丁未	8	3	戊寅
十五	1	27	乙亥	12	29	丙午	11	29	丙子	10	31	丁未	10	1	丁丑	9	2	戊申	8	4	己卯
十六	1	28	丙子	12	30	丁未	11	30	丁丑	11	1	戊申	10	2	戊寅	9	3	己酉	8	5	庚辰
十七	1	29	丁丑	12	31	戊申	12	1	戊寅	11	2	己酉	10	3	己卯	9	4	庚戌	8	6	辛巳
十八	1	30	戊寅	1	1	己酉	12	2	己卯	11	3	庚戌	10	4	庚辰	9	5	辛亥	8	7	壬午
十九	1	31	己卯	1	2	庚戌	12	3	庚辰	11	4	辛亥	10	5	辛巳	9	6	壬子	8	8	癸未
二十	2	1	庚辰	1	3	辛亥	12	4	辛巳	11	5	壬子	10	6	壬午	9	7	癸丑	8	9	甲申
二十一	2	2	辛巳	1	4	壬子	12	5	壬午	11	6	癸丑	10	7	癸未	9	8	甲寅	8	10	乙酉
二十二	2	3	壬午	1	5	癸丑	12	6	癸未	11	7	甲寅	10	8	甲申	9	9	乙卯	8	11	丙戌
二十三	2	4	癸未	1	6	甲寅	12	7	甲申	11	8	乙卯	10	9	乙酉	9	10	丙辰	8	12	丁亥
二十四	2	5	甲申	1	7	乙卯	12	8	乙酉	11	9	丙辰	10	10	丙戌	9	11	丁巳	8	13	戊子
二十五	2	6	乙酉	1	8	丙辰	12	9	丙戌	11	10	丁巳	10	11	丁亥	9	12	戊午	8	14	己丑
二十六	2	7	丙戌	1	9	丁巳	12	10	丁亥	11	11	戊午	10	12	戊子	9	13	己未	8	15	庚寅
二十七	2	8	丁亥	1	10	戊午	12	11	戊子	11	12	己未	10	13	己丑	9	14	庚申	8	16	辛卯
二十八	2	9	戊子	1	11	己未	12	12	己丑	11	13	庚申	10	14	庚寅	9	15	辛酉	8	17	壬辰
二十九	2	10	己丑	1	12	庚申	12	13	庚寅	11	14	辛酉	10	15	辛卯	9	16	壬戌	8	18	癸巳
三十	2	11	庚寅				12	14	辛卯				10	16	壬辰						

西暦二〇二一年（令和3年）辛丑

六月			五月			四月			三月			二月			一月			旧暦
乙未月			甲午月			癸巳月			壬辰月			辛卯月			庚寅月			干支
新暦		干支	新暦		干支	新暦		干支	新暦		干支	新暦		干支	新暦		干支	旧暦
7	10	己未	6	10	己丑	5	12	庚申	4	12	庚寅	3	13	庚申	2	12	辛卯	一
7	11	庚申	6	11	庚寅	5	13	辛酉	4	13	辛卯	3	14	辛酉	2	13	壬辰	二
7	12	辛酉	6	12	辛卯	5	14	壬戌	4	14	壬辰	3	15	壬戌	2	14	癸巳	三
7	13	壬戌	6	13	壬辰	5	15	癸亥	4	15	癸巳	3	16	癸亥	2	15	甲午	四
7	14	癸亥	6	14	癸巳	5	16	甲子	4	16	甲午	3	17	甲子	2	16	乙未	五
7	15	甲子	6	15	甲午	5	17	乙丑	4	17	乙未	3	18	乙丑	2	17	丙申	六
7	16	乙丑	6	16	乙未	5	18	丙寅	4	18	丙申	3	19	丙寅	2	18	丁酉	七
7	17	丙寅	6	17	丙申	5	19	丁卯	4	19	丁酉	3	20	丁卯	2	19	戊戌	八
7	18	丁卯	6	18	丁酉	5	20	戊辰	4	20	戊戌	3	21	戊辰	2	20	己亥	九
7	19	戊辰	6	19	戊戌	5	21	己巳	4	21	己亥	3	22	己巳	2	21	庚子	十
7	20	己巳	6	20	己亥	5	22	庚午	4	22	庚子	3	23	庚午	2	22	辛丑	十一
7	21	庚午	6	21	庚子	5	23	辛未	4	23	辛丑	3	24	辛未	2	23	壬寅	十二
7	22	辛未	6	22	辛丑	5	24	壬申	4	24	壬寅	3	25	壬申	2	24	癸卯	十三
7	23	壬申	6	23	壬寅	5	25	癸酉	4	25	癸卯	3	26	癸酉	2	25	甲辰	十四
7	24	癸酉	6	24	癸卯	5	26	甲戌	4	26	甲辰	3	27	甲戌	2	26	乙巳	十五
7	25	甲戌	6	25	甲辰	5	27	乙亥	4	27	乙巳	3	28	乙亥	2	27	丙午	十六
7	26	乙亥	6	26	乙巳	5	28	丙子	4	28	丙午	3	29	丙子	2	28	丁未	十七
7	27	丙子	6	27	丙午	5	29	丁丑	4	29	丁未	3	30	丁丑	3	1	戊申	十八
7	28	丁丑	6	28	丁未	5	30	戊寅	4	30	戊申	3	31	戊寅	3	2	己酉	十九
7	29	戊寅	6	29	戊申	5	31	己卯	5	1	己酉	4	1	己卯	3	3	庚戌	二十
7	30	己卯	6	30	己酉	6	1	庚辰	5	2	庚戌	4	2	庚辰	3	4	辛亥	二十一
7	31	庚辰	7	1	庚戌	6	2	辛巳	5	3	辛亥	4	3	辛巳	3	5	壬子	二十二
8	1	辛巳	7	2	辛亥	6	3	壬午	5	4	壬子	4	4	壬午	3	6	癸丑	二十三
8	2	壬午	7	3	壬子	6	4	癸未	5	5	癸丑	4	5	癸未	3	7	甲寅	二十四
8	3	癸未	7	4	癸丑	6	5	甲申	5	6	甲寅	4	6	甲申	3	8	乙卯	二十五
8	4	甲申	7	5	甲寅	6	6	乙酉	5	7	乙卯	4	7	乙酉	3	9	丙辰	二十六
8	5	乙酉	7	6	乙卯	6	7	丙戌	5	8	丙辰	4	8	丙戌	3	10	丁巳	二十七
8	6	丙戌	7	7	丙辰	6	8	丁亥	5	9	丁巳	4	9	丁亥	3	11	戊午	二十八
8	7	丁亥	7	8	丁巳	6	9	戊子	5	10	戊午	4	10	戊子	3	12	己未	二十九
			7	9	戊午				5	11	己未	4	11	己丑				三十

旧暦	十二月			十一月			十月			九月			八月			七月		
干支	辛丑月			庚子月			己亥月			戊戌月			丁酉月			丙申月		
旧暦	新暦		干支	新暦		干支	新暦		干支	新暦		干支	新暦		干支	新暦		干支
一	1	3	丙辰	12	4	丙戌	11	5	丁巳	10	6	丁亥	9	7	戊午	8	8	戊子
二	1	4	丁巳	12	5	丁亥	11	6	戊午	10	7	戊子	9	8	己未	8	9	己丑
三	1	5	戊午	12	6	戊子	11	7	己未	10	8	己丑	9	9	庚申	8	10	庚寅
四	1	6	己未	12	7	己丑	11	8	庚申	10	9	庚寅	9	10	辛酉	8	11	辛卯
五	1	7	庚申	12	8	庚寅	11	9	辛酉	10	10	辛卯	9	11	壬戌	8	12	壬辰
六	1	8	辛酉	12	9	辛卯	11	10	壬戌	10	11	壬辰	9	12	癸亥	8	13	癸巳
七	1	9	壬戌	12	10	壬辰	11	11	癸亥	10	12	癸巳	9	13	甲子	8	14	甲午
八	1	10	癸亥	12	11	癸巳	11	12	甲子	10	13	甲午	9	14	乙丑	8	15	乙未
九	1	11	甲子	12	12	甲午	11	13	乙丑	10	14	乙未	9	15	丙寅	8	16	丙申
十	1	12	乙丑	12	13	乙未	11	14	丙寅	10	15	丙申	9	16	丁卯	8	17	丁酉
十一	1	13	丙寅	12	14	丙申	11	15	丁卯	10	16	丁酉	9	17	戊辰	8	18	戊戌
十二	1	14	丁卯	12	15	丁酉	11	16	戊辰	10	17	戊戌	9	18	己巳	8	19	己亥
十三	1	15	戊辰	12	16	戊戌	11	17	己巳	10	18	己亥	9	19	庚午	8	20	庚子
十四	1	16	己巳	12	17	己亥	11	18	庚午	10	19	庚子	9	20	辛未	8	21	辛丑
十五	1	17	庚午	12	18	庚子	11	19	辛未	10	20	辛丑	9	21	壬申	8	22	壬寅
十六	1	18	辛未	12	19	辛丑	11	20	壬申	10	21	壬寅	9	22	癸酉	8	23	癸卯
十七	1	19	壬申	12	20	壬寅	11	21	癸酉	10	22	癸卯	9	23	甲戌	8	24	甲辰
十八	1	20	癸酉	12	21	癸卯	11	22	甲戌	10	23	甲辰	9	24	乙亥	8	25	乙巳
十九	1	21	甲戌	12	22	甲辰	11	23	乙亥	10	24	乙巳	9	25	丙子	8	26	丙午
二十	1	22	乙亥	12	23	乙巳	11	24	丙子	10	25	丙午	9	26	丁丑	8	27	丁未
二十一	1	23	丙子	12	24	丙午	11	25	丁丑	10	26	丁未	9	27	戊寅	8	28	戊申
二十二	1	24	丁丑	12	25	丁未	11	26	戊寅	10	27	戊申	9	28	己卯	8	29	己酉
二十三	1	25	戊寅	12	26	戊申	11	27	己卯	10	28	己酉	9	29	庚辰	8	30	庚戌
二十四	1	26	己卯	12	27	己酉	11	28	庚辰	10	29	庚戌	9	30	辛巳	8	31	辛亥
二十五	1	27	庚辰	12	28	庚戌	11	29	辛巳	10	30	辛亥	10	1	壬午	9	1	壬子
二十六	1	28	辛巳	12	29	辛亥	11	30	壬午	10	31	壬子	10	2	癸未	9	2	癸丑
二十七	1	29	壬午	12	30	壬子	12	1	癸未	11	1	癸丑	10	3	甲申	9	3	甲寅
二十八	1	30	癸未	12	31	癸丑	12	2	甲申	11	2	甲寅	10	4	乙酉	9	4	乙卯
二十九	1	31	甲申	1	1	甲寅	12	3	乙酉	11	3	乙卯	10	5	丙戌	9	5	丙辰
三十				1	2	乙卯				11	4	丙辰				9	6	丁巳

西暦二〇二二年（令和4年）壬寅

六月			五月			四月			三月			二月			一月			旧暦
丁未月			丙午月			乙巳月			甲辰月			癸卯月			壬寅月			干支
新暦		干支	新暦		干支	新暦		干支	新暦		干支	新暦		干支	新暦		干支	旧暦
6	29	癸丑	5	30	癸未	5	1	甲寅	4	1	甲申	3	3	乙卯	2	1	乙酉	一
6	30	甲寅	5	31	甲申	5	2	乙卯	4	2	乙酉	3	4	丙辰	2	2	丙戌	二
7	1	乙卯	6	1	乙酉	5	3	丙辰	4	3	丙戌	3	5	丁巳	2	3	丁亥	三
7	2	丙辰	6	2	丙戌	5	4	丁巳	4	4	丁亥	3	6	戊午	2	4	戊子	四
7	3	丁巳	6	3	丁亥	5	5	戊午	4	5	戊子	3	7	己未	2	5	己丑	五
7	4	戊午	6	4	戊子	5	6	己未	4	6	己丑	3	8	庚申	2	6	庚寅	六
7	5	己未	6	5	己丑	5	7	庚申	4	7	庚寅	3	9	辛酉	2	7	辛卯	七
7	6	庚申	6	6	庚寅	5	8	辛酉	4	8	辛卯	3	10	壬戌	2	8	壬辰	八
7	7	辛酉	6	7	辛卯	5	9	壬戌	4	9	壬辰	3	11	癸亥	2	9	癸巳	九
7	8	壬戌	6	8	壬辰	5	10	癸亥	4	10	癸巳	3	12	甲子	2	10	甲午	十
7	9	癸亥	6	9	癸巳	5	11	甲子	4	11	甲午	3	13	乙丑	2	11	乙未	十一
7	10	甲子	6	10	甲午	5	12	乙丑	4	12	乙未	3	14	丙寅	2	12	丙申	十二
7	11	乙丑	6	11	乙未	5	13	丙寅	4	13	丙申	3	15	丁卯	2	13	丁酉	十三
7	12	丙寅	6	12	丙申	5	14	丁卯	4	14	丁酉	3	16	戊辰	2	14	戊戌	十四
7	13	丁卯	6	13	丁酉	5	15	戊辰	4	15	戊戌	3	17	己巳	2	15	己亥	十五
7	14	戊辰	6	14	戊戌	5	16	己巳	4	16	己亥	3	18	庚午	2	16	庚子	十六
7	15	己巳	6	15	己亥	5	17	庚午	4	17	庚子	3	19	辛未	2	17	辛丑	十七
7	16	庚午	6	16	庚子	5	18	辛未	4	18	辛丑	3	20	壬申	2	18	壬寅	十八
7	17	辛未	6	17	辛丑	5	19	壬申	4	19	壬寅	3	21	癸酉	2	19	癸卯	十九
7	18	壬申	6	18	壬寅	5	20	癸酉	4	20	癸卯	3	22	甲戌	2	20	甲辰	二十
7	19	癸酉	6	19	癸卯	5	21	甲戌	4	21	甲辰	3	23	乙亥	2	21	乙巳	二十一
7	20	甲戌	6	20	甲辰	5	22	乙亥	4	22	乙巳	3	24	丙子	2	22	丙午	二十二
7	21	乙亥	6	21	乙巳	5	23	丙子	4	23	丙午	3	25	丁丑	2	23	丁未	二十三
7	22	丙子	6	22	丙午	5	24	丁丑	4	24	丁未	3	26	戊寅	2	24	戊申	二十四
7	23	丁丑	6	23	丁未	5	25	戊寅	4	25	戊申	3	27	己卯	2	25	己酉	二十五
7	24	戊寅	6	24	戊申	5	26	己卯	4	26	己酉	3	28	庚辰	2	26	庚戌	二十六
7	25	己卯	6	25	己酉	5	27	庚辰	4	27	庚戌	3	29	辛巳	2	27	辛亥	二十七
7	26	庚辰	6	26	庚戌	5	28	辛巳	4	28	辛亥	3	30	壬午	2	28	壬子	二十八
7	27	辛巳	6	27	辛亥	5	29	壬午	4	29	壬子	3	31	癸未	3	1	癸丑	二十九
7	28	壬午	6	28	壬子				4	30	癸丑				3	2	甲寅	三十

旧暦	十二月			十一月			十月			九月			八月			七月		
干支	癸丑月			壬子月			辛亥月			庚戌月			己酉月			戊申月		
旧暦	新暦		干支	新暦		干支	新暦		干支	新暦		干支	新暦		干支	新暦		干支
一	12	23	庚戌	11	24	辛巳	10	25	辛亥	9	26	壬午	8	27	壬子	7	29	癸未
二	12	24	辛亥	11	25	壬午	10	26	壬子	9	27	癸未	8	28	癸丑	7	30	甲申
三	12	25	壬子	11	26	癸未	10	27	癸丑	9	28	甲申	8	29	甲寅	7	31	乙酉
四	12	26	癸丑	11	27	甲申	10	28	甲寅	9	29	乙酉	8	30	乙卯	8	1	丙戌
五	12	27	甲寅	11	28	乙酉	10	29	乙卯	9	30	丙戌	8	31	丙辰	8	2	丁亥
六	12	28	乙卯	11	29	丙戌	10	30	丙辰	10	1	丁亥	9	1	丁巳	8	3	戊子
七	12	29	丙辰	11	30	丁亥	10	31	丁巳	10	2	戊子	9	2	戊午	8	4	己丑
八	12	30	丁巳	12	1	戊子	11	1	戊午	10	3	己丑	9	3	己未	8	5	庚寅
九	12	31	戊午	12	2	己丑	11	2	己未	10	4	庚寅	9	4	庚申	8	6	辛卯
十	1	1	己未	12	3	庚寅	11	3	庚申	10	5	辛卯	9	5	辛酉	8	7	壬辰
十一	1	2	庚申	12	4	辛卯	11	4	辛酉	10	6	壬辰	9	6	壬戌	8	8	癸巳
十二	1	3	辛酉	12	5	壬辰	11	5	壬戌	10	7	癸巳	9	7	癸亥	8	9	甲午
十三	1	4	壬戌	12	6	癸巳	11	6	癸亥	10	8	甲午	9	8	甲子	8	10	乙未
十四	1	5	癸亥	12	7	甲午	11	7	甲子	10	9	乙未	9	9	乙丑	8	11	丙申
十五	1	6	甲子	12	8	乙未	11	8	乙丑	10	10	丙申	9	10	丙寅	8	12	丁酉
十六	1	7	乙丑	12	9	丙申	11	9	丙寅	10	11	丁酉	9	11	丁卯	8	13	戊戌
十七	1	8	丙寅	12	10	丁酉	11	10	丁卯	10	12	戊戌	9	12	戊辰	8	14	己亥
十八	1	9	丁卯	12	11	戊戌	11	11	戊辰	10	13	己亥	9	13	己巳	8	15	庚子
十九	1	10	戊辰	12	12	己亥	11	12	己巳	10	14	庚子	9	14	庚午	8	16	辛丑
二十	1	11	己巳	12	13	庚子	11	13	庚午	10	15	辛丑	9	15	辛未	8	17	壬寅
二十一	1	12	庚午	12	14	辛丑	11	14	辛未	10	16	壬寅	9	16	壬申	8	18	癸卯
二十二	1	13	辛未	12	15	壬寅	11	15	壬申	10	17	癸卯	9	17	癸酉	8	19	甲辰
二十三	1	14	壬申	12	16	癸卯	11	16	癸酉	10	18	甲辰	9	18	甲戌	8	20	乙巳
二十四	1	15	癸酉	12	17	甲辰	11	17	甲戌	10	19	乙巳	9	19	乙亥	8	21	丙午
二十五	1	16	甲戌	12	18	乙巳	11	18	乙亥	10	20	丙午	9	20	丙子	8	22	丁未
二十六	1	17	乙亥	12	19	丙午	11	19	丙子	10	21	丁未	9	21	丁丑	8	23	戊申
二十七	1	18	丙子	12	20	丁未	11	20	丁丑	10	22	戊申	9	22	戊寅	8	24	己酉
二十八	1	19	丁丑	12	21	戊申	11	21	戊寅	10	23	己酉	9	23	己卯	8	25	庚戌
二十九	1	20	戊寅	12	22	己酉	11	22	己卯	10	24	庚戌	9	24	庚辰	8	26	辛亥
三十	1	21	己卯				11	23	庚辰				9	25	辛巳			

西暦二〇二三年（令和5年）癸卯

五月			四月			三月			閏二月			二月			一月			旧暦
戊午月			丁巳月			丙辰月						乙卯月			甲寅月			干支
新暦		干支	新暦		干支	新暦		干支	新暦		干支	新暦		干支	新暦		干支	旧暦
6	18	丁未	5	20	戊寅	4	20	戊申	3	22	己卯	2	20	己酉	1	22	庚辰	一
6	19	戊申	5	21	己卯	4	21	己酉	3	23	庚辰	2	21	庚戌	1	23	辛巳	二
6	20	己酉	5	22	庚辰	4	22	庚戌	3	24	辛巳	2	22	辛亥	1	24	壬午	三
6	21	庚戌	5	23	辛巳	4	23	辛亥	3	25	壬午	2	23	壬子	1	25	癸未	四
6	22	辛亥	5	24	壬午	4	24	壬子	3	26	癸未	2	24	癸丑	1	26	甲申	五
6	23	壬子	5	25	癸未	4	25	癸丑	3	27	甲申	2	25	甲寅	1	27	乙酉	六
6	24	癸丑	5	26	甲申	4	26	甲寅	3	28	乙酉	2	26	乙卯	1	28	丙戌	七
6	25	甲寅	5	27	乙酉	4	27	乙卯	3	29	丙戌	2	27	丙辰	1	29	丁亥	八
6	26	乙卯	5	28	丙戌	4	28	丙辰	3	30	丁亥	2	28	丁巳	1	30	戊子	九
6	27	丙辰	5	29	丁亥	4	29	丁巳	3	31	戊子	3	1	戊午	1	31	己丑	十
6	28	丁巳	5	30	戊子	4	30	戊午	4	1	己丑	3	2	己未	2	1	庚寅	十一
6	29	戊午	5	31	己丑	5	1	己未	4	2	庚寅	3	3	庚申	2	2	辛卯	十二
6	30	己未	6	1	庚寅	5	2	庚申	4	3	辛卯	3	4	辛酉	2	3	壬辰	十三
7	1	庚申	6	2	辛卯	5	3	辛酉	4	4	壬辰	3	5	壬戌	2	4	癸巳	十四
7	2	辛酉	6	3	壬辰	5	4	壬戌	4	5	癸巳	3	6	癸亥	2	5	甲午	十五
7	3	壬戌	6	4	癸巳	5	5	癸亥	4	6	甲午	3	7	甲子	2	6	乙未	十六
7	4	癸亥	6	5	甲午	5	6	甲子	4	7	乙未	3	8	乙丑	2	7	丙申	十七
7	5	甲子	6	6	乙未	5	7	乙丑	4	8	丙申	3	9	丙寅	2	8	丁酉	十八
7	6	乙丑	6	7	丙申	5	8	丙寅	4	9	丁酉	3	10	丁卯	2	9	戊戌	十九
7	7	丙寅	6	8	丁酉	5	9	丁卯	4	10	戊戌	3	11	戊辰	2	10	己亥	二十
7	8	丁卯	6	9	戊戌	5	10	戊辰	4	11	己亥	3	12	己巳	2	11	庚子	二十一
7	9	戊辰	6	10	己亥	5	11	己巳	4	12	庚子	3	13	庚午	2	12	辛丑	二十二
7	10	己巳	6	11	庚子	5	12	庚午	4	13	辛丑	3	14	辛未	2	13	壬寅	二十三
7	11	庚午	6	12	辛丑	5	13	辛未	4	14	壬寅	3	15	壬申	2	14	癸卯	二十四
7	12	辛未	6	13	壬寅	5	14	壬申	4	15	癸卯	3	16	癸酉	2	15	甲辰	二十五
7	13	壬申	6	14	癸卯	5	15	癸酉	4	16	甲辰	3	17	甲戌	2	16	乙巳	二十六
7	14	癸酉	6	15	甲辰	5	16	甲戌	4	17	乙巳	3	18	乙亥	2	17	丙午	二十七
7	15	甲戌	6	16	乙巳	5	17	乙亥	4	18	丙午	3	19	丙子	2	18	丁未	二十八
7	16	乙亥	6	17	丙午	5	18	丙子	4	19	丁未	3	20	丁丑	2	19	戊申	二十九
7	17	丙子				5	19	丁丑				3	21	戊寅				三十

旧暦	十二月			十一月			十月			九月			八月			七月			六月		
干支	乙丑月			甲子月			癸亥月			壬戌月			辛酉月			庚申月			己未月		
旧暦	新暦		干支	新暦		干支	新暦		干支	新暦		干支	新暦		干支	新暦		干支	新暦		干支
一	1	11	甲戌	12	13	乙巳	11	13	乙亥	10	15	丙午	9	15	丙子	8	16	丙午	7	18	丁丑
二	1	12	乙亥	12	14	丙午	11	14	丙子	10	16	丁未	9	16	丁丑	8	17	丁未	7	19	戊寅
三	1	13	丙子	12	15	丁未	11	15	丁丑	10	17	戊申	9	17	戊寅	8	18	戊申	7	20	己卯
四	1	14	丁丑	12	16	戊申	11	16	戊寅	10	18	己酉	9	18	己卯	8	19	己酉	7	21	庚辰
五	1	15	戊寅	12	17	己酉	11	17	己卯	10	19	庚戌	9	19	庚辰	8	20	庚戌	7	22	辛巳
六	1	16	己卯	12	18	庚戌	11	18	庚辰	10	20	辛亥	9	20	辛巳	8	21	辛亥	7	23	壬午
七	1	17	庚辰	12	19	辛亥	11	19	辛巳	10	21	壬子	9	21	壬午	8	22	壬子	7	24	癸未
八	1	18	辛巳	12	20	壬子	11	20	壬午	10	22	癸丑	9	22	癸未	8	23	癸丑	7	25	甲申
九	1	19	壬午	12	21	癸丑	11	21	癸未	10	23	甲寅	9	23	甲申	8	24	甲寅	7	26	乙酉
十	1	20	癸未	12	22	甲寅	11	22	甲申	10	24	乙卯	9	24	乙酉	8	25	乙卯	7	27	丙戌
十一	1	21	甲申	12	23	乙卯	11	23	乙酉	10	25	丙辰	9	25	丙戌	8	26	丙辰	7	28	丁亥
十二	1	22	乙酉	12	24	丙辰	11	24	丙戌	10	26	丁巳	9	26	丁亥	8	27	丁巳	7	29	戊子
十三	1	23	丙戌	12	25	丁巳	11	25	丁亥	10	27	戊午	9	27	戊子	8	28	戊午	7	30	己丑
十四	1	24	丁亥	12	26	戊午	11	26	戊子	10	28	己未	9	28	己丑	8	29	己未	7	31	庚寅
十五	1	25	戊子	12	27	己未	11	27	己丑	10	29	庚申	9	29	庚寅	8	30	庚申	8	1	辛卯
十六	1	26	己丑	12	28	庚申	11	28	庚寅	10	30	辛酉	9	30	辛卯	8	31	辛酉	8	2	壬辰
十七	1	27	庚寅	12	29	壬戌	11	29	辛卯	10	31	壬戌	10	1	壬辰	9	1	壬戌	8	3	癸巳
十八	1	28	辛卯	12	30	壬戌	11	30	壬辰	11	1	癸亥	10	2	癸巳	9	2	癸亥	8	4	甲午
十九	1	29	壬辰	12	31	癸亥	12	1	癸巳	11	2	甲子	10	3	甲午	9	3	甲子	8	5	乙未
二十	1	30	癸巳	1	1	甲子	12	2	甲午	11	3	乙丑	10	4	乙未	9	4	乙丑	8	6	丙申
二十一	1	31	甲午	1	2	乙丑	12	3	乙未	11	4	丙寅	10	5	丙申	9	5	丙寅	8	7	丁酉
二十二	2	1	乙未	1	3	丙寅	12	4	丙申	11	5	丁卯	10	6	丁酉	9	6	丁卯	8	8	戊戌
二十三	2	2	丙申	1	4	丁卯	12	5	丁酉	11	6	戊辰	10	7	戊戌	9	7	戊辰	8	9	己亥
二十四	2	3	丁酉	1	5	戊辰	12	6	戊戌	11	7	己巳	10	8	己亥	9	8	己巳	8	10	庚子
二十五	2	4	戊戌	1	6	己巳	12	7	己亥	11	8	庚午	10	9	庚子	9	9	庚午	8	11	辛丑
二十六	2	5	己亥	1	7	庚午	12	8	庚子	11	9	辛未	10	10	辛丑	9	10	辛未	8	12	壬寅
二十七	2	6	庚子	1	8	辛未	12	9	辛丑	11	10	壬申	10	11	壬寅	9	11	壬申	8	13	癸卯
二十八	2	7	辛丑	1	9	壬申	12	10	壬寅	11	11	癸酉	10	12	癸卯	9	12	癸酉	8	14	甲辰
二十九	2	8	壬寅	1	10	癸酉	12	11	癸卯	11	12	甲戌	10	13	甲辰	9	13	甲戌	8	15	乙巳
三十	2	9	癸卯				12	12	甲辰				10	14	乙巳	9	14	乙亥			

西暦 二〇二四年（令和6年）甲辰

六月			五月			四月			三月			二月			一月			旧暦
辛未月			庚午月			己巳月			戊辰月			丁卯月			丙寅月			干支
新暦		干支	新暦		干支	新暦		干支	新暦		干支	新暦		干支	新暦		干支	旧暦
7	6	辛未	6	6	辛丑	5	8	壬申	4	9	癸卯	3	10	癸酉	2	10	甲辰	一
7	7	壬申	6	7	壬寅	5	9	癸酉	4	10	甲辰	3	11	甲戌	2	11	乙巳	二
7	8	癸酉	6	8	癸卯	5	10	甲戌	4	11	乙巳	3	12	乙亥	2	12	丙午	三
7	9	甲戌	6	9	甲辰	5	11	乙亥	4	12	丙午	3	13	丙子	2	13	丁未	四
7	10	乙亥	6	10	乙巳	5	12	丙子	4	13	丁未	3	14	丁丑	2	14	戊申	五
7	11	丙子	6	11	丙午	5	13	丁丑	4	14	戊申	3	15	戊寅	2	15	己酉	六
7	12	丁丑	6	12	丁未	5	14	戊寅	4	15	己酉	3	16	己卯	2	16	庚戌	七
7	13	戊寅	6	13	戊申	5	15	己卯	4	16	庚戌	3	17	庚辰	2	17	辛亥	八
7	14	己卯	6	14	己酉	5	16	庚辰	4	17	辛亥	3	18	辛巳	2	18	壬子	九
7	15	庚辰	6	15	庚戌	5	17	辛巳	4	18	壬子	3	19	壬午	2	19	癸丑	十
7	16	辛巳	6	16	辛亥	5	18	壬午	4	19	癸丑	3	20	癸未	2	20	甲寅	十一
7	17	壬午	6	17	壬子	5	19	癸未	4	20	甲寅	3	21	甲申	2	21	乙卯	十二
7	18	癸未	6	18	癸丑	5	20	甲申	4	21	乙卯	3	22	乙酉	2	22	丙辰	十三
7	19	甲申	6	19	甲寅	5	21	乙酉	4	22	丙辰	3	23	丙戌	2	23	丁巳	十四
7	20	乙酉	6	20	乙卯	5	22	丙戌	4	23	丁巳	3	24	丁亥	2	24	戊午	十五
7	21	丙戌	6	21	丙辰	5	23	丁亥	4	24	戊午	3	25	戊子	2	25	己未	十六
7	22	丁亥	6	22	丁巳	5	24	戊子	4	25	己未	3	26	己丑	2	26	庚申	十七
7	23	戊子	6	23	戊午	5	25	己丑	4	26	庚申	3	27	庚寅	2	27	辛酉	十八
7	24	己丑	6	24	己未	5	26	庚寅	4	27	辛酉	3	28	辛卯	2	28	壬戌	十九
7	25	庚寅	6	25	庚申	5	27	辛卯	4	28	壬戌	3	29	壬辰	2	29	癸亥	二十
7	26	辛卯	6	26	辛酉	5	28	壬辰	4	29	癸亥	3	30	癸巳	3	1	甲子	二十一
7	27	壬辰	6	27	壬戌	5	29	癸巳	4	30	甲子	3	31	甲午	3	2	乙丑	二十二
7	28	癸巳	6	28	癸亥	5	30	甲午	5	1	乙丑	4	1	乙未	3	3	丙寅	二十三
7	29	甲午	6	29	甲子	5	31	乙未	5	2	丙寅	4	2	丙申	3	4	丁卯	二十四
7	30	乙未	6	30	乙丑	6	1	丙申	5	3	丁卯	4	3	丁酉	3	5	戊辰	二十五
7	31	丙申	7	1	丙寅	6	2	丁酉	5	4	戊辰	4	4	戊戌	3	6	己巳	二十六
8	1	丁酉	7	2	丁卯	6	3	戊戌	5	5	己巳	4	5	己亥	3	7	庚午	二十七
8	2	戊戌	7	3	戊辰	6	4	己亥	5	6	庚午	4	6	庚子	3	8	辛未	二十八
8	3	己亥	7	4	己巳	6	5	庚子	5	7	辛未	4	7	辛丑	3	9	壬申	二十九
			7	5	庚午							4	8	壬寅				三十

旧暦	十二月			十一月			十月			九月			八月			七月		
干支	丁丑月			丙子月			乙亥月			甲戌月			癸酉月			壬申月		
旧暦	新暦		干支	新暦		干支	新暦		干支	新暦		干支	新暦		干支	新暦		干支
一	12	31	己巳	12	1	己亥	11	1	己巳	10	3	庚子	9	3	庚午	8	4	庚子
二	1	1	庚午	12	2	庚子	11	2	庚午	10	4	辛丑	9	4	辛未	8	5	辛丑
三	1	2	辛未	12	3	辛丑	11	3	辛未	10	5	壬寅	9	5	壬申	8	6	壬寅
四	1	3	壬申	12	4	壬寅	11	4	壬申	10	6	癸卯	9	6	癸酉	8	7	癸卯
五	1	4	癸酉	12	5	癸卯	11	5	癸酉	10	7	甲辰	9	7	甲戌	8	8	甲辰
六	1	5	甲戌	12	6	甲辰	11	6	甲戌	10	8	乙巳	9	8	乙亥	8	9	乙巳
七	1	6	乙亥	12	7	乙巳	11	7	乙亥	10	9	丙午	9	9	丙子	8	10	丙午
八	1	7	丙子	12	8	丙午	11	8	丙子	10	10	丁未	9	10	丁丑	8	11	丁未
九	1	8	丁丑	12	9	丁未	11	9	丁丑	10	11	戊申	9	11	戊寅	8	12	戊申
十	1	9	戊寅	12	10	戊申	11	10	戊寅	10	12	己酉	9	12	己卯	8	13	己酉
十一	1	10	己卯	12	11	己酉	11	11	己卯	10	13	庚戌	9	13	庚辰	8	14	庚戌
十二	1	11	庚辰	12	12	庚戌	11	12	庚辰	10	14	辛亥	9	14	辛巳	8	15	辛亥
十三	1	12	辛巳	12	13	辛亥	11	13	辛巳	10	15	壬子	9	15	壬午	8	16	壬子
十四	1	13	壬午	12	14	壬子	11	14	壬午	10	16	癸丑	9	16	癸未	8	17	癸丑
十五	1	14	癸未	12	15	癸丑	11	15	癸未	10	17	甲寅	9	17	甲申	8	18	甲寅
十六	1	15	甲申	12	16	甲寅	11	16	甲申	10	18	乙卯	9	18	乙酉	8	19	乙卯
十七	1	16	乙酉	12	17	乙卯	11	17	乙酉	10	19	丙辰	9	19	丙戌	8	20	丙辰
十八	1	17	丙戌	12	18	丙辰	11	18	丙戌	10	20	丁巳	9	20	丁亥	8	21	丁巳
十九	1	18	丁亥	12	19	丁巳	11	19	丁亥	10	21	戊午	9	21	戊子	8	22	戊午
二十	1	19	戊子	12	20	戊午	11	20	戊子	10	22	己未	9	22	己丑	8	23	己未
二十一	1	20	己丑	12	21	己未	11	21	己丑	10	23	庚申	9	23	庚寅	8	24	庚申
二十二	1	21	庚寅	12	22	庚申	11	22	庚寅	10	24	辛酉	9	24	辛卯	8	25	辛酉
二十三	1	22	辛卯	12	23	辛酉	11	23	辛卯	10	25	壬戌	9	25	壬辰	8	26	壬戌
二十四	1	23	壬辰	12	24	壬戌	11	24	壬辰	10	26	癸亥	9	26	癸巳	8	27	癸亥
二十五	1	24	癸巳	12	25	癸亥	11	25	癸巳	10	27	甲子	9	27	甲午	8	28	甲子
二十六	1	25	甲午	12	26	甲子	11	26	甲午	10	28	乙丑	9	28	乙未	8	29	乙丑
二十七	1	26	乙未	12	27	乙丑	11	27	乙未	10	29	丙寅	9	29	丙申	8	30	丙寅
二十八	1	27	丙申	12	28	丙寅	11	28	丙申	10	30	丁卯	9	30	丁酉	8	31	丁卯
二十九	1	28	丁酉	12	29	丁卯	11	29	丁酉	10	31	戊辰	10	1	戊戌	9	1	戊辰
三十				12	30	戊辰	11	30	戊戌				10	2	己亥	9	2	己巳

西暦二〇二五年（令和7年）乙巳

六月			五月			四月			三月			二月			一月			旧暦
癸未月			壬午月			辛巳月			庚辰月			己卯月			戊寅月			干支
新暦		干支	新暦		干支	新暦		干支	新暦		干支	新暦		干支	新暦		干支	旧暦
6	25	乙丑	5	27	丙申	4	28	丁卯	3	29	丁酉	2	28	戊辰	1	29	戊戌	一
6	26	丙寅	5	28	丁酉	4	29	戊辰	3	30	戊戌	3	1	己巳	1	30	己亥	二
6	27	丁卯	5	29	戊戌	4	30	己巳	3	31	己亥	3	2	庚午	1	31	庚子	三
6	28	戊辰	5	30	己亥	5	1	庚午	4	1	庚子	3	3	辛未	2	1	辛丑	四
6	29	己巳	5	31	庚子	5	2	辛未	4	2	辛丑	3	4	壬申	2	2	壬寅	五
6	30	庚午	6	1	辛丑	5	3	壬申	4	3	壬寅	3	5	癸酉	2	3	癸卯	六
7	1	辛未	6	2	壬寅	5	4	癸酉	4	4	癸卯	3	6	甲戌	2	4	甲辰	七
7	2	壬申	6	3	癸卯	5	5	甲戌	4	5	甲辰	3	7	乙亥	2	5	乙巳	八
7	3	癸酉	6	4	甲辰	5	6	乙亥	4	6	乙巳	3	8	丙子	2	6	丙午	九
7	4	甲戌	6	5	乙巳	5	7	丙子	4	7	丙午	3	9	丁丑	2	7	丁未	十
7	5	乙亥	6	6	丙午	5	8	丁丑	4	8	丁未	3	10	戊寅	2	8	戊申	十一
7	6	丙子	6	7	丁未	5	9	戊寅	4	9	戊申	3	11	己卯	2	9	己酉	十二
7	7	丁丑	6	8	戊申	5	10	己卯	4	10	己酉	3	12	庚辰	2	10	庚戌	十三
7	8	戊寅	6	9	己酉	5	11	庚辰	4	11	庚戌	3	13	辛巳	2	11	辛亥	十四
7	9	己卯	6	10	庚戌	5	12	辛巳	4	12	辛亥	3	14	壬午	2	12	壬子	十五
7	10	庚辰	6	11	辛亥	5	13	壬午	4	13	壬子	3	15	癸未	2	13	癸丑	十六
7	11	辛巳	6	12	壬子	5	14	癸未	4	14	癸丑	3	16	甲申	2	14	甲寅	十七
7	12	壬午	6	13	癸丑	5	15	甲申	4	15	甲寅	3	17	乙酉	2	15	乙卯	十八
7	13	癸未	6	14	甲寅	5	16	乙酉	4	16	乙卯	3	18	丙戌	2	16	丙辰	十九
7	14	甲申	6	15	乙卯	5	17	丙戌	4	17	丙辰	3	19	丁亥	2	17	丁巳	二十
7	15	乙酉	6	16	丙辰	5	18	丁亥	4	18	丁巳	3	20	戊子	2	18	戊午	二十一
7	16	丙戌	6	17	丁巳	5	19	戊子	4	19	戊午	3	21	己丑	2	19	己未	二十二
7	17	丁亥	6	18	戊午	5	20	己丑	4	20	己未	3	22	庚寅	2	20	庚申	二十三
7	18	戊子	6	19	己未	5	21	庚寅	4	21	庚申	3	23	辛卯	2	21	辛酉	二十四
7	19	己丑	6	20	庚申	5	22	辛卯	4	22	辛酉	3	24	壬辰	2	22	壬戌	二十五
7	20	庚寅	6	21	辛酉	5	23	壬辰	4	23	壬戌	3	25	癸巳	2	23	癸亥	二十六
7	21	辛卯	6	22	壬戌	5	24	癸巳	4	24	癸亥	3	26	甲午	2	24	甲子	二十七
7	22	壬辰	6	23	癸亥	5	25	甲午	4	25	甲子	3	27	乙未	2	25	乙丑	二十八
7	23	癸巳	6	24	甲子	5	26	乙未	4	26	乙丑	3	28	丙申	2	26	丙寅	二十九
7	24	甲午							4	27	丙寅				2	27	丁卯	三十

旧暦	十二月			十一月			十月			九月			八月			七月			閏六月		
干支	己丑月			戊子月			丁亥月			丙戌月			乙酉月			甲申月					
旧暦	新暦		干支	新暦		干支	新暦		干支	新暦		干支	新暦		干支	新暦		干支	新暦		干支
一	1	19	癸巳	12	20	癸亥	11	20	癸巳	10	21	癸亥	9	22	甲午	8	23	甲子	7	25	乙未
二	1	20	甲午	12	21	甲子	11	21	甲午	10	22	甲子	9	23	乙未	8	24	乙丑	7	26	丙申
三	1	21	乙未	12	22	乙丑	11	22	乙未	10	23	乙丑	9	24	丙申	8	25	丙寅	7	27	丁酉
四	1	22	丙申	12	23	丙寅	11	23	丙申	10	24	丙寅	9	25	丁酉	8	26	丁卯	7	28	戊戌
五	1	23	丁酉	12	24	丁卯	11	24	丁酉	10	25	丁卯	9	26	戊戌	8	27	戊辰	7	29	己亥
六	1	24	戊戌	12	25	戊辰	11	25	戊戌	10	26	戊辰	9	27	己亥	8	28	己巳	7	30	庚子
七	1	25	己亥	12	26	己巳	11	26	己亥	10	27	己巳	9	28	庚子	8	29	庚午	7	31	辛丑
八	1	26	庚子	12	27	庚午	11	27	庚子	10	28	庚午	9	29	辛丑	8	30	辛未	8	1	壬寅
九	1	27	辛丑	12	28	辛未	11	28	辛丑	10	29	辛未	9	30	壬寅	8	31	壬申	8	2	癸卯
十	1	28	壬寅	12	29	壬申	11	29	壬寅	10	30	壬申	10	1	癸卯	9	1	癸酉	8	3	甲辰
十一	1	29	癸卯	12	30	癸酉	11	30	癸卯	10	31	癸酉	10	2	甲辰	9	2	甲戌	8	4	乙巳
十二	1	30	甲辰	12	31	甲戌	12	1	甲辰	11	1	甲戌	10	3	乙巳	9	3	乙亥	8	5	丙午
十三	1	31	乙巳	1	1	乙亥	12	2	乙巳	11	2	乙亥	10	4	丙午	9	4	丙子	8	6	丁未
十四	2	1	丙午	1	2	丙子	12	3	丙午	11	3	丙子	10	5	丁未	9	5	丁丑	8	7	戊申
十五	2	2	丁未	1	3	丁丑	12	4	丁未	11	4	丁丑	10	6	戊申	9	6	戊寅	8	8	己酉
十六	2	3	戊申	1	4	戊寅	12	5	戊申	11	5	戊寅	10	7	己酉	9	7	己卯	8	9	庚戌
十七	2	4	己酉	1	5	己卯	12	6	己酉	11	6	己卯	10	8	庚戌	9	8	庚辰	8	10	辛亥
十八	2	5	庚戌	1	6	庚辰	12	7	庚戌	11	7	庚辰	10	9	辛亥	9	9	辛巳	8	11	壬子
十九	2	6	辛亥	1	7	辛巳	12	8	辛亥	11	8	辛巳	10	10	壬子	9	10	壬午	8	12	癸丑
二十	2	7	壬子	1	8	壬午	12	9	壬子	11	9	壬午	10	11	癸丑	9	11	癸未	8	13	甲寅
二十一	2	8	癸丑	1	9	癸未	12	10	癸丑	11	10	癸未	10	12	甲寅	9	12	甲申	8	14	乙卯
二十二	2	9	甲寅	1	10	甲申	12	11	甲寅	11	11	甲申	10	13	乙卯	9	13	乙酉	8	15	丙辰
二十三	2	10	乙卯	1	11	乙酉	12	12	乙卯	11	12	乙酉	10	14	丙辰	9	14	丙戌	8	16	丁巳
二十四	2	11	丙辰	1	12	丙戌	12	13	丙辰	11	13	丙戌	10	15	丁巳	9	15	丁亥	8	17	戊午
二十五	2	12	丁巳	1	13	丁亥	12	14	丁巳	11	14	丁亥	10	16	戊午	9	16	戊子	8	18	己未
二十六	2	13	戊午	1	14	戊子	12	15	戊午	11	15	戊子	10	17	己未	9	17	己丑	8	19	庚申
二十七	2	14	己未	1	15	己丑	12	16	己未	11	16	己丑	10	18	庚申	9	18	庚寅	8	20	辛酉
二十八	2	15	庚申	1	16	庚寅	12	17	庚申	11	17	庚寅	10	19	辛酉	9	19	辛卯	8	21	壬戌
二十九	2	16	辛酉	1	17	辛卯	12	18	辛酉	11	18	辛卯	10	20	壬戌	9	20	壬辰	8	22	癸亥
三十				1	18	壬辰	12	19	壬戌	11	19	壬辰				9	21	癸巳			

西暦 二〇二六年（令和8年）丙午

六月			五月			四月			三月			二月			一月			旧暦
乙未月			甲午月			癸巳月			壬辰月			辛卯月			庚寅月			干支
新暦		干支	新暦		干支	新暦		干支	新暦		干支	新暦		干支	新暦		干支	旧暦
7	14	己丑	6	15	庚申	5	17	辛卯	4	17	辛酉	3	19	壬辰	2	17	壬戌	一
7	15	庚寅	6	16	辛酉	5	18	壬辰	4	18	壬戌	3	20	癸巳	2	18	癸亥	二
7	16	辛卯	6	17	壬戌	5	19	癸巳	4	19	癸亥	3	21	甲午	2	19	甲子	三
7	17	壬辰	6	18	癸亥	5	20	甲午	4	20	甲子	3	22	乙未	2	20	乙丑	四
7	18	癸巳	6	19	甲子	5	21	乙未	4	21	乙丑	3	23	丙申	2	21	丙寅	五
7	19	甲午	6	20	乙丑	5	22	丙申	4	22	丙寅	3	24	丁酉	2	22	丁卯	六
7	20	乙未	6	21	丙寅	5	23	丁酉	4	23	丁卯	3	25	戊戌	2	23	戊辰	七
7	21	丙申	6	22	丁卯	5	24	戊戌	4	24	戊辰	3	26	己亥	2	24	己巳	八
7	22	丁酉	6	23	戊辰	5	25	己亥	4	25	己巳	3	27	庚子	2	25	庚午	九
7	23	戊戌	6	24	己巳	5	26	庚子	4	26	庚午	3	28	辛丑	2	26	辛未	十
7	24	己亥	6	25	庚午	5	27	辛丑	4	27	辛未	3	29	壬寅	2	27	壬申	十一
7	25	庚子	6	26	辛未	5	28	壬寅	4	28	壬申	3	30	癸卯	2	28	癸酉	十二
7	26	辛丑	6	27	壬申	5	29	癸卯	4	29	癸酉	3	31	甲辰	3	1	甲戌	十三
7	27	壬寅	6	28	癸酉	5	30	甲辰	4	30	甲戌	4	1	乙巳	3	2	乙亥	十四
7	28	癸卯	6	29	甲戌	5	31	乙巳	5	1	乙亥	4	2	丙午	3	3	丙子	十五
7	29	甲辰	6	30	乙亥	6	1	丙午	5	2	丙子	4	3	丁未	3	4	丁丑	十六
7	30	乙巳	7	1	丙子	6	2	丁未	5	3	丁丑	4	4	戊申	3	5	戊寅	十七
7	31	丙午	7	2	丁丑	6	3	戊申	5	4	戊寅	4	5	己酉	3	6	己卯	十八
8	1	丁未	7	3	戊寅	6	4	己酉	5	5	己卯	4	6	庚戌	3	7	庚辰	十九
8	2	戊申	7	4	己卯	6	5	庚戌	5	6	庚辰	4	7	辛亥	3	8	辛巳	二十
8	3	己酉	7	5	庚辰	6	6	辛亥	5	7	辛巳	4	8	壬子	3	9	壬午	二十一
8	4	庚戌	7	6	辛巳	6	7	壬子	5	8	壬午	4	9	癸丑	3	10	癸未	二十二
8	5	辛亥	7	7	壬午	6	8	癸丑	5	9	癸未	4	10	甲寅	3	11	甲申	二十三
8	6	壬子	7	8	癸未	6	9	甲寅	5	10	甲申	4	11	乙卯	3	12	乙酉	二十四
8	7	癸丑	7	9	甲申	6	10	乙卯	5	11	乙酉	4	12	丙辰	3	13	丙戌	二十五
8	8	甲寅	7	10	乙酉	6	11	丙辰	5	12	丙戌	4	13	丁巳	3	14	丁亥	二十六
8	9	乙卯	7	11	丙戌	6	12	丁巳	5	13	丁亥	4	14	戊午	3	15	戊子	二十七
8	10	丙辰	7	12	丁亥	6	13	戊午	5	14	戊子	4	15	己未	3	16	己丑	二十八
8	11	丁巳	7	13	戊子	6	14	己未	5	15	己丑	4	16	庚申	3	17	庚寅	二十九
8	12	戊午							5	16	庚寅				3	18	辛卯	三十

旧暦	十二月			十一月			十月			九月			八月			七月		
干支	辛丑月			庚子月			己亥月			戊戌月			丁酉月			丙申月		
旧暦	新暦		干支	新暦		干支	新暦		干支	新暦		干支	新暦		干支	新暦		干支
一	1	8	丁亥	12	9	丁巳	11	9	丁亥	10	10	丁巳	9	11	戊子	8	13	己未
二	1	9	戊子	12	10	戊午	11	10	戊子	10	11	戊午	8	12	己丑	8	14	庚申
三	1	10	己丑	12	11	己未	11	11	己丑	10	12	己未	9	13	庚寅	8	15	辛酉
四	1	11	庚寅	12	12	庚申	11	12	庚寅	10	13	庚申	9	14	辛卯	8	16	壬戌
五	1	12	辛卯	12	13	辛酉	11	13	辛卯	10	14	辛酉	9	15	壬辰	8	17	癸亥
六	1	13	壬辰	12	14	壬戌	11	14	壬辰	10	15	壬戌	9	16	癸巳	8	18	甲子
七	1	14	癸巳	12	15	癸亥	11	15	癸巳	10	16	癸亥	9	17	甲午	8	19	乙丑
八	1	15	甲午	12	16	甲子	11	16	甲午	10	17	甲子	9	18	乙未	8	20	丙寅
九	1	16	乙未	12	17	乙丑	11	17	乙未	10	18	乙丑	9	19	丙申	8	21	丁卯
十	1	17	丙申	12	18	丙寅	11	18	丙申	10	19	丙寅	9	20	丁酉	8	22	戊辰
十一	1	18	丁酉	12	19	丁卯	11	19	丁酉	10	20	丁卯	9	21	戊戌	8	23	己巳
十二	1	19	戊戌	12	20	戊辰	11	20	戊戌	10	21	戊辰	9	22	己亥	8	24	庚午
十三	1	20	己亥	12	21	己巳	11	21	己亥	10	22	己巳	9	23	庚子	8	25	辛未
十四	1	21	庚子	12	22	庚午	11	22	庚子	10	23	庚午	9	24	辛丑	8	26	壬申
十五	1	22	辛丑	12	23	辛未	11	23	辛丑	10	24	辛未	9	25	壬寅	8	27	癸酉
十六	1	23	壬寅	12	24	壬申	11	24	壬寅	10	25	壬申	9	26	癸卯	8	28	甲戌
十七	1	24	癸卯	12	25	癸酉	11	25	癸卯	10	26	癸酉	9	27	甲辰	8	29	乙亥
十八	1	25	甲辰	12	26	甲戌	11	26	甲辰	10	27	甲戌	9	28	乙巳	8	30	丙子
十九	1	26	乙巳	12	27	乙亥	11	27	乙巳	10	28	乙亥	9	29	丙午	8	31	丁丑
二十	1	27	丙午	12	28	丙子	11	28	丙午	10	29	丙子	9	30	丁未	9	1	戊寅
二十一	1	28	丁未	12	29	丁丑	11	29	丁未	10	30	丁丑	10	1	戊申	9	2	己卯
二十二	1	29	戊申	12	30	戊寅	11	30	戊申	10	31	戊寅	10	2	己酉	9	3	庚辰
二十三	1	30	己酉	12	31	己卯	12	1	己酉	11	1	己卯	10	3	庚戌	9	4	辛巳
二十四	1	31	庚戌	1	1	庚辰	12	2	庚戌	11	2	庚辰	10	4	辛亥	9	5	壬午
二十五	2	1	辛亥	1	2	辛巳	12	3	辛亥	11	3	辛巳	10	5	壬子	9	6	癸未
二十六	2	2	壬子	1	3	壬午	12	4	壬子	11	4	壬午	10	6	癸丑	9	7	甲申
二十七	2	3	癸丑	1	4	癸未	12	5	癸丑	11	5	癸未	10	7	甲寅	9	8	乙酉
二十八	2	4	甲寅	1	5	甲申	12	6	甲寅	11	6	甲申	10	8	乙卯	9	9	丙戌
二十九	2	5	乙卯	1	6	乙酉	12	7	乙卯	11	7	乙酉	10	9	丙辰	9	10	丁亥
三十				1	7	丙戌	12	8	丙辰	11	8	丙戌						

西暦 二〇二七年（令和9年）丁未

六月			五月			四月			三月			二月			一月			旧暦
丁未月			丙午月			乙巳月			甲辰月			癸卯月			壬寅月			干支
新暦		干支	新暦		干支	新暦		干支	新暦		干支	新暦		干支	新暦		干支	旧暦
7	4	甲申	6	5	乙卯	5	6	乙酉	4	7	丙辰	3	8	丙戌	2	6	丙辰	一
7	5	乙酉	6	6	丙辰	5	7	丙戌	4	8	丁巳	3	9	丁亥	2	7	丁巳	二
7	6	丙戌	6	7	丁巳	5	8	丁亥	4	9	戊午	3	10	戊子	2	8	戊午	三
7	7	丁亥	6	8	戊午	5	9	戊子	4	10	己未	3	11	己丑	2	9	己未	四
7	8	戊子	6	9	己未	5	10	己丑	4	11	庚申	3	12	庚寅	2	10	庚申	五
7	9	己丑	6	10	庚申	5	11	庚寅	4	12	辛酉	3	13	辛卯	2	11	辛酉	六
7	10	庚寅	6	11	辛酉	5	12	辛卯	4	13	壬戌	3	14	壬辰	2	12	壬戌	七
7	11	辛卯	6	12	壬戌	5	13	壬辰	4	14	癸亥	3	15	癸巳	2	13	癸亥	八
7	12	壬辰	6	13	癸亥	5	14	癸巳	4	15	甲子	3	16	甲午	2	14	甲子	九
7	13	癸巳	6	14	甲子	5	15	甲午	4	16	乙丑	3	17	乙未	2	15	乙丑	十
7	14	甲午	6	15	乙丑	5	16	乙未	4	17	丙寅	3	18	丙申	2	16	丙寅	十一
7	15	乙未	6	16	丙寅	5	17	丙申	4	18	丁卯	3	19	丁酉	2	17	丁卯	十二
7	16	丙申	6	17	丁卯	5	18	丁酉	4	19	戊辰	3	20	戊戌	2	18	戊辰	十三
7	17	丁酉	6	18	戊辰	5	19	戊戌	4	20	己巳	3	21	己亥	2	19	己巳	十四
7	18	戊戌	6	19	己巳	5	20	己亥	4	21	庚午	3	22	庚子	2	20	庚午	十五
7	19	己亥	6	20	庚午	5	21	庚子	4	22	辛未	3	23	辛丑	2	21	辛未	十六
7	20	庚子	6	21	辛未	5	22	辛丑	4	23	壬申	3	24	壬寅	2	22	壬申	十七
7	21	辛丑	6	22	壬申	5	23	壬寅	4	24	癸酉	3	25	癸卯	2	23	癸酉	十八
7	22	壬寅	6	23	癸酉	5	24	癸卯	4	25	甲戌	3	26	甲辰	2	24	甲戌	十九
7	23	癸卯	6	24	甲戌	5	25	甲辰	4	26	乙亥	3	27	乙巳	2	25	乙亥	二十
7	24	甲辰	6	25	乙亥	5	26	乙巳	4	27	丙子	3	28	丙午	2	26	丙子	二十一
7	25	乙巳	6	26	丙子	5	27	丙午	4	28	丁丑	3	29	丁未	2	27	丁丑	二十二
7	26	丙午	6	27	丁丑	5	28	丁未	4	29	戊寅	3	30	戊申	2	28	戊寅	二十三
7	27	丁未	6	28	戊寅	5	29	戊申	4	30	己卯	3	31	己酉	3	1	己卯	二十四
7	28	戊申	6	29	己卯	5	30	己酉	5	1	庚辰	4	1	庚戌	3	2	庚辰	二十五
7	29	己酉	6	30	庚辰	5	31	庚戌	5	2	辛巳	4	2	辛亥	3	3	辛巳	二十六
7	30	庚戌	7	1	辛巳	6	1	辛亥	5	3	壬午	4	3	壬子	3	4	壬午	二十七
7	31	辛亥	7	2	壬午	6	2	壬子	5	4	癸未	4	4	癸丑	3	5	癸未	二十八
8	1	壬子	7	3	癸未	6	3	癸丑	5	5	甲申	4	5	甲寅	3	6	甲申	二十九
						6	4	甲寅				4	6	乙卯	3	7	乙酉	三十

旧暦	十二月			十一月			十月			九月			八月			七月		
干支	癸丑月			壬子月			辛亥月			庚戌月			己酉月			戊申月		
旧暦	新暦		干支	新暦		干支	新暦		干支	新暦		干支	新暦		干支	新暦		干支
一	12	28	辛巳	11	28	辛亥	10	29	辛巳	9	30	壬子	9	1	癸未	8	2	癸丑
二	12	29	壬午	11	29	壬子	10	30	壬午	10	1	癸丑	9	2	甲申	8	3	甲寅
三	12	30	癸未	11	30	癸丑	10	31	癸未	10	2	甲寅	9	3	乙酉	8	4	乙卯
四	12	31	甲申	12	1	甲寅	11	1	甲申	10	3	乙卯	9	4	丙戌	8	5	丙辰
五	1	1	乙酉	12	2	乙卯	11	2	乙酉	10	4	丙辰	9	5	丁亥	8	6	丁巳
六	1	2	丙戌	12	3	丙辰	11	3	丙戌	10	5	丁巳	9	6	戊子	8	7	戊午
七	1	3	丁亥	12	4	丁巳	11	4	丁亥	10	6	戊午	9	7	己丑	8	8	己未
八	1	4	戊子	12	5	戊午	11	5	戊子	10	7	己未	9	8	庚寅	8	9	庚申
九	1	5	己丑	12	6	己未	11	6	己丑	10	8	庚申	9	9	辛卯	8	10	辛酉
十	1	6	庚寅	12	7	庚申	11	7	庚寅	10	9	辛酉	9	10	壬辰	8	11	壬戌
十一	1	7	辛卯	12	8	辛酉	11	8	辛卯	10	10	壬戌	9	11	癸巳	8	12	癸亥
十二	1	8	壬辰	12	9	壬戌	11	9	壬辰	10	11	癸亥	9	12	甲午	8	13	甲子
十三	1	9	癸巳	12	10	癸亥	11	10	癸巳	10	12	甲子	9	13	乙未	8	14	乙丑
十四	1	10	甲午	12	11	甲子	11	11	甲午	10	13	乙丑	9	14	丙申	8	15	丙寅
十五	1	11	乙未	12	12	乙丑	11	12	乙未	10	14	丙寅	9	15	丁酉	8	16	丁卯
十六	1	12	丙申	12	13	丙寅	11	13	丙申	10	15	丁卯	9	16	戊戌	8	17	戊辰
十七	1	13	丁酉	12	14	丁卯	11	14	丁酉	10	16	戊辰	9	17	己亥	8	18	己巳
十八	1	14	戊戌	12	15	戊辰	11	15	戊戌	10	17	己巳	9	18	庚子	8	19	庚午
十九	1	15	己亥	12	16	己巳	11	16	己亥	10	18	庚午	9	19	辛丑	8	20	辛未
二十	1	16	庚子	12	17	庚午	11	17	庚子	10	19	辛未	9	20	壬寅	8	21	壬申
二十一	1	17	辛丑	12	18	辛未	11	18	辛丑	10	20	壬申	9	21	癸卯	8	22	癸酉
二十二	1	18	壬寅	12	19	壬申	11	19	壬寅	10	21	癸酉	9	22	甲辰	8	23	甲戌
二十三	1	19	癸卯	12	20	癸酉	11	20	癸卯	10	22	甲戌	9	23	乙巳	8	24	乙亥
二十四	1	20	甲辰	12	21	甲戌	11	21	甲辰	10	23	乙亥	9	24	丙午	8	25	丙子
二十五	1	21	乙巳	12	22	乙亥	11	22	乙巳	10	24	丙子	9	25	丁未	8	26	丁丑
二十六	1	22	丙午	12	23	丙子	11	23	丙午	10	25	丁丑	9	26	戊申	8	27	戊寅
二十七	1	23	丁未	12	24	丁丑	11	24	丁未	10	26	戊寅	9	27	己酉	8	28	己卯
二十八	1	24	戊申	12	25	戊寅	11	25	戊申	10	27	己卯	9	28	庚戌	8	29	庚辰
二十九	1	25	己酉	12	26	己卯	11	26	己酉	10	28	庚辰	9	29	辛亥	8	30	辛巳
三十				12	27	庚辰	11	27	庚戌							8	31	壬午

西暦二〇二八年（令和10年）戊申

閏五月			五月			四月			三月			二月			一月			旧暦
			戊午月			丁巳月			丙辰月			乙卯月			甲寅月			干支
新暦		干支	新暦		干支	新暦		干支	新暦		干支	新暦		干支	新暦		干支	旧暦
6	23	己卯	5	24	己酉	4	25	庚辰	3	26	庚戌	2	25	庚辰	1	26	庚戌	一
6	24	庚辰	5	25	庚戌	4	26	辛巳	3	27	辛亥	2	26	辛巳	1	27	辛亥	二
6	25	辛巳	5	26	辛亥	4	27	壬午	3	28	壬子	2	27	壬午	1	28	壬子	三
6	26	壬午	5	27	壬子	4	28	癸未	3	29	癸丑	2	28	癸未	1	29	癸丑	四
6	27	癸未	5	28	癸丑	4	29	甲申	3	30	甲寅	2	29	甲申	1	30	甲寅	五
6	28	甲申	5	29	甲寅	4	30	乙酉	3	31	乙卯	3	1	乙酉	1	31	乙卯	六
6	29	乙酉	5	30	乙卯	5	1	丙戌	4	1	丙辰	3	2	丙戌	2	1	丙辰	七
6	30	丙戌	5	31	丙辰	5	2	丁亥	4	2	丁巳	3	3	丁亥	2	2	丁巳	八
7	1	丁亥	6	1	丁巳	5	3	戊子	4	3	戊午	3	4	戊子	2	3	戊午	九
7	2	戊子	6	2	戊午	5	4	己丑	4	4	己未	3	5	己丑	2	4	己未	十
7	3	己丑	6	3	己未	5	5	庚寅	4	5	庚申	3	6	庚寅	2	5	庚申	十一
7	4	庚寅	6	4	庚申	5	6	辛卯	4	6	辛酉	3	7	辛卯	2	6	辛酉	十二
7	5	辛卯	6	5	辛酉	5	7	壬辰	4	7	壬戌	3	8	壬辰	2	7	壬戌	十三
7	6	壬辰	6	6	壬戌	5	8	癸巳	4	8	癸亥	3	9	癸巳	2	8	癸亥	十四
7	7	癸巳	6	7	癸亥	5	9	甲午	4	9	甲子	3	10	甲午	2	9	甲子	十五
7	8	甲午	6	8	甲子	5	10	乙未	4	10	乙丑	3	11	乙未	2	10	乙丑	十六
7	9	乙未	6	9	乙丑	5	11	丙申	4	11	丙寅	3	12	丙申	2	11	丙寅	十七
7	10	丙申	6	10	丙寅	5	12	丁酉	4	12	丁卯	3	13	丁酉	2	12	丁卯	十八
7	11	丁酉	6	11	丁卯	5	13	戊戌	4	13	戊辰	3	14	戊戌	2	13	戊辰	十九
7	12	戊戌	6	12	戊辰	5	14	己亥	4	14	己巳	3	15	己亥	2	14	己巳	二十
7	13	己亥	6	13	己巳	5	15	庚子	4	15	庚午	3	16	庚子	2	15	庚午	二十一
7	14	庚子	6	14	庚午	5	16	辛丑	4	16	辛未	3	17	辛丑	2	16	辛未	二十二
7	15	辛丑	6	15	辛未	5	17	壬寅	4	17	壬申	3	18	壬寅	2	17	壬申	二十三
7	16	壬寅	6	16	壬申	5	18	癸卯	4	18	癸酉	3	19	癸卯	2	18	癸酉	二十四
7	17	癸卯	6	17	癸酉	5	19	甲辰	4	19	甲戌	3	20	甲辰	2	19	甲戌	二十五
7	18	甲辰	6	18	甲戌	5	20	乙巳	4	20	乙亥	3	21	乙巳	2	20	乙亥	二十六
7	19	乙巳	6	19	乙亥	5	21	丙午	4	21	丙子	3	22	丙午	2	21	丙子	二十七
7	20	丙午	6	20	丙子	5	22	丁未	4	22	丁丑	3	23	丁未	2	22	丁丑	二十八
7	21	丁未	6	21	丁丑	5	23	戊申	4	23	戊寅	3	24	戊申	2	23	戊寅	二十九
			6	22	戊寅				4	24	己卯	3	25	己酉	2	24	己卯	三十

旧暦	十二月			十一月			十月			九月			八月			七月			六月		
干支	乙丑月			甲子月			癸亥月			壬戌月			辛酉月			庚申月			己未月		
旧暦	新暦		干支	新暦		干支	新暦		干支	新暦		干支	新暦		干支	新暦		干支	新暦		干支
一	1	15	乙巳	12	16	乙亥	11	16	乙巳	10	18	丙子	9	19	丁未	8	20	丁丑	7	22	戊申
二	1	16	丙午	12	17	丙子	11	17	丙午	10	19	丁丑	9	20	戊申	8	21	戊寅	7	23	己酉
三	1	17	丁未	12	18	丁丑	11	18	丁未	10	20	戊寅	9	21	己酉	8	22	己卯	7	24	庚戌
四	1	18	戊申	12	19	戊寅	11	19	戊申	10	21	己卯	9	22	庚戌	8	23	庚辰	7	25	辛亥
五	1	19	己酉	12	20	己卯	11	20	己酉	10	22	庚辰	9	23	辛亥	8	24	辛巳	7	26	壬子
六	1	20	庚戌	12	21	庚辰	11	21	庚戌	10	23	辛巳	9	24	壬子	8	25	壬午	7	27	癸丑
七	1	21	辛亥	12	22	辛巳	11	22	辛亥	10	24	壬午	9	25	癸丑	8	26	癸未	7	28	甲寅
八	1	22	壬子	12	23	壬午	11	23	壬子	10	25	癸未	9	26	甲寅	8	27	甲申	7	29	乙卯
九	1	23	癸丑	12	24	癸未	11	24	癸丑	10	26	甲申	9	27	乙卯	8	28	乙酉	7	30	丙辰
十	1	24	甲寅	12	25	甲申	11	25	甲寅	10	27	乙酉	9	28	丙辰	8	29	丙戌	7	31	丁巳
十一	1	25	乙卯	12	26	乙酉	11	26	乙卯	10	28	丙戌	9	29	丁巳	8	30	丁亥	8	1	戊午
十二	1	26	丙辰	12	27	丙戌	11	27	丙辰	10	29	丁亥	9	30	戊午	8	31	戊子	8	2	己未
十三	1	27	丁巳	12	28	丁亥	11	28	丁巳	10	30	戊子	10	1	己未	9	1	己丑	8	3	庚申
十四	1	28	戊午	12	29	戊子	11	29	戊午	10	31	己丑	10	2	庚申	9	2	庚寅	8	4	辛酉
十五	1	29	己未	12	30	己丑	11	30	己未	11	1	庚寅	10	3	辛酉	9	3	辛卯	8	5	壬戌
十六	1	30	庚申	12	31	庚寅	12	1	庚申	11	2	辛卯	10	4	壬戌	9	4	壬辰	8	6	癸亥
十七	1	31	辛酉	1	1	辛卯	12	2	辛酉	11	3	壬辰	10	5	癸亥	9	5	癸巳	8	7	甲子
十八	2	1	壬戌	1	2	壬辰	12	3	壬戌	11	4	癸巳	10	6	甲子	9	6	甲午	8	8	乙丑
十九	2	2	癸亥	1	3	癸巳	12	4	癸亥	11	5	甲午	10	7	乙丑	9	7	乙未	8	9	丙寅
二十	2	3	甲子	1	4	甲午	12	5	甲子	11	6	乙未	10	8	丙寅	9	8	丙申	8	10	丁卯
二十一	2	4	乙丑	1	5	乙未	12	6	乙丑	11	7	丙申	10	9	丁卯	9	9	丁酉	8	11	戊辰
二十二	2	5	丙寅	1	6	丙申	12	7	丙寅	11	8	丁酉	10	10	戊辰	9	10	戊戌	8	12	己巳
二十三	2	6	丁卯	1	7	丁酉	12	8	丁卯	11	9	戊戌	10	11	己巳	9	11	己亥	8	13	庚午
二十四	2	7	戊辰	1	8	戊戌	12	9	戊辰	11	10	己亥	10	12	庚午	9	12	庚子	8	14	辛未
二十五	2	8	己巳	1	9	己亥	12	10	己巳	11	11	庚子	10	13	辛未	9	13	辛丑	8	15	壬申
二十六	2	9	庚午	1	10	庚子	12	11	庚午	11	12	辛丑	10	14	壬申	9	14	壬寅	8	16	癸酉
二十七	2	10	辛未	1	11	辛丑	12	12	辛未	11	13	壬寅	10	15	癸酉	9	15	癸卯	8	17	甲戌
二十八	2	11	壬申	1	12	壬寅	12	13	壬申	11	14	癸卯	10	16	甲戌	9	16	甲辰	8	18	乙亥
二十九	2	12	癸酉	1	13	癸卯	12	14	癸酉	11	15	甲辰	10	17	乙亥	9	17	乙巳	8	19	丙子
三十				1	14	甲辰	12	15	甲戌							9	18	丙午			

西暦二〇二九年（令和11年）己酉

六月			五月			四月			三月			二月			一月			旧暦
辛未月			庚午月			己巳月			戊辰月			丁卯月			丙寅月			干支
新暦		干支	新暦		干支	新暦		干支	新暦		干支	新暦		干支	新暦		干支	旧暦
7	11	壬寅	6	12	癸酉	5	13	癸卯	4	14	甲戌	3	15	甲辰	2	13	甲戌	一
7	12	癸卯	6	13	甲戌	5	14	甲辰	4	15	乙亥	3	16	乙巳	2	14	乙亥	二
7	13	甲辰	6	14	乙亥	5	15	乙巳	4	16	丙子	3	17	丙午	2	15	丙子	三
7	14	乙巳	6	15	丙子	5	16	丙午	4	17	丁丑	3	18	丁未	2	16	丁丑	四
7	15	丙午	6	16	丁丑	5	17	丁未	4	18	戊寅	3	19	戊申	2	17	戊寅	五
7	16	丁未	6	17	戊寅	5	18	戊申	4	19	己卯	3	20	己酉	2	18	己卯	六
7	17	戊申	6	18	己卯	5	19	己酉	4	20	庚辰	3	21	庚戌	2	19	庚辰	七
7	18	己酉	6	19	庚辰	5	20	庚戌	4	21	辛巳	3	22	辛亥	2	20	辛巳	八
7	19	庚戌	6	20	辛巳	5	21	辛亥	4	22	壬午	3	23	壬子	2	21	壬午	九
7	20	辛亥	6	21	壬午	5	22	壬子	4	23	癸未	3	24	癸丑	2	22	癸未	十
7	21	壬子	6	22	癸未	5	23	癸丑	4	24	甲申	3	25	甲寅	2	23	甲申	十一
7	22	癸丑	6	23	甲申	5	24	甲寅	4	25	乙酉	3	26	乙卯	2	24	乙酉	十二
7	23	甲寅	6	24	乙酉	5	25	乙卯	4	26	丙戌	3	27	丙辰	2	25	丙戌	十三
7	24	乙卯	6	25	丙戌	5	26	丙辰	4	27	丁亥	3	28	丁巳	2	26	丁亥	十四
7	25	丙辰	6	26	丁亥	5	27	丁巳	4	28	戊子	3	29	戊午	2	27	戊子	十五
7	26	丁巳	6	27	戊子	5	28	戊午	4	29	己丑	3	30	己未	2	28	己丑	十六
7	27	戊午	6	28	己丑	5	29	己未	4	30	庚寅	3	31	庚申	3	1	庚寅	十七
7	28	己未	6	29	庚寅	5	30	庚申	5	1	辛卯	4	1	辛酉	3	2	辛卯	十八
7	29	庚申	6	30	辛卯	5	31	辛酉	5	2	壬辰	4	2	壬戌	3	3	壬辰	十九
7	30	辛酉	7	1	壬辰	6	1	壬戌	5	3	癸巳	4	3	癸亥	3	4	癸巳	二十
7	31	壬戌	7	2	癸巳	6	2	癸亥	5	4	甲午	4	4	甲子	3	5	甲午	二十一
8	1	癸亥	7	3	甲午	6	3	甲子	5	5	乙未	4	5	乙丑	3	6	乙未	二十二
8	2	甲子	7	4	乙未	6	4	乙丑	5	6	丙申	4	6	丙寅	3	7	丙申	二十三
8	3	乙丑	7	5	丙申	6	5	丙寅	5	7	丁酉	4	7	丁卯	3	8	丁酉	二十四
8	4	丙寅	7	6	丁酉	6	6	丁卯	5	8	戊戌	4	8	戊辰	3	9	戊戌	二十五
8	5	丁卯	7	7	戊戌	6	7	戊辰	5	9	己亥	4	9	己巳	3	10	己亥	二十六
8	6	戊辰	7	8	己亥	6	8	己巳	5	10	庚子	4	10	庚午	3	11	庚子	二十七
8	7	己巳	7	9	庚子	6	9	庚午	5	11	辛丑	4	11	辛未	3	12	辛丑	二十八
8	8	庚午	7	10	辛丑	6	10	辛未	5	12	壬寅	4	12	壬申	3	13	壬寅	二十九
8	9	辛未				6	11	壬申				4	13	癸酉	3	14	癸卯	三十

旧暦	十二月			十一月			十月			九月			八月			七月		
干支	丁丑月			丙子月			乙亥月			甲戌月			癸酉月			壬申月		
旧暦	新暦		干支	新暦		干支	新暦		干支	新暦		干支	新暦		干支	新暦		干支
一	1	4	己亥	12	5	己巳	11	6	庚子	10	8	辛未	9	8	辛丑	8	10	壬申
二	1	5	庚子	12	6	庚午	11	7	辛丑	10	9	壬申	9	9	壬寅	8	11	癸酉
三	1	6	辛丑	12	7	辛未	11	8	壬寅	10	10	癸酉	9	10	癸卯	8	12	甲戌
四	1	7	壬寅	12	8	壬申	11	9	癸卯	10	11	甲戌	9	11	甲辰	8	13	乙亥
五	1	8	癸卯	12	9	癸酉	11	10	甲辰	10	12	乙亥	9	12	乙巳	8	14	丙子
六	1	9	甲辰	12	10	甲戌	11	11	乙巳	10	13	丙子	9	13	丙午	8	15	丁丑
七	1	10	乙巳	12	11	乙亥	11	12	丙午	10	14	丁丑	9	14	丁未	8	16	戊寅
八	1	11	丙午	12	12	丙子	11	13	丁未	10	15	戊寅	9	15	戊申	8	17	己卯
九	1	12	丁未	12	13	丁丑	11	14	戊申	10	16	己卯	9	16	己酉	8	18	庚辰
十	1	13	戊申	12	14	戊寅	11	15	己酉	10	17	庚辰	9	17	庚戌	8	19	辛巳
十一	1	14	己酉	12	15	己卯	11	16	庚戌	10	18	辛巳	9	18	辛亥	8	20	壬午
十二	1	15	庚戌	12	16	庚辰	11	17	辛亥	10	19	壬午	9	19	壬子	8	21	癸未
十三	1	16	辛亥	12	17	辛巳	11	18	壬子	10	20	癸未	9	20	癸丑	8	22	甲申
十四	1	17	壬子	12	18	壬午	11	19	癸丑	10	21	甲申	9	21	甲寅	8	23	乙酉
十五	1	18	癸丑	12	19	癸未	11	20	甲寅	10	22	乙酉	9	22	乙卯	8	24	丙戌
十六	1	19	甲寅	12	20	甲申	11	21	乙卯	10	23	丙戌	9	23	丙辰	8	25	丁亥
十七	1	20	乙卯	12	21	乙酉	11	22	丙辰	10	24	丁亥	9	24	丁巳	8	26	戊子
十八	1	21	丙辰	12	22	丙戌	11	23	丁巳	10	25	戊子	9	25	戊午	8	27	己丑
十九	1	22	丁巳	12	23	丁亥	11	24	戊午	10	26	己丑	9	26	己未	8	28	庚寅
二十	1	23	戊午	12	24	戊子	11	25	己未	10	27	庚寅	9	27	庚申	8	29	辛卯
二十一	1	24	己未	12	25	己丑	11	26	庚申	10	28	辛卯	9	28	辛酉	8	30	壬辰
二十二	1	25	庚申	12	26	庚寅	11	27	辛酉	10	29	壬辰	9	29	壬戌	8	31	癸巳
二十三	1	26	辛酉	12	27	辛卯	11	28	壬戌	10	30	癸巳	9	30	癸亥	9	1	甲午
二十四	1	27	壬戌	12	28	壬辰	11	29	癸亥	10	31	甲午	10	1	甲子	9	2	乙未
二十五	1	28	癸亥	12	29	癸巳	11	30	甲子	11	1	乙未	10	2	乙丑	9	3	丙申
二十六	1	29	甲子	12	30	甲午	12	1	乙丑	11	2	丙申	10	3	丙寅	9	4	丁酉
二十七	1	30	乙丑	12	31	乙未	12	2	丙寅	11	3	丁酉	10	4	丁卯	9	5	戊戌
二十八	1	31	丙寅	1	1	丙申	12	3	丁卯	11	4	戊戌	10	5	戊辰	9	6	己亥
二十九	2	1	丁卯	1	2	丁酉	12	4	戊辰	11	5	己亥	10	6	己巳	9	7	庚子
三十	2	2	戊辰	1	3	戊戌							10	7	庚午			

西暦 二〇三〇年（令和12年）庚戌

六月			五月			四月			三月			二月			一月			旧暦
癸未月			壬午月			辛巳月			庚辰月			己卯月			戊寅月			干支
新暦		干支	新暦		干支	新暦		干支	新暦		干支	新暦		干支	新暦		干支	旧暦
7	1	丁酉	6	1	丁卯	5	2	丁酉	4	3	戊辰	3	4	戊戌	2	3	己巳	一
7	2	戊戌	6	2	戊辰	5	3	戊戌	4	4	己巳	3	5	己亥	2	4	庚午	二
7	3	己亥	6	3	己巳	5	4	己亥	4	5	庚午	3	6	庚子	2	5	辛未	三
7	4	庚子	6	4	庚午	5	5	庚子	4	6	辛未	3	7	辛丑	2	6	壬申	四
7	5	辛丑	6	5	辛未	5	6	辛丑	4	7	壬申	3	8	壬寅	2	7	癸酉	五
7	6	壬寅	6	6	壬申	5	7	壬寅	4	8	癸酉	3	9	癸卯	2	8	甲戌	六
7	7	癸卯	6	7	癸酉	5	8	癸卯	4	9	甲戌	3	10	甲辰	2	9	乙亥	七
7	8	甲辰	6	8	甲戌	5	9	甲辰	4	10	乙亥	3	11	乙巳	2	10	丙子	八
7	9	乙巳	6	9	乙亥	5	10	乙巳	4	11	丙子	3	12	丙午	2	11	丁丑	九
7	10	丙午	6	10	丙子	5	11	丙午	4	12	丁丑	3	13	丁未	2	12	戊寅	十
7	11	丁未	6	11	丁丑	5	12	丁未	4	13	戊寅	3	14	戊申	2	13	己卯	十一
7	12	戊申	6	12	戊寅	5	13	戊申	4	14	己卯	3	15	己酉	2	14	庚辰	十二
7	13	己酉	6	13	己卯	5	14	己酉	4	15	庚辰	3	16	庚戌	2	15	辛巳	十三
7	14	庚戌	6	14	庚辰	5	15	庚戌	4	16	辛巳	3	17	辛亥	2	16	壬午	十四
7	15	辛亥	6	15	辛巳	5	16	辛亥	4	17	壬午	3	18	壬子	2	17	癸未	十五
7	16	壬子	6	16	壬午	5	17	壬子	4	18	癸未	3	19	癸丑	2	18	甲申	十六
7	17	癸丑	6	17	癸未	5	18	癸丑	4	19	甲申	3	20	甲寅	2	19	乙酉	十七
7	18	甲寅	6	18	甲申	5	19	甲寅	4	20	乙酉	3	21	乙卯	2	20	丙戌	十八
7	19	乙卯	6	19	乙酉	5	20	乙卯	4	21	丙戌	3	22	丙辰	2	21	丁亥	十九
7	20	丙辰	6	20	丙戌	5	21	丙辰	4	22	丁亥	3	23	丁巳	2	22	戊子	二十
7	21	丁巳	6	21	丁亥	5	22	丁巳	4	23	戊子	3	24	戊午	2	23	己丑	二十一
7	22	戊午	6	22	戊子	5	23	戊午	4	24	己丑	3	25	己未	2	24	庚寅	二十二
7	23	己未	6	23	己丑	5	24	己未	4	25	庚寅	3	26	庚申	2	25	辛卯	二十三
7	24	庚申	6	24	庚寅	5	25	庚申	4	26	辛卯	3	27	辛酉	2	26	壬辰	二十四
7	25	辛酉	6	25	辛卯	5	26	辛酉	4	27	壬辰	3	28	壬戌	2	27	癸巳	二十五
7	26	壬戌	6	26	壬辰	5	27	壬戌	4	28	癸巳	3	29	癸亥	2	28	甲午	二十六
7	27	癸亥	6	27	癸巳	5	28	癸亥	4	29	甲午	3	30	甲子	3	1	乙未	二十七
7	28	甲子	6	28	甲午	5	29	甲子	4	30	乙未	3	31	乙丑	3	2	丙申	二十八
7	29	乙丑	6	29	乙未	5	30	乙丑	5	1	丙申	4	1	丙寅	3	3	丁酉	二十九
			6	30	丙申	5	31	丙寅				4	2	丁卯				三十

旧暦	十二月			十一月			十月			九月			八月			七月		
干支	己丑月			戊子月			丁亥月			丙戌月			乙酉月			甲申月		
旧暦	新暦		干支	新暦		干支	新暦		干支	新暦		干支	新暦		干支	新暦		干支
一	12	25	甲午	11	25	甲子	10	27	乙未	9	27	乙丑	8	29	丙申	7	30	丙寅
二	12	26	乙未	11	26	乙丑	10	28	丙申	9	28	丙寅	8	30	丁酉	7	31	丁卯
三	12	27	丙申	11	27	丙寅	10	29	丁酉	9	29	丁卯	8	31	戊戌	8	1	戊辰
四	12	28	丁酉	11	28	丁卯	10	30	戊戌	9	30	戊辰	9	1	己亥	8	2	己巳
五	12	29	戊戌	11	29	戊辰	10	31	己亥	10	1	己巳	9	2	庚子	8	3	庚午
六	12	30	己亥	11	30	己巳	11	1	庚子	10	2	庚午	9	3	辛丑	8	4	辛未
七	12	31	庚子	12	1	庚午	11	2	辛丑	10	3	辛未	9	4	壬寅	8	5	壬申
八	1	1	辛丑	12	2	辛未	11	3	壬寅	10	4	壬申	9	5	癸卯	8	6	癸酉
九	1	2	壬寅	12	3	壬申	11	4	癸卯	10	5	癸酉	9	6	甲辰	8	7	甲戌
十	1	3	癸卯	12	4	癸酉	11	5	甲辰	10	6	甲戌	9	7	乙巳	8	8	乙亥
十一	1	4	甲辰	12	5	甲戌	11	6	乙巳	10	7	乙亥	9	8	丙午	8	9	丙子
十二	1	5	乙巳	12	6	乙亥	11	7	丙午	10	8	丙子	9	9	丁未	8	10	丁丑
十三	1	6	丙午	12	7	丙子	11	8	丁未	10	9	丁丑	9	10	戊申	8	11	戊寅
十四	1	7	丁未	12	8	丁丑	11	9	戊申	10	10	戊寅	9	11	己酉	8	12	己卯
十五	1	8	戊申	12	9	戊寅	11	10	己酉	10	11	己卯	9	12	庚戌	8	13	庚辰
十六	1	9	己酉	12	10	己卯	11	11	庚戌	10	12	庚辰	9	13	辛亥	8	14	辛巳
十七	1	10	庚戌	12	11	庚辰	11	12	辛亥	10	13	辛巳	9	14	壬子	8	15	壬午
十八	1	11	辛亥	12	12	辛巳	11	13	壬子	10	14	壬午	9	15	癸丑	8	16	癸未
十九	1	12	壬子	12	13	壬午	11	14	癸丑	10	15	癸未	9	16	甲寅	8	17	甲申
二十	1	13	癸丑	12	14	癸未	11	15	甲寅	10	16	甲申	9	17	乙卯	8	18	乙酉
二十一	1	14	甲寅	12	15	甲申	11	16	乙卯	10	17	乙酉	9	18	丙辰	8	19	丙戌
二十二	1	15	乙卯	12	16	乙酉	11	17	丙辰	10	18	丙戌	9	19	丁巳	8	20	丁亥
二十三	1	16	丙辰	12	17	丙戌	11	18	丁巳	10	19	丁亥	9	20	戊午	8	21	戊子
二十四	1	17	丁巳	12	18	丁亥	11	19	戊午	10	20	戊子	9	21	己未	8	22	己丑
二十五	1	18	戊午	12	19	戊子	11	20	己未	10	21	己丑	9	22	庚申	8	23	庚寅
二十六	1	19	己未	12	20	己丑	11	21	庚申	10	22	庚寅	9	23	辛酉	8	24	辛卯
二十七	1	20	庚申	12	21	庚寅	11	22	辛酉	10	23	辛卯	9	24	壬戌	8	25	壬辰
二十八	1	21	辛酉	12	22	辛卯	11	23	壬戌	10	24	壬辰	9	25	癸亥	8	26	癸巳
二十九	1	22	壬戌	12	23	壬辰	11	24	癸亥	10	25	癸巳	9	26	甲子	8	27	甲午
三十				12	24	癸巳				10	26	甲午				8	28	乙未

西暦 二〇三一年（令和13年）辛亥

五月			四月			閏三月			三月			二月			一月			旧暦
甲午月			癸巳月						壬辰月			辛卯月			庚寅月			干支
新暦		干支	新暦		干支	新暦		干支	新暦		干支	新暦		干支	新暦		干支	旧暦
6	20	辛卯	5	21	辛酉	4	22	壬辰	3	23	壬戌	2	21	壬辰	1	23	癸亥	一
6	21	壬辰	5	22	壬戌	4	23	癸巳	3	24	癸亥	2	22	癸巳	1	24	甲子	二
6	22	癸巳	5	23	癸亥	4	24	甲午	3	25	甲子	2	23	甲午	1	25	乙丑	三
6	23	甲午	5	24	甲子	4	25	乙未	3	26	乙丑	2	24	乙未	1	26	丙寅	四
6	24	乙未	5	25	乙丑	4	26	丙申	3	27	丙寅	2	25	丙申	1	27	丁卯	五
6	25	丙申	5	26	丙寅	4	27	丁酉	3	28	丁卯	2	26	丁酉	1	28	戊辰	六
6	26	丁酉	5	27	丁卯	4	28	戊戌	3	29	戊辰	2	27	戊戌	1	29	己巳	七
6	27	戊戌	5	28	戊辰	4	29	己亥	3	30	己巳	2	28	己亥	1	30	庚午	八
6	28	己亥	5	29	己巳	4	30	庚子	3	31	庚午	3	1	庚子	1	31	辛未	九
6	29	庚子	5	30	庚午	5	1	辛丑	4	1	辛未	3	2	辛丑	2	1	壬申	十
6	30	辛丑	5	31	辛未	5	2	壬寅	4	2	壬申	3	3	壬寅	2	2	癸酉	十一
7	1	壬寅	6	1	壬申	5	3	癸卯	4	3	癸酉	3	4	癸卯	2	3	甲戌	十二
7	2	癸卯	6	2	癸酉	5	4	甲辰	4	4	甲戌	3	5	甲辰	2	4	乙亥	十三
7	3	甲辰	6	3	甲戌	5	5	乙巳	4	5	乙亥	3	6	乙巳	2	5	丙子	十四
7	4	乙巳	6	4	乙亥	5	6	丙午	4	6	丙子	3	7	丙午	2	6	丁丑	十五
7	5	丙午	6	5	丙子	5	7	丁未	4	7	丁丑	3	8	丁未	2	7	戊寅	十六
7	6	丁未	6	6	丁丑	5	8	戊申	4	8	戊寅	3	9	戊申	2	8	己卯	十七
7	7	戊申	6	7	戊寅	5	9	己酉	4	9	己卯	3	10	己酉	2	9	庚辰	十八
7	8	己酉	6	8	己卯	5	10	庚戌	4	10	庚辰	3	11	庚戌	2	10	辛巳	十九
7	9	庚戌	6	9	庚辰	5	11	辛亥	4	11	辛巳	3	12	辛亥	2	11	壬午	二十
7	10	辛亥	6	10	辛巳	5	12	壬子	4	12	壬午	3	13	壬子	2	12	癸未	二十一
7	11	壬子	6	11	壬午	5	13	癸丑	4	13	癸未	3	14	癸丑	2	13	甲申	二十二
7	12	癸丑	6	12	癸未	5	14	甲寅	4	14	甲申	3	15	甲寅	2	14	乙酉	二十三
7	13	甲寅	6	13	甲申	5	15	乙卯	4	15	乙酉	3	16	乙卯	2	15	丙戌	二十四
7	14	乙卯	6	14	乙酉	5	16	丙辰	4	16	丙戌	3	17	丙辰	2	16	丁亥	二十五
7	15	丙辰	6	15	丙戌	5	17	丁巳	4	17	丁亥	3	18	丁巳	2	17	戊子	二十六
7	16	丁巳	6	16	丁亥	5	18	戊午	4	18	戊子	3	19	戊午	2	18	己丑	二十七
7	17	戊午	6	17	戊子	5	19	己未	4	19	己丑	3	20	己未	2	19	庚寅	二十八
7	18	己未	6	18	己丑	5	20	庚申	4	20	庚寅	3	21	庚申	2	20	辛卯	二十九
			6	19	庚寅				4	21	辛卯	3	22	辛酉				三十

旧暦	十二月			十一月			十月			九月			八月			七月			六月		
干支	辛丑月			庚子月			己亥月			戊戌月			丁酉月			丙申月			乙未月		
旧暦	新暦		干支	新暦		干支	新暦		干支	新暦		干支	新暦		干支	新暦		干支	新暦		干支
一	1	13	戊午	12	14	戊子	11	15	己未	10	16	己丑	9	17	庚申	8	18	庚寅	7	19	庚申
二	1	14	己未	12	15	己丑	11	16	庚申	10	17	庚寅	9	18	辛酉	8	19	辛卯	7	20	辛酉
三	1	15	庚申	12	16	庚寅	11	17	辛酉	10	18	辛卯	9	19	壬戌	8	20	壬辰	7	21	壬戌
四	1	16	辛酉	12	17	辛卯	11	18	壬戌	10	19	壬辰	9	20	癸亥	8	21	癸巳	7	22	癸亥
五	1	17	壬戌	12	18	壬辰	11	19	癸亥	10	20	癸巳	9	21	甲子	8	22	甲午	7	23	甲子
六	1	18	癸亥	12	19	癸巳	11	20	甲子	10	21	甲午	9	22	乙丑	8	23	乙未	7	24	乙丑
七	1	19	甲子	12	20	甲午	11	21	乙丑	10	22	乙未	9	23	丙寅	8	24	丙申	7	25	丙寅
八	1	20	乙丑	12	21	乙未	11	22	丙寅	10	23	丙申	9	24	丁卯	8	25	丁酉	7	26	丁卯
九	1	21	丙寅	12	22	丙申	11	23	丁卯	10	24	丁酉	9	25	戊辰	8	26	戊戌	7	27	戊辰
十	1	22	丁卯	12	23	丁酉	11	24	戊辰	10	25	戊戌	9	26	己巳	8	27	己亥	7	28	己巳
十一	1	23	戊辰	12	24	戊戌	11	25	己巳	10	26	己亥	9	27	庚午	8	28	庚子	7	29	庚午
十二	1	24	己巳	12	25	己亥	11	26	庚午	10	27	庚子	9	28	辛未	8	29	辛丑	7	30	辛未
十三	1	25	庚午	12	26	庚子	11	27	辛未	10	28	辛丑	9	29	壬申	8	30	壬寅	7	31	壬申
十四	1	26	辛未	12	27	辛丑	11	28	壬申	10	29	壬寅	9	30	癸酉	8	31	癸卯	8	1	癸酉
十五	1	27	壬申	12	28	壬寅	11	29	癸酉	10	30	癸卯	10	1	甲戌	9	1	甲辰	8	2	甲戌
十六	1	28	癸酉	12	29	癸卯	11	30	甲戌	10	31	甲辰	10	2	乙亥	9	2	乙巳	8	3	乙亥
十七	1	29	甲戌	12	30	甲辰	12	1	乙亥	11	1	乙巳	10	3	丙子	9	3	丙午	8	4	丙子
十八	1	30	乙亥	12	31	乙巳	12	2	丙子	11	2	丙午	10	4	丁丑	9	4	丁未	8	5	丁丑
十九	1	31	丙子	1	1	丙午	12	3	丁丑	11	3	丁未	10	5	戊寅	9	5	戊申	8	6	戊寅
二十	2	1	丁丑	1	2	丁未	12	4	戊寅	11	4	戊申	10	6	己卯	9	6	己酉	8	7	己卯
二十一	2	2	戊寅	1	3	戊申	12	5	己卯	11	5	己酉	10	7	庚辰	9	7	庚戌	8	8	庚辰
二十二	2	3	己卯	1	4	己酉	12	6	庚辰	11	6	庚戌	10	8	辛巳	9	8	辛亥	8	9	辛巳
二十三	2	4	庚辰	1	5	庚戌	12	7	辛巳	11	7	辛亥	10	9	壬午	9	9	壬子	8	10	壬午
二十四	2	5	辛巳	1	6	辛亥	12	8	壬午	11	8	壬子	10	10	癸未	9	10	癸丑	8	11	癸未
二十五	2	6	壬午	1	7	壬子	12	9	癸未	11	9	癸丑	10	11	甲申	9	11	甲寅	8	12	甲申
二十六	2	7	癸未	1	8	癸丑	12	10	甲申	11	10	甲寅	10	12	乙酉	9	12	乙卯	8	13	乙酉
二十七	2	8	甲申	1	9	甲寅	12	11	乙酉	11	11	乙卯	10	13	丙戌	9	13	丙辰	8	14	丙戌
二十八	2	9	乙酉	1	10	乙卯	12	12	丙戌	11	12	丙辰	10	14	丁亥	9	14	丁巳	8	15	丁亥
二十九	2	10	丙戌	1	11	丙辰	12	13	丁亥	11	13	丁巳	10	15	戊子	9	15	戊午	8	16	戊子
三十				1	12	丁巳				11	14	戊午				9	16	己未	8	17	己丑

西暦二〇三二年（令和14年）壬子

六月			五月			四月			三月			二月			一月			旧暦
丁未月			丙午月			乙巳月			甲辰			癸卯月			壬寅月			干支
新暦		干支	新暦		干支	新暦		干支	新暦		干支	新暦		干支	新暦		干支	旧暦
7	7	甲寅	6	8	乙酉	5	9	乙卯	4	10	丙戌	3	12	丁巳	2	11	丁亥	一
7	8	乙卯	6	9	丙戌	5	10	丙辰	4	11	丁亥	3	13	戊午	2	12	戊子	二
7	9	丙辰	6	10	丁亥	5	11	丁巳	4	12	戊子	3	14	己未	2	13	己丑	三
7	10	丁巳	6	11	戊子	5	12	戊午	4	13	己丑	3	15	庚申	2	14	庚寅	四
7	11	戊午	6	12	己丑	5	13	己未	4	14	庚寅	3	16	辛酉	2	15	辛卯	五
7	12	己未	6	13	庚寅	5	14	庚申	4	15	辛卯	3	17	壬戌	2	16	壬辰	六
7	13	庚申	6	14	辛卯	5	15	辛酉	4	16	壬辰	3	18	癸亥	2	17	癸巳	七
7	14	辛酉	6	15	壬辰	5	16	壬戌	4	17	癸巳	3	19	甲子	2	18	甲午	八
7	15	壬戌	6	16	癸巳	5	17	癸亥	4	18	甲午	3	20	乙丑	2	19	乙未	九
7	16	癸亥	6	17	甲午	5	18	甲子	4	19	乙未	3	21	丙寅	2	20	丙申	十
7	17	甲子	6	18	乙未	5	19	乙丑	4	20	丙申	3	22	丁卯	2	21	丁酉	十一
7	18	乙丑	6	19	丙申	5	20	丙寅	4	21	丁酉	3	23	戊辰	2	22	戊戌	十二
7	19	丙寅	6	20	丁酉	5	21	丁卯	4	22	戊戌	3	24	己巳	2	23	己亥	十三
7	20	丁卯	6	21	戊戌	5	22	戊辰	4	23	己亥	3	25	庚午	2	24	庚子	十四
7	21	戊辰	6	22	己亥	5	23	己巳	4	24	庚子	3	26	辛未	2	25	辛丑	十五
7	22	己巳	6	23	庚子	5	24	庚午	4	25	辛丑	3	27	壬申	2	26	壬寅	十六
7	23	庚午	6	24	辛丑	5	25	辛未	4	26	壬寅	3	28	癸酉	2	27	癸卯	十七
7	24	辛未	6	25	壬寅	5	26	壬申	4	27	癸卯	3	29	甲戌	2	28	甲辰	十八
7	25	壬申	6	26	癸卯	5	27	癸酉	4	28	甲辰	3	30	乙亥	2	29	乙巳	十九
7	26	癸酉	6	27	甲辰	5	28	甲戌	4	29	乙巳	3	31	丙子	3	1	丙午	二十
7	27	甲戌	6	28	乙巳	5	29	乙亥	4	30	丙午	4	1	丁丑	3	2	丁未	二十一
7	28	乙亥	6	29	丙午	5	30	丙子	5	1	丁未	4	2	戊寅	3	3	戊申	二十二
7	29	丙子	6	30	丁未	5	31	丁丑	5	2	戊申	4	3	己卯	3	4	己酉	二十三
7	30	丁丑	7	1	戊申	6	1	戊寅	5	3	己酉	4	4	庚辰	3	5	庚戌	二十四
7	31	戊寅	7	2	己酉	6	2	己卯	5	4	庚戌	4	5	辛巳	3	6	辛亥	二十五
8	1	己卯	7	3	庚戌	6	3	庚辰	5	5	辛亥	4	6	壬午	3	7	壬子	二十六
8	2	庚辰	7	4	辛亥	6	4	辛巳	5	6	壬子	4	7	癸未	3	8	癸丑	二十七
8	3	辛巳	7	5	壬子	6	5	壬午	5	7	癸丑	4	8	甲申	3	9	甲寅	二十八
8	4	壬午	7	6	癸丑	6	6	癸未	5	8	甲寅	4	9	乙酉	3	10	乙卯	二十九
8	5	癸未				6	7	甲申							3	11	丙辰	三十

旧暦	十二月			十一月			十月			九月			八月			七月		
干支	癸丑月			壬子月			辛亥月			庚戌月			己酉月			戊申月		
旧暦	新暦		干支	新暦		干支	新暦		干支	新暦		干支	新暦		干支	新暦		干支
一	1	1	壬子	12	3	癸未	11	3	癸丑	10	4	癸未	9	5	甲寅	8	6	甲申
二	1	2	癸丑	12	4	甲申	11	4	甲寅	10	5	甲申	9	6	乙卯	8	7	乙酉
三	1	3	甲寅	12	5	乙酉	11	5	乙卯	10	6	乙酉	9	7	丙辰	8	8	丙戌
四	1	4	乙卯	12	6	丙戌	11	6	丙辰	10	7	丙戌	9	8	丁巳	8	9	丁亥
五	1	5	丙辰	12	7	丁亥	11	7	丁巳	10	8	丁亥	9	9	戊午	8	10	戊子
六	1	6	丁巳	12	8	戊子	11	8	戊午	10	9	戊子	9	10	己未	8	11	己丑
七	1	7	戊午	12	9	己丑	11	9	己未	10	10	己丑	9	11	庚申	8	12	庚寅
八	1	8	己未	12	10	庚寅	11	10	庚申	10	11	庚寅	9	12	辛酉	8	13	辛卯
九	1	9	庚申	12	11	辛卯	11	11	辛酉	10	12	辛卯	9	13	壬戌	8	14	壬辰
十	1	10	辛酉	12	12	壬辰	11	12	壬戌	10	13	壬辰	9	14	癸亥	8	15	癸巳
十一	1	11	壬戌	12	13	癸巳	11	13	癸亥	10	14	癸巳	9	15	甲子	8	16	甲午
十二	1	12	癸亥	12	14	甲午	11	14	甲子	10	15	甲午	9	16	乙丑	8	17	乙未
十三	1	13	甲子	12	15	乙未	11	15	乙丑	10	16	乙未	9	17	丙寅	8	18	丙申
十四	1	14	乙丑	12	16	丙申	11	16	丙寅	10	17	丙申	9	18	丁卯	8	19	丁酉
十五	1	15	丙寅	12	17	丁酉	11	17	丁卯	10	18	丁酉	9	19	戊辰	8	20	戊戌
十六	1	16	丁卯	12	18	戊戌	11	18	戊辰	10	19	戊戌	9	20	己巳	8	21	己亥
十七	1	17	戊辰	12	19	己亥	11	19	己巳	10	20	己亥	9	21	庚午	8	22	庚子
十八	1	18	己巳	12	20	庚子	11	20	庚午	10	21	庚子	9	22	辛未	8	23	辛丑
十九	1	19	庚午	12	21	辛丑	11	21	辛未	10	22	辛丑	9	23	壬申	8	24	壬寅
二十	1	20	辛未	12	22	壬寅	11	22	壬申	10	23	壬寅	9	24	癸酉	8	25	癸卯
二十一	1	21	壬申	12	23	癸卯	11	23	癸酉	10	24	癸卯	9	25	甲戌	8	26	甲辰
二十二	1	22	癸酉	12	24	甲辰	11	24	甲戌	10	25	甲辰	9	26	乙亥	8	27	乙巳
二十三	1	23	甲戌	12	25	乙巳	11	25	乙亥	10	26	乙巳	9	27	丙子	8	28	丙午
二十四	1	24	乙亥	12	26	丙午	11	26	丙子	10	27	丙午	9	28	丁丑	8	29	丁未
二十五	1	25	丙子	12	27	丁未	11	27	丁丑	10	28	丁未	9	29	戊寅	8	30	戊申
二十六	1	26	丁丑	12	28	戊申	11	28	戊寅	10	29	戊申	9	30	己卯	8	31	己酉
二十七	1	27	戊寅	12	29	己酉	11	29	己卯	10	30	己酉	10	1	庚辰	9	1	庚戌
二十八	1	28	己卯	12	30	庚戌	11	30	庚辰	10	31	庚戌	10	2	辛巳	9	2	辛亥
二十九	1	29	庚辰	12	31	辛亥	12	1	辛巳	11	1	辛亥	10	3	壬午	9	3	壬子
三十	1	30	辛巳				12	2	壬午	11	2	壬子				9	4	癸丑

西暦二〇三三年（令和15年）癸丑

六月			五月			四月			三月			二月			一月			旧暦
己未月			戊午月			丁巳月			丙辰月			乙卯月			甲寅月			干支
新暦		干支	新暦		干支	新暦		干支	新暦		干支	新暦		干支	新暦		干支	旧暦
6	27	己酉	5	28	己卯	4	29	庚戌	3	31	辛巳	3	1	辛亥	1	31	壬午	一
6	28	庚戌	5	29	庚辰	4	30	辛亥	4	1	壬午	3	2	壬子	2	1	癸未	二
6	29	辛亥	5	30	辛巳	5	1	壬子	4	2	癸未	3	3	癸丑	2	2	甲申	三
6	30	壬子	5	31	壬午	5	2	癸丑	4	3	甲申	3	4	甲寅	2	3	乙酉	四
7	1	癸丑	6	1	癸未	5	3	甲寅	4	4	乙酉	3	5	乙卯	2	4	丙戌	五
7	2	甲寅	6	2	甲申	5	4	乙卯	4	5	丙戌	3	6	丙辰	2	5	丁亥	六
7	3	乙卯	6	3	乙酉	5	5	丙辰	4	6	丁亥	3	7	丁巳	2	6	戊子	七
7	4	丙辰	6	4	丙戌	5	6	丁巳	4	7	戊子	3	8	戊午	2	7	己丑	八
7	5	丁巳	6	5	丁亥	5	7	戊午	4	8	己丑	3	9	己未	2	8	庚寅	九
7	6	戊午	6	6	戊子	5	8	己未	4	9	庚寅	3	10	庚申	2	9	辛卯	十
7	7	己未	6	7	己丑	5	9	庚申	4	10	辛卯	3	11	辛酉	2	10	壬辰	十一
7	8	庚申	6	8	庚寅	5	10	辛酉	4	11	壬辰	3	12	壬戌	2	11	癸巳	十二
7	9	辛酉	6	9	辛卯	5	11	壬戌	4	12	癸巳	3	13	癸亥	2	12	甲午	十三
7	10	壬戌	6	10	壬辰	5	12	癸亥	4	13	甲午	3	14	甲子	2	13	乙未	十四
7	11	癸亥	6	11	癸巳	5	13	甲子	4	14	乙未	3	15	乙丑	2	14	丙申	十五
7	12	甲子	6	12	甲午	5	14	乙丑	4	15	丙申	3	16	丙寅	2	15	丁酉	十六
7	13	乙丑	6	13	乙未	5	15	丙寅	4	16	丁酉	3	17	丁卯	2	16	戊戌	十七
7	14	丙寅	6	14	丙申	5	16	丁卯	4	17	戊戌	3	18	戊辰	2	17	己亥	十八
7	15	丁卯	6	15	丁酉	5	17	戊辰	4	18	己亥	3	19	己巳	2	18	庚子	十九
7	16	戊辰	6	16	戊戌	5	18	己巳	4	19	庚子	3	20	庚午	2	19	辛丑	二十
7	17	己巳	6	17	己亥	5	19	庚午	4	20	辛丑	3	21	辛未	2	20	壬寅	二十一
7	18	庚午	6	18	庚子	5	20	辛未	4	21	壬寅	3	22	壬申	2	21	癸卯	二十二
7	19	辛未	6	19	辛丑	5	21	壬申	4	22	癸卯	3	23	癸酉	2	22	甲辰	二十三
7	20	壬申	6	20	壬寅	5	22	癸酉	4	23	甲辰	3	24	甲戌	2	23	乙巳	二十四
7	21	癸酉	6	21	癸卯	5	23	甲戌	4	24	乙巳	3	25	乙亥	2	24	丙午	二十五
7	22	甲戌	6	22	甲辰	5	24	乙亥	4	25	丙午	3	26	丙子	2	25	丁未	二十六
7	23	乙亥	6	23	乙巳	5	25	丙子	4	26	丁未	3	27	丁丑	2	26	戊申	二十七
7	24	丙子	6	24	丙午	5	26	丁丑	4	27	戊申	3	28	戊寅	2	27	己酉	二十八
7	25	丁丑	6	25	丁未	5	27	戊寅	4	28	己酉	3	29	己卯	2	28	庚戌	二十九
			6	26	戊申							3	30	庚辰				三十

旧暦	十二月			閏十一月			十一月			十月			九月			八月			七月		
干支	乙丑月						甲子月			癸亥月			壬戌月			辛酉月			庚申月		
旧暦	新暦		干支	新暦		干支	新暦		干支	新暦		干支	新暦		干支	新暦		干支	新暦		干支
一	1	20	丙子	12	22	丁未	11	22	丁丑	10	23	丁未	9	23	丁丑	8	25	戊申	7	26	戊寅
二	1	21	丁丑	12	23	戊申	11	23	戊寅	10	24	戊申	9	24	戊寅	8	26	己酉	7	27	己卯
三	1	22	戊寅	12	24	己酉	11	24	己卯	10	25	己酉	9	25	己卯	8	27	庚戌	7	28	庚辰
四	1	23	己卯	12	25	庚戌	11	25	庚辰	10	26	庚戌	9	26	庚辰	8	28	辛亥	7	29	辛巳
五	1	24	庚辰	12	26	辛亥	11	26	辛巳	10	27	辛亥	9	27	辛巳	8	29	壬子	7	30	壬午
六	1	25	辛巳	12	27	壬子	11	27	壬午	10	28	壬子	9	28	壬午	8	30	癸丑	7	31	癸未
七	1	26	壬午	12	28	癸丑	11	28	癸未	10	29	癸丑	9	29	癸未	8	31	甲寅	8	1	甲申
八	1	27	癸未	12	29	甲寅	11	29	甲申	10	30	甲寅	9	30	甲申	9	1	乙卯	8	2	乙酉
九	1	28	甲申	12	30	乙卯	11	30	乙酉	10	31	乙卯	10	1	乙酉	9	2	丙辰	8	3	丙戌
十	1	29	乙酉	12	31	丙辰	12	1	丙戌	11	1	丙辰	10	2	丙戌	9	3	丁巳	8	4	丁亥
十一	1	30	丙戌	1	1	丁巳	12	2	丁亥	11	2	丁巳	10	3	丁亥	9	4	戊午	8	5	戊子
十二	1	31	丁亥	1	2	戊午	12	3	戊子	11	3	戊午	10	4	戊子	9	5	己未	8	6	己丑
十三	2	1	戊子	1	3	己未	12	4	己丑	11	4	己未	10	5	己丑	9	6	庚申	8	7	庚寅
十四	2	2	己丑	1	4	庚申	12	5	庚寅	11	5	庚申	10	6	庚寅	9	7	辛酉	8	8	辛卯
十五	2	3	庚寅	1	5	辛酉	12	6	辛卯	11	6	辛酉	10	7	辛卯	9	8	壬戌	8	9	壬辰
十六	2	4	辛卯	1	6	壬戌	12	7	壬辰	11	7	壬戌	10	8	壬辰	9	9	癸亥	8	10	癸巳
十七	2	5	壬辰	1	7	癸亥	12	8	癸巳	11	8	癸亥	10	9	癸巳	9	10	甲子	8	11	甲午
十八	2	6	癸巳	1	8	甲子	12	9	甲午	11	9	甲子	10	10	甲午	9	11	乙丑	8	12	乙未
十九	2	7	甲午	1	9	乙丑	12	10	乙未	11	10	乙丑	10	11	乙未	9	12	丙寅	8	13	丙申
二十	2	8	乙未	1	10	丙寅	12	11	丙申	11	11	丙寅	10	12	丙申	9	13	丁卯	8	14	丁酉
二十一	2	9	丙申	1	11	丁卯	12	12	丁酉	11	12	丁卯	10	13	丁酉	9	14	戊辰	8	15	戊戌
二十二	2	10	丁酉	1	12	戊辰	12	13	戊戌	11	13	戊辰	10	14	戊戌	9	15	己巳	8	16	己亥
二十三	2	11	戊戌	1	13	己巳	12	14	己亥	11	14	己巳	10	15	己亥	9	16	庚午	8	17	庚子
二十四	2	12	己亥	1	14	庚午	12	15	庚子	11	15	庚午	10	16	庚子	9	17	辛未	8	18	辛丑
二十五	2	13	庚子	1	15	辛未	12	16	辛丑	11	16	辛未	10	17	辛丑	9	18	壬申	8	19	壬寅
二十六	2	14	辛丑	1	16	壬申	12	17	壬寅	11	17	壬申	10	18	壬寅	9	19	癸酉	8	20	癸卯
二十七	2	15	壬寅	1	17	癸酉	12	18	癸卯	11	18	癸酉	10	19	癸卯	9	20	甲戌	8	21	甲辰
二十八	2	16	癸卯	1	18	甲戌	12	19	甲辰	11	19	甲戌	10	20	甲辰	9	21	乙亥	8	22	乙巳
二十九	2	17	甲辰	1	19	乙亥	12	20	乙巳	11	20	乙亥	10	21	乙巳	9	22	丙子	8	23	丙午
三十	2	18	乙巳				12	21	丙午	11	21	丙子	10	22	丙午				8	24	丁未

西暦 二〇三四年（令和16年）甲寅

六月			五月			四月			三月			二月			一月			旧暦
辛未月			庚午月			己巳月			戊辰月			丁卯月			丙寅月			干支
新暦		干支	新暦		干支	新暦		干支	新暦		干支	新暦		干支	新暦		干支	旧暦
7	16	癸酉	6	16	癸卯	5	18	甲戌	4	19	乙巳	3	20	乙亥	2	19	丙午	一
7	17	甲戌	6	17	甲辰	5	19	乙亥	4	20	丙午	3	21	丙子	2	20	丁未	二
7	18	乙亥	6	18	乙巳	5	20	丙子	4	21	丁未	3	22	丁丑	2	21	戊申	三
7	19	丙子	6	19	丙午	5	21	丁丑	4	22	戊申	3	23	戊寅	2	22	己酉	四
7	20	丁丑	6	20	丁未	5	22	戊寅	4	23	己酉	3	24	己卯	2	23	庚戌	五
7	21	戊寅	6	21	戊申	5	23	己卯	4	24	庚戌	3	25	庚辰	2	24	辛亥	六
7	22	己卯	6	22	己酉	5	24	庚辰	4	25	辛亥	3	26	辛巳	2	25	壬子	七
7	23	庚辰	6	23	庚戌	5	25	辛巳	4	26	壬子	3	27	壬午	2	26	癸丑	八
7	24	辛巳	6	24	辛亥	5	26	壬午	4	27	癸丑	3	28	癸未	2	27	甲寅	九
7	25	壬午	6	25	壬子	5	27	癸未	4	28	甲寅	3	29	甲申	2	28	乙卯	十
7	26	癸未	6	26	癸丑	5	28	甲申	4	29	乙卯	3	30	乙酉	3	1	丙辰	十一
7	27	甲申	6	27	甲寅	5	29	乙酉	4	30	丙辰	3	31	丙戌	3	2	丁巳	十二
7	28	乙酉	6	28	乙卯	5	30	丙戌	5	1	丁巳	4	1	丁亥	3	3	戊午	十三
7	29	丙戌	6	29	丙辰	5	31	丁亥	5	2	戊午	4	2	戊子	3	4	己未	十四
7	30	丁亥	6	30	丁巳	6	1	戊子	5	3	己未	4	3	己丑	3	5	庚申	十五
7	31	戊子	7	1	戊午	6	2	己丑	5	4	庚申	4	4	庚寅	3	6	辛酉	十六
8	1	己丑	7	2	己未	6	3	庚寅	5	5	辛酉	4	5	辛卯	3	7	壬戌	十七
8	2	庚寅	7	3	庚申	6	4	辛卯	5	6	壬戌	4	6	壬辰	3	8	癸亥	十八
8	3	辛卯	7	4	辛酉	6	5	壬辰	5	7	癸亥	4	7	癸巳	3	9	甲子	十九
8	4	壬辰	7	5	壬戌	6	6	癸巳	5	8	甲子	4	8	甲午	3	10	乙丑	二十
8	5	癸巳	7	6	癸亥	6	7	甲午	5	9	乙丑	4	9	乙未	3	11	丙寅	二十一
8	6	甲午	7	7	甲子	6	8	乙未	5	10	丙寅	4	10	丙申	3	12	丁卯	二十二
8	7	乙未	7	8	乙丑	6	9	丙申	5	11	丁卯	4	11	丁酉	3	13	戊辰	二十三
8	8	丙申	7	9	丙寅	6	10	丁酉	5	12	戊辰	4	12	戊戌	3	14	己巳	二十四
8	9	丁酉	7	10	丁卯	6	11	戊戌	5	13	己巳	4	13	己亥	3	15	庚午	二十五
8	10	戊戌	7	11	戊辰	6	12	己亥	5	14	庚午	4	14	庚子	3	16	辛未	二十六
8	11	己亥	7	12	己巳	6	13	庚子	5	15	辛未	4	15	辛丑	3	17	壬申	二十七
8	12	庚子	7	13	庚午	6	14	辛丑	5	16	壬申	4	16	壬寅	3	18	癸酉	二十八
8	13	辛丑	7	14	辛未	6	15	壬寅	5	17	癸酉	4	17	癸卯	3	19	甲戌	二十九
			7	15	壬申							4	18	甲辰				三十

旧暦	十二月			十一月			十月			九月			八月			七月		
干支	丁丑月			丙子月			乙亥月			甲戌月			癸酉月			壬申月		
旧暦	新暦		干支	新暦		干支	新暦		干支	新暦		干支	新暦		干支	新暦		干支
一	1	9	庚午	12	11	辛丑	11	11	辛未	10	12	辛丑	9	13	壬申	8	14	壬寅
二	1	10	辛未	12	12	壬寅	11	12	壬申	10	13	壬寅	9	14	癸酉	8	15	癸卯
三	1	11	壬申	12	13	癸卯	11	13	癸酉	10	14	癸卯	9	15	甲戌	8	16	甲辰
四	1	12	癸酉	12	14	甲辰	11	14	甲戌	10	15	甲辰	9	16	乙亥	8	17	乙巳
五	1	13	甲戌	12	15	乙巳	11	15	乙亥	10	16	乙巳	9	17	丙子	8	18	丙午
六	1	14	乙亥	12	16	丙午	11	16	丙子	10	17	丙午	9	18	丁丑	8	19	丁未
七	1	15	丙子	12	17	丁未	11	17	丁丑	10	18	丁未	9	19	戊寅	8	20	戊申
八	1	16	丁丑	12	18	戊申	11	18	戊寅	10	19	戊申	9	20	己卯	8	21	己酉
九	1	17	戊寅	12	19	己酉	11	19	己卯	10	20	己酉	9	21	庚辰	8	22	庚戌
十	1	18	己卯	12	20	庚戌	11	20	庚辰	10	21	庚戌	9	22	辛巳	8	23	辛亥
十一	1	19	庚辰	12	21	辛亥	11	21	辛巳	10	22	辛亥	9	23	壬午	8	24	壬子
十二	1	20	辛巳	12	22	壬子	11	22	壬午	10	23	壬子	9	24	癸未	8	25	癸丑
十三	1	21	壬午	12	23	癸丑	11	23	癸未	10	24	癸丑	9	25	甲申	8	26	甲寅
十四	1	22	癸未	12	24	甲寅	11	24	甲申	10	25	甲寅	9	26	乙酉	8	27	乙卯
十五	1	23	甲申	12	25	乙卯	11	25	乙酉	10	26	乙卯	9	27	丙戌	8	28	丙辰
十六	1	24	乙酉	12	26	丙辰	11	26	丙戌	10	27	丙辰	9	28	丁亥	8	29	丁巳
十七	1	25	丙戌	12	27	丁巳	11	27	丁亥	10	28	丁巳	9	29	戊子	8	30	戊午
十八	1	26	丁亥	12	28	戊午	11	28	戊子	10	29	戊午	9	30	己丑	8	31	己未
十九	1	27	戊子	12	29	己未	11	29	己丑	10	30	己未	10	1	庚寅	9	1	庚申
二十	1	28	己丑	12	30	庚申	11	30	庚寅	10	31	庚申	10	2	辛卯	9	2	辛酉
二十一	1	29	庚寅	12	31	辛酉	12	1	辛卯	11	1	辛酉	10	3	壬辰	9	3	壬戌
二十二	1	30	辛卯	1	1	壬戌	12	2	壬辰	11	2	壬戌	10	4	癸巳	9	4	癸亥
二十三	1	31	壬辰	1	2	癸亥	12	3	癸巳	11	3	癸亥	10	5	甲午	9	5	甲子
二十四	2	1	癸巳	1	3	甲子	12	4	甲午	11	4	甲子	10	6	乙未	9	6	乙丑
二十五	2	2	甲午	1	4	乙丑	12	5	乙未	11	5	乙丑	10	7	丙申	9	7	丙寅
二十六	2	3	乙未	1	5	丙寅	12	6	丙申	11	6	丙寅	10	8	丁酉	9	8	丁卯
二十七	2	4	丙申	1	6	丁卯	12	7	丁酉	11	7	丁卯	10	9	戊戌	9	9	戊辰
二十八	2	5	丁酉	1	7	戊辰	12	8	戊戌	11	8	戊辰	10	10	己亥	9	10	己巳
二十九	2	6	戊戌	1	8	己巳	12	9	己亥	11	9	己巳	10	11	庚子	9	11	庚午
三十	2	7	己亥				12	10	庚子	11	10	庚午				9	12	辛未

西暦 二〇三五年（令和17年）乙卯

六月			五月			四月			三月			二月			一月			旧暦
癸未月			壬午月			辛巳月			庚辰月			己卯月			戊寅月			干支
新暦		干支	新暦		干支	新暦		干支	新暦		干支	新暦		干支	新暦		干支	旧暦
7	5	丁卯	6	6	戊戌	5	8	己巳	4	8	己亥	3	10	庚午	2	8	庚子	一
7	6	戊辰	6	7	己亥	5	9	庚午	4	9	庚子	3	11	辛未	2	9	辛丑	二
7	7	己巳	6	8	庚子	5	10	辛未	4	10	辛丑	3	12	壬申	2	10	壬寅	三
7	8	庚午	6	9	辛丑	5	11	壬申	4	11	壬寅	3	13	癸酉	2	11	癸卯	四
7	9	辛未	6	10	壬寅	5	12	癸酉	4	12	癸卯	3	14	甲戌	2	12	甲辰	五
7	10	壬申	6	11	癸卯	5	13	甲戌	4	13	甲辰	3	15	乙亥	2	13	乙巳	六
7	11	癸酉	6	12	甲辰	5	14	乙亥	4	14	乙巳	3	16	丙子	2	14	丙午	七
7	12	甲戌	6	13	乙巳	5	15	丙子	4	15	丙午	3	17	丁丑	2	15	丁未	八
7	13	乙亥	6	14	丙午	5	16	丁丑	4	16	丁未	3	18	戊寅	2	16	戊申	九
7	14	丙子	6	15	丁未	5	17	戊寅	4	17	戊申	3	19	己卯	2	17	己酉	十
7	15	丁丑	6	16	戊申	5	18	己卯	4	18	己酉	3	20	庚辰	2	18	庚戌	十一
7	16	戊寅	6	17	己酉	5	19	庚辰	4	19	庚戌	3	21	辛巳	2	19	辛亥	十二
7	17	己卯	6	18	庚戌	5	20	辛巳	4	20	辛亥	3	22	壬午	2	20	壬子	十三
7	18	庚辰	6	19	辛亥	5	21	壬午	4	21	壬子	3	23	癸未	2	21	癸丑	十四
7	19	辛巳	6	20	壬子	5	22	癸未	4	22	癸丑	3	24	甲申	2	22	甲寅	十五
7	20	壬午	6	21	癸丑	5	23	甲申	4	23	甲寅	3	25	乙酉	2	23	乙卯	十六
7	21	癸未	6	22	甲寅	5	24	乙酉	4	24	乙卯	3	26	丙戌	2	24	丙辰	十七
7	22	甲申	6	23	乙卯	5	25	丙戌	4	25	丙辰	3	27	丁亥	2	25	丁巳	十八
7	23	乙酉	6	24	丙辰	5	26	丁亥	4	26	丁巳	3	28	戊子	2	26	戊午	十九
7	24	丙戌	6	25	丁巳	5	27	戊子	4	27	戊午	3	29	己丑	2	27	己未	二十
7	25	丁亥	6	26	戊午	5	28	己丑	4	28	己未	3	30	庚寅	2	28	庚申	二十一
7	26	戊子	6	27	己未	5	29	庚寅	4	29	庚申	3	31	辛卯	3	1	辛酉	二十二
7	27	己丑	6	28	庚申	5	30	辛卯	4	30	辛酉	4	1	壬辰	3	2	壬戌	二十三
7	28	庚寅	6	29	辛酉	5	31	壬辰	5	1	壬戌	4	2	癸巳	3	3	癸亥	二十四
7	29	辛卯	6	30	壬戌	6	1	癸巳	5	2	癸亥	4	3	甲午	3	4	甲子	二十五
7	30	壬辰	7	1	癸亥	6	2	甲午	5	3	甲子	4	4	乙未	3	5	乙丑	二十六
7	31	癸巳	7	2	甲子	6	3	乙未	5	4	乙丑	4	5	丙申	3	6	丙寅	二十七
8	1	甲午	7	3	乙丑	6	4	丙申	5	5	丙寅	4	6	丁酉	3	7	丁卯	二十八
8	2	乙未	7	4	丙寅	6	5	丁酉	5	6	丁卯	4	7	戊戌	3	8	戊辰	二十九
8	3	丙申							5	7	戊辰				3	9	己巳	三十

旧暦	十二月			十一月			十月			九月			八月			七月		
干支	己丑月			戊子月			丁亥月			丙戌月			乙酉月			甲申月		
旧暦	新暦		干支	新暦		干支	新暦		干支	新暦		干支	新暦		干支	新暦		干支
一	12	29	甲子	11	30	乙未	10	31	乙丑	10	1	乙未	9	2	丙寅	8	4	丁酉
二	12	30	乙丑	12	1	丙申	11	1	丙寅	10	2	丙申	9	3	丁卯	8	5	戊戌
三	12	31	丙寅	12	2	丁酉	11	2	丁卯	10	3	丁酉	9	4	戊辰	8	6	己亥
四	1	1	丁卯	12	3	戊戌	11	3	戊辰	10	4	戊戌	9	5	己巳	8	7	庚子
五	1	2	戊辰	12	4	己亥	11	4	己巳	10	5	己亥	9	6	庚午	8	8	辛丑
六	1	3	己巳	12	5	庚子	11	5	庚午	10	6	庚子	9	7	辛未	8	9	壬寅
七	1	4	庚午	12	6	辛丑	11	6	辛未	10	7	辛丑	9	8	壬申	8	10	癸卯
八	1	5	辛未	12	7	壬寅	11	7	壬申	10	8	壬寅	9	9	癸酉	8	11	甲辰
九	1	6	壬申	12	8	癸卯	11	8	癸酉	10	9	癸卯	9	10	甲戌	8	12	乙巳
十	1	7	癸酉	12	9	甲辰	11	9	甲戌	10	10	甲辰	9	11	乙亥	8	13	丙午
十一	1	8	甲戌	12	10	乙巳	11	10	乙亥	10	11	乙巳	9	12	丙子	8	14	丁未
十二	1	9	乙亥	12	11	丙午	11	11	丙子	10	12	丙午	9	13	丁丑	8	15	戊申
十三	1	10	丙子	12	12	丁未	11	12	丁丑	10	13	丁未	9	14	戊寅	8	16	己酉
十四	1	11	丁丑	12	13	戊申	11	13	戊寅	10	14	戊申	9	15	己卯	8	17	庚戌
十五	1	12	戊寅	12	14	己酉	11	14	己卯	10	15	己酉	9	16	庚辰	8	18	辛亥
十六	1	13	己卯	12	15	庚戌	11	15	庚辰	10	16	庚戌	9	17	辛巳	8	19	壬子
十七	1	14	庚辰	12	16	辛亥	11	16	辛巳	10	17	辛亥	9	18	壬午	8	20	癸丑
十八	1	15	辛巳	12	17	壬子	11	17	壬午	10	18	壬子	9	19	癸未	8	21	甲寅
十九	1	16	壬午	12	18	癸丑	11	18	癸未	10	19	癸丑	9	20	甲申	8	22	乙卯
二十	1	17	癸未	12	19	甲寅	11	19	甲申	10	20	甲寅	9	21	乙酉	8	23	丙辰
二十一	1	18	甲申	12	20	乙卯	11	20	乙酉	10	21	乙卯	9	22	丙戌	8	24	丁巳
二十二	1	19	乙酉	12	21	丙辰	11	21	丙戌	10	22	丙辰	9	23	丁亥	8	25	戊午
二十三	1	20	丙戌	12	22	丁巳	11	22	丁亥	10	23	丁巳	9	24	戊子	8	26	己未
二十四	1	21	丁亥	12	23	戊午	11	23	戊子	10	24	戊午	9	25	己丑	8	27	庚申
二十五	1	22	戊子	12	24	己未	11	24	己丑	10	25	己未	9	26	庚寅	8	28	辛酉
二十六	1	23	己丑	12	25	庚申	11	25	庚寅	10	26	庚申	9	27	辛卯	8	29	壬戌
二十七	1	24	庚寅	12	26	辛酉	11	26	辛卯	10	27	辛酉	9	28	壬辰	8	30	癸亥
二十八	1	25	辛卯	12	27	壬戌	11	27	壬辰	10	28	壬戌	9	29	癸巳	8	31	甲子
二十九	1	26	壬辰	12	28	癸亥	11	28	癸巳	10	29	癸亥	9	30	甲午	9	1	乙丑
三十	1	27	癸巳				11	29	甲午	10	30	甲子						

西暦 二〇三六年（令和18年）丙辰

六月			五月			四月			三月			二月			一月			旧暦
乙未月			甲午月			癸巳月			壬辰月			辛卯月			庚寅月			干支
新暦		干支	新暦		干支	新暦		干支	新暦		干支	新暦		干支	新暦		干支	旧暦
6	24	壬戌	5	26	癸巳	4	26	癸亥	3	28	甲午	2	27	甲子	1	28	甲午	一
6	25	癸亥	5	27	甲午	4	27	甲子	3	29	乙未	2	28	乙丑	1	29	乙未	二
6	26	甲子	5	28	乙未	4	28	乙丑	3	30	丙申	2	29	丙寅	1	30	丙申	三
6	27	乙丑	5	29	丙申	4	29	丙寅	3	31	丁酉	3	1	丁卯	1	31	丁酉	四
6	28	丙寅	5	30	丁酉	4	30	丁卯	4	1	戊戌	3	2	戊辰	2	1	戊戌	五
6	29	丁卯	5	31	戊戌	5	1	戊辰	4	2	己亥	3	3	己巳	2	2	己亥	六
6	30	戊辰	6	1	己亥	5	2	己巳	4	3	庚子	3	4	庚午	2	3	庚子	七
7	1	己巳	6	2	庚子	5	3	庚午	4	4	辛丑	3	5	辛未	2	4	辛丑	八
7	2	庚午	6	3	辛丑	5	4	辛未	4	5	壬寅	3	6	壬申	2	5	壬寅	九
7	3	辛未	6	4	壬寅	5	5	壬申	4	6	癸卯	3	7	癸酉	2	6	癸卯	十
7	4	壬申	6	5	癸卯	5	6	癸酉	4	7	甲辰	3	8	甲戌	2	7	甲辰	十一
7	5	癸酉	6	6	甲辰	5	7	甲戌	4	8	乙巳	3	9	乙亥	2	8	乙巳	十二
7	6	甲戌	6	7	乙巳	5	8	乙亥	4	9	丙午	3	10	丙子	2	9	丙午	十三
7	7	乙亥	6	8	丙午	5	9	丙子	4	10	丁未	3	11	丁丑	2	10	丁未	十四
7	8	丙子	6	9	丁未	5	10	丁丑	4	11	戊申	3	12	戊寅	2	11	戊申	十五
7	9	丁丑	6	10	戊申	5	11	戊寅	4	12	己酉	3	13	己卯	2	12	己酉	十六
7	10	戊寅	6	11	己酉	5	12	己卯	4	13	庚戌	3	14	庚辰	2	13	庚戌	十七
7	11	己卯	6	12	庚戌	5	13	庚辰	4	14	辛亥	3	15	辛巳	2	14	辛亥	十八
7	12	庚辰	6	13	辛亥	5	14	辛巳	4	15	壬子	3	16	壬午	2	15	壬子	十九
7	13	辛巳	6	14	壬子	5	15	壬午	4	16	癸丑	3	17	癸未	2	16	癸丑	二十
7	14	壬午	6	15	癸丑	5	16	癸未	4	17	甲寅	3	18	甲申	2	17	甲寅	二十一
7	15	癸未	6	16	甲寅	5	17	甲申	4	18	乙卯	3	19	乙酉	2	18	乙卯	二十二
7	16	甲申	6	17	乙卯	5	18	乙酉	4	19	丙辰	3	20	丙戌	2	19	丙辰	二十三
7	17	乙酉	6	18	丙辰	5	19	丙戌	4	20	丁巳	3	21	丁亥	2	20	丁巳	二十四
7	18	丙戌	6	19	丁巳	5	20	丁亥	4	21	戊午	3	22	戊子	2	21	戊午	二十五
7	19	丁亥	6	20	戊午	5	21	戊子	4	22	己未	3	23	己丑	2	22	己未	二十六
7	20	戊子	6	21	己未	5	22	己丑	4	23	庚申	3	24	庚寅	2	23	庚申	二十七
7	21	己丑	6	22	庚申	5	23	庚寅	4	24	辛酉	3	25	辛卯	2	24	辛酉	二十八
7	22	庚寅	6	23	辛酉	5	24	辛卯	4	25	壬戌	3	26	壬辰	2	25	壬戌	二十九
						5	25	壬辰				3	27	癸巳	2	26	癸亥	三十

旧暦	十二月			十一月			十月			九月			八月			七月			閏六月		
干支	辛丑月			庚子月			己亥月			戊戌月			丁酉月			丙申月					
旧暦	新暦		干支	新暦		干支	新暦		干支	新暦		干支	新暦		干支	新暦		干支	新暦		干支
一	1	16	戊子	12	17	戊午	11	18	己丑	10	19	己未	9	20	庚寅	8	22	辛酉	7	23	辛卯
二	1	17	己丑	12	18	己未	11	19	庚寅	10	20	庚申	9	21	辛卯	8	23	壬戌	7	24	壬辰
三	1	18	庚寅	12	19	庚申	11	20	辛卯	10	21	辛酉	9	22	壬辰	8	24	癸亥	7	25	癸巳
四	1	19	辛卯	12	20	辛酉	11	21	壬辰	10	22	壬戌	9	23	癸巳	8	25	甲子	7	26	甲午
五	1	20	壬辰	12	21	壬戌	11	22	癸巳	10	23	癸亥	9	24	甲午	8	26	乙丑	7	27	乙未
六	1	21	癸巳	12	22	癸亥	11	23	甲午	10	24	甲子	9	25	乙未	8	27	丙寅	7	28	丙申
七	1	22	甲午	12	23	甲子	11	24	乙未	10	25	乙丑	9	26	丙申	8	28	丁卯	7	29	丁酉
八	1	23	乙未	12	24	乙丑	11	25	丙申	10	26	丙寅	9	27	丁酉	8	29	戊辰	7	30	戊戌
九	1	24	丙申	12	25	丙寅	11	26	丁酉	10	27	丁卯	9	28	戊戌	8	30	己巳	7	31	己亥
十	1	25	丁酉	12	26	丁卯	11	27	戊戌	10	28	戊辰	9	29	己亥	8	31	庚午	8	1	庚子
十一	1	26	戊戌	12	27	戊辰	11	28	己亥	10	29	己巳	9	30	庚子	9	1	辛未	8	2	辛丑
十二	1	27	己亥	12	28	己巳	11	29	庚子	10	30	庚午	10	1	辛丑	9	2	壬申	8	3	壬寅
十三	1	28	庚子	12	29	庚午	11	30	辛丑	10	31	辛未	10	2	壬寅	9	3	癸酉	8	4	癸卯
十四	1	29	辛丑	12	30	辛未	12	1	壬寅	11	1	壬申	10	3	癸卯	9	4	甲戌	8	5	甲辰
十五	1	30	壬寅	12	31	壬申	12	2	癸卯	11	2	癸酉	10	4	甲辰	9	5	乙亥	8	6	乙巳
十六	1	31	癸卯	1	1	癸酉	12	3	甲辰	11	3	甲戌	10	5	乙巳	9	6	丙子	8	7	丙午
十七	2	1	甲辰	1	2	甲戌	12	4	乙巳	11	4	乙亥	10	6	丙午	9	7	丁丑	8	8	丁未
十八	2	2	乙巳	1	3	乙亥	12	5	丙午	11	5	丙子	10	7	丁未	9	8	戊寅	8	9	戊申
十九	2	3	丙午	1	4	丙子	12	6	丁未	11	6	丁丑	10	8	戊申	9	9	己卯	8	10	己酉
二十	2	4	丁未	1	5	丁丑	12	7	戊申	11	7	戊寅	10	9	己酉	9	10	庚辰	8	11	庚戌
二十一	2	5	戊申	1	6	戊寅	12	8	己酉	11	8	己卯	10	10	庚戌	9	11	辛巳	8	12	辛亥
二十二	2	6	己酉	1	7	己卯	12	9	庚戌	11	9	庚辰	10	11	辛亥	9	12	壬午	8	13	壬子
二十三	2	7	庚戌	1	8	庚辰	12	10	辛亥	11	10	辛巳	10	12	壬子	9	13	癸未	8	14	癸丑
二十四	2	8	辛亥	1	9	辛巳	12	11	壬子	11	11	壬午	10	13	癸丑	9	14	甲申	8	15	甲寅
二十五	2	9	壬子	1	10	壬午	12	12	癸丑	11	12	癸未	10	14	甲寅	9	15	乙酉	8	16	乙卯
二十六	2	10	癸丑	1	11	癸未	12	13	甲寅	11	13	甲申	10	15	乙卯	9	16	丙戌	8	17	丙辰
二十七	2	11	甲寅	1	12	甲申	12	14	乙卯	11	14	乙酉	10	16	丙辰	9	17	丁亥	8	18	丁巳
二十八	2	12	乙卯	1	13	乙酉	12	15	丙辰	11	15	丙戌	10	17	丁巳	9	18	戊子	8	19	戊午
二十九	2	13	丙辰	1	14	丙戌	12	16	丁巳	11	16	丁亥	10	18	戊午	9	19	己丑	8	20	己未
三十	2	14	丁巳	1	15	丁亥				11	17	戊子							8	21	庚申

西暦二〇三七年（令和19年）丁巳

六月			五月			四月			三月			二月			一月			旧暦
丁未月			丙午月			乙巳月			甲辰月			癸卯月			壬寅月			干支
新暦		干支	新暦		干支	新暦		干支	新暦		干支	新暦		干支	新暦		干支	旧暦
7	13	丙戌	6	14	丁巳	5	15	丁亥	4	16	戊午	3	17	戊子	2	15	戊午	一
7	14	丁亥	6	15	戊午	5	16	戊子	4	17	己未	3	18	己丑	2	16	己未	二
7	15	戊子	6	16	己未	5	17	己丑	4	18	庚申	3	19	庚寅	2	17	庚申	三
7	16	己丑	6	17	庚申	5	18	庚寅	4	19	辛酉	3	20	辛卯	2	18	辛酉	四
7	17	庚寅	6	18	辛酉	5	19	辛卯	4	20	壬戌	3	21	壬辰	2	19	壬戌	五
7	18	辛卯	6	19	壬戌	5	20	壬辰	4	21	癸亥	3	22	癸巳	2	20	癸亥	六
7	19	壬辰	6	20	癸亥	5	21	癸巳	4	22	甲子	3	23	甲午	2	21	甲子	七
7	20	癸巳	6	21	甲子	5	22	甲午	4	23	乙丑	3	24	乙未	2	22	乙丑	八
7	21	甲午	6	22	乙丑	5	23	乙未	4	24	丙寅	3	25	丙申	2	23	丙寅	九
7	22	乙未	6	23	丙寅	5	24	丙申	4	25	丁卯	3	26	丁酉	2	24	丁卯	十
7	23	丙申	6	24	丁卯	5	25	丁酉	4	26	戊辰	3	27	戊戌	2	25	戊辰	十一
7	24	丁酉	6	25	戊辰	5	26	戊戌	4	27	己巳	3	28	己亥	2	26	己巳	十二
7	25	戊戌	6	26	己巳	5	27	己亥	4	28	庚午	3	29	庚子	2	27	庚午	十三
7	26	己亥	6	27	庚午	5	28	庚子	4	29	辛未	3	30	辛丑	2	28	辛未	十四
7	27	庚子	6	28	辛未	5	29	辛丑	4	30	壬申	3	31	壬寅	3	1	壬申	十五
7	28	辛丑	6	29	壬申	5	30	壬寅	5	1	癸酉	4	1	癸卯	3	2	癸酉	十六
7	29	壬寅	6	30	癸酉	5	31	癸卯	5	2	甲戌	4	2	甲辰	3	3	甲戌	十七
7	30	癸卯	7	1	甲戌	6	1	甲辰	5	3	乙亥	4	3	乙巳	3	4	乙亥	十八
7	31	甲辰	7	2	乙亥	6	2	乙巳	5	4	丙子	4	4	丙午	3	5	丙子	十九
8	1	乙巳	7	3	丙子	6	3	丙午	5	5	丁丑	4	5	丁未	3	6	丁丑	二十
8	2	丙午	7	4	丁丑	6	4	丁未	5	6	戊寅	4	6	戊申	3	7	戊寅	二十一
8	3	丁未	7	5	戊寅	6	5	戊申	5	7	己卯	4	7	己酉	3	8	己卯	二十二
8	4	戊申	7	6	己卯	6	6	己酉	5	8	庚辰	4	8	庚戌	3	9	庚辰	二十三
8	5	己酉	7	7	庚辰	6	7	庚戌	5	9	辛巳	4	9	辛亥	3	10	辛巳	二十四
8	6	庚戌	7	8	辛巳	6	8	辛亥	5	10	壬午	4	10	壬子	3	11	壬午	二十五
8	7	辛亥	7	9	壬午	6	9	壬子	5	11	癸未	4	11	癸丑	3	12	癸未	二十六
8	8	壬子	7	10	癸未	6	10	癸丑	5	12	甲申	4	12	甲寅	3	13	甲申	二十七
8	9	癸丑	7	11	甲申	6	11	甲寅	5	13	乙酉	4	13	乙卯	3	14	乙酉	二十八
8	10	甲寅	7	12	乙酉	6	12	乙卯	5	14	丙戌	4	14	丙辰	3	15	丙戌	二十九
						6	13	丙辰				4	15	丁巳	3	16	丁亥	三十

旧暦	十二月			十一月			十月			九月			八月			七月		
干支	癸丑月			壬子月			辛亥月			庚戌月			己酉月			戊申月		
旧暦	新暦		干支	新暦		干支	新暦		干支	新暦		干支	新暦		干支	新暦		干支
一	1	5	壬午	12	7	癸丑	11	7	癸未	10	9	甲寅	9	10	乙酉	8	11	乙卯
二	1	6	癸未	12	8	甲寅	11	8	甲申	10	10	乙卯	9	11	丙戌	8	12	丙辰
三	1	7	甲申	12	9	乙卯	11	9	乙酉	10	11	丙辰	9	12	丁亥	8	13	丁巳
四	1	8	乙酉	12	10	丙辰	11	10	丙戌	10	12	丁巳	9	13	戊子	8	14	戊午
五	1	9	丙戌	12	11	丁巳	11	11	丁亥	10	13	戊午	9	14	己丑	8	15	己未
六	1	10	丁亥	12	12	戊午	11	12	戊子	10	14	己未	9	15	庚寅	8	16	庚申
七	1	11	戊子	12	13	己未	11	13	己丑	10	15	庚申	9	16	辛卯	8	17	辛酉
八	1	12	己丑	12	14	庚申	11	14	庚寅	10	16	辛酉	9	17	壬辰	8	18	壬戌
九	1	13	庚寅	12	15	辛酉	11	15	辛卯	10	17	壬戌	9	18	癸巳	8	19	癸亥
十	1	14	辛卯	12	16	壬戌	11	16	壬辰	10	18	癸亥	9	19	甲午	8	20	甲子
十一	1	15	壬辰	12	17	癸亥	11	17	癸巳	10	19	甲子	9	20	乙未	8	21	乙丑
十二	1	16	癸巳	12	18	甲子	11	18	甲午	10	20	乙丑	9	21	丙申	8	22	丙寅
十三	1	17	甲午	12	19	乙丑	11	19	乙未	10	21	丙寅	9	22	丁酉	8	23	丁卯
十四	1	18	乙未	12	20	丙寅	11	20	丙申	10	22	丁卯	9	23	戊戌	8	24	戊辰
十五	1	19	丙申	12	21	丁卯	11	21	丁酉	10	23	戊辰	9	24	己亥	8	25	己巳
十六	1	20	丁酉	12	22	戊辰	11	22	戊戌	10	24	己巳	9	25	庚子	8	26	庚午
十七	1	21	戊戌	12	23	己巳	11	23	己亥	10	25	庚午	9	26	辛丑	8	27	辛未
十八	1	22	己亥	12	24	庚午	11	24	庚子	10	26	辛未	9	27	壬寅	8	28	壬申
十九	1	23	庚子	12	25	辛未	11	25	辛丑	10	27	壬申	9	28	癸卯	8	29	癸酉
二十	1	24	辛丑	12	26	壬申	11	26	壬寅	10	28	癸酉	9	29	甲辰	8	30	甲戌
二十一	1	25	壬寅	12	27	癸酉	11	27	癸卯	10	29	甲戌	9	30	乙巳	8	31	乙亥
二十二	1	26	癸卯	12	28	甲戌	11	28	甲辰	10	30	乙亥	10	1	丙午	9	1	丙子
二十三	1	27	甲辰	12	29	乙亥	11	29	乙巳	10	31	丙子	10	2	丁未	9	2	丁丑
二十四	1	28	乙巳	12	30	丙子	11	30	丙午	11	1	丁丑	10	3	戊申	9	3	戊寅
二十五	1	29	丙午	12	31	丁丑	12	1	丁未	11	2	戊寅	10	4	己酉	9	4	己卯
二十六	1	30	丁未	1	1	戊寅	12	2	戊申	11	3	己卯	10	5	庚戌	9	5	庚辰
二十七	1	31	戊申	1	2	己卯	12	3	己酉	11	4	庚辰	10	6	辛亥	9	6	辛巳
二十八	2	1	己酉	1	3	庚辰	12	4	庚戌	11	5	辛巳	10	7	壬子	9	7	壬午
二十九	2	2	庚戌	1	4	辛巳	12	5	辛亥	11	6	壬午	10	8	癸丑	9	8	癸未
三十	2	3	辛亥				12	6	壬子							9	9	甲申

西暦二〇三八年（令和20年）戊午

六月			五月			四月			三月			二月			一月			旧暦
己未月			戊午月			丁巳月			丙辰月			乙卯月			甲寅月			干支
新暦		干支	新暦		干支	新暦		干支	新暦		干支	新暦		干支	新暦		干支	旧暦
7	2	庚辰	6	3	辛亥	5	4	辛巳	4	5	壬子	3	6	壬午	2	4	壬子	一
7	3	辛巳	6	4	壬子	5	5	壬午	4	6	癸丑	3	7	癸未	2	5	癸丑	二
7	4	壬午	6	5	癸丑	5	6	癸未	4	7	甲寅	3	8	甲申	2	6	甲寅	三
7	5	癸未	6	6	甲寅	5	7	甲申	4	8	乙卯	3	9	乙酉	2	7	乙卯	四
7	6	甲申	6	7	乙卯	5	8	乙酉	4	9	丙辰	3	10	丙戌	2	8	丙辰	五
7	7	乙酉	6	8	丙辰	5	9	丙戌	4	10	丁巳	3	11	丁亥	2	9	丁巳	六
7	8	丙戌	6	9	丁巳	5	10	丁亥	4	11	戊午	3	12	戊子	2	10	戊午	七
7	9	丁亥	6	10	戊午	5	11	戊子	4	12	己未	3	13	己丑	2	11	己未	八
7	10	戊子	6	11	己未	5	12	己丑	4	13	庚申	3	14	庚寅	2	12	庚申	九
7	11	己丑	6	12	庚申	5	13	庚寅	4	14	辛酉	3	15	辛卯	2	13	辛酉	十
7	12	庚寅	6	13	辛酉	5	14	辛卯	4	15	壬戌	3	16	壬辰	2	14	壬戌	十一
7	13	辛卯	6	14	壬戌	5	15	壬辰	4	16	癸亥	3	17	癸巳	2	15	癸亥	十二
7	14	壬辰	6	15	癸亥	5	16	癸巳	4	17	甲子	3	18	甲午	2	16	甲子	十三
7	15	癸巳	6	16	甲子	5	17	甲午	4	18	乙丑	3	19	乙未	2	17	乙丑	十四
7	16	甲午	6	17	乙丑	5	18	乙未	4	19	丙寅	3	20	丙申	2	18	丙寅	十五
7	17	乙未	6	18	丙寅	5	19	丙申	4	20	丁卯	3	21	丁酉	2	19	丁卯	十六
7	18	丙申	6	19	丁卯	5	20	丁酉	4	21	戊辰	3	22	戊戌	2	20	戊辰	十七
7	19	丁酉	6	20	戊辰	5	21	戊戌	4	22	己巳	3	23	己亥	2	21	己巳	十八
7	20	戊戌	6	21	己巳	5	22	己亥	4	23	庚午	3	24	庚子	2	22	庚午	十九
7	21	己亥	6	22	庚午	5	23	庚子	4	24	辛未	3	25	辛丑	2	23	辛未	二十
7	22	庚子	6	23	辛未	5	24	辛丑	4	25	壬申	3	26	壬寅	2	24	壬申	二十一
7	23	辛丑	6	24	壬申	5	25	壬寅	4	26	癸酉	3	27	癸卯	2	25	癸酉	二十二
7	24	壬寅	6	25	癸酉	5	26	癸卯	4	27	甲戌	3	28	甲辰	2	26	甲戌	二十三
7	25	癸卯	6	26	甲戌	5	27	甲辰	4	28	乙亥	3	29	乙巳	2	27	乙亥	二十四
7	26	甲辰	6	27	乙亥	5	28	乙巳	4	29	丙子	3	30	丙午	2	28	丙子	二十五
7	27	乙巳	6	28	丙子	5	29	丙午	4	30	丁丑	3	31	丁未	3	1	丁丑	二十六
7	28	丙午	6	29	丁丑	5	30	丁未	5	1	戊寅	4	1	戊申	3	2	戊寅	二十七
7	29	丁未	6	30	戊寅	5	31	戊申	5	2	己卯	4	2	己酉	3	3	己卯	二十八
7	30	戊申	7	1	己卯	6	1	己酉	5	3	庚辰	4	3	庚戌	3	4	庚辰	二十九
7	31	己酉				6	2	庚戌				4	4	辛亥	3	5	辛巳	三十

旧暦	十二月			十一月			十月			九月			八月			七月		
干支	乙丑月			甲子月			癸亥月			壬戌月			辛酉月			庚申月		
旧暦	新暦		干支	新暦		干支	新暦		干支	新暦		干支	新暦		干支	新暦		干支
一	12	26	丁丑	11	26	丁未	10	28	戊寅	9	29	己酉	8	30	己卯	8	1	庚戌
二	12	27	戊寅	11	27	戊申	10	29	己卯	9	30	庚戌	8	31	庚辰	8	2	辛亥
三	12	28	己卯	11	28	己酉	10	30	庚辰	10	1	辛亥	9	1	辛巳	8	3	壬子
四	12	29	庚辰	11	29	庚戌	10	31	辛巳	10	2	壬子	9	2	壬午	8	4	癸丑
五	12	30	辛巳	11	30	辛亥	11	1	壬午	10	3	癸丑	9	3	癸未	8	5	甲寅
六	12	31	壬午	12	1	壬子	11	2	癸未	10	4	甲寅	9	4	甲申	8	6	乙卯
七	1	1	癸未	12	2	癸丑	11	3	甲申	10	5	乙卯	9	5	乙酉	8	7	丙辰
八	1	2	甲申	12	3	甲寅	11	4	乙酉	10	6	丙辰	9	6	丙戌	8	8	丁巳
九	1	3	乙酉	12	4	乙卯	11	5	丙戌	10	7	丁巳	9	7	丁亥	8	9	戊午
十	1	4	丙戌	12	5	丙辰	11	6	丁亥	10	8	戊午	9	8	戊子	8	10	己未
十一	1	5	丁亥	12	6	丁巳	11	7	戊子	10	9	己未	9	9	己丑	8	11	庚申
十二	1	6	戊子	12	7	戊午	11	8	己丑	10	10	庚申	9	10	庚寅	8	12	辛酉
十三	1	7	己丑	12	8	己未	11	9	庚寅	10	11	辛酉	9	11	辛卯	8	13	壬戌
十四	1	8	庚寅	12	9	庚申	11	10	辛卯	10	12	壬戌	9	12	壬辰	8	14	癸亥
十五	1	9	辛卯	12	10	辛酉	11	11	壬辰	10	13	癸亥	9	13	癸巳	8	15	甲子
十六	1	10	壬辰	12	11	壬戌	11	12	癸巳	10	14	甲子	9	14	甲午	8	16	乙丑
十七	1	11	癸巳	12	12	癸亥	11	13	甲午	10	15	乙丑	9	15	乙未	8	17	丙寅
十八	1	12	甲午	12	13	甲子	11	14	乙未	10	16	丙寅	9	16	丙申	8	18	丁卯
十九	1	13	乙未	12	14	乙丑	11	15	丙申	10	17	丁卯	9	17	丁酉	8	19	戊辰
二十	1	14	丙申	12	15	丙寅	11	16	丁酉	10	18	戊辰	9	18	戊戌	8	20	己巳
二十一	1	15	丁酉	12	16	丁卯	11	17	戊戌	10	19	己巳	9	19	己亥	8	21	庚午
二十二	1	16	戊戌	12	17	戊辰	11	18	己亥	10	20	庚午	9	20	庚子	8	22	辛未
二十三	1	17	己亥	12	18	己巳	11	19	庚子	10	21	辛未	9	21	辛丑	8	23	壬申
二十四	1	18	庚子	12	19	庚午	11	20	辛丑	10	22	壬申	9	22	壬寅	8	24	癸酉
二十五	1	19	辛丑	12	20	辛未	11	21	壬寅	10	23	癸酉	9	23	癸卯	8	25	甲戌
二十六	1	20	壬寅	12	21	壬申	11	22	癸卯	10	24	甲戌	9	24	甲辰	8	26	乙亥
二十七	1	21	癸卯	12	22	癸酉	11	23	甲辰	10	25	乙亥	9	25	乙巳	8	27	丙子
二十八	1	22	甲辰	12	23	甲戌	11	24	乙巳	10	26	丙子	9	26	丙午	8	28	丁丑
二十九	1	23	乙巳	12	24	乙亥	11	25	丙午	10	27	丁丑	9	27	丁未	8	29	戊寅
三十				12	25	丙子							9	28	戊申			

西暦二〇三九年（令和21年）己未

閏五月			五月			四月			三月			二月			一月			旧暦
			庚午月			己巳月			戊辰月			丁卯月			丙寅月			干支
新暦		干支	新暦		干支	新暦		干支	新暦		干支	新暦		干支	新暦		干支	旧暦
6	22	乙亥	5	23	乙巳	4	23	乙亥	3	25	丙午	2	23	丙子	1	24	丙午	一
6	23	丙子	5	24	丙午	4	24	丙子	3	26	丁未	2	24	丁丑	1	25	丁未	二
6	24	丁丑	5	25	丁未	4	25	丁丑	3	27	戊申	2	25	戊寅	1	26	戊申	三
6	25	戊寅	5	26	戊申	4	26	戊寅	3	28	己酉	2	26	己卯	1	27	己酉	四
6	26	己卯	5	27	己酉	4	27	己卯	3	29	庚戌	2	27	庚辰	1	28	庚戌	五
6	27	庚辰	5	28	庚戌	4	28	庚辰	3	30	辛亥	2	28	辛巳	1	29	辛亥	六
6	28	辛巳	5	29	辛亥	4	29	辛巳	3	31	壬子	3	1	壬午	1	30	壬子	七
6	29	壬午	5	30	壬子	4	30	壬午	4	1	癸丑	3	2	癸未	1	31	癸丑	八
6	30	癸未	5	31	癸丑	5	1	癸未	4	2	甲寅	3	3	甲申	2	1	甲寅	九
7	1	甲申	6	1	甲寅	5	2	甲申	4	3	乙卯	3	4	乙酉	2	2	乙卯	十
7	2	乙酉	6	2	乙卯	5	3	乙酉	4	4	丙辰	3	5	丙戌	2	3	丙辰	十一
7	3	丙戌	6	3	丙辰	5	4	丙戌	4	5	丁巳	3	6	丁亥	2	4	丁巳	十二
7	4	丁亥	6	4	丁巳	5	5	丁亥	4	6	戊午	3	7	戊子	2	5	戊午	十三
7	5	戊子	6	5	戊午	5	6	戊子	4	7	己未	3	8	己丑	2	6	己未	十四
7	6	己丑	6	6	己未	5	7	己丑	4	8	庚申	3	9	庚寅	2	7	庚申	十五
7	7	庚寅	6	7	庚申	5	8	庚寅	4	9	辛酉	3	10	辛卯	2	8	辛酉	十六
7	8	辛卯	6	8	辛酉	5	9	辛卯	4	10	壬戌	3	11	壬辰	2	9	壬戌	十七
7	9	壬辰	6	9	壬戌	5	10	壬辰	4	11	癸亥	3	12	癸巳	2	10	癸亥	十八
7	10	癸巳	6	10	癸亥	5	11	癸巳	4	12	甲子	3	13	甲午	2	11	甲子	十九
7	11	甲午	6	11	甲子	5	12	甲午	4	13	乙丑	3	14	乙未	2	12	乙丑	二十
7	12	乙未	6	12	乙丑	5	13	乙未	4	14	丙寅	3	15	丙申	2	13	丙寅	二十一
7	13	丙申	6	13	丙寅	5	14	丙申	4	15	丁卯	3	16	丁酉	2	14	丁卯	二十二
7	14	丁酉	6	14	丁卯	5	15	丁酉	4	16	戊辰	3	17	戊戌	2	15	戊辰	二十三
7	15	戊戌	6	15	戊辰	5	16	戊戌	4	17	己巳	3	18	己亥	2	16	己巳	二十四
7	16	己亥	6	16	己巳	5	17	己亥	4	18	庚午	3	19	庚子	2	17	庚午	二十五
7	17	庚子	6	17	庚午	5	18	庚子	4	19	辛未	3	20	辛丑	2	18	辛未	二十六
7	18	辛丑	6	18	辛未	5	19	辛丑	4	20	壬申	3	21	壬寅	2	19	壬申	二十七
7	19	壬寅	6	19	壬申	5	20	壬寅	4	21	癸酉	3	22	癸卯	2	20	癸酉	二十八
7	20	癸卯	6	20	癸酉	5	21	癸卯	4	22	甲戌	3	23	甲辰	2	21	甲戌	二十九
			6	21	甲戌	5	22	甲辰				3	24	乙巳	2	22	乙亥	三十

旧暦	十二月			十一月			十月			九月			八月			七月			六月		
干支	丁丑月			丙子月			乙亥月			甲戌月			癸酉月			壬申月			辛未月		
旧暦	新暦		干支	新暦		干支	新暦		干支	新暦		干支	新暦		干支	新暦		干支	新暦		干支
一	1	14	辛丑	12	16	壬申	11	16	壬寅	10	18	癸酉	9	18	癸卯	8	20	甲戌	7	21	甲辰
二	1	15	壬寅	12	17	癸酉	11	17	癸卯	10	19	甲戌	9	19	甲辰	8	21	乙亥	7	22	乙巳
三	1	16	癸卯	12	18	甲戌	11	18	甲辰	10	20	乙亥	9	20	乙巳	8	22	丙子	7	23	丙午
四	1	17	甲辰	12	19	乙亥	11	19	乙巳	10	21	丙子	9	21	丙午	8	23	丁丑	7	24	丁未
五	1	18	乙巳	12	20	丙子	11	20	丙午	10	22	丁丑	9	22	丁未	8	24	戊寅	7	25	戊申
六	1	19	丙午	12	21	丁丑	11	21	丁未	10	23	戊寅	9	23	戊申	8	25	己卯	7	26	己酉
七	1	20	丁未	12	22	戊寅	11	22	戊申	10	24	己卯	9	24	己酉	8	26	庚辰	7	27	庚戌
八	1	21	戊申	12	23	己卯	11	23	己酉	10	25	庚辰	9	25	庚戌	8	27	辛巳	7	28	辛亥
九	1	22	己酉	12	24	庚辰	11	24	庚戌	10	26	辛巳	9	26	辛亥	8	28	壬午	7	29	壬子
十	1	23	庚戌	12	25	辛巳	11	25	辛亥	10	27	壬午	9	27	壬子	8	29	癸未	7	30	癸丑
十一	1	24	辛亥	12	26	壬午	11	26	壬子	10	28	癸未	9	28	癸丑	8	30	甲申	7	31	甲寅
十二	1	25	壬子	12	27	癸未	11	27	癸丑	10	29	甲申	9	29	甲寅	8	31	乙酉	8	1	乙卯
十三	1	26	癸丑	12	28	甲申	11	28	甲寅	10	30	乙酉	9	30	乙卯	9	1	丙戌	8	2	丙辰
十四	1	27	甲寅	12	29	乙酉	11	29	乙卯	10	31	丙戌	10	1	丙辰	9	2	丁亥	8	3	丁巳
十五	1	28	乙卯	12	30	丙戌	11	30	丙辰	11	1	丁亥	10	2	丁巳	9	3	戊子	8	4	戊午
十六	1	29	丙辰	12	31	丁亥	12	1	丁巳	11	2	戊子	10	3	戊午	9	4	己丑	8	5	己未
十七	1	30	丁巳	1	1	戊子	12	2	戊午	11	3	己丑	10	4	己未	9	5	庚寅	8	6	庚申
十八	1	31	戊午	1	2	己丑	12	3	己未	11	4	庚寅	10	5	庚申	9	6	辛卯	8	7	辛酉
十九	2	1	己未	1	3	庚寅	12	4	庚申	11	5	辛卯	10	6	辛酉	9	7	壬辰	8	8	壬戌
二十	2	2	庚申	1	4	辛卯	12	5	辛酉	11	6	壬辰	10	7	壬戌	9	8	癸巳	8	9	癸亥
二十一	2	3	辛酉	1	5	壬辰	12	6	壬戌	11	7	癸巳	10	8	癸亥	9	9	甲午	8	10	甲子
二十二	2	4	壬戌	1	6	癸巳	12	7	癸亥	11	8	甲午	10	9	甲子	9	10	乙未	8	11	乙丑
二十三	2	5	癸亥	1	7	甲午	12	8	甲子	11	9	乙未	10	10	乙丑	9	11	丙申	8	12	丙寅
二十四	2	6	甲子	1	8	乙未	12	9	乙丑	11	10	丙申	10	11	丙寅	9	12	丁酉	8	13	丁卯
二十五	2	7	乙丑	1	9	丙申	12	10	丙寅	11	11	丁酉	10	12	丁卯	9	13	戊戌	8	14	戊辰
二十六	2	8	丙寅	1	10	丁酉	12	11	丁卯	11	12	戊戌	10	13	戊辰	9	14	己亥	8	15	己巳
二十七	2	9	丁卯	1	11	戊戌	12	12	戊辰	11	13	己亥	10	14	己巳	9	15	庚子	8	16	庚午
二十八	2	10	戊辰	1	12	己亥	12	13	己巳	11	14	庚子	10	15	庚午	9	16	辛丑	8	17	辛未
二十九	2	11	己巳	1	13	庚子	12	14	庚午	11	15	辛丑	10	16	辛未	9	17	壬寅	8	18	壬申
三十							12	15	辛未				10	17	壬申				8	19	癸酉

西暦二〇四〇年（令和22年）庚申

六月			五月			四月			三月			二月			一月			旧暦
癸未月			壬午月			辛巳月			庚辰月			己卯月			戊寅月			干支
新暦		干支	新暦		干支	新暦		干支	新暦		干支	新暦		干支	新暦		干支	旧暦
7	9	戊戌	6	10	己巳	5	11	己亥	4	11	己巳	3	13	庚子	2	12	庚午	一
7	10	己亥	6	11	庚午	5	12	庚子	4	12	庚午	3	14	辛丑	2	13	辛未	二
7	11	庚子	6	12	辛未	5	13	辛丑	4	13	辛未	3	15	壬寅	2	14	壬申	三
7	12	辛丑	6	13	壬申	5	14	壬寅	4	14	壬申	3	16	癸卯	2	15	癸酉	四
7	13	壬寅	6	14	癸酉	5	15	癸卯	4	15	癸酉	3	17	甲辰	2	16	甲戌	五
7	14	癸卯	6	15	甲戌	5	16	甲辰	4	16	甲戌	3	18	乙巳	2	17	乙亥	六
7	15	甲辰	6	16	乙亥	5	17	乙巳	4	17	乙亥	3	19	丙午	2	18	丙子	七
7	16	乙巳	6	17	丙子	5	18	丙午	4	18	丙子	3	20	丁未	2	19	丁丑	八
7	17	丙午	6	18	丁丑	5	19	丁未	4	19	丁丑	3	21	戊申	2	20	戊寅	九
7	18	丁未	6	19	戊寅	5	20	戊申	4	20	戊寅	3	22	己酉	2	21	己卯	十
7	19	戊申	6	20	己卯	5	21	己酉	4	21	己卯	3	23	庚戌	2	22	庚辰	十一
7	20	己酉	6	21	庚辰	5	22	庚戌	4	22	庚辰	3	24	辛亥	2	23	辛巳	十二
7	21	庚戌	6	22	辛巳	5	23	辛亥	4	23	辛巳	3	25	壬子	2	24	壬午	十三
7	22	辛亥	6	23	壬午	5	24	壬子	4	24	壬午	3	26	癸丑	2	25	癸未	十四
7	23	壬子	6	24	癸未	5	25	癸丑	4	25	癸未	3	27	甲寅	2	26	甲申	十五
7	24	癸丑	6	25	甲申	5	26	甲寅	4	26	甲申	3	28	乙卯	2	27	乙酉	十六
7	25	甲寅	6	26	乙酉	5	27	乙卯	4	27	乙酉	3	29	丙辰	2	28	丙戌	十七
7	26	乙卯	6	27	丙戌	5	28	丙辰	4	28	丙戌	3	30	丁巳	2	29	丁亥	十八
7	27	丙辰	6	28	丁亥	5	29	丁巳	4	29	丁亥	3	31	戊午	3	1	戊子	十九
7	28	丁巳	6	29	戊子	5	30	戊午	4	30	戊子	4	1	己未	3	2	己丑	二十
7	29	戊午	6	30	己丑	5	31	己未	5	1	己丑	4	2	庚申	3	3	庚寅	二十一
7	30	己未	7	1	庚寅	6	1	庚申	5	2	庚寅	4	3	辛酉	3	4	辛卯	二十二
7	31	庚申	7	2	辛卯	6	2	辛酉	5	3	辛卯	4	4	壬戌	3	5	壬辰	二十三
8	1	辛酉	7	3	壬辰	6	3	壬戌	5	4	壬辰	4	5	癸亥	3	6	癸巳	二十四
8	2	壬戌	7	4	癸巳	6	4	癸亥	5	5	癸巳	4	6	甲子	3	7	甲午	二十五
8	3	癸亥	7	5	甲午	6	5	甲子	5	6	甲午	4	7	乙丑	3	8	乙未	二十六
8	4	甲子	7	6	乙未	6	6	乙丑	5	7	乙未	4	8	丙寅	3	9	丙申	二十七
8	5	乙丑	7	7	丙申	6	7	丙寅	5	8	丙申	4	9	丁卯	3	10	丁酉	二十八
8	6	丙寅	7	8	丁酉	6	8	丁卯	5	9	丁酉	4	10	戊辰	3	11	戊戌	二十九
8	7	丁卯				6	9	戊辰	5	10	戊戌				3	12	己亥	三十

旧暦	十二月			十一月			十月			九月			八月			七月		
干支	己丑月			戊子月			丁亥月			丙戌月			乙酉月			甲申月		
旧暦	新暦		干支	新暦		干支	新暦		干支	新暦		干支	新暦		干支	新暦		干支
一	1	3	丙申	12	4	丙寅	11	5	丁酉	10	6	丁卯	9	6	丁酉	8	8	戊辰
二	1	4	丁酉	12	5	丁卯	11	6	戊戌	10	7	戊辰	9	7	戊戌	8	9	己巳
三	1	5	戊戌	12	6	戊辰	11	7	己亥	10	8	己巳	9	8	己亥	8	10	庚午
四	1	6	己亥	12	7	己巳	11	8	庚子	10	9	庚午	9	9	庚子	8	11	辛未
五	1	7	庚子	12	8	庚午	11	9	辛丑	10	10	辛未	9	10	辛丑	8	12	壬申
六	1	8	辛丑	12	9	辛未	11	10	壬寅	10	11	壬申	9	11	壬寅	8	13	癸酉
七	1	9	壬寅	12	10	壬申	11	11	癸卯	10	12	癸酉	9	12	癸卯	8	14	甲戌
八	1	10	癸卯	12	11	癸酉	11	12	甲辰	10	13	甲戌	9	13	甲辰	8	15	乙亥
九	1	11	甲辰	12	12	甲戌	11	13	乙巳	10	14	乙亥	9	14	乙巳	8	16	丙子
十	1	12	乙巳	12	13	乙亥	11	14	丙午	10	15	丙子	9	15	丙午	8	17	丁丑
十一	1	13	丙午	12	14	丙子	11	15	丁未	10	16	丁丑	9	16	丁未	8	18	戊寅
十二	1	14	丁未	12	15	丁丑	11	16	戊申	10	17	戊寅	9	17	戊申	8	19	己卯
十三	1	15	戊申	12	16	戊寅	11	17	己酉	10	18	己卯	9	18	己酉	8	20	庚辰
十四	1	16	己酉	12	17	己卯	11	18	庚戌	10	19	庚辰	9	19	庚戌	8	21	辛巳
十五	1	17	庚戌	12	18	庚辰	11	19	辛亥	10	20	辛巳	9	20	辛亥	8	22	壬午
十六	1	18	辛亥	12	19	辛巳	11	20	壬子	10	21	壬午	9	21	壬子	8	23	癸未
十七	1	19	壬子	12	20	壬午	11	21	癸丑	10	22	癸未	9	22	癸丑	8	24	甲申
十八	1	20	癸丑	12	21	癸未	11	22	甲寅	10	23	甲申	9	23	甲寅	8	25	乙酉
十九	1	21	甲寅	12	22	甲申	11	23	乙卯	10	24	乙酉	9	24	乙卯	8	26	丙戌
二十	1	22	乙卯	12	23	乙酉	11	24	丙辰	10	25	丙戌	9	25	丙辰	8	27	丁亥
二十一	1	23	丙辰	12	24	丙戌	11	25	丁巳	10	26	丁亥	9	26	丁巳	8	28	戊子
二十二	1	24	丁巳	12	25	丁亥	11	26	戊午	10	27	戊子	9	27	戊午	8	29	己丑
二十三	1	25	戊午	12	26	戊子	11	27	己未	10	28	己丑	9	28	己未	8	30	庚寅
二十四	1	26	己未	12	27	己丑	11	28	庚申	10	29	庚寅	9	29	庚申	8	31	辛卯
二十五	1	27	庚申	12	28	庚寅	11	29	辛酉	10	30	辛卯	9	30	辛酉	9	1	壬辰
二十六	1	28	辛酉	12	29	辛卯	11	30	壬戌	10	31	壬辰	10	1	壬戌	9	2	癸巳
二十七	1	29	壬戌	12	30	壬辰	12	1	癸亥	11	1	癸巳	10	2	癸亥	9	3	甲午
二十八	1	30	癸亥	12	31	癸巳	12	2	甲子	11	2	甲午	10	3	甲子	9	4	乙未
二十九	1	31	甲子	1	1	甲午	12	3	乙丑	11	3	乙未	10	4	乙丑	9	5	丙申
三十				1	2	乙未				11	4	丙申	10	5	丙寅			

西暦二〇四一年（令和23年）辛酉

六月			五月			四月			三月			二月			一月			旧暦
乙未月			甲午月			癸巳月			壬辰月			辛卯月			庚寅月			干支
新暦		干支	新暦		干支	新暦		干支	新暦		干支	新暦		干支	新暦		干支	旧暦
6	28	壬辰	5	30	癸亥	4	30	癸巳	4	1	甲子	3	2	甲午	2	1	乙丑	一
6	29	癸巳	5	31	甲子	5	1	甲午	4	2	乙丑	3	3	乙未	2	2	丙寅	二
6	30	甲午	6	1	乙丑	5	2	乙未	4	3	丙寅	3	4	丙申	2	3	丁卯	三
7	1	乙未	6	2	丙寅	5	3	丙申	4	4	丁卯	3	5	丁酉	2	4	戊辰	四
7	2	丙申	6	3	丁卯	5	4	丁酉	4	5	戊辰	3	6	戊戌	2	5	己巳	五
7	3	丁酉	6	4	戊辰	5	5	戊戌	4	6	己巳	3	7	己亥	2	6	庚午	六
7	4	戊戌	6	5	己巳	5	6	己亥	4	7	庚午	3	8	庚子	2	7	辛未	七
7	5	己亥	6	6	庚午	5	7	庚子	4	8	辛未	3	9	辛丑	2	8	壬申	八
7	6	庚子	6	7	辛未	5	8	辛丑	4	9	壬申	3	10	壬寅	2	9	癸酉	九
7	7	辛丑	6	8	壬申	5	9	壬寅	4	10	癸酉	3	11	癸卯	2	10	甲戌	十
7	8	壬寅	6	9	癸酉	5	10	癸卯	4	11	甲戌	3	12	甲辰	2	11	乙亥	十一
7	9	癸卯	6	10	甲戌	5	11	甲辰	4	12	乙亥	3	13	乙巳	2	12	丙子	十二
7	10	甲辰	6	11	乙亥	5	12	乙巳	4	13	丙子	3	14	丙午	2	13	丁丑	十三
7	11	乙巳	6	12	丙子	5	13	丙午	4	14	丁丑	3	15	丁未	2	14	戊寅	十四
7	12	丙午	6	13	丁丑	5	14	丁未	4	15	戊寅	3	16	戊申	2	15	己卯	十五
7	13	丁未	6	14	戊寅	5	15	戊申	4	16	己卯	3	17	己酉	2	16	庚辰	十六
7	14	戊申	6	15	己卯	5	16	己酉	4	17	庚辰	3	18	庚戌	2	17	辛巳	十七
7	15	己酉	6	16	庚辰	5	17	庚戌	4	18	辛巳	3	19	辛亥	2	18	壬午	十八
7	16	庚戌	6	17	辛巳	5	18	辛亥	4	19	壬午	3	20	壬子	2	19	癸未	十九
7	17	辛亥	6	18	壬午	5	19	壬子	4	20	癸未	3	21	癸丑	2	20	甲申	二十
7	18	壬子	6	19	癸未	5	20	癸丑	4	21	甲申	3	22	甲寅	2	21	乙酉	二十一
7	19	癸丑	6	20	甲申	5	21	甲寅	4	22	乙酉	3	23	乙卯	2	22	丙戌	二十二
7	20	甲寅	6	21	乙酉	5	22	乙卯	4	23	丙戌	3	24	丙辰	2	23	丁亥	二十三
7	21	乙卯	6	22	丙戌	5	23	丙辰	4	24	丁亥	3	25	丁巳	2	24	戊子	二十四
7	22	丙辰	6	23	丁亥	5	24	丁巳	4	25	戊子	3	26	戊午	2	25	己丑	二十五
7	23	丁巳	6	24	戊子	5	25	戊午	4	26	己丑	3	27	己未	2	26	庚寅	二十六
7	24	戊午	6	25	己丑	5	26	己未	4	27	庚寅	3	28	庚申	2	27	辛卯	二十七
7	25	己未	6	26	庚寅	5	27	庚申	4	28	辛卯	3	29	辛酉	2	28	壬辰	二十八
7	26	庚申	6	27	辛卯	5	28	辛酉	4	29	壬辰	3	30	壬戌	3	1	癸巳	二十九
7	27	辛酉				5	29	壬戌				3	31	癸亥				三十

旧暦	十二月			十一月			十月			九月			八月			七月		
干支	辛丑月			庚子月			己亥月			戊戌月			丁酉月			丙申月		
旧暦	新暦		干支	新暦		干支	新暦		干支	新暦		干支	新暦		干支	新暦		干支
一	12	23	庚寅	11	24	辛酉	10	25	辛卯	9	25	辛酉	8	27	壬辰	7	28	壬戌
二	12	24	辛卯	11	25	壬戌	10	26	壬辰	9	26	壬戌	8	28	癸巳	7	29	癸亥
三	12	25	壬辰	11	26	癸亥	10	27	癸巳	9	27	癸亥	8	29	甲午	7	30	甲子
四	12	26	癸巳	11	27	甲子	10	28	甲午	9	28	甲子	8	30	乙未	7	31	乙丑
五	12	27	甲午	11	28	乙丑	10	29	乙未	9	29	乙丑	8	31	丙申	8	1	丙寅
六	12	28	乙未	11	29	丙寅	10	30	丙申	9	30	丙寅	9	1	丁酉	8	2	丁卯
七	12	29	丙申	11	30	丁卯	10	31	丁酉	10	1	丁卯	9	2	戊戌	8	3	戊辰
八	12	30	丁酉	12	1	戊辰	11	1	戊戌	10	2	戊辰	9	3	己亥	8	4	己巳
九	12	31	戊戌	12	2	己巳	11	2	己亥	10	3	己巳	9	4	庚子	8	5	庚午
十	1	1	己亥	12	3	庚午	11	3	庚子	10	4	庚午	9	5	辛丑	8	6	辛未
十一	1	2	庚子	12	4	辛未	11	4	辛丑	10	5	辛未	9	6	壬寅	8	7	壬申
十二	1	3	辛丑	12	5	壬申	11	5	壬寅	10	6	壬申	9	7	癸卯	8	8	癸酉
十三	1	4	壬寅	12	6	癸酉	11	6	癸卯	10	7	癸酉	9	8	甲辰	8	9	甲戌
十四	1	5	癸卯	12	7	甲戌	11	7	甲辰	10	8	甲戌	9	9	乙巳	8	10	乙亥
十五	1	6	甲辰	12	8	乙亥	11	8	乙巳	10	9	乙亥	9	10	丙午	8	11	丙子
十六	1	7	乙巳	12	9	丙子	11	9	丙午	10	10	丙子	9	11	丁未	8	12	丁丑
十七	1	8	丙午	12	10	丁丑	11	10	丁未	10	11	丁丑	9	12	戊申	8	13	戊寅
十八	1	9	丁未	12	11	戊寅	11	11	戊申	10	12	戊寅	9	13	己酉	8	14	己卯
十九	1	10	戊申	12	12	己卯	11	12	己酉	10	13	己卯	9	14	庚戌	8	15	庚辰
二十	1	11	己酉	12	13	庚辰	11	13	庚戌	10	14	庚辰	9	15	辛亥	8	16	辛巳
二十一	1	12	庚戌	12	14	辛巳	11	14	辛亥	10	15	辛巳	9	16	壬子	8	17	壬午
二十二	1	13	辛亥	12	15	壬午	11	15	壬子	10	16	壬午	9	17	癸丑	8	18	癸未
二十三	1	14	壬子	12	16	癸未	11	16	癸丑	10	17	癸未	9	18	甲寅	8	19	甲申
二十四	1	15	癸丑	12	17	甲申	11	17	甲寅	10	18	甲申	9	19	乙卯	8	20	乙酉
二十五	1	16	甲寅	12	18	乙酉	11	18	乙卯	10	19	乙酉	9	20	丙辰	8	21	丙戌
二十六	1	17	乙卯	12	19	丙戌	11	19	丙辰	10	20	丙戌	9	21	丁巳	8	22	丁亥
二十七	1	18	丙辰	12	20	丁亥	11	20	丁巳	10	21	丁亥	9	22	戊午	8	23	戊子
二十八	1	19	丁巳	12	21	戊子	11	21	戊午	10	22	戊子	9	23	己未	8	24	己丑
二十九	1	20	戊午	12	22	己丑	11	22	己未	10	23	己丑	9	24	庚申	8	25	庚寅
三十	1	21	己未				11	23	庚申	10	24	庚寅				8	26	辛卯

西暦 二〇四二年（令和24年）壬戌

五月			四月			三月			閏二月			二月			一月			旧暦
丙午月			乙巳月			甲辰月						癸卯月			壬寅月			干支
新暦		干支	新暦		干支	新暦		干支	新暦		干支	新暦		干支	新暦		干支	旧暦
6	18	丁亥	5	19	丁巳	4	20	戊子	3	22	己未	2	20	己丑	1	22	庚申	一
6	19	戊子	5	20	戊午	4	21	己丑	3	23	庚申	2	21	庚寅	1	23	辛酉	二
6	20	己丑	5	21	己未	4	22	庚寅	3	24	辛酉	2	22	辛卯	1	24	壬戌	三
6	21	庚寅	5	22	庚申	4	23	辛卯	3	25	壬戌	2	23	壬辰	1	25	癸亥	四
6	22	辛卯	5	23	辛酉	4	24	壬辰	3	26	癸亥	2	24	癸巳	1	26	甲子	五
6	23	壬辰	5	24	壬戌	4	25	癸巳	3	27	甲子	2	25	甲午	1	27	乙丑	六
6	24	癸巳	5	25	癸亥	4	26	甲午	3	28	乙丑	2	26	乙未	1	28	丙寅	七
6	25	甲午	5	26	甲子	4	27	乙未	3	29	丙寅	2	27	丙申	1	29	丁卯	八
6	26	乙未	5	27	乙丑	4	28	丙申	3	30	丁卯	2	28	丁酉	1	30	戊辰	九
6	27	丙申	5	28	丙寅	4	29	丁酉	3	31	戊辰	3	1	戊戌	1	31	己巳	十
6	28	丁酉	5	29	丁卯	4	30	戊戌	4	1	己巳	3	2	己亥	2	1	庚午	十一
6	29	戊戌	5	30	戊辰	5	1	己亥	4	2	庚午	3	3	庚子	2	2	辛未	十二
6	30	己亥	5	31	己巳	5	2	庚子	4	3	辛未	3	4	辛丑	2	3	壬申	十三
7	1	庚子	6	1	庚午	5	3	辛丑	4	4	壬申	3	5	壬寅	2	4	癸酉	十四
7	2	辛丑	6	2	辛未	5	4	壬寅	4	5	癸酉	3	6	癸卯	2	5	甲戌	十五
7	3	壬寅	6	3	壬申	5	5	癸卯	4	6	甲戌	3	7	甲辰	2	6	乙亥	十六
7	4	癸卯	6	4	癸酉	5	6	甲辰	4	7	乙亥	3	8	乙巳	2	7	丙子	十七
7	5	甲辰	6	5	甲戌	5	7	乙巳	4	8	丙子	3	9	丙午	2	8	丁丑	十八
7	6	乙巳	6	6	乙亥	5	8	丙午	4	9	丁丑	3	10	丁未	2	9	戊寅	十九
7	7	丙午	6	7	丙子	5	9	丁未	4	10	戊寅	3	11	戊申	2	10	己卯	二十
7	8	丁未	6	8	丁丑	5	10	戊申	4	11	己卯	3	12	己酉	2	11	庚辰	二十一
7	9	戊申	6	9	戊寅	5	11	己酉	4	12	庚辰	3	13	庚戌	2	12	辛巳	二十二
7	10	己酉	6	10	己卯	5	12	庚戌	4	13	辛巳	3	14	辛亥	2	13	壬午	二十三
7	11	庚戌	6	11	庚辰	5	13	辛亥	4	14	壬午	3	15	壬子	2	14	癸未	二十四
7	12	辛亥	6	12	辛巳	5	14	壬子	4	15	癸未	3	16	癸丑	2	15	甲申	二十五
7	13	壬子	6	13	壬午	5	15	癸丑	4	16	甲申	3	17	甲寅	2	16	乙酉	二十六
7	14	癸丑	6	14	癸未	5	16	甲寅	4	17	乙酉	3	18	乙卯	2	17	丙戌	二十七
7	15	甲寅	6	15	甲申	5	17	乙卯	4	18	丙戌	3	19	丙辰	2	18	丁亥	二十八
7	16	乙卯	6	16	乙酉	5	18	丙辰	4	19	丁亥	3	20	丁巳	2	19	戊子	二十九
			6	17	丙戌							3	21	戊午				三十

旧暦	十二月			十一月			十月			九月			八月			七月			六月		
干支	癸丑月			壬子月			辛亥月			庚戌月			己酉月			戊申月			丁未月		
旧暦	新暦		干支	新暦		干支	新暦		干支	新暦		干支	新暦		干支	新暦		干支	新暦		干支
一	1	11	甲寅	12	12	甲申	11	13	乙卯	10	14	乙酉	9	14	乙卯	8	16	丙戌	7	17	丙辰
二	1	12	乙卯	12	13	乙酉	11	14	丙辰	10	15	丙戌	9	15	丙辰	8	17	丁亥	7	18	丁巳
三	1	13	丙辰	12	14	丙戌	11	15	丁巳	10	16	丁亥	9	16	丁巳	8	18	戊子	7	19	戊午
四	1	14	丁巳	12	15	丁亥	11	16	戊午	10	17	戊子	9	17	戊午	8	19	己丑	7	20	己未
五	1	15	戊午	12	16	戊子	11	17	己未	10	18	己丑	9	18	己未	8	20	庚寅	7	21	庚申
六	1	16	己未	12	17	己丑	11	18	庚申	10	19	庚寅	9	19	庚申	8	21	辛卯	7	22	辛酉
七	1	17	庚申	12	18	庚寅	11	19	辛酉	10	20	辛卯	9	20	辛酉	8	22	壬辰	7	23	壬戌
八	1	18	辛酉	12	19	辛卯	11	20	壬戌	10	21	壬辰	9	21	壬戌	8	23	癸巳	7	24	癸亥
九	1	19	壬戌	12	20	壬辰	11	21	癸亥	10	22	癸巳	9	22	癸亥	8	24	甲午	7	25	甲子
十	1	20	癸亥	12	21	癸巳	11	22	甲子	10	23	甲午	9	23	甲子	8	25	乙未	7	26	乙丑
十一	1	21	甲子	12	22	甲午	11	23	乙丑	10	24	乙未	9	24	乙丑	8	26	丙申	7	27	丙寅
十二	1	22	乙丑	12	23	乙未	11	24	丙寅	10	25	丙申	9	25	丙寅	8	27	丁酉	7	28	丁卯
十三	1	23	丙寅	12	24	丙申	11	25	丁卯	10	26	丁酉	9	26	丁卯	8	28	戊戌	7	29	戊辰
十四	1	24	丁卯	12	25	丁酉	11	26	戊辰	10	27	戊戌	9	27	戊辰	8	29	己亥	7	30	己巳
十五	1	25	戊辰	12	26	戊戌	11	27	己巳	10	28	己亥	9	28	己巳	8	30	庚子	7	31	庚午
十六	1	26	己巳	12	27	己亥	11	28	庚午	10	29	庚子	9	29	庚午	8	31	辛丑	8	1	辛未
十七	1	27	庚午	12	28	庚子	11	29	辛未	10	30	辛丑	9	30	辛未	9	1	壬寅	8	2	壬申
十八	1	28	辛未	12	29	辛丑	11	30	壬申	10	31	壬寅	10	1	壬申	9	2	癸卯	8	3	癸酉
十九	1	29	壬申	12	30	壬寅	12	1	癸酉	11	1	癸卯	10	2	癸酉	9	3	甲辰	8	4	甲戌
二十	1	30	癸酉	12	31	癸卯	12	2	甲戌	11	2	甲辰	10	3	甲戌	9	4	乙巳	8	5	乙亥
二十一	1	31	甲戌	1	1	甲辰	12	3	乙亥	11	3	乙巳	10	4	乙亥	9	5	丙午	8	6	丙子
二十二	2	1	乙亥	1	2	乙巳	12	4	丙子	11	4	丙午	10	5	丙子	9	6	丁未	8	7	丁丑
二十三	2	2	丙子	1	3	丙午	12	5	丁丑	11	5	丁未	10	6	丁丑	9	7	戊申	8	8	戊寅
二十四	2	3	丁丑	1	4	丁未	12	6	戊寅	11	6	戊申	10	7	戊寅	9	8	己酉	8	9	己卯
二十五	2	4	戊寅	1	5	戊申	12	7	己卯	11	7	己酉	10	8	己卯	9	9	庚戌	8	10	庚辰
二十六	2	5	己卯	1	6	己酉	12	8	庚辰	11	8	庚戌	10	9	庚辰	9	10	辛亥	8	11	辛巳
二十七	2	6	庚辰	1	7	庚戌	12	9	辛巳	11	9	辛亥	10	10	辛巳	9	11	壬子	8	12	壬午
二十八	2	7	辛巳	1	8	辛亥	12	10	壬午	11	10	壬子	10	11	壬午	9	12	癸丑	8	13	癸未
二十九	2	8	壬午	1	9	壬子	12	11	癸未	11	11	癸丑	10	12	癸未	9	13	甲寅	8	14	甲申
三十	2	9	癸未	1	10	癸丑				11	12	甲寅	10	13	甲申				8	15	乙酉

西暦二〇四三年（令和25年）癸亥

六月			五月			四月			三月			二月			一月			旧暦
己未月			戊午月			丁巳月			丙辰月			乙卯月			甲寅月			干支
新暦		干支	新暦		干支	新暦		干支	新暦		干支	新暦		干支	新暦		干支	旧暦
7	7	辛亥	6	7	辛巳	5	9	壬子	4	10	癸未	3	11	癸丑	2	10	甲申	一
7	8	壬子	6	8	壬午	5	10	癸丑	4	11	甲申	3	12	甲寅	2	11	乙酉	二
7	9	癸丑	6	9	癸未	5	11	甲寅	4	12	乙酉	3	13	乙卯	2	12	丙戌	三
7	10	甲寅	6	10	甲申	5	12	乙卯	4	13	丙戌	3	14	丙辰	2	13	丁亥	四
7	11	乙卯	6	11	乙酉	5	13	丙辰	4	14	丁亥	3	15	丁巳	2	14	戊子	五
7	12	丙辰	6	12	丙戌	5	14	丁巳	4	15	戊子	3	16	戊午	2	15	己丑	六
7	13	丁巳	6	13	丁亥	5	15	戊午	4	16	己丑	3	17	己未	2	16	庚寅	七
7	14	戊午	6	14	戊子	5	16	己未	4	17	庚寅	3	18	庚申	2	17	辛卯	八
7	15	己未	6	15	己丑	5	17	庚申	4	18	辛卯	3	19	辛酉	2	18	壬辰	九
7	16	庚申	6	16	庚寅	5	18	辛酉	4	19	壬辰	3	20	壬戌	2	19	癸巳	十
7	17	辛酉	6	17	辛卯	5	19	壬戌	4	20	癸巳	3	21	癸亥	2	20	甲午	十一
7	18	壬戌	6	18	壬辰	5	20	癸亥	4	21	甲午	3	22	甲子	2	21	乙未	十二
7	19	癸亥	6	19	癸巳	5	21	甲子	4	22	乙未	3	23	乙丑	2	22	丙申	十三
7	20	甲子	6	20	甲午	5	22	乙丑	4	23	丙申	3	24	丙寅	2	23	丁酉	十四
7	21	乙丑	6	21	乙未	5	23	丙寅	4	24	丁酉	3	25	丁卯	2	24	戊戌	十五
7	22	丙寅	6	22	丙申	5	24	丁卯	4	25	戊戌	3	26	戊辰	2	25	己亥	十六
7	23	丁卯	6	23	丁酉	5	25	戊辰	4	26	己亥	3	27	己巳	2	26	庚子	十七
7	24	戊辰	6	24	戊戌	5	26	己巳	4	27	庚子	3	28	庚午	2	27	辛丑	十八
7	25	己巳	6	25	己亥	5	27	庚午	4	28	辛丑	3	29	辛未	2	28	壬寅	十九
7	26	庚午	6	26	庚子	5	28	辛未	4	29	壬寅	3	30	壬申	3	1	癸卯	二十
7	27	辛未	6	27	辛丑	5	29	壬申	4	30	癸卯	3	31	癸酉	3	2	甲辰	二十一
7	28	壬申	6	28	壬寅	5	30	癸酉	5	1	甲辰	4	1	甲戌	3	3	乙巳	二十二
7	29	癸酉	6	29	癸卯	5	31	甲戌	5	2	乙巳	4	2	乙亥	3	4	丙午	二十三
7	30	甲戌	6	30	甲辰	6	1	乙亥	5	3	丙午	4	3	丙子	3	5	丁未	二十四
7	31	乙亥	7	1	乙巳	6	2	丙子	5	4	丁未	4	4	丁丑	3	6	戊申	二十五
8	1	丙子	7	2	丙午	6	3	丁丑	5	5	戊申	4	5	戊寅	3	7	己酉	二十六
8	2	丁丑	7	3	丁未	6	4	戊寅	5	6	己酉	4	6	己卯	3	8	庚戌	二十七
8	3	戊寅	7	4	戊申	6	5	己卯	5	7	庚戌	4	7	庚辰	3	9	辛亥	二十八
8	4	己卯	7	5	己酉	6	6	庚辰	5	8	辛亥	4	8	辛巳	3	10	壬子	二十九
			7	6	庚戌							4	9	壬午				三十

旧暦	十二月			十一月			十月			九月			八月			七月		
干支	乙丑月			甲子月			癸亥月			壬戌月			辛酉月			庚申月		
旧暦	新暦		干支	新暦		干支	新暦		干支	新暦		干支	新暦		干支	新暦		干支
一	12	31	戊申	12	1	戊寅	11	2	己酉	10	3	己卯	9	3	己酉	8	5	庚辰
二	1	1	己酉	12	2	己卯	11	3	庚戌	10	4	庚辰	9	4	庚戌	8	6	辛巳
三	1	2	庚戌	12	3	庚辰	11	4	辛亥	10	5	辛巳	9	5	辛亥	8	7	壬午
四	1	3	辛亥	12	4	辛巳	11	5	壬子	10	6	壬午	9	6	壬子	8	8	癸未
五	1	4	壬子	12	5	壬午	11	6	癸丑	10	7	癸未	9	7	癸丑	8	9	甲申
六	1	5	癸丑	12	6	癸未	11	7	甲寅	10	8	甲申	9	8	甲寅	8	10	乙酉
七	1	6	甲寅	12	7	甲申	11	8	乙卯	10	9	乙酉	9	9	乙卯	8	11	丙戌
八	1	7	乙卯	12	8	乙酉	11	9	丙辰	10	10	丙戌	9	10	丙辰	8	12	丁亥
九	1	8	丙辰	12	9	丙戌	11	10	丁巳	10	11	丁亥	9	11	丁巳	8	13	戊子
十	1	9	丁巳	12	10	丁亥	11	11	戊午	10	12	戊子	9	12	戊午	8	14	己丑
十一	1	10	戊午	12	11	戊子	11	12	己未	10	13	己丑	9	13	己未	8	15	庚寅
十二	1	11	己未	12	12	己丑	11	13	庚申	10	14	庚寅	9	14	庚申	8	16	辛卯
十三	1	12	庚申	12	13	庚寅	11	14	辛酉	10	15	辛卯	9	15	辛酉	8	17	壬辰
十四	1	13	辛酉	12	14	辛卯	11	15	壬戌	10	16	壬辰	9	16	壬戌	8	18	癸巳
十五	1	14	壬戌	12	15	壬辰	11	16	癸亥	10	17	癸巳	9	17	癸亥	8	19	甲午
十六	1	15	癸亥	12	16	癸巳	11	17	甲子	10	18	甲午	9	18	甲子	8	20	乙未
十七	1	16	甲子	12	17	甲午	11	18	乙丑	10	19	乙未	9	19	乙丑	8	21	丙申
十八	1	17	乙丑	12	18	乙未	11	19	丙寅	10	20	丙申	9	20	丙寅	8	22	丁酉
十九	1	18	丙寅	12	19	丙申	11	20	丁卯	10	21	丁酉	9	21	丁卯	8	23	戊戌
二十	1	19	丁卯	12	20	丁酉	11	21	戊辰	10	22	戊戌	9	22	戊辰	8	24	己亥
二十一	1	20	戊辰	12	21	戊戌	11	22	己巳	10	23	己亥	9	23	己巳	8	25	庚子
二十二	1	21	己巳	12	22	己亥	11	23	庚午	10	24	庚子	9	24	庚午	8	26	辛丑
二十三	1	22	庚午	12	23	庚子	11	24	辛未	10	25	辛丑	9	25	辛未	8	27	壬寅
二十四	1	23	辛未	12	24	辛丑	11	25	壬申	10	26	壬寅	9	26	壬申	8	28	癸卯
二十五	1	24	壬申	12	25	壬寅	11	26	癸酉	10	27	癸卯	9	27	癸酉	8	29	甲辰
二十六	1	25	癸酉	12	26	癸卯	11	27	甲戌	10	28	甲辰	9	28	甲戌	8	30	乙巳
二十七	1	26	甲戌	12	27	甲辰	11	28	乙亥	10	29	乙巳	9	29	乙亥	8	31	丙午
二十八	1	27	乙亥	12	28	乙巳	11	29	丙子	10	30	丙午	9	30	丙子	9	1	丁未
二十九	1	28	丙子	12	29	丙午	11	30	丁丑	10	31	丁未	10	1	丁丑	9	2	戊申
三十	1	29	丁丑	12	30	丁未				11	1	戊申	10	2	戊寅			

西暦二〇四四年（令和26年）甲子

六月			五月			四月			三月			二月			一月			旧暦
辛未月			庚午月			己巳月			戊辰月			丁卯月			丙寅月			干支
新暦		干支	新暦		干支	新暦		干支	新暦		干支	新暦		干支	新暦		干支	旧暦
6	25	乙巳	5	27	丙子	4	28	丁未	3	29	丁丑	2	29	戊申	1	30	戊寅	一
6	26	丙午	5	28	丁丑	4	29	戊申	3	30	戊寅	3	1	己酉	1	31	己卯	二
6	27	丁未	5	29	戊寅	4	30	己酉	3	31	己卯	3	2	庚戌	2	1	庚辰	三
6	28	戊申	5	30	己卯	5	1	庚戌	4	1	庚辰	3	3	辛亥	2	2	辛巳	四
6	29	己酉	5	31	庚辰	5	2	辛亥	4	2	辛巳	3	4	壬子	2	3	壬午	五
6	30	庚戌	6	1	辛巳	5	3	壬子	4	3	壬午	3	5	癸丑	2	4	癸未	六
7	1	辛亥	6	2	壬午	5	4	癸丑	4	4	癸未	3	6	甲寅	2	5	甲申	七
7	2	壬子	6	3	癸未	5	5	甲寅	4	5	甲申	3	7	乙卯	2	6	乙酉	八
7	3	癸丑	6	4	甲申	5	6	乙卯	4	6	乙酉	3	8	丙辰	2	7	丙戌	九
7	4	甲寅	6	5	乙酉	5	7	丙辰	4	7	丙戌	3	9	丁巳	2	8	丁亥	十
7	5	乙卯	6	6	丙戌	5	8	丁巳	4	8	丁亥	3	10	戊午	2	9	戊子	十一
7	6	丙辰	6	7	丁亥	5	9	戊午	4	9	戊子	3	11	己未	2	10	己丑	十二
7	7	丁巳	6	8	戊子	5	10	己未	4	10	己丑	3	12	庚申	2	11	庚寅	十三
7	8	戊午	6	9	己丑	5	11	庚申	4	11	庚寅	3	13	辛酉	2	12	辛卯	十四
7	9	己未	6	10	庚寅	5	12	辛酉	4	12	辛卯	3	14	壬戌	2	13	壬辰	十五
7	10	庚申	6	11	辛卯	5	13	壬戌	4	13	壬辰	3	15	癸亥	2	14	癸巳	十六
7	11	辛酉	6	12	壬辰	5	14	癸亥	4	14	癸巳	3	16	甲子	2	15	甲午	十七
7	12	壬戌	6	13	癸巳	5	15	甲子	4	15	甲午	3	17	乙丑	2	16	乙未	十八
7	13	癸亥	6	14	甲午	5	16	乙丑	4	16	乙未	3	18	丙寅	2	17	丙申	十九
7	14	甲子	6	15	乙未	5	17	丙寅	4	17	丙申	3	19	丁卯	2	18	丁酉	二十
7	15	乙丑	6	16	丙申	5	18	丁卯	4	18	丁酉	3	20	戊辰	2	19	戊戌	二十一
7	16	丙寅	6	17	丁酉	5	19	戊辰	4	19	戊戌	3	21	己巳	2	20	己亥	二十二
7	17	丁卯	6	18	戊戌	5	20	己巳	4	20	己亥	3	22	庚午	2	21	庚子	二十三
7	18	戊辰	6	19	己亥	5	21	庚午	4	21	庚子	3	23	辛未	2	22	辛丑	二十四
7	19	己巳	6	20	庚子	5	22	辛未	4	22	辛丑	3	24	壬申	2	23	壬寅	二十五
7	20	庚午	6	21	辛丑	5	23	壬申	4	23	壬寅	3	25	癸酉	2	24	癸卯	二十六
7	21	辛未	6	22	壬寅	5	24	癸酉	4	24	癸卯	3	26	甲戌	2	25	甲辰	二十七
7	22	壬申	6	23	癸卯	5	25	甲戌	4	25	甲辰	3	27	乙亥	2	26	乙巳	二十八
7	23	癸酉	6	24	甲辰	5	26	乙亥	4	26	乙巳	3	28	丙子	2	27	丙午	二十九
7	24	甲戌							4	27	丙午				2	28	丁未	三十

旧暦	十二月			十一月			十月			九月			八月			閏七月			七月		
干支	丁丑月			丙子月			乙亥月			甲戌月			癸酉月						壬申月		
旧暦	新暦		干支	新暦		干支	新暦		干支	新暦		干支	新暦		干支	新暦		干支	新暦		干支
一	1	18	壬申	12	19	壬寅	11	19	壬申	10	21	癸卯	9	21	癸酉	8	23	甲辰	7	25	乙亥
二	1	19	癸酉	12	20	癸卯	11	20	癸酉	10	22	甲辰	9	22	甲戌	8	24	乙巳	7	26	丙子
三	1	20	甲戌	12	21	甲辰	11	21	甲戌	10	23	乙巳	9	23	乙亥	8	25	丙午	7	27	丁丑
四	1	21	乙亥	12	22	乙巳	11	22	乙亥	10	24	丙午	9	24	丙子	8	26	丁未	7	28	戊寅
五	1	22	丙子	12	23	丙午	11	23	丙子	10	25	丁未	9	25	丁丑	8	27	戊申	7	29	己卯
六	1	23	丁丑	12	24	丁未	11	24	丁丑	10	26	戊申	9	26	戊寅	8	28	己酉	7	30	庚辰
七	1	24	戊寅	12	25	戊申	11	25	戊寅	10	27	己酉	9	27	己卯	8	29	庚戌	7	31	辛巳
八	1	25	己卯	12	26	己酉	11	26	己卯	10	28	庚戌	9	28	庚辰	8	30	辛亥	8	1	壬午
九	1	26	庚辰	12	27	庚戌	11	27	庚辰	10	29	辛亥	9	29	辛巳	8	31	壬子	8	2	癸未
十	1	27	辛巳	12	28	辛亥	11	28	辛巳	10	30	壬子	9	30	壬午	9	1	癸丑	8	3	甲申
十一	1	28	壬午	12	29	壬子	11	29	壬午	10	31	癸丑	10	1	癸未	9	2	甲寅	8	4	乙酉
十二	1	29	癸未	12	30	癸丑	11	30	癸未	11	1	甲寅	10	2	甲申	9	3	乙卯	8	5	丙戌
十三	1	30	甲申	12	31	甲寅	12	1	甲申	11	2	乙卯	10	3	乙酉	9	4	丙辰	8	6	丁亥
十四	1	31	乙酉	1	1	乙卯	12	2	乙酉	11	3	丙辰	10	4	丙戌	9	5	丁巳	8	7	戊子
十五	2	1	丙戌	1	2	丙辰	12	3	丙戌	11	4	丁巳	10	5	丁亥	9	6	戊午	8	8	己丑
十六	2	2	丁亥	1	3	丁巳	12	4	丁亥	11	5	戊午	10	6	戊子	9	7	己未	8	9	庚寅
十七	2	3	戊子	1	4	戊午	12	5	戊子	11	6	己未	10	7	己丑	9	8	庚申	8	10	辛卯
十八	2	4	己丑	1	5	己未	12	6	己丑	11	7	庚申	10	8	庚寅	9	9	辛酉	8	11	壬辰
十九	2	5	庚寅	1	6	庚申	12	7	庚寅	11	8	辛酉	10	9	辛卯	9	10	壬戌	8	12	癸巳
二十	2	6	辛卯	1	7	辛酉	12	8	辛卯	11	9	壬戌	10	10	壬辰	9	11	癸亥	8	13	甲午
二十一	2	7	壬辰	1	8	壬戌	12	9	壬辰	11	10	癸亥	10	11	癸巳	9	12	甲子	8	14	乙未
二十二	2	8	癸巳	1	9	癸亥	12	10	癸巳	11	11	甲子	10	12	甲午	9	13	乙丑	8	15	丙申
二十三	2	9	甲午	1	10	甲子	12	11	甲午	11	12	乙丑	10	13	乙未	9	14	丙寅	8	16	丁酉
二十四	2	10	乙未	1	11	乙丑	12	12	乙未	11	13	丙寅	10	14	丙申	9	15	丁卯	8	17	戊戌
二十五	2	11	丙申	1	12	丙寅	12	13	丙申	11	14	丁卯	10	15	丁酉	9	16	戊辰	8	18	己亥
二十六	2	12	丁酉	1	13	丁卯	12	14	丁酉	11	15	戊辰	10	16	戊戌	9	17	己巳	8	19	庚子
二十七	2	13	戊戌	1	14	戊辰	12	15	戊戌	11	16	己巳	10	17	己亥	9	18	庚午	8	20	辛丑
二十八	2	14	己亥	1	15	己巳	12	16	己亥	11	17	庚午	10	18	庚子	9	19	辛未	8	21	壬寅
二十九	2	15	庚子	1	16	庚午	12	17	庚子	11	18	辛未	10	19	辛丑	9	20	壬申	8	22	癸卯
三十	2	16	辛丑	1	17	辛未	12	18	辛丑				10	20	壬寅						

西暦二〇四五年（令和27年）乙丑

六月			五月			四月			三月			二月			一月			旧暦
癸未月			壬午月			辛巳月			庚辰月			己卯月			戊寅月			干支
新暦		干支	新暦		干支	新暦		干支	新暦		干支	新暦		干支	新暦		干支	旧暦
7	14	己巳	6	15	庚子	5	17	辛未	4	17	辛丑	3	19	壬申	2	17	壬寅	一
7	15	庚午	6	16	辛丑	5	18	壬申	4	18	壬寅	3	20	癸酉	2	18	癸卯	二
7	16	辛未	6	17	壬寅	5	19	癸酉	4	19	癸卯	3	21	甲戌	2	19	甲辰	三
7	17	壬申	6	18	癸卯	5	20	甲戌	4	20	甲辰	3	22	乙亥	2	20	乙巳	四
7	18	癸酉	6	19	甲辰	5	21	乙亥	4	21	乙巳	3	23	丙子	2	21	丙午	五
7	19	甲戌	6	20	乙巳	5	22	丙子	4	22	丙午	3	24	丁丑	2	22	丁未	六
7	20	乙亥	6	21	丙午	5	23	丁丑	4	23	丁未	3	25	戊寅	2	23	戊申	七
7	21	丙子	6	22	丁未	5	24	戊寅	4	24	戊申	3	26	己卯	2	24	己酉	八
7	22	丁丑	6	23	戊申	5	25	己卯	4	25	己酉	3	27	庚辰	2	25	庚戌	九
7	23	戊寅	6	24	己酉	5	26	庚辰	4	26	庚戌	3	28	辛巳	2	26	辛亥	十
7	24	己卯	6	25	庚戌	5	27	辛巳	4	27	辛亥	3	29	壬午	2	27	壬子	十一
7	25	庚辰	6	26	辛亥	5	28	壬午	4	28	壬子	3	30	癸未	2	28	癸丑	十二
7	26	辛巳	6	27	壬子	5	29	癸未	4	29	癸丑	3	31	甲申	3	1	甲寅	十三
7	27	壬午	6	28	癸丑	5	30	甲申	4	30	甲寅	4	1	乙酉	3	2	乙卯	十四
7	28	癸未	6	29	甲寅	5	31	乙酉	5	1	乙卯	4	2	丙戌	3	3	丙辰	十五
7	29	甲申	6	30	乙卯	6	1	丙戌	5	2	丙辰	4	3	丁亥	3	4	丁巳	十六
7	30	乙酉	7	1	丙辰	6	2	丁亥	5	3	丁巳	4	4	戊子	3	5	戊午	十七
7	31	丙戌	7	2	丁巳	6	3	戊子	5	4	戊午	4	5	己丑	3	6	己未	十八
8	1	丁亥	7	3	戊午	6	4	己丑	5	5	己未	4	6	庚寅	3	7	庚申	十九
8	2	戊子	7	4	己未	6	5	庚寅	5	6	庚申	4	7	辛卯	3	8	辛酉	二十
8	3	己丑	7	5	庚申	6	6	辛卯	5	7	辛酉	4	8	壬辰	3	9	壬戌	二十一
8	4	庚寅	7	6	辛酉	6	7	壬辰	5	8	壬戌	4	9	癸巳	3	10	癸亥	二十二
8	5	辛卯	7	7	壬戌	6	8	癸巳	5	9	癸亥	4	10	甲午	3	11	甲子	二十三
8	6	壬辰	7	8	癸亥	6	9	甲午	5	10	甲子	4	11	乙未	3	12	乙丑	二十四
8	7	癸巳	7	9	甲子	6	10	乙未	5	11	乙丑	4	12	丙申	3	13	丙寅	二十五
8	8	甲午	7	10	乙丑	6	11	丙申	5	12	丙寅	4	13	丁酉	3	14	丁卯	二十六
8	9	乙未	7	11	丙寅	6	12	丁酉	5	13	丁卯	4	14	戊戌	3	15	戊辰	二十七
8	10	丙申	7	12	丁卯	6	13	戊戌	5	14	戊辰	4	15	己亥	3	16	己巳	二十八
8	11	丁酉	7	13	戊辰	6	14	己亥	5	15	己巳	4	16	庚子	3	17	庚午	二十九
8	12	戊戌							5	16	庚午				3	18	辛未	三十

旧暦	十二月			十一月			十月			九月			八月			七月		
干支	己丑月			戊子月			丁亥月			丙戌月			乙酉月			甲申月		
旧暦	新暦		干支	新暦		干支	新暦		干支	新暦		干支	新暦		干支	新暦		干支
一	1	7	丙寅	12	8	丙申	11	9	丁卯	10	10	丁酉	9	11	戊辰	8	13	己亥
二	1	8	丁卯	12	9	丁酉	11	10	戊辰	10	11	戊戌	9	12	己巳	8	14	庚子
三	1	9	戊辰	12	10	戊戌	11	11	己巳	10	12	己亥	9	13	庚午	8	15	辛丑
四	1	10	己巳	12	11	己亥	11	12	庚午	10	13	庚子	9	14	辛未	8	16	壬寅
五	1	11	庚午	12	12	庚子	11	13	辛未	10	14	辛丑	9	15	壬申	8	17	癸卯
六	1	12	辛未	12	13	辛丑	11	14	壬申	10	15	壬寅	9	16	癸酉	8	18	甲辰
七	1	13	壬申	12	14	壬寅	11	15	癸酉	10	16	癸卯	9	17	甲戌	8	19	乙巳
八	1	14	癸酉	12	15	癸卯	11	16	甲戌	10	17	甲辰	9	18	乙亥	8	20	丙午
九	1	15	甲戌	12	16	甲辰	11	17	乙亥	10	18	乙巳	9	19	丙子	8	21	丁未
十	1	16	乙亥	12	17	乙巳	11	18	丙子	10	19	丙午	9	20	丁丑	8	22	戊申
十一	1	17	丙子	12	18	丙午	11	19	丁丑	10	20	丁未	9	21	戊寅	8	23	己酉
十二	1	18	丁丑	12	19	丁未	11	20	戊寅	10	21	戊申	9	22	己卯	8	24	庚戌
十三	1	19	戊寅	12	20	戊申	11	21	己卯	10	22	己酉	9	23	庚辰	8	25	辛亥
十四	1	20	己卯	12	21	己酉	11	22	庚辰	10	23	庚戌	9	24	辛巳	8	26	壬子
十五	1	21	庚辰	12	22	庚戌	11	23	辛巳	10	24	辛亥	9	25	壬午	8	27	癸丑
十六	1	22	辛巳	12	23	辛亥	11	24	壬午	10	25	壬子	9	26	癸未	8	28	甲寅
十七	1	23	壬午	12	24	壬子	11	25	癸未	10	26	癸丑	9	27	甲申	8	29	乙卯
十八	1	24	癸未	12	25	癸丑	11	26	甲申	10	27	甲寅	9	28	乙酉	8	30	丙辰
十九	1	25	甲申	12	26	甲寅	11	27	乙酉	10	28	乙卯	9	29	丙戌	8	31	丁巳
二十	1	26	乙酉	12	27	乙卯	11	28	丙戌	10	29	丙辰	9	30	丁亥	9	1	戊午
二十一	1	27	丙戌	12	28	丙辰	11	29	丁亥	10	30	丁巳	10	1	戊子	9	2	己未
二十二	1	28	丁亥	12	29	丁巳	11	30	戊子	10	31	戊午	10	2	己丑	9	3	庚申
二十三	1	29	戊子	12	30	戊午	12	1	己丑	11	1	己未	10	3	庚寅	9	4	辛酉
二十四	1	30	己丑	12	31	己未	12	2	庚寅	11	2	庚申	10	4	辛卯	9	5	壬戌
二十五	1	31	庚寅	1	1	庚申	12	3	辛卯	11	3	辛酉	10	5	壬辰	9	6	癸亥
二十六	2	1	辛卯	1	2	辛酉	12	4	壬辰	11	4	壬戌	10	6	癸巳	9	7	甲子
二十七	2	2	壬辰	1	3	壬戌	12	5	癸巳	11	5	癸亥	10	7	甲午	9	8	乙丑
二十八	2	3	癸巳	1	4	癸亥	12	6	甲午	11	6	甲子	10	8	乙未	9	9	丙寅
二十九	2	4	甲午	1	5	甲子	12	7	乙未	11	7	乙丑	10	9	丙申	9	10	丁卯
三十	2	5	乙未	1	6	乙丑				11	8	丙寅						

西暦二〇四六年（令和28年）丙寅

六月			五月			四月			三月			二月			一月			旧暦
乙未月			甲午月			癸巳月			壬辰月			辛卯月			庚寅月			干支
新暦		干支	新暦		干支	新暦		干支	新暦		干支	新暦		干支	新暦		干支	旧暦
7	4	甲子	6	4	甲午	5	6	乙丑	4	6	乙未	3	8	丙寅	2	6	丙申	一
7	5	乙丑	6	5	乙未	5	7	丙寅	4	7	丙申	3	9	丁卯	2	7	丁酉	二
7	6	丙寅	6	6	丙申	5	8	丁卯	4	8	丁酉	3	10	戊辰	2	8	戊戌	三
7	7	丁卯	6	7	丁酉	5	9	戊辰	4	9	戊戌	3	11	己巳	2	9	己亥	四
7	8	戊辰	6	8	戊戌	5	10	己巳	4	10	己亥	3	12	庚午	2	10	庚子	五
7	9	己巳	6	9	己亥	5	11	庚午	4	11	庚子	3	13	辛未	2	11	辛丑	六
7	10	庚午	6	10	庚子	5	12	辛未	4	12	辛丑	3	14	壬申	2	12	壬寅	七
7	11	辛未	6	11	辛丑	5	13	壬申	4	13	壬寅	3	15	癸酉	2	13	癸卯	八
7	12	壬申	6	12	壬寅	5	14	癸酉	4	14	癸卯	3	16	甲戌	2	14	甲辰	九
7	13	癸酉	6	13	癸卯	5	15	甲戌	4	15	甲辰	3	17	乙亥	2	15	乙巳	十
7	14	甲戌	6	14	甲辰	5	16	乙亥	4	16	乙巳	3	18	丙子	2	16	丙午	十一
7	15	乙亥	6	15	乙巳	5	17	丙子	4	17	丙午	3	19	丁丑	2	17	丁未	十二
7	16	丙子	6	16	丙午	5	18	丁丑	4	18	丁未	3	20	戊寅	2	18	戊申	十三
7	17	丁丑	6	17	丁未	5	19	戊寅	4	19	戊申	3	21	己卯	2	19	己酉	十四
7	18	戊寅	6	18	戊申	5	20	己卯	4	20	己酉	3	22	庚辰	2	20	庚戌	十五
7	19	己卯	6	19	己酉	5	21	庚辰	4	21	庚戌	3	23	辛巳	2	21	辛亥	十六
7	20	庚辰	6	20	庚戌	5	22	辛巳	4	22	辛亥	3	24	壬午	2	22	壬子	十七
7	21	辛巳	6	21	辛亥	5	23	壬午	4	23	壬子	3	25	癸未	2	23	癸丑	十八
7	22	壬午	6	22	壬子	5	24	癸未	4	24	癸丑	3	26	甲申	2	24	甲寅	十九
7	23	癸未	6	23	癸丑	5	25	甲申	4	25	甲寅	3	27	乙酉	2	25	乙卯	二十
7	24	甲申	6	24	甲寅	5	26	乙酉	4	26	乙卯	3	28	丙戌	2	26	丙辰	二十一
7	25	乙酉	6	25	乙卯	5	27	丙戌	4	27	丙辰	3	29	丁亥	2	27	丁巳	二十二
7	26	丙戌	6	26	丙辰	5	28	丁亥	4	28	丁巳	3	30	戊子	2	28	戊午	二十三
7	27	丁亥	6	27	丁巳	5	29	戊子	4	29	戊午	3	31	己丑	3	1	己未	二十四
7	28	戊子	6	28	戊午	5	30	己丑	4	30	己未	4	1	庚寅	3	2	庚申	二十五
7	29	己丑	6	29	己未	5	31	庚寅	5	1	庚申	4	2	辛卯	3	3	辛酉	二十六
7	30	庚寅	6	30	庚申	6	1	辛卯	5	2	辛酉	4	3	壬辰	3	4	壬戌	二十七
7	31	辛卯	7	1	辛酉	6	2	壬辰	5	3	壬戌	4	4	癸巳	3	5	癸亥	二十八
8	1	壬辰	7	2	壬戌	6	3	癸巳	5	4	癸亥	4	5	甲午	3	6	甲子	二十九
			7	3	癸亥				5	5	甲子				3	7	乙丑	三十

旧暦	十二月			十一月			十月			九月			八月			七月		
干支	辛丑月			庚子月			己亥月			戊戌月			丁酉月			丙申月		
旧暦	新暦		干支	新暦		干支	新暦		干支	新暦		干支	新暦		干支	新暦		干支
一	12	27	庚申	11	28	辛卯	10	29	辛酉	9	30	壬辰	9	1	癸亥	8	2	癸巳
二	12	28	辛酉	11	29	壬辰	10	30	壬戌	10	1	癸巳	9	2	甲子	8	3	甲午
三	12	29	壬戌	11	30	癸巳	10	31	癸亥	10	2	甲午	9	3	乙丑	8	4	乙未
四	12	30	癸亥	12	1	甲午	11	1	甲子	10	3	乙未	9	4	丙寅	8	5	丙申
五	12	31	甲子	12	2	乙未	11	2	乙丑	10	4	丙申	9	5	丁卯	8	6	丁酉
六	1	1	乙丑	12	3	丙申	11	3	丙寅	10	5	丁酉	9	6	戊辰	8	7	戊戌
七	1	2	丙寅	12	4	丁酉	11	4	丁卯	10	6	戊戌	9	7	己巳	8	8	己亥
八	1	3	丁卯	12	5	戊戌	11	5	戊辰	10	7	己亥	9	8	庚午	8	9	庚子
九	1	4	戊辰	12	6	己亥	11	6	己巳	10	8	庚子	9	9	辛未	8	10	辛丑
十	1	5	己巳	12	7	庚子	11	7	庚午	10	9	辛丑	9	10	壬申	8	11	壬寅
十一	1	6	庚午	12	8	辛丑	11	8	辛未	10	10	壬寅	9	11	癸酉	8	12	癸卯
十二	1	7	辛未	12	9	壬寅	11	9	壬申	10	11	癸卯	9	12	甲戌	8	13	甲辰
十三	1	8	壬申	12	10	癸卯	11	10	癸酉	10	12	甲辰	9	13	乙亥	8	14	乙巳
十四	1	9	癸酉	12	11	甲辰	11	11	甲戌	10	13	乙巳	9	14	丙子	8	15	丙午
十五	1	10	甲戌	12	12	乙巳	11	12	乙亥	10	14	丙午	9	15	丁丑	8	16	丁未
十六	1	11	乙亥	12	13	丙午	11	13	丙子	10	15	丁未	9	16	戊寅	8	17	戊申
十七	1	12	丙子	12	14	丁未	11	14	丁丑	10	16	戊申	9	17	己卯	8	18	己酉
十八	1	13	丁丑	12	15	戊申	11	15	戊寅	10	17	己酉	9	18	庚辰	8	19	庚戌
十九	1	14	戊寅	12	16	己酉	11	16	己卯	10	18	庚戌	9	19	辛巳	8	20	辛亥
二十	1	15	己卯	12	17	庚戌	11	17	庚辰	10	19	辛亥	9	20	壬午	8	21	壬子
二十一	1	16	庚辰	12	18	辛亥	11	18	辛巳	10	20	壬子	9	21	癸未	8	22	癸丑
二十二	1	17	辛巳	12	19	壬子	11	19	壬午	10	21	癸丑	9	22	甲申	8	23	甲寅
二十三	1	18	壬午	12	20	癸丑	11	20	癸未	10	22	甲寅	9	23	乙酉	8	24	乙卯
二十四	1	19	癸未	12	21	甲寅	11	21	甲申	10	23	乙卯	9	24	丙戌	8	25	丙辰
二十五	1	20	甲申	12	22	乙卯	11	22	乙酉	10	24	丙辰	9	25	丁亥	8	26	丁巳
二十六	1	21	乙酉	12	23	丙辰	11	23	丙戌	10	25	丁巳	9	26	戊子	8	27	戊午
二十七	1	22	丙戌	12	24	丁巳	11	24	丁亥	10	26	戊午	9	27	己丑	8	28	己未
二十八	1	23	丁亥	12	25	戊午	11	25	戊子	10	27	己未	9	28	庚寅	8	29	庚申
二十九	1	24	戊子	12	26	己未	11	26	己丑	10	28	庚申	9	29	辛卯	8	30	辛酉
三十	1	25	己丑				11	27	庚寅							8	31	壬戌

西暦 二〇四七年（令和29年）丁卯

閏五月			五月			四月			三月			二月			一月			旧暦
			丙午月			乙巳月			甲辰月			癸卯月			壬寅月			干支
新暦		干支	新暦		干支	新暦		干支	新暦		干支	新暦		干支	新暦		干支	旧暦
6	23	戊午	5	25	己丑	4	25	己未	3	26	己丑	2	25	庚申	1	26	庚寅	一
6	24	己未	5	26	庚寅	4	26	庚申	3	27	庚寅	2	26	辛酉	1	27	辛卯	二
6	25	庚申	5	27	辛卯	4	27	辛酉	3	28	辛卯	2	27	壬戌	1	28	壬辰	三
6	26	辛酉	5	28	壬辰	4	28	壬戌	3	29	壬辰	2	28	癸亥	1	29	癸巳	四
6	27	壬戌	5	29	癸巳	4	29	癸亥	3	30	癸巳	3	1	甲子	1	30	甲午	五
6	28	癸亥	5	30	甲午	4	30	甲子	3	31	甲午	3	2	乙丑	1	31	乙未	六
6	29	甲子	5	31	乙未	5	1	乙丑	4	1	乙未	3	3	丙寅	2	1	丙申	七
6	30	乙丑	6	1	丙申	5	2	丙寅	4	2	丙申	3	4	丁卯	2	2	丁酉	八
7	1	丙寅	6	2	丁酉	5	3	丁卯	4	3	丁酉	3	5	戊辰	2	3	戊戌	九
7	2	丁卯	6	3	戊戌	5	4	戊辰	4	4	戊戌	3	6	己巳	2	4	己亥	十
7	3	戊辰	6	4	己亥	5	5	己巳	4	5	己亥	3	7	庚午	2	5	庚子	十一
7	4	己巳	6	5	庚子	5	6	庚午	4	6	庚子	3	8	辛未	2	6	辛丑	十二
7	5	庚午	6	6	辛丑	5	7	辛未	4	7	辛丑	3	9	壬申	2	7	壬寅	十三
7	6	辛未	6	7	壬寅	5	8	壬申	4	8	壬寅	3	10	癸酉	2	8	癸卯	十四
7	7	壬申	6	8	癸卯	5	9	癸酉	4	9	癸卯	3	11	甲戌	2	9	甲辰	十五
7	8	癸酉	6	9	甲辰	5	10	甲戌	4	10	甲辰	3	12	乙亥	2	10	乙巳	十六
7	9	甲戌	6	10	乙巳	5	11	乙亥	4	11	乙巳	3	13	丙子	2	11	丙午	十七
7	10	乙亥	6	11	丙午	5	12	丙子	4	12	丙午	3	14	丁丑	2	12	丁未	十八
7	11	丙子	6	12	丁未	5	13	丁丑	4	13	丁未	3	15	戊寅	2	13	戊申	十九
7	12	丁丑	6	13	戊申	5	14	戊寅	4	14	戊申	3	16	己卯	2	14	己酉	二十
7	13	戊寅	6	14	己酉	5	15	己卯	4	15	己酉	3	17	庚辰	2	15	庚戌	二十一
7	14	己卯	6	15	庚戌	5	16	庚辰	4	16	庚戌	3	18	辛巳	2	16	辛亥	二十二
7	15	庚辰	6	16	辛亥	5	17	辛巳	4	17	辛亥	3	19	壬午	2	17	壬子	二十三
7	16	辛巳	6	17	壬子	5	18	壬午	4	18	壬子	3	20	癸未	2	18	癸丑	二十四
7	17	壬午	6	18	癸丑	5	19	癸未	4	19	癸丑	3	21	甲申	2	19	甲寅	二十五
7	18	癸未	6	19	甲寅	5	20	甲申	4	20	甲寅	3	22	乙酉	2	20	乙卯	二十六
7	19	甲申	6	20	乙卯	5	21	乙酉	4	21	乙卯	3	23	丙戌	2	21	丙辰	二十七
7	20	乙酉	6	21	丙辰	5	22	丙戌	4	22	丙辰	3	24	丁亥	2	22	丁巳	二十八
7	21	丙戌	6	22	丁巳	5	23	丁亥	4	23	丁巳	3	25	戊子	2	23	戊午	二十九
7	22	丁亥				5	24	戊子	4	24	戊午				2	24	己未	三十

旧暦	十二月			十一月			十月			九月			八月			七月			六月		
干支	癸丑月			壬子月			辛亥月			庚戌月			己酉月			戊申月			丁未月		
旧暦	新暦		干支	新暦		干支	新暦		干支	新暦		干支	新暦		干支	新暦		干支	新暦		干支
一	1	15	甲申	12	17	乙卯	11	17	乙酉	10	19	丙辰	9	20	丁亥	8	21	丁巳	7	23	戊子
二	1	16	乙酉	12	18	丙辰	11	18	丙戌	10	20	丁巳	9	21	戊子	8	22	戊午	7	24	己丑
三	1	17	丙戌	12	19	丁巳	11	19	丁亥	10	21	戊午	9	22	己丑	8	23	己未	7	25	庚寅
四	1	18	丁亥	12	20	戊午	11	20	戊子	10	22	己未	9	23	庚寅	8	24	庚申	7	26	辛卯
五	1	19	戊子	12	21	己未	11	21	己丑	10	23	庚申	9	24	辛卯	8	25	辛酉	7	27	壬辰
六	1	20	己丑	12	22	庚申	11	22	庚寅	10	24	辛酉	9	25	壬辰	8	26	壬戌	7	28	癸巳
七	1	21	庚寅	12	23	辛酉	11	23	辛卯	10	25	壬戌	9	26	癸巳	8	27	癸亥	7	29	甲午
八	1	22	辛卯	12	24	壬戌	11	24	壬辰	10	26	癸亥	9	27	甲午	8	28	甲子	7	30	乙未
九	1	23	壬辰	12	25	癸亥	11	25	癸巳	10	27	甲子	9	28	乙未	8	29	乙丑	7	31	丙申
十	1	24	癸巳	12	26	甲子	11	26	甲午	10	28	乙丑	9	29	丙申	8	30	丙寅	8	1	丁酉
十一	1	25	甲午	12	27	乙丑	11	27	乙未	10	29	丙寅	9	30	丁酉	8	31	丁卯	8	2	戊戌
十二	1	26	乙未	12	28	丙寅	11	28	丙申	10	30	丁卯	10	1	戊戌	9	1	戊辰	8	3	己亥
十三	1	27	丙申	12	29	丁卯	11	29	丁酉	10	31	戊辰	10	2	己亥	9	2	己巳	8	4	庚子
十四	1	28	丁酉	12	30	戊辰	11	30	戊戌	11	1	己巳	10	3	庚子	9	3	庚午	8	5	辛丑
十五	1	29	戊戌	12	31	己巳	12	1	己亥	11	2	庚午	10	4	辛丑	9	4	辛未	8	6	壬寅
十六	1	30	己亥	1	1	庚午	12	2	庚子	11	3	辛未	10	5	壬寅	9	5	壬申	8	7	癸卯
十七	1	31	庚子	1	2	辛未	12	3	辛丑	11	4	壬申	10	6	癸卯	9	6	癸酉	8	8	甲辰
十八	2	1	辛丑	1	3	壬申	12	4	壬寅	11	5	癸酉	10	7	甲辰	9	7	甲戌	8	9	乙巳
十九	2	2	壬寅	1	4	癸酉	12	5	癸卯	11	6	甲戌	10	8	乙巳	9	8	乙亥	8	10	丙午
二十	2	3	癸卯	1	5	甲戌	12	6	甲辰	11	7	乙亥	10	9	丙午	9	9	丙子	8	11	丁未
二十一	2	4	甲辰	1	6	乙亥	12	7	乙巳	11	8	丙子	10	10	丁未	9	10	丁丑	8	12	戊申
二十二	2	5	乙巳	1	7	丙子	12	8	丙午	11	9	丁丑	10	11	戊申	9	11	戊寅	8	13	己酉
二十三	2	6	丙午	1	8	丁丑	12	9	丁未	11	10	戊寅	10	12	己酉	9	12	己卯	8	14	庚戌
二十四	2	7	丁未	1	9	戊寅	12	10	戊申	11	11	己卯	10	13	庚戌	9	13	庚辰	8	15	辛亥
二十五	2	8	戊申	1	10	己卯	12	11	己酉	11	12	庚辰	10	14	辛亥	9	14	辛巳	8	16	壬子
二十六	2	9	己酉	1	11	庚辰	12	12	庚戌	11	13	辛巳	10	15	壬子	9	15	壬午	8	17	癸丑
二十七	2	10	庚戌	1	12	辛巳	12	13	辛亥	11	14	壬午	10	16	癸丑	9	16	癸未	8	18	甲寅
二十八	2	11	辛亥	1	13	壬午	12	14	壬子	11	15	癸未	10	17	甲寅	9	17	甲申	8	19	乙卯
二十九	2	12	壬子	1	14	癸未	12	15	癸丑	11	16	甲申	10	18	乙卯	9	18	乙酉	8	20	丙辰
三十	2	13	癸丑				12	16	甲寅							9	19	丙戌			

西暦 二〇四八年（令和30年）戊辰

六月			五月			四月			三月			二月			一月			旧暦
己未月			戊午月			丁巳月			丙辰月			乙卯月			甲寅月			干支
新暦		干支	新暦		干支	新暦		干支	新暦		干支	新暦		干支	新暦		干支	旧暦
7	11	壬午	6	11	壬子	5	13	癸未	4	13	癸丑	3	14	癸未	2	14	甲寅	一
7	12	癸未	6	12	癸丑	5	14	甲申	4	14	甲寅	3	15	甲申	2	15	乙卯	二
7	13	甲申	6	13	甲寅	5	15	乙酉	4	15	乙卯	3	16	乙酉	2	16	丙辰	三
7	14	乙酉	6	14	乙卯	5	16	丙戌	4	16	丙辰	3	17	丙戌	2	17	丁巳	四
7	15	丙戌	6	15	丙辰	5	17	丁亥	4	17	丁巳	3	18	丁亥	2	18	戊午	五
7	16	丁亥	6	16	丁巳	5	18	戊子	4	18	戊午	3	19	戊子	2	19	己未	六
7	17	戊子	6	17	戊午	5	19	己丑	4	19	己未	3	20	己丑	2	20	庚申	七
7	18	己丑	6	18	己未	5	20	庚寅	4	20	庚申	3	21	庚寅	2	21	辛酉	八
7	19	庚寅	6	19	庚申	5	21	辛卯	4	21	辛酉	3	22	辛卯	2	22	壬戌	九
7	20	辛卯	6	20	辛酉	5	22	壬辰	4	22	壬戌	3	23	壬辰	2	23	癸亥	十
7	21	壬辰	6	21	壬戌	5	23	癸巳	4	23	癸亥	3	24	癸巳	2	24	甲子	十一
7	22	癸巳	6	22	癸亥	5	24	甲午	4	24	甲子	3	25	甲午	2	25	乙丑	十二
7	23	甲午	6	23	甲子	5	25	乙未	4	25	乙丑	3	26	乙未	2	26	丙寅	十三
7	24	乙未	6	24	乙丑	5	26	丙申	4	26	丙寅	3	27	丙申	2	27	丁卯	十四
7	25	丙申	6	25	丙寅	5	27	丁酉	4	27	丁卯	3	28	丁酉	2	28	戊辰	十五
7	26	丁酉	6	26	丁卯	5	28	戊戌	4	28	戊辰	3	29	戊戌	2	29	己巳	十六
7	27	戊戌	6	27	戊辰	5	29	己亥	4	29	己巳	3	30	己亥	3	1	庚午	十七
7	28	己亥	6	28	己巳	5	30	庚子	4	30	庚午	3	31	庚子	3	2	辛未	十八
7	29	庚子	6	29	庚午	5	31	辛丑	5	1	辛未	4	1	辛丑	3	3	壬申	十九
7	30	辛丑	6	30	辛未	6	1	壬寅	5	2	壬申	4	2	壬寅	3	4	癸酉	二十
7	31	壬寅	7	1	壬申	6	2	癸卯	5	3	癸酉	4	3	癸卯	3	5	甲戌	二十一
8	1	癸卯	7	2	癸酉	6	3	甲辰	5	4	甲戌	4	4	甲辰	3	6	乙亥	二十二
8	2	甲辰	7	3	甲戌	6	4	乙巳	5	5	乙亥	4	5	乙巳	3	7	丙子	二十三
8	3	乙巳	7	4	乙亥	6	5	丙午	5	6	丙子	4	6	丙午	3	8	丁丑	二十四
8	4	丙午	7	5	丙子	6	6	丁未	5	7	丁丑	4	7	丁未	3	9	戊寅	二十五
8	5	丁未	7	6	丁丑	6	7	戊申	5	8	戊寅	4	8	戊申	3	10	己卯	二十六
8	6	戊申	7	7	戊寅	6	8	己酉	5	9	己卯	4	9	己酉	3	11	庚辰	二十七
8	7	己酉	7	8	己卯	6	9	庚戌	5	10	庚辰	4	10	庚戌	3	12	辛巳	二十八
8	8	庚戌	7	9	庚辰	6	10	辛亥	5	11	辛巳	4	11	辛亥	3	13	壬午	二十九
8	9	辛亥	7	10	辛巳				5	12	壬午	4	12	壬子				三十

旧暦	十二月			十一月			十月			九月			八月			七月		
干支	乙丑月			甲子月			癸亥月			壬戌月			辛酉月			庚申月		
旧暦	新暦		干支	新暦		干支	新暦		干支	新暦		干支	新暦		干支	新暦		干支
一	1	4	己卯	12	5	己酉	11	6	庚辰	10	8	辛亥	9	8	辛巳	8	10	壬子
二	1	5	庚辰	12	6	庚戌	11	7	辛巳	10	9	壬子	9	9	壬午	8	11	癸丑
三	1	6	辛巳	12	7	辛亥	11	8	壬午	10	10	癸丑	9	10	癸未	8	12	甲寅
四	1	7	壬午	12	8	壬子	11	9	癸未	10	11	甲寅	9	11	甲申	8	13	乙卯
五	1	8	癸未	12	9	癸丑	11	10	甲申	10	12	乙卯	9	12	乙酉	8	14	丙辰
六	1	9	甲申	12	10	甲寅	11	11	乙酉	10	13	丙辰	9	13	丙戌	8	15	丁巳
七	1	10	乙酉	12	11	乙卯	11	12	丙戌	10	14	丁巳	9	14	丁亥	8	16	戊午
八	1	11	丙戌	12	12	丙辰	11	13	丁亥	10	15	戊午	9	15	戊子	8	17	己未
九	1	12	丁亥	12	13	丁巳	11	14	戊子	10	16	己未	9	16	己丑	8	18	庚申
十	1	13	戊子	12	14	戊午	11	15	己丑	10	17	庚申	9	17	庚寅	8	19	辛酉
十一	1	14	己丑	12	15	己未	11	16	庚寅	10	18	辛酉	9	18	辛卯	8	20	壬戌
十二	1	15	庚寅	12	16	庚申	11	17	辛卯	10	19	壬戌	9	19	壬辰	8	21	癸亥
十三	1	16	辛卯	12	17	辛酉	11	18	壬辰	10	20	癸亥	9	20	癸巳	8	22	甲子
十四	1	17	壬辰	12	18	壬戌	11	19	癸巳	10	21	甲子	9	21	甲午	8	23	乙丑
十五	1	18	癸巳	12	19	癸亥	11	20	甲午	10	22	乙丑	9	22	乙未	8	24	丙寅
十六	1	19	甲午	12	20	甲子	11	21	乙未	10	23	丙寅	9	23	丙申	8	25	丁卯
十七	1	20	乙未	12	21	乙丑	11	22	丙申	10	24	丁卯	9	24	丁酉	8	26	戊辰
十八	1	21	丙申	12	22	丙寅	11	23	丁酉	10	25	戊辰	9	25	戊戌	8	27	己巳
十九	1	22	丁酉	12	23	丁卯	11	24	戊戌	10	26	己巳	9	26	己亥	8	28	庚午
二十	1	23	戊戌	12	24	戊辰	11	25	己亥	10	27	庚午	9	27	庚子	8	29	辛未
二十一	1	24	己亥	12	25	己巳	11	26	庚子	10	28	辛未	9	28	辛丑	8	30	壬申
二十二	1	25	庚子	12	26	庚午	11	27	辛丑	10	29	壬申	9	29	壬寅	8	31	癸酉
二十三	1	26	辛丑	12	27	辛未	11	28	壬寅	10	30	癸酉	9	30	癸卯	9	1	甲戌
二十四	1	27	壬寅	12	28	壬申	11	29	癸卯	10	31	甲戌	10	1	甲辰	9	2	乙亥
二十五	1	28	癸卯	12	29	癸酉	11	30	甲辰	11	1	乙亥	10	2	乙巳	9	3	丙子
二十六	1	29	甲辰	12	30	甲戌	12	1	乙巳	11	2	丙子	10	3	丙午	9	4	丁丑
二十七	1	30	乙巳	12	31	乙亥	12	2	丙午	11	3	丁丑	10	4	丁未	9	5	戊寅
二十八	1	31	丙午	1	1	丙子	12	3	丁未	11	4	戊寅	10	5	戊申	9	6	己卯
二十九	2	1	丁未	1	2	丁丑	12	4	戊申	11	5	己卯	10	6	己酉	9	7	庚辰
三十				1	3	戊寅							10	7	庚戌			

西暦 二〇四九年（令和31年）己巳

六月			五月			四月			三月			二月			一月			旧暦
辛未月			庚午月			己巳月			戊辰月			丁卯月			丙寅月			干支
新暦		干支	新暦		干支	新暦		干支	新暦		干支	新暦		干支	新暦		干支	旧暦
6	30	丙子	5	31	丙午	5	2	丁丑	4	2	丁未	3	4	戊寅	2	2	戊申	一
7	1	丁丑	6	1	丁未	5	3	戊寅	4	3	戊申	3	5	己卯	2	3	己酉	二
7	2	戊寅	6	2	戊申	5	4	己卯	4	4	己酉	3	6	庚辰	2	4	庚戌	三
7	3	己卯	6	3	己酉	5	5	庚辰	4	5	庚戌	3	7	辛巳	2	5	辛亥	四
7	4	庚辰	6	4	庚戌	5	6	辛巳	4	6	辛亥	3	8	壬午	2	6	壬子	五
7	5	辛巳	6	5	辛亥	5	7	壬午	4	7	壬子	3	9	癸未	2	7	癸丑	六
7	6	壬午	6	6	壬子	5	8	癸未	4	8	癸丑	3	10	甲申	2	8	甲寅	七
7	7	癸未	6	7	癸丑	5	9	甲申	4	9	甲寅	3	11	乙酉	2	9	乙卯	八
7	8	甲申	6	8	甲寅	5	10	乙酉	4	10	乙卯	3	12	丙戌	2	10	丙辰	九
7	9	乙酉	6	9	乙卯	5	11	丙戌	4	11	丙辰	3	13	丁亥	2	11	丁巳	十
7	10	丙戌	6	10	丙辰	5	12	丁亥	4	12	丁巳	3	14	戊子	2	12	戊午	十一
7	11	丁亥	6	11	丁巳	5	13	戊子	4	13	戊午	3	15	己丑	2	13	己未	十二
7	12	戊子	6	12	戊午	5	14	己丑	4	14	己未	3	16	庚寅	2	14	庚申	十三
7	13	己丑	6	13	己未	5	15	庚寅	4	15	庚申	3	17	辛卯	2	15	辛酉	十四
7	14	庚寅	6	14	庚申	5	16	辛卯	4	16	辛酉	3	18	壬辰	2	16	壬戌	十五
7	15	辛卯	6	15	辛酉	5	17	壬辰	4	17	壬戌	3	19	癸巳	2	17	癸亥	十六
7	16	壬辰	6	16	壬戌	5	18	癸巳	4	18	癸亥	3	20	甲午	2	18	甲子	十七
7	17	癸巳	6	17	癸亥	5	19	甲午	4	19	甲子	3	21	乙未	2	19	乙丑	十八
7	18	甲午	6	18	甲子	5	20	乙未	4	20	乙丑	3	22	丙申	2	20	丙寅	十九
7	19	乙未	6	19	乙丑	5	21	丙申	4	21	丙寅	3	23	丁酉	2	21	丁卯	二十
7	20	丙申	6	20	丙寅	5	22	丁酉	4	22	丁卯	3	24	戊戌	2	22	戊辰	二十一
7	21	丁酉	6	21	丁卯	5	23	戊戌	4	23	戊辰	3	25	己亥	2	23	己巳	二十二
7	22	戊戌	6	22	戊辰	5	24	己亥	4	24	己巳	3	26	庚子	2	24	庚午	二十三
7	23	己亥	6	23	己巳	5	25	庚子	4	25	庚午	3	27	辛丑	2	25	辛未	二十四
7	24	庚子	6	24	庚午	5	26	辛丑	4	26	辛未	3	28	壬寅	2	26	壬申	二十五
7	25	辛丑	6	25	辛未	5	27	壬寅	4	27	壬申	3	29	癸卯	2	27	癸酉	二十六
7	26	壬寅	6	26	壬申	5	28	癸卯	4	28	癸酉	3	30	甲辰	2	28	甲戌	二十七
7	27	癸卯	6	27	癸酉	5	29	甲辰	4	29	甲戌	3	31	乙巳	3	1	乙亥	二十八
7	28	甲辰	6	28	甲戌	5	30	乙巳	4	30	乙亥	4	1	丙午	3	2	丙子	二十九
7	29	乙巳	6	29	乙亥				5	1	丙子				3	3	丁丑	三十

旧暦	十二月			十一月			十月			九月			八月			七月		
干支	丁丑月			丙子月			乙亥月			甲戌月			癸酉月			壬申月		
旧暦	新暦		干支	新暦		干支	新暦		干支	新暦		干支	新暦		干支	新暦		干支
一	12	25	甲戌	11	25	甲辰	10	27	乙亥	9	27	乙巳	8	28	乙亥	7	30	丙午
二	12	26	乙亥	11	26	乙巳	10	28	丙子	9	28	丙午	8	29	丙子	7	31	丁未
三	12	27	丙子	11	27	丙午	10	29	丁丑	9	29	丁未	8	30	丁丑	8	1	戊申
四	12	28	丁丑	11	28	丁未	10	30	戊寅	9	30	戊申	8	31	戊寅	8	2	己酉
五	12	29	戊寅	11	29	戊申	10	31	己卯	10	1	己酉	9	1	己卯	8	3	庚戌
六	12	30	己卯	11	30	己酉	11	1	庚辰	10	2	庚戌	9	2	庚辰	8	4	辛亥
七	12	31	庚辰	12	1	庚戌	11	2	辛巳	10	3	辛亥	9	3	辛巳	8	5	壬子
八	1	1	辛巳	12	2	辛亥	11	3	壬午	10	4	壬子	9	4	壬午	8	6	癸丑
九	1	2	壬午	12	3	壬子	11	4	癸未	10	5	癸丑	9	5	癸未	8	7	甲寅
十	1	3	癸未	12	4	癸丑	11	5	甲申	10	6	甲寅	9	6	甲申	8	8	乙卯
十一	1	4	甲申	12	5	甲寅	11	6	乙酉	10	7	乙卯	9	7	乙酉	8	9	丙辰
十二	1	5	乙酉	12	6	乙卯	11	7	丙戌	10	8	丙辰	9	8	丙戌	8	10	丁巳
十三	1	6	丙戌	12	7	丙辰	11	8	丁亥	10	9	丁巳	9	9	丁亥	8	11	戊午
十四	1	7	丁亥	12	8	丁巳	11	9	戊子	10	10	戊午	9	10	戊子	8	12	己未
十五	1	8	戊子	12	9	戊午	11	10	己丑	10	11	己未	9	11	己丑	8	13	庚申
十六	1	9	己丑	12	10	己未	11	11	庚寅	10	12	庚申	9	12	庚寅	8	14	辛酉
十七	1	10	庚寅	12	11	庚申	11	12	辛卯	10	13	辛酉	9	13	辛卯	8	15	壬戌
十八	1	11	辛卯	12	12	辛酉	11	13	壬辰	10	14	壬戌	9	14	壬辰	8	16	癸亥
十九	1	12	壬辰	12	13	壬戌	11	14	癸巳	10	15	癸亥	9	15	癸巳	8	17	甲子
二十	1	13	癸巳	12	14	癸亥	11	15	甲午	10	16	甲子	9	16	甲午	8	18	乙丑
二十一	1	14	甲午	12	15	甲子	11	16	乙未	10	17	乙丑	9	17	乙未	8	19	丙寅
二十二	1	15	乙未	12	16	乙丑	11	17	丙申	10	18	丙寅	9	18	丙申	8	20	丁卯
二十三	1	16	丙申	12	17	丙寅	11	18	丁酉	10	19	丁卯	9	19	丁酉	8	21	戊辰
二十四	1	17	丁酉	12	18	丁卯	11	19	戊戌	10	20	戊辰	9	20	戊戌	8	22	己巳
二十五	1	18	戊戌	12	19	戊辰	11	20	己亥	10	21	己巳	9	21	己亥	8	23	庚午
二十六	1	19	己亥	12	20	己巳	11	21	庚子	10	22	庚午	9	22	庚子	8	24	辛未
二十七	1	20	庚子	12	21	庚午	11	22	辛丑	10	23	辛未	9	23	辛丑	8	25	壬申
二十八	1	21	辛丑	12	22	辛未	11	23	壬寅	10	24	壬申	9	24	壬寅	8	26	癸酉
二十九	1	22	壬寅	12	23	壬申	11	24	癸卯	10	25	癸酉	9	25	癸卯	8	27	甲戌
三十				12	24	癸酉				10	26	甲戌	9	26	甲辰			

【著者紹介】

張 玉正（ちょう・ぎょくせい）

1958年生まれ。台湾新竹出身。国立交通大学エグゼクティブMBA（EMBA）にて、経営管理学課程を修了、修士。
2002年台湾政府立案、中華易経命理協会創立。同協会理事長。1999～2011年新竹県文化局、新竹科学園区、社区大学等で易経、企業風水、紫微斗数生涯計画を教授。
著書に、『三元玄空地理精要』『紫微斗數改運要訣』『細論紫微一四四局』『紫微斗數推斷秘訣』『易經風水秘訣』『紫微斗數生涯規劃』『羅盤操作與企業陽宅規劃』『風水祖師楊救貧堪輿實證』『細說中國帝陵風水』『羅經詳解』等がある。

林 秀靜（りん・しゅうせい）

命理学研究家。1990～1998年、台湾の老師より専門的に五術を学ぶ。風水学、中国相法、八字、紫微斗数、卜卦などを修得。1999～2008年、玉川学園漢方岡田医院にて、命証合診を研究する。その後、2013～2016年、台湾に留学。張玉正老師より、風水学と紫微斗数をさらに深く学ぶ。1998年独立以来、執筆をはじめに、幅広くマスコミで活躍。著書に『日本で一番わかりやすい四柱推命の本』（PHP研究所）など、国内外で約70冊を発刊。翻訳書に『実証！ 風水開祖・楊救貧の帝王風水』『【実証】中国歴代帝王・王妃の帝陵風水』（太玄社）がある。

【秘訣】紫微斗数1　命盤を読み解く

2020年11月23日　初版発行

著　者――張 玉正（ちょう・ぎょくせい）・林 秀靜（りん・しゅうせい）
装　幀――中村吉則
編　集――初鹿野剛
本文DTP――Office DIMMI

発行者――今井博揮
発行所――株式会社太玄社
TEL 03-6427-9268　FAX 03-6450-5978
E-mail：info@taigensha.com　HP：https://www.taigensha.com/

発売所――株式会社ナチュラルスピリット
〒101-0051　東京都千代田区神田神保町3-2　高橋ビル2階
TEL 03-6450-5938　FAX 03-6450-5978

印刷――シナノ印刷株式会社

ISBN 978-4-906724-58-1 C0011
Printed in Japan